本著作为国家社会科学基金重大项目"我国区域协调发展的目标选择、实现路径与动态评价研究"（批准号07&ZD011）的最终研究成果

区域协调发展：目标·路径·评价

陈秀山　主　编
陈　斐　副主编

2013年·北京

图书在版编目(CIP)数据

区域协调发展:目标·路径·评价/陈秀山主编.—北京:商务印书馆,2013
ISBN 978-7-100-09618-8

Ⅰ.①区… Ⅱ.①陈… Ⅲ.①区域经济发展—研究—中国 Ⅳ.①F127

中国版本图书馆 CIP 数据核字(2012)第 256570 号

所有权利保留。
未经许可,不得以任何方式使用。

区域协调发展:目标·路径·评价
陈秀山 主编

商 务 印 书 馆 出 版
(北京王府井大街36号 邮政编码100710)
商 务 印 书 馆 发 行
北京市松源印刷有限公司印刷
ISBN 978-7-100-09618-8

2013年11月第1版	开本 787×1092 1/16
2013年11月北京第1次印刷	印张 37 1/2

定价:79.90元

目 录

上篇 总论

- 3　　1. 导论
- 3　　1.1 问题的提出
- 3　　　　1.1.1 以科学发展观为引领的区域协调发展战略思想得到初步贯彻与实施
- 4　　　　1.1.2 区域协调发展面临着一些突出和紧迫的问题，需要综合破解思路和解决方案
- 6　　　　1.1.3 科学发展观赋予区域协调发展新的要求和内涵，需要对区域协调发展的目标选择及实现路径等进行专门的分析与研究
- 7　　1.2 研究意义
- 7　　　　1.2.1 学术意义
- 7　　　　1.2.2 应用价值
- 8　　1.3 研究的总体思路与框架、研究目标
- 8　　　　1.3.1 研究的总体思路与框架
- 10　　　1.3.2 研究目标

11	1.4 研究的技术路线与主要内容
11	1.4.1 技术路线
12	1.4.2 研究的主要内容

16	**2. 科学发展观与区域协调发展**
16	2.1 改革开放以来我国区域发展战略的演变
16	2.1.1 向沿海倾斜的非均衡区域发展战略（1978—1991年）
17	2.1.2 区域协调发展战略初步形成阶段（1992—1998年）
18	2.1.3 区域协调发展战略全面实施阶段（1999—2010年）
19	2.2 区域协调发展思想的形成与发展
19	2.2.1 关于区域协调发展思想的形成
20	2.2.2 关于区域协调发展内涵的研究
22	2.2.3 关于区域协调发展评价标准的研究
23	2.3 科学发展观与区域协调发展
23	2.3.1 科学发展观的内涵
25	2.3.2 科学发展观赋予区域协调发展的新内涵和新要求
26	2.3.3 区域协调发展的内涵
27	2.4 区域协调发展面临的主要问题
28	2.5 区域协调发展的历史意义与现实意义

3. 我国区域协调发展的目标选择 ... 32

3.1 区域协调发展的逻辑主线 ... 32
  3.1.1 区域协调发展的逻辑主线 ... 32
  3.1.2 跨区域资源开发利益矛盾主要表现及原因 ... 33

3.2 区域协调发展的主要目标 ... 38
  3.2.1 区域协调发展的五大目标 ... 38
  3.2.2 区域协调发展目标实现的基本路径 ... 41

3.3 我国区域经济差距分析及对区域差距控制的启示 ... 47
  3.3.1 我国区域经济差距的基本认识 ... 48
  3.3.2 我国区域经济差异的实证分析 ... 49
  3.3.3 区域经济差距调控的一些启示 ... 65

4. 我国区域协调发展的现实障碍和制度障碍 ... 68

4.1 区域协调发展的现实基础条件障碍 ... 68
  4.1.1 自然条件差异 ... 68
  4.1.2 历史和现实经济基础 ... 74

4.2 区域协调发展的制度障碍 ... 80
  4.2.1 制度落差使各区域在经济总格局中利益获得不平等 ... 81
  4.2.2 产权制度不完善 ... 85
  4.2.3 行政区与经济区的矛盾 ... 87
  4.2.4 区域协调机制没有建立起来 ... 90
  4.2.5 考核指标失衡与政府职能错位 ... 91
  4.2.6 文化观念等非正式制度的影响 ... 92

5. 我国区域协调发展的具体实现路径 ... 95

5.1 我国区域产业协调发展的实现路径 ... 95

5.1.1 我国区域产业结构趋同现象 ... 95

5.1.2 我国区域产业协调政策评述 ... 100

5.1.3 区域产业协调政策改进的思路和理论依据 ... 113

5.1.4 我国区域产业协调的路径——基于全国五大区域工业部门比较优势的分析 ... 118

5.2 我国区域发展空间协调的实现路径 ... 135

5.2.1 我国区域发展空间协调的层次与困境 ... 136

5.2.2 我国区域发展空间协调的实现路径——以资源跨区开发、利用和生态保护空间冲突的解决机制为例 ... 139

5.3 我国区域协调发展的制度协调——区域协调发展立法问题 ... 188

5.3.1 我国区域协调发展的立法背景 ... 189

5.3.2 区域协调发展立法的规范 ... 192

5.3.3 区域协调发展立法架构与内容 ... 194

5.3.4 区域协调发展立法的讨论 ... 197

6. 我国区域协调发展的动态评价与区域发展格局的调整 ... 202

6.1 区域协调发展状况测度与指标体系 ... 202

6.1.1 区域协调发展状况测度 ... 202

6.1.2 区域协调发展状况多维度评价指标体系的构建 ... 205

6.1.3 区域协调发展度水平测度与估算 ... 208

6.2 区域协调发展状况的静态测度与协调发展度的估算 … 209
6.2.1 区域发展差距的静态组合评价及分析 … 210
6.2.2 区域基本公共服务均等化的静态组合评价及分析 … 211
6.2.3 区域市场一体化的静态组合评价及分析 … 213
6.2.4 区域协调发展状况总指数的静态组合评价及分析 … 214
6.2.5 区域协调发展状况的协调发展度的估算与分析 … 215
6.3 区域协调发展状况的动态组合评价与分析 … 218
6.3.1 区域发展差距的动态组合评价与分布 … 218
6.3.2 基本公共服务均等化的动态组合评价及分析 … 220
6.3.3 市场一体化水平的动态组合评价及分析 … 222
6.3.4 区域协调发展状况总指数的动态组合评价与分析 … 223
6.3.5 区域协调发展度水平的动态评价与分析 … 225
6.3.6 动态评价结果综合分析 … 228
6.4 区域协调发展状况的空间特征：分布与演进 … 228
6.4.1 2000—2007年区域发展差距指数的空间分布及其演进 … 229
6.4.2 2000—2007年区域公共服务均等化指数的空间分布及其演进 … 230
6.4.3 2000—2007年区域市场一体化指数的空间分布及其演进 … 231
6.4.4 2000—2007年区域协调发展总指数的空间分布及其演进 … 233

234	6.4.5 2000—2007年区域协调发展度的空间分布及其演进
235	**6.5 后金融危机时期区域发展格局的调整与政策选择**
236	6.5.1 金融危机对我国区域发展格局的冲击影响
239	6.5.2 金融危机将加快新一轮区域经济发展格局的深度调整
247	6.5.3 后金融危机时期区域协调发展的政策选择
249	**6.6 主要结论与对策建议**
249	6.6.1 主要结论
253	6.6.2 对策建议
260	**7. 促进我国区域协调发展的政策建议**
261	**7.1 促进区域协调发展的区域政策体系和总体思路**
261	7.1.1 区域政策体系
264	7.1.2 总体思路
270	**7.2 促进我国区域协调发展的具体政策建议**
270	7.2.1 积极培育中西部区域性增长引擎，着重打造中西部优势特色产业，引导和鼓励欠发达地区的人口的向外转移，促进人口空间结构的合理调整，多层面多渠道采取措施，促进欠发达地区又好又快发展，逐步缩小区域差距
277	7.2.2 构建基础设施一体化网络，促进商品要素跨区域合理流动，引导产业有序转移，加强和完善跨区域合作机制，完善维护市场公平竞争的法律体系，理顺中央地方财政关系，消除阻碍商品和生产要素流动的自然

障碍和制度障碍，实现国内市场的一体化

281　　7.2.3　实施差异化的区域协调发展总体战略，找准区域功能定位，合理选择、培育和提升主导产业，加快资源优势转化为产业优势，充分提高各地区的区域比较优势的发挥度，增强各区域自我发展能力，充分有效地发挥各地区的比较优势

285　　7.2.4　明确全国基本公共服务的范围和标准，加大中央政府财政转移支付支持力度，重点加强县级政府提供基本公共服务财力保障，提高欠发达地区基本公共服务水平，推进区域基本公共服务均等化

290　　7.2.5　按照"主体功能区"规划要求明确不同区域的功能定位，加强对禁止限制开发区域的重点援助，完善区域间资源开发和生态环境保护的利益补偿机制，综合运用区域援助和限制政策工具，促进资源的合理利用和生态环境的保护改善

下篇　专题研究

301　**8. 地区比较优势评价研究**
301　**8.1 地区比较优势研究概述**
302　　8.1.1　地区比较优势的内涵
303　　8.1.2　比较优势理论述评
307　　8.1.3　国内外研究进展

313	8.2 开放经济下地区比较优势理论模型
313	8.2.1 地区比较优势动态分析框架
318	8.2.2 D-S-S框架下的三区域基本模型
322	8.2.3 地区比较优势理论模型的检验
337	8.3 我国地区比较优势评价实证研究
337	8.3.1 我国地区比较优势评价——基于产业地方化的视角
347	8.3.2 我国地区比较优势的演变——基于制造业的分析
354	8.3.3 我国地区比较优势产业演变的机理分析——"超调"假说
359	8.3.4 小结
362	8.4 政策建议
362	8.4.1 地区比较优势与区域协调发展的辩证关系
363	8.4.2 来自英国的经验和启示
369	8.4.3 合理发挥我国地区比较优势的政策建议
373	8.4.4 小结

381	**9. 产业结构协调研究**
382	9.1 从支柱产业选择看地区分工
382	9.1.1 现状——支柱产业选择
384	9.1.2 产业选择原因——重点行业和重点地区分析
392	9.2 从产业结构冲突看地区分工
392	9.2.1 地区间产业结构相似状况
395	9.2.2 区域间产业结构冲突状况

404	9.3 从产业空间结构变动看区域间分工
406	9.4 从地区贸易格局看区域间分工与协调
408	9.5 从产业集群看地区分工
412	9.6 结论、讨论和建议
417	**10. 跨区域资源开发与利益补偿机制研究**
417	10.1 跨区域资源开发背景下新型区际资源生态关系与利益分配格局
418	10.1.1 区际资源生态关系变化
420	10.1.2 区域利益分配格局变化
423	10.2 跨区域调配资源的产权界定
423	10.2.1 跨区域调配资源的产权形式
425	10.2.2 交易前的制度环境
428	10.2.3 交易中的叫价谈判
430	10.2.4 交易后的补偿机制
432	10.3 跨区域资源开发利益补偿主导因素
432	10.3.1 成本—收益
433	10.3.2 政府—市场
434	10.3.3 责任—权利
435	10.4 跨区域资源开发利益补偿机制
435	10.4.1 利益补偿主体
436	10.4.2 利益补偿标准
436	10.4.3 利益补偿方式与途径
438	10.5 跨区域资源开发利益补偿效应与政策建议
438	10.5.1 不同利益补偿政策的区域协调发展效应

441	10.5.2 跨区域资源调配利益补偿政策建议
446	**11. 区域贸易联系与市场一体化研究**
447	11.1 我国区域贸易发展与空间格局分析
447	11.1.1 我国区域贸易的发展态势
452	11.1.2 我国区域贸易流向的空间格局
468	11.2 区际贸易得益比较与地方政策分析
468	11.2.1 消费效用得益比较
470	11.2.2 地区生产得益
474	11.2.3 地方政府的干预政策
490	11.3 我国市场一体化水平测度
491	11.3.1 市场一体化的内涵
493	11.3.2 计量分析模型
498	11.3.3 估计结果
506	11.4 市场一体化与区域协调发展
507	11.4.1 市场一体化对区域差距的影响
508	11.4.2 政策建议
514	**12. 区际基本服务均等化与区域协调发展**
514	12.1 区际基本服务均等化研究背景与概念解析
514	12.1.1 研究背景
519	12.1.2 区际基本公共服务均等化概念解析
521	12.1.3 基本公共服务均等化与区域协调发展之间的辩证关系
524	12.1.4 世界金融危机对基本公共服务均等化的影响

526　12.2 我国区际基本公共服务均等化：内在机理、水平与影响因素

526　　12.2.1 内在机理：包含两级政府的博弈模型
537　　12.2.2 我国区际基本公共服务均等化水平分析
551　　12.2.3 我国区际基本公共服务均等化程度的影响因素分析

555　12.3 基础教育省际均等化水平和影响因素分析

555　　12.3.1 基本公共服务中的基础教育
557　　12.3.2 我国各地区基础教育的基本情况
564　　12.3.3 基础教育均等化的影响因素
568　　12.3.4 实证分析

573　12.4 完善区际基本公共服务均等化的保障和运行机制

574　　12.4.1 法律制度的构建
575　　12.4.2 组织制度的构建
577　　12.4.3 资金保障机制的构建
579　　12.4.4 建立动态评估机制

583　**后　记**

上篇 总论

1 导论

区域协调发展是关系我国经济社会长期发展与稳定的重大问题之一。"十一五"以来，以科学发展观为引领的区域协调发展战略思想已得到初步贯彻与实施。区域协调发展是缩小我国区域差距，实现更好、更快可持续发展的迫切需要，是落实科学发展观的内在要求，是构建社会主义和谐社会的重要基础。区域协调发展面临着一些突出和紧迫的问题，需要综合的破解思路和解决方案，也需要构建基于科学发展观的区域协调发展的理论框架和政策支持体系，为促进区域协调发展的政策选择与实施方案提供重要的理论支撑和实证支持。

1.1 问题的提出

1.1.1 以科学发展观为引领的区域协调发展战略思想得到初步贯彻与实施

改革开放以来，我国经济社会发展取得了举世瞩目的成就，经济实力显著增强。国家采取了"向东倾斜，梯度推进"的区域经济非均衡发展战略，地区发展差距逐渐扩大。20世纪90年代中期以来，区域经济协调发展的思想和实践逐步成为主流，并受到中央政府的高度重视和采纳。从"九五"开始，国家更加重视支持中西部地区经济的发展，"九五计划"明确提出：要逐步地、积极地解决地区差距扩大问题，实施区域经济协调发展战略。随着西部大开发战略实施，党的十六届三中全会提出了科学发展观，在"五个统筹"中明确提出要统筹区域发展；十六届六中全会提出了构建社会主义和谐社会的任务，明确指出：要按照科学发展观的要求，落实区域发展总体战略，促进区域协调发展。党的十七大将"科学发展观"正式写入党章，成为我国经济社会发展的重要指导思想。进入新世纪以来，党中央、国务院先后实施西部大开发（1999年）、振兴东北地区等老工业基地（2003）、促进中部地区崛起（2004）等战略，这是从我国现代化建设全局出发作出的重大决策，是落实促进区域协调发展总体战略的主要体现。

科学发展观的第一要义是发展，核心是以人为本，基本要求是全面协调可持续发展。这三个方面相互联系、有机统一，其实质是实现经济社会又快又好发展。科学发展观的确立为区域经济发展提供了新的目标、内容和价值标准，其中"区域协调发展"是科学发展观对于区域发展战略和模式的总体指导思想。然而，在实践中实现区域协调发展目标还面临各种现实障碍和诸多挑战。我们既要根据科学发展观理论，发展和深化区域协调发展理论；又要针对现实问题的新变化，进行针对性的对策研究。

1.1.2 区域协调发展面临着一些突出和紧迫的问题，需要综合破解思路和解决方案

当前，我国各地区在保持高速的经济增长同时，区域差距虽然有所缓解，但总体上仍呈现扩大趋势，这已成为区域协调发展中最突出的问题。发达地区与不发达地区在基础设施、医疗卫生、文化教育、社会保障等公共服务方面存在明显差距。另外，落后地区经济发展滞后，而横向、纵向财政转

移支付力度又不够，使得落后地区的财政力量薄弱，难以提供与发达地区水平相当的基本公共服务。如何在继续提升宏观（空间）经济效率的同时，使各区域居民能够共享改革发展的成果，享受均等化的基本公共服务，实现区域发展公平和效率的统一，是当前面临的最为突出和紧迫的问题。

我国资源空间分布极不均衡，资源环境问题十分突出。由于各区域功能分工定位不明确，不少区域过度开发导致资源环境质量退化，综合承载力下降，经济增长的资源环境代价过大，可持续发展面临严重威胁。如何根据资源环境承载力和已有的开发力度，确定各区域的合理功能分工，实现空间的协调，是区域协调发展面临的又一突出问题。特别是在资源的跨区域开发与流动过程中，涉及地区间资源、环境利益的补偿问题。而区域间的资源环境补偿涉及众多利益主体，其中落后地区和生态脆弱地区的发展权问题应得到充分重视。无论是资源开发中的资源环境补偿还是落后地区发展权补偿，都面临资金来源问题，区域间的利益分配与协调难度很大。

在现行制度与体制背景下，由于地区间存在着地方保护、市场壁垒，市场一体化尚未形成。在现有的政绩评价体系下，地方政府倾向于追求GDP增长、投资规模扩张，忽略区域长期持续的发展利益，行为目标短期化明显，导致地区间盲目竞争、重复建设，地区比较优势没有得到充分发挥，难以形成合理的区域产业分工，行政区与经济区之间的矛盾十分突出。如何实现有序的区域内产业结构优化和区域间产业转移，促进区域分工合理化，加强区域间联系，既关系到发达地区产业结构调整，又关系到落后地区承接产业转移，实现经济发展。破解区域间产业结构冲突，加强区域间产业联动是区域协调发展的重要途径，其核心问题是如何处理好区域间产业合作与竞争关系。

上述问题是我国区域协调发展面临的主要问题，需要综合破解思路和解决方案。

1.1.3 科学发展观赋予区域协调发展新的要求和内涵，需要对区域协调发展的目标选择及实现路径等进行专门的分析与研究

众多学者考察了20世纪80年代和90年代我国地区经济差距的变动趋势，得出了基本一致的结论：物质资本、劳动力、人力资本等生产要素的空间差异、制度因素、市场化水平差异以及结构变动等因素，是导致区域经济差距扩大、阻碍区域协调发展的主要因素。多数学者对区域协调发展障碍，尤其是区域差距形成的原因从不同角度进行了研究，取得了一系列成果，但对于影响制约区域协调发展的制度与体制性障碍还缺少系统深入的研究。研究者也就区域协调发展的内涵和标准等问题，进行了较长时间和较为深入的理论探索，其研究主要集中在对区域协调发展基本思想形成的讨论、区域协调发展内涵的研究以及区域协调发展评价标准的探索等方面。众多研究者也围绕着区域政策体系、主体功能区建设、区域间产业协调发展、区域间贸易联系与市场一体化、区域间资源开发利用和生态环境补偿问题等为我国实现区域协调发展提出了大量有针对性的对策建议。这些研究和探索，在理论上有一定的创新和发展，对于区域协调发展战略的形成和实施起到了重要的推动作用。但从现有的研究文献来看，国内关于区域协调发展的研究总体上还停留在一般的理论探讨和政策研究上，缺乏理论上的系统性和现实的针对性。多数研究成果偏重经验性研究和单要素分析，往往只是局限在某一区域、或某一侧面的协调发展问题，对实现区域协调发展的现实障碍分析不够。

区域协调发展是关系我国经济社会长期发展与稳定的重要问题。面对科学发展观对区域协调发展赋予的新内涵和提出的新要求，需要把握不同发展阶段面临的主要问题，明确区域协调发展的目标选择，全面分析区域协调发展面临的现实障碍，提出破解思路和具体的实现路径，也需要建立一定的评价标准和系统的测度指标体系，测度我国区域协调发展状况，评价协调发展状况的动态变化，并对我国区域协调发展的政策体系建设与完善进行专门的

分析与研究。

1.2 研究意义

1.2.1 学术意义

本研究试图构建一个基于科学发展观的区域协调发展的理论框架和政策支持体系。在研究过程中，阐释科学发展观赋予区域协调发展的新内涵、新要求和目标选择，探寻区域协调发展的实现机制与实现路径，剖析制约区域协调发展的制度和体制障碍，以及不同空间层次范围内的区域协调发展问题，建立的区域协调发展的判断与测度指标体系将为开展区域协调发展的动态监测与评价提供理论与方法支持。

研究中运用多学科综合研究方法，突出区域协调发展的动态性分析，强调不同发展阶段、内涵的不断深化和动态调整；根据目标和问题的动态变化，进行路径选择的动态调整；对于区域协调发展的评价体系保持动态化，将为区域协调发展状况的后续动态追踪提供一个基本的框架。

1.2.2 应用价值

本研究的成果将为政府促进区域协调发展的政策选择与实施方案提供重要的理论支撑和实证分析的数据支持。研究建立的跨区域资源开发生态—经济综合评价模型、区域利益补偿机制，将为解决区域利益冲突提供可操作性的解决思路与方案；建立的区域协调发展的判断与测度指标体系将对我国区域协调发展的状况给出一个区间性的判断，并分析协调状况的动态变化。

对于区域协调发展中面临的主要障碍与实现路径的分析和研究，将为提升空间经济效率与实现区域发展公平的关系的认识提供重要思路，有利于保障落后地区的发展权，寻找出具体的破解思路和实现路径，设计具有可操作性的解决方案；也将为跨区域资源开发补偿中利益主体的界定问题、补偿范围与补偿标准确立依据、补偿方案的设计与实施提供理论与实践应用支持；也为区域间横向财政转移支付的机制设计、资金来源渠道与保障措施，基本公共服务均等化的判断标准、落后地区地方政府公共服务财力保障问题的有效解决提供了重要研究参考。

1.3 研究的总体思路与框架、研究目标

1.3.1 研究的总体思路与框架

我们试图在探索前沿理论和把握时代特征的基础上，从科学发展观赋予区域协调发展的新内涵和新要求出发，揭示其本质及关键问题，并据此确定区域协调发展的五大目标，探讨区域协调发展的目标体系及其动态组合。通过各地实地考察和调研及专家咨询，深入剖析和准确把握我国目前区域协调发展面临的主要问题和现实障碍，基于一条逻辑主线——区域利益协调，从两大协调——产业协调和空间协调，两大推力——市场作用和政府作用分析入手，寻找破解思路和具体的实现路径，设计具有可操作性的解决方案，并对区域协调发展程度进行动态监测与评价。最后，根据区域协调度的评价结果，发现问题、提出政策建议。

从总体研究框架（图1-1）可以看出，本研究将主要围绕四个方面展开，即区域协调发展的目标选择分析、区域协调发展的现实障碍分析、区域协调发展的路径选择研究、区域协调发展的动态评价研究。

在整个研究中，项目组将四大经济区域进行了适当的调整，重新划分为五大区域，即：东部地区（京、津、冀、鲁、苏、浙、沪、闽、粤、琼）、东北地区（黑、吉、辽）、中部地区（晋、豫、皖、鄂、湘、赣）、西北地区（新、甘、青、宁、陕、内蒙古）、西南地区（川、渝、滇、黔、桂、

1. 导论

藏）。不含港、澳、台。也把西南地区和西北地区统称西部地区。①

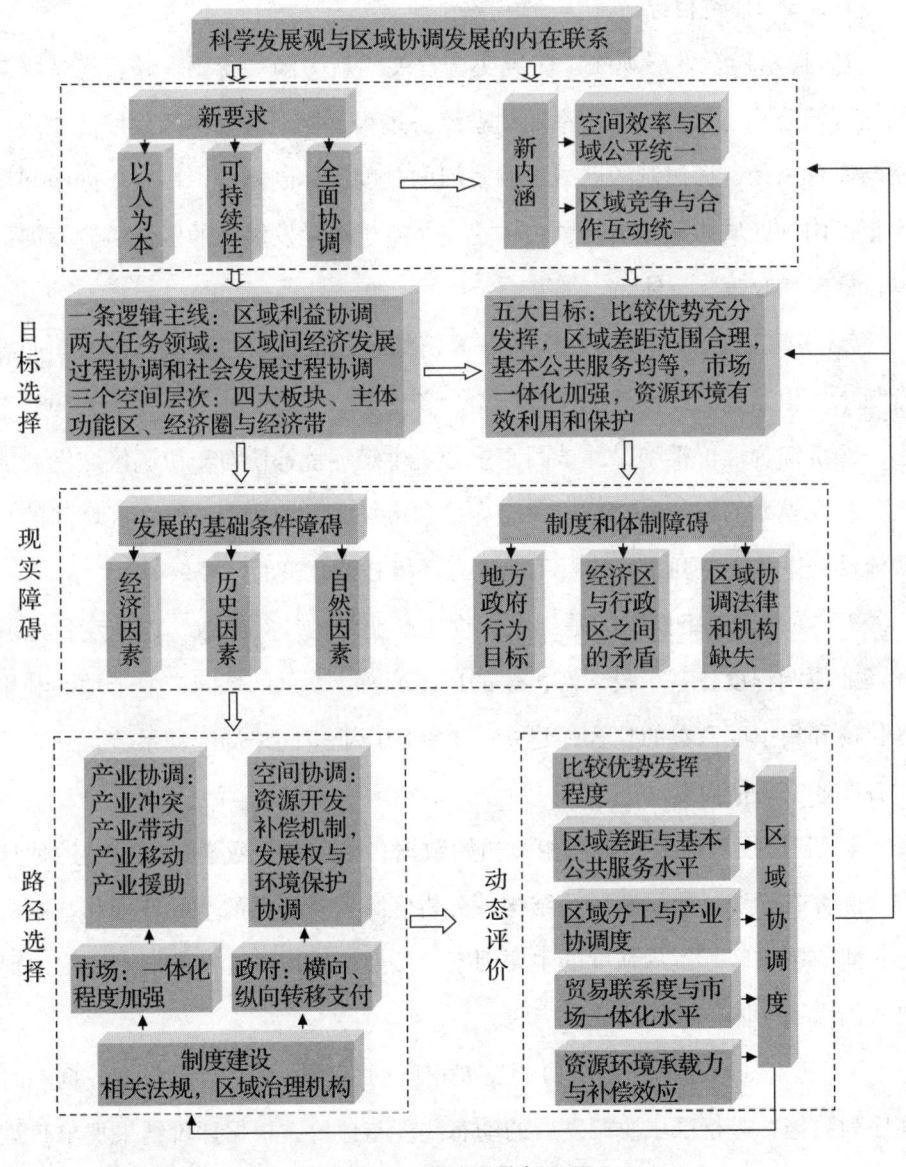

图 1-1 研究总体框架图

---

① 从本章后，如没有特别声明，研究区域均指的是五大区域，即东部地区、东北地区、中部地区、西南地区、西北地区，而西部地区则是西南地区与西北地区的统称。

1.3.2 研究目标

1）揭示科学发展观赋予区域协调发展的新内涵、新要求和目标选择，阐述区域公平与宏观经济效率的动态统一过程；探索区域协调发展的实现机制与实现路径，探讨制约区域协调发展的制度和体制障碍，以及不同空间层次范围内的区域协调发展问题；构建一个基于科学发展观的区域协调发展的理论框架和政策支持体系。

2）构建跨区域资源开发生态—经济综合评价模型，衡量生态补偿的综合效果。根据相关经济理论模型，整合各生态、经济、政策变量等，构建生态—经济综合评价模型，并试图定量分析生态环境补偿对于协调区域发展的贡献；在模型的框架内，讨论政府力量和市场力量的协调；结合区域间的资源流动联系和产业联系，分析不同生态环境补偿政策的区域效应。

3）在数据包络模型的基础上，构建产业结构冲突系数，以此度量区域间产业协调程度。基于投入产出表的RAS扩展，度量区域间产业带动。利用区位商和集中度系数的整合，建立一个新的产业空间格局变动系数，并以此对各产业空间格局变动进行统一度量。

4）利用投入产出模型和相关初始数据，采用基于数学规划模型的估计方法测算省际贸易流量和贸易结构，分析区际贸易联系的空间特征和基本格局；研究影响区际贸易强度的主要因素，按照区域协调发展的要求，提出促进我国市场一体化进程的政策措施。

5）建立判断与测度区域协调发展程度的指标体系，运用截面数据和时间序列数据，进行区域协调发展的动态测度与评价，根据评价结果提出政策建议，对区域协调发展目标优先顺序选择和具体实现路径进行动态调整，并进行长期跟踪研究。

1.4 研究的技术路线与主要内容

1.4.1 技术路线

项目组根据研究总体框架，明确了项目研究技术路线，具体参见图1-2。

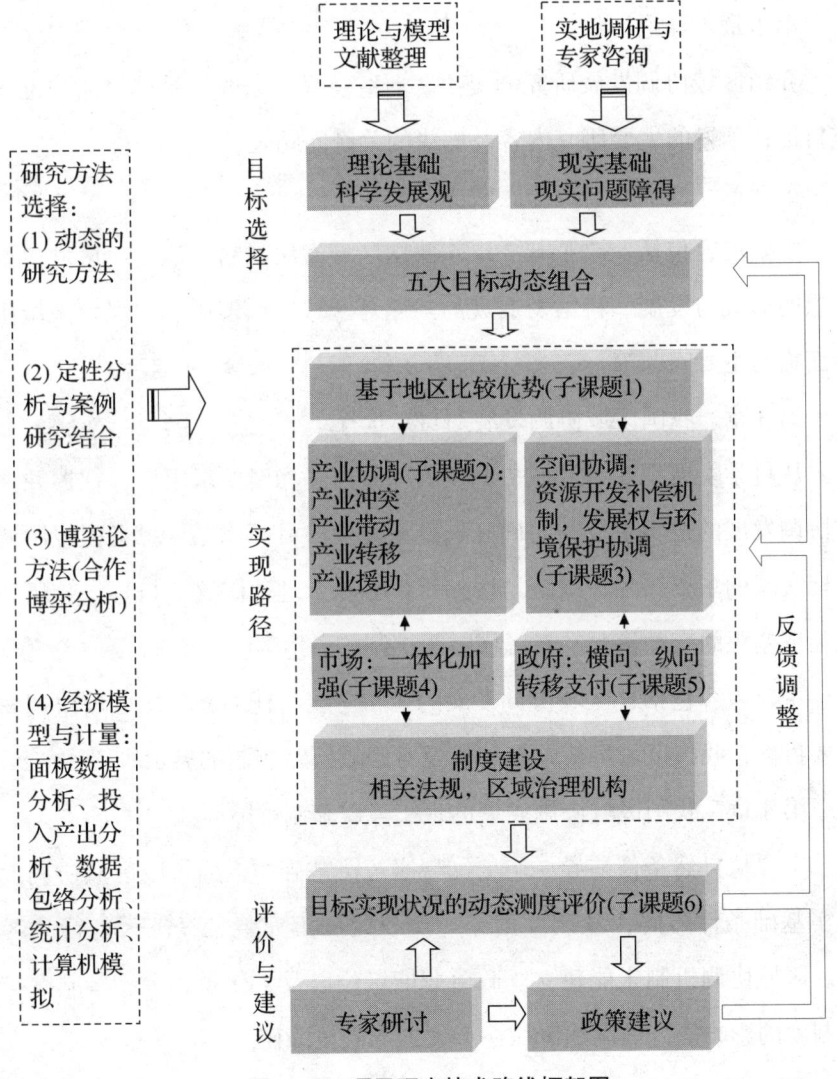

图 1-2 项目研究技术路线框架图

1.4.2 研究的主要内容

根据研究的总体框架图和技术路线图，将主要内容分为两个大部分。第一部分是总体研究，即本书的上篇总论；第二部分是五个专题研究，即下篇专题研究。

第一部分的研究内容为第1—7章。内容如下：

第1章 导论

介绍区域协调发展研究的提出、研究意义；研究的总体思路与框架、研究目标；项目的主要研究内容及解决的关键问题等。

第2章 科学发展观与区域协调发展

主要内容包括：改革开放以来我国区域发展战略的演变、区域协调发展思想的形成与发展、科学发展观的内涵与区域协调发展的内涵、区域协调发展面临的主要问题等。

第3章 我国区域协调发展的目标选择

从科学发展观赋予区域协调发展的新内涵和新要求出发，把握并探讨区域协调发展的逻辑主线，明确区域协调发展的目标体系，思考区域协调发展目标实现的主要路径；围绕地区差距控制在合理范围这一目标，分析我国区域经济差距的变动情况及对区域差距控制的启示等。

主要内容包括：区域协调发展的逻辑主线与任务领域、区域协调发展的主要目标；我国区域经济差距分析及对区域差距控制的启示等。

第4章 我国区域协调发展的现实障碍和制度障碍

主要从自然条件差异、历史和现实经济基础两方面说明区域协调发展的现实基础条件障碍；从制度落差、产权制度不完善、经济区与行政区的矛盾、区域协调机制未能建立、政府职能错位以及文化观念等一些制度与非正式制度的影响等方面阐述区域协调发展的制度障碍。

第5章 我国区域协调发展的实现路径

主要包括三方面的内容：一是我国区域产业协调发展的实现路径。基于我国产业结构趋同现象与我国区域产业协调政策，说明我国区域产业协调政策改进的思路和理论依据，最后基于全国五大区域工业部门比较优势的分析阐述了我国区域工业协调的路径。二是我国区域发展空间协调的实现路径。明确了我国区域发展空间协调的三个层次以及面临的困境，并以资源跨区开发、利用和生态保护空间冲突的解决机制为例，探讨我国区域发展空间协调的实现路径。三是我国区域协调发展的制度协调。

第6章 我国区域协调发展的动态评价与区域发展格局的调整

本章大致分为两部分，第一部分基于区域协调发展状况测度的基本要求，构建了区域协调发展评价的多目标维度评价体系，分别采用静态和动态组合评价方法，对中国区域协调发展状况进行动态评价，探讨中国区域协调发展状况的空间特征；并根据分析结论，提出相应的对策建议。第二部分分析了金融危机后，我国区域经济发展格局面临着新一轮的深度调整，需要在全国范围内建立更加合理的区域间产业分工体系，形成东中西优势互补、产业衔接、合理分工、联动发展的新型区域发展格局，并提出后金融危机时期中国区域协调发展的政策选择。

第7章 促进我国区域协调发展的政策建议

本章在前述内容基础上，探讨促进区域协调发展的政策体系框架，提出促进我国区域协调发展的总体思路和具体政策建议。

第二部分的五个专题研究为第8—12章。内容如下：

第8章 地区比较优势评价研究（专题一）

本章在总结归纳关于比较优势的各种来源和影响因素，以及比较优势与产业空间布局的关系的基础上，提出一个开放经济下地区比较优势动态分析框架；提出基于产业地方化视角的地区比较优势评价方法，并利用1985—2007年若干代表年份的省级地区数据，系统考察我国地区比较优势的演变规律；进而分析地区比较优势与区域协调发展的关系，并结合实证分析的政策启示和国外区域政策的相关经验，提出有针对性的政策建议。

第9章　区域产业结构协调研究（专题二）

本章从以下四个角度研究地区分工问题：从产业选择现状和原因看地区分工，从产业结构冲突看地区分工，从地区贸易格局看地区分工，从产业集群看地区分工。研究内容包括分工的描述、评价，以及原因分析。

第10章　跨区域资源开发与利益补偿机制研究（专题三）

本章首先分析说明了跨区域资源开发背景下新型区际资源生态关系与利益分配格局，基于跨区域调配资源的产权界定，阐述了跨区域资源开发利益补偿的三类主导因素、跨区域资源开发利益补偿机制，并在对不同利益补偿政策区域协调发展效应进行分析的基础上，提出跨区域资源开发利益补偿的若干政策建议，以促进我国跨区资源开发工程的顺利实施和区域协调发展战略目标的实现。本章的分析主要以西电东送工程南通道为例。

第11章　区域贸易联系与市场一体化研究（专题四）

本章通过估算我国省际贸易流量矩阵，比较各地区在省际贸易中的互益得失和测度区域市场一体化水平，阐述我国区域贸易的空间特征、存在的问题，把握在市场一体化进程中所处的位置和变动趋势，同时在理论层面上借助多区域的张伯伦—李嘉图（C-R）贸易空间模型，对地方政府的干预政策进行了深入分析和讨论，以便为推进市场一体化进程和协调这一进程中可能扩大的区域差距提供方向指导。

主要内容包括：我国区域贸易发展与空间格局分析、区际贸易得益比较与地方政策分析、我国市场一体化水平测度、市场一体化与区域协调发展等。

第12章　区际基本服务均等化与区域协调发展（专题五）

本章在分析我国区际基本服务均等化的实施背景和主要内涵的基础上，通过构建理论模型论证了区际基本服务均等化水平提高对促进居民福利水平提高的影响机理，然后用数量模型度量了我国1996—2008年的区际基本服务均等化水平，指出了影响我国基本公共服务均等化水平的主要因素，并以基础教育为例，具体分析其均等化水平和各种因素的影响强度；最后提出了有效促进区域基本公共服务均等化水平的政策建议。

2 科学发展观与区域协调发展

　　自1978年改革开放以来,我国区域发展战略发生了重大转变。目前,以科学发展观为引领的区域协调发展战略思想正得到初步贯彻与实施。促进区域协调发展是全面、深入贯彻落实科学发展观的必然要求,也是推动科学发展、促进社会和谐、全面建设小康社会的重要支撑,对于我国各地区充分发挥自身优势,形成相互促进、共同发展的新格局具有重大的现实意义和深远的历史意义。尤其在后金融危机时代,总结和回顾我国区域协调发展的理论与实践,并积极探索和研究区域协调发展面临的新机遇和挑战,与时俱进地不断创新,是值得区域经济学者深入研究的重要问题。

2.1　改革开放以来我国区域发展战略的演变

　　改革开放以来,我国的区域发展战略大致可分为三个阶段:

2.1.1　向沿海倾斜的非均衡区域发展战略（1978—1991年）

　　改革开放初期,我国的政策主要是配合对外开放的需要,首先在东部沿海地区发展外向型经济,积极参与国际竞争与合作,并辐射和带动广大内地，从而实现全国的快速发展。正如邓小平同志所言："我的一贯主张是，让一部分人、一部分地区先富起来，大原则是共同富裕，一部分地区发展快一点，带动大部分地区，这是加快发展，达到共同富裕的捷径"[①]。因为东南沿海是我国经济基础最好的地区，且其地理位置及外部历史姻缘均有利于对外开放、吸引外资。所以这一阶段国家在东部沿海地区实行"率先开放"，先后设立了5个经济特区、14个沿海港口城市、5个沿海经济开放区；同时国家在政策上给予大力支持，对东部沿海地区实行投资、财税、信贷、外贸外资、价格等政策倾斜，实行"率先改革"；中央的大项目也多布局在东南沿海地区，由此各类要素开始向东南沿海集中，促进东部沿海地区"率先发展"，进而推动了整个国民经济的发展。

2.1.2 区域协调发展战略初步形成阶段（1992—1998年）

第一阶段非均衡发展战略的实施，极大地释放了东部发达地区的经济能量，带来了国民经济整体的高速发展，但同时也带来诸多问题，如：区域发展不平衡加剧，三大地带间尤其是东部和中西部地区间发展差距进一步拉大，重复建设、地方保护日益盛行等。针对这些问题，国家从"八五"开始就着手对区域经济发展战略进行调整。但是真正把解决地区差距、实现区域协调发展提到战略高度，并作为一条长期的战略方针提出来，是始于党的"十四大"。

1992年，党的十四大报告提出，应在国家统一指导下，按照因地制宜、合理分工、优势互补、共同发展的原则，促进地区经济的合理布局和健康发展。此后，我国对外开放政策开始由沿海向中西部地区推进，开放了一大批的内陆省会城市、沿边、沿江城市。1995年9月，党的十四届五中全会通过了《关于国民经济和社会发展"九五"计划和2010年远景目标建议》，其中

[①] 《邓小平文选（第3卷）》，北京：人民出版社，1994年。

明确提出要"坚持区域经济协调发展,逐步缩小地区发展差距。"1996年3月全国人大八届四次会议通过的"九五"《纲要》专设"促进区域经济协调发展"一章,系统阐述了此后15年国家的区域经济发展战略。这标志着区域协调发展战略的重要性已经形成共识并成为我国经济社会发展过程中必须贯彻的重要方针。1997年党的十五大报告对地区差距的形势再次做了客观、准确的判断,进一步强调要促进地区经济合理布局和协调发展。

2.1.3 区域协调发展战略全面实施阶段（1999—2010年）

上世纪末以来,我国区域经济运行中各种隐性的区域问题逐渐明显化,如东部一些大城市的膨胀问题、中部六省经济地位的日益边缘化问题、东北老工业基地的衰退以及西部地区的严重落后等问题。区域经济关系的不协调,严重影响着国民经济的良性运行、社会的稳定发展和现代化战略目标的实现。同时传统要素对我国区域经济发展的影响正在下降,经济全球化、信息化、技术创新和生态环境正成为影响我国区域经济新格局形成的重要力量。

在此背景下,1999年党中央和国务院提出西部大开发战略,标志着我国区域协调发展战略开始具体实施。2000年"十五"《纲要》提出"实施西部大开发,促进地区协调发展",把地区协调发展提到了前所未有的高度。党的十六大也强调发挥各具特色的区域优势,促进地区协调发展。2003年,在总结以往区域经济发展经验教训的基础上,根据我国经济社会发展的阶段性特点,党的十六届三中全会第一次明确提出了"统筹区域发展"的重要战略,要求以科学发展观来统筹区域发展,继续发挥各地区的优势和积极性,逐步扭转地区差距扩大的趋势,实现共同发展。为切实贯彻这一方针,2003年9月和2004年3月国家又先后实施振兴东北老工业基地和促进中部地区崛起的发展战略。此后,在2005年十六届五中全会上发表的《"十一五"规划建议》中提出,要实施区域发展的总体战略,逐步形成主体功能定位清晰,东中西良性互动,公共服务和人民生活水平差距趋向缩小的区域协调发展格局。

2007年区域协调发展战略实施力度不断加大。2007年6月国务院批准成立重庆、成都城乡统筹综合配套改革的试验区，加上随后批准成立的武汉城市圈和长株潭城市群的"资源集约型和环境友好型社会"配套改革试验区以及之前的上海浦东新区、天津滨海新区综合改革配套试验区和原来的深圳特区，从而形成全方位的改革试验区战略布局。2007年7月国务院发布《关于编制全国主体功能区的意见》，全面启动全国主体功能区规划的编制工作。2007年10月，党的十七大报告提出，缩小区域发展差距必须注重实现基本公共服务均等化、引导生产要素跨区域合理流动。这一重要方针是从我国实际出发的，是未来十几年缩小区域发展差距的基本目标和促进区域协调发展的基本途径。2008年初温总理在《政府工作报告》中也提出，要继续促进区域协调发展。这也标志着以科学发展观为指导的区域协调发展战略进入全面深化和实施阶段。

2.2 区域协调发展思想的形成与发展

改革开放以来，随着国民经济的迅速增长，我国区域经济发展差距也在不断扩大。面对这一越发严峻的现实问题，学者始终密切关注，并就区域协调发展的内涵和标准等问题，进行了较长时间和较为深入的理论探索，其研究主要集中在以下几个方面：

2.2.1 关于区域协调发展思想的形成

早在1991年，国务院发展研究中心就开始了"中国区域协调发展战略"课题研究。刘再兴（1993）指出，随着改革开放不断深入，我国经济快速发展的同时也暴露出区域差距过分拉大、区域产业结构趋同等一系列区域问题。因此，协调区域关系、改善生产力布局，将成为20世纪90年代中国经济建设的主旋律[1]。但是关于协调发展的具体内涵和实施重点，学者们提出了不同的看法：魏后凯（1995）提出了适度倾斜和协调发展相结合的非均衡协调发展思想，即为了提高资源配置效率，国家可对重点地区和重点产业实行适度的倾斜政策，但是必须以保持地区间和产业间的协调发展为前提[2]。而曾坤生（2000）则结合现代协同理论，提出了区域经济动态协调发展的观点，强调适度重点倾斜与全面协调发展相结合[3]。李晓西（2000）指出，实施西部大开发战略，意味着我国区域经济发展已进入一个新的阶段，从之前的区域非均衡发展战略转变为区域协调发展战略。而协调发展的协调不是等同，也不是平均，协调承认差别，但要求缩小差距，要求配合，区域经济在协调发展若干年后将可能进入均衡发展的阶段[4]。

2.2.2 关于区域协调发展内涵的研究

蒋清海（1995）指出，区域经济协调发展的主要内容包括：区域总量结构、产业结构、经济布局和发展时序的协调以及区域经济关系的协调[5]。国家发改委宏观经济研究院地区所课题组（2003）认为，区域经济协调是一个综合性、组合式的概念，其基本内涵由五个部分构成：一是各地区的比较优势和特殊功能都能得到科学、有效的发挥，形成体现因地制宜、分工合理、优势互补、共同发展的特色区域经济；二是各地区之间人流、物流、资金流、信息流能够实现畅通和便利化，形成建立在公正公开公平竞争秩序基础上的全国统一市场；三是各地区城乡居民可支配购买力及享受基本公共产

---

[1] 刘再兴：“九十年代中国生产力布局与区域的协调发展”，《江汉论坛》，1993年第2期。
[2] 魏后凯：《区域经济发展的新格局》，云南：云南人民出版社，1995年。
[3] 曾坤生："论区域经济动态协调发展"，《中国软科学》，2000年第4期。
[4] 李晓西："西部地区大开发新思路的探讨与阶段分析"，《中国统计》，2000年第10期。
[5] 蒋清海："区域经济协调发展的若干理论问题"，《财经问题研究》，1995年第6期。

品和服务的人均差距能够限定在合理范围之内，形成走向共同富裕的社会主义的空间发展格局；四是各地区之间在市场经济导向下的经济技术合作能够实现全方位、宽领域和新水平的目标，形成各区域、各民族之间全面团结和互助合作的新型区域经济关系；五是各地区国土资源的开发、利用、整治和保护能够实现统筹规划和互动协调，各区域经济增长与人口资源环境之间实现协调、和谐的发展模式[①]。杨保军（2004）辨析了协调的概念，解读了协调的三个含义，即协作、调解和和谐，其中本质的含义是协作，并据此推论出区域协调发展在理论上的可能性。他把区域协调发展理解为四个方面：（1）遵循区域与城市成长发展的规律；（2）适应区域经济一体化发展趋势和要求。（3）建立有效的协调机制，从自然整合走向制度安排；（4）通过良性竞争实践科学发展观[②]。而吴殿廷（2006）则提出，区域协调主要包含三个层次：首先是区域中人地关系的协调即人与自然环境的关系协调；其次是区域中人的协调，涉及同代人之间和代际之间的关系；再次是区域内部不同地区之间的协调。区域协调发展的实质是利益的追求和分配，即效率和公平的平衡[③]。王琴梅（2007）指出"区域协调发展"应包括以下几方面的内涵：从结果上看，是指在发展的基础上实现区域间绝对收入差距的缩小，即能够 σ 趋同；从过程上看，是指各区域都要发展，而且落后地区要尽量发展得快一些，使区域间相对差距(增长率差距)缩小或反超，即能够 β 趋同；从过程和结果的结合上看，是在满足区域利益的帕累托改进的同时实现公平，即实现区域利益的"分享式改进"，并最终走向共同富裕[④]。

[①] 国家发改委宏观院地区所课题组：《21世纪中国区域经济可持续发展研究》，2003年。
[②] 杨保军："区域协调发展析论"，《城市规划》，2004年第5期。
[③] 吴殿廷："从可持续发展到协调发展——区域发展观念的新解读"，《北京师范大学学报(社会科学版)》，2006年第4期。
[④] 王琴梅："区域协调发展内涵新解"，《甘肃社会科学》，2007年第6期。

2.2.3 关于区域协调发展评价标准的研究

国家发改委宏观院地区所课题组（2003）提出了衡量区域协调发展度的三大基本指标体系：一是反映人均可支配收入方面的协调程度，主要包括基尼系数，五等分收入组收入差距，恩格尔系数等指标；二是反映人均可享有基本公共产品和公共服务方面的协调程度，主要包括基本口粮、卫生饮水、日用电力、初级卫生、初级教育等领域的人均供给水平；三是反映地区发展保障条件方面的协调程度，重点关注就业率，基本社会保障覆盖率等。另外，陈栋生（2005）认为，区域发展的协调性应主要从两方面进行检测：一是地区发展水平、收入水平和公共产品享用水平，通常采用人均地区生产总值、人均收入和公共产品享用水平等指标；二是区际分工协作的发育水平，即看各地区比较优势是否得到充分发挥，是否形成合理分工协作[①]。李尊实（2006）提出，在系统论指导下，以科学性、可操作性、显著性、层次性和动态性为原则选择指标，在层次指标体系的基础上，采用极大值标准法对原始数据系列进行标准化。并根据各指标的离散程度，给出协调度系数：$\Delta V = 1 - \sum |V - P_i| W_i$。协调度系数越高，说明区域发展协调程度高，处于均衡发展中；协调度系数很小时，说明区域发展处于不协调状态下，需要进行及时调整[②]。

上述研究和探索，在理论上有一定的创新和发展，对于区域协调发展战略的形成和实施起到了重要的推动作用。但是，对于科学发展观提出以后，对区域协调发展赋予新的要求与内涵以及目标选择没有深入探讨，其评价标准也缺乏动态的特征和系统的测度指标体系。

---

① 陈栋生：“论区域协调发展”，《工业技术经济》，2005年第4期。
② 李尊实，张炜熙，高铭杉："区域发展协调度评价"，《经济论坛》，2006年第2期。

2.3 科学发展观与区域协调发展

2.3.1 科学发展观的内涵

科学发展观是中共十六届三中全会提出的，即：坚持以人为本，全面、协调、可持续的发展观。十七大报告第一次全面准确地阐述了科学发展观的科学内涵，报告把科学发展观的内涵概括为四个方面：第一要义是发展，核心是以人为本，基本要求是全面协调可持续，根本方法是统筹兼顾。

以人为本，就是要把人民的利益作为一切工作的出发点和落脚点，不断满足人们的多方面需求和促进人的全面发展；全面，就是要在不断完善社会主义市场经济体制，保持经济持续快速协调健康发展的同时，加快政治文明、精神文明的建设，形成物质文明、政治文明、精神文明相互促进、共同发展的格局；协调，就是要统筹城乡协调发展、区域协调发展、经济社会协调发展、国内发展和对外开放；可持续，就是要统筹人与自然和谐发展，处理好经济建设、人口增长与资源利用、生态环境保护的关系，推动整个社会走上生产发展、生活富裕、生态良好的文明发展道路。

第一，必须把发展作为党执政兴国的第一要务。突出强调发展观念、发展模式的转变，着力把握发展规律、创新发展理论、转变发展方式，破解发展难题，提高发展质量和效益，实现又好又快发展。这里的发展，已经不是传统意义上的发展，而是科学发展。这里的发展是第一要义，实际上是科学发展是第一要义。同时，报告对发展理念作了进一步拓展，提出"实现三个发展"。一是实现以人为本、全面协调可持续的科学发展；二是实现各方面事业有机统一，社会成员团结和睦的和谐发展；三是实现既通过维护世界和平发展自己、又通过自己发展维护世界和平。

第二，必须坚持以人为本。一是以人为本的性质和含义是以民为本、执政为民。这就要始终把实现好、维护好、发展好最广大人民的根本利益作为党和国家一切工作的出发点和落脚点。因为人民群众分为不同的阶层和利益群体，所以维护广大人民的根本利益应该包括两层含义。一个是要首先从最大多数人的利益出发，即从占人口大多数的工人、农民这两大主体阶层的利益出发。另一方面是要维护好各个阶层的利益，协调好各阶层之间的利益关系。二是以人为本的基本要求是尊重人民主体地位，发挥人民首创精神，保障人民各项权益，走共同富裕道路，促进人的全面发展。三是以人为本的目的是做到发展为了人民、发展依靠人民、发展成果由人民共享。这里回答了为谁发展，靠谁发展和由谁享有发展成果等发展的根本问题。

第三，必须坚持全面协调可持续发展。全面发展，就是按照中国特色社会主义事业总体布局全面推进经济建设、政治建设、文化建设、社会建设，在重视经济发展的同时，更加注重社会发展。协调发展，就是努力促进现代化建设各个环节、各个方面相协调，促进生产关系与生产力、上层建筑与经济基础相协调。特别是促进城乡协调发展、地区协调发展、产业协调发展以及国内发展和对外开往的协调。可持续发展，就是坚持生产发展、生活富裕、生态良好的文明发展道路，建设资源节约型、环境友好型社会，实现速度和结构质量相统一、经济发展与人口资源环境相协调，使人民在良好生态环境中生产生活，实现经济社会永续发展。报告提出的建设生态文明，是对可持续发展理论的新发展。

第四，必须坚持统筹兼顾。主要包括如下四个方面：一是统筹发展，即统筹城乡发展、区域发展、经济社会发展、人与自然和谐发展、国内发展和对外开放；二是统筹协调利益关系，包括中央和地方的利益关系，个人利益和集体利益、局部利益和整体利益、当前利益和长远利益的关系，还要统筹协调不同阶层和群体的利益关系；三是统筹国内国际两个大局，善于从国际形势发展变化中把握机遇、应对风险挑战、营造良好国际环境；四是充分调动各个方面的积极性，这是统筹兼顾的目的。在统筹兼顾中应注重抓主要矛盾，重点是抓住牵动全局的主要工作，解决事关群众利益的突出问题。

2.3.2 科学发展观赋予区域协调发展的新内涵和新要求

科学发展观对于区域协调发展提出了三大要求——以人为本、全面协调发展、可持续发展。由此赋予的区域协调发展新内涵是：区域发展过程中，实现宏观（空间）经济效率与区域公平的统一；区域关系协调中，实现区域合作与区域竞争的统一。资源开发利用、产业分工、市场一体化进程中，区域利益协调是区域协调发展的根本所在，建立有助于实现区域间长期合作的区域利益共享机制是实现区域协调发展的关键。

（1）坚持以人为本，实现区域公平

坚持以人为本，要求区域经济发展是以实现人的福利增长、人的全面发展为目标。全国各地区居民都应能够共享改革发展成果，在发展过程中实现区域公平。这里公平的着眼点主要不是缩小地区间经济总量的差距搞平均主义，而是缩小地区间人民享有的公共服务和生活水平的差距。这就要求中央加大财政转移支付力度，大力发展西部等落后地区的社会事业，力争在全国实现基本公共服务均等化，避免区域发展差距扩大化。

（2）全面协调发展，提高宏观（空间）经济效率

全面协调发展要求实现五个统筹，即做到统筹城乡发展、统筹区域发展、统筹经济社会发展、统筹人与自然和谐发展、统筹国内发展和对外开放。要实现整个经济系统的统筹、协调发展，必须处理好两类关系：经济系统内的协调，以及经济系统与自然资源—环境系统的和谐。区域经济系统内的协调关键是区域间的产业协调和市场协调，这要求区域间产业结构合理化布局，区域市场实现一体化发展，从而提高宏观（空间）经济效率。

（3）实现可持续发展

可持续发展就是要促进人与自然的和谐，实现经济发展和人口、资源、

环境相协调，坚持走生产发展、生活富裕、生态良好的文明发展道路，保证一代接一代地永续发展。当前资源、环境约束在我国区域经济发展中体现得越来越明显，过去单纯强调以GDP为核心的区域经济评价难以体现科学发展观的要求。GDP等传统的、简单的产出评价已经不能真实、完全地反映现实区域经济状况。新时期，实现可持续发展要求区域经济发展过程中必须考虑所付出的资源、环境代价，坚持尊重自然规律谋发展的理念，从源头上、从根本上扭转我国生态环境恶化的趋势。在资源开发利用过程中必须注重生态环境的保护，协调资源输出区与输入区的利益关系，建立和完善资源环境补偿机制。

2.3.3 区域协调发展的内涵

区域协调发展的内涵非常丰富，概括而言，区域协调发展是一种坚持均衡发展与非均衡发展相结合的动态协调发展，强调在国民经济发展过程中，既要保持区域经济整体的高效增长，又能促进各区域的经济发展，使地区间的发展差距稳定在合理适度的范围内并逐步收敛，形成东中西相互促进、优势互补、共同发展的新格局。

具体而言，主要应把握如下四个方面：

一是各区域的比较优势得到充分发挥。即根据各地区发展的比较优势和潜力，因地制宜地选择不同的发展道路，实现区域经济的普遍发展和繁荣。通过明确各区域的分工定位，建立各具特色的区域经济体系，形成合理的区域分工。

二是区域差距控制在一定范围并逐步缩小。这一方面是指区域间收入差距控制在社会可承受的范围之内，并呈逐步缩小的趋势，最终实现地区间的共同富裕；另一方面要求逐步实现公共服务均等化，使不同区域的人民享受到大体相当的基础设施、教育、卫生等公共服务。

三是区域之间形成良性的互动合作关系。即各地区基于市场导向开展全方位、多领域的经济技术合作、进而建立起各区域、各民族之间紧密团结和互助合作的新型区域经济关系。

四是实现区域市场一体化。即强调打破地区间的市场分割和封锁，按照市场发育的内在规律，逐步形成规则统一、机制健全、价格合理、充分竞争的全国统一市场，进而发挥市场合理配置资源的基础性作用。

2.4 区域协调发展面临的主要问题

当前，我国各地区在保持高速的经济增长同时，区域差距虽然有所缓解，但在总体上仍呈现扩大趋势，成为区域协调发展中最突出的问题。发达地区与不发达地区在基础设施、医疗卫生、文化教育、社会保障等公共服务方面存在明显差距。另外，落后地区经济发展滞后，而横向、纵向财政转移支付力度又不够，使得落后地区的财政力量薄弱，难以提供与发达地区水平相当的基本公共服务。如何在继续提升宏观（空间）经济效率的同时，使各区域居民能够共享改革发展的成果，享受均等化的基本公共服务，实现区域发展公平和效率的统一，是当前面临的最为突出和紧迫的问题。

我国资源空间分布极不均衡，资源环境问题十分突出。由于各区域功能分工定位不明确，不少区域过度开发导致资源环境质量退化，综合承载力下降，经济增长的资源环境代价过大，可持续发展面临严重威胁。如何根据资源环境承载力和已有的开发力度，确定各区域的合理功能分工，实现空间的协调，是区域协调发展面临的又一突出问题。特别是在资源的跨区域开发与流动过程中，涉及地区间资源、环境利益的补偿问题。而区域间的资源环境补偿涉及众多利益主体，其中落后地区和生态脆弱地区的发展权问题应得到充分重视。无论是资源开发中的资源环境补偿还是落后地区发展权补偿，都面临资金来源问题，区域间的利益分配与协调难度很大。

在现行制度与体制背景下，由于地区间存在着地方保护、市场壁垒，市场一体化尚未形成。在现有的政绩评价体系下，地方政府倾向于追求GDP增长、投资规模扩张，忽略区域长期持续的发展利益，行为目标短期化明显，导致地区间盲目竞争、重复建设，地区比较优势没有得到充分发挥，难以形成合理的区域产业分工，行政区与经济区之间的矛盾十分突出。如何实现有序的区域内产业结构优化和区域间产业转移，促进区域分工合理化，加强区域间联系，既关系到发达地区产业结构调整，又关系到落后地区承接产业转移，实现经济发展。破解区域间产业结构冲突，加强区域间产业联动是区域协调发展的重要途径，其核心问题是如何处理好区域间产业合作与竞争关系。

上述问题是我国区域协调发展面临的主要问题，需要综合的破解思路和解决方案。

2.5 区域协调发展的历史意义与现实意义

自改革开放以来，我国区域发展战略经历了向沿海倾斜逐步向区域协调发展的转变。十四大报告正式明确提出区域协调发展战略，进入21世纪，我国区域协调发展战略进入全面实施阶段。实施区域总体发展战略，促进区域协调发展，是实现我国经济社会又好又快发展、确保实现全面建设小康社会、进而基本实现现代化宏伟目标的重大举措，是发挥我国社会主义制度优越性、促进社会和谐稳定的重大举措，也是保证我国各族人民共享改革发展成果、逐步实现共同富裕的重大举措。

首先，促进区域协调发展是落实科学发展观的必然要求。

当前我国经济活动在空间分布上非常不均衡：首先是经济活动空间分布与人口空间分布不均衡。经济总量大的发达地区没能吸纳相当比重的人口，而广大中西部地区由于区位条件、发展基础、历史等原因，经济发展相对较慢，在全国经济总量中的比重较低，但是其人口比重却大大高于经济所占比重。其次是经济活动强度与资源环境承载能力不协调。经过改革开放初期的粗放式增长，我国不少地区尤其是珠三角、长三角等东部沿海地区面临着日益严峻的资源环境约束。而促进区域协调发展有利于挖掘各地区发展潜力，实现优势互补，逐步优化产业空间布局，促进全国经济可持续发展。实施区域发展总体战略，促进区域协调发展可以有效扩大内需，是实现我国经济社会又好又快发展、确保实现全面建设小康社会、进而基本实现现代化宏伟目标的重大举措。

其次，区域协调发展是缩小我国区域差距，实现更好、更快可持续发展的迫切需要。

改革开放以来，东部沿海地区经济实力持续快速增长，但同时也造成区域之间差距不断加大。尽管近年来在国家的大力扶持下，中西部经济增速超过全国平均水平，但是东西部经济社会发展水平和居民收入的差距仍然呈现扩大的趋势。相比经济发展差距，发达地区与不发达地区在基础设施、医疗、教育等社会服务方面的差距更大。区域之间经济社会发展方面的巨大差距造成了不同地区间人民收入和生活水平的差异，为经济社会可持续发展带来了重大挑战。因此，促进区域协调发展是尽快缩小区域差距、实现全国可持续发展的必然选择。

再者，促进区域协调发展是构建和谐社会的客观要求。

区域发展不协调，区域发展中的区域问题不解决，区域之间存在矛盾与冲突，就会影响经济的增长，会加剧经济秩序和社会秩序的混乱，甚至威胁到社会稳定和国家安全。因此，从区域的角度说，区域协调发展即达到区域和谐，是和谐社会在区域层面上的体现，是构建和谐社会的基本要求。发展是构建和谐社会的前提和基础，必须坚持科学发展，在发展中构建和谐。

上篇：总论

区域协调发展是减少贫富差距的"推动机"和促进社会和谐的"稳定器"。国际发展经验表明，地区发展不平衡是造成贫富差距的重要原因，而贫富差距的扩大又会形成"富人不安心、穷人没希望、中产阶级不努力"的紧张人际关系，进而导致社会动荡以及人与自然关系失衡。拉美国家的教训表明，地区发展不平衡会加剧城乡差距、贫富分化、超城市化等问题，形成城市弱势群体和边缘地带，从而加大社会矛盾，甚至引发社会危机。可见，促进区域协调发展，减少贫富差距，尤其是减少区域间基本公共服务差距，有利于缓和社会矛盾，维护社会安定。

此外，对于我国这样一个多民族的国家而言，区域协调发展还是促进民族团结、维护祖国统一的重要保证。由于少数民族地区大都属于不发达地区而且地处边疆，通过帮扶等措施加快其经济社会发展，逐步缩小与发达地区的发展差距，改善少数民族人民生活水平，使其享受均等化的公共服务，可以体现民族平等、保持民族团结，增强凝聚力，从而为构建全民族和谐社会奠定坚实的基础。

参考文献

1. 《邓小平文选（第3卷）》，北京：人民出版社，1994年。
2. 刘再兴："九十年代中国生产力布局与区域的协调发展"，《江汉论坛》，1993年第2期。
3. 魏后凯：《区域经济发展的新格局》，云南：云南人民出版社，1995年。
4. 曾坤生："论区域经济动态协调发展"，《中国软科学》，2000年第4期。
5. 李晓西："西部地区大开发新思路的探讨与阶段分析"，《中国统计》，2000年第10期。
6. 蒋清海："区域经济协调发展的若干理论问题"，《财经问题研究》，1995年第6期。
7. 国家发改委宏观院地区所课题组：《21世纪中国区域经济可持续发展研究》，2003年。
8. 杨保军："区域协调发展析论"，《城市规划》，2004年第5期。
9. 吴殿廷："从可持续发展到协调发展——区域发展观念的新解读"，《北京师范大学学报(社会科学版)》，2006年第4期。

10. 王琴梅："区域协调发展内涵新解"，《甘肃社会科学》，2007年第6期。

11. 陈栋生："论区域协调发展"，《工业技术经济》，2005年第4期。

12. 李尊实、张炜熙、高铭杉："区域发展协调度评价"，《经济论坛》，2006年第2期。

13. 杜鹰："深入学习实践科学发展观 全面推进区域协调发展"，《宏观经济管理》，2009年第2期。

14. 范剑勇："市场一体化、地区专业化与产业聚集趋势"，《中国社会科学》，2004年第6期。

3 我国区域协调发展的目标选择

本章将从科学发展观赋予区域协调发展的新内涵和新要求出发，在把握并探讨区域协调发展的逻辑主线区域利益协调的基础上，明确区域协调发展的目标体系，探寻区域协调发展目标实现的主要路径；围绕地区差距控制在合理范围这一目标，分析我国区域经济差距的变动情况，考察并判断现阶段我国区域经济差距是否开始呈现出有所缩小的态势。

3.1 区域协调发展的逻辑主线

3.1.1 区域协调发展的逻辑主线

科学发展观的确立，赋予区域协调发展新的时代要求和新内涵，其核心是区域利益协调，关键是建立区域间利益共享机制。因此，从根本上讲，区域利益协调是区域协调发展的逻辑主线。科学发展观对于区域协调发展提出了三大要求——以人为本、全面协调发展、可持续发展。由此赋予的区域协调发展新内涵是：区域发展过程中，实现宏观（空间）经济效率与区域公平的统一；区域关系协调中，实现区域合作与区域竞争的统一。资源开发利用、产业分工、市场一体化进程中，区域利益协调是区域协调发展的根本所在，建立有助于实现区域间长期合作的区域利益共享机制是实现区域协调发展的关键。尤其是在资源开发利用过程中必须注重生态环境的保护，协调资源输出区与输入区的利益关系，建立和完善资源环境补偿机制。

伴随着西电东送、西气东输、南水北调等大型工程的开工建设，一场前所未有的资源跨区开发与调配正在我国国土空间上拉开序幕。经过近些年的实施，这些跨区资源开发与调配工程在改变我国资源地区分布严重不均，资源利用结构不合理以及资源禀赋与消费需求错位等方面发挥着积极的作用，同时也为资源输出区和资源输入区提供了新的经济发展机遇，双方在资源输送交易的基础上建立起新型区域利益关系，促进区域合作不断深化。但是，由于现阶段我国跨区资源开发与调配利益补偿机制尚不健全，新的资源生态问题与区域利益纠纷不断产生，不仅影响跨区资源开发与调配工程的顺利实施，制约着区域经济持续健康发展，也不利于区域间的协调发展。受资料获取等方面的限制，本课题主要以西电东送南通道为例开展研究。

3.1.2 跨区域资源开发利益矛盾主要表现及原因

目前，我国跨区域资源开发利益矛盾不断显现，其主要表现及原因大致为：

（1）资源产权界定不明晰

我国的自然资源除法律规定属于集体所有的森林和山岭、草原、荒地、滩涂以外均属国家所有，而作为国家权力执行机构的政府成为代理行使国有产权的最终控制者。目前，由于我国中央与地方政府，以及各级地方政府之间对资源产权界定不明确，国有企业等微观主体对资源的使用权、收益权等也不明确，导致资源开发所形成的收益在分配过程中出现矛盾难以解决，加之河流、水域、森林等具有跨区域性、外部性、效益整体性、公共物品性以及环境影响滞后性，使得跨区资源开发产权界定更加复杂，现行的资源、生态环境税费等在国家与资源输出区，以及输出区各级主体之间的分配因缺乏有力的依据而不尽合理。

（2）资源定价机制不完善

目前，西电东送定价机制主要是政府主导，采用发电成本加上平均利润制定电价，资源输出区与输入区在谈判基础上签订合同。这种定价机制存在以下问题：环境成本没有得到应有的体现，西部电力输出区承担的电力生产生态破坏成本及恢复治理投资等没有通过电价得到应有的补偿；当前西电价格没有充分考虑东西部的电力市场实际供求状况，而且电力供求主体参与西电东送定价的程度较低，导致一方面西电出口价格低于本地市场平均销售电价，另一方面西电落地价格低于东部输入区本地平均销售电价；电力输出区与输入区由于经济社会发展水平存在较大差距，以及在电力市场上面临的选择主动权也有所不同（如多个卖方对应一个买方），使得输出区与输入区在价格谈判过程中拥有的话语权不同，区域公平未能得到充分保证；目前的定价机制不能充分、有效激励发电、输电等各环节的市场竞争，降低了电力资源配置的效率，同时也导致一些环节垄断价格的不合理。

（3）生态补偿体系不规范

目前我国尚未建立完善的区域生态补偿机制，严重损害了区际资源配置的社会生态和经济效率。事实上，包括资源输入区在内的各方都对资源开发造成的资源生态成本表示认可，但由于我国资源有偿使用及生态环境货币化、生态补偿相关的法律法规相对缺失，生态补偿主体、标准、方式、途径等均不明确，生态补偿资金筹集渠道非常有限，造成生态补偿实施难度很大，有限的生态补偿资金也存在使用不规范、受益对象不合理等问题。跨区资源开发背景下的生态补偿由于涉及利益主体众多，利益关系错综复杂，生态补偿落实面临的困难更大，因此需要更健全的生态补偿机制、更规范的生态补偿体系。事实上这种机制与体系的缺失成为诱发区际利益矛盾的

3. 我国区域协调发展的目标选择

重要因素。

（4）区域利益分配与协调机制不健全

跨区资源开发与调配改变的不仅仅是区域之间的资源关系，生态利益关系、经济利益关系以及社会利益关系都会随之发生一系列的变化。由于目前我国区域利益分配与协调机制尚不健全，难以保障资源输出区与输入区在充分发挥各自比较优势下实现区域协调发展，区际利益矛盾也在所难免。首先，资源输出区虽然通过大规模的资源开发与生产可以获得更多的经济收益，一定程度上拉动了地区经济的发展，也对带动就业等产生一定的积极作用，但是资源大规模开发与生产导致的潜在经济与生态成本要由本地承担，而且在生产规模不断扩大的过程中，为了满足资源输出量，输出区当地的产业资源供给量甚至会受到较大的限制，这些都增加了资源输出区的利益损失。而资源输入区却可以在付出较低资源购买成本的前提下获得大量的优质、清洁资源与能源，并且在充分资源能源保障的前提下实现产业与经济结构的优化升级和投资环境、生活环境的持续改善。其次，现行工商、财税体制下，许多资源开发生产项目的收益并不完全发生在资源输出区当地，收益的很大部分通过（国税与地税）分税、投资（公司注册地在外地，其中输入区占有相当比例，交纳的税收也流向外地）、就业（工程就业人员中有许多外地人，工资收入等流向区外）等流向了包括中央和资源输入区在内的区外，当地居民收益更是微乎其微，有时他们的收益甚至低于由于移民、环境破坏等带来损失；第三，我国资源输出区主要分布在西部欠发达地区，而资源输出区主要分布在东部较发达地区，两者的产业分工表现为资源—垂直加工型格局。资源开发及其相关产业向西部地区的集中进一步固化了其在区域产业分工体系中的弱势地位，而优质廉价资源能源向东部的大规模输送却进一步促进了输入区产业与经济的升级，结果导致两者的差距越来越大。

国家"十二五"规划建议中特别强调资源节约、环境保护以及区域利益关系协调发展。今后应在其指导下，从资源产权界定、资源价格改革、生态补偿和利益分配等各角度逐步完善跨区资源开发利益补偿机制，以促进跨区资源开发调配工程的顺利实施与区域协调发展。

（1）加强区际资源制度约束，明晰资源产权

在初始阶段需要中央政府务实高效地做出区际资源的制度约束，资源产权明晰化。中央政府应加强对资源产权的认识、提高决策速度与效率、根据试点经验反馈及时适时地推进制度供给。建立资源产权市场、扩大排污权交易试点、深化资源性产品价格和环保收费改革。随着资源改革的推进，逐步淡出中央政府的制度供给，在重要资源国家所有的基础上，稳步地将一些资源的所有权向社会开放，建立以重要资源国有、包括个人资源所有权在内的多元资源产权体系。

（2）构建公平有序的竞争环境，理顺资源价格

按照市场规律引入竞争，鼓励资源节约与环境保护，提高资源开发生产技术与运行效率，深化资源性产品价格和要素市场改革，理顺资源价格，增加资源价格透明度；更多地让资源开发生产企业与大型资源用户等直接参与到资源价格制定环节；在保证适当利润空间的前提下，让资源输出区与输入区均能得到较好的利益，实现价格双赢，规范地方政府行为，使区际双方在竞争有序的谈判下达成交易合约；把社会民生和生态环保纳入地方政府的政绩考核体系，使区际双方自发地把社会利益和生态利益纳入谈判内容，并可以使落后地区的谈判能力得到提升；规范资源开采利用程序，减少行政审批，提高行政效率；理顺政企关系，防止出现偏袒企业而忽视民生和社会的廉价投票权现象。

（3）引导区域利益共享与深层合作，促进区域协调发展

健全和完善区域利益分配与协调机制，使资源输出区与输入区在公平公正的基础上实现利益共享并深入区域合作。一方面，规范资源输出区与输入

区在跨区资源开发调配过程中的责任与权利范围，明确成本与收益分配模式；另一方面，鼓励、引导资源输出区与输入区在建立新型资源关系基础上加强资源开发合作、产业合作与生态环境建设合作等，实现区域利益共享。尤其应引导资源输入区通过产业转移、技术带动、生态援助等途径实现对资源输出区的帮助与拉动。此外，配合资源产权界定，进行工商、财税体制方面的改革，让跨区资源开发的收益更多地留在资源输出区，并结合多元化的生态补偿方式让资源输出区居民获得更多的实惠。

（4）健全生态补偿体系，减少资源输出区生态损失

建立稳定、长效的西电东送生态补偿机制。建议成立专门的生态补偿执行与监管机构，负责生态补偿相关法律法规的起草、执行与监督，生态补偿资金的筹集、保值增值及使用，生态补偿纠纷的仲裁与处理等工作；建议加强资源有偿使用和生态环境货币化方面的立法，为西电开发对电源建设区的破坏得到应有的补偿提供法律依据；加强生态补偿资金使用的政策法规约束，确保资金用于云贵生态环境改善、恢复与治理方面；由中央政府建立专门的西部电力输出区生态基金，用于防范可能出现的生态破坏，在对生态与环境的危害发生时拿出使用；根据不同区域经济发展水平和环境容量，规定各区域的生态建设配额，作为政府考核的重要内容；借鉴现有排污权交易的实践经验，通过生态建设配额之间的交易为水电开发的生态补偿筹集资金。

在东部主要电力输入区和西部主要电力输入区之间建立起区域生态援助计划，使获得清洁能源、环境得到改善的东部向西部地区提供资金、技术、项目等方面的生态治理、恢复和建设援助；将水电开发所在区域划为特殊生态类型区，在水电开发企业和区域之间生态补偿的基础上，实施水电开发区域政府生态援助，同时，可以考虑从东部能源输入区拿出一定数额的GDP，专门用于水电开发区域的生态恢复和建设。

3.2 区域协调发展的主要目标

本研究认为，从区域协调发展的新内涵出发，围绕区域利益协调这一主线，从两大协调——产业协调和空间协调、两大推力——市场作用和政府作用分析入手，寻找破解思路和具体的实现路径。区域协调发展的五大目标及其动态组合情况可以在图3-1中得到基本体现。

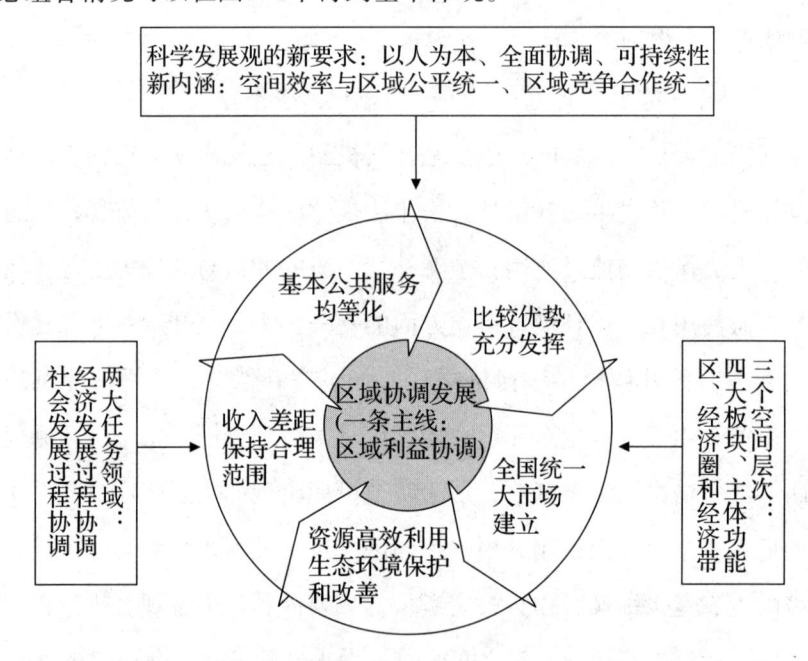

图 3-1 区域协调发展目标选择示意图

3.2.1 区域协调发展的五大目标

（1）地区比较优势充分发挥

各地区根据自身发展基础、资源禀赋、潜在优势等具体特点，明确其区域定位和比较优势，在此基础上深化地区间专业化分工，并加强区域间经济技术和人才等多方面的合作和互助，形成各具特色、优势互补、共同发展的区域关系新格局，从而提升宏观（空间）经济效率。

3. 我国区域协调发展的目标选择

在建设社会主义市场经济的过程中，应该尊重市场在资源配置中的基础性作用。在正确认识自身比较优势的基础上，遵循比较优势的规律发展经济。事实证明，在一定条件下，违背客观规律的扭曲现象将会被矫正。市场的扭曲积累到一定程度会以经济危机的形式出现，而政府干预、人为的扭曲也将被市场矫正，甚至"矫枉过正"，即"超调"(overshooting)。

（2）区域收入差距控制在合理范围

在当前一个时期，区域差距要控制在合理范围，从长期看要促进区域向均衡方向发展。这就要求既要注重区域间当前利益协调，又要注重区域间长远利益协调。具体来说，区域间收入差距要控制在社会可承受的范围之内，并逐步缩小，最终实现地区间的共同富裕。

众多学者考察了20世纪80年代和90年代以来我国区域经济差距的变动趋势，得出了基本一致的结论：物质资本、劳动力、人力资本等生产要素的空间差异、制度因素、市场化水平差异以及结构变动等因素，是导致区域经济差距扩大、阻碍区域协调发展的主要因素。

（3）地区基本公共服务均等化

地区基本公共服务的均等化是指与一定的社会经济发展水平相适应的，由各级政府提供的、确保一国范围内所有居民的基本生存权和发展权，公共服务水平由差距较大逐步变为大致相同的过程，而这种过程是以各地区居民的自由选择权和政府公平高效的转移支付为基础的。

从本质上看，地区基本公共服务均等化既是区域协调发展的重要目标，也是实现区域协调发展的重要手段。地区基本公共服务均等化意味着不同区域的人民都能够分享改革发展的成果，在基础设施、义务教育、医疗卫生、社会保障等方面享受到质量和数量都大体相当的基本公共服务，从而保障落后地区居民最基本的生存权和发展权，全面提高当地人口素质，增强落后地区长期的自我发展能力。地区基本公共服务均等化是政府财政平衡所追求的终极目标。

（4）市场一体化水平提升

消除地区贸易保护和壁垒，加强区域间贸易联系，逐步形成全国统一市场，从而使市场在资源配置中的基础性作用得到有效发挥。从体制上消除限制区域之间要素自由流动的制度根源，取消阻碍要素合理流动的区域壁垒，加大区域的开放程度，促成区域之间要素市场的统一。

区域市场一体化，是区域间的开放度不断提高、区际市场不断融合为一体的过程。首先，国内区域间的相互开放使得区域间要素流动趋于合理，区域间经济贸易联系得到加强，相互间的贸易量扩大，令各区域的消费者获得更多数量和种类的商品，进而令消费者效用提高；同时，市场规模的扩大，也会使得国家整体上在参与国际竞争时具备更大的优势，通过发达的贸易联系，地区之间分工将更加专业化，企业数目和总产出都将增加；此外，区域间贸易自由度的提高，还将改善各地区的技术效率、配置效率和价格效率。因此，区际市场一体化的提高对于国家整体福利水平和经济效益改善而言都是有利的。实现市场一体化是一个长期的过程，需要相关的政策措施保障和配合，协调可能扩大的区域间利益冲突，才能保证一体化的顺利推进和区域经济的协调发展。

（5）资源有效利用，环境生态得到保护和改善

在资源开发利用过程中，协调好区域间的利益关系，既保证当前资源空间配置效率，又保证长期内资源可持续利用，实现当前和长远发展利益的统一；在生态环境方面，要切实贯彻科学发展观，发展环境友好型产业，区域间加强环境保护合作，促进人与自然和谐相处,实现可持续发展。

以上五大目标是互相联系、互为促进、有机统一的。比较优势充分发挥是区域协调发展的基本内涵和首要评判标准；区域收入差距控制在合理范围是区域协调发展的必然要求；地区基本公共服务均等化是实现区域协调发展

3. 我国区域协调发展的目标选择

的基础保障；形成全国统一大市场是提升资源配置效率、实现空间最优的重要驱动力；资源环境得到保护利用是实现区域协调发展的落脚点和归宿。其中：区域收入差距合理和基本公共服务均等化主要体现区域公平，而其他三个目标则着重于宏观经济效率，两者是动态统一的。

最后值得强调的是，以上五大目标的组合是动态过程，在各发展时期优先顺序不同。经济社会发展所属阶段，以及面临的问题不断变化，决定了目标组合的动态性。当前的主要问题是区域经济差距过大，以及地区基本公共服务水平差异突出。因此，当前的主要目标排序如下：第一，区域差距控制在适当合理的范围内，不是消除，因为不可能消除；第二，实现各地区基本公共服务的均等化；第三，充分发挥各地区的比较优势；第四，消除壁垒，实现市场一体化进程；第五，实现资源的高效利用和生态环境的有效保护。

考虑到本研究在后续章节中将分别围绕地区比较优势充分发挥，地区基本公共服务均等化、市场一体化水平，资源有效利用、生态环境得到保护与改善这四个目标，进行专门论述与讨论。故此在本章中，将仅仅围绕地区差距控制在合理范围这一目标，分析我国区域经济差距的变动情况，考察并判断现阶段我国区域经济差距是否开始呈现出有所缩小的态势。

3.2.2 区域协调发展目标实现的基本路径

"十一五"以来，区域协调发展战略的实施是在过去的东中西三大地带的基础上，将东中西和东北地区作为一个整体，贯彻五大区域的战略布局，各区域的发展定位更加准确、发展重点更加清晰、政策导向也更加明确。

在本节的分析中，将遵循本研究的基本框架，从空间协调和产业协调、健全区域协调互动机制、识别问题区域和区域政策的作用对象等方面探寻区域协调发展的主要路径。

（1）以空间协调和产业协调为两大突破点，强化市场和政府两大推动

力，重点建立区域间的利益、环境补偿机制

区域协调发展涵盖范围广泛，本研究主张选择空间协调和产业协调为两大突破点，以此带动区域全面协调发展。在建立完善区域协调发展机制过程中，要实现区域间的空间协调和产业协调，如何借助市场和政府力量，健全区际利益协调机制是关键。必须强化市场和政府两大推动力，把市场机制的基础性作用和政府的调控作用有机结合起来。

——明确不同区域的功能定位，形成各具特色的区域发展格局

首先，不同区域的功能定位是缩小区域差距的重要途径。第二，不同区域的功能定位是从根本上改善生态环境状况的重要举措。第三，不同区域的功能定位是制定区域政策和完善评价体系的重要基础。明确不同区域的主体功能定位就是要在区域发展总体战略下，根据资源环境承载能力、现有开发密度和发展潜力，对不同区域进行主体功能区划，逐步形成不同区域主体功能清晰、发展导向明确、开发秩序规范，经济发展与人口、资源环境相协调的区域发展格局，区分优先开发区域、重点开发区域、限制开发区域与禁止开发区域等不同区域类型。通过主体功能区的划分，实现社会发展规划、城乡规划和土地利用规划在空间上的结合，保证区域发展在空间有序展开。

——加快区域内产业结构调整和区域间产业转移，缓解区域间产业结构冲突

需要优化区域产业分工与布局，强化区域间产业联系，推动区域间分工与合作；建立产业转移的区域合作机制和利益分享机制，建立产业援助机制，加强区域间联动发展，实现区域间产业层面的协调发展等。

——推进市场一体化进程，消除区域间贸易保护和壁垒

市场机制是实现区域协调发展的根本途径。在社会主义市场经济条件下，推进区域协调发展，首先必须打破地区封锁，建立统一开放、竞争有序的市场，实现生产要素在区域间自由流动，强化区域间贸易联系，推进市

一体化进程，使市场真正成为推动空间协调和产业协调的主要推动力量。

——加强政府纵向横向转移支付力度，保证基本公共服务均等化

为此需要规范转移支付的形式，扩展区域间对口支援的领域，切实推动落后地区发展。主要涉及区域间互助机制、扶持机制的建立和完善。互助机制是实现区域协调发展的重要补充。互助机制就是先富帮后富，这是我国社会主义优越性的重要体现。要拓宽支援领域，在继续搞好资金援助、项目援助的基础上，加大技术援助和人才援助的力度，放大辐射和带动作用，将外生援助转化为内生机制。

扶持机制是实现区域协调发展的重要手段。不同区域现有发展水平不同和主体功能定位不同，仅仅依靠市场机制的作用，区域发展不均衡，特别是区域间人民享有的生活水平差距大的问题可能在相当长时期得不到解决。只有在健全市场机制、合作机制和互助机制的基础上，加大政府的调节力度，才能更好地促进社会公平，保障全体人民共享改革发展成果，建设社会主义和谐社会。

——逐步完善区域间资源环境补偿机制，保证区域利益协调

既要保证资源开发区域的资源环境保护和改善，实现可持续的发展；又要保证落后地区的发展权得到保护和补偿。跨区域资源开发必须配合资源环境补偿，以保证区域利益协调，以及资源开发地区的可持续发展。现阶段，跨区域资源开发中的生态环境补偿应该结合市场和政府两种力量，互为补充，实现有限成本下的生态环境保护效果最大化。贯彻生态补偿两大支付原则，生态补偿资金同时来自受益者和损害者，拓宽和稳定资金来源，避免给政府财政造成过大负担。

（2）健全区域协调互动机制

区域间相互促进、优势互补的互动机制的形成是实现区域协调发展的重要途径，主要涉及健全市场机制、合作机制、互助机制、扶持机制。这些机制

是促进区域协调发展又一个重点。这"四大互动机制"体现了发展全国统一市场、促进生产要素自由流动的效率原则，体现了发挥各地比较优势、实现区域之间优势互补的共赢原则，更体现了发挥社会主义制度优越性、实现公共服务均等化的公平原则。互动机制的完善，将为区域经济协调发展提供重要的体制和制度保障，也是今后推进区域经济协调发展中需要着力加强的具体工作。

——健全市场机制，打破行政区域的壁垒

市场机制是实现区域协调发展的根本途径。我国正处于从计划经济向社会主义市场经济转轨过程中，区域发展不均衡，在相当程度上也是市场经济体制不完善，市场配置资源作用没有充分发挥的结果。市场机制具有使要素价格和要素收益均等化的作用，当发达地区的水、土地、劳动、能源、环境及其他资源价格上涨、收益下降时，资金必然流向这些要素价格较低的欠发达地区，从而促进欠发达地区的发展。我国由于市场经济体制还不完善，突出表现在要素价格还没有充分反映其稀缺程度，特别是多数发达地区对土地费用等要素价格进行补贴，在一定程度上阻碍了资金在区域间的自由流动。因此，在社会主义市场经济条件下，推进区域协调发展，首先必须打破地区封锁，加快建立全国统一市场，实现生产要素在区域间自由流动和产业转移，不能再靠行政命令调拨资源、靠计划安排项目来实现。

——健全合作机制，鼓励和支持各区开展经济和技术、人才合作

合作机制是实现区域协调发展的有力措施。各区域的自然禀赋不同，发展条件不同，各有各的比较优势，发展多种形式的区域合作，有利于实现区域间优势互补、互利共赢、共同发展。中西部地区具有资源优势，东部地区具有资金、技术和人才优势，东部地区的资金、技术和人才优势与中西部地区的资源优势结合起来，促进东部地区那些主要依靠中西部资源的产业向中西地区转移，既可以避免资源大跨度、大规模调动，降低全社会运输成本和交易成本，提高整体经济效率，也可以带动中西部地区的经济发展。要探索

建立制度化的区域合作机制，开展多层次、多形式、多领域的区域合作。要加强统筹协调，在基础设施和公共服务建设方面加强协作，避免重复建设和资源浪费。要充分发挥政府和中介机构的作用，建立区域合作服务体系，鼓励区域合作方式创新。

——健全互助机制，倡导发达地区帮助欠发达地区

互助机制是实现区域协调发展的重要补充。互助机制就是先富帮后富，这是我国社会主义优越性的重要体现。早在"七五"时期，中央就提出东部地区在发展中要主动考虑如何帮助中部和西部的发展。从这些年的实践看，区域间的互助已经取得良好成效。健全互动机制，就是要在总结经验基础上，进一步鼓励发达地区采取多种方式帮助欠发达地区。要继续做好发达地区对欠发达地区的对口支援，特别要做好对边疆和少数民族地区的生活对口支援。要继续鼓励社会各界捐资捐物，改善贫困地区和受灾地区人民的生活，改善义务教育、基本医疗等公共服务条件；要拓宽支援领域，在继续搞好资金援助、项目援助的基础上，加大技术援助和人才援助的力度，放大辐射和带动作用，将外生援助转化为内生机制。

——健全扶持机制，加大国家对欠发达地区的支持力度

扶持机制是实现区域协调发展的重要手段。这是对政府特别是对中央政府的要求。不同区域现有发展水平不同和主体功能定位不同，仅仅依靠市场机制的作用，区域发展不均衡，特别是区域间人民享有的生活水平差距大的问题可能在相当长时期得不到解决。只有在健全市场机制、合作机制和互助机制的基础上，加大政府的调节力度，才能更好地促进社会公平，保障全体人民共享改革发展成果，建设社会主义和谐社会；才能从全局和战略的高度保护重要生态功能区，使中华民族繁衍生息的空间不断得到改善；才能更好地履行政府提供公共服务的职责，使各地区人民享有大体相当的公共服务水平，创造良好的生活环境和公平的起点。我国现阶段的公共服务主要包括义

务教育、公共卫生、公共安全、公益文化、最低生活保障、扶贫等。公共服务的特点是广覆盖、均等化，这就要求政府公平地分配公共服务，逐步缩小城乡、地区间公共服务的差距，提高公共服务的公平性和可及性，逐步保障居住在不同区域的人民都享有大体相当的公共服务。实现基本公共服务均等化的目标。这一目标实现的基本途径就是财政转移支付。当一个地区的财力不足以保障本地居民享有与全国大体相当的公共服务水平时，中央和省级政府就应该加大这一地区的财政支持。

（3）明确标准区域划分和问题区域划分框架，识别问题区域和区域政策作用对象

—— 选择合理的地域单元作为国家规划和政策实施的基本框架

区域协调发展终归涉及的是区域之间的协调，对中央政府来说，要促进区域经济协调发展，就必须选择合理的地域单元作为国家规划和政策实施的基本框架。因此，必须基于合理的空间划分标准确定区域政策的作用对象。有效的国家区域政策，应该具有科学的目标区域识别标准，从而使区域政策更具指向性，确保区域政策的效应发生在目标区域内。从中国国情来看，可以考虑以省区为基础，以五大区域结合主体功能区及经济圈和经济带三个空间层次。即将全国大陆地区31个省市自治区划分为五大区域——东北地区（黑龙江、吉林、辽宁）、东部地区（北京、天津、河北、山东、江苏、浙江、上海、福建、广东、海南）、中部地区（山西、河南、安徽、湖北、湖南、江西）、西北地区（新疆、甘肃、青海、宁夏、陕西、内蒙古）、西南地区（四川、重庆、云南、贵州、广西、西藏），以此作为国家战略规划的地域单元。同时，结合主体功能区禁止开发、限制开发、重点开发、优化开发区域的划分，[①]以及几大经济圈和经济带的划分，以此作为国家调控与区

---

① 在这一层次上，国家在近几年陆续出台了7大综合配套改革试验区和11个区域性规划。

域政策操作的空间单元,识别判定区域援助和限制政策等的作用对象,诸如贫困地区、老工业基地、资源型城市、生态脆弱地区(沙漠化、石漠化地区、水源地、干旱地区、地质灾害频发地区)、粮食主产区、边境地区等区域政策援助区域以及属于膨胀问题区域的优化开发等区域。并根据不同类型问题区域的现状特征和主要病症,因地制宜地制定差异化的区域政策。区别对待、分类指导,由此促进区域经济的协调发展。

—— 加强制度建设,完善法规,建立区域协调机构

促进区域协调发展需要在制度创新、机构建设、法规建设、管理机制等方面予以完善,尤其要加强区域协调的立法和机构建设。通过体制创新健全区域管理机制,组建跨行政区的区域经济协调发展管理机构。构建区域发展合作的信息交流平台,促进区域之间的沟通与协作。

3.3 我国区域经济差距分析及对区域差距控制的启示

改革开放后,我国依据不均衡发展理论,实行依次开发、效率优先、兼顾公平非均衡发展战略,通过一系列优惠政策与措施,吸引更多物质、人力资本投入到那些交通设施便利、经济基础较好、科技水平较高的沿海地区,获得了投资少、见效快、效益高的效果。从总体上看,实施非均衡经济发展战略是积极的、有效的,经济快速发展,综合国力不断增强,人民生活持续改善。然而,中国在未来的改革中还面临着诸多困难和问题,在区域发展不平衡、收入差距、城乡差距以及贫富差距等仍处于"裹足不前"的尴尬境地,问题依然没有得到有效解决。[①]由于政策环境、经济基础、自然地理条件和历史文化等方面的差异,地区间并没有平等享受发展成果,我国省际

---

① 引自《中共十七届五中全会公报》。

间及区域经济发展水平的差异扩大趋势虽然有所缓解，但并未根本改变，尤其是沿海与内地经济发展差距扩大。这对我国经济发展、社会稳定、民族团结带来严峻挑战，引起广泛的关注。

3.3.1 我国区域经济差距的基本认识

区域经济差距在经济体制改革时期是在所难免。资源配置在市场制下实行优化配置，资源自觉地从效率低的区域向效率高的区域转移，促进经济高速发展，但也拉大了这两类地区之间的差距。加之，国家给予沿海地区改革开放优惠的经济政策，发展非常迅速，增大了沿海地区与内地差距。区域经济差异并非总不利于国家的整体发展，在一定限度内的差距是积极的，有利于整体经济效率的提高；适当的地区差异有利于地区间开展分工协作，变压力为动力，有利于国家宏观经济的发展与调控。但差距过大且超过了一定程度，则会影响到全国整体经济效率，这也不符合改革的目的与要求，不利于区域持续发展、社会稳定。区域经济差异问题不仅是经济问题，而且是社会问题。所以历来人们对此给予极大关注。目前，我国正处于全面建设小康社会、向中等发达国家迈进的关键时刻，缩小地区差距对保持经济持续稳定快速发展具有极其重要意义。

进入21世纪以来，国家开始倾向于解决区域公平问题。加快经济发展，虽然需要发挥经济条件较好的发达地区的作用，但以牺牲社会公平为代价的高速发展是不能持久的，其结果不仅伤害落后地区，最终影响全国发展。要在国内和国际竞争中取胜，就必须促进地区产业结构的合理分工以提高竞争优势，支持有条件的地区率先发展；同时，又要通过均衡战略促进落后地区加快发展，协调区域经济的发展。为了全面、持续、协调发展，中央提出科学发展观，统筹区域、统筹城乡发展，先后制定实施了西部大开发、促进中部崛起、振兴东北老工业基地等战略，加强区域经济结构的合理性，促进区域协调发展。2010年我国提出"实现包容性增长，解决发展中社会问题"[①]；追求国富转变为追求民富，关注缩小贫富差距；促进效率、增加公平，逐步缩小区域差距，使得国民经济又快又好的发展。

对于区域收入差距的研究而言，研究者采用的分析方法涉及基尼系数、区域人均收入差距比、区域人均GDP差距比等总体性、一般性指标方法，也涉及综合反映区域差距的泰尔系数的使用，同时认为区域经济增长收敛性研究为区域经济差距变化的分析及其综合解释提供了一条有效途径。因此，在本节分析中，主要从我国区域总体差距的分析入手，分析我国区域经济增长是否存在σ-收敛与β-收敛。考虑到分析的需要，对于β-收敛性检验只涉及β-绝对收敛，而不对是否存在β-条件收敛进行分析。对于政府来说，通过一系列政策手段，创造有利于欠发达地区以更快的速度实现经济增长的条件，达到与发达地区接近的稳态水平，通过β-收敛最终达到σ-收敛，实现缩小地区经济差距。

3.3.2 我国区域经济差异的实证分析

3.3.2.1 基于Theil系数计算与分解的分析

本节的研究中，应用集中指数Theil系数来分析我国区域经济收敛过程中可能存在的发散情况，也运用了Rey（2004）的方法为描述性分析给出了解析框架。由于Theil系数与区域划分的数量无关，从而容易比较不同区域系统的差异性，因此普遍用于分析空间布局(Theil 1967)。Theil系数表示全国省级区域之间的总体差距，显然$T \in [0, \log n]$，T值越大则一个区域系统内总体

[①] 2009年和2010年胡锦涛两次在亚太经合组织分别提出"包容性增长"，中共十七届五中全会又写入公报。包容性增长最基本的含义是公平合理地分享经济增长。所谓包容性增长，寻求的应是社会和经济协调发展、可持续发展，与单纯追求经济增长相对立。包容性增长对我国有特别重要的意义。

上篇：总论

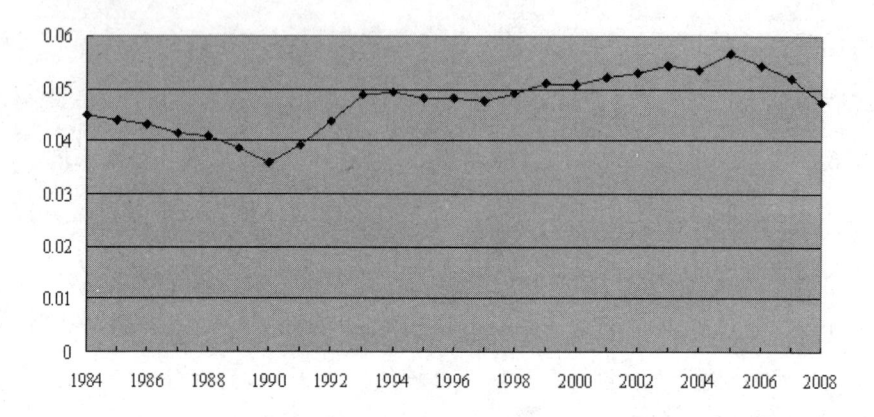

图 3-2 1984—2008年区域经济差距Theil系数值变化

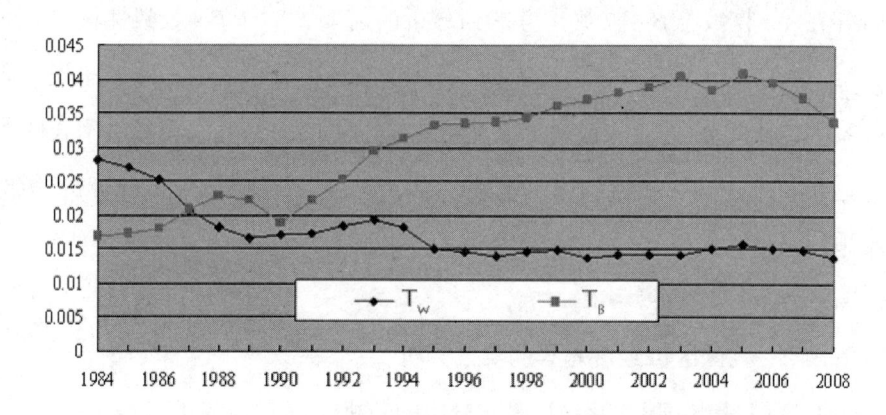

图 3-3 1984—2008年区域经济差距Theil系数值的分解（基于五大区域划分）

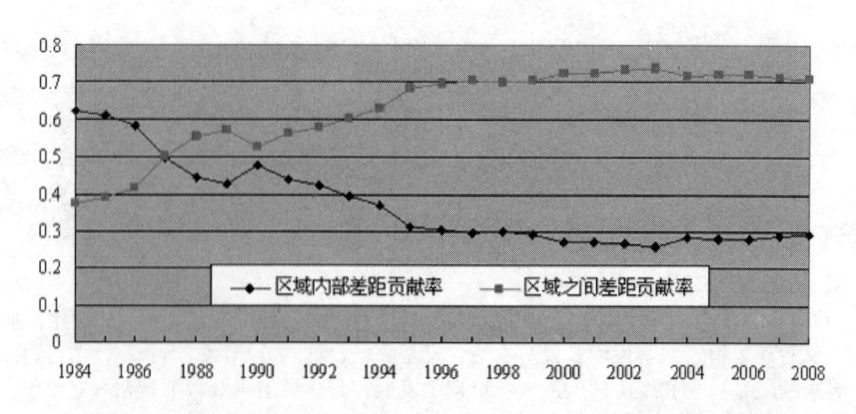

图 3-4 1984—2008年区域经济差距的贡献率分解（基于五大区域划分）

3. 我国区域协调发展的目标选择

差距越大。在本研究中,借鉴前述全国五大区域的划分情况,可以将全国总体 Theil 系数分解为五大区域内部差距T_W和五大区域之间差距T_B。

图3-2、图3-3分别说明了全国的 Theil 系数值变化及其分解情况。根据分解情况,可以计算出总体差距中的区域内部差距的贡献率和区域之间差距的贡献率,见图3-4。

计算结果表明,我国区域经济差距的变化呈现出以下特征:

(1)全国区域经济差距整体上呈现出长期的上升而近年有所下降的趋势,且明显的阶段波动性。

根据历年全国总体的Theil值,结合时间趋势分析,可以得到以下回归方程:

Y = 0.03937845 + 0.0005843839*@TREND(1983) +1.2612815*AR(1)-0.64360062*AR(2)

t=(14.863***)　　(3.268***)　　(5.703***)　　(-3.059***)

且:R^2=0.888546,ad-R^2=0.87094,DW=2.073,F=50.491,P(F)=0。由于时间趋势系数是正数,说明改革开放以来随着我国经济的高速发展,区域经济总体差距有不断扩大趋势,特别是20世纪90年代区域经济差距迅速扩大,从而表现出中国总体差距有所扩大。

从总体 Theil 值可以看出,1984—1990年呈下降趋势,1990年跌到谷底,1990—2000年呈上升趋势且上升速度先快后慢,2000年至今开始较平稳,2003年后呈下降趋势且下降速度先慢后快。其原因是,改革开放初期全国市场经济刚刚起步,经济发展较快,但计划经济为主在一定程度上促使了差距的缩小。另外,农村联产承包责任制的成功实施,使全国农民积极性提高,使得那些主要依靠农业为主的区域经济发展较快,表现出20世纪90年代初前全国区域经济差距有缩小趋势。1992年后随着全方位开放战略的实施,全国经济发展速度进一步加快,但是,由于国家对沿海地区实行优惠政策,人力资本和物质资本积聚发展，导致东部沿海较内地发展快，从而全国差距呈增长趋势。2000年之后国家政府考虑公平与效率的关系，为加强内地经济快速发展以缩小与沿海地区的差距，提出西部大开发政策，之后又提出了促进中部崛起及振兴东北老工业基地等一系列政策，使得内地加快发展，缩小了与东部地区的差距，特别是近几年许多产业开始逐步转移到内地，迅速缩小了与东部地区的差距。

（2）区域之间的差距占据区域差距的主导地位

从我国区经济差距分解图3-4可以发现：1990年后，中国区经济总体Theil值与区域经济差距的波动性相似，区域之间差距贡献率（1997年后都在70%以上）远大于区域内部差距贡献率，说明我国区域经济差异主要是由于区域经济之间的差异引起的。区域差距在1984—2008年间总体上区域之间差距呈扩大趋势，区域内部差距有降低趋势。以1984—1995年间较为明显，1984—2003年呈上升状态，2003年后有增长的态势，但1995—2008年较为平稳。所以要减少地区差距，必须要严格控制地区之间的差距。或者说，要控制地区收敛必须要控制区域差距。

（3）我国区域差距主要由东部地区内部省际差距和五大区域之间差距决定

地区内部差距分解为东、东北、中、西南、西北五大区域内部差距，全

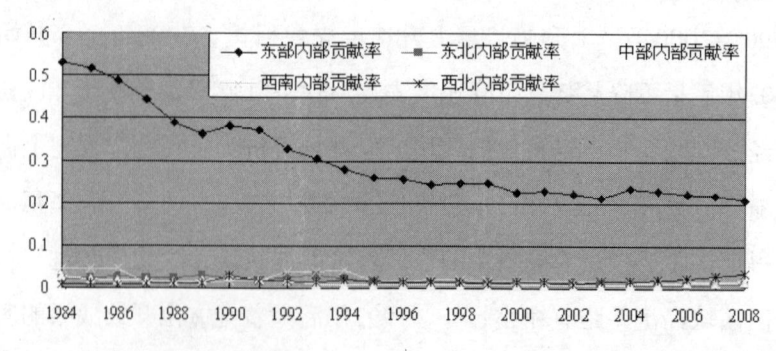

图 3-5 1984—2008年五大区域各区域内部差距贡献率的变化

国总体差距就分解为东、东北、中、西南、西北五大区域内部差距及五大区域之间差距六者之和。根据各区域内部差距贡献率图3-5及区域间差距贡献率图3-4，可以看出东部地区内部差距占据了区域内部差距的主导地位，其他地区微不足道，因此我国区域差距主要由东部地区内部省际差距和五大区域之间差距决定。

3.3.2.2 基于 $\sigma-$ 收敛检验的分析

（1）区域经济增长收敛研究简述

经济收敛也叫经济增长收敛（convergence 收敛、趋同），指在封闭的经济条件下，对于一个有效经济范围的不同经济单位，由于受到要素的边际报酬递减规律的制约，初始条件的人均产出或人均收入与其经济增长率（速度）之间存在负相关关系，即落后地区比发达地区有更高的增长率。因此从长期来看，发达地区终将被相对落后地区追赶上。区域经济收敛不仅仅满足于经济增长收敛，而更突出了通过收敛如何缩小区域经济的差距。与经济收敛有关的理论主要有新古典增长模型及内生增长理论，经济学家从数学、经济学、统计学和计量经济学角度说明，地区经济的增长率与它的初始人均收入水平之间具有一种负相关关系，即人均收入水平的起点越低，随后的经济增长率就越高；反之也成立。自索罗-斯旺模型以来，探索区域经济差距的收敛性文章不断涌现。Bernard(1995)就声称："新古典模型最激动人心的特征之一就是其在收敛现象中的应用。" 20世纪90年代巴罗(Barro)和萨拉-伊-马丁(Sala-i-Martin)从严格的计量经济学角度的研究出发，将收敛定义为 $\sigma-$ 收敛和 $\beta-$ 收敛。$\beta-$ 收敛又分为绝对 $\beta-$ 收敛与条件 $\beta-$ 收敛。后来从 $\beta-$ 收敛中有分离出来第三种收敛：俱乐部收敛。目前大多数文献研究区域经济增长的收敛也主要指的是这三种收敛性及经济增长收敛检验。研究收敛性的经典模型是巴罗公式，除此之外，也有学者专家从其他模型或途径研究经济收敛问题。

$\sigma-$ 收敛指的是各国或地区的人均收入水平的差距随着时间的推移而趋

于缩小。一般用国家或地区间的对数人均收入或产出的标准差来衡量。这一概念最接近于现实中我们对收敛的直观理解。$\beta-$收敛是指各地区人均GDP与人均GDP的增长速度之间呈负相关关系，也就是说在Solow模型"资本边际收益递减"的假设下，人均GDP越高的地区人均GDP增长速度越慢，反之亦然，它可理解成与时间序列相关的收敛假说，即穷国比富国增长快，就人均收入或人均产出而言穷国可以赶上富国。绝对$\beta-$收敛是指在一个封闭的经济体内，具有相同的参数值和生产函数的情况下，经济增长速度和初始人均收入水平之间存在着负相关。条件$\beta-$收敛则允许各经济体除了初始人均收入有差异外，其他各方面如经济结构、制度安排、政府政策、对外贸易技术水平等都存在差异。

从$\sigma-$收敛与$\beta-$收敛的比较来看，$\sigma-$收敛是指后发地区比先发地区具有更高经济增长率，$\beta-$收敛是指人均产出差异随时间推移而减少；前者是对产出存量水平的描述，后者是对产出增量的描述。$\sigma-$收敛是$\beta-$收敛的必要而非充分条件。地区间经济是否发生收敛，与生产函数中的资本系数、技术扩散速度、部门变迁、投资率对提高收入的反映、吸收国外先进技术的能力、利于投资和结构变迁的政策有密切的联系。研究收敛现象一个重要任务就是研究各个经济体达成稳态的因素，应着重找出决定后发展经济体向先发展经济体收敛的条件，进而为缩小地区间差距提供理论支持和政策工具。

（2）基于省级单元的$\sigma-$收敛检验结果

从现有的一些研究成果看，研究者发现中国省区间经济收敛性的波动与总体经济运行具有一致性，主要与中国经济体制改革及相关政策有关：20世纪80年代农村联产承包责任制实施的成功缩小了落后的农业省份收益，缩小了全国总体差距；而1992年后加快了沿海地区发展速度，扩大了总体差距；本世纪初实施了西部大开发战略及加强区域合作政策促使差距有所减小。

本节的分析主要基于省级区域单元，分析1984—2008年我国区域经济增长是否存在σ-收敛。结合分析的需要，同时对整个研究时段做了一定的划分，详见后续分析中的有关说明。分析中所采用的数据来源于历年的国家统计年鉴。根据σ-收敛检验方程，要对每年σ-收敛指数进行比较，以达到区域经济收敛的动态效应，必须消除价格因素对人均GDP的影响，从而取得可比性。为此，纳入模型时所有省（31个省市区，不含港澳台）的人均GDP均

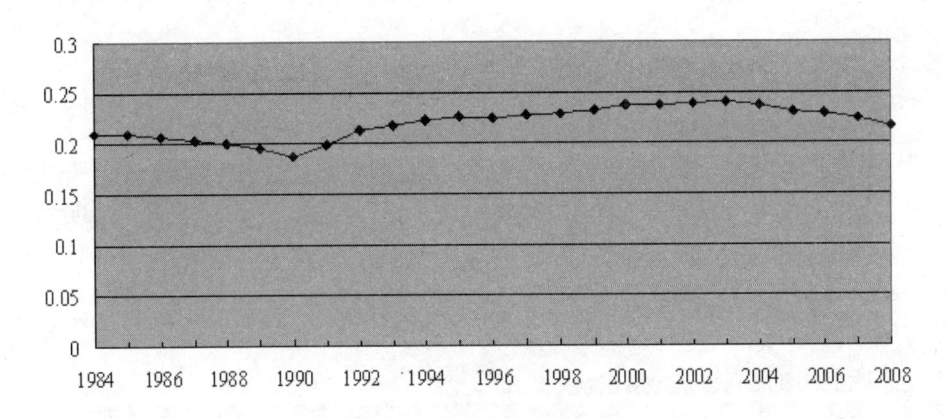

图 3-6 1984—2008年全国省级区域经济增长的σ-收敛指数动态变化情况

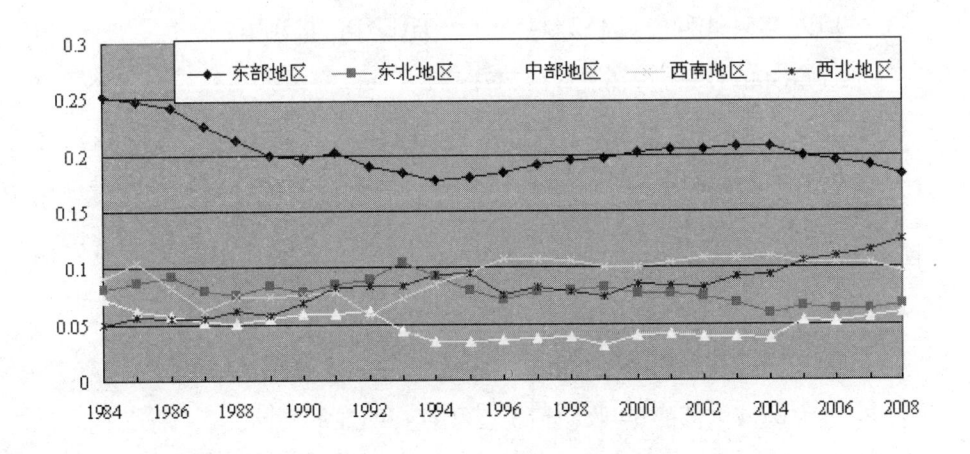

图 3-7 1984—2008年各大区域内省域经济增长的σ-收敛指数动态变化情况

应用了人均GDP的价格指数，将当年价人均GDP（名义）换算成真实的人均GDP（实际）。另外，所有省级数据所选时段为1984—2008年，以此与前面的Theil指数作对比。同样根据五大区域的划分情况，可以得到1984—2008年全国及五大区域的σ-收敛指数动态变化情况，参见图3-6、图3-7。

根据图3-6、图3-7，可以看出：

——σ-收敛指数具有显著的阶段性波动特征，而不是威廉姆森预测的倒U型。

1984—2008年间，σ-收敛指数大致可分为三个不同阶段，即：1984—1990、1990—2000、2000-2008。这一点与前面的全国总体Theil系数变化趋势（图3-2）非常相似。1984—1990年间，σ-收敛指数是下降的，说明在此段时间我国经济增长存在σ-收敛。1990—2000年间，σ-收敛是上升的，说明此段时间我国不存在σ-收敛。2000—2008年间，σ-收敛指数呈下降趋势，表明此段时间我国也存在σ-收敛。

为了进一步描述1984—2008年间我国区域经济增长可能存在的σ-收敛的整体情况，对σ-收敛指数作回归分析，得到的回归方程为：

$$Y = 0.1997864612 + 0.001525445561*@TREND(1983)+\mu$$

$$t=（46.44009***）（5.271325***）$$

且：R^2=0.54127，ad-R^2=0.527437，DW=0.297150，F=27.78687，P（F-stat）=0。该模型通过t和F检验，尽管存在拟合度较差，存在序列相关性。但由于时间趋势变量的系数为正，但体现了整体上升态势。可以认为，1984—2008年间我国σ-收敛指数具有上升姿态，而模型检验表明了1984—2008年间，从整体上而言我国区域经济增长不存在σ-收敛。

——各大区域内部的σ-收敛情况变化存在明显的不同。

东部地区各省之间差距尽管也具有波动性，但整体具有下降趋势，说明东部地区具有σ-收敛性，内部差距减少。东北部地区整体下降，存在σ-收敛性。中部地区σ-收敛指数动态情况呈U型，1999年时谷底，该地区先经历下降阶段后有逐步上升，表明该地区经济先是1999年前具有σ-收敛1999年后具备σ-发散。从近几年来看中部地区经济，各地经济发展速度不一致，导致了内部差距越来越大。西南地区在1996—2004年间σ-收敛指数较为平稳，σ-收敛不存在，内部差距变化不大，2004年后呈收敛状态，差距有减少趋势。西北地区总体上是上升，表明该地区在1984—2008年间不存在σ-收敛，内部差距越来越大。从β-收敛的特征来看，东部地区、东北地区整体上具备β-收敛，其他地区发散。

（3）基于地市级单元的σ-收敛检验结果

上述σ-收敛检验结果从省级区域角度大致说明了我国区域经济差距的变化，具有一定的参考价值。但实际上，分析结果不甚理想，这主要在于对五大区域分区域的σ-收敛甚或对全国的σ-收敛检验而言，若按照省级数据处理俱乐部收敛的话，将会违反计量经济学中样本严重不足的问题。因此为了弥补这个不足，本节还将从地级层面数据分析，说明我国区域经济增长是否存在σ-收敛，并分五大区域分别进行分析，以说明各大区域内的区域经济增长是否存在σ-收敛，并加以比较。

分析中所采用的地级单元层面数据均来源于历年各省统计年鉴。由于全国所有地级数据收集的客观困难，在本节分析中的时间段为1992—2008年。此外，部分地级（州、市、盟）人均GDP数据，通过GDP/人口得，或用移动平均补齐数据（如安徽1995年前）。所有数据经过价格因素处理，增强可比性。行政区划变动时，尤其是2000年前西南的四川、广西等地市拆合较多，数据处理时主要根据当年的行政区域通过σ-收敛指数方程计算每一年的σ_t，尽管每年的行政区域不一样。另外西藏从1992—1998年间缺少地级数据，1992—1998年间去掉西藏各地市，直接用西藏区数据代替，2000—2008年间则采用地级数据。

根据σ-指数的计算公式，可以得到1992-2008年基于地市单元数据的全国及五大区域的σ-收敛指数动态变化情况，参见图3-8、图3-9。

根据图3-8、图3-9，可以较好地说明1992—2008年我国区域经济增长是否存在σ-收敛情形：

——σ-收敛指数同样具有显著的阶段性波动特征。

总体而言，1992—2003年间，全国的σ-收敛指数基本保持持续上升的态势，2003年后呈现出下降。表明1992—2003年间，全国区域经济差距扩大，经济增长呈发散态势。2003年后，全国经济差距逐渐缩小，经济增长具有σ-收敛性。

——各大区域内部的σ-收敛情况变化存在明显的不同，东部地区、东北地区、西南地区三大区域内的经济增长基本形成了σ-收敛的态势，而中部地区、西北地区两大区域内的经济增长则呈现出发散性。

东部地区σ-收敛指数呈现明显的波浪现象，1992—1996年下降，1996—2002年上升，2002年后下降。表明东部地区内部1992—1996年及2002年后形成了σ-收敛。

东北地区σ-收敛指数在1992—1996年下降，1996—2000年上升，2000年后显著下降。表示东北区域内部在1992—1996年及2000年后形成了σ-收敛。

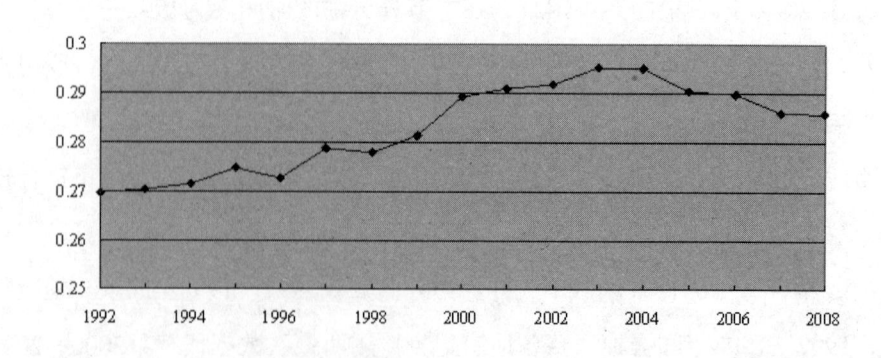

图 3-8 1992—2008年全国区域经济增长的σ-收敛指数动态变化情况（地市单元尺度）

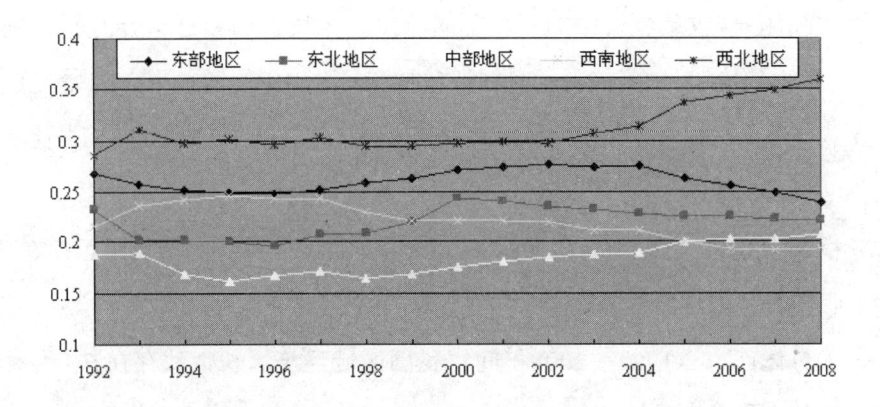

图 3-9 1992—2008年各大区域内区域经济增长的 σ-收敛指数动态变化情况（地市单元尺度）

中部地区 σ-收敛指数在1992—1999年下降，1999年后上升，表示1999年后区域内部差距扩大，区域内经济增长呈现发散性态势。

西南地区 σ-收敛指数在1992—1995年上升，之后明显趋于下降趋势，表示区域内部差距从1995年后缩小，呈经济收敛态势，形成了 σ-收敛。

西北地区 σ-收敛指数在2000年前比较平稳，2000年后逐步上升。表明西北地区差距是扩大的，区域内经济增长呈现发散性态势。

3.3.2.3 基于 β-收敛检验的分析

考虑到数据获取的难度，在本小节分析中采用的数据为省级数据，来自各年的中国统计年鉴及各省统计年鉴，时间段仍为1984—2008年。

（1） β-绝对收敛检验结果

β-绝对收敛是否存在主要考虑的是人均GDP的增长率与初始人均GDP是否存在负相关，而增长率必须考虑不同时间的可比性，所以这里也将数据（当年价）进行价格指数修正，把名义值变成实际值，这样人均GDP增长率才是实际增长率，才显得有意义。

根据巴罗和萨-伊-马丁的 β-收敛的经典公式，并结合前文我国区域经济增长的σ-收敛分析中的三个不同阶段,采用截面数据,分时间段进行β-绝对收敛检验。令γ_{it}表示时间段t的省i人均GDP的增长率,初始变量是$\log Y_{i0}$。1984—2008年中国区域经济增长是否存在β-绝对收敛的OLS及修正回归结果参见表3-1。

根据表3-1,可以判断出1984—2008年间我国区域经济增长是否存在β-绝对收敛。主要结论为:

①总体而言,1984—2008年间,我国区域经济增长大致存在β-绝对收敛的态势,但收敛速度很弱,约为0.55%。可以看到,在1984—1990年间和2000—2008年间呈现出β-绝对收敛态势,而1990—2000年间呈现出发散态势,但总体上表现出弱收敛的态势。尽管截距项通过t检验,但$\log Y_{i0}$的系数没通过t检验,而且拟合度很差,F没通过检验表示此模型应该是非线性关系。因此模型极不精确。这种趋势只能大致说明我国总体上地区差距在不断缩小,以每年0.489%微弱速率在减少区域发展差距。但这一点与Theil指数分析及σ-收敛检验所表现出来的结论有所不同。

② 分阶段表现出不同情况具有不同收敛性。在1984—1990年间各项指标通过t、F检验,但拟合度较差;$\log Y_{i0}$系数为负,存在绝对收敛,收敛速度较强约为2.6%。在1990—2000年间通过t、F检验,但拟合度不高,DW值

表 3-1 1984—2008年中国区域经济增长的β-绝对收敛检验

时间段	1984—1990年	1990—2000年	2000—2008年	1984—2008年
截距	0.090816***	-0.03657**	0.07509***	0.038248***
t	4.758099	-1.96709	3.866692	3.557844
$\log Y_{i0}$	-0.022308***	0.021798***	-0.016924***	-0.004616
t	-3.109641	3.340248	-2.711196	-1.142355
R^2	0.250062	0.277839	0.207934	0.043061
Ad-R^2	0.224202	0.252937	0.179646	0.010064
DW	1.691171	0.89975	2.400797	1.422367
F	9.669869***	11.15726***	7.350582***	1.304975

3. 我国区域协调发展的目标选择

续表

时间段	1984—1990年	1990—2000年	2000—2008年	1984—2008年
收敛速度	0.023949144	−0.01972	0.01818488	0.00489
是否收敛	收敛	发散	收敛	弱收敛

注意：1.***表示显著性水平为5%，**表示显著性水平为10%。2.检验是对OLS检验，Eviews通过White检验来发现是否存在异方差，通过DW、相关图和Q统计量发现是否存在序列相关。若P<5%,拒绝原假设（同方差或无序列相关），认为存在异方差或序列相关。其中1990—2000年间，通过检验有序列相关，然后修正结果如表中所示。以下表格类似，不再说明。

显示有序列相关；$LogY_{i0}$系数为正，表明发散，发散速度为1.97%。2000—2008年间各项指标通过t、F检验，但拟合度较差；$LogY_{i0}$系数为负，收敛存在，收敛速度为1.65%。这与Theil指数分析及σ−收敛检验所表现出来的结论大致相同。

（2）β−条件收敛检验结果

由于地区人均收入的增长率不仅取决于初期的人均收入水平，而且也受到资源禀赋、产业结构、地区间要素流动等因素的影响。1984—2008年间β−绝对收敛检验结果的分析也表明了单纯进行β−绝对检验，其模型结果集解释从整体上而言不尽人意，或者说在模型分析中应当考虑加入一些其他控制变量。如果在β−绝对检验的分析模型中加入一些变量之后，回归结果仍然表现为负相关关系，则存在条件β−收敛。

在本小节中，课题组综合分析了影响区域经济增长的重要因素，初步选取了8个控制变量，检验中国区域经济增长是否存在条件β−收敛态势。选取的变量中涉及如经济结构、制度安排、政府政策、对外贸易技术水平等。限于数据查找困难及指标较多，分析中选用的时间段为1990—2008年。分析中各项数据均应用各项价格指数进行价格因素处理，从而具有可比性。

根据模型分析中考虑的影响区域经济增长的重要因素，分别选取了部分控制变量，这些控制变量的解释如下：

① 政府因素

政府因素表现在政府行为，政府行为表现于财政支出及政府消费，体现出政府的政策与制度。这里用"政府行为＝政府消费支出/GDP"代表，符号记为ZF。

② 资本因素

资本因素包括人力资本投入和物质资本投入因素。人力资本因素既含有初始人力资本，同样还有后期人力资本投入。区域内劳动者的素质是直接影响所在区域生产率高低的重要因素。这里用"1990年平均每位教师负担学生人数"来表示初始人力资本，符号记为CSRL。

③ 物质资本投入因素经济增长的主要因素。这里用"投资率＝资本形成总额/GDP"来测度，利用 TZ 表示年均投资率。另外，物质投入和积累还与投资效益系数有关，采用"投资效率＝GDP/固定资产投资总额"表示投资效益系数，符号记为TZXL。

④ 人口与开放程度因素

人口增长因素制约经济发展的因素之一，特别影响人均GDP。所以用人口增长率来测度人口因素，RK代表人口年均增长率。

随着市场经济发展，开放程度越高，经济发展越迅速。这里测度开放程度用"开放程度＝进出口总额/GDP"表示，符号记为KF。

⑤ 工业化水平因素

工业是一个地区经济发展的主动力，这里用"工业化水平＝第二产业增加值/GDP"测度工业化程度，符号记为GY。

⑥ 区位因素

地理位置对区域经济发展也非常重要。采用$D=\begin{cases}1,&\text{当第}i\text{省沿海}\\0,&\text{其他}\end{cases}$表示区位

条件，即东部地区及辽宁、广西为1，其他为0。

在β-绝对检验的分析模型中，纳入上述控制变量，构建的计量经济模型式为：

$$\gamma_i = \alpha + \beta \log Y_{i0} + \beta_1 ZF_i + \beta_2 RL_i + \beta_3 TZ_i + \beta_4 TZXL_i + \beta_5 KF_i + \beta_6 RK_i + \beta_7 GY_i + \beta_8 D_i$$

模型左边表示增长率，右边是控制变量。

本节数据采用EVIEWS6处理，处理原则是首先尽量处理掉不能通过t检验，然后处理不与预想一致的变量以符合实际意义，最后修正异方差性或相关性。在分析中为了说明β-条件收敛检验的模型拟合效果，同时检验1990—2008年中国区域经济增长的β-绝对收敛情况。得到的检验结果参见表3-2。

表3-2 1990—2008年中国区域经济增长的β-绝对收敛检验与β-条件收敛检验结果

	绝对收敛模型	条件收敛模型
截距	0.021338***	0.076941***
$\log Y_{i0}$	0.000857	-0.016739***
ZF	/	-0.033219***
RL	/	/
TZ	/	0.012656***
TZXL	/	/
KF	/	/
GY	/	0.017238***
RK	/	-0.086791***
D	/	0.003401***
R^2	0.996813	0.999935
$Ad-R^2$	0.996703	0.999919
DW	1.84766	2.394367
F	0.209912	166.7939***
收敛速度	-0.00085	0.01992
是否收敛	发散	收敛

1990—2008年中国区域经济增长的β-条件收敛检验结果表明：加入控

制变量组后收敛性的判断发生了根本变化,即1990—2008年中国区域经济增长存在β-条件收敛,且收敛速度明显改进（β值由正变负）,1990—2008年间条件收敛速度为1.99%。各项指标的系数符合预想,经济含义合理。说明1990年后,随着经济发展,尽管各省经济发展速度不一致,区经济不平衡增长,1990—2008年间不存在绝对收敛（但2000—2008年间存在绝对收敛）,加入控制变量如政府因素、固定资产投入、投资效率、工业化水平、人口因素等后的分析表明1990—2008年中国区域经济增长存在β-条件收敛。

3.3.2.4 各种分析的综合说明

综合Theil指数值变化分析、σ-收敛检验、β-绝对收敛和β-条件收敛检验的结果分析,尽管各种分析结果在解释上存在一些不同之处,特别是在对全国区域经济差距是呈现出扩大趋势还是呈现出一定的缩小趋势的基本判断上,具体的阶段性变化特征有所不同,但从总体上而言,这些分析结果基本表明了:改革开放以来,中国区域经济差距整体上呈现出长期的上升而近年有所下降的趋势,且明显的阶段波动性。对于近年来全国区域经济增长大致表现出区域总体差距有所缩小的态势的判断大致是一致的。

如2005年以来Theil指数表现出下降的趋势,且五大区域之间的差距呈现出一定的缩小态势;基于省级层面数据的σ-收敛指数在2000年后呈下降趋势,表明此段时间全国经济增长存在σ-收敛。基于地市单元数据的σ-收敛指数2003年后呈下降趋势,表明全国区域经济差距逐渐缩小,经济增长具有σ-收敛性。β-绝对收敛检验表明,2000—2008年间全国区域经济增长呈现出β-绝对收敛态势,尽管拟合模型极不精确,但这种趋势还是可以大致说明2000年后我国总体上地区差距在不断缩小。β-条件收敛检验结果表明在加入控制变量如政府因素、固定资产投入、投资效率、工业化水平、人口因素等后,1990—2008年中国区域经济增长存在β-条件收敛。

3.3.3 区域经济差距调控的一些启示

近年来，我国区域经济增长中既表现出一定的 $\sigma-$ 收敛性和 $\beta-$ 绝对收敛态势，又存在有条件的收敛，这表明了当前我国区域经济总体差距有所缩小。但从长远来看，仍然需要寻求缩小区域差距的有效之策，体现构建和谐社会的根本要求。

这些分析也表明了，未来国家除了在区域经济发展政策上继续给予有力的支持外，还需要从经济生产要素上下工夫，了解要素产贡献率，相应提出生产重点，促进区域经济收敛性，提高收敛速度，缩小区域经济发展差距，促进区域经济协调发展。面临东部地区与其他区域差距，如何加快落后地区（东北、中部、西南、西北）发展，促进或加速全经济收敛，给出落后地区一些重要启示：

（1）要加快资本投入，增加落后地区的投资，提高资本投资增长率，改变现有投资结构。这样提高落后地区人均收入增长率，从而追超赶东部地区，达到经济收敛。继续加大资本投入力度，可以极快地促进东北、中、西南、西北地区发展。经济增长离不开物质与人力，当今中国人口多，与增长率成反比，急需的是物质资本投入。必须进一步加大招商引资，充分利用外资，从而更快实现经济收敛。

（2）控制人口增长，降低人口增长速度，有利于提高人均收入增长速度。人口总量过多仍然是制约我国经济发展和社会发展的非常重要因素。对于落后地区，控制人口增长率尤为重要。控制人口数量措施一定要与经济利益措施结合，使增加人口者的经济成本提高，降低人口者获得必要的经济收益，这样才能够使人口增减的社会成本收益落实到个人头上。

（3）增加人力资本投入，加快落后地区人力资源的培育，提高从业人员的素质，引进高素质人才。加强自主研发与创新，增强科技核心竞争能力，提高产品科技转化率，提高技术贡献率。增加政府人力资本投资支出，关键是在体制上解决好教育投资收益的归属和投资的长期行为问题，并在地方政府政绩考核中有新体现。人力资本积累，尤其是专业化的人力资本积累是经济长期增长的根本源泉。加强科技和教育培训，依靠人才强国战略，实现经济又快又好的发展。

（4）拓展人力资本投资渠道，调整优化教育结构。充分发挥教育对经济增长的促进作用，使教育结构与经济发展水平相适应。主要是：适度发展高等教育，提高规模效益与教学质量；引导教育投资重点投向基础教育和职业教育；大力发展成人教育；重点扶持农村地区和不发达地区的基础教育，降低贫困地区儿童的失学率，努力减少青壮年文盲，真正把提高教育水平作为提高整个国家人力资本水平的基础，使我国人力资本的增长与经济增长步入良性循环的发展轨道。

（5）政府要尊重市场规律，恰当定位政府职能，扩大市场资源配置作用。政府积极引导投资的同时，要尊重市场机制的作用，改善投资环境，提高投资效率，有助于加快人均收入的增长速度，从而缩小与东部地区的差异，实现全国区域经济收敛。

（6）加快工业发展，是有利于地区经济发展的必要条件。工业化水平的高低决定一个区域经济发展的关键因素。工业是拉动经济增长的主要动力，要进一步促进落后区域经济发展，必须加快工业发展。走新型工业化道路，促进资源节约、环境友好型社会建设。

参考文献

1. 陈秀山、杨艳："我国区域发展战略的演变与区域协调发展的目标选择"，《教学与研究》，2008年第5期。
2. 刘玉、冯健："跨区资源调配工程的区域利益关系探讨——以西电东送南通道为例"，《自然资源学报》，2008年第3期。
3. 陈秀山、丁晓玲："西电东送背景下的水电租金分配机制研究"，《经济理论与经济管理》，2005年第9期。

4. 刘玉、陈秀山："西电东送战略的区域效应评价"，《区域经济论丛(二)》，北京：中国经济出版社，2006年。

5. 徐瑛、陈秀山："西电东送区域经济效应评价"，《统计研究》，2005年第4期。

6. 宋洁尘、陈秀山、刘玉："西电东送环境效应综合评价"，《资源科学》，2005年第5期。

7. 夏清、彭涛、江健健："兼顾经济协调发展和电网安全的区域共同市场"，《电力系统自动化》，2004年第19期。

8. 万军等："中国生态补偿政策评估与框架初探"，《环境科学研究》，2005年第2期。

9. 经济合作发展组织："环境税的实施战略"，北京：中国环境科学出版社，1996年。

10. 巴罗、萨拉-依-马丁："经济增长（中文版）"，北京：中国社会科学出版社，2000年。

11. Barro Robert J. and Sala-i-Martin Xavier. "Economic Growth and Convergence Across the United States", NBER Working Paper, 1990, No. 3419

12. Barro Robert J. and Sala-i-Martin Xavier. "Economic Growth Section of Political Economy". Quarterly Journal of Ecomonics, 1991, (106):2407—2443

13. Barro Robert J. and Sala-i-Martin Xavier. "Convergence". The Quarterly Journal of Economics, 1992, 100(2)

14. Rey, Sergio J. "Spatial Analysis of Regional Income Inequality. In M.F. Goodchild and D.G. Jannelle (eds.) Spatially Integrated Social Science", Oxford University Press: Oxford, 2004.

15. Theil, H. "Economics and Information Theory", Amsterdam: North Holland publishing Corporation, 1967.

16. Maurseth, Per Botolf. "Convergence, Geography and Technology", Structural Change and Economic Dynamics, 2001, 12: 247—276.

17. 魏后凯：中国地区经济增长及其收敛性，《中国工业经济》，1997年第3期。

18. 马瑞永：经济增长收敛机制：理论分析与实证研究 [D] .浙江大学博士学位论文，2006年11月。

4 我国区域协调发展的现实障碍和制度障碍

本章将主要从自然条件差异、历史和现实经济基础两方面说明区域协调发展的现实基础条件障碍；从制度落差、产权制度不完善、经济区与行政区的矛盾、区域协调机制未能建立、政府职能错位以及文化观念等一些非正式制度的影响等方面阐述区域协调发展的制度障碍。

4.1 区域协调发展的现实基础条件障碍

4.1.1 自然条件差异

自然条件的差异主要表现在两个方面：自然资源禀赋条件和地理区位条件。它们是区域间的天然差异，成为区域协调发展难以回避的现实背景。

4.1.1.1 自然资源禀赋

（1）自然资源禀赋的空间差异性是区域差异或区域经济差距最初始的、最直接的原因

自然资源是人类社会生存发展的根基，在经济发展中起着最基础的作用，因而其空间差异性是导致区域差异和区域经济差距最初始的、最直接的原因。人类自古就知道"逐水草而居"，一个区域发展的最初总是依靠区域

4. 我国区域协调发展的现实障碍和制度障碍

内自然资源的开发而发展起来的，区域资源的优势决定着区域经济发展的方向，资源的构成往往决定着区域产业结构。自然资源对区域经济发展差异的影响主要表现在两个方面：

首先，自然资源禀赋的优劣影响劳动生产率。马克思认为："撇开社会生产的不同发展程度不说，劳动生产率是同自然条件相联系的。"自然资源的数量多寡影响区域生产发展的规模大小。自然资源是区域生产发展的自然物质基础，某种自然资源数量越多，利用该自然资源发展生产的规模就有可能越大；自然资源的质量及开发利用条件影响区域生产活动的经济效益。同一种资源，在其他劳动条件相似的条件下，自然资源的质量及开发利用条件对该区域自然资源开采和利用的劳动生产率、成本、产值具有决定性的影响。

其次，自然资源条件影响区域产业结构。区域产业的最初选择总是建立在自然资源基础之上的。有某种资源，就有可能发展起以开发利用该种资源为主的产业部门；不同种类的自然资源的组合，就有可能导致以这些自然资源为利用对象的不同的产业部门的发展，比如矿产资源的数量与分布特征影响采掘工业的开发规模与发展重点；地区工业体系的发展方向与工业基地的布局，受到有关地区各种矿产资源数量、质量条件与地域组合的综合影响等。一般认为，自然资源条件对农业、矿产业的影响最大，而高科技、知识型产业对自然资源依赖较弱。

（2）自然资源对区域发展差距的影响力在不断改变

虽然自然资源对于区域经济差异的形成有相当的影响，但这种影响有一定的限制性。自然资源对人类的生存和发展有着其他任何东西都不可替代的作用，在农业社会和工业化初期，自然资源作为维持人类生存的重要物质来源，几乎维护着整个经济系统，起着主导性的作用。但随着人类科学技术和制度的发展，自然资源的限制作用显著变化，人类与自然资源的关系在不断发生着改变。这表现在：对自然资源的利用广度和深度在不断扩展，新型的、可替代资源不断被发现利用,各种资源在经济发展中的地位不断改变;交通的发达,使得自然条件与自然资源对生产布局的制约逐步削弱;社会分工和产业链的不断细化和延伸,越来越多的行业并不直接依赖于自然资源;随着人类经济制度和区域甚至全球范围内经济格局的演化,经济的增长更多的是依靠知识创新、科技创新,智力、技术和信息成为社会经济发展中最重要的资源。

(3)自然资源对经济发展的制约

自然资源并不一定是经济发展的决定力量。丰裕的自然资源也可能是经济发展的诅咒而不是祝福,事实上,许多资源丰裕的地区或国家都陷入到了低增长的陷阱中。那些资源缺乏的区域为摆脱资源束缚而主动放弃传统的增长方式,依靠技术创新和制度创新实现了更快的经济增长,而资源丰裕的区域却陷入资源依赖型的增长陷阱,经济增长步履维艰甚至停滞不前。徐康宁和王剑以中国的省际面板数据为样本,对"资源诅咒"效应的假说进行了实证检验。他们的计量结果显示,该命题在中国的省际层面同样成立,多数省份丰裕的自然资源并未成为经济发展的有利条件,反而制约了经济增长,并认为"资源的诅咒"效应是我国东西部发展差距的一个重要原因。[①]

4.1.1.2 地理区位

地理位置和区位条件像自然资源一样使区域的发展具有空间异质性。法国经济学家佩鲁说:"还找不到一个不同的群体和地区曾经经历了相似的、平衡的、分布均匀的增长这样的特例,也找不到一个不同的群体和地区曾经经历了分布均匀的持续增长这样的特例"。具有区位优势的区域拥有得天独厚的发展条件,如有的地区拥有天然良港,自然比交通闭塞的内陆地区具有发展外向型经济的可能性。而且技术和文化的扩散也受到距离的影响,离文化和技术发源地近,接受扩散较早。相反,离文化和技术发源地远,接受扩

---

① 徐康宁,王剑:自然资源的丰裕程度与经济发展水平的关系研究,《经济研究》,2006年1月。

散较晚。因此，一个区域的发展，必然要考虑到它所具有的地理位置和区位优势，这是它对资本、技术、市场具有吸引力的前提，也是它对制造、销售、储备、运输具有竞争力的基础。

地理区位对于一个地区经济发展的制约或促进作用不是独立存在的，区位条件往往与国家宏观政策以及地缘政治经济形式结合在一起，共同对地区经济发展产生影响。区位这种资源不是任何时候都能促进地区经济的发展，只有当国际国内形势有利于该地区开发时，它才成为优势资源。比如，香港地区有三项优势，地理位置优越、体制及制度健全、税制简单兼低税率，这三种优势是结合在一起共同发挥作用才使得香港成为国际金融中心、贸易中心以及航运中心的。我国东南沿海地区作为中国对外开放战略性的前沿阵地，也主要是由其地理区位、历史渊源和国际环境所决定的。地理区位因素是我国对外开放战略共同作用影响我国地区经济差异的。[①]

4.1.1.3 自然条件对我国区域差距的影响

我国地域广阔，自然条件多样，由此构成各地区开发和发展的不同自然地理基础。自然资源条件和地理区位对我国东西部经济发展差距的形成和扩大具有基础性的影响，主要表现在三个方面：

第一，东西部迥然不同的自然环境条件提供了不同的经济发展基础。东部地区相对具有较优越的自然条件：东部沿海地区地处江河下游平原及三角洲平原，适宜的气候、丰富的水资源及肥沃的土壤为农业等基础产业的发展提供了保障，也对其他产业发展产生有力的支持，形成经济发展的良性循环。西部地区地势较高、多高原、山地及荒漠严寒地带，生态环境脆弱，农业发展受到环境的制约，严重影响当地经济状况。从表4-1中可以看出，东部地区耕地资源丰裕，不仅平原分布面积广，而且大多为优质耕地宜农耕

---

① 郭岚：《我国区域差异与区域经济协调发展研究》，四川出版集团巴蜀书社，2008年，第70页。

地、耕地两项的比例达到74.1%，一般耕地仅占12.7%；西部地区耕地面积所占比例很小，丘陵、山地占去72.9%。因此尽管西部地区土地广袤，但土地产出率与东部地区相比有较大差距。

表 4-1 中国东、中、西部三大地带不同质量的耕地和不同地貌类型区域所占比例（%）

地带	宜农耕地	耕地	一般耕地	平原	丘陵	山地
东部	41.7	32.4	12.7	37.7	17	45.3
中部	24.7	21	11.2	44.2	21.7	34.1
西部	7.3	7.2	1.9	27.1	19.8	53.1

资料来源：王桂新：《中国人口分布与区域经济发展》，华东师范大学出版社1997年版。

我国东、中、西部生态环境的天赋条件存在很大差异，加上不合理开发造成的地区环境恶化，成为区域差距扩大的一个重要因素。中国科学院可持续发展研究组对我国各地区的评估研究认为，"中国可持续发展能力明显呈现由东向西依次递减趋势"。研究表明，在生存、发展、环境、社会、智力五种支持系统中，三大地区面临的共同问题是改善生态状况、增进环境的支持力、形成可持续发展，但西部的环境情势更为严峻（见表4-2）[1]。

表 4-2 我国各省区的生态环境脆弱度

脆弱等级	省区及指标值							
极强脆弱	宁夏 0.8353	西藏 0.8329	青海 0.8045	甘肃 0.7821	贵州 0.7153	山西 0.6927	陕西 0.6613	新疆 0.6537
强度脆弱	四川 0.6285	河北 0.6204	内蒙古 0.6186	云南 0.5925	河南 0.5893	安徽 0.5380	吉林 0.5248	
中度脆弱	湖北 0.4766	广西 0.4507	辽宁 0.4400	黑龙江 0.4314	江西 0.4137			
轻度脆弱	湖南 0.3418	福建 0.3123	山东 0.2575	江苏 0.2072	浙江 0.2017	广东 0.1647		

资料来源：刘维隆：《西部大开发中如何搞好环境保护工作》，载国家环境保护总局编：《第二届全国环境保护优秀调研报告文集》，332页，北京，中国环境科学出版社，2003。

---

[1] 杨敏：区域差距与区域协调发展，《中国人民大学学报》，2005年第2期，第26-32页。

第二，相对丰富的矿产资源并未给西部地区带来经济繁荣。主要原因：一是资源转换为经济效益低，表现为：企业技术水平低，产品竞争力不强，规模经济效益差，缺乏市场竞争力，经济增长方式主要还是靠资金、资源的投入取得的，科技含量特别是高科技含量还较低，自然资源优势难以迅速转化为经济优势。二是工业发展过度依赖自然资源，使得产业发展不平衡，工业呈典型的资源型特征，资源开发型和高载能行业产业链短，多数为初级加工业，产品附加值低，使经济抗御风险的能力不强。同时，工业发展过度依赖能源和资源消耗，诱发"资源诅咒"效应，使得产业结构升级困难，环境污染严重，投资环境恶化等。而东部虽然矿产资源匮乏，但凭借天然优越的地理位置和国家政策的倾斜，发展起附加值更高的制造业和服务业，实现了从自然资源劣势向生产要素优势的转化，拉大了与中西部地区的差距。三是在传统的计划体制下，扭曲的要素和产品价格体系使中西部地区的资源优势与价格优势相背离，资源利益大量流失，使中西部地区在工业化初期无法依靠自然资源的比较优势发展起来。改革开放后，政府在放松工业制成品价格管制的同时，继续压低原材料和初级产品的价格，资源收益继续从内地生产厂家向沿海企业转移，结果是相对落后的中西部地区向经济发达的东部地区经济增长不断提供"补贴"，导致地区差距进一步扩大。[1]

第三，东部地区相对于中西部地区具有明显的交通和区位优势，降低了经济发展中的交易成本，提供了较多的发展机会和更大的发展空间。20世纪70年代以来，世界经济重心的转移使东南沿海地区具有接受这种机遇的最为有利的地理区位。吸引了国内外大量的要素流向该地区，赢得了发展先机。冯兴元等研究结果显示，如果用各省市与沿海的距离来衡量区位优势的话，那么这一距离和人均GDP成反比，即离海岸线越近，经济增长越快。[1]中西

---

[1] 郭岚：《我国区域差异与区域经济协调发展研究》，四川出版集团巴蜀书社，2008年，第72页。

部地区则由于交通不便和信息闭塞,大大增加了外生交易费用,降低了交易效率,严重阻碍了地区经济、文化的发展。

综上所述,自然地理条件的空间差异性是中国的区域发展差距存在的背景和基础因素,今后仍将长期产生影响。但一般而言,在经济增长初期,一些非制度因素比如资源禀赋状况、人口状况可能起比较大的作用,随着经济的增长,这种非制度因素的作用将逐渐削弱,制度是否有效将成为一国或地区能否实现经济增长和发展的关键因素。

4.1.2 历史和现实经济基础

随着社会进步和经济发展,区域差距形成和扩大的原因,更多地取决于人类活动而不是自然条件。分析总结中国区域差距形成的原因,既有历史根源,又同改革开放以来的政策差别有关。既有本国内部的原因,也有世界经济格局的影响的因素。

4.1.2.1 历史的积淀是区域差距存在的基础

从历史上看,中国自宋朝以来,经济、人口偏集于东部地区的格局一直延续至今。汉朝以前,中国的经济中心在北方的黄河流域,之后由于北方战乱,如西晋的永嘉之乱、唐朝的安史之乱,到北宋的靖康之变,汉人大量南迁,使长江流域得到了开发,到南宋时期,经济上南强于北的局面已经确立。近代以来海洋经济取代大陆经济的世界潮流更使东南沿海成为中国工业的发源地。从1840年鸦片战争到1894年中日甲午海战的半个世纪,是东南沿海地区少数大工业开始形成的时期,工业集中在这片地区的少数城市。当时上海、广州和武汉三市的工厂数,占全国总工厂数的64%。到第一次世界大战即1913年前,工业布局尽管有了一些变动,但东南地区仍然是全国工业的

---

① 冯兴元、赵坚毅:政府竞争与市场秩序的重构,《中国社会科学》2004年第1期,第63页。

主要地区。以上海为中心的长江三角洲、以广州为中心的珠江三角洲以及武汉，约占全国工厂数的57%。第二次世界大战开始前，中国工业分布变化中的一个特点是东北重工业的兴起，以青岛、天津为主的大工业开始形成，但仍然是东部沿海经济发展高于全国水平的格局。抗日战争期间，民族工业受到打击，尤其是东南一带工业损失很大，但中西部地区经济发展仍然相对落后。到新中国成立初期，全国70%以上的工业和交通运输设施集中在占全国面积不到12%的东南沿海地带[①]，这里教育普及人才较多，商业比较兴旺；而内陆省份以前一直是经济不发达地区，工业基础差，教育普及率低，人才缺少，交通不便，商业也不发达。

4.1.2.2 国家的区域发展战略是东西部差距扩大的重要原因

新中国成立后为改变区域经济极端的不平衡局面，在前四个五年计划和三线建设中，投资大量向中西部倾斜，使中西部地区的工业现代化有了一定的基础。到改革开放后，在"两个大局"思想的指导下，东部沿海优先发展战略开始成为区域经济格局调整的主题，"效率优先，兼顾公平"成为区域经济发展战略的主导思想。改革开放以来，我国在沿海地区先后设立了5个经济特区、5个沿海经济开发区和14个沿海开放城市。沿海地区加快对外开放，优先发展起来，从而带动内地更快地发展起来，这一战略构想在本阶段实施后的结果是："沿海地区加快对外开放，使得这个有两亿多人口的地带优先发展起来，从而带动内地更快地发展起来"，这一战略构想在本阶段实施后的结果是：沿海东部地区迅速发展起来；虽然某些年份地区经济差距略有缩小，但三大地带间地区经济差距总体趋势是不断扩大的。1978年，东部地区GDP占全国GDP的比重是52.61%，1990年这一比重继续上升到54.02%，1999年则已经上升到58.66%，到2002年，东部地区的GDP已经占

[①] 李晓西：《时代变迁中的求索与呐喊》，北京师范大学出版社，2010年，第267页。

了全国GDP的59.94%。1999年,人均GDP排名中居于前十位的省市是上海、北京、天津、浙江、广东、福建、江苏、辽宁、山东和黑龙江。其中前八位都是东部地区的省市,两个东北地区的省份。2002年,排名前十位的仍然是这十个省市[①]。东部优先发展战略使得经济中心明显东移,成功地推动了我国的经济发展。但是,在这个过程中,区域差距问题和区域冲突问题开始日益严峻。

国家对于区域发展差距的影响主要体现在总体经济发展战略尤其是工业布局战略上。以改革开放为界限分为两个时期：改革开放前实施的是均衡发展战略,政府加大对中西部地区的投资,使西部地区在非常落后的基础上取得了短期高速发展。但是当时的政策倾斜是出于备战和国防的考虑,在偏僻地区孤立地建立国防工业和其他重要的工业基地,在选点和布局上强调分散和隐蔽,呈现出典型的国防主导的特征,这种制度安排不是以消除贫困为主要目的。二是有利于工业优先发展的"赶超"战略,不顾资源和经济发展阶段的约束,在贫困的基础上强调重工业优先发展,必然要运用计划人为地降低发展重工业的成本。所以,长期以来能源、原材料等基础工业初级产品与加工制成品价的不合理,影响了中西部地区经济效益的发挥。因而,从长远来看政府对中西部的制度安排并没能改变中西部与东部地区经济差距不断扩大的趋势。

改革开放后实施的"非均衡布局"战略使我国的区域发展布局的重点转向沿海地区。国家在财政、税收、信贷、投资等政策上对东部有倾斜。首先,优先实行财政包干为基本特征的"分灶吃饭"体制政策。广东、福建两省从1980年就开始实行,而其他省区到1988年才开始实行。由于经济基础和增长潜力的差别,这种分配格局对东部沿海各省市是有利的。它们在财政包

[①] 陈秀山主编：《中国区域问题研究》,商务印书馆,2005年,第54页。

干中所获得的可以由地方政府支配的财政绝对量也相应很多，获得了较多的税收优惠，为东部经济的高速发展做好了资金准备。第二，投资上的倾斜。"六五"期间沿海地区的基本建设投资（全民所有制）比重为47.7%，比"五五"期间上升了5.5个百分点，1986—1989年达到52.5%，1990—1994年均达到57%。第三，经济发展的优惠政策，主要表现在对特殊经济区域的支持。1984年国务院发布了《中华人民共和国国务院关于经济特区和沿海14个港口城市减征、免征企业所得税和工商统一税的暂行规定》，经济特区享受关税、流转税和企业所得税的减免，在外资外贸方面有较大的审批权限，在金融方面，享受多贷、差额包干等政策。1984年相继确立的14个沿海开放城市，也享受到高于内地的若干政策优惠，如外汇留成高于内地1倍而为特区的一半，企业所得税为24%，高于特区的15%而低于一般企业的33%（1993年以前为55%）的所得税水平。

由于享有国家大量的政策倾斜，加之自身良好的基础，东部地区在短短的二十年中取得了高速发展。西部地区经济在改革开放以来也得到了一定的发展。但因地处内地，政府供给的重心又在东部地区，西部原油的大中型企业大多属于增值程度低的采掘工业和能源、原材料工业，加工深度和加工层次都很低，资源优势没能转化为经济优势。而原有的军用工业向市场化转型中困难重重，缺乏资金。更糟的是西部大量的资金和人才在东部经济高速增长引力作用下呈东流的趋势。西部经济的发展速度和发展水平远远落后于东部地区，东西部之间差距进一步扩大了。

4.1.2.3 对外开放加大了区域差距

对外开放是中国的一项长期基本的国策。对外开放有利于自觉地利用国际分工，广泛发展同世界各国的经济贸易关系；有利于国外最新科学技术成果和先进经验管理经验的引进与吸收；有利于弥补我国建设资金的不足。

上篇：总论

　　外商直接投资对中国经济增长起到了多方面的促进作用。首先，外商投资为我国带来了金融资本，弥补了经济发展过程中的储蓄缺口和外汇缺口，有利于资本积累和经济增长；其次，FDI具有"溢出效应"，对国内企业形成了竞争压力，通过与国内企业的联系和交流，促进本土企业的成熟；此外，促进国内技术进步和人力资本和生产效率的提高。王成岐等运用Grange因果关系检验方法的实证研究表明：外国直接投资和中国经济增长之间具有相互促进的作用。在经济发展较为落后的省份，国内投资依然是经济增长的最主要推动力，而在经济越发达的省份，FDI的推动作用越强。[①]

　　在中国全方位多层次的对外开放格局中，西部地区一直处于对外开放的末端，相对于沿海地区，开放晚、起点低，再加上经济地理区位的软硬投资环境的差异，在引进外资中一直处于劣势。从外资的绝对差距、人均差距以及增长速度和相对规模上都明显地表现出来：第一，从外资分布来看，在1983—2002年间，在各地区实际利用外资及其他投资中，东部占到87.84%，中部地区占9.09%，西部地区仅占3.07%；第二，从各地区人均利用外资水平的差异看，1999年东部地区人均利用外商直接投资及其他投资71.4元，而中部和西部地区仅有8.62元和3.96元，东部分别是中、西部的8.3倍和18倍；第三，从区域外商投资的增长格局看，在1984—1999年间，我国各地区外商直接投资及其他投资年均增长30.63%，其中，东部地区为30.19%，中部地区为49.01%，西部地区为24.48%。总体上呈现出东中、中高、西低的格局[②]；第四，从外资利用的相对规模（FDI与当年GDP的比值）看，自1990年代以来，东部地区外商直接投资及其他投资相当于GDP的比例大体保持在5%—

[①] 王成岐、张建华、安辉：外商直接投资、地区差异与中国经济增长，《世界经济》，2002年第4期。
[②] 魏后凯：我国外商投资的区位特征及变迁，《经济纵横》，2001年第6期。

10%之间，中部地区大体保持在1%—2%之间，而西部地区则不到1%。[①]外商直接投资的大规模进入，将通过增加资本形成、扩大出口和创造就业等途径，推动东部沿海地区经济的快速发展。反过来，东部沿海地区经济的快速增长，将提高地区居民的收入水平，扩大市场容量，并有利于改善外部条件，产生集聚经济效益，从而进一步扩大外商直接投资的进入。这样，就在外商直接投资和地区经济增长之间形成一种区域循环累积因果效应。

据国内外学者的研究表明，外商直接投资是导致改革开放以来中国东部和西部地区经济增长差异和收入不平等的最重要的因素：在1985—1995年间，东部地区外商直接投资对GDP增长的贡献率为28.5%，而西部地区只有12.5%。魏后凯对中国FDI的实证分析结果表明，在1985—1999年间，东部发达地区与西部落后地区之间GDP增长率的差异，大约有90%是由外商投资的差异引起的。[②]Kueh(1992)讨论了外商直接投资对中国沿海开放地区国内投资、工业产出和出口的影响，发现外商投资对总资本形成作出了很大的贡献，外商投资企业已经成为沿海地区重要的工业生产商和出口商。[③]Sun(1998)则分析了外商直接投资对中国区域经济增长的影响。他认为，在国内，虽然近年来学术界对中国地区收入和增长率差距进行了许多研究，但这些研究大多集中在地区差距的衡量及其变动趋势方面，而很少采用实证分析方法系统考察外商投资对中国区域经济增长的影响。[④]武剑的分析更进了一步。他通过模型测算发现，FDI在区域分布上的不均是造成区域经济差距的一个次重要因素，其重要程度仅弱于国内投资的区域差距。计量分析显示，FDI的

---

① 魏后凯：外资与中国经济，《外资经济》，2004年第6期。
② 魏后凯：外商直接投资对中国区域经济增长的影响，《经济研究》2002年第4期，第19-26页。
③ Kueh, Y. Y., 1992, "Foreign Investment and Economic Change in China", China Quarterly, 637—690.
④ Sun, H., 1998, Foreign Investment and Economic Development in China,1979—1996,London: Ashgate Publishing Limited.

区域差距对GDP区域绝对差距的贡献度为19.26%，其中来自FDI投资效率方面的因素占FDI全部贡献度的73.9%，数量因素仅占FDI总贡献度的26.1%。在外商直接投资商，东部地区FDI的投资效率为1.517，而在中西部地区仅为1.305和1.174[①]。

然而，可以预见，在经济全球化日益加快的情况下，东部沿海地区由于区位条件优越，经济发展水平较高，投资软硬环境较好，今后仍将是外商直接投资的首选地区，因此，要促进外商投资向中西部地区大规模转移，将并非是一件容易的事情。为促进外商投资逐步西进，今后除继续搞好能源、交通、通信水利等基础设施外，更重要的是加快改革开放的步伐，不断改善投资软环境和产业配套条件。

4.2 区域协调发展的制度障碍

由于不同区域本身存在着天然的空间异质性，加之经济、政治、社会各方面因素的作用，尤其是在生产要素和资源配置方式方面的差别，使经济发展不可能在一国之内或世界范围内均衡进行。这种经济发展水平的差异性，会导致地区之间利益矛盾的产生，由此产生各种区域间利益冲突的现象，如资源争夺、地方保护主义、重复建设等。这些冲突反映的是地区间的经济利益的矛盾，地区之间的经济联系都是因为他们之间利益矛盾关系而发生。

要实现区域协调发展，必然要理顺区域间利益矛盾之所在，尤其是体制和制度上的原因，因为除去自然、历史和世界环境的影响，这些是国家可以着力来加以改善的方面。

---

① 武剑：外国直接投资与区域经济差距，《中国改革》，2001年第3期。

4.2.1 制度落差使各区域在经济总格局中利益获得不平等

4.2.1.1 东西部的制度落差的表现

改革开放以来，沿海各省区与内地各省区之间基本是在不同的宏观经济政策环境中发展的。国家实施的沿海发展战略中资源配置向东部倾斜，这就决定了较优惠的政策和制度创新的探索行为只能优先在这些地方实施，从而导致全国各地区的制度安排不平衡。改革开放进程由东向西的渐次推进，每一项制度基本上是在东部先试点，然后逐步向中部和西部推广，形成了实际上的东、中、西部地区之间的制度落差，这种落差主要表现在三个方面：

一是所有制结构制度的落差。在我国从计划经济向市场经济转轨过程中，改革的一个核心问题就是所有制问题。东西部地区由于制度演变的不同步以及传统体制历史积累的差异，所有制结构呈现出明显的不同。[①]沿海地区借着政策的优势，率先进行所有制的改革，发展起了私营和外资等非国有经济，大大推进了经济发展的市场化和外向化，提高了资源配置效率，推动了经济增长。而中西部地区由于所有制结构转换缓慢，制约了其资源配置效率的提升。

二是市场制度的落差。资本市场是市场经济体系中最活跃的部分，在现代市场经济条件下，通过资本市场的合力配置，可以实现各种资源的优化组合，提升经济的整体水平。资本市场化程度是衡量市场化进程中一个重要指标，我国资本市场的东西差异比较显著。国有投资比重呈现西高东低的特点，上市公司数比重呈现东高西低的特点，西部资本市场化程度远低于东部。

三是对外开放制度的落差。对外开放有利于弥补地区发展资金不足，实现规模经济，解决就业，通过先进科技管理技术的外溢提高地区经济发展水平等。中国的改革开放制度的推进是从沿海到内地渐进式进行的，从前文中

[①] 郭岚：《我国区域差异与区域经济协调发展研究》，四川出版集团巴蜀书社，2008年，第82–85页。

东西部有关FDI的指标对比中可看到，东部地区对外开放程度和经济外向度明显高于中西部。

4.2.1.2 制度的不均衡造成了"先行者利益"的不平等格局

东、中西部制度安排上的非均衡，在沿海各省区与内地各省区之间构造了不平等的发展竞争外部政策环境，但同时，它们又在国内同一个市场里竞争，这就导致了东中西部间经济发展差距的"马太效应"。同时也对中西部乃至全国的经济发展和制度变迁产生重大影响。由于制度供给不均衡，某些制度由于相关的制约制度不配套被严重扭曲。特别是中西部地区因有些核心制度未出台，目前制度结构出现了制度陷阱，即一项新制度的出台都不能提高制度的边际效率。[①]这种制度陷阱使得东部"先行者利益"格局得以固化，从而进一步拉大区域差距。

第一，由于东部率先在实施市场经济制度的实验和创新，其领先于西部发展起来的非国有经济已经抢占了有利的产业分工和位置，获得了先行者利益。这时中西部想同东部争夺产业分工中的优势地位，已经非常困难。

第二，由于东部所有制改革进行得较早，非国有企业已发展成为国民经济中的重要力量，国有企业改革中遗留问题，比如企业人员再就业等就比较容易解决，政府也有能力支付社会保障金，并不至于造成社会震荡。而同样的问题到了中西部就面临不同的情形，市场机制不完善，国有企业比重大，政府财力紧张等，解决起来力不从心。

第三，对外开放制度在东部地区的优先实施，使得发达国家的市场机制被不断引入进来，最终也使这一地区的市场经济发展得以领先。这样，在东西部已经形成不同成熟度的市场环境、不同投资环境的情形下，即使之后对外开放制度推广到全国，国外资金、技术仍然优先流入东部地区。对外开放

---

① 李新安：《区域利益与我国经济协调发展》，中国经济出版社，2005年，第62页。

制度的落差，对中西部而言不仅仅是利益的损失，更由于市场经济发展的迟滞而带来经济结构演进的缓慢，从而导致整体经济和社会发展的落后。

4.2.1.3 利益分享不平等，强化了各地方政府想方设法维护本区域利益的动机

各区域间天然的差异加之制度的不平等造成的市场经济中利益分享的不平等，使得区域间的落差不断增大，在中央政府向地方放权让利之后，各区域的利益诉求被释放，对于资源、资金、人才及市场的争夺也异常激烈，而这种争夺已经不止是正常的市场竞争行为，更促使了各种阻碍区域协调发展的后果的产生。

（1）产业同构和重复建设

在全国经济加速发展的环境下，发达地区和欠发达地区都有经济发展的紧迫感和压力，而落差的存在，造成了发达地区与欠发达地区不同的心态。发达地区作为国家发展战略中的既得利益者，认为理所应当地保持经济发展的领先和优势地位，在结构调整中要始终走在前面，因此不断谋求新的增长点，进行产业升级，发展具有竞争优势的行业。相对于发达地区的领先心理，欠发达地区更多的是尽快发展本区经济，缩小与发达地区的差异的紧迫感，在这种赶超心理的作用下，往往促使他们在发展本区域经济时更多地把注意力放在近期利益上，例如热衷于上新项目，发展热点产业，扩大生产规模，而不是结合本区域的要素禀赋来制定发展战略。这样，各地的投资不断集中于各个时期的某些行业中，如20世纪90年代的家电行业，2000年之后又集中于汽车、钢铁、铝业等产业，掀起一轮又一轮的区域资源争夺战，既没有使得各区域的发展潜力得到发挥，又造成资源的大量浪费和市场波动。而区域间在这样的恶性竞争中，更是矛盾重复不断，在共享信息、交流技术、开拓市场、建设基础设施等众多领域里，难以合作，使"先富带动后富"困难重重。

（2）地方保护主义、市场分割和要素争夺

在各区域间利益失衡的情况下，各区域不仅靠上项目、产业竞赛、扩大经济规模这样的正面竞争来获取经济利益优势，也依靠"自我保护"来维护本区域的经济利益。处于劣势的欠发达省区往往采取构筑区域壁垒的办法，限制本区域要素的外流和限制外区域产品进入来保护本区域的利益，包括采用种种行政办法进行关、卡，防止利益流失，保护本区域企业的成长。而经济相对发达的沿海省市地方政府一方面采取各种措施吸引外区域尤其是欠发达地区的人才、资源流入本区域，一方面运用行政手段、经济手段等防止外地的同类商品进入本地市场，对本地技术转让实行地区封锁等等。这样就造成了区域之间的关系紧张，而合理的分工与协作关系难以形成。

（3）地方政府与中央政府的博弈

随着中央对地方的权力下放，各区域已经成为全国经济格局中具有独立利益的主体。区域间利益分享的不平等和区域发展现状的明显差距，更使得各区域利益的诉求强化。而中央政府就从原来计划经济条件下各区域之间利益的分配者转而成为市场经济条件下利益的平衡者，调节区域之间的利益关系。

面对与发达区域的差距，欠发达地区一方面从自身方面谋求发展，一方面又强烈要求政府关注区域差距扩大的现实，想方设法希望中央政府多给予关照，例如在税收、项目上给予倾斜和照顾。发达地区作为改革政策的优先受惠者，并没有因为"先富"起来自愿为欠发达省区的经济发展承担义务，因为其本身也面临着新的问题和任务，往往是与中央政府在财政税收上讨价还价。这样，各地方政府与中央政府展开博弈：在中央政府对利益分配时，各地政府竞相向中央伸手，争夺投资和项目，在利益上缴时，都与中央政府讨价还价。而中央面临着扶植经济欠发达省区的经济发展，以防止其与相对发达省市经济差异过分扩大和依靠东部沿海相对发达省市的经济发展来尽快增大全国经济的整体实力平衡者的角色，随着市场经济的发展和成熟政府逐步退出对经济的主导角色以及中央财力的逐渐减弱,很难对此作出两全的决策。

4.2.2 产权制度不完善

区域间经济的联系的本质是利益关系,因此区域协调的核心目标是利益的协调。在现实经济发展中,各区域都面临着资源稀缺性的发展制约,而经济获得的逐利性意味着资源的配置不可能局限于某个空间区域内,因此,各区域间的联系是必然的,由此区域利益的冲突也是必然的,由此也衍生出区域协调的问题。

由于牵涉到利益分配,在市场经济条件下,就必然涉及产权的问题,更何况各区域经济主体是具有理性经济人特征的。产权就是一种通过社会强制而实现的对某种经济物品的多用途进行选择的权利,这种权利包括利用、合约选择、收益、转让等。产权经济学的基本思想是1960年代由科斯等人提出来的,他不仅用"交易成本"概念来解释企业的起源,也用它来解释产权与效率的关系。我们知道,分工能够提高专业化程度和效率,但同时也会带来交易、协调失灵的风险和成本。如果交易协调失败,则意味着经济损失。正是基于此,很多人不愿意分工协作,以避免对他人的依赖和交易协调的风险,这就阻碍了分工的深化和效率的提高。但是,通过明确界定产权可以减少这种风险,增加交易协调的可靠性,降低交易协调的成本。最简单的例子如交通管制,它可以理解为对路权的分配和界定,机动车、非机动车、行人各行其道,通行能力会明显提高;交叉口规定红灯停、绿灯行,实际上就是界定不同方向的通行权力,能大大提高交叉口的通行能力。杨小凯认为,"当交易效率足够低时,自给自足是全部均衡。当交易效率足够高时,分工是全部均衡"。[①]

---

① 杨小凯:我国区域协调发展的困境及出路,《中国城市规划研究设计院50周年院庆专刊》,第27-34页。

上篇：总论

  具有理性经济人特征的各区域经济主体在跨越区域边界进行的区际贸易、产业分工等经济活动实际上具有产权交易的性质，即通过区域之间特定资源的产权让渡，克服稀缺性的先天制约，实现区域利益的共同增进。这种产权交易当然也伴随着交易成本，如果交易成本过高，超过由产权交易带来的利益增进时，各区域间产权交易就难以顺利进行，因而区域间的良性联系就难以建立，必然带来区域协调发展的障碍，这也是目前区域协调发展的重要症结之一。而产权交易成本过高的主要原因在于产权制度的不完善，由此区域之间的利益冲突难以通过产权的博弈化解，导致区域竞争的无序和扭曲，最终不仅带来竞争双方的内耗和损伤，背离了区域发展的初衷；更波及全国区域系统的经济效率，造成全国整体利益的损失。

  区域协调发展中产权制度的不完善和产权交易的障碍体现在产权模糊，导致产权交易效率低，产权利益难以保障。首先，地方政府间产权的界定没有形成具有约束力的制度，这与微观层面建立在市场机制上的产权界定不同，市场经济中产权的界定是市场规律自发作用的结果。由于产权模糊，各地方政府在博弈中选择有利于本区域的产权价值判断，因此博弈双方很难达成合意的协议。其次，界定产权是要花费成本的，而区际产权的界定过程往往成本过高，这样产权的界定也就失去了意义。由于产权界定模糊，造成区域协调的难点问题，例如在跨区域的流域保护问题上，由于资源和环境具有正外部性和负外部性，治理环境的区域往往要承担额外的成本，污染环境的城市却获得更多的GDP，这正是产权没有界定清楚，即治理方是否有索赔权？污染方是否有排放权？各区域博弈的结果往往是"公地悲剧"的上演，整体环境恶化，也导致协调难度加大。

  虽然产权交易直指区域协调发展中的利益根本，但遵循这一思路解决区域协调发展的利益冲突受到了以上因素的制约。这一制约从根本上可归结为政府职能的缺位。由此带来的负面影响便是：在区域发展差异化水平的基础上，区域协调发展的产权交易平台缺失，通过规范的产权交易途径寻求区域利益矛盾的化解难以施行，地方政府转而局限在有限行政边界的范围内，以防御式竞争最大化区域利益，政府职能从缺位到越位转变，区域边界封锁、地方保护、产业同构等现象应运而生，由此导致区域无序竞争的扩散升级，加重了区域发展失衡的格局。[①]

4.2.3 行政区与经济区的矛盾

行政区和经济区是两个不同的概念。行政区是国家实施政治控制和社会管理的特定地域单元，具有比较稳定的地理界限和刚性的法律约束。经济区是客观存在的经济活动区域，是以中心城市为核心，以历史、文化渊源为基础，以广泛的内外经济联系为纽带的开放型经济地域，具有中心相对稳定、边界模糊、对外开放、对内联系紧密的特征。[②]

行政区的管理是有边界的，经济区则应当顺应市场经济的规律，不应有任何的阻碍。发展区域经济如果囿于行政区域区划的束缚，把行政区视为不可逾越的鸿沟，势必阻碍生产要素的流动，制约统一市场的形成，不利于区域之间的分工与合作。例如我国长江三角洲经济区和珠江三角洲经济区，在行政区上它至少以若干省的地域为基础，但却形成了统一的大市场，对周边的发展具有很强的辐射带动功能，对外部的要素具有很强的聚集吸纳功能。当前，我国区域协调发展中行政区与经济区的矛盾仍旧是一大障碍。首先，行政区阻碍了经济区各种要素的流通。当前中国许多地方政府为了实现当地利益的最大化，构筑一些隐蔽的障碍，实行市场封锁，从而更好地刺激本地区经济的发展。第二，各行政区内产业结构趋同，不但缺乏竞争力，而且造

---

① 姜文仙、覃成林：区域协调的产权经济学分析，《经济体制改革》，2010年第二期。
② 汪阳红：正确处理行政区与经济区的关系，《中国发展观察》，中国共产党新闻网，2009-02-05，http://theory.people.com.cn/GB/49150/49152/8751702.html。

成资源的浪费。以各地的经济开发区为例，近年来如雨后春笋般地出现在全国各个角落，甚至已经开始泛滥。这些开发区大同小异，缺乏特色和竞争力，不仅造成土地、资金的浪费，也阻碍了当地的可持续发展。第三，由于行政区划的限制和部门的杂乱，不同经济区之间的合作变得尤为困难，迟迟得不到审批，这样区域间的优势互补就变得更加困难。

我国行政区与经济区矛盾的根源主要在于各地方政府对于各自利益的维护和争夺。

计划经济时期，市场经济运行机制尚未建立起来，全国还没有形成统一的大市场，企业尚未成为独立的经济运行主体，经济运行主要依靠中央政府和各地方政府来经营和掌控，因此以市场为依托的经济区基本上为行政区所代替。但由于这一时期中央政府控制着对全国资源的配置，对各地区经济发展起着决定性作用，因此各行政区的利益主体地位也没有确立，行政区与经济区的矛盾并没有显示出来。

改革开放后，传统体制下以中央为唯一的经济利益主体的一元格局被打破，国家、地方、企业和个人组成了多元化的经济利益主体，这种转变调动了地方、企业和个人的积极性，促进了地方经济的繁荣，但同时，行政区与经济区的矛盾也逐渐显露出来。1980年代，随着中央向地方分权改革的实施，加强了各行政区在经济运行中的主导角色。这些改革主要包括"分级包干"、"分灶吃饭"的财政体制改革和企业管理权限的地方分权以及扩大地方政府投资项目审批权、物资调配权、信贷控制权等资源配置的权利，在这样的体制下，经济运行模式由中央主导型转变为地方政府主导型。地方政府成为了地区间竞争的主角，各级政府作为经济主体，为了本地利益的最大化，势必运用行政权力干涉区域间合理的经济联系，干扰市场经济的正常运行，"诸侯经济"纷起，割断了地区间合理的经济协作关系，阻碍了地区间横向联合的开展和合理的地区专业化分工，最终损害了区域经济发展的整体

4．我国区域协调发展的现实障碍和制度障碍

效率和综合效益。1990年代的分税制从客观上进一步加剧了行政区与经济区的矛盾。以分税制为特征的财政体制改革，进一步强化了地方政府经营管理地方经济的权利，同时构建了地方独立的财政收入体系和来源，这样就进一步强化了各行政区经济利益的独立性。于是，各地方政府竞相上马能为地方带来较大财政收入的项目，石油化工、钢铁等重化工产业成为各地争夺和竞赛的对象，由此造成各地区不顾自身优势，在重化工业产业结构方面的趋同特征十分突出，造成对原材料、能源资源和水资源的盲目掠夺，对生态环境的严重破坏，形成了粗放型的经济增长特征。

实际上，从建国初期起，以经济区组织区域经济发展的思想是一直存在的。建国初曾提出七大经济协作区的设想，1970年将全国划分为了十大经济协作区。这些尝试都是试图通过区域经济协作来打破省级行政区对区域经济的束缚。改革开放后，各级政府也试图通过编制和实施国土规划和其他规划来协调行政区之间经济关系，从推动综合开发、地区开发和大河流开发的角度，先后组织编制了一系列区域性的国土开发整治规划（如京津唐地区）和大江大河综合治理规划，并积极开展经济协作区，如环首都经济协作区、长株潭、珠江三角洲等。尤其近两年，先后在国家层面上提出了海峡西岸经济区、北部湾经济区、成渝经济区、黄三角经济区的经济协作区发展战略。经济区发展趋势的增强，是政府、企业和市场及其相互关系等制度基础和体制环境变化的结果。随着社会主义市场体制的不断完善，各类生产要素自由流动的障碍逐步减少，市场配置资源的能力大大加强；全球化、城市化和市场化的推进，地区间竞争日趋激烈；企业改革步伐加快，国有企业改革继续深入，政企分开步伐加快，非公企业发展环境不断完善，企业市场主体地位不断增强；在中央科学发展观指导下的地方政府工作重点的转移和改变等因素，都成为经济区域形成的重要因素。但是经济区的持续健康发展，要求有相应的体制创新和观念创新，各种不符合经济规律的体制弊端和落后观念必须彻底改变。

4.2.4 区域协调机制没有建立起来

区域协调本质上是利益的协调，平衡区域间的利益矛盾和冲突。我国计划经济时代的区域政策更强调国家的全局利益，倡导局部利益服从全局利益。改革开放尤其是权力下放到地方政府后，地方政府就成为地方利益的代言人，自然要为自己的地区谋求利益最大化，即使地方政府要谋求大范围的合作，也必然是在竞争的基础上展开的，如果不能保证每个合作者都能得到大于合作成本的补偿，地方政府必然缺乏合作的积极性。[①] 因此，必须建立一个由各地方政府组成的利益对话、相互博弈、走向融合的协调机制。

我国的区域协调组织还处在一种松散的模式，如长三角联席会议制度。长三角地方政府联席会议制度是国内最有代表性的协调机制。到目前为止，长三角地区已举办过6次会议，加强了城市间的互相了解，使接轨上海、互动发展成为长三角各城市的主要战略。为了把区域合作落到实处，联席会议每一届都制定合作专题，各省市相应地成立专题小组开展工作。虽然长三角城市群协调机制在加强城市合作方面发挥了重要作用，但仍然存在许多不足：长三角联席会议制度仅停留在联谊形式上，没有成立行政组织，没有对个体城市损害区域利益实施惩罚的机制，政策缺乏约束力；缺乏实现区域公共品生产的统一经费来源和运作机制；没有形成稳定的制度结构，职能分工不明确等。

另外，区域协调无法可依，也使其收效大减，如1995年《珠江三角洲经济区城市群规划》曾提出要制定《珠江三角洲经济区规划条例》，并由省人大颁布实施，但至今未能出台。立法工作滞后，使区域协调缺乏可操作的法律依据。

---

① 杨保军："我国区域协调发展的困境及出路"，《中国城市规划研究设计院50周年院庆专刊》，27-34页。

4.2.5 考核指标失衡与政府职能错位

政绩考核对地方政府的经济行为起了导向作用，而传统的绩效考核体制过分突出经济指标，忽视社会、文化、资源、环境等其他指标。除了计划生育、社会稳定等基础性指标外，地方政府官员主要面临着来自以GDP为主的政绩考核。以地方GDP的增长作为政绩考核基础的晋升机制，地方官员之间围绕GDP增长进行晋升锦标赛，在这种以GDP和财政收入多少论英雄的考核机制激励之下，带来长远的社会效益的事情很少被人问津。政府的工作主要以上了多少项目、建了多少企业、经济增长速度多少等指标进行简单量化和比较。这种绩效考核体制必然导致地方政府首脑或部门干部更加强化资源配置本省化和保护本省市场等，妨碍生产要素和商品的跨省区流动以及重复建设、地方资源浪费等，这也是造成地方政府间关系不协调的一个重要原因。把经济的增长等同于发展、等同于政绩不符合科学发展观的要求。

另外，传统的考核机制主要考查官员任期内看得到的短期成绩，忽视长效业绩和持续发展潜力的培育，考核成绩又与官员晋升直接相关，在这样的考核指标的引导下，地方政府必然追求近期的经济增长，争取多上项目，而忽略对地区长远发展有益的如教育、环保等事业的发展。对于区域间而言，这种过分强调短期业绩的任期考核使官员不去考虑区域之间重复博弈的可能性，由此难以形成地区间协调发展的关系，结果是造成一次性博弈的囚徒困境——地区封锁、市场分割、资源大战、流域生态的破坏等。

政府考核指标的失衡也导致了政府职能的越位与缺位。主要表现为对经济活动的干预过大，甚至还替代了市场的作用，这也增加了协调的难度。而政府的行为往往缺乏产权约束、预算约束和责任约束，违背市场规律，冲动而缺乏理性，从而加剧了恶性竞争，增加了协调难度。政府职能越位的同时往往是政府职能的缺位，主要表现在公共管理和社会服务上的缺位，忽视关系民生和区域长远发展的各项工作。

4.2.6 文化观念等非正式制度的影响

制度和制度变迁是影响区域经济发展的重要因素。制度是一种约束人们相互交流行为的公共行为规则，它涉及社会、政治和经济行为。制度不仅包括国家规定和实施的正式制度，也包括在人们长期交往中无意识形成的，具有持久生命力、并构成具有地域文化特征的非正式制度，主要指价值观念、伦理规范、风俗习惯、意识形态等文化因素。由于观念会影响人对事物的认识、判断和决策，从而影响行为，一个区域的集体的观念就会形成一定的经济制度环境。从历史的积淀来看，影响区域协调发展、造成东西部差距的因素中，文化差异所起的重要作用不容忽视。

首先，东西部的非正式制度的不同特征是东西部经济差距的一个重要基础。从历史上看，东西部地区有着不同的文化基调。东部地区从南宋始成为中国经济的重心区域，经过元、明、清三个时期的发展，加之其具有开放性的文化，到新民主主义革命完成之前，资本主义性质的工商业已有了一定的发展，具有较西部更为先进的社会意识形态。东部尤其是东南沿海地区文化明显的特征在于：个人主义是社会的核心理念，强调个人和个人利益，重人性中的个性，而轻共性；崇尚个人意志、利益高于集体规范、集体利益；个人的行为有较大的选择自由，强调个人利益和个人意志；政府对经济的干预较少，思想较开放和务实，等级观念较淡薄，下级对上级的依赖有限，并且偏好商量，下级很容易接近并干预反驳他们的上级；组织的行政权力分散，等级制度不呈金字塔式；对风险、新生事物和未来的态度比较积极，冒险和打拼精神较强，鼓励创新和自我表现，重视个人财富、成就，鼓励竞争，推崇优胜劣汰。东部地区由于其文化的活跃性、开放性与现代气息，使得它明显地具有相互交融与辐射能力，在吸收与交融过程中，兼容并蓄、择善而从、吐故纳新的文化特质正是东部地区经济发展的生命力之所在。西部因地域及历史原因，宗教信仰各异，使西部文化上总体上相对呈现一种独立性、封闭性与凝固性，较之东部的整体文化氛围具有明显的农业文化气息。这种文化上的差异，直接导致东西部在观念上的差异，由此导致了经济发展环境的差异。

其次，从我国整个全局来看，阻碍发展的落后理念仍然存在。我国经历了2000年的中央集权制的封建社会历史，官本位、行政等级观念根深蒂固，另一方面，看中地缘、血缘，地方分割、诸侯意识和排外意识十分普遍。即使在市场经济最为发达的东南沿海地区，这种传统观念也表现强烈，画地为牢、以邻为壑、各自为政的倾向比较严重。正是由于这些传统观念作祟，在区域关系上更多地反映出狭隘的排斥而不是更多地考虑双赢、共荣共存、相互融合、互为补充、互相依存，从主观上就增加了达成共识的难度，阻碍了区域协调发展的进程。

参考文献：

1. 徐康宁、王剑："自然资源的丰裕程度与经济发展水平的关系研究"，《经济研究》，2006年第1期。
2. 郭岚：《我国区域差异与区域经济协调发展研究》，成都：四川出版集团巴蜀书社，2008年，第70、72、82-85页。
3. 杨敏："区域差距与区域协调发展"，《中国人民大学学报》，2005年第2期，第26-32页。
4. 冯兴元、赵坚毅："政府竞争与市场秩序的重构"，《中国社会科学》，2004年第1期，第63页。
5. 李晓西著：《时代变迁中的求索与呐喊》，北京：北京师范大学出版社，2010年，第267页。
6. 陈秀山主编：《中国区域问题研究》，北京：商务印书馆，2005年，第54页。
7. 王成岐、张建华、安辉："外商直接投资、地区差异与中国经济增长"，《世界经济》，2002年第4期。
8. 魏后凯："我国外商投资的区位特征及变迁"，《经济纵横》，2001年第6期。

9. 魏后凯："外资与中国经济",《外资经济》,2004年第6期。

10. 魏后凯："外商直接投资对中国区域经济增长的影响",《经济研究》,2002年第4期,第19-26页。

11. Kueh, Y. Y., 1992, "Foreign Investment and Economic Change in China", China Quarterly, 637—690.

12. Sun, H., 1998, Foreign Investment and Economic Development in China, 1979—1996, London: Ashgate Publishing Limited.

13. 武剑："外国直接投资与区域经济差距",《中国改革》,2001年第3期。

14. 李新安:《区域利益与我国经济协调发展》,北京:中国经济出版社,2005年,第62页。

15. 杨保军："我国区域协调发展的困境及出路",《中国城市规划研究设计院50周年院庆专刊》,第27-34页。

16. 姜文仙、覃成林："区域协调的产权经济学分析",《经济体制改革》,第133-137页。

17. 汪阳红："正确处理行政区与经济区的关系",《中国发展观察》,中国共产党新闻网,2009-02-05, http://theory.people.com.cn/GB/49150/49152/8751702.html。

5 我国区域协调发展的具体实现路径

5.1 我国区域产业协调发展的实现路径

区域协调发展作为一个重大的战略问题，其重要内容之一就是如何实现区域间产业的协调发展。区域间产业协调发展要求不同区域依据各自的比较优势发展产业，通过合理的分工与相互协作，达到区域间产业的相互依存、有序运行、良性循环和共同进步，并能促进所有区域整体目标实现的状态和过程。依据各地区的比较优势，制定相应的区域间产业协调政策，建立区域内部和区域之间合理的产业结构，是促进各地区产业协调发展的重要因素。

5.1.1 我国区域产业结构趋同现象

在我国现阶段的经济发展过程中，存在着一定的"产业结构趋同"的现象，在一定程度上影响了区域间产业协调发展。产业结构趋同是指在经济发展过程中各区域产业结构呈现出某种共同的发展倾向，或指不同资源禀赋的各个区域形成了相同或相似的产业结构。

5.1.1.1 我国产业结构趋同研究的文献综述

早在1994年世界银行报告中就指出，我国区域专业化程度不高，省区之间的贸易流少，一体化程度不强。蒋清海（1995）则将1981年及1989年我国工业总产值的部门结构作为标准结构，计算出了各个省区与该标准结构的相似系数，认为当时我国区域产业结构趋同现象不断加剧。陈耀（1998）利用类似的方法，利用我国30个省区近40个工业行业的数据，从1980—1994年间选取了6个年度，计算出了各省区与全国平均水平之间的产业结构相似系数，发现1998年之前我国各地区产业结构总体上并未出现严重的趋同化，1984—1994年间各省区产业结构相似系数的平均值呈现了显著下降的趋势；杨（Young，2000）通过比较中国各省区的产业结构，发现各个省区之间的产业结构较为相似；唐立国（2002）对长江三角洲内的三省市和15个地级市的产业结构进行了研究，发现中国产业趋同现象比较严重；庞塞特（Poncet，2003）则通过分析我国各省国际贸易、省区内贸易及省区间贸易发现，在1987—1997年间参与全球贸易程度越高的省份，其国内贸易的强度就越低，伴随着省区间贸易强度的降低，1992—1997年间我国省区内的贸易出现了强化的趋势。其研究指出了国内边界在我国区域经济发展中的重要性，论证了国内市场分割的观点，也证明了中国省区间产业同构现象的存在。张贤、李廉水（2006）运用聚类分析法，对东部三大都市圈的资源状况和产业结构进行了分析，得出了中国东部特大都市圈产业结构趋同的结论；贺灿飞、刘作丽（2008）运用产业结构相似系数测算出我国多数省区与全国产业结构相似性较高，特别是东部沿海地区，产业结构趋同现象最为严重。

5.1.1.2 我国产业结构趋同现象产生的原因

我国区域产业结构趋同现象形成的原因，从根源上加以区分的话，主要可以分为市场驱动型和政府驱动型。市场驱动型是指在由市场配置资源的前提下，由于利益的驱动使投资者在某一领域过度进入。它是市场经济的一种正常现象，保证了竞争的有效性。而政府驱动型是指因政府的相关政策所导致的各地产业结构趋同，包括由于政府未能制定出有效的市场准入规则而使投资者过度进入，以及由于政府相关政策引导形成的市场过度进入，造成不合理的产业布局、低水平竞争及重复建设现象的出现。在社会主义市场经济制度下，适度的市场驱动型产业结构趋同有利于资源的优化配置，符合市场竞争的需要；而由政府政策不当和管制失误造成的产业结构趋同则会影响资源的合理配置，不利于各个区域间的产业结构优化和协调。

（1）市场驱动型产业结构趋同的成因

市场驱动型产业结构趋同形成的原因主要有以下几个方面：

一是运输成本高以及区域间相似的经济发展条件。很长的一段时间内，我国交通基础设施不理想，原材料、商品运输成本高，使得地区间的产品贸易存在着时间和空间的障碍，导致各个产业部门在区域间的配置成本提高，迫使各地形成了就地加工、就地消费的均衡化产业格局。此外，我国相邻的各区域间在文化、习惯上存在较大的相似性，各区域间建立在这种相似性上的产业结构所具有的"趋同"倾向，也存在一定的合理性。其次，相似的经济发展水平及科技水平，也造成了产业趋同现象的出现。在当前的经济发展水平下，多数省区在选择投资项目上，会受到技术、人才和信息等条件的限制，由于这些条件比较接近，形成趋同的可能性很大。

二是市场竞争的必然结果。首先，产业结构趋同是经济过剩的表现，而过剩状态是市场经济中的一种正常状态，只有在供给大于需求的条件下，才能够有效地促进竞争。通过市场竞争，市场会逐步淘汰投资回报率低的企业，筛选出投资回报率高的企业，使资源配置效应在动态中达到整体优化。其次，市场经济主体存在趋利性，由于技术不断进步、产业结构不断升级，会导致经济发展出现结构性的不平衡，总是存在着一些新兴技术行业的产品相对短缺，投资利润率高于社会平均利润率，引起企业竞相投资，这就决定了产业结构趋同的必然性。再次，从消费者方面看，由于过剩经济的出现，增加了消费选择的多样性，使消费者在产品价格、功能、质量及售后服务等方面获得了一定的好处。

三是市场消费需求结构的变动和微观层面竞争的影响。消费需求的多样化会使得各区域的居民对于同一种产品的需求偏好在价格、质量、设计、规格、性能和包装等细节方面千差万别。这也构成了各区域产业得以生存的重要条件，使各个区域的产业在微观层面上形成错位竞争。产业结构趋同的一些地方虽然在行业大类上差异不大，但产品却各有特色，在微观层面形成了错位竞争的格局，实际上反映了市场消费需求的结构以及生产企业适应市场需求的供给结构能力。以长三角为例，浙江和上海的机械工业比重都比较大，但具有不同的机械产品优势：上海以大型机械设备为主，浙江是偏重机械零部件；江浙地区是我国最大的纺织业生产基地，但江苏以毛纺业为主，而浙江则以化纤原料为主。

（2）政府驱动型市场结构趋同的成因

政府驱动型市场结构趋同的成因主要有以下几个方面：

第一，中央政府宏观调控力度不足，产业政策约束软化。在我国新旧体制转轨过程中，中央政府与地方政府在分权让利的同时，并没有协调好双方的责、权、利关系。一方面，地方政府的自主权益不断扩张，自主利益的意识在不断增加，在中央政府管理方式软化的情况下，地方政府阳奉阴违甚至拒不执行中央政府宏观调控政策的现象屡见不鲜。另一方面，地方政府在发展地方经济时，缺乏对社会主义市场经济的理解、适应和驾驭能力，虽然各地方政府迫切希望加快本地区经济发展并为之付出了巨大的努力，但理解国家生产力和国家宏观产业发展战略的能力有限，执行国家政策的能力不足，监控政策执行的能力更是比较缺乏。加之考核地区经济发展的体系不够完备，干部人事制度改革不到位，造成了国家宏观经济政策的贯彻出现了偏差，实施起来困难重重，成为政府驱动型产业结构趋同现象出现的重要诱因。

第二，地方政府职能错位，行为选择失当。改革开放以来的经济体制改革，确立了地方政府作为区域调控主体和区域利益主体的职能和地位，调动了地方政府的积极性和主动性，但同时也强化了地方政府的权力和利益。地方政府成为一个相对独立的"经济人"，出于利己的本能，其必然对地区经济利益进行不懈追求。地方政府必然要以促进该地区经济发展、扩大就业、提高人均收入水平作为自己的目标。为了实现地区经济增长目标，地方政府力图发展一些新产业，多上一些新项目，开发更多的新产品，从而在一定程度上导致了区域间的产业结构、产品结构出现相似或趋同的现象。此外，地方政府对政绩的追求，也是形成政府驱动型产业结构趋同现象的重要原因。地方政府的政绩观大多仍表现为经济主导型，缺乏科学的发展观。因而发展新项目、铺设新摊子便成为地方政府显示政绩的主要方式，每一任政府均想在任期内改变本地原有面貌，留下使人对其记忆和称赞的建设项目。在这种好大喜功心理的驱动下，争投资、上项目、赶速度、追求数量扩张就成为工作重心。而且，现存的考核机制进一步加重了这种政绩意识。目前对地方政府官员的考核偏重于经济发展的数量规模、发展速度等指标。这种不科学的考核方式实际上引导各地政府官员纷纷把一些利润高、发展快的投资项目作为首选目标，而忽视了当地发展这些项目、产业是否具备相关的条件和比较优势。甚至一些地方政府官员在明知道这种行为必然导致产业结构趋同等消极后果的出现，但为了自身利益，谁也不愿放弃，有时不惜以损害整体利益为代价，以多种方式与中央政府博弈。

第三，市场分割、信息不完全。长期以来，中央各部门实行的是条条式的产业布局，而地方政府投资和建设，形成的是块块式的产业布局。这种"条块"分割的投资格局不但人为地分割了市场，也封锁了信息。由于很难获得完整有效的信息，各区域企业对竞争对手的数量、质量和规模等缺乏充足的了解，对供给和需求的现状和趋势把握不准，对国际环境和国际市场的影响了解不深。在这种情况下，项目决策受到不对称信息的牵制，就难以避免产业结构趋同现象的产生。

第四，财政体制的驱动。在实行分税制改革之后，由于按照企业的所有权归属来划分中央税和地方税，中央企业所得税及其上缴利润归中央，地方企业所得税及其上缴利润归地方，这使得地方财政收入与地方企业的发展密切相关。地方政府受增加财政收入的驱动，必然把有限的财力投向那些利润较高的产业部门，采取各种手段来保护当地的企业，并想方设法把本地产业门类设置齐全，以减少行业效益的波动对本地区财政收入的冲击和影响，从而导致了产业结构趋同的问题日益突出。

5.1.2 我国区域产业协调政策评述

产业结构趋同现象对我国区域间经济和产业的协调发展有明显的消极作用，国内外的经验表明，要缓解和解决产业结构趋同的问题，实现区域间产业的协调发展，促进各区域的共同繁荣，不仅需要发挥市场机制在资源配置中的基础作用，更需要国家政策进行宏观调控和支持。

5.1.2.1 我国区域产业协调相关政策

自西部大开发以来，中央政府颁布了一系列区域发展战略政策，其中最重要的是西部大开发、东北老工业区振兴和促进中部崛起。尽管各区域振兴政策中涉及产业的主要是产业发展政策，但通过有目的、有意识地在某些地区发展一些产业，客观上也或多或少地包含着一定的产业协调发展的政策。

（1）我国区域产业发展战略指导思路

自西部大开发以来，国家相继出台了《关于实施西部大开发若干政策措施的通知》、《关于进一步推进西部大开发的若干意见》、《关于实施东北老工业基地振兴战略的若干意见》、《进一步实施东北地区等老工业基地振兴战略的若干意见》、《促进中部地区崛起规划》等政策。从这些政策可以归纳出各地产业发展战略指导思路。

——东北地区产业发展战略指导思路

建设先进的装备制造业基地。将东北地区建设成为具有国际竞争力的重型机械和大型成套装备制造业基地；具有国际先进水平的数控机床及工具研发和生产基地；国家发电和输变电设备研发与制造基地；全国重要的汽车整车和零部件制造及出口基地，重点发展自主品牌汽车、小排量汽车、新能源汽车及关键零部件；具有国际先进水平的先进船舶和海洋工程装备制造基地，国家轨道交通设备制造基地，发展高速动车组、大功率机车等市场急需产品及关键配套件。

加快发展高技术产业。包括做大做强电子信息产业，培育发展生物产业，积极发展新材料产业，促进航空产业发展，扶持新兴海洋产业。

优化发展能源工业。有序开发煤炭资源，稳定原油生产能力，扩大天然气生产规模，加大对近海石油勘探力度。依托地处东北亚中心的地缘优势，加强与周边国家的能源开发合作。优化电源点和电网建设。积极扶持新能源和可再生能源发展。

提升基础原材料产业。包括建设新型石化产业基地，提高加工度，发展精细化工等；有序发展煤化工产业；建设北方精品钢材基地，提高市场竞争力，同时加大资源勘探开发和对外合作力度，提高矿石资源的保障水平。

加快发展特色轻工业。重点发展化学制药和中药制剂产品，鼓励发展民族医药产业；大力开展农产品的精深加工，建设粮食、肉类、水产品、乳制品和生物化工产业基地；大力发展纺织、服装、造纸、塑料制品、家具和林产品加工等轻工产业。

加快发展现代服务业。继续支持中外金融机构在东北地区设立分支机构和办事机构。鼓励有条件的城市进行金融改革创新，积极稳妥地发展中小金融机构。支持大连商品交易所建设亚洲重要期货交易中心。推进现代物流业发展，统筹建设一批重点区域物流园区。加快发展软件和服务外包产业。贯彻落实文化产业调整振兴规划，打造具有东北地方特色的文化品牌。大力发展旅游业，发展一批特色鲜明、吸引力强的旅游目的地，提高管理服务水平，建立大东北无障碍旅游区。

——西部地区产业发展战略指导思路

优化发展能源及化学工业。充分利用西部地区水能资源、煤炭资源、石油天然气资源丰富的优势，调整优化能源结构，促进集中布局，提高优势资源加工增值比重，加快建设若干国家重要的水能、煤炭、石油天然气等能源工业开发、接续基地和重要能源化工产品加工基地。

集约发展重要矿产资源开采及加工业。依托现有产业基础，建设若干有色金属、稀土、钢铁等优势矿产资源开采加工基地，培育若干以重要资源开发加工为主的矿业经济区。加大铜、铝等优势有色金属矿产资源调查评价和勘查力度，增加资源储量。合理开发资源，鼓励发展技术含量、附加值高的深加工产品和新型合金材料。有条件的地区，有序发展铝电联营。进一步提高稀土、钒钛等矿产资源综合利用水平。加快发展并形成若干大型钾肥、磷复肥生产基地，优化发展氯碱、磷化工等基础化工原料。发展高速铁路用重轨、大口径优质无缝钢管、优质合金钢材和精密合金钢材等特殊钢材。

大力发展特色农牧产品加工业。充分发挥西部地区独特的农牧业资源优势，加快建设并形成一批特色农副产品深加工产业基地。着力延长农业产业链条，大力发展品种优良、特色明显、附加值高的优势农产品。

着力振兴装备制造业。提高西部地区重大装备制造研发设计、核心元器件配套、加工制造和系统集成的整体水平，加快发展具有核心技术、带动力强的大企业、大集团，逐步形成一批竞争力较强的重大装备制造业基地和国家级研发生产基地。重点发展核电装备制造、重型燃机、大型冶金化工成套设备、重型机械等。

积极发展高技术产业。推进科技成果产业化，培育和形成若干高技术产业基地。重点发展集成电路、软件、网络通信设备等信息产业，生物医药、生物能源产业，有色金属和稀土等高性能材料产业，现代农业，航空航天产业，新能源产业。

加快发展旅游产业。大力培育和开发具有西部特色优势的国际国内知名旅游景区和线路，加快旅游基础设施和信息化建设，加强国内外旅游市场开发，推进跨区域旅游资源整合，重点开发一批跨区域旅游区。

—— 中部地区产业发展战略指导思路

加强能源原材料基地建设。按照优化布局、集中开发、高效利用、精深加工、安全环保的原则，加强重要矿产资源勘查，优化矿产资源勘查开发布局，进一步提高矿产资源开发利用水平，增强工业产能、布局、结构与资源开发的协调性，巩固和提升中部地区重要能源原材料基地地位。

加快现代装备制造基地建设。围绕中部地区装备制造优势行业，以核心技术、关键技术研发为着力点，增强自主创新能力，提高行业集中度，加快集聚发展，提升装备制造业整体实力和水平。发挥重大技术装备、交通设备制造业的优势，增强自主创新、系统集成能力，提升国产零部件配套水平，发展替代进口产品，扩大国内市场占有率。

加快发展高技术产业，培育新的经济增长点。以企业为技术创新主体，加强产学研合作，在充分利用和整合现有资源的基础上，组织实施重大科技基础设施工程，建设一批国家重点实验室、国家工程实验室、国家工程（技术）研究中心和国家认定企业技术中心。

促进高新技术和先进适用技术与传统产业融合，推动传统制造业优化升级。主要内容包括发挥龙头企业在资金、技术和市场等方面的优势，推进农产品转化增值。大力开发环保健康绿色智能家电产品，加速技术升级和产品换代，培育自主品牌，努力扩大出口。加快发展家电关键配套件产业，培育和发展产业集群。改造升级传统纺织服装业。采用先进技术设备改造传统纺纱织造等行业，淘汰落后产能。积极支持承接产业转移，加快发展服装和家用、产业用终端纺织品生产，加强品牌建设，提高产品附加值。发展现代造纸产业。

（2）落实区域产业协调政策的相关措施

第一，工程项目建设。

包括中央财政补贴在内的多资金来源支持的工程项目是落实区域产业协调政策的重要手段。2000—2009年，西部大开发累计新开工重点工程120项，投资总规模2.2万亿元。大部分项目涉及的是西部地区的交通和水利基础设施，也有不少涉及资源型产业，包括青海和新疆罗布泊钾肥工程、神华煤直接液化工程、四川80万吨乙烯工程、重庆蓬威石化60万吨PTA项目、新疆独山子石化改扩建工程、内蒙古伊敏电厂二期工程、内蒙古胜利一号露天煤矿、黄玉川煤矿、酸刺沟煤矿和宁夏梅花井煤矿工程、内蒙古40万吨氧化铝工程、陕西快速制造国家工程研究中心、重庆超声医疗国家工程研究中心等。在2010年，西部光伏电站建设、西部风电基地建设、内蒙古胜利东二号露天煤矿二期工程以及新疆大井矿区南露天煤矿一期工程也被列入西部大开发国家重点工程建设项目。

2003年国家批准了振兴东北老工业基地的第一批100个项目，总投资额610亿元。2004年国家又进一步实施了第二批197个项目，总投资额479亿元。两批项目共分布在装备制造业（含汽车及零部件）、石油化工业、医药工业、农产品加工业、稀土建材业、冶金工业六大行业，以及制造业信息化。2003年国家还启动了高新技术产业发展专项60个项目，总投资56亿元。2005年国家又发布了东北等老工业基地调整改造和重点行业结构调整专项（第一批）国家预算内专项资金（国债）投资计划，总共63个项目中东北地区有40个项目，东北地区投资规模44.07亿元,占总投资的63.9%。主要涉及矿山改造、变压器制造基地建设、电机改造、重型机械、农产品深加工机械等多个领域。

第二,税收优惠政策。

国家对各地区实施了有差别的税收政策,在促进各地产业发展的同时,也相应地在一定程度上实现了区域间的产业协调。税收优惠主要是所得税优惠和增值税转型。

在所得税方面国家规定在民族自治地方,经省人民政府批准,内资企业可以定期减征或者免征企业所得税,外商投资企业可以减征或免征地方所得税。国家对东北地区工业企业实行的所得税扶持政策主要包括:提高固定资产折旧率;缩短无形资产摊销年限;提高计税工资税前扣除标准。在中部地区,武汉、郑州、长沙、南昌、太原、合肥、襄阳、株洲等高新技术产业开发区内设立的高新技术企业,按15%征收所得税,新办高新技术企业免税两年,高新技术合资企业免税两年。

增值税转型改革[①]。国家于2004年开始在东北地区试行消费型增值税的试点工作,允许对装备制造业、石油化工业、冶金工业、船舶制造业、汽车制造业、农产品加工业、军品工业和高新技术产业8个行业中进行试点。现在增值税转型改革2009年1月1日起已经在全国所有地区、所有行业推行。

此外,还有关税、进口环节增值税、耕地占用税等方面的优惠政策。

第三,其他优惠政策。

国家规定对西部地区荒山、荒地造林种草及坡耕地退耕还林还草,实行谁退耕、谁造林种草、谁经营,谁便拥有土地使用权和林草所有权。各种经

---

① 我国原先实行的是生产型增值税,企业在缴纳增值税时,只允许对购进原料中所含的增值税进行扣除。国家于2004年开始在东北地区试行消费型增值税的试点工作,对八个行业购进的固定资产、用于自制固定资产的货物或应税劳务和为固定资产所支付的运输费用等所含进项税金,准予用当年增值税税额或新增加的增值税税额进行抵扣。

济组织和个人可以依法申请使用国有荒山、荒地进行恢复林草植被等生态环境保护建设，在建设投资和绿化工作到位的条件下，可以以出让方式取得国有土地使用权，减免出让金，实行土地使用权50年不变，期满后可申请续期，可以继承和有偿转让。

对东北地区的低丰度油田和衰竭期矿山，经东北省级人民政府批准，可以在不超过30%的幅度内降低资源税适用税额标准。在西部地区，符合条件的勘查、开采者，可以减免探矿权使用费、采矿权使用费：第一年免缴，第二至第三年减缴50%，第四至第七年减缴50%（开采矿山的，闭坑当年可以免缴）。

提高对东北老工业基地调整改造项目的中央预算内资金支持比例。进出口银行每年安排一定的信贷额度用于支持东北地区重大技术装备出口，人民银行和外汇局在政策上给予支持。

此外，还包括放宽西部地区利用外资的条件等优惠政策。

5.1.2.2 对我国区域产业协调相关政策的评价——从机制设计理论的角度

为消除区域产业结构趋同的现象，促进区域间产业协调发展，在保障市场机制发挥作用的前提下，必须不断完善国家有关政策。在建立有效的宏观经济政策时，机制设计理论具有重要的指导作用。

（1）机制设计理论概述

机制设计理论是现代学术界关注的焦点，它在对社会惯例和市场的分析上做出了重大的突破，对于信息不完全情况下政策制定具有重要指导意义。20世纪60年代，里奥尼德·赫维茨最早提出了机制设计理论，并将其定义为：对于任意给定的一个目标，在自由选择、自愿交换的分散化决策条件下，能否并且怎样设计一个合理机制（制度或规则），使得经济活动参与者的个人利益和设计者既定的目标一致。继赫维茨之后，美国经济学家马斯金和迈尔森对机制设计理论进行了深化和发展，他们研究的核心问题是如何在信息分散和不对称的条件下设计激励相容的机制来实现资源的有效配置。

机制设计理论中的机制首先是一个信息传递和分析机制，决策者对收到的不完全信息进行分析，并做出合理决策。这个过程中各个行为主体都追求自身利益最大化。机制设计理论构建了一个理论框架，把经济机制理论的模型划为四个部分：自利行为描述、经济环境、社会目标和配置机制。

1）信息效率问题

信息效率是关于经济机制实现既定社会目标所要求的信息量多少的问题，即机制运行的成本问题，它要求所设计的机制只需要较少经济活动参与者的信息和较低的信息成本。任何一个经济机制的设计和执行都需要信息传递，而信息传递是需要花费成本的，因此对于制度设计者来说，自然是信息空间的维数越小越好。

现实世界中的信息分散于生产者和消费者之间，他们各自拥有自己的私人信息，因而信息具有不完全的特征。在市场竞争机制下，参与者分散决策，依赖于相互信息的交换传递来做出生产和消费决策。机制设计理论从信息的观点出发，把经济机制看成是一个信息交换和调整的过程来研究经济机制信息成本和决策效率问题。

通过一个信息调整过程的模型，可以说明机制的信息成本问题。在某一市场中，有 n 个市场参与者，每个参与者可以既是生产者又是消费者，所有参与者的集合记为 N。作为一个生产者，企业有一个生产可能性集合，记为 Y_i。作为一个消费者，他有一个消费空间，记为 X_i；有一个消费偏好关系或效用函数，记为 R_i，对任何两组商品组合，他能比较哪一组商品对他更为有利。每个单位 i 都有一个初始资源，记为 w_i。消费空间、初始资源、消费偏好关系、生产技术这四项合起来就构成了该参与者的经济特征，记作 $e_i=(Y_i, X_i, R_i, w_i)$。抽象地说，一个经济社会就是由所有参与者的特征构成的，它也被称作经济环境，记为 $e_i=(e_1, e_2, \ldots e_n)$。所有可能的经济环境形成了一个集合，记作 E。所有资源配置的集合称为资源配置空间，记作 Z。

由第 i 个人传递出的信息记为 m_i，称作语言，所有这些信息的集合称为第 i 个人的语言空间，记为 M_i。N 个人在时间 t 的一组语言记为 $m(t)=(m_1(t),…,m_n(t))$，所有这些语言的集合称为语言空间，记为 M。人们根据所接收到的其他人的信息不断调整并对自己所发出的信息进行反馈，第 i 个参与者在时间 $t+1$ 对时间 t 时的信息响应可以由差分方程 $m_i(t+1)=f_i(m(t),e), i\in N$ 给出。这里，$f_i:E\to M$ 被称为响应函数。

一旦这种调整过程达到平稳点，人们不再改变信息，即 m 是响应函数的不动点 $m_i=f_i(m,e), i\in N$，或达到规定的终点时刻 T 时，通过某个资源配置规则（结果函数）$h(\cdot)M\to Z$ 来决定资源配置结果，即资源的配置由 $z=h(m)$ 来决定。响应函数平稳点的集合定义了一个从经济环境空间 E 到信息空间 M 的一个对应，记作 $\mu_i:E\twoheadrightarrow M$，即 $\mu_i(e)=\{m\in M: m=m_T$ 或 $m_i=f_i(m,e), i\in N\}$。令 $\mu(e)=\bigcap_{i=1}^{n}\mu_i(e)$，我们可以得到一个从 E 到 M 的多值对应：$\mu:E\twoheadrightarrow M$，且 $m\in\mu$，当且仅当 m 是响应差分方程的平稳点。这样的一个信息调整、资源配置过程就决定了一个经济机制，它由语言空间、响应函数、结果函数构成，记为 $\langle M,f,h\rangle$。信息空间规定了每个人根据自己的特征送出特定的信息；响应函数代表了下一时刻输出的信息，反映了在接到前一时刻的信息后以怎样的形式反映出来，这种响应与经济环境 e 有关，反映函数决定了平稳信息状态；配置规则决定了如何依据各个单位送来的信息做出相应的资源配置。

机制设计理论认为实践中可以从一个经济机制信息空间维数的大小来评价机制的好坏。从这个角度出发，机制设计过程就是针对想要实现的既定社会目标，寻求既能实现此目标，又要信息成本尽可能小的设计过程。当资源的帕累托最优配置为社会目标时，竞争性的市场机制就保证了此目标的达成。但竞争性的市场机制是否是经济信息效率最高的呢？赫维茨

5. 我国区域协调发展的具体实现路径

(Hurwicz, 1972) 在纯交换的新古典经济环境中,证明了这是成立的。在放松对新古典经济环境的假设之后,赫维茨证明了能够导致最优资源配置的分散决策的经济机制是存在的,但却以非常高的信息成本为代价。从信息的角度来看,若想实现某种社会目标,人们总是可以找到一个在实现该目标的同时花费最小的运行成本的机制。

2) 激励相容问题

激励相容是赫维茨于1972年提出的一个核心概念,其含义是,假定机制设计者有一个经济目标,称为社会目标,这个目标可以是资源的帕累托最优配置、在某种意义下的资源公平配置、个人理性配置、某个经济部门或企业所追求的目标、或在其他准则下的配置等,机制设计的任务就是要设置某个机制或是规则,在使得经济活动的每个参与者在追求个人的利益的同时,设计者设定的社会目标也能得到实现。在社会经济活动中,通常机制设计者的目标和机制参与者的利益之间不会完全一致,要达到机制设计者的某种目标,就必须对活动参与者给予激励,让活动参与者在激励条件下的最优化行为能导致机制设计者的利益最大化。因此,建立合理有效地激励机制,对于机制设计者的目标实现,有重要意义。针对激励相容的问题,经济学家也发展了一个基本的理论模型来研究激励机制的设计制定。

在给定的经济环境中,每个参与者都做出决策并参与经济活动,并从经济活动中得到配置的结果。所有参与者经济特征的一个组合 $e=(e_1, e_2, ... e_n)$ 被称为一个经济环境,所有允许的经济特征的集合记为E,以Z表示所有配置结果集合。配置空间的点并非是最优甚至是可行的,令$A \subset Z$表示所有可行的配置结果集合。在某种社会最优的标准下,可行集的某个子集构成了一个社会目标,或叫作社会选择对应,记作 F。于是它是从经济环境空间到可行集的一个对应$F: E \twoheadrightarrow A$。当社会选择对应成为一个单值映射时,我们把它叫作社会选择函数,记为 f。设计者的任务就是对所有的经济环境$e \subset E$,找出某种配置规则（经济机制）使得所导致的配置结果符合社会目标。

机制设计者由于缺乏关于个人经济特征方面的信息，因此，需要制定恰当的激励机制来诱导每个人，使他们可以真实地显示他们拥有的信息。设计者可以先告诉参与者他所收集到的信息将如何被用来决定配置的结果（也就是先告诉参与者游戏的规则），然后根据游戏规则和参与者所提供的信息，来决定配置的结果。

一个机制由信息空间 M 及结果函数（配置规则）h 组成，记作 $\Gamma = \langle M, h \rangle$。$M_i$ 表示参与者 i 的信息空间，它是参与者 i 所有可能交换和传送的信息 m 的集合，所有参与者的信息空间则是 $M = \Pi_{i \in N} M_i$。信息空间 M 规定了各种参与者送出什么样的信息的范围，配置规则 h 则根据各个参与者所提供的信息 m 给出配置的结果，于是结果函数 $h: M \rightarrow Z$ 就是从信息空间 M 到结果空间 Z 的一个映射。

对激励机制的设计与信息调整机制的设计不同的是，参与者的行为不是通过响应函数或是信息对应来进行描述的，而是由参与者根据其偏好和采取的策略的方式所决定的。在机制设计当中，参与者真正的经济特征是不为机制设计者所知的，设计者只知道它属于某个集合的范围。不同的经济环境及机制将导致参与者个人自利行为的不同反应。每个人在规则下选择认为对自己最有利的信息。每个人行事的策略（即送出的信息）都取决于他的自利行为（行为方式）。个人的自利行为不仅取决于他的经济特征，同时也取决于该所设定的经济制度或者是游戏规则，不同的规则显示了不同利己行为。令 $b(e, \Gamma) \in M$ 表示在经济环境为 e，机制 Γ 给定下的均衡自利行为策略解的集合。因此，给定经济环境 E、信息空间 M、配置规则 h、自利行为准则 b，所导致的所有均衡配置结果是由配置规则和均衡自利行为策略进行复合而形成的，记为 $h(b(e, \Gamma))$。激励机制设计的目的是要实施某个给定的社会目标 F。首先，应当注意社会选择对应 F 依赖于经济环境。其次，给定某个经济机制⟨M,h⟩和均衡自利行为的决策集b(e,Γ)，社会目标的实施问题涉及h(b(e,Γ))和F(e)这两个集合相交的状态关系问题。

3）显示原理和执行理论

赫维茨奠定了机制设计的理论基础和框架，在此基础上，马斯金（Maskin，1977）和迈尔森（Myerson，1979）对其进行了完善和发展，其主要的研究成果分别是"显示原理"及"执行理论"。显示原理是指任何一种资源配置的规则，如果能够被某个机制所达到，那也一定存在一个直接机制可以实现这一资源配置的规则。所谓"直接"，是指参与人向外界发送的信息就是其自身的类型。显示原理由迈尔森归纳出完整的一般形式，其重要性在于，它通过给出一般性机制与报告真实信息的直接机制的等价性，使人们可将注意力集中于报告真实信息的直接机制上面，进而缩小了人们的选择范围，使得很多问题可以用数理方法处理。而当人们只需要考虑寻找最优的直接机制时，激励相容约束与理性参与约束就成为了机制设计理论模型中最重要的约束条件。

执行理论是机制设计理论中另外一项研究成果。一个机制可能包括很多不同的内部均衡，如何使得所有这些均衡达到最佳状态在执行原理出现前困扰了很多人。马斯金发现的执行原理很好地解决了该问题。他证明了在马斯金单调性、非一票否决的条件都满足的条件下，在至少有三个决策人时，纳什均衡中的执行是可以实现的。在此之后，其他学者研究并得出了在一定的条件下，可以设计出某种机制，使所有的纳什均衡都可以实现帕累托最优。

（2）对我国区域协调政策评价

上述机制设计理论的基本观点可以用于分析我国现行的区域产业协调政策。

1）政策制定者制定区域产业协调政策需要考虑的问题

政策制定者和执行者可能存在利益不一致的情况。中央政府所制定的区域产业协调政策很大程度上需要地方政府来执行相关政策。地方政府在一定程度上具有"经济人"的行为特征，其在维护国家公共利益的过程中，也会谋取本部门或地区的利益和效用的最大化，主要表现为重视地方GDP、财政收入、固定资产投资等指标。而中央政府在制定政策时出发点是全国整体的经济、社会福利，所以，中央政府和地方政府间存在利益不一致的问题。同样各级地方政府之间、各部门之间以及政府官员之间存在利益不一致的问题。中央政府制定的许多政策在执行过程中出现的偏差或异化的种种表现，不管是"上有政策，下有对策"还是拒不执行上级政策，都是执行者从自身利益角度出发，对涉及自身利益再分配和调节的政策采取了相对应的应对措施。因此，在制定政策过程中，政策制定者必须要考虑到执行者自身的利益，需要设计出更合理的激励相容的制度（机制）。

信息不对称的问题。在政策制定和执行的过程中，信息不对称主要表现为执行者比制定者更了解政策执行对象对政策的反应，更了解执行政策过程中所需要的资源以及政策执行的效果和存在的问题。而且，执行者在很大程度上掌控了信息传递的渠道，在向谁传递这些信息以及传递多少信息过程中掌握着较大的自主权，也就是说执行者在一定程度上选择性地传递信息，甚至传递虚假信息欺骗政策制定者以追求自身利益最大化。这种信息不对称问题使政策制定者必须要设计合理的制度（机制）使得执行者能传递真实的信息或信息来源渠道多样化，不能仅依赖执行者提供的信息来做出决策。

2）对我国区域产业协调政策的简要评价

我国区域产业政策主要关注的是各区域自身的产业发展，对区域间产业协调不够重视。通过对上述产业协调政策可以看出，国家旨在促进区域产业发展的政策存在很大的相似性和重合度，基本上只是根据各地的情况出发制定相关政策，较少地从全国区域间产业协调的角度去制定、设计产业政策。以西部和东北部为例，国家都将发展重点放在了装备制造业，高技术产业等行业上，但西部地区在发展高技术产业上并不具备显著的比较优势。从相应的优惠措施可以看出，税收优惠并没有落实到具体的产业部门，也就很难起到促进相关产业从而实现区域产业协调发展的目的。由于在政策制定之初就不够重视区域间产业协调，因此很难指望这样的政策措施能改善和解决区域产业结构趋同的问题，从而无法使区域间产业达到真正的协调发展。

在制定区域产业协调政策时，对相应的基础理论工作重视不够。理论的价值在于从纷繁复杂的现实世界中抽中最主要的影响因素，并用简化但易于理解的模型来描述和解释现实世界，从而能对实践工作给予指导。在制订区域产业协调政策时，如何保证区域间产业协调发展需要在基础理论工作上有所发展和突破，但显然，目前在实际工作中，对此重视不够。

在各区域产发展政策制定过程中，过多地依赖各地方政府所提供的信息。但由于信息的不对称以及中央政府和地方政府利益的不一致，因此制定的政策更多地考虑的是各区域自身的利益，往往是简单根据各区域自身的信息来选择鼓励产业，而没有从各区域产业比较优势出发去制定相应的鼓励、扶持政策，从而也就难以保证区域间产业协调发展的实现。

5.1.3 区域产业协调政策改进的思路和理论依据

现行的区域间产业协调政策存在上述问题，难以改变现有区域产业结构趋同的现状，难以保证区域产业协调的实现，需要对区域间产业协调政策进行改进。

5.1.3.1 区域产业协调政策改进的基本思路

根据前述理论分析，以及目前区域间产业协调政策存在的种种问题，区域间产业协调政策改进的基本思路应当是：1）要明确区域间产业协调是政策最重要的目标之一。为了保证国家的整体经济、社会利益，必须要从区域间产业协调发展的角度出发考虑、制定区域产业发展的相关政策。2）制定区域间产业协调政策时，必须要考虑到信息不对称的情况。不能仅依赖于地方政府所提供的信息，而应该拓宽信息来源渠道，从而保证制定的政策能够尽可能地接近或实现预期目标。3）制定区域间产业协调政策时，不能仅仅考虑到政策制定者的目标，还必须考虑到政策执行者的目标，要考虑相应的激励制度来保证在两者目标不一致的情况下，执行者追求自身利益最大化的同时实现了制定者的目标。

5.1.3.2 区域产业协调政策改进的理论依据

（1）比较优势理论概述

比较优势理论是微观经济学的核心理论之一。大卫·李嘉图在其代表作《政治经济学及赋税原理》中提出了比较优势理论。比较优势理论是在绝对成本理论的基础上发展起来的，并经过了不断演化的过程。李嘉图的比较优势理论认为，一国在两种商品生产上较之另一国均处于绝对劣势，但只要处于劣势的国家在两种商品生产上劣势的程度不同，两个国家专业化生产和出口其具有比较优势的商品，进口其处于比较劣势的商品，则两国都能从贸易中得到利益。

比较优势理论弥补了绝对优势学说的理论缺陷，但并未解释造成各国劳动生产率差异的原因。20世纪初，瑞典经济学家赫克歇尔和俄林提出了要素禀赋理论[①]，从生产要素禀赋的差别而不是生产技术的差别出发，解释了生产成本和商品价格的不同，以此说明比较优势产生的原因。该理论认为资本、土地以及其他生产要素与劳动力一起都在生产中起重要作用并影响劳动生产率和生产成本，不同的商品生产需要不同的生产要素配置，而各国生产要素先天禀赋不同，正是这种要素禀赋上的差别才导致生产成本的差别，进而导致各国具有不同的比较优势。

无论是李嘉图的比较优势理论，还是要素禀赋理论，其实质上都是把一

---

① 该理论主要内容引自克鲁格曼，奥伯斯法尔德：《国际经济学》（第五版），北京：中国人民大学出版社，2002年。

国先天赋予的生产条件差别作为贸易基础，因此从李嘉图到20世纪中期以前的比较优势理论被称为外生比较优势理论。这些理论基本上是一个静态的理论体系，缺乏动态的眼光分析各国资源禀赋和比较优势。为了克服传统国际贸易理论的缺陷，一些经济学家开始寻求新的贸易理论和贸易政策选择，目前在这方面最有影响的理论是国家竞争优势理论。

国家竞争优势理论是美国哈佛大学的波特在其《国家竞争优势》（2002）一书中提出的。波特认为，一个国家的竞争优势，是建立在企业、行业的竞争优势基础之上的。一个国家的兴衰其根本原因在于其企业、行业能否在国际市场中取得竞争优势，而竞争优势形成的关键有赖于生产率的提高。除了和传统的比较优势理论一样承认要素的重要性外，波特认为一个国家的竞争优势还取决于一国内部需求条件、相关产业和支持产业和企业战略。国内需求是一国产业发展的原动力，国内需求的扩大能刺激厂商不断提高生产、服务质量，扩大产业规模，从而带动整个产业竞争力的提升。一个产业的上下游产业，是对该产业的辅助和支持。一个产业的竞争优势不仅取决于自身竞争实力，也与相关、支持产业的发展密切相关。企业战略、组织结构与竞争状态，是影响企业创造和保持国际竞争力的重要环境，国内市场竞争越激烈，越有利于国内汽车企业参与国际竞争。此外，一国产业国际竞争力还取决于机遇和政府政策两个辅助因素，它们会在一定程度上影响上述决定产业竞争力的诸要素。该理论提出了一个重要的分析框架，强调比较优势的动态变化，并强调了国家政策在决定企业竞争力方面的关键作用。

（2）识别区域比较优势产业的经验指标

制定区域间产业协调政策需要了解各区域的比较优势。根据前述的比较优势理论的发展，显然比较优势产业的确定，既要考虑各地要素禀赋，也要考虑到政策、机遇因素的作用。某种要素禀赋高的地区并不必然在大量使用该要素的产业上具有比较优势，具有比较优势的产业并不总是依赖要素禀赋的多少。根据现代竞争优势理论，本文主要采用区位商，并辅以其他指标来确定一个地区比较优势产业。

1）区位商简介

区位商又称专门化率，是产业效率与效益分析的定量工具，用来衡量某一产业在一特定区域的相对集中程度。在本文的研究中，我们考察的是国民经济各行业在空间上的相对分布，通过计算某一区域产业的区位商，可以找出该区域在全国具有一定地位的优势产业，并根据区位商值的大小来衡量其专门化率。

区位商的计算公式是：

$$LQ_{ij} = \frac{L_{ij} / \sum_j L_{ij}}{\sum_i L_{ij} / \sum_i \sum_j L_{ij}}$$

其中下标 i 表示地区，j 表示行业，LQ_{ij} 表示第 i 个地区第 j 个行业的产出指标。上式表示的是 i 地区 j 行业在本地区总产出中的份额与全国 j 行业占整个国民经济产出份额之比。当各地区产出结构与全国产出结构存在差异时，意味着地区间存在着地域分工和产品贸易。当 $LQ_{ij} > 1$ 时，意味着 i 地区 j 行业的供给能力能够满足本地区需求而有余，可对外提供产品（大于1的部分意味着对区外市场的占领部分）；当 $LQ_{ij} < 1$ 时，意味着 i 地区 j 行业的供给能力不能够满足本地区需求，需要从区外调入；当 $LQ_{ij} = 1$ 时，意味着 i 地区 j 行业的供给能力恰好够满足本地区需求。

2）区位商指标的优点

我们之所以采用区位商作为判断地区比较优势的主要指标，是因为它具有以下的优点：

第一，指标简明易于理解，可信程度高。通过采取区位商这一较为普遍的比较优势产业识别方法，不仅可以较为准确地反映出不同地区不同产业的优劣势状况，而且其计算过程及判定准则简明易懂，有利于相关部门据此制

5. 我国区域协调发展的具体实现路径

定相应的产业政策。此外，区位商计算过程简易，所需数据容易获得，可以利用现有的统计数据，来源准确度高，较少地受到各区域因自身利益所提供的信息真实性的影响，由此而得的指标可信度较高。

第二，解决了地区间贸易数据问题。在有关国际比较优势讨论的文献中，通常都是依据各国出口产品内容以及占有国际市场的份额来判断比较优势的。而在进行区际比较优势的研究与识别时，首当其冲的障碍就是无从获得有关区际贸易的统计数据。采取区位商指标有助于克服这一障碍。在区位商计算公式中，分子部分反映了区域具体行业在区域产出结构中出的份额，分母部分反映了该行业在整个国民经济的产出份额，整个指标的优点是把各地区的产出结构（区域内部的各行业份额）放在更大的空间系统中，以整个国民经济产出结构作为参照系来判断各地区各行业的相对份额大小，借以判定地区产业的相对优势，从而避免了地区间贸易数据问题的收集。

第三，体现了现代比较优势理论的内涵。波特的现代竞争优势理论认为，一个地区的优势产业既有可能是要素禀赋作用的结果，也有可能是政府政策的产物，是规模经济作用的结果，还有可能是纯粹的机遇、偶然事件所导致的。因此，很难确定哪些因素是一个地区某产业成长为该地区比较优势产业的充分条件，也就很难从影响因素的角度去确定哪些产业应该或可能成为地区比较优势产业。但一个地区具有比较优势的产业一定是区位商较高的产业，因为必然会是主要的输出部门。所以，具有较高区位商的产业可能未必是一个地区具有比较优势的产业，但至少是必要条件。如果再辅以其他指标，比如某产业在该地区经济活动所占比例，或利税率等指标可以较为准确地识别一个地区的比较优势产业。

第四，在跨年度的区位商比较中能够显示区域比较优势的动态变化趋势。在本文研究中，我们将各地区各行业在不同时点上的区位商值加以比较，可以发现各地区产业结构特别是地区产业其比较优势地位的变动趋势。

5.1.4 我国区域产业协调的路径——基于全国五大区域工业部门比较优势的分析

在将全国分为五大地区的前提下,依据各区域的产业比较优势探讨区域产业协调的具体思路。按照地域产出结构特征的一致性和地域上接近的原则,把我国分为五个大区,分别是东部地区(包括:北京、天津、河北、上海、山东、江苏、浙江、福建、广东、海南)、东北部地区(包括:黑龙江、吉林、辽宁)、中部地区(包括:山西、河南、湖南、湖北、江西、安徽)、西北部地区(包括:内蒙古、陕西、甘肃、宁夏、青海、新疆)、西南部地区(包括:四川、云南、广西、贵州、重庆、西藏)。限于数据的可获得性,我们仅分析各区域的工业比较优势,并提出区域工业协调的战略思路,而没有分析各区域第一产业和第三产业的区域产业协调。

5.1.4.1 五大区域工业部门比较优势的识别

制定区域产业协调首先需要明确各区域目前具有比较优势的产业,或具有潜在比较优势的产业。我们通过计算前述的区位商指标来确定各区域比较优势产业,因各行业的经济活动最准确的反应是增加值指标,所以计算区位商时采用的产出指标是各行业的增加值数据。为了从动态角度分析各地区比较优势产业的变化趋势,共分析了1996年、2000年、2005年和2008年四个时间点上的工业部门数据。1996年、2000年各区域工业增加值数据来自中国经济信息网,共有39个工业部门的数据。2005年和2008年中国经济信息网中只有各省区39个工业部门的总产值数据,不过《中国工业经济统计年鉴》提供了2005年各省区27个工业部门增加值数据,但却未能提供2008年的数据。我们根据《中国工业经济统计年鉴》中各省区近三年各工业部门平均增加值率对2008年的数据进行了估计。为了保持统计口径的一致性,在计算五大区域各年份工业部门区位商时采用的27个工业部门的统计口径。

（1）西北地区工业部门比较优势分析

从表5-1的西部地区工业部门区位商可以发现，西北部地区的采掘业具有显著的比较优势，煤炭开采和洗选业、石油和天然气开采业、黑色金属矿采选业和有色金属矿采选业在2008年的区位商值分别达到了2.73、3.73、1.29和2.72；在食品制造业上，西北地区也有较明显的比较优势，其区位商为1.38；此外，西北地区的石油加工炼焦及核燃料加工业、有色金属冶炼及压延加工业和电力、热力的生产和供应业也具有一定的比较优势，其区位商值分别为1.49、2.01和1.35；在非金属矿采选业和黑色金属冶炼及压延加工业具有微弱的优势，区位商值分别为1.04和1.02，而其他行业则处于劣势地位，其区位商值皆小于1。

从动态角度看，近年来，西北地区煤炭开采和洗选业的区位商值得到了明显的增长，石油和天然气开采业、食品制造业、黑色金属矿采选业基本上呈现出增长趋势，而非金属矿采选业、电气机械及器材制造业、通信设备、计算机及其他电子设备制造业等行业的比较优势则显现出明显的下降趋势。

西北部地区矿产资源的远景储量很可观，其能源矿产在全国占有重要地位。拥有丰富的煤炭资源，是促进西北部地区煤炭采掘业发展的重要原因。新疆的煤炭远景储量达到2.19万亿吨，居全国首位，内蒙古地区的煤炭资源的储量也在全国处于优势地位。除了丰富的煤炭资源，西北地区的石油和天然气也具有良好的开发前景。石油储量为5.1亿吨，占全国陆上石油总量的近23%，主要分布在鄂尔多斯盆地、准噶尔盆地、塔里木盆地、吐哈盆地和柴达木盆地。天然气储量为4354亿立方米，占全国陆上总量的58.5%，主要分布在鄂尔多斯盆地和塔里木盆地。[①] 而且，有色金属也是西北地区的优势矿产资源。西北地区铜储量占全国保有储量的13.4%；甘肃集中了全国61.8%

---

① 杨丽艳，陈祥骥："西北地区矿产资源开发利用及发展前景分析"，《宁夏党校学报》，2007年第9卷，第6期。

的镍和57.0%的铂族金属储量；西北部地区金矿储量占全国的14.2%，银矿占10.9%。[1]西北地区优势能源、矿产资源有力地促进了相应的采掘业以及相关下游产业，如电力行业、石化行业，有色金属冶炼行业的发展。

表 5-1 西北地区工业部门区位商

	1996年	2000年	2005年	2008年
煤炭开采和洗选业	1.53	1.81	2.07	2.73
石油和天然气开采业	2.55	2.83	3.99	3.73
黑色金属矿采选业	0.87	0.85	1.62	1.29
有色金属矿采选业	3.30	2.55	4.59	2.72
非金属矿采选业	2.38	-	1.19	1.04
农副食品加工业	0.86	0.70	0.85	0.73
食品制造业	0.92	0.93	1.71	1.38
饮料制造业	0.86	1.03	0.90	0.88
烟草制品业	0.63	0.54	0.65	0.57
纺织业	0.73	0.83	0.54	0.49
纺织服装、鞋、帽制造业	0.30	-	0.07	0.07
造纸及纸制品业	0.74	0.63	0.39	0.33
石油加工、炼焦及核燃料加工业	1.17	1.68	1.46	1.49
化学原料及化学制品制造业	0.81	0.80	0.60	0.73
医药制造业	1.01	1.06	0.97	0.71
化学纤维制造业	0.08	0.09	0.22	0.26
非金属矿物制品业	0.83	0.85	0.63	0.62
黑色金属冶炼及压延加工业	1.29	1.04	1.00	1.02
有色金属冶炼及压延加工业	3.24	2.60	1.87	2.01
金属制品业	0.55	0.41	0.19	0.17
通用设备制造业	0.63	0.38	0.33	0.27
专用设备制造业	0.63	0.66	0.74	0.54
交通运输设备制造业	0.48	0.46	0.43	0.42
电气机械及器材制造业	0.46	0.36	0.30	0.29
通信设备、计算机及其他电子设备制造业	1.06	0.43	0.17	0.14
仪器仪表及文化、办公用机械制造业	0.45	0.41	0.30	0.32
电力、热力的生产和供应业	1.42	1.29	1.47	1.35

此外，西北地区的食品制造业也具有一定的竞争优势，这主要是因为该地区，特别是内蒙古地区的乳制品行业十分发达，截至2008年年底，内蒙古

---

[1] 杨丽艳、陈祥骥：" 西北地区矿产资源开发利用及发展前景分析"，《宁夏党校学报》，2007年第9卷，第6期。

的乳制品产量达到了355.94万吨，居全国首位，占总产量的19.66%。此外，陕西地区的乳制品产业也较为发达，2008年，其乳制品产量为110.88万吨，占全国总产量的6.12%。

（2）西南地区工业部门比较优势分析

西南部地区具有较大比较优势的产业部门是有色金属矿采选业、非金属矿采选业、农副食品加工业、饮料制造业、烟草制造业、医药制造业、有色金属冶炼及压延加工业、交通运输设备制造业及电力、热力的生产和供应业，其区位商值在2008年分别达到了2.25、1.65、1.42、2.98、3.55、1.64、1.41、1.33和1.42；具有一定比较优势的行业是煤炭开采和洗选业、黑色金属矿采选业、化学原料及化学制品制造业和非金属矿物制品业，其区位商值为1.01、1.04、1.10和1.08，而其他行业则处于劣势地位（具体数据参见表5-2）。

表 5-2　西南地区工业部门区位商

	1996年	2000年	2005年	2008年
煤炭开采和洗选业	0.83	0.81	0.88	1.01
石油和天然气开采业	0.27	0.17	0.17	0.24
黑色金属矿采选业	1.35	1.05	1.20	1.04
有色金属矿采选业	2.01	3.00	1.82	2.25
非金属矿采选业	3.07	−	1.50	1.65
农副食品加工业	1.23	1.40	1.53	1.42
食品制造业	0.77	0.59	0.70	0.78
饮料制造业	1.40	2.14	2.88	2.98
烟草制品业	4.77	5.37	4.24	3.55
纺织业	0.29	0.36	0.33	0.40
纺织服装、鞋、帽制造业	0.19	−	0.09	0.13
造纸及纸制品业	1.03	0.87	0.75	0.72
石油加工、炼焦及核燃料加工业	0.09	0.10	0.40	0.58
化学原料及化学制品制造业	1.11	1.15	1.29	1.10
医药制造业	1.04	1.52	1.69	1.64
化学纤维制造业	0.47	0.57	0.41	0.37
非金属矿物制品业	1.06	1.18	1.21	1.08
黑色金属冶炼及压延加工业	1.15	1.23	1.03	0.94
有色金属冶炼及压延加工业	1.40	2.06	1.84	1.41
金属制品业	0.68	0.40	0.38	0.52
通用设备制造业	0.80	0.87	0.71	0.72
专用设备制造业	0.67	0.47	0.79	0.83
交通运输设备制造业	0.95	1.34	1.44	1.33
电气机械及器材制造业	0.45	0.40	0.45	0.48
通信设备、计算机及其他电子设备制造业	0.78	0.56	0.27	0.41
仪器仪表及文化、办公用机械制造业	0.48	0.62	0.45	0.46
电力、热力的生产和供应业	1.13	0.99	1.64	1.42

上篇：总论

  从动态角度看，西南地区的饮料制造业、石油加工炼焦及核燃料加工业的比较优势处于不断增长的过程，黑色金属矿采选业、烟草制品业、造纸及纸制品业的比较优势有了一定程度的减弱，其他产业部门发展比较稳定。

  在有色金属和非金属矿资源上，西南地区在全国具有重要地位。西南地区有色金属约占全国储量的40%。例如四川，钒、钛储量分别占世界总量的82%和33%；云南有色金属达112种，其中铅、锌、锗均为全国之首；贵州拥有64种矿，其中汞、煤、铝、磷等30种矿物居全国前茅。依托丰富的矿产资源，该地区的有色金属采选业和冶炼业，非金属矿采选业在全国占有重要地位。我国水电经济可开发量高达40178万千瓦，其中西南地区经济可开发量2.4亿千瓦，占全国59%。依托丰富的水电资源，西南地区电力行业具有显著的竞争优势，而且，水电成本低、污染小，具有广阔的发展前景。

  在有色金属和非金属矿资源上，西南地区在全国具有重要地位。西南地区有色金属约占全国储量的40%。例如四川，钒、钛储量分别占世界总量的82%和33%；云南有色金属达112种，其中铅、锌、锗均为全国之首；贵州拥有64种矿，其中汞、煤、铝、磷等30种矿物居全国前茅。依托丰富的矿产资源，该地区的有色金属采选业和冶炼业，非金属矿采选业在全国占有重要地位。我国水电经济可开发量高达40178万千瓦，其中西南地区经济可开发量2.4亿千瓦，占全国59%。依托丰富的水电资源，西南地区电力行业具有显著的竞争优势，而且，水电成本低、污染小，具有广阔的发展前景。

  在有色金属和非金属矿资源上，西南地区在全国具有重要地位。西南地区有色金属约占全国储量的40%。例如四川，钒、钛储量分别占世界总量的82%和33%；云南有色金属达112种，其中铅、锌、锗均为全国之首；贵州拥有64种矿，其中汞、煤、铝、磷等30种矿物居全国前茅。依托丰富的矿产资源，该地区的有色金属采选业和冶炼业，非金属矿采选业在全国占有重要地位。我国水电经济可开发量高达40178万千瓦，其中西南地区经济可开发量

2.4亿千瓦，占全国59%。依托丰富的水电资源，西南地区电力行业具有显著的竞争优势，而且，水电成本低、污染小，具有广阔的发展前景。

西南地区有着相对良好的农业发展条件，为以农产品为原料的食品加工业的发展提供了较好的禀赋基础，使该地区的食品加工业具有较大的比较优势。在烟草制品业上，西南地区的竞争优势十分明显，在全国处于领先地位。云南、贵州等省是我国的主要烟草生产地，丰富的烟草资源，是当地烟草制品业发达的重要原因。红云红河集团、重庆烟草工业有限责任公司、玉溪红塔烟草（集团）有限责任公司等大型烟草公司的建立和发展，对西南地区烟草制品业的发展起到了巨大的推动作用。

在医药制造业方面，西南地区发展较快，四川已成为我国中药生产第一大省，2009年四川中成药产量占全国比重为15.76%[①]。云南、贵州、青海、广西等省区充分发挥当地资源优势，已成为我国民族药生产基地。

此外，西南地区在交通运输设备制造业上也具有较大的比较优势。2008年，西南地区的汽车产量占全国总产量的16.10%，接近1/6。这主要是由于重庆、四川等地区聚集了较多的汽车生产制造企业，特别是重庆长安汽车股份公司，对西南地区交通运输设备制造业的发展有重大贡献。

（3）中部地区工业部门比较优势分析

中部地区的优势产业是煤炭开采和洗选业、有色金属矿采选业、非金属矿采选业、农副食品加工业、食品制造业、饮料制造业、烟草制品业、石油加工炼焦及核燃料加工业、非金属矿物制品业、有色金属冶炼及压延加工业，其区位商值在2008年分别达到了2.28、1.96、1.82、1.21、1.28、1.13、1.32、1.22、1.43和1.78，造纸及纸制品业、医药制造业、黑色金属冶炼及压延加工业、专用设备制造业和电力、热力的生产和供应业具有微弱的比较优

[①] 引自中国经济信息网：《中国医药行业分析报告》（2009年第四季度），2010年，第22页。

势，其区位商值为1.06、1.06、1.09、1.03和1.05，其他行业则处于劣势地位（具体数据参见表5-3）。

表 5-3　中部地区工业部门区位商

	1996年	2000年	2005年	2008年
煤炭开采和洗选业	2.27	2.81	3.04	2.28
石油和天然气开采业	0.30	0.27	0.20	0.19
黑色金属矿采选业	1.47	1.73	1.22	0.87
有色金属矿采选业	1.49	1.75	1.96	1.96
非金属矿采选业	3.69	—	1.85	1.82
农副食品加工业	1.46	1.52	1.21	1.21
食品制造业	0.93	0.94	1.23	1.28
饮料制造业	1.11	1.20	1.04	1.13
烟草制品业	1.23	1.59	1.61	1.32
纺织业	0.90	1.02	0.69	0.75
纺织服装、鞋、帽制造业	0.52	—	0.41	0.47
造纸及纸制品业	0.99	1.15	1.12	1.06
石油加工、炼焦及核燃料加工业	0.88	1.14	1.32	1.22
化学原料及化学制品制造业	1.03	1.03	0.92	0.87
医药制造业	0.79	1.08	1.03	1.06
化学纤维制造业	0.55	0.52	0.61	0.42
非金属矿物制品业	1.38	1.49	1.40	1.43
黑色金属冶炼及压延加工业	1.05	1.35	1.28	1.09
有色金属冶炼及压延加工业	1.24	1.94	2.02	1.78
金属制品业	0.85	0.63	0.57	0.60
通用设备制造业	0.92	0.87	0.73	0.67
专用设备制造业	1.25	1.24	1.06	1.03
交通运输设备制造业	0.87	1.20	1.03	0.84
电气机械及器材制造业	0.74	0.75	0.61	0.68
通信设备、计算机及其他电子设备制造业	0.27	0.27	0.19	0.22
仪器仪表及文化、办公用机械制造业	0.51	0.47	0.49	0.66
电力、热力的生产和供应业	1.20	1.03	1.20	1.05

从动态角度看，中部地区各行业的比较优势基本呈现稳定的态势，变动幅度不大。其中，有色金属矿采选业、食品制造业、石油加工、炼焦及核燃料加工业的比较优势，有了一定程度的增长，而黑色金属矿采选业、非金属矿采选业、化学原料及化学制品制造业、专用设备制造业的产业优势则有了一定程度的降低，特别是黑色金属矿采选业、化学原料及化学制品制造业，由之前的优势产业部门转变成了不具优势的产业部门，交通运输设备制造业在经历了短暂的发展后，比较优势也有了大幅度的下降。中部地区拥有丰富的能源、多种金属和非金属矿产资源，是中国主要的基础工业（能源、原材

料工业)基地。山西有丰富的煤炭资源,全省国土面积15.7万平方千米,含煤面积5.7万平方千米,占了近40%,以山西为中心的煤炭基地是中国最大的能源基地,由于其地理位置适中、煤炭储量巨大、煤质优良、品种齐全、易于开采,已成为全国最大的煤炭供应基地。安徽也是一个产煤大省,蕴藏着丰富的煤炭资源,含煤面积17950平方公里,约占全省总面积的12.9%。石化行业方面,中部地区的中原油田是中国石化集团公司第二大油气田,也是中国的大型石油天然气基地,经过30年的开发建设,中原油田已发展成为一个具有油气勘探开发、工程技术服务、石油天然气化工等综合优势的国有特大型企业,为中部地区石油加工化学工业的发展做出了很大的贡献。此外,中部地区的铜产量、磷矿石产量在全国总产量中也占据了很大的比重。通过对这些资源和能源的利用,中部地区形成了很多重要的原材料工业基地,如武汉、马鞍山、太原等钢铁基地,山西铝基地,江西、湖南、安徽铜基地,湖北磷化工基地等。所以中部地区在煤炭开采洗选业、石油加工、炼焦及核燃料加工业、有色金属冶炼业,非金属矿采选和制品业上具有较大的比较优势。

中部地区农业基础较好,是全国著名的农产品生产基地,粮食、油料和棉花等农作物的产量约占全国的1/3。在此基础上,中部地区的食品加工制造业得到了较大的发展,产业比较优势明显。在2008年,河南省的食品业的产品收入达到了646.15亿元,居全国第二。从食品业内部的具体行业来看,中部地区的不同省区有不同优势。在糖果业,湖南和湖北地区有较大的优势,在糕点、饼干、方便面、味精和酱油行业河南省优势较大。

中部地区烟草行业具有显著的比较优势。中部地区的湖南、湖北、河南、安徽是烟草生产大省,2009年四省卷烟产量占全国比重为25.2%[1],其中湖南是仅次于云南的全国第二大烟草大省。

---

[1] 引自中国经济信息网:《中国烟草行业分析报告》(2009年第四季度),2010年,第22页。

（4）东北地区工业部门比较优势分析

从区位商来看，东北地区的优势产业是石油和天然气开采业、黑色金属矿采选业、农副食品加工业、石油加工、炼焦及核燃料加工业、医药制造业、黑色金属冶炼及压延加工业、通用设备制造业和交通运输设备制造业，其区位商值在2008年达到了3.32、1.54、1.42、2.02、1.15、1.15、1.17和1.51，专用设备制造业具有微弱的比较优势，2008年区位商为1.00，其他各行业部门则处于劣势地位（具体数据参见表5-4）。

从动态角度看，东北部地区的煤炭开采和洗选业、石油和天然气开采业、非金属矿采选业、造纸及纸制品业等行业呈现出下降的趋势，黑色金属矿采选业、农副食品加工业、专用设备制造业、医药制造业等行业则有了不同程度的发展，尤其是前两个行业，由之前的劣势行业转变成为了具有显著竞争优势的行业。

表 5-4　东北地区工业部门区位商

	1996年	2000年	2005年	2008年
煤炭开采和洗选业	0.97	0.94	0.81	0.60
石油和天然气开采业	4.07	4.00	3.92	3.32
黑色金属矿采选业	0.64	0.58	1.30	1.54
有色金属矿采选业	0.78	0.52	0.69	0.71
非金属矿采选业	2.09	—	0.56	0.96
农副食品加工业	0.76	0.80	1.26	1.42
食品制造业	0.81	0.88	0.80	0.94
饮料制造业	0.82	0.70	0.87	0.95
烟草制品业	0.21	0.15	0.33	0.32
纺织业	0.29	0.22	0.21	0.18
纺织服装、鞋、帽制造业	0.45	—	0.32	0.53
造纸及纸制品业	0.82	0.42	0.29	0.34
石油加工、炼焦及核燃料加工业	2.34	1.89	2.25	2.02
化学原料及化学制品制造业	0.80	0.77	0.66	0.56
医药制造业	0.97	1.08	1.19	1.15
化学纤维制造业	0.41	0.41	0.47	0.48
非金属矿物制品业	0.67	0.61	0.65	0.91
黑色金属冶炼及压延加工业	1.32	1.06	1.26	1.15
有色金属冶炼及压延加工业	0.75	0.55	0.54	0.45
金属制品业	0.73	0.49	0.49	0.73
通用设备制造业	1.03	0.77	1.05	1.17
专用设备制造业	0.74	0.51	0.79	1.00
交通运输设备制造业	1.33	1.50	1.61	1.51
电气机械及器材制造业	0.60	0.35	0.42	0.46
通信设备、计算机及其他电子设备制造业	0.43	0.34	0.18	0.22
仪器仪表及文化、办公用机械制造业	0.55	0.33	0.32	0.43
电力、热力的生产和供应业	0.84	0.93	0.99	0.84

东北地区是我国传统的重工业基地,具有完整的重工业体系和配套能力,石油开采、石油化工、钢铁和有色金属冶炼、重型机械制造、发电设备制造、造船、机车、汽车和飞机制造、机床制造等资本与技术密集型工业在全国都占有重要地位。

东北地区具有丰富的矿产资源。在全国已探明的主要矿藏储量中,石油储量占45%,原煤储量占10%。其中,大庆是全国最大的石油生产基地和重要的化工基地,经过了长时间的发展,大庆油田实现年产原油5000万吨,连续27年高产稳产,也创造了世界油田开发史上的奇迹。依托丰富的石油资源,东北地区石油加工业也具有较大的比较优势。2009年辽宁原油加工量为5751万吨,居全国首位,销售收入2375亿元,居全国第二位[1]。

东北地区的铁矿石资源主要集中在辽宁的鞍山和本溪矿区,是中国储量开采量最大的矿区,辽宁也是我国铁矿资源最多的省份。依托丰富的铁矿石,鞍本钢铁集团是我国第三大钢铁集团,2009年钢、铁产量均突破2000万吨。

东北地区的交通运输设备制造业也具有显著的比较优势。汽车行业中,一汽集团是三大汽车集团之一,2009年汽车销量居第二位,华晨集团也在汽车行业中占有重要地位,2009年销量排在第九位。大连船舶重工也是造船领域中的佼佼者。

(5)东部地区工业部门的比较优势分析

东部地区是我国经济最为发达的地区,该地区的优势体现在纺织业、纺织服装、鞋、帽制造业、造纸及纸制品业、化学原料及化学制品制造业、化学纤维制造业、金属制品业、通用设备制造业、电气机械及器材制造业、通信设备、计算机及其他电子设备制造业和仪器仪表及文化、办公用机械制造业,区位商值在2008年分别为1.35、1.38、1.15、1.09、1.45、1.27、1.10、

---

[1] 引自中国经济信息网:《中国石油加工及炼焦行业分析报告》(2009年第四季度),2010年,第32-34页。

1.29、1.56和1.42，而在其他的行业上，东部地区则不具备明显的优势（具体数据参见表5-5）。

表 5-5 东部地区工业部门区位商

	1996年	2000年	2005年	2008年
煤炭开采和洗选业	0.52	0.50	0.43	0.37
石油和天然气开采业	0.55	0.55	0.58	0.59
黑色金属矿采选业	0.86	0.90	0.82	0.78
有色金属矿采选业	0.43	0.49	0.36	0.35
非金属矿采选业	1.88	—	0.78	0.70
农副食品加工业	0.86	0.88	0.86	0.79
食品制造业	1.12	1.10	0.94	0.91
饮料制造业	0.94	0.85	0.80	0.70
烟草制品业	0.42	0.47	0.60	0.65
纺织业	1.35	1.25	1.31	1.35
纺织服装、鞋、帽制造业	1.52	—	1.44	1.38
造纸及纸制品业	1.06	1.13	1.16	1.15
石油加工、炼焦及核燃料加工业	0.90	0.85	0.76	0.83
化学原料及化学制品制造业	1.03	1.04	1.07	1.09
医药制造业	1.07	0.89	0.89	0.90
化学纤维制造业	1.49	1.38	1.32	1.45
非金属矿物制品业	0.94	0.94	0.96	0.86
黑色金属冶炼及压延加工业	0.85	0.86	0.89	0.90
有色金属冶炼及压延加工业	0.65	0.55	0.63	0.62
金属制品业	1.22	1.33	1.33	1.27
通用设备制造业	1.10	1.15	1.16	1.10
专用设备制造业	1.07	1.13	1.06	0.97
交通运输设备制造业	1.04	0.86	0.91	0.94
电气机械及器材制造业	1.34	1.33	1.31	1.29
通信设备、计算机及其他电子设备制造业	1.42	1.43	1.48	1.56
仪器仪表及文化、办公用机械制造业	1.43	1.37	1.36	1.42
电力、热力的生产和供应业	0.89	0.98	0.83	0.74

从动态角度看，东部地区非金属矿采选业、食品制造业、医药制造业、专用设备制造业和交通运输设备制造业的比较优势有一定程度的下降，而其他行业发展状况比较稳定，比较优势没有呈现过大变动。

东部地区地处中国主要大江、大河的下游，地形以平原为主，平原与丘陵相间分布，地势平坦，水网发达，濒临海洋，交通条件好，且属中国经济发展和对外开放的前沿，工业化、城市化水平高，占有明显的人力、物力和科技优势。凭借其先进的技术水平、丰富的劳动力资源及充足的资金优势，该地区的纺织服装业、设备制造业、电气机械及器材制造业、通信设备、计算机及其他电子设备制造业等行业得到了迅速的发展，在全国相同行业中处于优势地位。

在纺织业方面，东部地区的比较优势十分突出。在2008年的纺织业产品销售中，东部地区的江苏省、山东省、浙江省、广东省的产量分别达到了4254.30亿元、4022.38亿元、3930.10亿元、1414.48亿元，居全国前四名。特别是江苏省的纺织服装业，在中国纺织服装业及江苏省工业经济中占有重要的地位，一直保持着中国同行业的领先地位，纺织经济总量居中国第一位。

在通信设备、计算机及其他电子设备制造业方面，东部地区占据着绝对优势，2008年增加值占全行业比重为89.68%。其中广东和江苏是最具实力的两个省份，2009年销量分别前两位。仪器仪表及文化、办公用机械制造业东北地区优势突出，2008年增加值占全行业比重为78.76%。2009年1—11月累计实现产品销售收入前5个省均位于东部地区，分别是江苏、广东、浙江、上海、山东五省，累计实现产品销售收入合计占全国的比重为70.72%。[①]

在化学纤维制造业上，东部地区优势明显，2008年增加值占全行业比重为82.96%。2009年1—11月，累计实现产品销售收入前5个省全是东部地区，分别是浙江、江苏、福建、广东、山东，累计实现产品销售收入合计占全国的比重为84.12%。[②]

5.1.4.2 五大区域工业协调的政策导向

在制定具体的区域协调政策时，必须要充分考虑到各地区的比较优势，只有促使各地区充分发挥自身的比较优势才能有效地改善现在的产业结构同构现象，从而实现区域间产业协调发展。表5-6列出了根据各地区区位商所

---

① 引自中国经济信息网：《中国仪器、仪表行业分析报告》（2009年第四季度），2010年，第27页。
② 引自中国经济信息网：《中国化学纤维行业分析报告》（2009年第四季度），2010年，第31页。

确认的比较优势。从表5-6可以发现，不同的地区在同一行业上可能都具有比较优势，为了保证区域产业协调的同时也能促进全国整体经济福利，还需要辅以其他指标对比较优势进行进一步的比较和判断。本文采用每单位工业增加值利税率的效率指标来辅助判别各区域的比较优势产业（参见表5-7）具有比较优势产业的应当具有相对较高的利税率。同时，比较优势高的地区不一定是该地区重要的工业部门，根据激励相容的方针，各区域重点支持的产业同时也最好是该地区重要的产业部门，在地区经济发展中占有重要比重，因此，我们还在表5-8列出了五大区工业部门增加值在该地区全国工业增加值所占的比重，参考该指标制定区域产业协调政策导向。

表 5-6 五大区产业比较优势汇总

行业	西北	西南	中部	东北	东部
煤炭开采和洗选业	●	▲	●		
石油和天然气开采业	●			●	
黑色金属矿采选业	▲	▲		●	
有色金属矿采选业	●	●	●		
非金属矿采选业	▲	●	●	△	
农副食品加工业			●	▲	
食品制造业	●		▲	△	
饮料制造业		●	▲	△	
烟草制品业		●	●		
纺织业					●
纺织服装、鞋、帽制造业					●
造纸及纸制品业			▲		▲
石油加工、炼焦及核燃料加工业	●		▲	●	
化学原料及化学制品制造业		▲			▲
医药制造业		●	▲	▲	
化学纤维制造业					●
非金属矿物制品业		▲	●	△	
黑色金属冶炼及压延加工业	▲		▲	▲	
有色金属冶炼及压延加工业	●	●	●		
金属制品业					▲
通用设备制造业				▲	▲
专用设备制造业		△	▲	▲	
交通运输设备制造业		●	△	●	
电气机械及器材制造业					▲
通信设备、计算机及其他电子设备制造业					●
仪器仪表及文化、办公用机械制造业					
电力、热力的生产和供应业	●	●	▲		

注：●代表2008年区位商大于1.3；▲代表2008年区位商大于1；△代表2008年区位商大于0.8且具有明显的上升趋势。

5. 我国区域协调发展的具体实现路径

表 5-7 五大区工业部门单位增加值利税率比较（2008年）

	西北	西南	中部	东北	东部
煤炭开采和洗选业	0.56	0.36	0.47	0.35	0.39
石油和天然气开采业	0.74	0.36	0.57	0.82	0.76
黑色金属矿采选业	0.54	0.49	0.39	0.51	0.54
有色金属矿采选业	0.48	0.36	0.44	0.46	0.38
非金属矿采选业	0.20	0.35	0.32	0.25	0.32
农副食品加工业	0.10	0.16	0.22	0.13	0.20
食品制造业	0.15	0.24	0.26	0.18	0.31
饮料制造业	0.32	0.47	0.36	0.28	0.41
烟草制品业	0.86	0.85	0.91	0.87	0.89
纺织业	0.09	0.12	0.21	0.10	0.23
纺织服装、鞋、帽制造业	0.10	0.22	0.19	0.10	0.21
造纸及纸制品业	0.12	0.17	0.33	0.19	0.27
石油加工、炼焦及核燃料加工业	−0.14	0.37	0.18	−0.52	−0.14
化学原料及化学制品制造业	0.32	0.30	0.28	−0.01	0.29
医药制造业	0.23	0.28	0.27	0.34	0.42
化学纤维制造业	0.08	0.25	0.08	−0.82	0.18
非金属矿物制品业	0.30	0.28	0.34	0.20	0.28
黑色金属冶炼及压延加工业	0.18	0.18	0.25	0.28	0.25
有色金属冶炼及压延加工业	0.30	0.12	0.26	0.24	0.20
金属制品业	0.15	0.18	0.24	0.15	0.22
通用设备制造业	0.23	0.18	0.26	0.19	0.31
专用设备制造业	0.12	0.23	0.29	0.21	0.28
交通运输设备制造业	0.19	0.26	0.31	0.34	0.38
电气机械及器材制造业	0.25	0.28	0.24	0.22	0.24
通信设备、计算机及其他电子设备制造业	0.19	0.20	0.13	0.17	0.18
仪器仪表及文化、办公用机械制造业	0.17	0.26	0.23	0.20	0.25
电力、热力的生产和供应业	0.24	0.16	0.16	0.13	0.26

表 5-8 五大区工业部门增加值比重（2008年）

（单位：%）

	西北	西南	中部	东北部	东部
煤炭开采和洗选业	13.81	5.10	11.54	3.04	1.86
石油和天然气开采业	20.93	1.37	1.05	18.67	3.31
黑色金属矿采选业	1.43	1.15	0.97	1.70	0.86
有色金属矿采选业	2.07	1.71	1.49	0.54	0.26
非金属矿采选业	0.50	0.79	0.87	0.46	0.33
农副食品加工业	3.16	6.14	5.24	6.16	3.44
食品制造业	2.25	1.27	2.08	1.53	1.48
饮料制造业	1.39	4.74	1.80	1.51	1.12
烟草制品业	1.30	8.17	3.03	0.73	1.49
纺织业	1.87	1.53	2.83	0.68	5.13

续表

	西北	西南	中部	东北部	东部
纺织服装、鞋、帽制造业	0.14	0.25	0.90	1.01	2.62
造纸及纸制品业	0.49	1.07	1.58	0.50	1.71
石油加工、炼焦及核燃料加工业	3.80	1.48	3.11	5.15	2.10
化学原料及化学制品制造业	4.56	6.86	5.46	3.52	6.85
医药制造业	1.37	3.17	2.05	2.23	1.74
化学纤维制造业	0.14	0.19	0.22	0.25	0.75
非金属矿物制品业	2.75	4.78	6.34	4.05	3.84
黑色金属冶炼及压延加工业	8.46	7.82	9.04	9.51	7.47
有色金属冶炼及压延加工业	7.11	4.99	6.31	1.59	2.19
金属制品业	0.47	1.41	1.61	1.95	3.41
通用设备制造业	1.27	3.39	3.16	5.47	5.16
专用设备制造业	1.52	2.35	2.92	2.83	2.75
交通运输设备制造业	2.41	7.55	4.79	8.61	5.36
电气机械及器材制造业	1.54	2.53	3.59	2.46	6.83
通信设备、计算机及其他电子设备制造业	0.87	2.57	1.36	1.39	9.80
仪器仪表及文化、办公用机械制造业	0.29	0.42	0.61	0.40	1.31
电力、热力的生产和供应业	9.04	9.52	7.01	5.66	4.99

通过对各地区工业部门区位商和利税率的比较可以看出，西北和中部地区的煤炭开采和洗选业具有绝对优势，而且，增加值比重表明该行业也是这两个地区重要的生产部门。因此，在未来的区域产业协调政策制定中，应加大对西北和中部地区煤炭开采和洗选业的倾斜力度，使当地丰富的煤炭资源能够得到充分发掘与利用，达到变资源为收益的目的。

在石油和天然气开采业以及石油加工、炼焦业上，西北地区和东北地区都具有很大的优势。近年来，西北地区不断发现新的石油和天然气资源，发展前景良好。东北地区在该行业上的比较优势则有了一定程度的下降，但仍远高于其他地区。因此，在逐步加大对西北地区石油和天然气开采业以及石油加工、炼焦业上支持的同时，也应采取一定措施保证对东北地区这两个行业的支持，确保其优势地位的稳定。

在黑色金属矿采选业和黑色金属压延及加工业上,依托优越的铁矿石资源,东北优势十分显著,应进一步加强东北地区的优势地位。此外,西北地区黑色金属资源也较为丰富,黑色金属矿采选业利税率高,也应对该地区的黑色金属矿采选业进行适当的政策扶持。

在有色金属矿采选业上和有色金属冶炼及压延加工业,西北地区、西南地区和中部地区都具有绝对优势,这也和这些地区拥有丰富的矿产资源密切相关。中部地区在该行业上的比较优势呈现出稳定的上升趋势,随着中部崛起战略的开展,中部地区的有色金属矿采选业和冶炼及压延加工业应当得到有力的政策扶持。西北地区有色金属资源丰富,发展潜力大,也应积极加以扶持。西南地区是传统的有色金属基地,但利税率比其他两个地区有一定差距,加上开采时间长,成本开始增加,扶持力度可适当减小。

在非金属矿采选业上,中部地区和西南地区资源丰富,比较优势明显,且行业利税率水平也较高,应予以扶持。在非金属矿物制品业上,中部地区居全国领先地位,不仅在区位商指标上具有明显优势,在利税率指标上的优势也十分明显。在促进中部崛起战略实施的时候,应鼓励中部地区发展非金属矿物制品业。同时,对具有一定比较优势的西南地区,也可以进行适当的政策扶持。

在农副食品加工业上,西南、中部和东北地区有着良好的农业发展条件和禀赋,使得当地的食品加工业具有了绝对的比较优势和较高的利税率。因此,应继续加大对西南、中部和东北地区农副食品加工业的政策倾斜,促进农副食品加工业发展。

在食品制造业上,西北地区的比较优势远高于其他地区,乳制品行业的强劲发展促进了该地区食品制造业优势的提高。在深入贯彻西部大开发战略的时候,应加大对西北地区的优势食品制造业的倾斜。此外,中部地区是传统的食品制造业区域,近几年比较优势越发突出,且利税率较高,也应给予

上篇：总论

必要的扶持。

在饮料制造和烟草制品业上，西南地区具有得天独厚的区位优势。丰富的烟草资源和其他农业资源为饮料和烟草制品的制造提供了强有力的保障。应进一步加大对这西南两个行业的政策扶持，使其优势不断扩大。此外，中部地区的饮料和烟草制品业也有着明显的优势，行业利税率也较高，也应适当对中部地区进行政策支持。

在纺织业和纺织服装、鞋、帽制造业，东部地区的优势十分显著。丰富的劳动力资源为该地区的纺织业持续发展注入了活力。无论是区位商指标，还是利税率指标，东部地区都处于绝对领先地位。尽管近几年，由于东部地区劳动力成本上升，纺织业发展面临一定的困难，有向中西部地区转移的动力，但从目前的区位商指标来看，中部地区现在还不能顺利地承接该产业，加上纺织业产品出口比重大，东部地区的优势地位短期内无法改变。应继续适当地鼓励东部地区发展该产业，同时密切关注中西部地区承接产业转移的情况。

在造纸及纸制品行业，中部和东部地区无论是区位商还是利税率都具有明显的优势，应给予相应的扶持。

化学原料及化学制品制造业上，西南和东部地区区位商和利税率都是最高的，可施行相应的产业扶持政策。

在医药制造业上，西南地区的区位商远高于其他地区且呈现出稳步上升的趋势。中部地区和东北部地区在该行业也具有一定的比较优势，利税率也不低于西南地区。但西南地区主要是在中药产业上具有优势，因此，对上述三个地区进行政策支持时，还应根据各地区的具体发展情况，有所侧重地加以扶持。

在通用设备制造业和专用设备制造业上，东北地区的优势比较显著，而东部地区和中部地区分别在通用设备制造业和专用设备制造业上，有着较高的比较优势和利税率,因此,在对东北地区这两个行业进行政策扶持时,也应对中部地区和东部地区推行相应的优惠政策。西南地区在专用设备制造业上近几年发展迅速,可以考虑给予适当的扶持。

在交通运输设备制造业上,从区位商上看,东北地区和西南地区处于明显的比较优势。但东部地区在该行业也占有重要的地位,上汽集团是目前产销量第一大集团,北汽、广汽等发展迅速,而且东部地区2008年区位商为0.94,非常接近于1,且在五大区中具有最高的利税率水平。因此,对这三个地区都应给予相应的扶持政策。

在化学纤维制造业、金属制品业上、电气机械及器材制造业、通信设备、计算机及其他电子设备制造业和仪器仪表及文化、办公用机械制造业上,东部地区没有竞争对手,优势地位显著。先进的技术水平、充足的资金优势以及邻近市场区东部领先于其他地区的主要原因。应进一步鼓励东部地区在上述行业上继续发挥优势。

在电力、热力的生产和供应业上,西北地区和西南地区的优势十分显著。特别是西北地区,不论是区位商指标还是利税率指标,都处于领先地位。因此,应加大对西北地区该行业的扶持,同时,对相对较弱西南地区进行适当的政策倾斜。

5.2 我国区域发展空间协调的实现路径

区域经济发展的空间协调是区域协调发展战略的空间系统体现。区域经济发展的空间协调要求在尊重各区域资源禀赋和市场环境等方面的客观差异基础上,明确不同区域的功能定位和空间开发秩序,充分发挥各区域的比较优势,解决各种突出的区域空间冲突问题,理顺区域之间的空间利益分配机制,构建协调的空间利益关系。本部分指出了我国区域发展空间协调的三个层次以及面临的困境,并以资源跨区开发、利用和生态保护空间冲突的解决机制为例,探讨我国区域发展空间协调的实现路径。

5.2.1 我国区域发展空间协调的层次与困境

5.2.1.1 我国区域发展空间协调的三个层次

区域发展空间协调的实质,不是让所有地区之间GDP总量实现等值化,而是要实现基本公共服务的均等化和生活条件的同质化,并全面协调经济、社会、人口、资源和环境之间的关系,引导经济布局、人口分布与资源环境承载力相适应。

区域经济协调发展分解在不同的空间层次上,就是统筹我国综合区、类型区以及典型区的协调发展,形成协同互动、优势互补、相互促进、共同发展的区域空间新格局。统筹综合区的协调发展就是统筹我国东部、中部、西北、西南与东北五大区域的空间竞争与合作;统筹类型区的协调发展就是统筹优化开发、重点开发、限制开发和禁止开发等四类主体功能区的空间开发重点和秩序;统筹典型区的协调发展就是统筹经济圈和经济带的协同互动,以实现我国区域经济空间协调发展三个层次的人口、经济、资源环境的空间均衡。

经济发展实践表明,我国东、中、西北、西南和东北五大区域,无论其财政经济规模和经济要素、资源禀赋总量,还是城镇居民人均可支配收入和农民人均纯收入分量,都存在着巨大差距。五大区域之间存在发展的非均衡性与生态资源的非均衡性。我国改革开放以来实施梯度推移的非均衡发展战略,按照生产力水平分布梯次的五大区域的划分在促进全国经济持续快速增长的同时也带来了巨大的地区差距问题。而且,这种经济区划也在一定程度上割裂了西部区域生态位势和东部区域经济位势的互补互利联系,将生态产品的贡献区和生态环境的受益区隔离开来,不仅严重扭曲了区域空间利益的分配机制,也进一步加剧了区域经济空间失衡的程度(孙红玲,2008)。未

5. 我国区域协调发展的具体实现路径

来我国要继续坚持推进西部大开发，振兴老工业基地，促进中部地区崛起，鼓励东部地区加快发展，实现五大区域发展的空间协调。通过国家支持、自身发展和区域合作，促进西部地区的传统资源优势向产业优势转变；通过积极承接和对接东部产业梯度转移，促进中部地区在承东启西中崛起；通过加快产业结构调整和国有企业改革改组改造，重振东北老工业基地的雄风；通过率先提高自主创新能力，率先实现经济结构优化升级，促进东部地区率先实现经济增长方式的转变和增长质量的提升。

实施主体功能区战略，是我国国土空间开发思路、开发模式的重大转变，是国家区域调控理念和方式的重大创新。根据不同区域的资源环境承载能力、现有开发强度和发展潜力，将我国国土空间分为优化开发区域、重点开发区域、限制开发区域和禁止开发区域四类。主体功能区建设有利于增强我国的资源环境承载能力，实现经济发展和资源环境的协调，具有促进区域合理分工、协调、可持续发展的功能。陈秀山（2006）提出，在主体功能区建设过程中，首先要借鉴美国经验，探索跨区域的开发权流转制度，既可以借助市场机制作用引导生产要素流动，又能保障禁止开发和限制开发区的发展权，兼顾效率和公平，促进区域协调发展。其次，要建立多层次的生态补偿机制。从基本公共服务均等化的原则出发，对列入禁止开发区和限制开发区的人民群众和当地政府予以适当的补偿，以激励这些地区进一步加强生态环境资源的保护，增强整个大区域的可持续发展能力，进而促进区域协调发展。最后，需要改革现行财税体制，重构政府绩效考评体系。消除地方政府盲目投资、盲目开发等非理性经济行为的内在冲动，引导其切实贯彻科学发展观的要求。

随着自2009年起陆续出台的《广西北部湾经济区发展规划》、《关中—天水经济区发展规划》、《辽宁沿海经济带发展规划》、《中国图们江区域合作开发规划》等13个区域发展规划相继上升为国家战略，我国区域整合的力度进一步加大，经济圈和经济带成为我国区域经济发展的新的增长极。在沿海区域，除环渤海经济圈得到提升和拓展外，分别依托于长江三角洲和海峡西岸经济区、珠江三角洲和广西北部湾经济区的东海经济圈、南海经济圈正在加速形成；而内地则已形成以武汉城市圈、长株潭城市群、成渝地区、昌九地区为依托的长江中上游经济带，以中原地区、关中地区以及国家能源基地为依托的黄河中游经济带和沿京广线经济带。这些经济圈或经济带正通过"极化"和"扩散"两大效应，调动、控制和管理区域资源，形成多极化的、辐射带动力强的区域增长极网络。毫无疑问，这些"点"、"线"增长极的紧密联系和协调互动将使我国区域经济发展再一次"提速"。

5.2.1.2 我国区域发展空间协调的困境

党的十七届五中全会通过的关于"十二五"规划的《建议》将主体功能区战略与区域发展总体战略一起作为促进区域协调发展的"两大战略"。要在坚持区域发展总体战略的基础上，前瞻性、全局性地谋划主体功能区的发展，从根本上促进东北、西部、中部和东部地区的协调发展。制定主体功能区，要重点考虑中西部地区的特殊功能，如社会稳定功能、生态环境保护功能、边疆安全功能、民族团结功能等，遵循市场经济规律，突破行政区划界限，优化国土开发格局。但是，这两个战略的实施效果则有赖于是否能打破目前我国区域发展以行政区经济为主导的发展模式。任维德((2005)认为，在区域经济一体化的进程中，存在着区域经济一体化与行政区划的矛盾和冲突，突出地表现为因行政区划分割而形成的行政壁垒对区域经济形成一种刚性约束，而产生一种与区域经济一体化相悖的"行政区经济"的现象。

我国区域经济的本质特征是行政区经济依然主导并限制着资源在更大范围内的配置，地方政府充当行政单元区域内的市场主体和利益调控主体。由于资源的稀缺性，各个区域利益主体为了获取各自的区域利益都必然会为争夺有限资源而激化区域冲突，形成相互冲突的区域关系。在利益的驱动下，发达地区的地方政府竭力扩大本区域内增长极的"回波效应"和"极化效应",对不发达地区实行技术和信息封锁,进一步扩大自身优势;不发达地区的地方政府,则封锁区域内的自然资源,对发达地区的商品流实行"关税壁垒",动用行政力量强制性进行市场保护,导致重复建设和产业结构趋同。如为了建设国际航运中心,上海将港运中心从内河迁到外海,投资300亿元建设大小洋山港。建成后的大小洋山深水港对太仓港、常熟港、张家港、南通港等江苏辖区内港口和北仑港等浙江辖区内港口业务量形成不同程度的冲击,不仅使得长三角众多港口"重新洗牌",而且导致了长三角地区港口间竞争进一步加剧,许多港口因业务下降导致亏损,继而造成了资源闲置。

虽然由各行政区建立的区域性合作组织(如省市长联席会等),在协调区域行动方面发挥了一定的作用,但这种组织是一种松散的联盟,对于涉及区域发展重大利益问题很难协调。例如,当前我国大多数流域尚未建立流域水资源综合开发的专门机构来实行单一主体的流域综合开发模式,而是实行以流域规划为指导、各行政区分散决策的多元主体开发模式。整体性很强的流域被行政划分为多个闭合状流域政府管理。各行政区政府从辖区利益出发,往往以邻为壑,甚至不惜采取地方保护的恶性竞争策略,纷纷抢占或破坏流域水资源,却竞相逃避对水环境治理成本的支付,进而造成流域治理的"囚徒困境",不仅造成了水资源超额利用、跨界水污染、水生态环境破坏严重等一系列问题,还在各行政区之间、上下游之间甚至不同流域之间引起利益冲突和矛盾。区域利益的空间失衡即使是在经济圈的内部也难以避免。如面对苏锡常对"苏南国际机场"的争夺,江苏省政府也是左右为难,难以取舍。正是受区域间市场化程度和制度资源供给的影响,区域发展空间失衡的程度日益加大。

5.2.2 我国区域发展空间协调的实现路径——以资源跨区开发、利用和生态保护空间冲突的解决机制为例

区域发展资源利益分配的空间失衡，是涉及多区域主体可持续发展的重大问题，尤其会引起发达地区与不发达地区、受限功能区与非受限功能区之间的区域冲突。因此，这里选择以资源跨区开发、利用和生态保护的空间冲突解决机制为例，探讨我国区域空间协调发展的实现路径。

由于环境资源具有生态系统的完整性、跨区域性和使用的多元性特征，区域发展的不平衡会引致区域空间主体为了各自的利益跨区无序开发，侵蚀资源富集区域的环境资源利益和发展权益，致使其可持续发展面临严重威胁，区域间的空间利益分配失衡。因而，为了更有效地协调双方甚至多区域主体的空间利益协作，应该立足于区域主体之间、功能区主体之间、行政主体与市场主体之间、行政主体与行政监督主体之间的信息传递机制的固有特征，理性建构一种全新的信息传递方式与恰当的制度安排，消除或者弱化区域空间主体间的信息不对称和利益失衡。通过不同形式的生态补偿实现环境外部性问题内部化，完善区域间的资源利益和发展权益的再分配机制，是有效解决跨区域资源开发、主体功能区的发展权补偿以及资源利用的空间冲突等问题的主要路径。

5.2.2.1 理论分析基础——外部性理论

环境与资源具有公共品的特征，其外部性的存在使得市场难以对其准确定价，因此福利经济学中所定义的帕累托最优配置无法实现。对外部性理论的研究最早可以追溯到英国经济学家亨利·希奇威克，他认为某个经济利益主体的一项经济活动会给社会上的其他成员带来好处而他自己得不到补偿，或者会给社会其他成员带来危害而他自己却并不为此支付足够抵偿这种危害的成本，这就是外部影响。通常我们将有利的影响，称之为外部经济性；将有害的影响，称之为外部不经济性。关于外部性的研究从古典经济学时期就已经开始，马歇尔将经济分为外部经济和内部经济两类，但他当时并没有提及外部不经济性。亨利·西奇威克在《政治经济学原理》一书中虽然没有直接提到"外部性",但他已经认识到在自由经济中存在外部性。到了20世纪20年代,马歇尔的学生庇古在其名著《福利经济学》中,深化了西奇威克对外部性的认识,庇古是第一个对外部效应作系统分析的人。他从社会资源最优配置的角度出发,应用边际分析的方法,提出了边际社会净产值和边际私人净产值的概念,并最终形成了外部性理论。此外,他还补充了"外部性"可以是正的或负的这一重要思想。庇古认为,在经济活动中,如果某厂商给其他厂商或整个社会造成不须付出代价的损失,就是外部不经济。此时,厂商的边际私人成本小于边际社会成本。当出现这种情况时,就需要政府进行干预。当存在外部不经济效应时,向企业征税;当存在外部经济效应时,给企业补贴,通过这种征税和补贴,可以实现外部效应的内部化,即"庇古税"。按照庇古的观点导致市场配置资源失效的原因是经济活动当事人的私人成本与社会成本不一致,致使私人的最优并非社会最优。因此,纠正外部性的方案便是政府通过征收税收来矫正经济活动当事人的私人成本,即有利于私人成本与社会成本之间的平衡。

——产权理论

与庇古学派相反,20世纪60年代著名的科斯定理认为,即便存在外部性,只要经济主体彼此谈判与缔结合约的能力不受限制,帕累托有效的结果仍然能在政府不加干预的情况下获得实现。因为如果一种资源配置是无效的,人们将有激励通过谈判达到帕累托改进。所以,即便市场失灵,自由放任仍然有其根据。科斯认为,外部性与产权有关,只要对稀缺资源进行完全的产权界定,就可以克服外部性。外部性的产生并不是市场制度的必然结果,而是由于产权没有界定清晰,有效的产权可以降低甚至消除外部性。只要产权是明晰的,不需要政府干预,私人之间的契约同样可以解决外部性问题,实现资源的最优配置。但是,科斯定理立足于外部性是可排他的,也就是说,产生外部性的经济主体可以控制谁受这种外部性影响,谁又不受其影响。而纯粹的公共品（如减少空气污染）是不能选择特定影响对象的，非排他的外部性是其典型特征。如果所有收益的主体通过谈判达成协定，各自承担一定的污染治理成本，那么减排就会实现。但是其中任意一个主体都有动机去搭其他主体的"便车"，不承担成本，却享受其他主体减排的好处。最终的结果是，减排进行空气治理的协定根本无法达成。在这样的情况下，外部干预所实施的各种"机制"被认为是有效的。

——机制设计理论

在市场失灵的情况下，如何设计一套机制实现资源开发与环境保护合意的既定社会目标，需要机制设计理论的指导。与传统经济学在研究方法把市场机制作为已知，研究它能导致什么样的配置有所不同，机制设计理论把社会目标作为已知，试图寻找实现既定社会目标的经济机制。即通过设计博弈的具体形式，在满足参与者各自条件约束的情况下，使参与者在自利行为下选择的策略的相互作用能够让配置结果与预期目标相一致。机制设计理论认为，只有机制满足了两个条件即"信息约束"（人们自愿参与）和"激励相容约束"（人们自愿付出实现目标的努力）时，目标才能有效地得以实现。

由于现实世界中的信息分散于生产者和消费者之间，他们各自拥有自己的私人信息，因而信息具有不完全特征。在市场竞争机制下，参与者分散决策，依赖于供需信息的交换传递来做出生产和消费决策。信息约束是关于经济机制实现既定社会目标所要求的信息量多少的问题，即机制运行的成本问题，它要求所设计的机制只需要较少的关于消费者、生产者以及其他经济活动参与者的信息和较低的信息成本。任何一个经济机制的设计和执行都需要信息传递，而信息传递是需要花费成本的，因此对于制度设计者来说，自然是信息空间的维数越小越好。当经济信息不完全并且不可能或不适合直接控制时，人们需要采用分散化决策的方式来进行资源配置或做出其他经济决策。这样，在制度或规则的设计者不了解所有个人信息的情况下，他所制定的机制能够给每个参与者一个激励，使参与者在最大化个人利益的同时也达到了所制定的目标。这就是机制设计理论的激励相容问题。

赫维兹在1972年给出著名的"真实显示偏好"不可能定理表明真实显示偏好与资源的帕累托最优配置是不可能同时达到的。在跨区域资源开发与环境保护中，由于政府环境政策的主要约束对象是企业与公众，两者的需求各不相同。企业追求的是利润最大化，政府不能强迫它们做不愿做的事情，因此只能通过设计激励机制来鼓励环境保护。只有建立适当的环境保护成本的分担机制，让各利益主体根据他们自己的偏好来分担，所设计的机制才能够保证资源的有效和个人理性的配置。但是由于机制设计理论暗含零信息交流成本的假设，要求政策设计者与企业之间有高效的信息交流，大大减弱了该理论的解释力。因此，面对政策设计者和企业主体之间的策略博弈行为，信息不对称问题的存在又让我们回到了庇古和科斯的争论之中。

上述理论显示，在实现区域资源环境利益以及发展权益分配的空间协调方面，需要政府和市场的合力作用，但应注意协调好政府与市场的职能分工边界。作为经济社会发展的"有形之手"，在市场失灵的情况下，政府通过行政手段引导地区合理分工、促进区域合作、引导要素向区域政策的目标区域转移、运用财政转移支付等手段，弱化跨区资源开发和跨界空间冲突，有助于整体降低社会成本。但单纯地依靠政府，难以实现区域发展的空间协调局面。因为经济增长的原动力始终是市场力量，产权的明晰、资源优势的配置、生态服务的定价以及市场信号的有效传递都应是市场作用的内容。

5.2.2.2 跨区域资源开发与利益补偿机制

（1）中国跨区域资源开发利用的现状

我国各类资源丰富，种类齐全。但主要的能源资源和水资源的整体分布状况与我国目前的经济地理格局不相适应。东部沿海地区人口稠密、经济发达，却普遍面临着能源资源短缺的困境；西部广大地区资源量丰富，却因资金短缺、基础设施和技术落后而得不到大规模开发。为了尽快改变这种局面，更好地利用我国现有资源，实现经济的可持续发展，我国先后制定了若干跨区域资源调配方案，如南水北调、西气东输、西电东送、晋煤外运等。

——水资源

受季风气候的影响，我国水资源的空间分布极不均匀，总体上由东南沿海向西北内陆逐渐减少。长江流域及其以南地区人口占了中国的54%，但是水资源却占了81%。北方的黄河、淮河、海河三大流域的水资源总量仅占全国的7.5%，而人口和耕地却分别占到全国的34%和39%。北方地区水资源贫乏，南方地区水资源相对丰富，与土地、矿产资源分布以及生产力布局不相匹配。

我国的调水工程：已建成有引滦入津、引滦入唐、引黄济青，在建的有南水北调工程等。南水北调是缓解中国北方水资源严重短缺局面的重大战略性工程，通过跨流域的水资源合理配置，大大缓解我国北方水资源严重短缺的问题。南水北调工程是指分别从长江流域上、中、下游调水，形成南水北调西、中、东三条引水线路。这三条线路各有合理的供水范围，又可以相互补充，最终目标是实现长江、淮河、黄河、海河和内陆河水资源的合理配置。

——矿产资源

我国的矿产资源主要分布在华北、西北、西南几个省区，而经济发达、矿产消费需求强劲的东南沿海地区和京津地区所占比例很小，矿产资源与经济发展水平呈逆向分布的现象非常明显。从我国东、中、西三大经济带来看，西部矿产资源储量优势明显，占总值的51%以上。[1]

从具体矿种来看，石油、天然气主要分布在东北、华北和西北地区，煤主要分布在华北和西北，铁主要分布在东北、华北和西南，铜主要分布在西

---

[1] 数据引自曹新元等编著，中国国土资源可持续发展研究报告2004[M].北京:地质出版社，2005.

南、西北、华东，铅锌矿遍布全国；钨、锡、钼、锑、稀土矿主要分布在华南、华北，金银矿分布在全国，台湾也有重要产地，磷矿以华南为主。

我国能源资源生产和消费的地区差异大，所以我国很早就有北煤南运、西油东输的能源跨区域调配。近年来，随着我们经济的不断发展，又大规模地开展了西电东送和西气东输工程。"西气"主要是指我国新疆、青海、川渝和鄂尔多斯四大气区生产的天然气；"东输"主要是指将上述地区的天然气输往长江三角洲地区，同时也包括输往西宁、兰州、北京、天津和湖南、湖北。西气东输工程由三部分组成：上游气田开发投资284亿元，中间管道建设投资463亿元，下游天然气管网等配套设施建设共700多亿元，合计静态投资总规模约1500亿元。

(2) 中国跨区域资源开发存在的主要问题

从我国改革开放以来，我国的经济面貌发生了翻天覆地的变化，特别是国家的经济发展水平和人们的生活水平都有了巨大的提高，但是与此同时，区域间发展水平的不平衡使得各区域对自然资源的需求与该区域所赋存的自然资源往往不匹配：需求量大的区域可能自然资源的赋存量少，需求量小的区域可能自然资源的赋存量多。跨区域资源开发和调配正是为解决这种矛盾而产生的。当然，不同的资源类型面临着不同的开发问题。下面主要探讨水资源和矿产资源在跨区域资源开发中面临的问题，具体体现在以下几个方面：

1) 水资源

2002年，我国对《水法》进行了修订，将水资源统一为国家专属所有，但由于中央和地方政府委托代理关系的存在，但这种高度垄断的所有权主体和权利内容并不明确，导致水资源产权关系不清。中央和地方之间、行业与行业之间、部门与部门之间缺乏利益协调机制，结果在水资源的开发利用中，形成了各部门、各地方"谁发现、谁开发、谁所有、谁受益"的局面。在跨区域调水工程的实施中，区域之间的资源利益分配更是存在诸多问题。

下面以南水北调中线为例进行分析。

——调水区的生态补偿长效机制缺失

南水北调工程的主要受益方为经济相对发达的东部地区,而中西部欠发达的调水区却少有经济利益,而且还因此背上了维护高标准生态质量的经济包袱,也因此丧失了很多发展的机会。由于南水北调水源保护的需要,中西部调水区关停了众多污染型工业企业,造成大量人员失业。除了这种明显的失业影响,中西部调水区还为南水北调做着隐形的付出。如为那些关停的工业企业提供原料的农户在面临产品滞销的困境等。另外,随着工业企业的大量关停,财政收入锐减成了中西部调水区许多市县的共同困境。水源保护区面临经济发展与水源保护的两难困境,而国家拨付的生态补偿款并不能从根本上解决这些问题。

以南水北调中线工程为例,调水线全长1246公里,丹江口水库常年平均入库水量为388亿立方米,其中约270亿立方米由发源于陕南的汉江、丹江及其上游支流供给,设计年调水量150亿立方米。流域水源保护区由汉江、丹江两江流域构成,涉及陕西、湖北、河南、四川和重庆的49个县(区)市,面积9.52万平方公里。其中丹江口库区内及上游地区经济欠发达,有26个为国家级贫困县。以陕西安康市为例,安康境内汉江流长340公里,占水源段流长的36.7%。水源保护和涵养的要求,使当地经济发展受到了阻碍,人民生活的改善受到了影响甚至是陷入了更加贫困的境地。

首先,随着退耕还林、封山育林工程的实施,土地面积大量减少,农村劳动力转移压力加大。按照规划进行的退耕还林工程全面完成后,安康市仅剩耕地250万亩,耕地面积减少474万亩,每年减少粮食产量31万吨,将陆续造成79万农民无地可耕,农村劳动力转移压力进一步加大。其次,水源保护影响当地资源开发。该市有丰富的矿产资源及发展绿色产业的动植物资源,但是水源保护政策使陕南现有的资源优势受限。比如该市大面积的药用原料黄姜抛荒，加剧了当地的贫困化。第三，水源污染治理投入存在巨大缺口。安康市"十一五"环境治理资金需64.7亿，但缺口达40%。因此，工业污染、生活污染和农业面源污染的治理滞后，严重影响南水北调的水源质量。目前全市仅有1个污水处理厂和1个垃圾处理场，无法满足生态保护的基本需求。虽然2008年和2009年国家通过财政转移支付给安康南水北调工程生态补助费3.98亿元和4.48亿元，但目前并没有文件表明生态补偿款从此会每年发放。[①]由于缺乏长效的激励机制，水源保护区处于经济发展与水源保护的两难境地。

——受水区的水资源费政策未能充分体现水资源所有者的权益

我国《水法》规定，水资源属于国家所有，水资源所有权由国务院代表国家行使。水资源费实质是水资源所有权出让的费用。目前水资源费收入属于政府非税收入范围，由地方政府相关部门收取并按1∶9的比例分别上缴中央和地方国库。据调查统计，南水北调工程受水地区，除北京、天津两市对地下水和地表水均征收水资源费外，河北省95个市（县）中有74个市（县）未对地表水征收水资源费，且对地表水征收水资源费的21个市（县）也仅对部分用地表水的用户征收水资源费，甚至还有22个县对地表水和地下水均未征收水资源费；河南省41个市（县），有26个市（县）未对地表水征收水资源费，还有3个县对地表水和地下水均未征收水资源费；山东省82个市（县），有23个市（县）未对地表水征收水资源费，有3个县对地表水和地下水均未开征水资源费；江苏省29个市（县），有6个市（县）仅对地下水征收水资源费而未对地表水征收水资源费，有13个县仅对地表水征收水资源费而未对地下水征收水资源费。从全国来看，各地水资源费征收原则、征收对象、征收范围、征收标准各不相同，免征范围规定也不一致。由于部分地

---

① 黄晓勇，"关于增加南水北调生态补偿费的提案"，2010-1-25,http://www.sndrc.gov.cn/view.jsp?ID=13927。

区水资源费征收标准过低,无法起到经济杠杆的调节作用,难以合理配置水资源和推动节约用水、水资源保护工作。

2)矿产资源

——我国矿产资源开发的利益分配机制不合理

在我国自然资源开发产业中,利益分配主体包括中央政府、地方政府、矿业权投资人、当地居民。根据现行法律规定,我国自然资源的所有权属于国家,国务院(中央政府)代表国家行使占有、使用、收益和处分的权利。中央政府通过委托或以法律法规的形式授权给地方各级行政主管部门,由地方政府依法管理和保护当地自然资源。中央政府首先以矿产资源所有者(代理人)的身份向资源使用者征收一定费用;其次,中央政府以国家管理者的身份,依据行政权力参与分配。由于所有权和使用权相分离,矿产资源使用者要想从矿产资源所有者手中获得使用权,必须向资源所有者支付一定的费用。矿产资源使用者在开采过程中会破坏矿产资源所在地的环境和生态,因此需要给予资源地相应的补偿。综上,我国矿产资源开发收益主要包括矿产资源所有者权益、国家管理者权益和企业经营者权益收益三部分,其利益分配关系见表5-9。

表 5-9 矿产资源开发中各利益主体及分配关系

矿产资源收益	矿产资源分配	
	分配依据	利益主体
矿产资源产品销售收入	矿产资源所有者出让资源使用权	中央政府
	政府依据行政权力征税	中央政府和资源地政府
	政府对矿产资源的管理费用	中央政府和资源地政府
	矿产资源勘探、开采过程的成本费用补偿	矿业权投资人
	矿产资源开采的合理利润	矿业权投资人
	资源地的生态补偿和环境治理补偿	资源地政府和居民

首先,现行资源开发模式限制资源地的参与。

一方面,我国资源产权安排限制资源地对资源的开发。《宪法》规定我国的资源产权归国家或集体所有,作为一国的战略资源,能源特别是油气资源为国家高度垄断。多年来,我国资源开发采取的是中央企业直接开发、资源输出为主的方式,所开发的资源主要输送到东部地区进行加工或使用,以缓解其资源瓶颈对经济发展的制约;而对于资源地经济发展所需要的资源支持则考虑过少。以西气东输为例,因东部地区用气量不断膨胀,西气东输的规模以10%的速度逐年递增,2009年更是达到历史最高纪录——近170亿立方米。在工程启动前的2003年,西气东输的管输量仅为0.43亿立方米,7年间增加了400倍。每天从新疆东输的天然气为5000立方米,相当于拥有2000万人口的北京市每日天然气用量的两倍有余。[1]但由于我国石油资源的勘探、开采、加工与流通等领域长期由国家垄断,石油资源的租金收益和开发收益主要归由中央政府所有,并由中央政府统一分配,这种资源产权安排决定了新疆政府和人民无法独享石油资源收益,结果是一种强烈的经济反差现象:一方面是资源地的资源被源源不断地开发,采掘企业创造了巨大的物质财富,获得显著的经济效益;另一方面是资源开采地区的经济落后,财政困难,还得依靠国家的转移支付,人民生活贫困,还需要扶贫计划和希望工程的帮助。如距"西气"源头仅30公里的轮台县大道南乡拉帕村,两千多村民却还在烧煤和干木。

另一方面,以大型央企主导的资源开发与地方经济的关联度不高。由于在开发之初国家没有在新疆规划深加工项目,导致其就地转化资源能力极低,只充当了一个原料输出地的角色;同时中石油、中石化等企业在长期的自我发展中形成了具有一定社会功能的经济体系,缺少与地方产业互补,资源地并不具有一定规模的产业链配套能力。分析新疆天然气工业的相关数据,发现该工业的上、中、下游极不协调。其中产业上、中游占到90%以

---

[1] "资源税改革能否解决新疆能源经济问题有待观察",摘自中国绿色节能环保网,2010年5月27日。

上篇：总论

上，下游加工不足10%，而且初加工产品多，附加值不高。可见，作为重要的能源输出省份，新疆能源开发没有带动中下游关联产业的发展，地方政府仅获得了少量的资源税和增值税的分成收入。因此长期以来，新疆居民人均个人收入、人均财政收入及地方财政收入等指标与全国平均水平的差距在逐步扩大，地方财政自给能力低，地方财政支出的65%是靠中央财政的补助实现的。以2009年为例，新疆财政一般预算收入总计1416.8亿元，其中上级补助收入897.8亿元，中央财政代理发行地方政府债券收入55亿元。[①] 不过当前，这一点已经得到中央以及各方的重视，如2010年7月中石油塔里木大化肥项目、中石油乌鲁木齐石化公司二甲苯芳烃联合装置等项目的竣工投产正是促进油田上下游一体化发展，培育新疆工业基础的重要布局。

其次，资源地在资源开发利益分配中处于劣势。

按照现行的税制，石油石化企业的消费税、所得税全部上划中央，增值税地方也仅得到25%，资源税、油气管道运输营业税虽然划归地方，但按照"属地"原则，新疆的天然气输送到上海，所有营业税都在企业注册地上海缴纳，在资源地当地形成的税源并未实现为当地的税收。据测算，中央财政和省级财政在总的税收中所占的比例约为77%和18%，其余部分上缴油田所在地区财政，但在总税收中所占比例仅为5%。由此可见，我国的油气田资源开发收益分配以中央政府为主体，收益的绝大部分归国家所有，石油企业也获取丰厚的经营利润，资源所在地在利益分配上处于弱势地位。据2009年新疆维吾尔自治区政府的统计，在2009年新疆地区国税、地税总税收的880亿元中，自治区政府的地税收入仅占约43%，为380亿元，但同期地方财政支出高达1400亿。另如，塔里木油田总部所在地巴音郭楞蒙古自治州，1989年国内生产总值13.21亿元，到了2009年增长到530亿元，增长39倍，而巴州

---

① 数据来自《新疆维吾尔自治区2009年国民经济和社会发展统计公报》。

政府的地方财政收入在2009年仅为33.7亿元。

可见，现行的资源利益分配机制排斥了资源地政府对资源的支配和参与资源利益分配的权利，割断了资源地经济发展与资源优势之间的联系，使得资源地不能依靠其资源优势取得经济上的发展，导致资源地遭受了资源流失和利益流失的双重损失，造成资源地"富饶的贫困"现象突出。多年来，国家扶植能源企业的倾斜政策富足了国库，养强了企业，但新疆作为国家能源基地的优势却未能对地方财政和百姓民生产生应有的作用。武盈盈（2009）以美国2003—2006年的数据为参照，通过对中国油气开采企业财务报告的定量分析发现在油气资源开采领域，相关利益主体合理的收入分配方式如下：油气资源收入每实现1元，资源所有者及资源所在地获得0.45元，开采商支付总的生产成本0.28元，剩余0.27元成为开采商利润。在中国矿产资源的分配中，油气资源收入每实现1元，资源所有者及资源所在地获得0.26元，开采商支付总的生产成本0.37元，剩余0.37元成为开采商利润。与合理的开发方式比，资源所有者及资源所在地相关主体少收益0.19元，其中0.09元称为开采商低生产效率导致的高额成本，剩余0.1元变成开采商超额利润。武盈盈通过计算得到，2007年中国矿产资源收入为5562.88亿元，由于扭曲的利益分配机制，导致资源所有者及各级政府损失收入1020.45亿元，其中216.86亿元承担了开采商低效率引致的高额成本，803.59亿元转移到垄断开采商手中成为其超额垄断利润。通过对矿产资源开采环节相关经济主体利益分配扭曲状况的测算可知，本应属于中央政府以及矿产资源所在地的权益转移到垄断开采商手中成为其巨额利润。当前，中央新疆工作会议提出的资源税改革，实际上就是对能源经济利益的一次再分配。

第三，资源开发外部性补偿机制不健全。

矿产资源开发利用具有两面性，在获得所需矿产品的同时，也产生了严重的负外部性问题。大规模、全方位、高强度的矿产资源开发将给资源地带

上篇：总论

来一系列生态环境和安全等问题，不仅会破坏土地资源、污染大气，还会带来巨大的地质灾害。作为西气东输的源头——新疆在生态环境方面也付出了沉重代价。据新华网2009年国家遥感普查统计，新疆水土流失面积达103万平方公里，已占全疆国土面积的62%，占全国水土流失面积的28.9%，全区土地沙化仍以每年104平方公里的速度扩展。但是，目前征收的一些税费难以解决资源开发生态补偿问题。虽然我国提出要建立并完善有偿使用自然资源和恢复的经济补偿机制，坚持"谁开发谁保护，谁破坏谁恢复，谁使用谁付费"的制度，但在实际执行中，由于我国资源环境保护治理资金不足，长效的补偿制度体系尚未建立。

资源地居民从矿产资源开发中获得利益少，但却要为矿产资源开发支付环境成本。并且，在现有土地法律制度下，一旦开采矿产资源，农民的土地就会被政府以较低的价格征收或征用，但是资源开采所带来的利益却和农民没有关系。而国外一些资源丰富地区的情况看，当地老百姓大都能从资源开发中得到丰厚的实惠。如加拿大魁北克省政府与当地土著居民签署了三个重要的协议：即1975年的《北方协议》、1998年的《苏洛瓦协议》和2004年的《共同开发全面协议》。这些协议的主要内容就是规范魁北克省政府、开发业主与土著居民在自然资源开发项目中的权利和利益关系。协议的核心是规定当地土著居民在自然资源开发中应该获得的利益份额。

——矿产资源有偿使用制度不完善

首先，资源补偿的目标不明确。

就矿产资源补偿费而言，其设立的初衷是为了补充国家勘探投资资金来源的不足，但《矿产资源法》中又将其作为对使用矿产资源的支付。两者收费都是国家凭借对自然资源的所有权向开发经营者收取占用费和补偿性质的收费。一方面是国家所有权取得的收入，另一方面是促进自然资源的合理开发和利用，但目前看来，两种目标都没有实现。

其次，资源税和资源补偿费计征方法不合理。

由于长期存在的资源无价、原料低价、产品高价的扭曲价格体系，资源税税额低，且没有把资源开发所造成的环境成本考虑进来，资源税作为生态补偿的一个主要税种，并不能发挥促进合理利用资源的作用石油天然气等资源税一直是依据1993年的《资源税暂行条例实施细则》从量征收的，[①]即长时间停留在12元/吨—14元/吨，直到2005年7月以后才调整为14元/吨—30元/吨之间，而石油企业的利润增长幅度很大，远远高于资源税的调整幅度。

我国矿产资源补偿费在性质上相当于多数市场经济国家的权利金。现行的矿产资源补偿费是依据1994年国家出台的《矿产资源补偿费征收管理规定》，对天然气矿产资源补偿费按1%的征收率来执行的，至今没有进行过调整。而国外石油天然气矿产资源补偿费征收率一般在10%—16%之间。即使像美国和中国相比已经是矿产资源非常丰富的国家，它的石油天然气以及煤炭的权利金费率也高达12.5%，澳大利亚是10%。加之我国费率不能随矿产品价格、市场行情、矿产资源条件的改变而变化，难以维护国家对矿产资源的财产权益，石油特别收益金的出台就是例证。

再次，资源补偿费分成比例低。

按照《矿产资源补偿费征收管理规定》，中央与省、直辖市政府的矿产资源补偿费的分成比例是5：5；中央与自治区政府矿产资源补偿费的分成比例为4：6。由于总额非常有限，地方所得部分远远不能满足资源地生态环境治理和安置失地农民、解决农民长远生计的需要。资源地获益少，导致资源开发对地方经济发展的拉动力极为有限，无力从根本上摆脱贫。

---

① 从2010年6月1日起，资源税费改革率先在新疆进行，将原油、天然气资源税由从量计征改为从价计征，税率为5%。资源税费改革由从量计征改为从价计征，提高了资源产品的价格，有利于完善资源产品的价格形成机制，一定程度上限制对资源的过度使用和浪费。资源税首先在新疆试点，也有利于平衡东西部的收入差距，促进区域协调发展。

（3）国外的实践

1）水资源的管理机制——流域与行政区域管理相结合的管理机制

近些年的实践，使得以流域为基础的水环境管理在不同国家找到了各自适宜的模式，欧美等国家都先后成立了适合本国的流域管理机构。从总体来看，世界上流域机构大体有 3 种类型。其一是流域管理局，以 1933 年美国建立的田纳西流域管理局(TVA)为典型。其特征为：对经济和社会发展具有广泛的权力；有高度的自治权；有专门的经费；属于政府的一个机构。第二次世界大战后，TVA 水管理模式在发展中国家受到欢迎，印度、墨西哥、巴西、哥伦比亚等国相继建立起类似的以改善流域经济为目标的流域管理局。第二种类型是流域协调委员会，委员会由有关机构和流域内各州政府代表共同组成，遵循协调一致或多数同意的原则，其主要职责是根据协议对流域协调委员会管理范围内各州的水资源开发利用及管理进行规划和协调。澳大利亚的墨累河流域委员会、美国的特拉华河流域委员会等都是这一类型的代表。第三种流域机构类型是综合性流域机构。它的职权不像流域管理局那样广泛，也不像流域协调委员会那样狭窄或单一。国外典型的综合性流域管理机构是 1974 年英国成立的泰晤士河水务局，它负责流域统一治理和水资源统一管理，并有权确定流域水质标准，颁发取水和排水(污)许可证，制定流域管理规章制度，是一个拥有部分行政职能的非营利性的经济实体。目前，在欧共体各国及东欧一些国家已普遍实行这种综合性流域管理方式。

2）北水南调工程及其相关立法

美国最具代表性的调水工程应首选加州的北水南调工程，它是全世界距离最长、扬程最高的调水工程。北水南调工程由加州政府兴建于20世纪50年代，1973年基本竣工，它与中央河谷工程相辅相成，共同把加州北部丰富的水资源调到南部缺水地区。1951年联邦政府议会批准了加州水利工程并为详细的研究拨出专项资金。1959年立法机关通过了Burns-Porter act法案，批准发行17.5亿美元的债务进行最初的工程建设。根据加州宪法，授权发行州普通债券必须由全州投票公决决定，1960年11月全州人民投票通过了法案。根据该法案，州政府与当时29个地方水利局签订供水服务和还款合同。17.5亿美元的债务，由各地方水利局上缴的水费偿还。各地方水利局再把水出售给下一级用水单位，收来的资金除了偿还债务，余额继续用于调水工程的建设、维修及服务。

在美国跨流域调水的水权交易过程中，政府一方面明确规定水权份额、水权转让的范围、价格，水权优先顺序等，为跨流域调水之水权交易提供法律基础。1991年加州历经5年干旱之后，州政府主导设立"水银行"，"水银行"的实施始终伴随其调水工程，作为一个联系水资源买卖双方的中介机构，"水银行"在水权交易中发挥了重要的作用。为保障"水银行"水权交易顺利进行，各州都出台了相关法令和政策。《加州水法令》授权给州水资源管理委员会管理水权，发放地表水用水许可证。《加利福尼亚调水项目法令》以及《水合同》，对水权交易可能给第三者造成经济、生活质量、生态环境等负面影响予以修正。[①]"水银行"制度正是由政府主导的，政府控制水银行中一定数量的水资源，成功用活了市场机制实现水资源配置，干旱时期加州水银行制定了优先分配水原则，即把水分配给最需要水的机构，很好地解决了加州水资源紧张问题。"加州水银行能够成功运行的重要原因是，州政府和联邦政府的主导和参与。重大水权交易在开始的时候都是由政府发起。"

3）矿产资源的利益分配机制

世界上绝大多数国家特别是市场经济国家，与矿产资源有关的专门税费，概括起来主要有：权利金制度、资源附加利润税、矿业权租金等。权利

---

① 才惠莲.美国跨流域调水立法及其对我国的启示[J].武汉理工大学学报(社会科学版), 2009(2):66-70.

金制度是其核心。美国是世界顶级的矿业大国，自1872年《矿业法》问世以来，严格依法进行矿业管理已经有138年的历史，积累了丰富的经验。这正是我国改革和完善矿产资源开发的利益补偿机制需要学习和借鉴的。

美国的矿产资源税费主要有三种：权利金、红利、租金。

——权利金。采矿权人因开采矿产资源而向所有权人（一些州）逐年的支付，即对开采矿产资源征收的开采税。

——红利。美国公有土地上矿产的勘查开发执行分类管理的制度，其中的可租让矿产，其矿业权的方式是招标租让。在竞争招标之中，对那些赋有已知矿床或前景较明朗地区的矿产资源，其矿业权的出让方式是现金红利招标制度。所谓红利，是通过招标拍卖方式出让矿业权，在矿业权招标出让过程中，中标人向所有权人一次性支付现金超出法律规定的权利金的那一部分标金。这种红利收入在美国一度曾相当可观，近几年，美国每年红利收入在5亿—10亿美元之间。

——矿业权租金。矿业权人为获得矿地的使用权而每年按面积支付的费用。美国联邦陆上公有土地内矿产的矿业权的授予与管理，主要由内政部的土地管理局负责。除内政部土地管理局外，农业部的森林局（联邦农用土地内矿业权的管理）、国防部（军事基地内矿产的矿业权管理）、内政部红人局（印第安人事务管理局，印第安人保留地内矿产的矿业权管理）、陆军工程师协会、能源部等，对各自所辖联邦土地内矿产的勘查开发也有管理权。但是，所有联邦陆上公有土地内矿产开采的权利金，均由内政部的矿产管理局负责征收。海上矿产的管理，由内政部矿产管理局负责，同时也负责其红利及权利金的征收管理。

4）矿产资源开发的利益补偿机制

德国是较早开始关注矿区生态环境修复的国家之一，针对不同矿区的不同情况进行利益补偿，取得了很好的成效。

5. 我国区域协调发展的具体实现路径

——矿产资源开发利用中对当地生态环境利益的补偿

德国联邦政府针对新老矿区的不同情况，采取相应解决方法，取得了明显成效。对于历史遗留下来的老矿区，专门成立矿山复垦公司专司此项工作，复垦所需资金由政府全额拨款，并按联邦政府占75%、州政府占25%的比例分担。对于新开发矿区，根据联邦矿山法的有关规定要求：矿区业主必须对矿区复垦提出具体措施并作为审批的先决条件；必须预留复垦专项资金，其数量由复垦的任务量确定，一般占企业年利润的3%；必须对因开矿占用的森林、草地实行等面积异地恢复。在开发和复垦的过程中，政府制定了严格的环保法规和标准，并经常进行专项检查，确保复垦工作落到实处。

——矿产资源开发利用中对资源输出地发展权益的补偿

在联邦制国家，由于各州有自主税收立法权，各州都立法征收跨州税。当矿藏资源从本州输出到州外时就对该矿产品的产量征收跨州税。跨州税的纳税人是在本州从事矿山开采的居民或企业，但实际赋税人是本州外的资源的需求者或消费者。由于各州自然资源的分布是不均衡的，资源丰富的州利用跨州税从其他州获得了大量的税收收入。

另外，由于土地私有，矿山企业要进行矿产资源开发，必须通过市场手段收购当地居民的土地，这样双方通过协商，当地居民一般都能获得足额的补偿。德国矿山企业由于其私有制性质，其投资者在有效的开采年度内都要进行资本的积累和扩张，以便到时转产发展或进行产权变更，而不至于等到资源枯竭时，造成转产困难的局面。这些做法对促进当地经济发展和社会安定都具有十分重要的借鉴意义。

（4）建立跨区域资源开发的利益协调机制的对策措施

1）建立统一的水资源管理体制

我国可以学习在发展中国家很受欢迎的TVA水管理模式，改革我国现在的七大流域的流域管理机构，建立起具有高度自治权的流域管理局，流域管理局独立于各省级行政部门，从全流域的角度出发，在水资源开发中协调考虑各省的利益。对地表水、地下水进行统筹安排，统一管理。要在兼顾上下游之间的利益的基础上制定水资源开发计划、水量分配方案、建设水利项目等，并监督实施。

2）完善水资源跨区调配的利益补偿机制

水资源不同于其他自然资源，南水北调流域涉及众多省区，加上水资源的流动性，使得水权划分以及初始分配的难度非常大，所以科斯所推崇的完全用市场机制解决模式跨区的水源分配和利益协调在我国行不通。在目前各省区际的行政协商机构作用甚难发挥，基本完全依赖中央政府主导跨区利益补偿格局的路径下，短期内以庇古税为基础，实行水资源使用费制度，完善以中央政府主导的水源保护区的长效补偿机制更为可行。根据机制设计理论，关于流域各省区的损失和受益所得的具体信息流是中央政府进行政策设计的必要条件，这需要中央政府通过多种途径（例如寻求第三方机构）积极搜集，当然庞大的信息交流和搜集成本将是较大的障碍。但从长期来看，中央政府财政转移支付的单一渠道将难以满足未来形势的需要。

只有通过建立各省区利益主体尤其是受水区的合理成本分担机制，实现流域各利益主体的激励相容，才是解决南水北调利益协调的主要路径。将流域内的水调给流域外就是一种水权的转移，我国可以借鉴美国跨流域调水管理中的水权交易制度，提高跨流域调水的效益。这涉及明晰水权，水权的初始分配、再分配、交易原则、交易条件、交易程序及制度保障等一系列问题，可借鉴"水银行"的做法形成跨流域调水的水权交易场所，这样既可以发挥政府的主导作用，又能够充分调动其他主体的积极性，按照市场方式配置水资源。

3）完善我国的资源有偿使用制度

借鉴国外资源利益分配向资源属地倾斜的国际通行做法，通过完善我国的资源有偿使用制度，完善以能源、资源开发的利益共享机制。

——调整和完善现行资源税

借鉴美国和加拿大等国的跨州税法，对资源在省内消费和跨省消费实行有差别的资源税税率。我国现行资源税未将省内消费和省外消费区别开来，对资源跨省消费也未加以课税。我国很多资源大省(如新疆和内蒙古)都是财政收入较少的省份，而资源缺乏但经济发达的东部省份却是财政收入较多的省份，应通过资源税的调节使资源省份在输出资源为其他省份经济做贡献的同时自己能获得更合理的补偿。如中央政府可以赋予资源输出的省级政府一些地方税立法权，让资源输出省征收资源输出税等。另外，资源税的计税方法要改变。从2010年6月1日起，资源税费改革率先在新疆进行，将原油、天然气资源税由从量计征改为从价计征，税率为5%。我们应该根据新疆试点的情况，在未来将资源税改革扩大到全国范围，征税范围扩大到包括煤炭、黑色金属矿、有色金属矿等所有自然资源（如可以考虑将水资源全面纳入资源税征收范围，逐步对各类水资源征收资源税，通过价格杠杆促进水资源的节约、保护和合理利用），税率也应逐步上调，从而最大限度地补偿资源地的资源损失。

——取消资源补偿费，建立与国际惯例接轨的矿产资源权利金制度

随着我国矿业权市场的逐步完善，矿业权价款收入专项用于矿产资源勘查、保护和管理，而矿产资源补偿费设立的初衷也是为了补充国家勘探投资金来源的不足，这就打破了我国原有的矿产资源有偿使用制度格局，出现了资源税、资源补偿费和矿业权价款重复征收，界线不明的局面。矿业权价款在矿业权取得的过程中，部分实现了国家的矿产资源所有者的利益，考虑制度成本建议国家取消资源补偿费，设立权利金制度。

设立权利金制度，对各类矿产资源都要征收，不同的矿种应根据其重要程度和稀缺程度确定其不同的权利金费率。实行权利金制度是与国际接轨

的需要。大多数市场经济国家早已对矿产资源实行权利金制度，随着我国加入WTO和改革开放30年的积累，参与国际竞争与合作的机会大大增加，实行权利金制度容易被其他国家所接受，促进我国矿产资源勘探开发市场的对外开放。

在权利金制度的具体实施上，可借鉴国外的成功经验。设立信托基金和保证金，以保证权利金的及时缴纳。对不按时缴纳权利金的义务人，应按规定缴纳滞纳金。在权利金的使用上，要优先考虑对资源地的补偿。

——改革水资源费形成机制

应探索建立水资源有偿使用制度，加快出台全国性的水资源费征收办法，制定与水资源稀缺程度相适应的有差别的水资源费标准，使水资源既体现国家所有权又反映资源的稀缺程度。另外，为了充分体现水资源所有者的利益，还应该从水资源费中提取部分收入设立南水北调工程基金，用于补偿调水区的利益。

4）改革我国自然资源的价格形成机制

合理的资源价格信号是改进资源利用效率和资源消费模式的有效工具，其发挥作用的基本前提是环境影响的成本应该在资源价格中得到反映，即资源价格应该体现包括环境成本在内的社会生产与消费的全成本。

在长期的自然资源开发中，各利益主体形成了不同的利益分配关系和矛盾，其焦点往往是利益分享比例。资源地在资源流失的情况下还付出了巨大的环境成本。对环境成本的补偿我们注意得还不够，补偿也远远不到位。因此应该将资源的环境成本考虑在内，建立起能够真实反映市场供求状况、资源稀缺程度和环境损害成本的价格机制，充分发挥市场机制在资源配置中的基础性作用；并且将环境成本通过一定的方式计算出来，设立专门账户，专款专用，直接用于补偿资源地的利益损失。

以煤炭为例，煤炭的开采具有很大的外部性。绿色和平组织、能源基金会与世界自然基金会2008年10月共同发布的《煤炭的真实成本》报告指出，

5. 我国区域协调发展的具体实现路径

2007年我国煤炭造成的环境、社会和经济等外部损失超过17000亿元，相当于当年GDP的7.1%。2007年我国每使用1吨煤，就带来150元的环境损失。这其中还尚未包括煤炭燃烧排放的二氧化碳等温室气体所导致的气候变化的巨大成本。王天津在其未发表论文《煤炭的环境成本》一文中，也对煤炭的环境成本进行了计算，结果见表5-10。

从表5-10可以看到，煤炭的环境成本高达161.17元/吨。所以，只有将煤炭外部成本内部化，才能准确地体现其成本。煤炭环境外部成本内部化后，将会使原有的价格发生多种变化，提高效益，减少污染。

表 5-10 煤炭环境成本的计算（2005）

		外部成本（元/吨）
煤炭开采阶段的环境损害	水资源的破坏和损失	26
	土地塌陷损耗	4.67
	房屋建筑和交通设施等的损失	1
	水土流失和生态环境损失	25.8
	煤矸石堆放置、自燃煤矸石山的处理	4.9
	采煤空气污染	7.1
小计		69.47
煤炭燃烧的环境损害	健康损失	44.8
	农业损失	25.7
	工业、交通材料设施、建筑物寿命损失	6.8
	水质下降	12.7
	重金属污染	1.2
	燃烧的固体废物等	0.5
小计		91.7
总计		161.17

但我国目前的内部化措施还远远不够补偿环境外部成本，如表5-11所示。

2009年年底轰轰烈烈的晋煤国有化事件，是为了通过矿产资源整合，建立健全矿产资源利益分配制度，初步建立矿产资源开发利用长效机制。通过矿产资源整合，进行利益格局的重新分配，改变之前中央政府、开发企业、资源地政府及居民的利益分配不平衡的现象。我们应通过适当的方法计算出相关利益主体合理的利益分配方式，使资源地能得到真正的补偿。从2010年起我国将终结长达16年的煤炭价格管制,实行市场定价的煤炭价格。推行市场化的价格后,我们仍需要通过确定煤炭开采的环境成本,并将这部分成本按一定标准从煤炭企业的收入中提取一部分,专户核算,专款专用,专门用于本企业采矿区生态环境和水资源保护、地质灾害防治、污染治理和环境恢复整治。

表 5-11 煤炭环境成本与现有补偿水平的比较及对价格的偏离程度(2005年)

阶段	环境外部成本(元/吨)	估计的预防成本(元/吨)	现有补偿和预防措施成本(元/吨)	剩余外部成本(元/吨)	偏离方向	成本偏离(%)	价格偏离(%)
开采阶段	69.47	34.74	水土流失补偿费0.7(0.5~0.8) 林业建设基金/育林基金0.2 矿山环境恢复治理保证金10 煤炭可持续发展基金17(14~20)	6.84	低	1.53	0.51
燃烧阶段	91.7		SO$_2$排污费12.6	79.1	低	7.37	2.46
运输阶段				43.3	低	7.21	2.4
总计				129.24	低	16.11	5.37

注:表格引自王天津未发表的论文《煤炭的环境成本》。

水资源方面,坚持"谁受益,谁付费"的原则,完善水资源定价机制,推进水资源管理方式的转变。尽快在全流域甚至全国实行阶梯水价,按用水量分阶段制定水资源价格,对生活、生产必需的用水和超量用水实行区别价格,既可节约用水量又可以减少排污量,切实把节水和调水统一起来,做到既开源又节流。

5) 多渠道扩大资源开发对资源地的贡献

首先,改革现行资源开发收益分配制度。提高资源税、增值税、矿产资源补偿费的地方分成比例。对"西气东输"营业税应采取向资源地倾斜的特殊政策,不论经营单位在何地注册,均应在新疆缴纳营业税。其次,积极促进与资源开发相关的地方性产业发展。由于资源产品与资源加工产品的巨大价值差异，应尽可能延伸资源地资源开发的产业链，把更多资源留在资源地加工，可以让资源地获得更大的经济效益。以西气东输为例，改变以往"飞地"式的资源开发模式，允许新疆组建地方性石油企业引入民间资本参与油气资源开发，放宽对新疆油气资源开采的限制，鼓励石油天然气产业链向高端延伸，生产精细化工产品，提高产品附加值。

5.2.2.3 主体功能区建设中的发展权与环境保护

我国《"十一五"规划纲要》中将整个国土空间划分为优化开发、重点开发、限制开发和禁止开发四类主体功能区。主体功能区不同于过去划分的综合经济区，它属于一种典型的经济类型区。这种经济类型区的最大特点，就是区内发展条件和经济特点的相对一致性。禁止开发区域按照功能不同可分为国家自然保护区243个、国家森林公园565个、国家重点风景名胜区187个、世界自然文化遗产31个、国家地质公园138个。限制开发区的具体分布情况见表5-12[①]。

不同主体功能区所承担的主体功能定位和发展方向是不同的，国家对不同类型的主体功能区也实施了分类管理、分类考核的区域政策。《国家"十一五"规划纲要》指出，对禁止开发区域要依据法律法规定和相关规划实行强制性保护，控制人为因素对自然生态的干扰，严禁不符合主体功能定位的开发活动。对限制开发区域要坚持保护优先、适度开发、点状发展，因地制宜发展资源环境可承载的特色产业，加强生态修复和环境保护，引导超载人口逐步有序转移，逐步成为全国或区域性的重要生态功能区。显然，限制和禁止开发区域为维护生态服务的主体功能，必须对资源开采、化工、钢铁等高利润高污染的产业进行限制和禁止，这无疑对地方财政收入和

---

① 根据《国家"十一五"规划纲要》资料整理。

区域经济增长形成了制约，这两类功能区无法参与全国产业竞争导致其发展权的丧失。

表 5-12　我国限制开发区域的分布

按生态建设任务分类	按地表景观类型分类	分　布
生态保护区	森林生态功能区	大小兴安岭森林生态功能区、长白山森林生态功能区、藏东南高原边缘森林生态功能区、新疆阿尔泰山地森林生态功能区
	草原(湿地)生态功能区	青海三江源草原草甸湿地生态功能区、东北三江平原湿地生态功能区、苏北沿海湿地生态功能区、四川若尔盖高原湿地生态功能区、甘南黄河重要水源补给生态功能区
	生物多样性生态功能区	川滇森林生态及生物多样性功能区、秦巴生物多样性功能区
生态防治区	荒漠化防治区	新疆塔里木河荒漠生态功能区、新疆阿尔金草原荒漠生态功能区、藏西北羌塘高原荒漠生态功能区、内蒙古呼伦贝尔草原沙漠化防治区、内蒙古科尔沁沙漠化防治区、内蒙古浑善达克沙漠化防治区、毛乌素沙漠化防治区、桂黔滇等喀斯特石漠化防治区
	水土流失防治区	黄土高原丘陵沟壑水土流失防治区、大别山土壤侵蚀防治区

同时，这两类功能区反而要为实现其为全国进行生态服务的主体功能承担额外成本。对于限制和禁止开发区，维护良好的生态环境，为全国提供具有正外部性的生态产品是其主体功能，因此这两类区域不仅发展受限，还要为生态恢复和建设承担相应的支出。以东北地区大、小兴安岭为例，为保护其森林生态系统的服务功能，不但要禁止森林资源的砍伐和相应木材加工业的发展，还要将大量资金投入到封山育林、森林防火、林木管护等工作上，这方面的投入往往是巨大的，是地方政府所无力承担的。

（1）生态区经济发展与环境保护的现状及存在的问题

虽然我们我国针对不同类型生态功能区和生态敏感地区实行了一系列带有补偿性质的政策，如林业部门的"六大工程"、水利部门的水土流失治理、发展改革部门的生态移民等等，但是现实表明仍然存在诸多问题。

1) 退耕还林、还草，天保工程等生态建设工程的现状

5. 我国区域协调发展的具体实现路径

退耕还林还草是党中央、国务院为改善西部地区的生态环境,保障长江、黄河中下游地区长治久安而做出的英明决策,是西部大开发战略的重要组成部分。1999年下半年,为贯彻落实江泽民总书记"再造一个山川秀美的西北地区"的批示精神,朱镕基先后视察了西北5省(区),提出"退耕还林(草),封山绿化,以粮代赈,个体承包"的生态建设综合措施。随后,中央在四川、陕西、甘肃省率先开展"一退两还"试点示范工作,我国"一退两还"由此开始进入规范实施的新阶段。一退两还工程实现粮食和现金补助的期限为"258"期限,即还草补助2年,还经济林补助5年,还生态林补助暂按8年计算,到期后可根据农民实际收入情况,需要补助多少年再继续补助多少年。随着政策的逐步到期,一旦国家停止补助,毁林(草)复耕的潜在危险就会显现出来。这一现象在贵州、宁夏、陕西、四川、甘肃等地表现比较突出。

天保工程即天然林资源保护工程,是1998年洪涝灾害后,针对长期以来我国天然林资源过度消耗而引起的生态环境恶化的现实,党中央、国务院从我国社会经济可持续发展的战略高度,做出的重大决策。该工程旨在通过天然林禁伐和大幅减少商品木材产量,有计划分流安置林区职工等措施,主要解决我国天然林的休养生息和恢复发展问题。在我国,主要在长江上游、黄河上中游实施天保工程,以及东北、内蒙古等重点国有林区实施天保工程。天保工程自1988年试点,2000年正式实施以来,各实施单位全面完成了各项建设任务,取得了明显的生态、经济、社会效益,达到了工程实施的预期效果,但也面临着富余职工的安置和培训问题。

以青海三江源地区为例来具体说明。三江源地区地处青藏高原腹地,是长江、黄河和澜沧江的源头汇水区,素有"中华水塔"之称。它位于青海省南部,行政区域涉及省内玉树、果洛、海南和黄南4个藏族自治州的16个县和格尔木市的唐古拉乡。区域人口近60万人,藏族人口占90%以上。该地区

上篇：总论

自然条件恶劣，生态环境脆弱。由于超载放牧、乱采滥挖等人类不合理活动的影响，三江源地区荒漠化、水土流失、鼠害面积不断扩大，生态环境日益恶化，人地关系矛盾日益突出。2005年国务院批准了《青海三江源自然保护区生态保护与建设总体规划》，启动了三江源自然保护区的生态保护和建设工作，包括退耕还林，退牧还草，生态移民等项目。

一系列生态保护工程实施后，地方财政大幅减收，其中仅禁止开采砂金一项每年减收2000万元。另外，实行草场休牧后，牧民的收入水平出现下降。牧民日常生活燃料由自产变为购买后，国家对牧户仅给予5.5斤饲料粮补助，折合现金2.48元，补助标准极低。国家1998年以来实施的退耕还林、退牧还草等政策到期后，尽管2007年8月国务院发布了《关于完善退耕还林政策的通知》，决定对继续退耕还林农户进行直接补助，还生态林补助8年，还经济林补助5年，还草补助2年。但是三江源地区主要属于退牧还草地区，补助期限仅为2年。随着政策逐步到期，解决退耕退牧农户长远生计的长效机制尚未根本建立，从而难以巩固退耕还林、退牧还草的成果。而且国家预算投入缺乏连续性和稳定性。从目前来看，国家还没有建立专项财政转移支付用于三江源地区生态环境建设，2004—2010年国家投入的75亿元是一个阶段性投入，之后能否继续投入、投入的规模有多大等都存在不确定性[1]。

三江源地区实施生态移民工程后，移民搬迁后的后续产业发展问题日益突出。移民搬迁后缺少稳定的生活收入来源。牧民迁移之后，原有的草场实行退牧还草，失去了放牧、养殖、农副产品采摘等基本生活来源，生活支出急剧增加。目前主要依靠国家给予的退牧还草补助维持生计，但政策补助远远不足，移民的长远生计缺乏保障。另外，由于大部分牧民文化素质低，劳动技能单一，让其改变固有的牧业经营从事其他产业，难度非常大。科技

---

[1] 国家发改委国土开发与地区经济研究所课题组. 青海三江源地区生态补偿的现状、问题及建议[J]. 宏观经济研究，2008(1):23-27.

人才缺乏，尤其是掌握多样化职业技能的人才十分匮乏，使得新技术无法推广，后续产业发展难度较大。从长远来看，由于难以解决这部分移民的就业和基本生计问题，存在移民回流现象，生态工程效果难以保持。

2）发展权与环境保护之间的矛盾——生态补偿不到位

退耕还林、退牧还草、天保工程等生态建设尽管在长期内具有重要的意义，但其结果是将面临农村大量剩余劳动力的转移问题。它在短期内对以此为生的人群造成了强烈的冲击，明显地减少了其收入。目前我国的生态补偿政策还存在一定的不足，加剧了发展权与环境保护的矛盾。

——生态补偿政策缺乏延续性

目前实施的生态补偿很多都是短期性的，缺乏一种持续和有效的政策机制。如退耕还林、退牧还草、生态公益林补偿金等都是最具有生态补偿含义的政策，其核心和出发点都是希望对为生态保护做出牺牲和贡献的农民、牧民等直接利益相关者进行经济补偿，从而实现环境公平和可持续发展。但是这些政策大多是以项目、工程、计划的方式组织实施，都有明确的时限，导致补偿政策缺乏延续性，给实施效果带来较大的变数和风险。当项目到期，农牧民的利益得不到补偿的时候，为了基本的生活和发展需求，他们就不会再从保护生态环境的角度去限制自己的生产和开发，从而继续对当地的生态环境形成压力。这不仅不能改善和保护当地的生态环境，还可能造成更为严重的生态破坏，甚至生态灾难，影响生态建设工作的顺利进行和成果的巩固问题。

——生态补偿的方式比较单一

生态补偿资金投入的典型方式是以中央财政转移支付为主，地方投入较少。生态补偿资金渠道主要还是依靠政府财政资金，国家有限的资金只能分散地用于各个地区，造成资金的低效使用和浪费，难以保障生态补偿的持续进行。

——生态补偿的标准较低

上篇：总论

国家目前针对生态环境保护和建设出台的系列带有补偿性质的政策和扶持标准，由于国家财力有限，再加上政策制定过程中缺乏相关利益方的充分有效参与，导致补偿标准相对较低，这在一定程度上影响了国家政策的实施效果，比如返耕、移民回流等问题的出现。

——生态补偿的后续工作不到位

在补偿领域上目前主要是通过现金补偿解决当地居民的基本生活问题，缺乏长远的就业和发展方面的考虑。在退耕还林、退牧还草、天保工程等生态建设中作出牺牲的这部分劳动力如果在一定期限内找不到新的经济来源再加上微薄的补偿，这就"剥夺"了他们发展经济的权利，甚至是生存权。

（2）发展权补偿的国际实践

国际上，生态补偿这一概念通常指为"生物多样性补偿"而进行的"生态服务付费"的过程。其生态补偿实践主要可以分为三种类型：政府购买模式、市场模式和生态产品认证计划（间接交易模式）。[①]

——政府购买模式

政府购买模式的生态补偿的实质是直接公共补偿。它是指政府直接向提供生态系统服务的农村土地所有者及其他环境服务提供者进行补偿，主要针对地役权补偿，即对出于保护目的而划出自己全部或部分土地以提供环境服务的土地所有者或使用者进行补偿。就国外目前的实践情况而言，政府购买模式仍然是主导的和最为普遍的生态补偿模式。英国保护生物多样性的北约克摩尔斯农业计划、瑞士保护农业环境的补偿政策和德国易北河流域生态补偿，就是典型的政府购买环境服务模式的生态补偿实践案例。

北约克摩尔斯农业计划（North York Moors Farm Scheme）是英国1985年环境法要求在农场经营中优先考虑生态保护的实施案例。1990年，北约克摩

---

① 任世丹,杜群.国外生态补偿制度的实践[J].环境经济,2009(11):34-36。

尔斯农业计划开始实施。依据1981年英国《野生动植物和农村法》第39条的规定，农场主和国家公园主管机关按照自愿参与原则达成协议，目的是对促进并增强自然景观和野生动植物价值的农场主提供补偿。该计划一共达成了108份协议；包括了90%符合条件的农场主和7441公顷土地；经费从1990年的50000英镑增加到2000年、2001年的449000英镑；每年对每份协议进行监察；实现了全部目标。该方案的实施非常成功，具有高参与率和低直接成本的优点。该计划的成效是多元的，在转移增加生产的压力、鼓励低密度种植、确保环境保护、刺激地方就业、保持个体农场主管理其农场事务的灵活性等方面都有很好的体现。同时该计划也有很高的社会价值，在生态保护的同时鼓励使用50年前的传统的土地利用方式。该计划的直接目标是那些有利于保护珍稀动植物或保护物种多样性的相关社会活动，包括耕作方式、农作方式。在农作方式方面，该计划要求农场主必须花至少50%的时间在农场工作，农场主至少可获得农场收入的50%。

——市场模式

市场模式的生态补偿是私人之间直接进行的补偿，即由非营利性组织和营利性组织取代上面所说的直接公共补偿模式中的政府而开展的一种补偿。这些补偿通常被称为"自愿补偿"或"自愿市场"，因为购买者是在没有任何管理动机的情况下进行交易的。各商业或非商业团体或个人消费者可以出于慈善、风险管理或准备参加管理市场的目的而参加这类补偿工作。法国毕雷矿泉水公司为保持水质付费的生态补偿实践、澳大利亚灌溉者为流域上游造林付费和哥斯达黎加森林生态效益补偿都属于这类补偿。

在澳大利亚的墨里河和达令河流域的马奎瑞河的次水域，因为其地形的自然特征和空旷的地域特征，土地受到盐化侵蚀的严重影响。新北威尔士的政府林业部门负有养护和管理森林的责任，对此采取了一项生态保护及补偿的重要举措：灌溉者付费给上游造林者。这项治理措施的参与者是新南威尔

上篇：总论

士的林业部门（State Forests of New South Wales，简称SF）和马奎瑞河食品和纤维协会（Macquarie River Food and Fiber，简称MRFF）——一个由马奎瑞河周边水域的600名灌溉农民组成的协会。马奎瑞河食品和纤维协会为其获得的流域生态环境功能性服务价值付费。1999年，新南威尔士的林业部门和马奎瑞河食品以及纤维协会一起达成了一个引水控盐贸易协定，据此，马奎瑞河食品和纤维协会向新南威尔士的林业部门支付一定的费用以供其在上游水域更新造林。这种公私合作的模式是这样运作的：灌溉者对于每一公顷更新造林的土地，在十年之内每年向新南威尔士的林业部门支付42美元购买减少蒸发或盐化的存款（credit），该存款（credit）是先前新南威尔士的林业部门聘请他人对100公顷土地进行更新造林获得的。这项收入由新南威尔士的林业部门支配，并在公共的和私有的土地上重新种植树木。私有土地所有者能每年获取因其土地上的林木的使用权归新南威尔士的林业部门持有的费用。此措施的目的正是对该区域40%的盐化土地进行生态修复。这个协定还不是一个真正意义上的贸易计划，因为在这项协议中只有两个缔约方——新南威尔士的林业部门和马奎瑞河食品及纤维协会，不包括私有土地所有者。这一运用市场手段来解决田地盐化问题的尝试能给我们提供一些参考与借鉴。

——生态产品认证计划

生态产品认证或生态标记计划，即消费者可以通过选择，为经由独立的第三方根据标准认证的生态友好型产品提供补偿的计划。它实际上是对生态环境服务的间接支付方式。欧盟生态标签制度就是这类生态补偿。

为鼓励在欧洲地区生产及消费"绿色产品"，欧盟于1992年出台了生态标签制度。欧盟生态标签制度是一个自愿性制度，欧盟建立生态标签制度的初衷是希望鼓励注重生态保护的产品，推动其他产品的生产厂家在产品的整个生命周期当中都注重对环境的保护。对于消费者而言，选择贴标签的绿色产品也是环保低碳行为的一种主动参与。如果生产商希望获得欧盟生态标签，必须向欧盟各成员国指定的管理机构提出申请，完成规定的测试程序并提交规定的测试数据，以证明产品达到了生态标签的授予标准。欧盟对于每一种产品都规定了相应的环保性能标准，这些标准主要是关于自然资源与能源节省情况、废气(液、固体)及噪声的排放情况等。目前，欧盟市场上的"贴花纺织品"的价格比普通纺织品要高出20%—30%，但绝大部分欧盟消费者仍愿意购买前者[①]。

（3）协调我国主体功能区的发展权与环境保护的对策

1）构建对受限开发区的长效补偿机制

限制和禁止开发区的生态建设是一个长期的任务，如治理沙地需要40—50年才能见效，经济林8年方能长成，生态林成材需要15—20年。[②]所以生态补偿的政策应保证其延续性和稳定性。国家应在适当延长现有的各种生态补偿项目的补偿期限的基础上，制定生态补偿综合性法规或文件。应结合目前国内生态补偿实践的现状，进行生态补偿立法研究，变退耕还林、退牧还草等生态建设项目为生态补偿、生态移民等长期政策；构建区域间横向生态补偿机制，将扶贫工作与生态补偿相结合等。另外，还可在开展生态建设的民族地区建立最低生活保障制度，每年给农牧民一定的补贴以满足其日常生活需求。

2）补偿途径手段和方式应多样化

除了现有的财政补贴政策、税收以及扶贫等政策手段，针对限制和禁止开发区的不同类别，开拓生态补偿的筹资渠道，从市场、社会等多方面筹集资金，形成多元化的筹资方式和支付方式，为受限地区的发展权提供相应的利益补偿。首先，除了中央政府纵向的转移支付外，还应鼓励区域间的横向转移支付。可以从重点开发区或优先开发区的GDP中拿出一定比例的资金对

[①] 任世丹，杜群. 国外生态补偿制度的实践[J]. 环境经济，2009(11):34—36。
[②] 国家行政学院经济学部. 构建西部地区生态补偿机制面临的问题和对策[J]. 经济研究参考，2007(44):2—10。

开展生态建设的区域援助。其次，市场方面，借鉴国际碳权交易和发展权交易的做法，鼓励发达地区(受益地区)到限制开发区域进行"绿色开发"，通过购买受限地区的碳排放或土地发展权，实现对受限地区的利益补偿。另外，还可通过发行"民族生态彩票"[①]，建立配额生物多样性保护和湿地保护等机制，推动民间组织、环保社团、民间基金会等社会力量参与生态利益补偿网络。同时，还应丰富当前生态补偿的方式。以货币补偿为主，实行实物补偿、智力补偿、政策性补偿相结合的方式，使补偿对象在获得经济补偿的同时，能获得自身的发展并得到新的发展机遇。

3) 扩大经济利益补偿的范围和领域

限制开发和禁止开发区域为了全国或区域性生态安全付出了发展机会成本，除了保障受限地区居民生活水平不下降的基本目标，应通过加大转移支付确保基本公共服务与周边地区或所在省市均等化，在教育、卫生、医疗、文化、基础设施等公共领域给予限制和禁止开发区域以扶持，在实现"发展机会公平"的基础上引导人口转移。

（4）建立生态补偿的后续产业支撑

生态建设带来了大量的农业剩余劳动力。将这部分剩余劳动力有效的安置转移，为其开辟新的经济来源渠道，是生态建设项目得以巩固并长期开展的关键问题。从国家来看，应尽快出台产业扶持政策，应当对限制开发区和禁止开发区内的生态农业、生态林业、生态旅游、可再生能源开发的等特色产业进行财政与税收、产业信贷与技术改造方面的扶持。从地方政府来看，应坚持走低碳经济的道路，进行地区产业结构的优化，实现剩余劳动力的有效转移。

5.2.2.4 资源开发的空间冲突与协调

资源开发利用的空间冲突主要表现为生态分割与跨界污染之间的矛盾。资

---

① 林幼斌. 建立和完善西部生态环境补偿机制[J]. 云南财贸学院学报, 2004(2):100-103.

5. 我国区域协调发展的具体实现路径

源开发利用具有两面性，在获得所需资源的同时，也产生了严重的负外部性问题，如水污染、大气污染等各种环境污染。就溢出范围而言，这种负外部性既有对当地生态环境的损害；也有对周边区域乃至全国整体生态环境的损害。如流域生态环境跨界污染的外溢范围主要是在流域内部，并呈现单向性的特征，即主要是上游产生对下游的外溢效应；矿区生态环境污染的外溢效应则主要局限于当地，受采煤区塌陷、矿区水源、土地破坏等矿区生态问题影响的主体主要集中在当地。这里我们主要讨论一国之内的跨界污染问题。

（1）资源利用的空间冲突

——水资源跨界污染

一条较大河流多会流经多个行政区、市、省，甚至跨国，上游地区工业或生活污水排放，使下游区域工农业生产遭受损失，这种跨界污染造成上下游区域经济发展矛盾。在我国跨数省的江河和湖泊流域都有不同程度的因流域跨界污染所导致的冲突事件。根据2009年中国环境状况公报显示，2009年海河干流总体为重度污染，太湖水质总体为劣V类。海河流域涉及北京、天津两市及河北、山东、河南、山西4省，是"三河三湖"治理中牵制省份最多的流域，大部分省市之间都存在着跨界污染问题。太湖流域面积36895平方公里，主要分属于长三角地区的两省一市，苏浙沪两省一市的污染面积一度占全国的1/10，养殖污染、化肥农药污染、有机肥污染、生活工业污水肆意排放、水土流失成为长三角地区水土环境共同的"五大杀手"，跨界污染成为影响社会稳定的主要因素。2001年年底嘉兴市居民沉船筑坝，封堵嘉兴和苏州之间的界河，导致航运受阻、河道被堵的事件发生的缘由就是上游的苏州对污染严重的印染企业监管不力，嘉兴百姓四处反映却得不到有效解决后采取的自救行为。2005年松花江污染事件再次凸现了跨界污染问题的严峻性，特别指出的是，此次污染事件由于松花江经由黑龙江流俄罗斯而变成一个地区性的事件。

上篇：总论

——大气跨界污染

我国大气污染以煤烟型污染为主，部分城市已开始转入煤烟型与机动车尾气混合型污染，主要污染物为 SO_2、烟尘、NO_x、CO 和 CO_2。目前，大气污染物已经呈现出明显的区域性。以 NO_x 为例，除酸沉降外，NO_x 导致的最严重的区域污染是近地面 O_3 污染。相关研究表明，在特定天气系统下，北京周边地区排放源亦可称为北京城区污染形成的重要因子。这种情况在长三角、京津等经济发达地区比较严重，由于 NO_x 及其二次污染物的长距离输送，这些地区的污染呈现出明显的区域污染特性。另外，近年来在石油化工、煤化工、制药等行业，重大突发性事故时有发生，如泄漏、爆炸、火灾等。事故产生的有毒有害气体随风扩散，造成了远距离甚至跨界的大气严重污染。

——碳排放的外部性

碳排放，即以二氧化碳为代表的温室气体的排放。一国的碳排放会影响他国的气候，导致全球温室效应。这种负外部性的影响范围远远大于水污染、空气污染等局部环境灾难。

（2）资源开发形成空间冲突的原因——以水资源的跨界污染为例

首先，条块分割的现行环境管理体制无法有效治理跨界污染。

由于水流域的单向外部性特征，上游对水环境之保护或污染治理惠及全流域，为全流域提供水环境公共物品，而现行的环境管理行政体制使跨界水污染治理处于体制性分割状态，只要求本地政府对本地环境负责，这种责任体系对于跨界水污染治理缺乏有效的约束。跨界污染体现了污染的外部性特点与单一行政区划污染治理方式的矛盾。

现行水环境管理体制的主要机构性问题是水资源管理与水污染控制的分离，及有关国家与地方部门的条块分割，特别是行政上的划分将一个完整的流域人为分开。水利水电部门负责水量水能的管理，国家环保部门负责水环境的保护与管理，市政部门负责城市的给水与排水管理，这样使得责权交叉过多，难以统一规划和协调，极不利于我国水资源和水环境的综合利用和治理。各部门、各地区均从自身利益出发进行局域、单目标的规划与管理，水资源的效能无法最优化，造成办事低效。我国虽然也在七大流域建立了流域管理机构，但它们都不是权力机构，无权过问行政及经济方面的事务；而省级水利厅拥有与其同等的权力，它们是从自身利益而非全流域的角度去考虑流域管理。流域机构对水污染排放总量的宏观控制与各行政区域对水污染排放的微观控制处于脱节状态，以流域管理机构为主体的流域统一管理机制并没有发挥其应有的功能。因为排污总量的控制涉及各省市产业发展，由于流域周边区域之间的产业发展并不存在统一的规划，所以深层次的矛盾又与区域的产业发展等方面紧密联系。

其次，地方保护主义加大了跨界污染的治理难度。

由于我国的各级地方政府既担负保护环境的责任，又担负发展地方经济的责任，在现行以GDP为中心的考核机制下，地方政府并不能有效地协调经济增长与环境保护两者的关系，甚至存在着片面重视经济增长而忽视环境的内在冲动。许多时候地方政府不但不去制止当地企业的行为，而且还充当地方污染企业的保护伞，使污染企业的污染行为更加肆无忌惮。当发生跨界水污染纠纷时，各地区在水资源利用和环境保护方面都旨在最大限度地为本地区谋利，导致跨界水污染纠纷问题相当严重。如松花江污染实践中，吉林省委的有关部门并没有及时通知下游政府提早做好防污准备，而是令丰满水电站开闸加大放水量使污染团能够尽快离开吉林境内，三天后黑龙江省才得到污染通知。这样就使黑龙江省后来的决策在时间上处于被动，造成了哈尔滨市出现市民恐慌的恶性情况。

第三，流域水功能区划不完善是导致跨界污染的潜在因素。

依照国外经验，水环境功能区划在流域水环境管理中，具有极其重要的作用。但是，我国水环境功能区划还存在许多问题：缺乏统一的流域区划技术体系；目前多以水体现状使用功能为基础进行划分，缺乏水生态系统完整性体系；以行政区为基础划分，缺乏流域上下游、左右岸之间协调的科学基础等；缺乏统一规划与协调水资源的经济功能与生态功能的水域功能制度，并以此作为水污染防治的基础，协调流域经济社会发展与产业布局的关系，这些都成为实施跨区域水环境管理的难点。

第四，现行跨界水污染治理法律法规的可操作性差。

尽管现有的法律法规中明确规定跨行政区域的水污染纠纷，由有关地方人民政府协商解决，或者由其共同的上级人民政府协调解决，但是从多年的实践可以看出，这些法律规定的可操作性不强，各行政区域之间分割治理难以做到协调统一，责任认定较难，相互推诿扯皮现象时有发生，导致许多跨界水污染问题得不到及时、妥善的解决。

（3）资源开发外部性的内部化方式

在流域开发中，几乎处处显现负外部性，最典型的是自由条件下的污染物排放。在市场经济条件下，市场主体追求的是利润最大化，在流域范围内，排放自由的条件下，企业肯定会走免费污染的道路。由此造成的污染超出了流域环境的自净能力，政府或者拿钱治理污染，这样政府就替企业承担的减污费用，政府或者听任环境恶化，那么污染会对全流域甚至全社会造成损害，全社会以另一种形式替企业承担了部分成本。若社会替企业承担了成本，即企业实现了成本转移。如果这种转移是被禁止的，那么企业需要自己承担治理的费用，那这部分成本就会在其产品的价格中体现出来，或者说，这部分成本在市场体系"内部"得到了体现。而在免费排污的情况下，这部分成本在产品价格中消失了，被转移到了市场的外部，那么有负外部性的经济活动因社会为之承担成本而泛滥，有正外部性的活动引得不到补偿而受到抑制。

所谓污染外部性的内部化，就是使生产者或消费者产生的外部费用，进入它们的生产和消费决策，由它们自己承担或"内部消化"，从而弥补外部成本与社会成本的差额,以解决污染外部性问题。关于外部性内部化的方式有许多讨论,目前被实践认可的手段主要有以下几种:一是来自政府的直接管制;二是基于市场的经济激励手段;三是源于"科斯定理"的自愿协商;四是社会准则或良心效应。

直接管制是政府以非市场途径(即规章制度)对环境污染外部性的直接干预,包括命令和控制。最为明显的特征是,中央集权式的运行管理机制。这种方式缺乏灵活性,在经济上缺乏效率,成本较高。所谓经济激励手段,是指从影响成本和收益入手,利用价格机制,采取鼓励性或限制性措施促使污染者减少、消除污染,从而使污染性内部化,以便最终有利于环境的一种手段,包括价格控制、数量控制和责任制度。自愿协商是不要政府干预,让市场自己来达到最优的一种完全自由化的市场方法。该方法是以科斯为首的一些经济学家的主张,他们认为,只要有了设计适当的产权,就可以靠有关当事人的自愿协商或判断解决外部性问题。社会准则是一种不依赖于政府和市场,而是依赖于社会机制的道德教育。由于缺乏激励和强制,只能作为一种辅助手段。

表 5-13 外部性内部化的四种手段对政府和市场的依赖程度的比较[①]

内部化方式	对政府的依赖程度	对市场的依赖程度
政府的直接管制	强	弱
基于市场的经济激励	弱	强
自愿协商	极弱(=0)	极强(=1)
社会准则	极弱(=0)	极弱(=0)

流域水环境是一种区域公共物品,但不是纯公共物品,而是一种权重总和技术的公共物品(Sandler,1998),涉及流域内的不同行政主体。因此,由于机制设计的复杂性和交易监督成本的巨大,单纯依靠排污许可证、排污费体系等市场途径是低效率的。因此,理顺流域上下游间的生态关系和利益关系,矫正资源利用的外部性,还需要政府与市场共同完成。松花江水污染事

---

① 赵晓兵,污染外部性的内部化问题[J]。南开经济研究,1999(4):13-17。

件之后,2005年12月3日《国务院关于落实科学发展观加强环境保护的决定》将"完善生态补偿政策,尽快建立生态补偿机制"列为建立和完善环境保护的长效机制之一。当前,按照流域提供的生态服务类型,我国在生态补偿机制的设计上存在不同的模式。如表5-14所示。

表 5-14 中国流域生态服务补偿案例分类及其特征

	国家项目补偿	地方政府为主导的补偿方式	小流域自发的交易模式	水权交易	水资源量的用水费补偿
案例	1.生态公益林补偿 2.退耕还林还草项目 3.天然林保护工程 4.封山育林项目 5.南水北调工程 6.三北与长江上游防护林工程 7.重点地区湿地保护项目	1.北京密云水库 2.汤浦水库库区的补偿 3.东江源区 4.千岛湖流域 5.珠江流域 6.福建省流域下游补助上游 7.金磐扶贫开发区"异地开发"	1.金东区源东乡与傅村镇的补偿交易 2.小寨子河的流域补偿——金鸡村和罗寨村的水购买协议 3.保山苏帕河流域生态补偿——水电公司支付模式 4.浙江省德清县生态补偿长效机制	1.黑河流域水权证 2.宁蒙"投资节水、转换水权" 3.东阳、义乌水权交易 4.漳河流域跨省际调水	1.耀县水资源费的补偿方式 2.曲江县自来水公司和水电公司对水源区农户的补偿
特征	中央政府、部分省政府补贴,由中央政府提供专项基金,富裕的省区进行一定的补贴	补偿资金来自省、市地方政府的财政转移支付或补贴,多是下游富裕地区对上游水源区或库区的补偿	反映了政府、农户和公司等经济实体对流域生态服务补偿的支付意愿、接受意愿和保护意识。多是在村镇层次上自发参与的过程,缺乏补偿依据和支付能力低,很难持久	以市场为主导,地方政府和流域管理机构作为中介机构进行谈判,制定相应的规则进行交易。由经济欠发达地区转向经济发达地区或有低附加值的产业部门转向高附加值的产业部门,市场化程度高	比较直接的基于水资源量的收费标准,多在水电公司与流域水土流失关系密切的地区,在流域受益区和补偿区划分清晰的地区易于采纳这种模式
政府与市场的作用	中央政府直接支付	省级、市级或县级政府支付	村镇级协议,用水户直接支付,市场起一定作用	地方政府参与谈判和协调,参考水资源市场价格进行补偿	地方政府依据水资源市场价格和支付能力制定补偿标准

注:转引自郑海霞(2006)。

目前我国的生态补偿机制更多地依赖于政府转移支付和补贴,而依靠市场途径解决的案例大多都是小流域或是局部地方之间的水资源贸易,同样依赖自愿协商途径的也存在这样的特点,甚至只是存在于某一个项目中。可见,面对越来越多的跨界污染问题,矫正资源利用中的外部性,在完善政府行政力量参与的范围和内容的前提下,还需要加强市场途径的参与力度,构建具有激励相容的成本分摊机制。

(4) 解决资源空间冲突的国外市场实践

1) 排污权交易——美国的实践

排污权交易制度,是美国在1990年修改《清洁空气法》时,为了达到有效防止酸性雨的目的,将SO_2排出权交易制度在法律上制度化,从而建立起来的一种可利用经济手段解决环境问题的有效方法。排污权交易的思想是20世纪60年代末由美国经济学家戴尔兹(J.H.Dales)首先提出,并且首先被美国联邦环境保护局(EPA)用于大气污染源及河流污染治理上。

——美国的排污权交易制度

排污权交易的理论和实践在美国的发展过程分为两个阶段,分别以排污信用和排污许可为交易对象。

第一,排污信用交易(Credit Trading)。在排污信用交易体系下,当一个污染源的实际排污水平低于环境管理部门规定的该污染源的污染排放基准许可水平,并且所产生的排污削减是一个永久性的排污削减时,它就可以向环境管理部门申请获得排污削减信用(ERCs)。在获得空气质量管理部门(通常来说是地方政府的空气污染控制机构)的严格审批之后,污染源可以交易该排污削减信用。也可以储存(banking)起来以供将来之用,或者在补偿机制(offset)、气泡机制(bubble)或容量节余机制(netting)中使用。

表 5-15 排污信用交易的四种机制

机制名称	机制内容
银行机制	减排信用可以存入银行以备将来之用；银行提供登记服务和交易信息，促成交易。
补偿机制	新污染源只要达到了最低可达到的排放标准，并购买了足够的超额消减来补偿其排放，就允许其发展。
气泡机制	排污单位可以将所有的污染源捆绑起来，作为单一的污染源管理，受一个总的排污限制。
容量结余机制	只要全厂范围内的排放量不超过最高限量，改建过程不经审查即可进行。

第二，排污许可交易(Allowance Trading)。排污许可交易是在排污信用交易的基础上发展起来的。该体系的特点是政府机构预先设定一定区域内某种污染物的排放量上限(Cap)，以许可或配额的形式，按照某种方式分配给污染源，并建立市场，允许许可的买卖。要求污染源排放要拥有足够的许可，但可以自由选择如何达到这一要求，如消减排放量或购买许可。许可的交易使得在确保排放总量不突破的情况下，优化排放权的配置，从而减少社会的减排成本。

最成熟的案例就是至今仍在实施的"酸雨计划"，用以削减电力部门排放的SO_2，从实践情况看，SO_2排放消减量大大超过预定目标，排污许可的市场价格远远低于预期水平，充分体现了排污权交易能够改进环境质量和降低达标费用的两大优势。

——实施案例

表 5-16　美国排污权交易案例情况比较

案例	计划实施时间	计划地理范围	计划的交易模式	市场流动性	市场参与程度	交易费用
环保局排污交易计划	1974—	州内	ERCs（补偿交易为主）DERs	较低	中等	高
地区清洁空气激励市场计划	1994—	州内	总量—交易（排污许可）	中	中等	中等
酸雨计划	1992—	国内	总量—交易（排污许可）	高	中等	低
铅削减计划	1979—1987	国内	总量—交易（生产许可）	高	高	低
含氯氟烃削减计划	1989—1995	国际	总量—交易（生产许可）	中高	中高	未证明
污水排放交易	1983—	州内	ERC（补偿交易为主）	低	低	高

资料来源：瞿伟（2006）。

2）碳交易——欧盟的实践

碳交易，是《京都议定书》为促进全球温室气体排减，以国际公法作为依据的温室气体排减量交易。在 6 种被要求排减的温室气体中，CO_2 为最大宗，所以这种交易以每吨 CO_2 当量为计算单位，所以通称为碳交易。碳交易包括三种排减机制——清洁发展机制（CDM），联合履行（JI）和排放交易（ET）。

清洁发展机制是指发达国家与发展中国家合作减排温室气体的灵活机制。它允许发达国家与发展中国家联合开展二氧化碳等温室气体减排项目，发达国家的投资者在发展中国家实施有利于发展中国家可持续发展的减排项目，从而减少温室气体排放量，这些项目产生的减排数额可以被发达国家作为履行他们所承诺的限排或减排量。对发达国家而言，CDM提供了一种灵活的履约机制，降低了履行联合国气候变化框架公约承诺的成本；而对于发展中国家，通过CDM项目可以获得部分资金援助和先进技术。

联合履行是指发达国家之间通过项目级的合作，在发达国家缔约方之间

上篇：总论

转让项目所取得的温室气体减排抵消额。即附件一缔约方之间在"监督委员会"监督下，进行减排单位核证与转让或获得，所使用的减排单位为"排放减量单位"。

排放交易是指在发达国家中开展缔约方之间的温室气体排放抵消额的贸易合作。即在附件一缔约方的国家登记处之间，进行包括"排放减量单位"、"排放减量权证"、"分配数量单位"、"清除单位"等减排单位核证的转让或获得。

根据这三种机制，碳交易被区分为两种：配额型交易和项目型交易。配额型交易是指总量管制下所产生的排减单位的交易，如欧盟的欧盟排放权交易制的"欧盟排放配额"交易，主要是被《京都议定书》排减的国家之间超额排减量的交易，通常是现货交易。项目型交易是指因进行减排项目所产生的减排单位的交易，如清洁发展机制下的"排放减量权证"、联合履行机制下的"排放减量单位"，主要是透过国与国合作的排减计划产生的减排量交易，通常以期货方式预先买卖。

欧盟排放交易体系（EUETS）是根据《京都议定书》提出的碳交易机制建立的，于2003年欧洲议会和理事会通过并于2005年开始实施。建立EUETS旨在利用市场机制来应对气候变化。目前，欧洲已成为世界上最活跃的碳交易市场。其中阿姆斯特丹的欧洲气候交易所2006年交易的CO_2达到4.5亿吨，占全球CO_2交易量的35%。

欧盟现行的碳排放贸易体系可以概括为"限额—贸易"体系，即先确定温室气体排放的限额，然后再根据额度的供求展开贸易，限额有余者是市场的供给者，限额不足者则是需求者。欧盟的排放交易体系涵盖了欧盟25个成员国，以强制性的方法纳入了1.15万个排放实体，其中包括炼油厂、发电超过20兆瓦的电厂、钢铁厂、水泥厂、玻璃厂以及造纸厂等，共占欧盟地区温室气体排放的一半以上。由于二氧化碳排放占欧盟温室气体排放的80%左右，因此目前的排放交易体系所涵盖的温室气体仅包含二氧化碳在内，而不包含其他的温室气体。

——关于限额的确定

欧盟排放交易体系根据各成员国内部达成的《京都议定书》减排目标，规定每个国家允许排放的二氧化碳量，而这一配额又被分配到国内的各个排放企业，配额的分配是考虑了历史排放、预测排放和部门排放标准等因素而制定的。对于不能实现目标的企业将面临严厉的惩罚。

——计划的时间安排

欧盟排放贸易计划分两期进行。从2005年到2007年的最初3年为第一承诺期，减排的目标是努力完成《京都议定书》所承诺目标的45%，从2008—2012年开始的第二个承诺期里要完成《京都议定书》的全部目标。

——超标的惩罚措施

欧盟规定，如果企业温室气体排放超标，在2005年至2007年的第一阶段减排期内，超额排放部分每标准吨二氧化碳将被处以40欧元的罚款，在2008年至2012年的第二减排期内，处罚的标准将达到每标准吨二氧化碳100欧元。

欧盟排放交易体系运行至今，取得了较好的成绩。从总体来看，整个欧盟温室气体排放量有所下降，欧盟排放交易体系也推动了基于项目的京都机制的投资，如清洁发展机制下面的一些项目。另外，欧盟排放贸易体系的建立也极大地降低了欧盟国家履约的成本，欧盟在这方面每年只需要支出29亿欧元到37亿欧元，而如果没有这一交易，可能支付的成本将大为提高。

作为一个新生的事物，欧盟的碳排放交易也面临一些问题。最主要的问题是现行的"限额—贸易"体系本身所存在的固有缺陷。另外，由于市场深度不够、配额频繁调整、气候与经济等因素，造成市场上排放配额价格的过大波动。

（5）有效缓解资源开发空间冲突的主要路径

上篇：总论

近年来，我国环境污染越来越严重，政府一直致力于治理环境污染，但在付出高昂的管制成本后成效并不大。原因在于政府方式和市场方式存在着各自的效率职能和效率失败。市场制度的缺位是目前环境污染外部性难以有效消除的根本原因，而解决的措施就在于构建一种集市场与政府力量的更好的经济手段，即"集政府外部监管、市场内部激励"相结合的冲突治理机制。

1）完善我国的排污权交易体系

排污权交易是指在一定区域内，在污染物排放总量不超过允许排放量的前提下，建立合法的污染物排放权利即排污权，并允许这种权利像商品那样被买入和卖出，以此来进行污染物的排放控制，从而达到减少排放量、保护环境的目的。排污权交易体系通常包括总量确定，初始权分配，市场建立及交易监管等过程。

关于排污权交易在我国的实践工作可以追溯到20世纪80年代初，当时只是对排污权交易的讨论和结合新建项目在一些地区开展有偿转让。由于受法规、认识和实施条件的约束，这些探索主要停留在概念层面上。在"九五"计划期间，全国开始全面推行总量控制计划，到"十五"计划时，总量控制的目标就更加清晰明确，排污权交易也由概念逐步发展到案例。"十一五"期间中国积极推进资源和环境使用制度的改革，全面实行资源有偿取得以及排污权的有偿获得和排污权买卖，其中煤炭行业将作为试点率先进行资源使用制度改革。环境使用制度的改革重点是在对主要污染物排放实行总量控制的原则下，按照市场办法对排污权以拍卖等有偿办法出让，并扩大排污权买卖的试点。"十二五"期间关于排污权交易的思路是：让排污权交易由试点走向全国，尤其是要在民族地区逐渐建立排污权交易体系。

健全的法律制度是开展排污权交易的一个重要的前提条件，而我国目前的环境保护法律法规并没有为排污交易提供必要的法律支持，所以，建立与排污权交易体系相应的法规也是当务之急。与排污权交易制度相配套的法律、法规，应当包括如下内容：确立排污总量控制与排污权交易的合法性，对排污权是一种财产权利作出明确的界定，对环境目标与排污权总量的确定和调整规则、排污权的分配机制作出明确的规定，制定或授权制定明确的排污权交易规则如申请、评估、协商、审核、出让、转让、交割、变更登记、监督、处罚办法，与现有法规的协调。

排污权交易体系包括两个市场的交易：所谓一级市场交易，即排污权的初始分配，而二级市场的交易是指排污权的自由交易，该市场上的交易主体有个人、企事业单位、组织和政府。任何主体都可以在市场上自由买卖排污权。

我国目前成立了三家环境交易所——北京环境交易所、上海能源环境交易所、天津排放权交易所。主要致力于二氧化硫、化学需氧量等主要污染物的交易和推进"排污权交易"指标平台的试点工作。但目前在这三家环境交易所进行的主要是碳交易，而关于SO_2和化学需氧量（COD）的交易量却几乎为零。所以在今后的实践上，要特别注意二级市场的建立，避免排污权交易遭遇零尴尬。

我国目前排污权交易量小，说明在我国还欠缺一个完善的排污权交易市场。从目前案例看，我国现有的排污权交易，供需两方之间多数是通过环保行政机构来牵线的，通过中介机构或市场来获取供需信息的案例很少。并且就中国目前的情况来看，排污权交易不能进行跨地区交易，这样就会造成各自为政，人为分割市场的局面。从交易市场来看，目前主要是政府和排污者之间的交易，建立了一级市场。而真正运用市场机制实现排污权在社会范围内的优化配置，就必须实现排污者之间的交易，建立二级市场。应当充分发挥现有排污权交易平台的作用，为交易各方提供充足的市场信息，降低交易费用，建立相应的激励机制，调节不合理的价格交易制度，并成立专门的机构对排污权交易市场进行管理，可以采用"1+3+N"模式设立交易平台，即一个国家性的、三个区域性和多个地方性的交易平台，鼓励跨区域的排污权交易，培育完善的排污权二级交易市场。

2）建设全国性的碳排放交易市场

2009年年底的哥本哈根气候大会，中国吸引了全世界的目光。中国承诺到2020年单位国内生产总值二氧化碳排放比2005年下降40%—45%。而中国目前并没有完善的碳排放权市场，为了实现这一承诺，应探索适合本土国情的交易模式。

我国的碳排放交易分为两类，即国内交易和国际交易。国内交易应建立在总量控制和排放交易的市场机制之上。按照国家规划，对各省设置排放上限，各省再将具体额度按规定下发给企业。如果企业的实际排放量超过该额度，需要到市场上购买其差额的排放许可额度。如果不能或不愿购买减排量来弥补超额排放的指标，那就只能选择上缴罚款。国际交易则主要是面向国外购买商交易，开发和提供与芝加哥气候交易所、欧洲排放交易体系等成熟交易所相同的产品，并进行交易。

首先，要尽快构建一整套与发展全国统一碳市场相关的法律法规体系，以法律的形式把温室气体排放量在一定规模之上的企业纳入到限额排放体系。其次，建立排放配额交易的场所，为配额的供求调节提供市场。目前我国只有北京、上海和天津三个环境交易所，并且也未形成完善的碳排放交易体系。所以当前我国不仅要发挥现有的排放权交易所、CDM技术服务中心等机构在构建区域性的信息平台和交易平台的作用，而且要鼓励全国各个地区，特别是长江三角洲和珠江三角洲地区积极构建碳交易区域市场，通过完善区域性的碳排放交易市场进而建立起统一的国内市场。最后，积极构建作为碳市场雏形的碳交易试验平台，在目前排污权交易——主要是二氧化硫、化学需氧量试点交易不断完善和推进的基础上，逐步推进节能量等其他创新产品的交易。

3）建立水污染损害保险制度

由于水具有流动性，跨行政区域水污染涉及的范围广，往往造成的损失巨大，需要赔偿的金额高，污染者往往面临无力支付的困境。如松花江污染事件中，由于跨国纠纷对俄罗斯进行的赔偿的成本为每吨6元，以此计算，几乎没有一个企业有能力单独支付赔偿。这种情况下，许多国家求助于污染损害的保险制度。既能使受害者在受到水污染损害时能够及时获得足额的赔偿金，又不会使污染者在造成跨行政区域水污染时因赔偿能力而影响自身企业的经营活动，避免破产的不利局面，其目的是通过让污染企业向保险人缴纳保险金的方式，由保险人承担企业因其污染行为所致的损害赔偿责任，将污染损害赔偿社会化。企业参加保险不但可以全部免除或部分免除损害赔偿的责任，从而减轻自身的经济负担，而且受害人也可得到足额赔偿金，避免导致社会的不安定。因此，为解决资源利用中的空间冲突，有必要借鉴国外先进制度经验，建立符合我国国情的水污染损害保险制度。

4）完善跨界污染冲突的合作与协商机制

地方政府在跨界水污染治理中起关键作用，但按照现有的有关规定水污染事件发生后只有接受上级命令协调处理，这种状况已经无法满足目前社会经济主体的利益多元化和参与管理的要求。随着环保意识的加强，流域所辖各地方政府、当地企业、居民组织乃至环保组织等对跨界水污染治理都提出了自己的诉求，流域各主体之间的横向协商合作机制的缺失无法有效协调跨界污染冲突。以松花江为例，很长时间内，松花江所有的污染几乎都排给了黑龙江省，而吉林省并没有负担任何责任，这引起了黑龙江省的相当不满。水利部曾先后成立松辽水利委员会、松花江流域协调组来协调上下游的矛盾，但是并没有取得很大成效。国家近年为治理松花江计划投入了巨额资金，但江水依旧不见起色，主要原因就是两地政府缺乏有诚意的合作，互相推卸污染责任。两地政府无法合作的原因除了没有合作意愿以外还有交易成本过高的问题，由于没有制度化的合作机制，中央政府相关职能部门也没有进行好协调工作,使两地在交流沟通上产生了很大难度,这也是两地不愿合作解决污染问题的重要原因。

以防止跨界水污染问题为例,通过建立流域各级主体之间的区域合作与协商机制,统一规划与协调水资源的经济功能与生态功能的水域功能制度,并以此作为水污染防治的基础,协调流域经济社会发展与产业布局的关系。建立流域水资源利用和水污染防治统一管理机构,全面负责流域水资源、水环境容量与排污量统一管理与合理配置,加强流域管理制度的完善和细化。同时,还要建立跨界污染的监测和经济仲裁等配套机构,为有效整治跨界污染提供支持。

5.3 我国区域协调发展的制度协调——区域协调发展立法问题

我国区域协调发展战略与政策体系不断完善,为实现区域协调发展目标奠定了坚实的基础,但由于缺少法律规范的约束,实施效果受到一定影响。近年我国区域发展差距持续扩大、基本公共服务水平均等化水平较低、区域利益矛盾不断激化,区域协调发展立法的重要性与迫切性日益突出。区域协调发展立法是通过制定具有权威性、稳定性和强制性的法律,在我国建立起促进区域协调发展的长效机制。

截至目前,国内关于区域协调发展的理论与实践研究已经很多。其中对区域协调发展立法方面的研究近年越来越受到重视,国家发展与改革委员会等职能部门也将促进区域协调发展法律法规建设列为近期工作重点。不过总体而言,对区域协调发展立法的研究仍主要停留在呼吁层面,即强调区域协调发展立法的必要性。而对区域协调发展立法的作用、内容、与现有区域协调发展战略、区域政策和地方立法的关系,以及立法进程与规范等方面的研

5. 我国区域协调发展的具体实现路径

究尚不多见。因此，本项目研究结合区域协调发展的内涵、目标与任务，在适当借鉴发达国家经验的基础上，系统探讨我国区域协调发展的立法问题，为推进区域协调发展立法工作，促进区域协调发展提供参考。认为应该建立起明确的刚性指标、明确的责权关系以及完备的利益均衡与协调机制，充分体现国家在协调区域发展方面的意志力与约束力。现阶段我国促进区域协调发展法应包括促进欠发达地区发展法、区域利益分配与协调法、促进基本公共服务均等化法等。这将对推进区域协调发展立法工作、促进区域协调发展提供一定借鉴。

5.3.1 我国区域协调发展的立法背景

（1）区域协调发展战略与政策体系的局限性

近年来，我国的区域协调发展战略与政策体系逐渐完善。中央层面上，逐渐建立起包括促进沿海开放、西部大开发、东北老工业基地振兴和中部崛起在内的区域协调发展战略体系；明确了健全市场机制、合作机制、互助机制和扶持机制等实现区域协调互动、优势互补、相互促进、共同发展的四大机制；在援助欠发达地区发展和协调区域关系等方面制定实施了多项区域政策措施。区域层面上，国家促进区域一体化、增进区域合作的政策措施取得了一定进展，并在促进区域经济协调发展方面发挥了重要的作用。同时，也应当看到，我国区域协调发展战略属于宏观指导，各方主体的权利与义务不明确，操作性和约束力不强；政策的持续性、稳定性较差，对政策实施效果缺少相应的评价标准；激励与约束机制难以发挥作用等，导致实施政策的力度与效果不尽如人意。因此，迫切需要具备权威性、稳定性和强制性的法律，形成促进区域协调发展的长效机制。

（2）区域协调发展的现实障碍

当前，我国区域协调发展的现实障碍主要表现为以下三个方面：

——区域发展差距持续扩大

我国广大地区在自然、经济、历史和政治等各种因素长期综合作用下，形成了显著的区域发展差距。虽然改革开放后国家一系列战略措施的实施，对控制区域发展差距起到了重要作用，但区域发展差距整体上仍呈现不断扩大的趋势。一方面，经济总量、财政收入、居民收入等地区差距有所扩大；另一方面，发达地区与欠发达地区在基础设施、文化教育、医疗卫生、社会福利等公共服务方面的差距也日益引起广泛关注。2008年，四大区域人均GDP，东部地区为东北地区的1.5倍，中部地区的2.2倍，西部地区的2.3倍。另从2008年前三季度分地区城镇就业人员平均劳动报酬看，2万元以上的主要是东部地区，而低于1.5万元的主要是中西部和东北地区。这种持续扩大的区域差距与建设社会主义和谐社会、促进区域协调发展，以及让全国人民共享改革开放成果的时代任务不相符合。因此，缩小区域发展差距需要持续、强劲的立法作保障。

——区域利益纠纷日趋激化

一是区域间重复建设与恶性竞争形势严峻。受制度和体制的影响，我国地区间长期存在着较为严重的地方保护与市场壁垒，普遍存在片面追求经济总量增长与投资规模扩张的问题，由此导致地区间重复建设、产业结构趋同、恶性竞争严重，不仅影响了地区比较优势的充分发挥，浪费了资源，降低了效率，还引起诸多的区域矛盾与冲突。合理的区域分工与合作，以及和谐、紧密的地区产业联系，是区域协调发展的重要标志，但目前由于缺少立法保障，仍只会使其停留在空谈阶段。

二是基于资源环境的制约，区域之间在利益分配和补偿方面的纠纷不断出现。较为典型的如流域上下游之间、资源输出地与输入地之间、生态保护区与受益区之间，因资源、环境问题易产生大量尖锐的利益纠纷。由于区域间的资源开发、分配与环境补偿涉及众多利益主体，主要资源输出地、流域上游地区以及生态脆弱区又多为欠发达地区，无论是资源开发中的资源环境补偿，还是欠发达地区发展权的补偿，都面临资金来源和制度约束等问题，区域间的利益分配与协调难度较大，对立法的需求尤为强烈。

——地方立法冲突与矛盾不断

根据《宪法》、《地方组织法》和《立法法》，除了中央具有立法权外，省级、民族自治区和经济特区也具有一定的立法权限。地方立法主体在不与宪法和法律、行政法规等相抵触的前提下，可根据本行政区域的具体情况和实际需要制定地方性法规。近些年来，地方立法主体根据本地特点与发展需要，制定了多项地方法规、条例，对促进地区经济社会发展起到了重要作用。但是，由于行政区划的分割，地方利益的驱动和缺乏立法协调，有的地方立法存在带有地方保护主义色彩的政策优惠等问题；有的地方性法规与国家法律、行政法规之间存在着矛盾或者不协调；有的地方性法规"大而全"、"小而全"，重复立法。这些问题的存在，既影响了地方立法的质量，也不利于我国法制的统一。

另外，我国改革开放后的一些经济区内，其省、市间的地方合作日趋频繁，跨行政区事务处理的要求越来越高。截至目前，地方立法机关联合制定跨行政区的区域性地方法规、法章方面尚无依据，经济区协调也仅限于契约、协议和行政协商等层面，临时性、无序性、低效性等特点显著，不能从根本上解决经济区内各行政主体的利益冲突问题，执行效力与实施效果受到较大限制。因此，区域立法协调的呼声较高。近几年，长三角与东北三省等地区的区域立法协作已进入具体探讨与实施阶段，如东北三省以立法项目为载体，建立了省级立法协作机制，成为我国区域立法协调的一次重要尝试与创新。但这种协调仍停留在工作协作层面，经济区内的省级协调也只是地区立法协调的一部分，经济区与经济区之间还可能会出现新的不协调。因此，中央层面的区域协调发展立法就显得尤为重要，是实现区域立法协调的重要指导与补充。

(3) 国际区域协调发展立法经验

世界上大多数的国家促进区域协调发展都是在立法先行的前提下实施的，尤其在缩小区域发展差距、促进欠发达地区发展方面制定了大量的法律。如，英国特别区域法（1934），美国地区再开发法（1961）、农村发展法（1972）、联邦受援区和受援社区法案（1993），日本的国土综合开发法、北海道地区开发法、振兴地方法等。欧盟作为促进区域一体化发展的典范，是长期以来我国研究、制定区域政策的主要学习对象，更是将对地区问题的关心直接体现在欧盟"宪法"罗马条约里，规定了共同体的基本目标是"在整个共同体内促进经济活动的和谐发展、增长和稳定"。其他的一些具体操作工具和程序如共同农业政策的推行、发展基金和社会基金的使用在条约的条款里都得到了具体的反映。而我国作为区域发展最不平衡的国家之一，迄今为止却还没有一部以调解地区发展差异为对象的法律。

5.3.2 区域协调发展立法的规范

开展区域协调发展立法工作，目的在于通过制定具有权威性、稳定性和强制性的法律，在我国建立起促进区域协调发展的长效机制。作为法律的基本要求之一，区域协调发展法律，必须明确是用来规范谁和约束谁，需要明确把哪些利益关系与协调机制用法律的形式固定下来，需要明确区域协调发展立法与区域协调发展战略、区域政策及地方立法的关系。

我国已有的区域协调发展战略、区域政策及地方立法中，对促进区域协调发展方面均有一定涉及，但大多停留在宏观指导方面，而且约束力十分有限，如区域协调发展战略，目前还主要是从促进区域协调发展的角度去制定，但战略措施本身并不具备保障缩小区域发展差距、均衡区域发展水平和协调区域发展矛盾的能力。因此，虽然对区域协调发展的导向性非常明显，

5. 我国区域协调发展的具体实现路径

但实际效用则不明显。部分区域政策，如对促进落后地区开发的政策效果没有检验与约束。地方立法中体现出应适当遵循区域协调发展的原则去处理地方性事务，但对一些问题上，缺少明确的规定。诸如各地在制定地方性法规时应在哪些方面做到与其他地区的统一、协调与衔接（经济区内部要求更高）；各地的优惠政策应该控制在什么范围内，以免造成区域间的产业冲突或利益纠纷；如何使各地之间的联合立法走出行政协议层面上等。

因此，区域协调发展战略、区域政策和地方立法的不断完善，可为实现区域协调发展目标奠定基础，而区域协调发展法律法规的制定，应弥补、细化区域协调发展战略、区域政策和地方立法，通过法律法规的手段将其落到实处。

对于区域协调发展立法规范而言，需要充分考虑并结合以下三个基本要求。

（1）明确的刚性指标

区域协调发展是一个宏观层面的问题，涉及的主体与利益关系既众多又复杂。因此，在区域协调发展立法中必须尽可能多地建立起硬性的立法规范，即以具体指标来确定各项法律适用对象，如明确失业率达到多少的地区可以享受法律所规定的促进就业与经济发展的援助与特殊政策；明确经济发展水平（人均GDP或其他指标）低于全国平均水平多少的地区可以享受法律所规定的促进开发与各方扶持援助；明确人均基本公共服务水平低于全国平均水平多少的地区可以享受法律所规定的特定政策等。

其地区单元应以县级为宜，一方面，地区范围过大会影响实施效率，而过小则存在统计与实施不便等问题；另一方面，我国县域内发展差异相对较小，可以作为法律法规的统一实施对象。需要强调的是，由于经济社会各项发展指标值在不同的阶段会表现出一定的差异，而且不同时期国家政策实施能力也有所不同。因此，指标值的确定应随着经济社会的发展而动态变化并

193

（2）明确的权利与义务的关系

法律的本质在于将各个主体的权利与义务用法律的形式固定下来，并根据此权利和义务来判定享有权利的主体（地区）如果没有得到应有权利，应该得到什么样的补偿，承担责任的主体如果没有履行应尽的义务，应该得到什么样的处罚。因此，明确的权利与义务的关系是法律存在与实施的根本。对于区域协调发展立法而言，应该明确的是基于区域协调发展目标的要求、利益关系以及各利益主体的权利与义务。

（3）强大的约束力

已有战略、政策往往缺少足够的约束力，成为影响我国区域协调发展目标实现的重要障碍之一。以促进欠发达地区发展为例，自20世纪80年代起，我国就制定实施了扶贫战略与计划，并取得了显著成效。不过，扶贫政策一般以大的区域为实施对象，扶贫对象的进入、退出，尤其是退出机制尚不完善，以致出现有些地区"贫困帽子戴上永远不摘"的现象。政策的规范性、稳定性和持续性得不到有效保障，实施效果自然大打折扣。强大的约束力是法律法规的本质特点之一，区域协调发展立法应该将正确的区域协调发展战略、区域协调发展政策，通过立法上升为国家意志执行，使区域协调发展能通过依法办事得到实现。

5.3.3 区域协调发展立法架构与内容

区域协调发展的内涵非常丰富，缩小区域发展差距，促进区域公平，解决区域利益冲突与矛盾等都是区域协调发展的目标与任务。因此，区域协调发展立法应是完备的一个法律法规体系。区域协调发展立法问题是一项复杂的系统工程，涉及我国政治、经济、法律、社会协调等多方面。当前，区域协调发展立法工作仍基本停留在一些理论探讨层面，在一些实际问题的讨论

5. 我国区域协调发展的具体实现路径

中也提及了有必要针对一些具体存在的区域协调发展问题，出台专门的政策、法规，甚或上升到立法高度。结合对当前区域协调发展的立法基础分析与有关区域协调发展立法规范的说明，可以考虑做一些基础性的立法工作，尽快推动一些必要的区域协调发展立法，我们认为大致可以考虑以下几项具体的立法工作。

（1）促进欠发达地区发展法

日益显著的区域发展差距已成为我国实现区域协调发展的重要障碍，因此促进欠发达地区发展法应是我国区域协调发展的立法重点与首要任务。促进欠发达地区发展法主要应解决规范欠发达地区（受扶持和援助地区）对象；明确扶持和援助的具体领域与力度指标；明确扶持与援助实施者（主要是中央政府，也包括欠发达地区政府）与接受者（欠发达地区政府）各自的权利与义务，以及约束机制等方面的问题。对于这一项立法工作，需要明确以下五个方面的基本内容：

—— 欠发达地区的界定

明确规定欠发达地区的界定机构，该机构应具有足够的权威性和稳定性；明确具体的界定标准，如居民人均可支配收入水平、人均基本公共服务水平、人均GDP等。

—— 中央对欠发达地区的扶持

规范中央财政转移支付，将转移支付的形式与额度等用法律形式固定下来；明确中央公共服务支出比重；将中央政府对欠发达地区的税收、土地、产业等扶持与优惠政策制度化、法律化等。

—— 发达地区对欠发达地区的援助

选取一些具体指标（如居民人均可支配收入水平、人均基本公共服务水平、人均GDP等），通过与全国平均水平的比较，将地区发展水平进行分类，规定发展达到什么程度的地区，对促进欠发达地区的发展应该承担什么样的援助义务；建立起带有法律约束力的对口支援制度；通过法律的形式与程序将地区间横向的扶持与援助机制固定下来等。

——欠发达地区受援助的退出机制

明确欠发达地区评定的时效（多长时间重新评定一定欠发达地区名录），制定欠发达地区受扶持与援助的退出标准，规范欠发达地区退出的约束机制等。

——促进特殊地区的发展

确定特殊地区的具体发展指标，如根据人均上缴粮食量确定主要粮食产区和供应区；明确不同类型特殊地区享受特殊的政策与扶持，如粮食主产区享受国家一定比例的财政补贴和税收减免等优惠。

（2）区域利益分配与协调法

随着区域经济社会活动的活跃与发展，区域间的利益关系越来越密切，同时区域间利益分配矛盾与纠纷也越来越频繁。区域利益分配与协调法应重点解决区域利益分配过程中的法律约束；市场经济作用下区域利益分配失衡时的利益补偿机制；以及如何将区域间合作的行政协议上升到法律规范等。对于这一立法工作，主要要确立两种机制。

一是明确区域间利益补偿机制。流域上下游之间的水量分配与生态补偿机制；跨区资源开发与调配过程中的区域间资源、生态利益补偿（如资源开发中的资源环境补偿、落后地区发展权补偿等）机制；市场经济下区域间利益失衡补偿机制等。

二是明确地区间体制性障碍与法治冲突消除机制。制定基于区域协调发展的地方立法规范，明确各地在制定地方性法规时应在哪些方面做到与其他地区的统一、协调与衔接；明确地方立法权限，增强对地方立法中违背区域协调发展原则的权利限制；明确地方立法协作机制，指导区域合作走出长期停留在行政协议层面的困境等。

（3）促进基本公共服务均等化法

这一立法工作，需要考虑的包括：确定基本公共服务均等化的具体指标（包括基础设施、医疗卫生、文化教育和社会保障等方面）；制定各区域居民共享改革发展成果、享受均等化的基本公共服务的法律保障；明确中央政府和地方政府分别在促进基本公共服务均等化方面的责任与义务；明确促进基本公共服务均等化的具体途径。

5.3.4 区域协调发展立法的讨论

现阶段，区域协调发展战略与政策的强制力与约束性不足造成的实施效果受限，以及区域发展差距持续扩大、基本公共服务水平均等化程度偏低和区域冲突与利益矛盾不断升级等现实障碍均对我国区域协调发展立法提出了迫切的需求。通过制定具有权威性、稳定性和强制性的法律，在我国建立起促进区域协调发展的长效机制是区域协调发展立法的根本目标与任务。为了切实保障国家实现区域协调发展意志力的实现，应该建立起明确的刚性指标体系、明确的责权关系，以及强大的利益均衡与协调机制，将区域协调发展各项战略措施用法律的形式固定下来。

根据目前我国区域协调发展的现实态势，促进欠发达地区发展、缩小区域发展差距，增强中央对区域间利益分配与利益关系的协调能力，加强财政调控、促进地区基本公共服务均等化水平的提高等是实现区域协调发展目标的重要任务。因此，区域协调发展立法内容应重点围绕这些领域展开。区域协调发展立法是一项长期工作，目前较为迫切且相对成熟、可操作性强的是促进欠发达地区发展方面的法律，而区域利益分配与协调法和促进基本公共服务均等化法也应进入实质性研究与探讨阶段。区域协调发展法律法规应着重突出其强制性和约束性，因此硬性指标与明确的责任与权利关系是其最基本的要求，而且随着国家宏观发展水平和区域协调发展态势的变化，区域协调发展法律法规应做到适时动态调整，以增强对区域协调发展的保障力度。区域协调发展立法应坚持中央立法为主导，但同时应加强地方政府间的立法协作。

参考文献

1. Hurwicz,L.(1972)："On informationally decent ralized systems", in Radner and McGuire,Decision and Organization.North-Holland,Amsterdam.
2. Maskin E. (1977)："Nash equilibrium and welfare optimality". Paper presented at the summer workshop of the Econometric Society in Paris, June 1977. Published 1999 in the Review of Economic Studies 66, 23–38.
3. Myerson,R.(1979)："Incentive compatibility and the bargaining problem". Econometrica 47,61–73.
4. Poncet,S.(2003)："Measuring Chinese domestic and international integration".China Economic Review 14,1–21.
5. Young,A.(2000)："The Razor's edge: Distortions and incremental reform in the People's Republic of China",Quarterly Journal of Economics,CXV:1091–1135.
6. 陈栋生："区域协调发展及其政策选择"，《中国经贸导刊》，2005年第24期。
7. 陈耀："产业结构趋同的度量及合意与非合意性"，《中国工业经济》，1998年第4期。
8. 大卫·李嘉图：《政治经济学及赋税原理》，北京：商务印书馆，1962年。
9. 国家发展和改革委员会：《促进中部地区崛起规划》，http://zfxxgk.ndrc.gov.cn/，2009年。
10. 国家发展和改革委员会：《东北地区振兴规划》，http://zfxxgk.ndrc.gov.cn/，2007年。
11. 国家发展和改革委员会：《西部大开发"十一五"规划》http://www.china.com.cn/ch-xinwen/content/news070301-2.htm,2007年。
12. 国务院：《关于进一步推进西部大开发的若干意见》，http://www.gov.cn/，2004年。
13. 国务院：《国务院关于进一步实施东北地区等老工业基地振兴战略的若干意见》，http://www.china.com.cn/policy/txt/2009-10/27/content_18772987.htm,2009年。
14. 贺灿飞、刘作丽、王亮："经济转型与中国省区产业结构趋同研究"，《地理学报》，2008年第8期。
15. 蒋清海："区域产业结构：趋同与调整"，《中州学刊》，1995年第1期。

16. 克鲁格曼、奥伯斯法尔德：《国际经济学》（第五版），北京：中国人民大学出版社，2002年。

17. 波特：《国家竞争优势》，北京：华夏出版社，2002年。

18. 唐立国："长江三角洲地区城市产业结构的比较分析"，《上海经济研究》，2002年第9期。

19. 田国强：《激励、信息及经济机制设计理论》，北京：北京大学出版社2000年版。

20. 杨丽艳、陈祥骥："西北地区矿产资源开发利用及发展前景分析"，《宁夏党校学报》，2007年第9卷第6期。

21. 张贤、李廉水、陈旭兵："中国东部特大都市圈产业结构趋同的FUZZY分析"，《生产力研究》，2006年第12期。

22. 中国经济信息网：《中国化学纤维行业分析报告》（2009年第四季度），2010年。

23. 中国经济信息网：《中国石油加工及炼焦行业分析报告》（2009年第四季度），2010年。

24. 中国经济信息网：《中国烟草行业分析报告》（2009年第四季度），2010年。

25. 中国经济信息网：《中国医药行业分析报告》（2009年第四季度），2010年。

26. 中国经济信息网：《中国仪器、仪表行业分析报告》（2009年第四季度），2010年。

27. 孙红玲："中国工业经济'3+4'：三大块区域协调互动机制与四类主体功能区的形成"，《中国工业经济》，2008年第10期。

28. 任维德："问题、原因、对策:区域经济一体化进程中的地方政府行为分析"，《内蒙古社会科学》，2005年第3期。

29. 汪红梅、贺尊："2007年诺贝尔经济学奖得主学术贡献述评"，《当代经济》，2008年第5期。

30. 姬鹏程、孙长学："我国水资源费征收标准现状分析"，《宏观经济管理》，2009年第8期。

31. 薄传华、樊利均："我国石油资源权益分配不平衡对油田与地方关系的影响及政策建议"，《当代中国石油石化》，2007年第2期。

32. 武盈盈："资源性迷你产业链条中利益分配问题研究——以天然气资源为例"，《财贸研究》，2009年第2期。

33. 才惠莲："美国跨流域调水立法及其对我国的启示"，《武汉理工大学学报(社会科学版)》，2009年第2期。

34. 金正庆、孙泽生："生态补偿机制构建的一个分析框架"，《中央财经大学学报》，2008年第1期。

35. Sandler, S. Global and regional Public goods: a prognosis for collective action. Fiscal Studies, 1998, 19 (3), 221 – 247。

36. 郑海霞："中国流域生态服务补偿支付案例进展与政策建议"，《世界银行政策分析和建议项目》，2006年8月。

37. 翟伟："美国排污权交易的模式选择与效果分析"，工程与建设，2006年第3期。

38. 易志斌、马晓明："我国跨界水污染问题产生的原因及防治对策分析"，《科技进步与对策》，2008年第12期。

39. 保罗·R.伯特尼、罗伯特·N.史蒂文斯著，穆贤清、方志伟译：《环境保护的公共政策》，上海：上海三联书店/上海人民出版社，2004年。

40. 王金南、庄国泰主编：《生态补偿机制与政策设计》，北京：中国环境科学出版社，2006年。

41. 国家发展改革委员会国土所课题组："我国限制开发和禁止开发区域利益补偿研究"，《宏观经济研究》，2008第5期。

42. 高新才、王云峰："主体功能区补偿机制市场化：生态服务交易视角"，《经济问题探索》，2010年第6期。

43. 高国力、丁丁、刘国艳："国际上关于生态保护区域利益补偿的理论、方法、实践及启示"，《宏观经济研究》，2009年第5期。

44. Sara. J. Secherr, Michael T. Benneu: Developing Future Ecosystem Service Payments in China. Report to International Conference on Eco-compensation Mechanisms, 2006. 8

45. 王天津："煤炭的环境成本"，中央民族大学，工作论文，2010年。

46. 曹新元等编著：《中国国土资源可持续发展研究报告2004》，北京：地质出版社，2005年。

47. 国家行政学院经济学部："构建西部地区生态补偿机制面临的问题和对策"，《经济研究参考》，2007年第44期。

48. 林幼斌："建立和完善西部生态环境补偿机制"，《云南财贸学院学报》，2004年第2期。

49. 赵晓兵："污染外部性的内部化问题"，《南开经济研究》，1999年第4期。

50. 韩慈："论中国区域协调发展总体战略的形成与实施"，《中国石油大学学报（社会科学版）》，2009年第2期。

51. 吴殿廷、何龙娟、任春艳："从可持续发展到协调发展——区域发展观念的新解读"，《北京师范大学学报(社会科学版)》，2006年第4期。

52. 胡鞍钢："中国：走向区域协调发展"，《经济前沿》，2007年Z1期。

53. 杨伟民："区域协调发展的关键:主体功能区规划"，《财经界》，2008年第3期。

54. 陈栋生："东西互动、产业转移是实现区域协调发展的重要途径"，《中国金融》，2008年第4期。

55. 李秋元、贺冰清："论实现区域协调发展的资源产业政策"，《中国国土资源经济》，2008年第1期。

56. 邱石：《哈大齐工业走廊区域协调发展路径探析》，黑龙江大学硕士学位论文，2008年。

57. 林凡元：《山东省人口与经济互动机理及区域协调发展研究》，山东师范大学硕士学位论文，2008年。

58. 颜吾佴："区域协调发展立法的重要性"，《光明日报》，2009-03-18。

59. 孟军："加强经济区域立法，保障经济区域协调发展"，http://www.npc.gov.cn，2006-04-21。

60. 刘群芳："关于完善区域经济立法，实现我国区域经济协调发展的建议"，http://www.zgdscsw.com/news/news_view.asp?newsid=46，2007-02-27。

61. 发改委："研究立法推动区域经济合作"，摘自人民网。

62. 张步峰、熊文钊："区域协调战略升级"，《瞭望新闻周刊》，2009-03-16。

63. 胡健："重视区域立法协调的法治价值"，《法治日报》，2006-07-20。

64. 吴振贵、刘伟东："长江三角洲区域立法协调初探"，http://www.yfzs.gov.cn/，2004-11-15。

65. 牛睿："加强区域立法协调，构建东北老工业基地振兴的法治环境"，《理论界》，2007年第8期。

66. 宣文俊：《2005-2006年中国区域经济发展报告》，北京：社会科学文献出版社，2007年。

67. 张胜平：《论欧盟的区域政策—兼谈对我国的启示》，厦门大学硕士学位论文，2001年。

6 我国区域协调发展的动态评价与区域发展格局的调整

本章大致分为两部分,第一部分基于区域协调发展状况测度的基本要求,构建了区域协调发展评价的多目标维度评价体系,分别采用静态和动态组合评价方法,对中国区域协调发展状况进行动态评价,探讨中国区域协调发展状况的空间特征;并根据分析结论,提出相应的对策建议。第二部分分析了金融危机后,我国区域经济发展格局面临着新一轮的深度调整,需要在全国范围内建立更加合理的区域间产业分工体系,形成东中西优势互补、产业衔接、合理分工、联动发展的新型区域发展格局,并提出后金融危机时期中国区域协调发展的政策。

6.1 区域协调发展状况测度与指标体系

6.1.1 区域协调发展状况测度
从已有研究开展情况来看,区域协调发展状况测度研究主要体现在以下两方面:

6.1.1.1 从区域间协调角度测度区域协调发展状况
这一思想源于经济趋同研究,并随着区域差异研究开展的深入,一些学

6．我国区域协调发展的动态评价与区域发展格局的调整

者从区域间协调角度，对区域间差异展开了较为深入的研究，并据此考察区域协调发展状况。巴罗和萨拉伊马丁（Barro和Sala-I-Martni，1991，1992）针对经济趋同进行了深入的研究工作，通过考察美国各州以及欧洲区域间经济趋同的实证研究后指出，第一，如果各个国家的稳定状态相同，那么经济增长率同其距稳定状态的距离成反比，也就是讲，落后的地区比富裕的地区的经济增长要快；第二，如果考虑到技术水平、储蓄偏好等方面的不同的话，那么各个国家的稳定状态不再相同，因此，截面数据中，经济增长率同初始人均收入水平就不一定表现为负相关。他们把各国向同一种稳定状态的趋同称为"绝对趋同或无条件趋同或β趋同"，而各国向不同稳定状态的趋同标记为"条件趋同或条件β趋同"。Lyo（1991）选定各地区人均净产值，杨伟民[1]（1992）选定人均GNP的洛仑兹曲线，魏后凯[2]（1992）运用威廉姆逊系数作为衡量区域间协调程度的指标。周民良[3]（1998）认为，全国的区域差距不断扩大，不仅表现在不发达地区与发达地区的差距在扩大，而且原处在同一基准的省区间的差距也日益明显。李二玲（2002）认为，我国南北之间的经济相对差异基本呈缩小趋势，其程度远小于东西之间的经济相对差异，绝对差异稍有扩大。1993年以后，南北区域之间的经济增长速度呈现出趋同。陈秀山等认为（2004）认为，我国目前的区域经济差距严重，并且有进一步扩大的可能；区域差距的影响因素则是随着改革的深入而不断变化的，在不同时期主要影响因素并不相同。徐建华等（2005）认为，在大时间尺度水平上，中国区域经济差异的变化过程基本上服从倒"U"型曲线规律，但在小时间尺度水平上则呈现为一条由几个倒U与U型曲线首尾相接的"复合倒U型曲线"。管卫华（2006）对1953—2002年区域经济发展差异进行多尺度分析。

---

[1] 杨伟民："地区间收入差距变动的实证分析"，经济研究，1992年第1期。
[2] 魏后凯："论我国区际收入差距的变动格局"，经济研究，1992年第4期。
[3] 周民良："对中国区域差距与区域发展若干重大问题的讨论"，开发研究，1998年第4期。

研究表明，50年来中国区域经济差异波动在近期区域差异呈扩大趋势。吴桂珍（2006）认为，1978—1990年，相对差距呈下降趋势，并且在1990年时降至谷底；1990年以后，相对差距又开始上升，到1998年相对差距达到最大；1998年以后呈波动状下降态势。蒲小川（2007）认为，1949—1978年区域差距较大，1979—1992年区域差距开始缩小。2001年开始区域差距呈现出扩大的趋势。周民良（1998）认为，这些方法的缺点是：较为片面，仅从一个指标出发不能说明经济协调发展的丰富内涵；而且都带有加和的性质，而不发达地区的数值历来又较小，因而在发达省市此起彼伏的增长变化中，不发达地区的数值会在某种程度上被掩盖或忽略。

6.1.1.2 从区域内协调角度测度区域协调发展状况

国家发改委宏观经济研究院地区所课题组（2003）提出了衡量区域协调发展程度的指标体系，包括三大指标，一是人均可支配收入的协调度，主要包括基尼系数、收入差距、恩格尔系数等指标；二是人均可享有基本公共产品和公共服务的协调度，主要包括基本口粮、卫生饮水、日用电力、初级卫生、初级教育等领域的人均供给水平；三是地区发展保障条件方面的协调度，包括就业率、基本社会保障覆盖率等。陈栋生（2005）认为，区域发展的协调性的指标包括地区发展水平、收入水平和公共产品享用水平以及区际分工协作的发育水平。李尊实（2006）等设计的区域发展协调度指标体系将区域协调的标准归结为资源、环境、经济、社会四个系统，其中资源系统包括人均土地面积、耕地面积、水资源量等，环境系统包括植被破坏率、自然灾害经济损失等，经济系统包括资源产业产值、高新技术产业比、人均国内生产总值增长率等，社会系统包括恩格尔系数、人均寿命等。张佰瑞（2007）提出的区域发展协调度指标体系包括资源系统，主要用森林覆盖率、人均水资源量、单位工业增加值能耗等来反映；环境系统，主要用工业废水、废气、固体废弃物排放总量等来衡量；经济系统，主要用人均GDP、第三产业就业人口比重、农村居民家庭人均纯收入、城镇居民平均每人可支配收入等来衡量；社会系统，主要用医疗机构床位数、人均预期寿命、高等学校在校生数等来衡量。田禾（2007）提出区域经济协调衡量应包括经济投入产出及效率、制度因素、商品流通程度、环境与可持续发展能力四个方面，其中经济投入产出及效率包括大专以上文化程度人口比重、人均财政支出、人均新增固定资产投资额等，制度因素包括地方财政科技三项费用、外贸依存度等，商品流通程度包括铁路、航道的货运密度，环境与可持续发展能力用工业固体废物综合利用率衡量。朱甲羽（2008）认为区域协调发展需要同时衡量经济系统、社会系统及生态系统同时协调，其中经济系统包括经济发展水平及外向指标、经济结构效益指标，社会系统包括人口发展质量指标、科教指标、基础设施指标，生态系统包括资源及利用指标、环境发展指标。

6.1.2 区域协调发展状况多维度评价指标体系的构建

如何构建一个比较全面、客观、科学的区域协调发展指标体系，具体采用哪些方面的指标进行测度具有一定争议。以往学术界对于区域协调发展测度评价，至少存在以下几点不足：第一，指标体系的设计更多地注重经济与社会、资源、环境等子系统发展的可持续性方面，而对协调发展方面却显得不足，因而也雷同于区域可持续发展的评价。其原因在于未能充分反映和体现区域经济协调发展的内涵，因而也很难从科学的角度去系统而准确地理解和把握，更难直击抑制区域经济协调发展的要害。第二，指标数目选取过多，在实践当中难以把握和应用。事实上，在相对完备的情况下，指标的数目应尽可能地简约和压缩，以便于实际应用和操作。第三，对政策实施的时滞性以及社会需求的折衷性问题考虑不足。

6.1.2.1 区域协调发展多目标评价指标体系

本研究从区域协调发展的新内涵出发，以区域利益协调为主线，实现经济发展过程和社会发展过程两个领域协调为依据，构建以区域收入差距控制在合理范围、地区基本公共服务均等化、区域市场一体化为核心目标的评价体系。考虑到数据的可获得性以及区域发展子目标的定量化的问题，采用区域发展差距、基本公共服务均等化、市场一体化三个区域协调发展指标评价区域协调发展的动态路径演变及其走向。本研究构建的区域协调发展多目标评价指标体系由3个一级指标、10个二级指标构成，见表6-1。

表 6-1 区域协调发展状况多维度的评价指标体系

一级指标	二级指标	指标性质
区域发展差距A_2	B_1：泰尔指数	逆指标
	B_2：人均GDP	正指标
	B_3：空间结构系数	逆指标
基本公共服务均等化A_3	B_4：人均教育经费支出比重	正指标
	B_5：人均卫生事业支出比重	正指标
	B_6：社会保险覆盖率	正指标
	B_7：交通设施密度	正指标
市场一体化A_4	B_8：国内市场潜力指数	正指标
	B_9：国外市场接近度	正指标
	B_{10}：劳动生产率专业化指数	正指标

6.1.2.2 指标解释

对于表6-1中涉及的区域发展差距、基本公共服务均等化、市场一体化三大指标，是通过一定的变量处理得到的。涉及的各有关指标分别解释如下：

——区域发展差距指标

B_1:泰尔指数：$Theil = \sum_{p=1}^{n} \frac{1}{N} \times \frac{y_p}{\mu_y} \times \ln(\frac{y_p}{\mu_y})$。其中，$N$代表人口数，$n$表示区域数，$y_p$表示$p$地区的人均国内生产总值，$\mu_y$表示全国人均国内生产总值。

B_3:空间结构系数：$S_i = 100 - 0.5 \sum_{i=1}^{n}(y_i - l_i)$。其中，$S_i$为空间结构系数，$i$表示该省次一级区域，$y_i$为第$i$个次一级区域地区生产总值占该省总体地区生产总值的比重，l_i为第 i 个次一级区域人口占全省的比重。若GDP与人口在地理分布上比较一致，则 p 值较大，即区域差距较小；反之，若GDP与人口在地理分布上不一致，则 p 值较小，即区域差距较大。

——基本公共服务均等化指标

B_4：人均教育事业经费（元/人）=教育事业经费/区域总人口；

B_5：人均卫生事业经费（元/人）=卫生事业经费/区域总人口

B_6：社会保险覆盖率=养老保险覆盖率、失业保险覆盖率、城镇职工基本医疗保险、工伤保险、生育保险覆盖率的平均值。

B_7：交通设施密度=铁路网密度+公路网密度。其中，铁路网密度（km／万km²）=铁路运营里程/区域国土面积；公路网密度（km／万km²）=公路运营里程/区域国土面积。

——市场一体化指标

B_8：国内市场潜力指数（MP）：考虑到地形地貌等差异，各省区之间的距离采用各省会之间的公路距离而非地理上的直线距离（数据来自《中国公路运营里程地图册》）。另外，取各省半径的三分之二为内部距离（杨艳，2010）。即各省区市场潜力指数如下：$MP_i = \sum_{j \neq i} GDP_j / D_{ij} + GDP_i / D_{ii}$，其中，$D_{ii} = (2/3)\sqrt{S_i/\pi}$

B_9：地区全员劳动生产率专业化指数=地区工业增加值与职工人数的比值/全国工业增加值与职工人数的比值

B_{10}：运输距离：对于沿海省份，该距离为该省的内部距离；对与内地省份则为到最近沿海省份距离加上该沿海省份的内部半径（张若，2009）。用 C 表示所有沿海省份的集合。则 j 省距离国外市场的距离表示为：

$$d_{jf} = \begin{cases} (2/3)\sqrt{S_j/\pi}, j \in C; \\ \min(d_{ij}) + (2/3)\sqrt{S_i/\pi}, j \notin C, i \in C \end{cases} \quad (6-1)$$

6.1.2.3 数据来源

样本数据选取除西藏外其余30个省、直辖市、自治区的面板数据，不含港、澳、台三个地区。主要数据来源包括：《中国统计年鉴2000—2008年》、《新中国55年统计资料汇编》、《新中国50年财政统计》、《中国公路运营里程地图册》、《中国财政年鉴》2000—2008年、《教育经费统计年鉴》2000—2008年、各地区历年统计年鉴和中经网统计数据库。

6.1.3 区域协调发展度水平测度与估算

协调发展是一种强调整体性、综合性和内生性的发展聚合，它不是单个系统或要素的增长，而是强调多边的协调发展。具体来看，根据区域协调发展状况的整体思考，本文从区域发展差距、公共服务均等化与市场一体化各个子目标之间的相互促进，以达到整个区域的最优发展，其步骤如下：

（1）分别计算出区域协调发展三个子目标的总指数；

（2）计算各区域内区域协调发展子目标的协调度：

$$C(A_1, A_2, A_3) = \left\{ \frac{A_1 \times A_2 \times A_3}{(\frac{A_1+A_2+A_3}{3})^3} \right\}^K \quad （6-2）$$

其中，C为区域协调发展状况的总协调度，A_1、A_2、A_3分别代表区域经济发展差距指数，区域公共服务均等化指数、区域市场一体化指数，K为调节系数，$K \geq 2$，本文取$K=2$。

（3）协调度C是描述区域内各个子目标协调程度的重要指标，但有时却难以有效反映区域大系统的综合质量水平，因此提出度量区域大系统协调发展水平高低的协调发展度模型（徐盈之，吴海明，2010），计算公式如下：

$$D_i(A_1, A_2, A_3) = \frac{\sqrt[3]{C_i(A_1, A_2, A_3) \times T_i}}{10} \quad （6-3）$$

其中，$D(A_1,A_2,A_3)$表示区域的协调发展度，并且$D(A_1,A_2,A_3)\in(0,1)$，C为区域协调发展状况的总协调度，$T_i=\sum_{t=1}^{3}a_t y_i^t$，$a_t$表示各子目标的权重。采用 AHP 方法中专家赋权方法计算，$\mu_1=0.3663$；$\mu_2=0.4717$ $\mu_3=0.1618$。显然，协调发展度比协调度相比，具备更高的概括性、综合性、稳定性和更广的适用范围，可对我国各地区的协调发展状况进行定量评价和比较。根据计算结果，本文对区域协调发展水平级别做如下标准：

表 6-2 1979—2007年协调度的等级划分标准

协调等级	优质协调	良好协调	中级协调	初级协调	勉强协调
协调度	0.9—1	0.8—0.89	0.7—0.79	0.6—0.69	0.5—0.59
协调等级	濒临失调	轻度失调	中度失调	严重失调	极度失调
协调度	0.4—0.49	0.3—0.39	0.2—0.29	0.1—0.19	0—0.09

资料来源：区域经济协调发展统计测度研究。

研究将采用主成分分析法、层次分析法确定权重的多指标综合评价法来进行区域内部协调状况的评价，这两种方法既有客观赋权法，又有主观赋权法，两种方法结合可以弥补另一种方法的缺陷，提高评价结果的科学性和准确性。

6.2 区域协调发展状况的静态测度与协调发展度的估算

本节采用2007年全国各省、直辖市、自治区市横截面统计数据，采用表6-1的指标体系对我国区域协调发展状况进行静态评价。采用客观赋权法中的主成分分析法和主观赋权法中的层次分析法分别进行多指标综合评价，再将以上两种综合评价方法的结果再加权，形成组合评价，采用组合评价的原因在于弥补主观赋权与客观赋权各自的缺陷。在两种方法的权重问题上，依据以往的经验，决定主成分分析法和层次分析法的权重分别为0.5和0.5。先从一级指标层分析入手，进而得到区域协调发展总指数，并分析协调发展度状况。

6.2.1 区域发展差距的静态组合评价及分析

采用Spss11软件，运用区域发展差距指标进行组合评价，评价结果见表6-3。

第一，区域经济发展指数最高的上海是最低的四川的3.72倍，全国各省区市经济发展指数的平均值为45.81，评价值标准差S为14.82，变异系数V为0.32。从五大板块的平均值来分析，东部地区的经济发展指数平均值是60.26，东北地区经济发展指数平均值是46.95，中部地区的经济发展指数平均值是37.10，西南地区经济发展指数平均值是35.12，西北地区经济发展指数平均值是38.77[①]。透过这些统计数据，一方面，2007年我国各省市区区域经济发展差距呈现出东强—东北弱—中西部更弱的梯度空间分布格局；另一方面，中部和西部地区之间的区域经济差距在缩小，尤其西北地区区域发展差距指数要高于中部地区。

表6-3 2007年全国各省区域发展差距水平指数及排名(组合评价法)

地区	指数	排名	地区	指数	排名	地区	指数	排名
上海	88.95	1	云南	42.94	13	江西	35.81	25
北京	80.06	2	黑龙江	42.72	14	宁夏	35.41	26
浙江	72.09	3	福建	41.64	15	贵州	31.55	27
江苏	62.98	4	山西	41.48	16	安徽	31.51	28
广东	61.90	5	内蒙古	41.30	17	甘肃	30.69	29
天津	60.88	6	广西	41.28	18	四川	23.86	30
辽宁	50.92	7	海南	40.05	19			
山东	50.84	8	湖北	39.40	20	东部	60.26	1
吉林	47.22	9	陕西	38.66	21	东北	46.95	2
新疆	43.36	10	河南	37.82	22	西北	38.77	3
青海	43.22	11	湖南	36.56	23	中部	37.10	4
河北	43.21	12	重庆	35.97	24	西南	35.12	5

资料来源：根据《中国统计年鉴2008》计算。

[①] 本文将全国30个省、直辖市、自治区分为五大区域进行分析，具体省份构成同前。

第二，以排在区域经济发展差距指数水平前10名的地区为切入点，东部地区以绝对优势占据了七席，东北地区占二席，西北地区占一席。以评价指标为抓手，东部地区的泰尔指数、人均GDP、空间结构系数指数排名都在前列，说明在科学发展观的引领下，东部地区以"十一五规划"为纲，沿着"四个率先"经济发展路径进入工业化中后期，在发展经济的同时，注重区域内与区域间的发展差距，其中以上海为核心的长三角地区表现尤为突出，实现经济结构优化升级和增长方式转变。

第三，以排在经济发展水平后10名的地区为切入点，西北地区与中部地区平分秋色，由此可以得到：其一，西部地区是我国相对落后的区域，面临着经济、技术水平低的问题，即"落后病"（张可云，2007；高新才，2008）。表现为：地区经济发展乏力，空间结构更倾向于中心城市与区域，而扩散效应不明显。其二，中部地区是我国的人口密集区与重要农业产区，面临着发展水平不断下降的局面。中部地区面临的区域问题具有综合性特点，集合膨胀病、落后病、萧条病等综合病症（张可云，2007），因此，在评价区域发展差距中，该地区的发展显示出其天然的劣势。

6.2.2 区域基本公共服务均等化的静态组合评价及分析

采用Spss11软件，运用区域公共服务均等化指标进行组合评价，评价结果见表6-4。

第一，从全国层面来看，基本公共服务均等化指数最高的上海是最低的广西的6.93倍，全国各省区市经济发展指数的平均值为31.08，评价值标准差S为18.44，变异系数V为0.59。从五大板块的平均值来分析，东部地区的基本公共服务均等化指数平均值是46.86，东北地区的基本公共服务均等化指数平均值是29.53，中部地区的基本公共服务均等化指数平均值是25.09，西南地区的基本公共服务均等化指数平均值是19.43，西北地区的基本公共服务均等化指数平均值是21.24。由此可见，2007年我国各省市区公共服务均等化发展发展水平呈现出东强—东北弱—中西部更弱的梯度空间分布格局。

表 6-4　2007年全国各省区市基本公共服务均等化水平指数及排名(组合评价法)

地区	指数	排名	地区	指数	排名	地区	指数	排名
上海	96.72	1	湖北	26.68	13	宁夏	20.62	25
北京	84.51	2	福建	25.85	14	内蒙古	20.01	26
天津	49.87	3	海南	24.78	15	云南	18.32	27
江苏	44.97	4	重庆	24.75	16	贵州	16.90	28
浙江	44.40	5	河北	24.32	17	甘肃	15.63	29
辽宁	37.49	6	四川	23.25	18	广西	13.95	30
广东	36.60	7	吉林	22.98	19			
山东	36.58	8	江西	22.63	20	东部	46.86	1
河南	29.83	9	安徽	22.11	21	东北	29.53	2
黑龙江	28.12	10	湖南	21.97	22	中部	25.09	3
新疆	27.96	11	陕西	21.94	23	西北	21.24	4
山西	27.33	12	青海	21.26	24	西南	19.43	5

资料来源：根据《中国统计年鉴2008》计算。

第二，以基本公共服务均等化指数水平排名前10名的地区为切入点，东部地区以绝对优势占据了七席，东北地区占二席，分别为辽宁和黑龙江，中部地区为河南。这些地区中江苏和浙江是由于改革开放以来，经济发展速度较快从而使得本地区基本公共服务发展较快；而东北三省作为我国的老工业基地，基本公共服务的基础较好。

第三，以基本公共服务均等化指数排名后10名的地区为切入点，西部地区也以绝对优势占据了八席，其中西北地区占据五席，而中部地区占据二席，分别为安徽和湖南。这些中西部地区经济发展速度，与其他地区特别是发达地区发展差距还在扩大，其表现为基本公共服务投入增长速度都低于其他地区，如基础设施依然滞后，尤其是西南地区交通条件亟待改善。

6.2.3 区域市场一体化的静态组合评价及分析

采用 Spss11软件，运用区域市场一体化指标进行组合评价，评价结果见表6-5。第一，从全国层面来看，经济发展指数最高的上海是最低的贵州的7.53倍，全国各省区市经济发展指数的平均值为28.68，评价值标准差 S 为19.98，变异系数 V 为0.70。从五大板块的平均值来分析，东部地区的经济发展指数平均值是43.45，东北地区经济发展指数平均值是26.33，中部地区的经济发展指数平均值是19.08，西南地区经济发展指数平均值是14.22，西北地区经济发展指数平均值是18.44。由此可见，2007年我国各省市区市场一体化水平呈现出东强—东北弱—中西部更弱的梯度空间分布格局。

表 6-5 2007年全国各省区市市场一体化水平指数及排名(组合评价法)

地 区	指 数	排 名	地 区	指 数	排 名	地 区	指 数	排 名
上 海	100.00	1	宁 夏	24.43	13	青 海	15.72	25
天 津	75.48	2	河 北	24.13	14	广 西	15.49	26
北 京	69.88	3	山 西	22.77	15	四 川	14.15	27
江 苏	39.32	4	黑龙江	22.19	16	云 南	12.39	28
浙 江	38.99	5	湖 北	20.96	17	甘 肃	12.34	29
广 东	36.27	6	重 庆	20.70	18	贵 州	11.01	30
山 东	31.57	7	新 疆	19.88	19			
辽 宁	31.56	8	河 南	19.43	20	东 部	43.45	1
福 建	30.72	9	陕 西	18.62	21	东 北	26.33	2
内蒙古	27.73	10	湖 南	17.54	22	中 部	19.08	3
海 南	27.04	11	江 西	17.38	23	西 北	18.44	4
吉 林	26.18	12	安 徽	16.57	24	西 南	14.22	5

资料来源：根据《中国统计年鉴2008》计算。

第二，以排在经济发展水平前10名的地区为切入点，东部地区以绝对优势占据了8席，西北地区和东北地区各占1席，分别为内蒙古和辽宁。其中以上海为核心的长三角洲为例，在1997年成立长江三角洲城市经济协调会后，地方市场分割对长三角城市间协调发展的阻碍作用已经下降了近 50%；而且上海开始带动整个长三角地区的协调发展（徐现祥、李郇，2005）。

第三，以排在经济发展水平后10名的地区为切入点，西部地区也以绝对优势占据了 7 席，以西北地区为主，中部地区占据 3 席。一方面，由于西部地区主要与沿海地区的运输距离而所产生的运输成本增加，进而导致市场分割，另一方面，中部地区作为我国"东西交汇、南北沟通"的重要战略枢纽和中转站，由于内部市场的相对割裂，中部地区没有发挥其"承东启西、纵贯南北"，这尤其表现为对西部的辐射带动作用不强（张若，2009）。

6.2.4 区域协调发展状况总指数的静态组合评价及分析

根据上述三个一级指标层的分析，可以得到2007年全国各省区市区域协调发展总指数发展水平指数及排名情况，详见表6-6。

表 6-6 2007年全国各省区市区域协调发展总指数发展水平指数及排名(组合评价法)

地区	指数	排名	地区	指数	排名	地区	指数	排名
上海	94.40	1	海南	28.62	13	湖南	23.27	25
北京	79.19	2	山西	28.59	14	广西	21.70	26
天津	58.90	3	河北	28.32	15	安徽	21.20	27
浙江	52.27	4	内蒙古	27.45	16	四川	19.22	28
江苏	48.26	5	青海	27.39	17	甘肃	18.58	29
广东	44.79	6	湖北	27.18	18	贵州	17.94	30
辽宁	39.18	7	河南	26.91	19			
山东	38.19	8	宁夏	24.98	20	东部	49.32	1
新疆	30.46	9	重庆	24.94	21	东北	33.07	2
福建	30.25	10	陕西	24.75	22	西北	25.26	3
黑龙江	30.18	11	云南	23.80	23	中部	25.07	4
吉林	30.11	12	江西	23.33	24	西南	21.38	5

资料来源：根据《中国统计年鉴2008》计算。

6．我国区域协调发展的动态评价与区域发展格局的调整

根据表6-6可以发现，全国各省区市区域协调发展总指数的差异性较大。指数最高的上海是最低的贵州的8.51倍，全国各省区市协调发展指数的均值为33.81，评价值标准差S为17.57，变异系数V为0.52。从五大板块的平均值来分析，东部地区的经济发展指数平均值是49.32，东北地区经济发展指数平均值是33.07，中部地区的经济发展指数平均值是25.07，西南地区经济发展指数平均值是21.38，西北地区经济发展指数平均值是25.26。由此可见，2007年我国各省市区协调发展目标总指数呈现出东强—东北弱—中西部更弱的梯度空间分布格局。

在区域协调发展总指数评价中，上海优势明显，排在前5名的其他省市区分别是北京、天津、浙江和河北，排在前10名的绝大多数是东部省区。其中以上海为核心的长三角地区和以北京为核心的首都经济圈发展势头为最好。改革开放以来，长三角地区、环渤海地区经济社会发展取得了举世瞩目的巨大成就，已成为全国发展基础最好、区域发展差距逐渐缩小、公共服务均等化发展、市场一体化加快推进的区域，在全国区域协调发展中起到示范与引领作用。如长三角地区较早地建立起社会主义市场经济体制基本框架，是完善社会主义市场经济体制的主要试验地。已率先建立起开放型经济体系，形成了全方位、多层次、高水平的对外开放格局。

排在后5位的是广西、安徽、四川、甘肃、贵州。在党中央、国务院领导下，在各地区、各部门特别是西部地区广大干部群众共同努力下，西部地区自1999年以来实施西部大开发战略以来，地区差距得到一定程度地缩小，公共服务均等化得到一定程度提高，市场分割与边界效应得到一定程度释放，重点城市和特色优势产业发展呈现良好势头。但是，由于西北地区自身发展的落后区域状况以及特征，处于工业化发展初—中阶段，在区域协调发展中有上升发展的空间。

6.2.5 区域协调发展状况的协调发展度的估算与分析

同样，根据公式（6-3），计算出2007年全国各省市区域协调发展度水平，详见表6-7；并根据表6-2协调度等级的划分原则，大致可以总结出我国各区域经济与环境协调度分类情况，详见表6-8。

表 6-7 2007年全国各省区市区域协调发展度水平指数及排名(组合评价法)

地区	指数	排名	地区	指数	排名	地区	指数	排名
上海	0.9783	1	河南	0.6248	13	四川	0.5688	25
北京	0.9238	2	湖北	0.6222	14	青海	0.5315	26
天津	0.8075	3	河北	0.6189	15	甘肃	0.4943	27
江苏	0.7612	4	重庆	0.6165	16	贵州	0.4830	28
浙江	0.7473	5	新疆	0.6115	17	云南	0.4672	29
广东	0.7140	6	吉林	0.6076	18	广西	0.4608	30
辽宁	0.7127	7	宁夏	0.6045	19			
山东	0.7092	8	内蒙古	0.5956	20	东部	0.7819	1
福建	0.6552	9	江西	0.5802	21	东北	0.6562	2
海南	0.6396	10	安徽	0.5801	22	中部	0.6047	3
山西	0.6338	11	陕西	0.5783	23	西北	0.5714	4
黑龙江	0.6317	12	湖南	0.5756	24	西南	0.5300	5

资料来源：根据《中国统计年鉴2008》计算。

表 6-8 2007年全国区域协调发展度系数分类

协调状况	取值范围	省市区	百分比（%）
优质协调	0.9—1	上海、北京	6.67
良好协调	0.8—0.89	天津	3.33
中级协调	0.7—0.79	江苏、浙江、广东、辽宁、山东	16.67
初级协调	0.6—0.69	福建、海南、山西、黑龙江、河南、湖北、河北、重庆、新疆、吉林、宁夏	36.67
勉强协调	0.5—0.59	内蒙古、江西、安徽、陕西、湖南、四川、青海	23.33
濒临失调	0.4—0.49	甘肃、贵州、云南、广西	13.33

资料来源：根据《中国统计年鉴2008》计算。

全国各省区的协调度发展水平差异性比较大。协调发展度指数最高的上海是最低的广西的2.12倍。全国各省区市协调度的平均值为0.6379，评价值标准差 S 为0.1191，变异系数 V 为0.1867。排在前5名的其他省市区分别是北京、天津、江苏、浙江，来自中部沿海和北部沿海。排名最后五位的则是青海、甘肃、贵州、云南、广西，均来自西南和西北省区。处于协调发展度水平较高的地区都是属于经济发展水平较高、工业化中—后期间的沿海地区；协调发展水平较好的地区与东部地区相邻的区域为主的中部地区和东北地区；而协调发展水平相对较低的地区属于经济发展水平较为落后的中西部地区。第二，从五大板块的平均值来分析，东部地区的经济发展指数平均值是0.7819，东北地区经济发展指数平均值是0.6562，中部地区的经济发展指数平均值是0.6047，西南地区经济发展指数平均值是0.5300，西北地区经济发展指数平均值是0.5714。

由此可见，2007年我国各省市区协调发展目标总指数呈现出东强—东北弱—中西部更弱的梯度空间分布格局。东部地区在改革开放大背景下，率先发展，完成资本原始积累为实现区域协调发展提供富足的物质基础；与此同时，在物质富裕的背后，完善与不断发展的市场机制对于区域协调发展起着重要的作用。而中西部地区所处经济发展阶段决定"区域经济发展"为第一要务的使命，在经济正努力朝着起飞阶段发展，重点以资本、劳动为主要投入要素，再加之市场体制尚未真正建立起来，自然会影响区域协调发展度水平。

根据表6-8，可以看出：

第一，我国2个省区处于优质协调发展的状态，分别为上海与北京，占全国省区的6.67%。这一类的特点主要是区域协调发展度水平高，其协调发展度水平都在0.9—1之间，属于优质协调发展类。也就是说，区域发展差距、基本公共服务均等化、市场一体化指数处于同步发展态势好，并且其区域协调发展总指数较高。

第二，有1个省区处于良好协调发展中，为天津，占全国省区的

3.33%，这一类的特点主要是区域协调发展度水平比较高，其协调发展度水平都在0.8—0.9之间，区域协调发展状况三个系统之间协调关系较好。

第三，有5个省区处于中级协调发展中，主要包括江苏、浙江、广东、辽宁、山东，其协调发展度水平都在0.7—0.8之间，区域协调发展的三个目标之间存在一定偏离，但是，总目标指数较高。

第四，我国11个省区都处于初级协调发展的状态，主要包括福建、海南、山西、黑龙江、河北等，占全国省区的36.67%，其中东部地区有3个，东北地区有2个，中部地区有3个，西部地区有3个。这一类的特点主要是区域协调发展三个子目标之间在经济发展过程中有所倾斜，表现为在经济发展初期，可能在三个子目标中更为倾向于其中一个或者两个，导致三个子目标并不是一致性状态。

第五，有4个省区处于濒临协调发展中，主要包括甘肃、贵州、云南、广西，占全国省区的13.33%，均来自西部地区。这一类的特点主要是区域协调发展三个子目标之间在经济发展过程中子目标直接存在一定内部冲突，导致三个子目标总是处于一定偏离状态。

6.3 区域协调发展状况的动态组合评价与分析

本节依然采用组合评价方法，对全国2000年和2007年的区域协调发展状况进行动态组合评价与分析，预期找出各省市区域协调发展状况以及协调发展水平的变化状况、动态演进路径与规律。

6.3.1 区域发展差距的动态组合评价与分布

运用Spss11软件进行2000—2007年全国区域发展差距的动态组合评价，结果见表6-9。

6．我国区域协调发展的动态评价与区域发展格局的调整

第一，排名前三位的始终是上海、北京和浙江三个省，只是它们之间的座次有着微小的变化。这三个省市始终排在全国的前列，稳坐前三把交椅，他们在全国区域发展差距缩小的程度毋庸置疑。从前十名的省区中可以发现，这些省无一例外的全是沿海地区。其中，以江苏省在缩小区域发展差距方面的发展引人注目，江苏省位于我国沿海与沿江生产力"T"型布局的结合部，是以上海为龙头的长江三角洲的重要组成部分。它不但有长江黄金水道为依托，又有苏北乃至中原广大地区为腹地，区位优势非常明显。自2000年以来，江苏经济推动的同时，也加快融入长三角地区经济一体化，缩小区域间与区域内的差距，优势互补的产业格局正在形成。

第二，在全国各省的排名变化中，稳中有降的是吉林和内蒙古。吉林的排名从2000年排名第7名下降至2007年的第9名；内蒙古的排名2000年在第15名，2007年下降至第17名。不能说，这两个省的发展倒退了，只能说相对于全国平均水平来看，在缩小区域发展差距上步伐有点滞后，因此，在全国的相对位置降低了。

表 6-9 区域发展差距数排名变化

地区	2000 指数	2000 排名	2007 指数	2007 排名	趋势	地区	2000 指数	2000 排名	2007 指数	2007 排名	趋势
北京	56.11	3	80.06	2	1	黑龙江	29.81	24	42.72	14	10
天津	45.66	6	60.88	6	0	广西	31.20	23	41.28	18	5
河北	46.55	5	43.21	12	-7	重庆	27.74	25	35.97	24	1
上海	84.85	1	88.95	1	0	四川	38.95	10	23.86	30	-20
江苏	38.50	13	62.98	4	9	贵州	26.42	27	31.55	27	0
浙江	59.07	2	72.09	3	-1	云南	22.70	28	42.94	13	5
福建	37.67	14	41.64	15	-1	内蒙古	37.40	15	41.30	17	-2
山东	35.28	19	50.84	8	11	陕西	36.73	16	38.66	21	-5
广东	31.78	22	61.90	5	17	甘肃	15.98	30	30.69	29	-1
海南	33.27	20	40.05	19	1	青海	47.80	4	43.22	11	-7
山西	35.38	17	41.48	16	1	宁夏	27.69	26	35.41	26	0

续表

地区	2000 指数	排名	2007 指数	排名	趋势	地区	2000 指数	排名	2007 指数	排名	趋势
安徽	33.23	21	31.51	28	−7	新疆	16.75	29	43.36	10	19
江西	38.66	11	35.81	25	−14						
河南	41.51	8	37.82	22	−14	东部	46.87	1	60.26	1	0
湖北	39.59	9	39.40	20	−11	中部	37.84	2	37.10	4	−2
湖南	38.65	12	36.56	23	−11	东北	36.69	3	46.95	2	−1
辽宁	35.29	18	50.92	7	11	西南	29.40	5	35.12	5	0
吉林	44.98	7	47.22	9	−2	西北	30.39	4	38.77	3	1

资料来源：根据相关年度的《中国统计年鉴》计算而得。

第三，在西部省区中，缩小区域发展差距排名是新疆。从2000年的倒数第1名跃居到前10名。从1999年，国家实行西部大开发战略以来，新疆作为西部的重中之重，受到了国家的高度重视，不论在人力、物力还是财力上都给予了极大的支持，使新疆在经济建设快速发展的同时，空间结构也有所调整与优化，与相邻区域间差距也在缩小。

第四，从五大板块来看，2000年区域发展差距呈现出东部—中部—东北—西部的区域发展格局，而到2007年随着中部地区在区域发展差距方面滞后于东北与西北地区，呈现出东部—东北—西北—中部—西南的空间格局。

6.3.2 基本公共服务均等化的动态组合评价及分析

运用Spss11软件进行2000—2007年中国基本公共服务均等化的动态组合评价（见表6-10）。从五大板块来看，西北地区在公共服务均等化方面落后于其他省份，而东部地区沿海地区始终保持着领先地位；中部地区稳中上升，西南地区稳中略有下降，东北地区保持不变。排名前三位的始终是上海、北京和天津三个直辖市，始终排在全国的前列，稳坐前三把交椅，在全国区域公共服务均等化方面做出示范作用与扩散效应。尽管每个省在排名上都会有或大或小的变化，但是从前十名的省区中可以发现，这些省大部分省份来自沿海地区。其中，以福建省在公共服务均等化方面进步最快，从2000年第30名上升到2007年的第14名。福建省与台湾地区一水相隔，北承长江三角洲，南接珠江三角洲，是我国沿海经济带的重要组成部分，在全国区域经济发展布局中处于重要位置。近年来，福建省大力推进海峡西岸经济区建设，综合实力不断增强，为进一步加快发展奠定了坚实基础，这也为公共服务基础设施提供良好物质基础。

表 6-10 区域基本公共服务均等化排名变化

地区	2000 指数	2000 排名	2007 指数	2007 排名	趋势	地区	2000 指数	2000 排名	2007 指数	2007 排名	趋势
北京	78.95	2	84.51	2	0	黑龙江	37.30	12	28.12	10	2
天津	67.30	3	49.87	3	0	广西	26.47	25	13.95	30	-5
河北	46.77	7	24.32	17	-10	重庆	34.74	16	24.75	16	0
上海	98.57	1	96.72	1	0	四川	29.27	22	23.25	18	4
江苏	47.92	5	44.97	4	1	贵州	19.37	29	16.90	28	1
浙江	47.72	6	44.40	5	-1	云南	35.00	14	18.32	27	-13
福建	17.24	30	25.85	14	16	内蒙古	33.37	18	20.01	26	-8
山东	39.91	11	36.58	8	3	陕西	31.81	20	21.94	23	-3
广东	52.00	4	36.60	7	-3	甘肃	34.78	15	15.63	29	-14
海南	30.99	21	24.78	15	7	青海	41.52	10	21.26	24	-14
山西	32.28	19	27.33	12	7	宁夏	23.33	27	20.62	25	2
安徽	33.38	17	22.11	21	-4	新疆	35.34	13	27.96	11	2
江西	24.59	26	22.63	20	6						
河南	43.30	9	29.83	9	0	东部	52.74	1	46.86	1	0
湖北	27.99	23	26.68	13	10	中部	30.44	4	25.09	3	1
湖南	21.11	28	21.97	22	6	东北	36.53	2	29.53	2	0
辽宁	44.68	8	37.49	6	2	西南	29.14	5	19.43	5	0
吉林	27.61	24	22.98	19	5	西北	33.36	3	21.24	4	-1

资料来源：根据相关年度的《中国统计年鉴》计算而得。

在全国各省的排名的变化中,虽然大部分省区都有变动,但大体来讲变化不大。稳中有降的是安徽和广西。安徽的排名从2000年排名第17名下降至2007年的第21名;广西的排名从2000年第25名下降至第30名。表明这两个省份在公共服务均等化方面建设的步伐落后于其他省份。此外,经过西部大开发战略的实施,大部分省份"两基"攻坚计划全面完成,农村电网改造的续建配套工程基本完成。新型农村合作医疗基本覆盖全体农民,城镇居民社会保障覆盖面进一步扩大,省会城市和有条件的地级城市建成比较完善的城市社区卫生服务体系。(国家发展和改革委员会,2008)。但是,甘肃和青海省份在上述方面表现欠佳,导致甘肃的排名从2000年排名第15名下降至2007年的第29名;青海的排名从2000年第10名下降至第24名。

6.3.3 市场一体化水平的动态组合评价及分析

运用Spss11软件进行2000—2007年中国市场一体化的动态组合评价,结果见表6-11。第一,从五大板块来看,自2000年以来形成东部—东北—中部—西部的发展格局没有实质性的变化。排名前三名的始终是上海、北京和天津三个直辖市,只是它们之间的座次有着微小的变化,始终排在全国的前列,稳坐前三把交椅。这表明沿海地区经过三十年改革开放的发展,无论是在市场化还是对外开放方面都领先全国其他地区,而市场力量的成长有利于打破区域间市场分割的力量(张若,2009)。另一方面,东部地区在制造业方面拥有绝对的优势,通过省际贸易,这些省份地区能够获得更多生产性资源,因此它们更倾向于购买外地产品。

第二,从前10名的省区中可以发现,这些省大多数来自东部沿海地区,但是西北地区的内蒙古在所考察期间内呈现出快速上升趋势,从2000年第23位上升到2007年第10名。以内蒙古为例,西北地区的市场化一体化程度主要取决于边贸和过境贸易,而与东部沿海地区生产产品经这里发往接壤的

表 6-11 2000—2007年区域市场一体化指数排名变化

地区	2000 指数	排名	2007 指数	排名	趋势	地区	2000 指数	排名	2007 指数	排名	趋势
北京	65.91	2	69.88	3	-1	黑龙江	21.22	11	22.19	16	-5
天津	61.26	3	75.48	2	1	广西	13.08	25	15.49	26	-1
河北	20.22	14	24.13	14	0	重庆	18.24	17	20.70	18	-1
上海	100.00	1	100.00	1	0	四川	12.32	28	14.15	27	1
江苏	30.89	6	39.32	4	2	贵州	10.67	30	11.01	30	0
浙江	32.13	4	38.99	5	-1	云南	12.51	27	12.39	28	-1
福建	29.46	8	30.72	9	-1	内蒙古	15.06	23	27.73	10	13
山东	24.23	10	31.57	7	3	陕西	14.48	24	18.62	21	3
广东	31.91	5	36.27	6	-1	甘肃	11.45	29	12.34	29	0
海南	27.45	9	27.04	11	-2	青海	13.00	26	15.72	25	1
山西	17.31	18	22.77	15	3	宁夏	20.60	13	24.43	13	0
安徽	15.38	22	16.57	24	-2	新疆	18.75	16	19.88	19	-3
江西	15.59	21	17.38	23	-2						
河南	15.64	20	19.43	20	0	东部	38.65	1	43.45	1	0
湖北	19.49	15	20.96	17	-2	中部	16.49	3	19.08	3	0
湖南	15.71	19	17.54	22	-3	东北	23.67	2	26.33	2	0
辽宁	29.79	7	31.56	8	-1	西南	12.86	5	14.22	5	0
吉林	20.91	12	26.18	12	0	西北	14.28	4	18.44	4	0

资料来源：根据相关年度的《中国统计年鉴》计算而得。

中亚地区有关。稳中有降的是湖南和黑龙江。湖南的排名分别是2000年排名第19名下降至2007年的第22名；黑龙江的排名2000年第11名下降至第16名。由于中部地区存在相对严重的地区间壁垒，因此在空间上近邻的中部各省，其相互间的贸易量却非常小（张若，2009）。

6.3.4 区域协调发展状况总指数的动态组合评价与分析

2000年、2007年区域协调发展状况的动态组合评价的结果详见表6-12。

表6-12 2000-2007年区域发展总指数排名变化

地区	2000 指数	2000 排名	2007 指数	2007 排名	趋势	地区	2000 指数	2000 排名	2007 指数	2007 排名	趋势
北京	67.71	2	79.19	2	0	黑龙江	29.77	13	30.18	11	2
天津	58.07	3	58.90	3	0	广西	23.68	27	21.70	26	1
河北	39.83	5	28.32	15	-10	重庆	27.60	20	24.94	21	-1
上海	93.78	1	94.40	1	0	四川	27.43	21	19.22	28	-7
江苏	39.77	6	48.26	5	-1	贵州	18.32	30	17.94	30	0
浙江	46.91	4	52.27	4	0	云南	24.66	23	23.80	23	0
福建	24.65	24	30.25	10	14	内蒙古	29.27	15	27.45	16	-1
山东	33.54	11	38.19	8	3	陕西	28.40	18	24.75	22	-4
广东	39.53	7	44.79	6	1	甘肃	22.08	29	18.58	29	0
海南	29.76	14	28.62	13	1	青海	36.43	9	27.39	17	-8
山西	28.74	16	28.59	14	2	宁夏	22.83	28	24.98	20	8
安徽	28.15	19	21.20	27	-8	新疆	23.90	26	30.46	9	17
江西	25.88	22	23.33	24	-2						
河南	35.64	10	26.91	19	-9	东部	46.42	1	49.32	1	0
湖北	28.49	17	27.18	18	-1	中部	28.51	3	25.07	3	0
湖南	24.18	22	23.27	25	-3	东北	32.30	2	33.07	2	0
辽宁	36.90	8	39.18	7	1	西南	24.29	5	21.38	5	0
吉林	30.48	12	30.11	12	0	西北	26.83	4	25.26	4	0

资料来源：根据相关年度的《中国统计年鉴》计算而得。

第一，从五大板块来看，自2000年以来形成东部—东北—中部—西部的发展格局没有实质性的变化。排名前三位的是上海、北京和天津三个直辖市的位置始终没有变化，表明三个直辖市在区域协调方面做出全国的表率与示范作用，成功经验值得推广。尽管每个省在排名上都会有或大或小的变化，但是从前10名的省区中可以发现，这些省大多数来自以上海为核心的长三角地区，以北京为核心的环渤海地区，以广东为核心的泛珠三角地区。其中，以福建省在区域协调发展中快速上升最为明显，从2000年的第24名上升到2007年的第10名。

第二，在全国各省的排名的变化中，下降幅度最快的两个省份是安徽和河南。安徽的排名分别从2000年排名第19名下降至2007年的第27名；河南的排名从2000年第10名下降至第19名。这两个省份均来自中部地区。由于中部地区面临诸多制约区域协调发展的矛盾和问题：地区发展不平衡，革命老区、民族地区、贫困地区发展相对滞后，扶贫开发任务艰巨；制度性约束因素多，体制改革尚需深化，开放合作机制有待完善；工业化水平不高，发展方式依然粗放，产业亟待调整和振兴；城镇化水平较低，中心城市的辐射带动能力不强等。

第三，在西部省区中，从名次上看，区域协调发展最快的是新疆。从2000年的倒数第4名跃居到第9名。在西部大开发中，新疆具有重要的资源战略地位、沿边开放地位、生态安全地位和少数民族聚居区的特殊地位。新疆维吾尔自治区政府注重社会事业发展，强化政府社会管理和公共服务职能，加大国家资金扶持力度，着力加强社会发展薄弱环节，着力提高地区基本公共服务水平，使新疆人民共享改革发展成果，推动社会主义和谐社会建设。

6.3.5 区域协调发展水平的动态评价与分析

2000年、2007年中国区域协调发展水平的组合评价结果详见表6-13。第一，从五大板块来看，自2000年以来形成东部—东北—中部—西部的发展格局没有实质性的变化。排名前三位的始终是上海、北京和天津三个直辖市。尽管每个省在排名上都会有或大或小的变化，但是从前10名的省区中可以发现，大部分来自东部地区。其中，以福建省在区域协调发展中快速上升最为明显，从2000年第18名上升到2007年第9名。东部地区首先依托对外开放的平台、抓住历史发展的机遇、探索出"苏州模式"、"温州模式"等自上而下的经济体系模式，推动经济快速发展，注重区域经济协调发展，加快基本公共服务均等化，完善市场一体化体系。当然，经济体由于与外部经济密切联系，自然地，当外部经济受到冲击，对其影响较大，如2009年国际金融危机就是一个佐证。第二，在全国各省的排名的变化中，下降幅度最快的两个省份是安徽和广西。安徽的排名分别从2000年排名第17名下降至2007年的第22名；广西的排名从2000年第24名下降至第30名。以广西北部湾为例，区域总体经济实力还不强，工业化、城镇化水平较低，现代大工业少，高技术产业薄弱，经济要素分散，缺乏大型骨干企业和中心城市带动；社会事业发展滞后，人才开发、引进和储备不足；与经济腹地和国际市场联系不够紧密；现代市场体系不健全，民间资本不活跃，创业氛围不浓；港口规模不大，竞争力不强，集疏运交通设施依然滞后，快速通达周边省特别是珠三角大市场以及东盟国家的陆路通道亟待完善等（广西北部湾经济区发展规划，2010）。

表 6-13　2000—2007年区域协调发展水平指数

地区	2000 协调度系数	2000 协调发展度系数 指数	2000 协调发展度系数 排名	2000 协调类型	2007 协调度系数	2007 协调发展度系数 指数	2007 协调发展度系数 排名	2007 协调类型	趋势（D）排名	趋势（D）协调状况
北京	0.9433	0.8610	2	良好协调	0.9812	0.9238	2	优质协调	0	改善
天津	0.9238	0.8099	3	良好协调	0.9178	0.8075	3	良好协调	0	不变
河北	0.6594	0.6453	12	初级协调	0.7904	0.6189	15	初级协调	3	不变
上海	0.9839	0.9726	1	优质协调	0.9928	0.9783	1	优质协调	0	不变
江苏	0.9084	0.7206	5	中级协调	0.8861	0.7612	4	中级协调	1	不变
浙江	0.8319	0.7384	4	中级协调	0.8037	0.7473	5	中级协调	-1	不变
福建	0.7398	0.5700	18	勉强协调	0.8884	0.6552	9	初级协调	11	改善
山东	0.8787	0.6762	9	初级协调	0.8854	0.7092	8	中级协调	1	改善
广东	0.8455	0.6974	7	初级协调	0.8215	0.7140	6	中级协调	1	改善
海南	0.9814	0.6739	8	初级协调	0.8732	0.6396	10	初级协调	-2	不变
山西	0.7572	0.6114	16	初级协调	0.8234	0.6338	11	初级协调	5	不变
安徽	0.6984	0.5899	17	勉强协调	0.8124	0.5801	22	勉强协调	-5	不变
江西	0.6669	0.5644	23	勉强协调	0.7612	0.5802	21	勉强协调	2	不变
河南	0.5607	0.5874	20	勉强协调	0.8034	0.6248	13	初级协调	7	改善
湖北	0.7804	0.6162	14	初级协调	0.8139	0.6222	14	初级协调	0	不变
湖南	0.6480	0.5460	25	勉强协调	0.7469	0.5756	24	勉强协调	1	不变
辽宁	0.9199	0.7068	6	中级协调	0.8876	0.7127	7	中级协调	-1	不变
吉林	0.7356	0.6146	15	初级协调	0.7340	0.6076	18	初级协调	-3	不变

6．我国区域协调发展的动态评价与区域发展格局的调整

续表

地区	2000 协调度系数	协调发展度系数 指数	排名	协调类型	2007 协调度系数	协调发展度系数 指数	排名	协调类型	趋势（D）排名	协调状况
黑龙江	0.8545	0.6447	10	初级协调	0.7990	0.6317	12	初级协调	-2	不变
广 西	0.6785	0.5541	24	勉强协调	0.4636	0.4608	30	濒临失调	-6	恶化
重 庆	0.8142	0.6168	13	初级协调	0.8498	0.6165	16	初级协调	-3	不变
四 川	0.5271	0.5301	27	勉强协调	0.8498	0.5688	25	勉强协调	2	不变
贵 州	0.6712	0.5095	28	勉强协调	0.5686	0.4830	28	濒临失调	0	恶化
云 南	0.6014	0.5337	26	勉强协调	0.4339	0.4672	29	濒临失调	-3	恶化
内蒙古	0.6444	0.5820	19	勉强协调	0.7682	0.5956	20	勉强协调	-1	不变
陕 西	0.6374	0.5730	21	勉强协调	0.7356	0.5783	23	勉强协调	-2	不变
甘 肃	0.5094	0.4810	30	濒临失调	0.6269	0.4943	27	濒临失调	3	不变
青 海	0.4229	0.5351	29	勉强协调	0.5717	0.5315	26	勉强协调	3	不变
宁 夏	0.9565	0.6152	11	初级协调	0.8549	0.6045	19	初级协调	-8	不变
新 疆	0.7106	0.5566	22	勉强协调	0.7358	0.6115	17	初级协调	4	改善
东 部	0.9526	0.7706	1	中级协调	0.9418	0.7819	1	中级协调	0	不变
中 部	0.7090	0.5959	3	勉强协调	0.7982	0.6047	3	初级协调	0	改善
东 北	0.8869	0.6713	2	初级协调	0.8226	0.6562	2	初级协调	0	不变
西 南	0.6679	0.5551	5	勉强协调	0.6488	0.5300	5	勉强协调	0	不变
西 北	0.6768	0.5751	4	勉强协调	0.7209	0.5714	4	勉强协调	0	不变

资料来源：根据相关年度的《中国统计年鉴》计算而得。

第三，在西部省区中，除了新疆以外，其他地区排名总体靠后。西部地区(西南、西北)区域协调发展水平较为落后的原因是多方面造成的：首先，西部地区环境气候较东部差，生态系统相当脆弱，环境问题严重。其次，生产方式落后。西部地区的工业多是粗放型的，依靠增加生产要素的投入，效率较低，科技含量不高。最后，生活条件落后，对自然资源的依赖很大，导致自然资源破坏和环境污染现象严重，而资源破坏又会进一步恶化人们的生活环境，形成正向反馈，使得环境进一步恶化。由此可见，西部地区的环境问题如不能得到很好地解决，将不仅成为当地民众脱贫的障碍，还将影响着整个国家的协调发展。

6.3.6 动态评价结果综合分析

全国各省区市区域协调发展状况的差异性较大，动态变化分析显示整体的发展格局没有实质性变化，而部分区域显示出一些明显的变化。2007年我国各省市区协调发展目标总指数显示出东强—东北弱—中西部更弱的梯度空间分布格局。

从我国各区域经济与环境协调度分类情况看，仅有北京、上海、天津三个直辖市属于优质协调发展、良性协调发展类别的省份，大部分省区市属于初级协调（11个）和勉强协调发展（7个）类别的省份，同时4个属濒临协调发展类别的省份均来自于西部地区。

2000—2007年中国区域协调发展状况总指数的动态变化分析显示：从五大板块来看，自2000年以来形成东部—东北—中部—西部的发展格局没有实质性的变化，下降幅度最快的两个省份是安徽和河南，而西部的新疆区域协调发展指数上升最快。从我国各区域经济与环境协调度分类情况动态变化分析表明：从五大板块来看，自2000年以来形成东部—东北—中部—西部的发展格局没有实质性的变化；从分类别省份的变化情况看，属于优质协调发展、良性协调发展类别的具体省份保持不变，属于初级协调和勉强协调发展类别的省份中，大部分省份所属的类别不变，其中属于东部地区的福建、山东、广东三省所属的类别发生了变化，三个省份的协调发展状况有了明显改善，同时属于西南地区的广西、贵州、云南三省的协调发展状况有所下降，均从勉强协调发展类型变成濒临协调发展类别的省份。

6.4 区域协调发展状况的空间特征：分布与演进

为了描述我国区域协调发展状况的空间格局和分布模式，本节以我国30个省份作为空间观测单元，以2000—2007年区域协调发展状况以及协调发展

6. 我国区域协调发展的动态评价与区域发展格局的调整

水平作为衡量指标,从区域发展格局演变为入手,对区域协调发展状况进行地理空间层面的分位图的描述。

6.4.1 2000—2007年区域发展差距指数的空间分布及其演进

图6-1和图6-2分别为2000年和2007年区域发展差距指数的空间四分位图。

根据图6-1和图6-2,可以发现:各省份的区域发展差距在2000和2007年的空间四分位数倾向于遵循某种明确的空间分布模式,其中一个显著特点在于区域发展差距不断缩小的活动范围锁定在沿海地区,尤其以上海为中心的长三角地区、以北京为核心的环渤海地区以及以广东为核心的珠三角地区,表明作为中国经济增长极,与其相邻的省份的区域经济发展差距拉开一定的档次,并形成在沿海地区的空间聚集现象。当然,还可能有一些中等程度的空间聚集,如中部地区的湖南、湖北和河南地区。

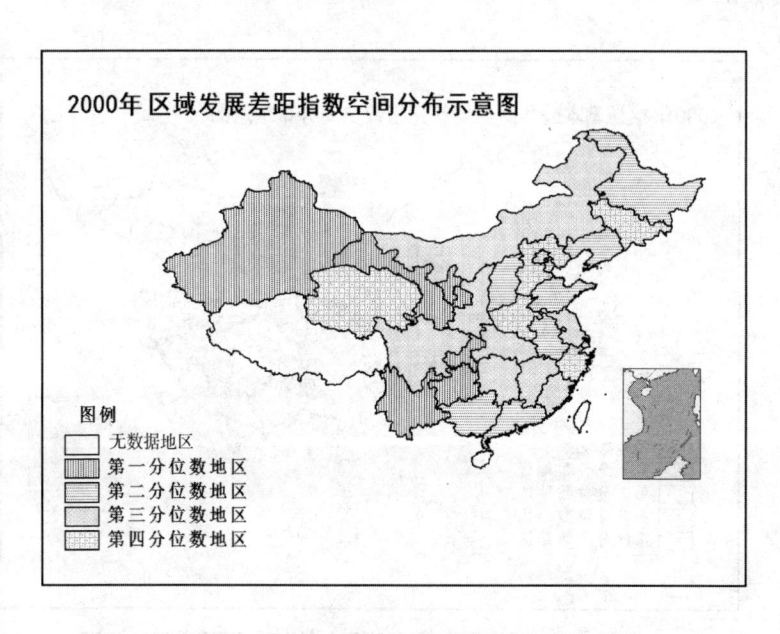

图 6-1 2000年区域差距指数空间分布图

上篇：总论

图 6-2　2007年区域差距指数空间分布图

6.4.2　2000—2007年基本公共服务均等化指数的空间分布及其演进

图6-3和图6-4分别为2000年和2007年区域基本公共服务均等化指数的空间四分位图。

图 6-3　2000年基本公共服务均等化指数空间分布图

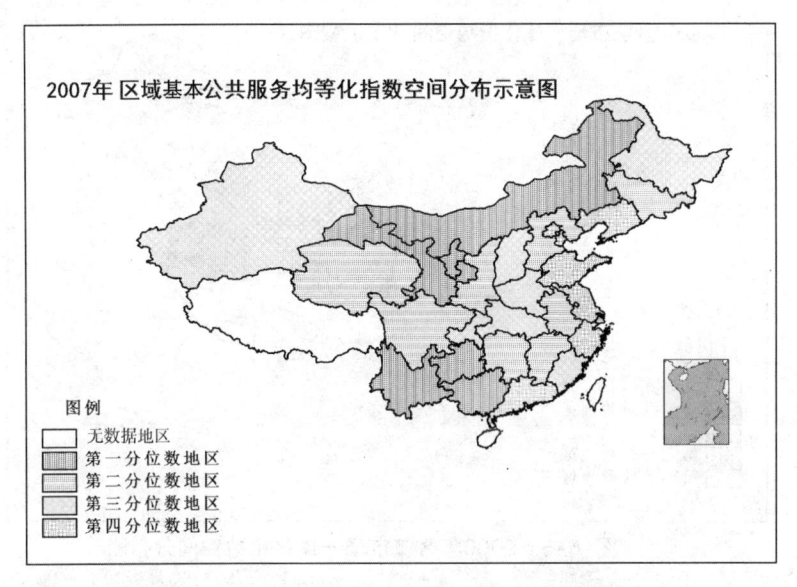

6.我国区域协调发展的动态评价与区域发展格局的调整

图6-4 2007年基本公共服务均等化指数空间分布图

比较图6-3和图6-4，可以清楚看到：各省份的基本公共服务均等化在2000—2007年的空间分布存在区域差异性。其中，以沿海地区的基本公共服务均等化一直处于全国领先地位；东北地区辽宁、吉林、黑龙江三省的基本公共服务均等化存在较大差距，其中以辽宁表现最好；中部地区在基本公共服务均等化指数自2000年以来呈现不断上升的趋势；西北地区的基本公共服务均等化指数比西南地区要好，其中，西北地区有3个省份处于第三集团；而西南地区大部分地区处于第四集团。

6.4.3 2000—2007年区域市场一体化指数的空间分布及其演进

图6-5和图6-6分别为2000年和2007年中国市场一体化数的空间四分位图。

上篇：总论

图 6-5　2000年区域市场一体化指数空间分布图

图 6-6　2007年区域市场一体化指数空间分布图

比较图6-5和图6-6，可以清楚看到：各省份在2000—2007年的市场一体

6．我国区域协调发展的动态评价与区域发展格局的调整

化指数的空间分布变化不大。市场一体化程度较高的地区密集集中在沿海地区，尤其以上海为中心的长三角地区、以北京为核心的环渤海地区以及以广东为核心的珠三角地区，表明作为中国经济增长极，与其相邻的省份的区域经济发展差距拉开一定的档次，并形成在沿海地区的空间聚集现象。东北地区市场一体化程度其次，中部地区次之，西南地区最弱。

6.4.4　2000—2007年区域协调发展总指数的空间分布及其演进

图6-7和图6-8分别为2000年和2007年中国区域协调发展总指数的空间四分位图。比较图6-7和图6-8，可以清楚看到：各省份在2000—2007年的五大板块的空间格局基本没有太大变化。区域协调发展较高的地区密集集中在沿海地区，尤其以上海为中心的长三角地区、以北京为核心的环渤海地区以及以广东为核心的珠三角地区，而与沿海地区相邻的省份，如东北地区，处于第二集团，并且西北地区新疆与内蒙古在区域协调发展中进步较大，也处于这个集团中。而中部地区的大部分省份处于第三集团，而西南地区处于第四集团。

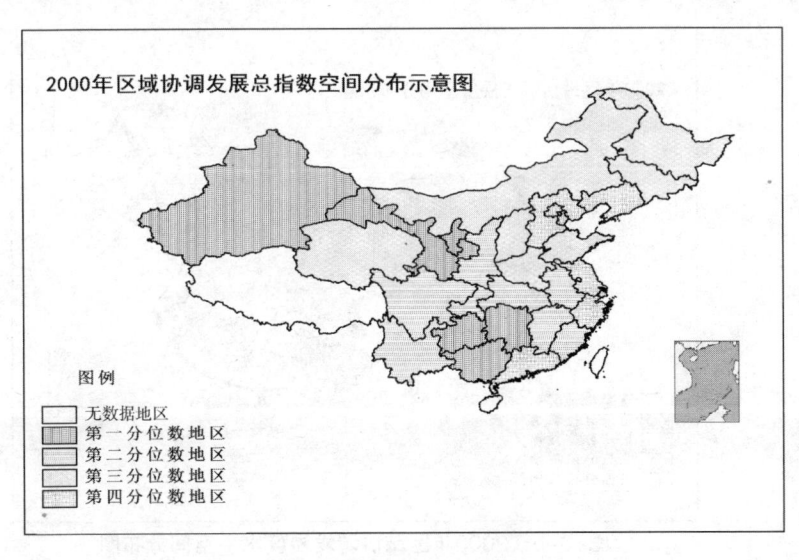

图 6-7　2000年区域协调发展总指数空间分布图

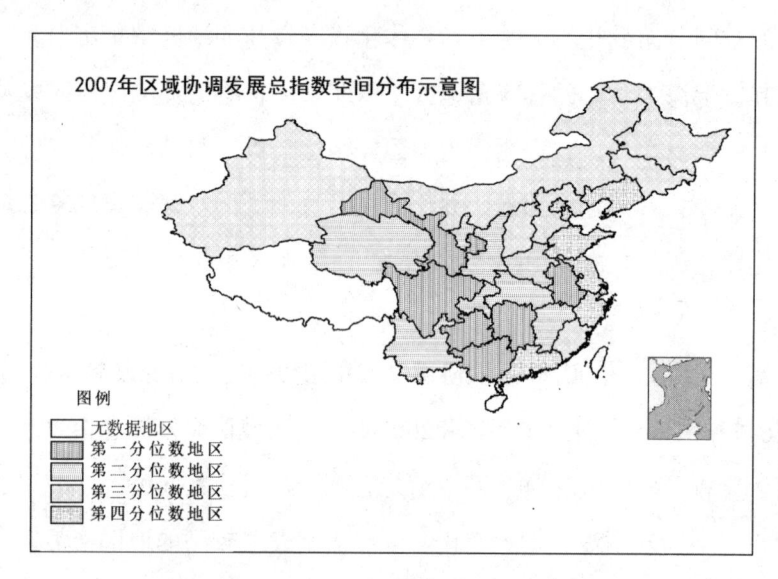

图 6-8 2007年区域协调发展总指数空间分布图

6.4.5 2000—2007年区域协调发展度的空间分布及其演进

图6-9和图6-10分别为2000年和2007年中国区域协调发展水平的空间四分位图。

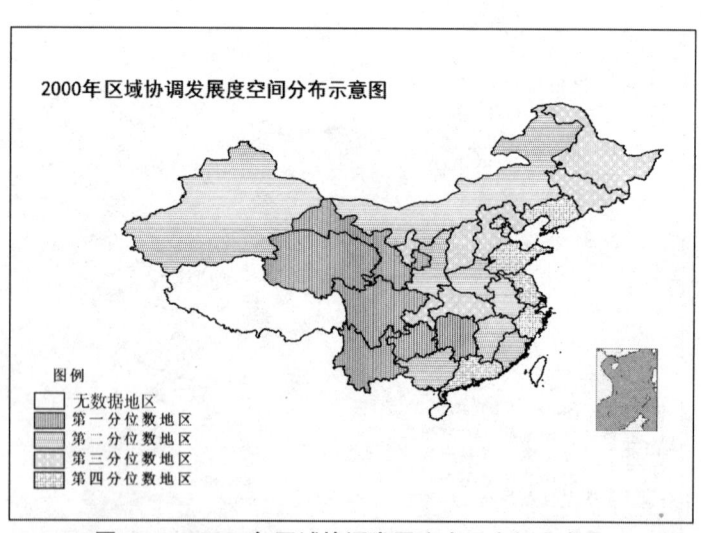

图 6-9 2000年区域协调发展度水平空间分布图

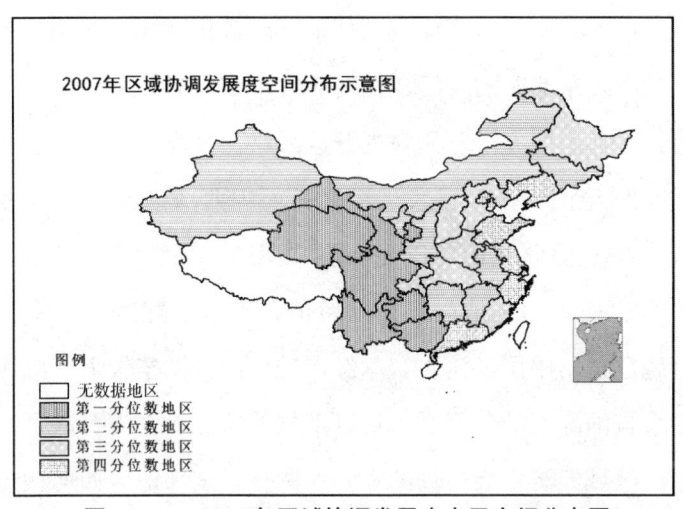

6．我国区域协调发展的动态评价与区域发展格局的调整

图 6-10 2007年区域协调发展度水平空间分布图

比较图6-9和图6-10，可以清楚看到：各省份在2000—2007年区域协调发展水平的五大板块的空间格局基本没有太大变化。区域协调发展水平较高的地区密集集中在沿海地区，尤其以上海为中心的长三角地区、以北京为核心的环渤海地区以及以广东为核心的珠三角地区，而东北地区三个省份呈现出不同程度的差异性；中部地区的大部分省份处于第二集团；西北地区的新疆与内蒙古处于第三集团；西南地区均处于第四集团中。

6.5 后金融危机时期区域发展格局的调整与政策选择

2008年下半年爆发的国际金融危机，欧美市场受到全面冲击。尽管中国经济发展受到一定的冲击，但在国家的积极财政政策与货币政策的应用下，中国经济迅速回暖，重新进入稳定的增长期。这次金融危机，也给中国区域发展格局的调整带来了一些新的思考。尤其是2008年金融危机以来，中国经济发展呈现出一定的"西暖东凉"发展态势。一些沿海省份如上海、浙江、广东等最发达的地区经济增长位居全国倒数，与此相反，中西部经济增速较快，内蒙古、广西、贵州等省区都名列前茅。截止到2010年第一季度，金融危机所产生"西暖东凉"的新区域发展格局并没有发生改变。

多年来，东部地区充分利用对外开放战略、沿海开发战略、区域比较优势，形成以出口导向型的经济发展模式；而中西部地区主要依靠内需、资源开发产业支撑。因此在面对世界经济"寒潮"来袭时，东部地区容易患上"重感冒"，而中西部地区只是开始稍有不适"打喷嚏"（沈文敏等，2009）。金融危机给中国经济在全球经济进入深度调整带来了机遇，在未来较长时期内来自国际上的外部需求难以恢复的情况下，需要深入思考如何加快新一轮中国区域经济发展格局的强制性调整。东部地区如何在经过这次来自外部的强制性的调整，其产业结构升级以及发展方式转变能否顺利实现；而中西部地区如何以产业承接为载体进行跨越式发展，能否成功取决于在承接东部地区的产业转移过程中，是否走上了绿色经济、循环经济的道路？未来应考虑通过建立新型区域合作方式，加快中西部地区经济发展方式的转变，发挥区域比较优势，有序合理地通过产业承接来调整其不合理的经济结构，实现更长期、更健康、更可持续的发展创造条件，最终形成东中西地区优势互补、产业错位、合理分工、联动发展的区域发展新格局。这将意味在"十二五"期间区域协调发展目标所要完成的任务比以往任何时候更加艰巨。

6.5.1 金融危机对我国区域发展格局的冲击影响

采用2005年第一季度到2010年第一季度典型区域[①]的GDP增速数据，以

[①] 选定区域的依据：我们先将全国31个省、直辖市、自治区划分为东部、中部、东北、西南、西北五大区域进行分析，根据五大区域在金融危机期间的表现情况，将其作为典型区域来研究，其目的以点到面的研究思路，突出区域研究的个性与共性相结合。因而，东部地区确定为浙江；中部地区选择为：江西；东北地区确定为：吉林；西北地区选择为内蒙古；西南地区选择为：广西。

此来考察金融危机前、中、后三个阶段对区域经济发展格局变化情况。从图6-11可以看出：金融危机发生之前，我国区域经济连续多年高速增长，2005年第一季度到2007年第四季度GDP增速均在12%以上。然而金融危机首先冲击的是那些被纳入国际经济分工体系中区域，如浙江，其表现在2008年连续四个季度GDP增速不断下滑，出现经济疲软，进入2008年第三季度，除了广西、内蒙古以外，其他地区也呈现出经济衰退的迹象；进入2009年第一季度后，除了广西小幅度上升以外，其他区域均处于考察期中最低点，这也可以被认为此点是本轮经济周期的调整的谷底，或称探底点，这主要受国际市场需求萎缩和市场不确定因素的预期走向，中国区域经济体均有不同程度出现经济疲软态势。

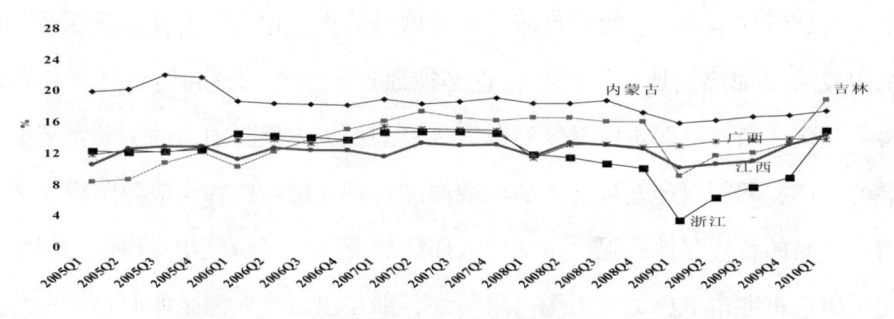

图 6-11 国际金融危机对典型区域的GDP增速的影响

(统计口径：各地区的GDP累计同比增速，数据来源：根据中经网统计数据整理而得到)

在危机发生后，国家及时出台了一系列政策扩大内需，如4万亿经济刺激计划、十大产业振新规划等，不仅带来心理层面上的信心，而且也带来了由低谷反弹的走势。进入2010年第一季度，典型区域经济增长速度均在10%以上，其中吉林以18.9%的速度名列第一，这预示着我国区域经济进入全面复苏阶段。由此初步判断为：我国即进入后金融危机时代，这已经在学术界达成普遍的共识，从金融危机对我国区域GDP增速的影响来看，在本轮金融危机中,与欧美所表现出全面冲击截然不同的是:我国呈现出"西暖东凉"的区域经济发展新格局。

本轮国际金融危机对浙江地区经济的冲击如此之大,成为"重灾区"之一。表象上是由于外部需求急剧收缩造成出口大幅下降,并造成东部地区经济快速回落和就业下降,但深层原因是主要是东部地区长期以来经济发展模式积累的结构性矛盾加剧(王一鸣,2010)。以浙江为例,在需求结构上,国际市场对我国劳动密集型产品需求的增长使浙江经济依然依靠轻工业产业的发展和轻工业产品的出口保持经济增长。而且也表现在供给结构上,浙江经济缺乏重化工业工业发展所需要的能源矿产,同时大钢铁大化工制造等产业基础薄弱;劳动密集型制造业比重过大、产业集群还处于低级形态、重化工业与高新技术产业、生产性服务业发展滞后性。这些结构性矛盾在金融危机爆发后更加突出地表现出来,也必须通过新一轮调整和转型逐步加以解决。其次,浙江已经难以继续经营大规模的低成本低附加值的劳动密集型产品的生产,尤其以产业集群中的低端产品将进入市场饱和与成熟阶段,表现为:产品的替代弹性较强,市场进入门槛较低,市场份额相对稳定。因此,在金融危机冲击下,国际市场需求萎缩,浙江出口导向型企业面临产量与价格的双重压力,出现不同程度亏损现象。对区域内企业而言,通过技术创新实现产业升级已迫在眉睫。由此可见,从资源驱动、投资驱动到创新驱动,东部地区正面临一次发展方式的根本变革难得机遇,如果真正的实现经济转型,东部地区仍然是我国区域的第一梯度。

更深层次原因在于区域经济发展不平衡,尤其工业化阶段的区域特征突出。做出这一判断的依据在于区域工业化所处于发展阶段不同,受外部经济的影响也不同。浙江经济发展得益于在工业化与城市化初期,依靠资源禀赋与产业基地,通过体制与机制创新,形成以民营经济发展为基础,以劳动密集型产业为载体的小工业体系。在国际市场上,以技术含量相对比较低,大量价格比较低廉的实用消费品赢得国际市场份额。如温州的"打火机"、海宁"皮革"。随着外需持续增长，浙江产业结构调整滞后的矛盾在一定程度上被淡化。但是，随着外部需求萎缩，产能过剩与产业竞争力不足的矛盾被凸显（付允生，2010）。浙江经济运行方式主要依靠外部需求拉动，在国际分工中属于较低位置，其经济对国际市场冷暖非常敏感。而中西部地区还处于经济起飞的前提阶段，工业化的初—中阶段，典型特征就是经济增长潜力大，增长幅度高；区域比较优势产业、重点支柱产业将进入高增长阶段，其经济对国际市场冷暖敏感性较弱。它主要依靠内需、资源开发产业支撑。因此，当外部需求冲击萎缩，首当其冲击的区域为东部沿海地区。这也说明在全世界所有国家都呈现出负增长时，我国却是一枝独秀，呈现增长势头。

6.5.2 金融危机将加快新一轮区域经济发展格局的深度调整

从短期来看，自金融危机以来，东部地区经济增速放缓与国外市场复苏密切相关，而中西部地区经济继续保持较快的增长，有利于缩小区域差距。从中长期来看，在新形势下，金融危机将加快新一轮区域经济发展格局的深度调整。具体表现为：其一，金融危机将加快区域内经济结构调整。借助金融危机之"契机"，东部地区清理与重组在实际经济发展中所遇到的矛盾与问题，强迫调整其经济结构，加快产业转移的步伐；金融危机也给欠发达区域带来赶超发展的新机遇，中西部地区如何承接产业转移，探索出专业化、多样化、竞争化的区域特色发展路径。其二，金融危机将加快新一轮区域空间格局的强制性调整。以产业转移与承接为契机，在全国范围内建立更加合理的区域间产业分工体系，形成东中西优势互补、产业衔接、合理分工、联动发展的新型区域发展格局。当然，我们也要警惕三大风险：一是在产业转移过程中，可能存在产业空心化风险；二是承接地的综合配套能力较弱的风险；三是超出承接地资源与环境的承载力的项目落户到中西部地区的风险。

这一轮区域产业转移是在新历史条件下推进我国区域经济协调发展的重要力量，对于我国形成新型区域产业分工协作格局，重构区域发展新版图，形成以内需为主要拉动力的发展模式，推进区域协调发展具有重要意义。

6.5.2.1 东部地区产业转移的紧迫性与必要性

改革开放以来，沿海地区的大发展得益于承接国外产业转移的加工贸易模式。近年来，随着土地、能源、劳动力、环保成本的提高，沿海地区承载能力正在减弱。为了降低成本，减少风险，拓展市场，企业往往将对土地、资源、劳动力、运输等成本敏感的生产环节迁移到成本相对较低或市场潜力更大的区域。因此，在后金融危机时期，东部地区产业逐步有序转移是经济发展到这个阶段的必然现象，也与外部环境变化密切相关。

产业转移，一般指由于资源供给或市场需求条件变化，引起的产业（企业）在地域空间上的位移或者迁移现象（陈耀，2009）。一般来说，产业转移可以分为整体性产业转移和选择性产业转移两类。整体性产业转移模式，将发达区域某一产业的技术、装备、管理和人才等要素整体移植到欠发达区域，重新组织新的产业生产基地。整体移入式产业转移的主要形式是跨国、跨区域直接投资。对于转出地来说，由于是生产要素整体移出，腾出空间来发展新兴产业，提升区域的竞争力。对于承接地来说，不仅将资本引入，而且会引入先进的技术、管理方式、市场理念，可以在短时间内实现经济快速增长。受沪皖两地关注的华谊集团的整体转移就是一例。2008年这个全国最大的煤化工企业，华谊集团投资70亿元，在巢湖市建设无为化工产业基地。华谊无为产业基地的项目技术水平尤其是节能、环保等环节均引进和自主开发了一大批新技术、新设备，这是典型整体性产业转移。随之，杜邦、巴斯夫、拜尔等世界知名化工企业已开始与巢湖市联系，商谈建立合资企业事宜。安徽一批化工企业也在进行着产品的调整和重组，在产业链上与之配套（王正忠等，2009）。

选择性产业转移模式，是指整合各个生产协作企业，将其并入同一公司之内，变外部生产协作模式为内部化分工协作，以节省市场交易费用，提高整体效率。企业把那些有着清晰的和长期竞争优势的战略活动保留在原地，比如设计、研发和营销，只转移生产链上某些环节，如制造、生产，通常属于产业链中低端部分。以服装业为例，理想的模式是低端的制造环节转移出去，留下高端的手工制作和研发、创意、商贸等环节，就像巴黎、米兰那样成为时装流行趋势的发布地。以温州的康奈集团为典型，由于温州土地资源非常紧张，城市服务功能比不上上海等大城市，企业发展到一定规模之后，就有在更宽广的平台上统筹利用资源的内在要求。温州中小企业通过自身的转型升级来增强抗风险能力，通过产业转移来统筹利用资源，降低生产成本（姜增尧，2009）。这些企业首先在实现自身升级后，发展了品牌、研发、创意等面向服装制造的服务业，这时才能将制造环节转出去。

无论是整体性产业转移，还是选择性产业转移模式，两者共同点在于：产业在地域空间上的位移或者迁移现象。其背后内容是把附加值低的产业或部分环节转出，为高附加值的新兴产业发展腾出空间发展高技术、高附加值产业，人们形象地把它称为"腾笼换鸟"。从产业转移规模看，正呈现出不断加大的趋势，表现为沿海加工工业和低端劳动密集型产业的"腾笼换鸟"，向中西部地区转移。根据有关部门测算，到2010年，仅广东、上海、浙江、福建四省市需要转出的产业产值就将达到1.4万亿元左右。转移的产业主要以加工制造业为主，集中于纺织、服装、制鞋、塑料等轻工产品及机械制造、铁合金、化工等传统产业，以及对资源、能源依赖较强的产业（褚晓亮，2010）。从迁移企业来看，把"廉价劳动力优势"发挥到了极致的富士康，随着毛利润的下降和用工成本的增加，将在郑州设立新工业园，随之，英特尔关闭上海工厂并扩建成都生产基地，惠普在重庆设立笔记本电脑出口制造基地，海尔、格力、美的、TCL等家电企业启动内地新建生产基地计划

（王一鸣，2010）。自此，分布东部沿海的劳动密集型和资源密集型产业的发展在受到制约的背景下，正掀起一轮西进的产业转移大潮。

6.5.2.2 中西部地区的产业承接的思路与路径——以内蒙古自治区为例

在金融危机背景下，中西部地区加快制定切实可行的产业承接的意见与规划。产业承接总体思路：以科学发展观为指导，采用"政府引导、市场运作、总体规划、分步实施"的方式建设产业承接生产基地示范区，以工业园区作为载体，充分利用当地资源、发挥落地项目的集聚效应，引导和促进产业合理有序地转移，从而赢得更大发展空间，推动中西部地区跨越式发展。接下来，以内蒙古自治区为例，阐述产业承接的路径，意图在于如何做好产业承接，进一步深化产业承接的总体思路。

第一，建立承接产业转移的政策支撑体系。中西部大多数省份出台制定承接相关意见与政策，对未来在承接产业转移发展项目上，财政、土地、人才、物流等方面进一步明确支持政策。以内蒙古为例，首先，能源供应方面，自治区提供优惠的、充足的电力供应，提高承接产业转移项目用电可靠性。其次，税收方面，实行西部大开发税收优惠政策。对以国家产业政策鼓励类产业项目为主营业务且当年主营业务收入超过企业总收入的70%的转移类企业，2010年前按照15%的优惠税率征收企业所得税。最后，提供优质的融资服务。自治区对符合国家产业政策的产业转移项目在银行贷款财政贴息上给予倾斜。

第二，以工业园区为承接产业落地项目的载体。以内蒙古为例，凡是在一年内承接产业转移。落地项目总投资在10亿元以上的工业园区，自治区给予1000万元的基础设施建设补助资金。2010年，内蒙古将充分发挥工业园区的主体作用，调动各盟市旗县的积极性，重点承接优势特色产业延伸配套加工项目、大型装备制造项目、劳动和资金技术密集型项目、高新技术项目等领域。

第三，开辟承接产业转移的信贷"绿色通道"，这意味着各地区、各部门要保障承接产业转移项目优先审批立项、优先环评、优先提供以非耕地为主的土地资源。其次，对符合条件的转移企业适当增加贷款额度，放宽企业贷款抵押担保条件。完善中小企业信用担保体系，支持担保机构为落户加工贸易企业提供贷款担保。鼓励建立小额贷款公司，为企业融资提供流动资金与担保，解决企业资金问题。

第四，利用产业优势承接配套产业，整合产业链条模式。产业配套优势是承接产业转移的重要条件。加大开放引进力度，并吸引上下游产业入驻，以加速形成产业集群效应。坚持以区域优势产业为依托，紧紧围绕提升产业竞争力，形成产业综合配套，发展产业集群，促进自治区工业向高水平、宽领域、纵深化方向发展。

由此可见，内蒙古在以资源开发与利用为驱动经济快速发展的基础上，结合区域特征与优势，侧重于产业链整合模式，主动承接来自长三角与珠三角的优势特色产业延伸配套加工项目、大型装备制造项目、劳动和资金技术密集型项目、高新技术项目为主攻方向，积极打造"金三角"品牌，形成全国重要的新型能源与新型工业基地，在中西部地区有较大影响力的区域核心增长极。

不同区域承接产业转移模式、思路与路径略有不同。如，皖江城市带依托特殊区位优势，以在承接产业转移中创新升级为承接模式，以装备制造业、原材料产业、轻纺产业、高技术产业以及现代服务业为主六大产业为承接重点，积极构筑"一轴双核两翼"的产业分布新格局，打造先进制造业和现代服务业基地，推动"泛长三角"一体化进程。而广西依托特有区位优势，以珠三角和港澳为主要的产业转移，承接发展传统支柱和特色产业，引进培育优势和新兴产业，促进产业集聚，打造农产品供应基地、加工贸易生产基地，进一步扩大与泛珠三角——东盟等区域的产业合作，拓展与港澳台日韩、欧美等发达国家和地区的合作领域。

6.5.2.3 新一轮区域空间格局面临着强制性调整

产业转移也是后金融危机区域发展格局调整的必然趋势。从国际经验看，每次大的危机都会带来区域发展格局的一次重新洗牌。在这次危机后，随着一部分国家和地区相对地位的提升，劳动力等生产要素成本发生变化，这种变化势必影响到企业生产成本。把生产环节配置到成本更低的区位，就成为企业规避风险的必然选择。从中国经验来看，自金融危机以来，经济增长东高西低、东强西弱、南快北慢的空间格局正在悄然地发生变化。但是，从中长期发展来看，东部地区经济优势在于它已经纳入世界经济体系中，以金融业、现代物流业为主的现代服务业的产业体系即将建立，并与国际高端区域的对接或超越已经提到了重要议程上，将有可能继续占领市场先机，完成东部地区产业体系从只注重规模数量的简单扩张向产业结构优化、提升经济发展质量方向的转变，腾出空间让位于新能源、新材料、环保产业以及现代服务业，进而促进其加快转变经济发展方式，实现经济持续快速健康发展。按此趋势发展下去，东部沿海地区将仍然是中国区域经济发展的第一梯队。

在这个发展趋势的背后，还蕴藏着深层次的内涵。第一，东部地区发展与国际高端区域的对接或超越已经提到了重要议程上，如何在纳入国际经济发展体系中成为具有全球竞争力的区域，是所面临的巨大挑战。在此背景下，金融危机大大加快了东部经济转型与产业西进的步伐。对于输出地的东部地区而言，需要急迫地消解经济发展中所遇到的矛盾与问题，强制性调整经济结构、实现产业升级，探索出新经济发展模式；而就承接地的中西部地区来说，如何应对跨越式发展的新机遇与挑战，以承接产业转移为纽带，促进区域间政府与企业形成良性合作机制，东中西部良性互动发展，不断探索科学发展新途径、新视野、新格局，是一项艰巨的任务。第二，这一轮区域发展的空间格局的调整将着眼于全国区域经济发展的整体性、系统性和协调性发展的要求，将会以产业转移为突破口，提高自主创新，内外需求并举，加快建立和形成新型区域合作的机制。进而,通过结构调整和产业转移,进行跨区域之间的合作,优化区域空间格局,实现经济平稳较快增长,促进科学发展。由此可见,未来区域发展空间格局的基本走向是:以产业转移为突破口,在全国范围内建立更加合理的区域间产业分工体系,形成东中西优势互补、产业衔接、合理分工、联动发展的区域协调发展新格局。

要实现新型区域发展格局,不可能一蹴而就,可能面临很大的风险,必须考虑到以下三个问题。

第一,输出地在产业转移过程中,可能存在产业空心化风险。东部沿海地区在发展资本和技术密集型产业时,投入大,成本高,短期内难以获得收益;而继续发展劳动密集型产业,又受到总体成本上升等因素的制约和来自其他发展中国家的竞争,利润空间逐渐被压缩,在创新机制尚未建立,新兴产业不能及时培育发展并形成规模,产业升级的技术支撑还没有完全形成时,东部沿海地区将现有产业特别是劳动密集型产业向中西部地区转移,可能失去新的经济增长点和出现产业空心化,并导致结构性失业的现象(王虎,2008)。

第二,存在承接地的综合配套能力较弱的风险。中西部地区产业发展整体水平落后于东部沿海地区,产业基础较为薄弱,很多产业部门还未得到有效发展。综合配套条件严重不足,缺乏产业对接点和承载地,难以承接产业较发达、产业层次较高的东部沿海地区转移产业,即使有些企业转移过来,也往往由于中间产品外购成本过高等原因难以形成集群式发展。

第三,在产业转移的项目中,不乏一批以能耗高、污染大、占地广为特征的产业,对转向地原有生态环境破坏严重,存在环境风险。这就需要承接地的政府考虑资源与环境的承载力,采取多项措施防止污染企业转入,在产业准入、能源消耗、污染排放等方面参照国家级重点开发区域提出标准,对高污染项目说"不"(《新闻晚报》,2010)。但是,根据逐底竞争理论

（race to bottom），政府间不可避免的竞争格局会让这种行为仅仅成为小概率。在现有行政体制的框架下，政府官员升迁与经济绩效存在密切的联系（周黎安，2007；徐现祥等，2007）。虽然说，从各地政府官方网站上都看到，对承接沿海产业转移过程中避免环境污染的问题给予了高度重视，不能以牺牲资源为代价的短视视角来谋求发展的思路已植入地方政府的建设规划中。但是，我们也要意识到欠发达地区会存在"饥不择食"、"盲目引进"的机会主义。此外，财政分权的机制使地方政府拥有了对财政收入的剩余控制权，强化了政府间对经济资源的争夺，随着政府间竞争正面效应不断释放，非理性竞争的负面效应会不会显现出来？如果只是单一的产业转移，只是想缓解发达地区的用地压力和环境压力，转向地的人们也要忍受发达地区人们曾经忍受过的苦闷。转移让当地人失去生存的土地，得到的就是一些土地使用金，并不利于区域长期可持续发展，也不利于新型区域合作机制实施，更不利于区域协调发展的主旨。

因此，面对金融危机，中西部地区有难得的赶超机遇，能否成功取决于是否能在转变传统经济发展方式的前提下，承接东部地区的产业转移，走上了绿色经济、循环经济的道路。通过基础设施投资、资源比较优势等拉动中西部地区发展，其本质在于复制东部地区的传统经济增长模式，这种只注重经济增长的数量，而不是注重经济发展质量，只会重蹈重化工业优先发展等赶超战略的覆辙，这不是我们所期望看到的局面。如果仅仅是复制了传统的经济增长发展方式，即使承接了产业转移，我们说是完成了经济增长发展方式的转变，中西部地区经济难以为继。由此可见，金融危机是否为缩小东中西部差距提供历史机遇，取决于其经济发展方式。这不仅对于在后危机时期我国区域经济空间格局朝着扩大区域差距，还是以此为转折点，缩小区域差距的方向演变，具有重要深远影响，而且对于区域协调发展的战略选择具有重要的全局意义。

6.5.3 后金融危机时期区域协调发展的政策选择

2008年下半年爆发的国际金融危机,加快新一轮的区域经济发展格局的调整的进程。后金融危机时期中国区域经济面临的重大课题是:在全球进入深度调整,外需在较长时间内难以恢复的情况下,如何有效地寻找到政府调控与市场机制的平衡点,是促进区域协调发展的基本点。其次,建立新型区域合作形式,促进东中西互动发展,是我国区域协调发展的运行机制。再次,加快产业转移与承接步伐,优化区域空间格局,是我国区域协调发展的有效途径。最后,加大对老少边穷、边疆少数民族等特殊类型区的支持,是区域中长期发展的着力点。

第一,处理好政府调控与市场机制的关系,是促进区域协调发展机制的前提条件。"救命式调控"的短期急救政府强行干预将后金融危机时期成为"双刃剑"。这类宏观调控所产生的乘数效应、财富效应、波及效应会继续强化政府在经济干预中的作用。在后危机时期,中央政府应该弱化"看得见的手"的作用,减少政府对经济过程的参与,相反多运用"看不见的手"去营造市场环境、规则和秩序,着力解决市场解决不了的问题,提高政府调控的科学性和有效性,为区域协调发展创造条件。

第二,建立新型区域合作形式,促进东中西互动发展,是我国区域协调发展的运行机制。新型区域合作以科学发展观统领全局,东部地区保留研发和市场,把加工制造装配等转移到周边地区,从而形成纵向分工。按照产业分工与互补的一般规律,东部地区将在新形势下推进经济转型与产业升级,同时开展跨地区之间优势资源的互补性整合与协同式的联动发展,其经济结构的调整也将朝更紧密、更互动的方向发展。虽然新型区域合作是大势所趋,但需要警惕区域冲突与市场封锁再一次抬头,区域之间的恶性竞争与重复建设等现象发生。因此,要加快建立统一开放的国内市场,率先打破行政区域划界限,打破区域市场封锁,推行统一的市场准入政策、统一的产品检验和市场执行准则、统一的市场法制环境,形成若干个区域统一市场(张若,2009)。只有发挥区域资源互补优势,形成错位竞争空间格局,才能促进区域协调发展。

第三,加快产业转移与承接步伐,优化区域空间格局,是我国区域协调发展的有效途径。首先,中西部大地区需要借助承接产业转移和基础设施投资,实现其产业结构调整、增加就业机会,更好地带动相关产业的发展。当然,要把生态保护理念贯穿于承接产业转移的整个过程中,不能饥不择食,以降低环保门槛来承接产业转移,对高污染、高消耗的产业承接要严加控制,超出环保指数的,坚决予以拒接(李晓西,2009)。其次,要坚持以市场化为导向推动产业转移,而不是采用国家调统配方式的计划模式,明确产业转移的重点领域和重点区域,充分发挥区域优势,尊重产业转移的客观规律与承接地实际需求相对接,从而形成东中西联动发展。最后,落后地区政府应提升综合配套能力,对承接重点产业给予信贷、财政、税收上的实施建设给予扶植。同时,建立健全跨区域利益协调和补偿机制。通过完善利益补偿机制实现区域间经济利益的再分配,从而实现各方共赢。

第四,在后危机时期,中央政府应该加大对老少边穷、边疆少数民族等特殊类型区的支持,它是我国区域中长期发展的着力点。解决这些特殊地区仅依靠市场力量是远远不够,需要制定出分别适用于革命老区、少数民族地区和边疆地区的专门性政策,对其进行统一规划,加快基础设施的建设,实施公共服务均等化,并结合本地比较优势,承接东部地区产业,增强与发达区域的经济联系(林家彬,2004)。对于那些过去实践证明行之有效的政策措施,需要进一步加大实施力度;在新形势下,要与时俱进,也进行一定程度上的政策和制度的创新(周良民,2007)。通过体制改革,使援助对象与目标清晰,援助渠道透明,援助监督规范,援助政策运转规范这将不仅加强民族团结、维护祖国统一、确保边疆长治久安的迫切要求,而且优化特殊区域的空间格局，促进跨区域之间的要素流动，促进区域协调发展。

6.6 主要结论与对策建议

6.6.1 主要结论

本章通过构建区域协调发展目标的多维度评价体系，分别采用静态和动态组合评价方法对我国区域协调发展进行测度与实证分析。在此基础上，探讨我国区域协调发展状况的空间特征：分布与动态演变。

采用组合评价方法对区域协调发展状况进行静态评价，主要内容和结论如下：

第一，在区域发展差距评价中，2007年我国各省市区区域经济发展差距呈现出东强—东北弱—中西部更弱的梯度空间分布格局；中部和西部地区之间的区域经济差距在缩小，尤其西北地区区域发展差距指数要高于中部地区。区域经济发展指数最高的上海是最低的四川的3.72倍，在前10名的地区，东部地区以绝对优势占据了7席，东北地区占2席，西北地区占1席。在后10名的地区中，西北地区与中部地区平分秋色。

第二，在基本公共服务均等化方面，2007年我国各省市区公共服务均等化发展水平呈现出东强—东北弱—中西部更弱的梯度空间分布格局。基本公共服务均等化发展指数最高的上海是最低的广西的6.93倍；以排在经济发展水平前10名的地区，东部地区以绝对优势占据了7席，东北地区占2席，分别为辽宁和黑龙江，中部地区为河南。后10名的地区为切入点，西部地区也以绝对优势占据了8席，其中西北地区占据5席，而中部地区占据2席，分别为安徽和湖南。

第三，在市场一体化方面，2007年我国各省市区市场一体化水平呈现出东强—东北弱—中西部更弱的梯度空间分布格局。市场一体化指数最高的上

上篇：总论

海是最低的贵州的7.53倍；东部地区以绝对优势在前10名占据了8席，西北地区和东北地区各自占1席，分别为内蒙古和辽宁。后10名的地区，西部地区也以绝对优势占据了7席，以西北地区为主，中部地区占据3席。

第四，在区域协调发展总指数方面，2007年我国各省市区协调发展目标总指数呈现出东强—东北弱—中西部更弱的梯度空间分布格局。指数最高的上海是最低的贵州的8.51倍，排在前5名的其他省市区分别是北京、天津、浙江和河北，排在前10名的绝大多数是东部省区。其中以上海为核心的长三角地区和以北京为核心的首都经济圈发展势头为最好。排在后5名的是广西、安徽、四川、甘肃、贵州。

第五，在区域协调发展度水平方面，2007年我国各省市区协调发展目标总指数呈现出东强—东北弱—中西部更弱的梯度空间分布格局。协调发展度指数最高的上海，排在前5名的其他省区分别是北京、天津、江苏、浙江。排名最后五位的则是青海、甘肃、贵州、云南、广西，均来自西南和西北省区。此外，上海与北京属于优质协调发展；天津处于良好协调发展；江苏、浙江、广东、辽宁、山东处于中级协调发展；福建、海南、山西、黑龙江、河北等11个省区都处于初级协调发展的状态；甘肃、贵州、云南、广西处于濒临协调发展。

采用组合评价方法对区域协调发展状况进行动态评价，主要内容和结论如下：

第一，在区域发展差距方面，2000年区域发展差距呈现出东部—中部—东北—西部的区域发展格局，而到2007年随着中部地区在区域发展差距方面滞后于东北与西北地区，呈现出东部—东北—西北—中部—西南的空间格局。排名前三名的始终是上海、北京和浙江三个省，只是他们之间的座次有着微小的变化。在全国各省的排名的变化中，稳中有降的是吉林和内蒙古。吉林的排名从2000年排名第7名下降至2007年的第9名；内蒙古的排名从2000年第15名下降至第17名。在西部省区中，缩小区域发展差距排名上升最快的是新疆。

第二，在基本公共服务均等化方面，西北地区在公共服务均等化方面落后于其他省份，而东部地区沿海地区始终保持着领先地位；中部地区稳中上升，西南地区稳中略有下降，东北地区保持不变。排名前三名的始终是上海、北京和天津三个直辖市，始终排在全国的前列，稳坐前三把交椅，在全国区域公共服务均等化方面做出示范作用并体现出扩散效应。从前10名的省区中可以发现，这些省大部分省份来自沿海地区。其中，以福建省在公共服务均等化方面进步最快；稳中有降的是安徽和广西；下降幅度较快地区为甘肃和青海省。

第三，在市场一体化方面，自2000年以来形成东部—东北—中部—西部的发展格局没有实质性的变化。排名前三位的始终是上海、北京和天津三个直辖市；从前10名的省区中可以发现，这些省大多数来自东部沿海地区，但是西北地区的内蒙古在所考察期间内呈现出快速上升趋势，从2000年第23名上升到2007年第10名。稳中有降的是湖南和黑龙江。湖南的排名分别是2000年排名第19名下降至2007年的第22名；黑龙江的排名2000年第11名下降至第16名。

第四，在区域协调发展总指数方面，自2000年以来形成东部—东北—中部—西部的发展格局没有实质性的变化。排名前三位的始终是上海、北京和天津三个直辖市的位置没有变化，表明三个直辖市在区域协调方面做出全国的表率与示范作用，成功经验值得推广。从前10名的省区中可以发现，这些省大多数来自以上海为核心的长三角地区，以北京为核心的环渤海地区，以广东为核心的泛珠三角地区。其中，以福建省在区域协调发展中快速上升最为明显，从2000年第24名上升到2007年第10名。下降幅度最快的两个省份是安徽和河南。安徽的排名分别是2000年排名第19名下降至2007年的第27名；河南的排名2000年第10名下降至第19名。在西部省区中，从名次上看，区域协调发展排名上升速度最快的是新疆。从2000年的倒数第4名跃居到第9名。

第五，在区域协调发展度水平上，自2000年以来形成东部—东北—中部—西部的发展格局没有实质性的变化。排名前三位的始终是上海、北京和天津三个直辖市。从前10名的省区中可以发现，大部分来自东部地区。其中，以福建省在区域协调发展中快速上升最为明显，从2000年第18名上升到2007年第9名。在全国各省的排名的变化中，下降幅度最快的两个省份是安徽和广西。安徽的排名分别是2000年排名第17名下降至2007年的第22名；广西的排名2000年第24名下降至第30名。在西部省区中，除了新疆以外，其他地区排名总体靠后。

以2000—2007年区域协调发展状况以及协调发展水平作为衡量指标，拓展其空间维度分析，从区域协调发展的空间分布图得到以下结论：第一，在区域发展差距方面，在2000—2007年的空间分布一个显著特点在于区域发展差距不断缩小的活动范围锁定在沿海地区，尤其以上海为中心的长三角地区、以北京为核心的环渤海地区以及以广东为核心的珠三角地区，表明作为中国经济增长极，与其相邻的省份的区域经济发展差距拉开一定的档次，并形成在沿海地区的空间聚集现象。当然，还可能有一些中等程度的空间聚集，如中部地区的湖南、湖北和河南地区。第二，在基本公共服务均等化方面，以沿海地区的公共服务均等化一直处于全国领先地位；东北地区辽宁、吉林、黑龙江三省的公共服务均等化存在较大差距，其中以辽宁表现最好；中部地区在公共服务均等化指数自2000年以来呈现不断上升的趋势；西北地区的公共服务均等化指数比西南地区要好，其中，西北地区有3个省份处于第三集团；而西南地区大部分地区处于第四集团。第三，在市场一体化化方面，2000—2007年的市场一体化指数的空间分布变化不大。市场一体化程度较高的地区密集集中在沿海地区，尤其以上海为中心的长三角地区、以北京为核心的环渤海地区以及以广东为核心的珠三角地区；东北地区市场一体化程度其次，中部地区次之，西南地区最弱。第四，在区域协调发展总指数方面，2000—2007年的五大板块的空间格局基本没有太大变化。区域协调发展较高的地区密集集中在沿海地区，尤其以上海为中心的长三角地区、以北京为核心的环渤海地区以及以广东为核心的珠三角地区，而与沿海地区相邻的省份，如东北地区，处于第二集团，并且西北地区新疆与内蒙古在区域协调发展中进步较大，也处于这个集团中。而中部地区的大部分省份处于第三集团，而西南地区处于第四集团。第五，在区域协调发展度水平方面，各省份在2000—2007年区域协调发展水平的五大板块的空间格局基本没有太大变化。区域协调发展水平较高的地区密集集中在沿海地区，尤其以上海为中心的长三角地区、以北京为核心的环渤海地区以及以广东为核心的珠三角地区，而东北地区三个省份呈现出不同程度的差异性；中部地区的大部分省份处于第二集团；西北地区的新疆与内蒙古处于第三集团；西南地区均处于第四集团中。

6.6.2 对策建议

6.6.2.1 进一步实施区域协调发展战略

从"九五"开始，鉴于我国地区间差异越来越大，国家陆续出台了一系列促进区域发展的战略。从20世纪90年代提出的西部大开发，到振兴东北老工业基地，加上从改革开放以后逐渐形成的支持东部率先发展的战略，构成了国家总体战略[①]。区域规划是区域协调发展战略的进一步的细化，达到区域协调发展战略的手段。其深层意义在于：首先，培育更多的区域经济增长极，从而保证国民经济的稳定增长，尽管这些措施的出台已经酝酿了很长时间，不是直接应对金融危机的冲击，但由于外部环境变化，加快了规划批复的步伐，客观上对抵御金融危机的冲击、保持经济稳定性，起到了积极作

---

① 范恒山：13个区域振兴规划是国家实验[EB/OL]，http://news.hexun.com/2010-03-04/122846043.html。

用。从长期战略的角度来看，为了促进区域协调发展，改变区域发展失衡带来的消极影响，有利于促进社会主义和谐社会建设[①]。

6.6.2.2 缩小区域之间的差距，促进空间格局优化

东部地区及东北部地区与中西部地区城乡之间差距有扩大趋势。党的十六大提出了要在本世纪的头二十年全面建设惠及十几亿人口的更高水平的小康社会的奋斗目标，统筹区域协调发展、统筹城乡协调发展，促进区域一体化、促进城乡一体化，让全国人民都能够分享改革发展的成果，在基础设施、义务教育、医疗卫生、社会保障等方面享受到质量和数量都大体相当的基本公共服务，从而保障落后地区居民最基本的生存权和发展权，全面提高人口素质，增强落后地区长期的自我发展能力。

其次，要处理好落后地区政策倾斜和保护发达地区发展积极性之间的关系，不能强调区域与城乡之间的均衡，以牺牲发达地区和城市发展为代价，兼顾效率与公平。具体来说，缩小收入差距要控制在社会可承受的范围之内，并逐步缩小，最终实现地区间的共同富裕。从短期看，将差距要控制在合理范围，从长期看，要促进向均衡方向得发展。从而，既要注重区域间、城乡间的当前利益协调，又要注重长远利益协调。设计合理的机制使落后地区能够分享到发达地区经济增长过程中的果实，促进劳动力的流动和土地的跨地区交易。

最后，破除劳动力流动的障碍，改革户籍制度、社会保障制度，使农民进城后享有公平的社会保障水平，为进城农民子女创造良好的教育环境，改善住房条件，加大对廉租房和平租房的建设。缩小城乡收入差距，改善农村生活水平，不仅要做到"家电下乡"，更重要的是要让农产品走出农村，切实增加农民的收入水平。

[①] 陈秀山：区域规划重构中国经济版[EB/OL]．http://www.sdpc.gov.cn/dqjj/qygh/t20100128_327410.htm．

6.6.2.3 实现地区间基本公共服务均等化，促进区域协调发展

完善分税制，努力改进累进税制，进一步加大财政性地区转移支付制度的建设，建立明确的地区财政支出平衡机制，保证各地区公共服务水平的均等化。针对现有问题，"十二五"时期，在进一步加大财政性地区转移支付制度的建设上，可以做两点：一是按照全国统一的制度和标准，不断提高各类社会保障的统筹层次，在基本完成社会保障体系省级统筹的基础上，加快全国统筹目标的实现；二是转变政府职能，进一步减少政府机构和编制，在公务员收入水平不得高于全社会中等收入水平的情况下，逐步实现各省区公务员名义工资上的大体一致[①]。这就要求兼顾效率与公平，区域均衡目标以不损害地方政府财政收入积极性为前提，并保持适当程度的税收激励；规范转移支付，增加其透明性，减少随意性，做到有法可依。

6.6.2.4 加强地区间区域合作，推进市场一体化进程

为了实现区域协调发展的目标，加强区域协调合作是必不可少的，目前区域合作主要表现在：随着区域分工价值链的深化，区域之间的分工已经由垂直分工，即中西部地区提供原材料，东部地区及东北部地区生产制成品，转变为区域之间的水平分工，西部地区参与到了部分的价格行列；生产要素也出现了双向流动，西部地区到东部地区及东北部地区设厂，东部人才到西部地区就业；东部地区及东北部地区的产业转移为西部地区带来了发展的新机遇，也为东部地区及东北部地区发展新兴产业提供了新空间；产业的集群化发展带动了城市群的发展，其辐射带动作用超出了行政区划，因此区域协调与合作越加重要。因此加强区域之间的合作对于中西部地区的发展有重要的作用，对全国层面上的全面协调发展也有重大的意义。为了提高区域之间的协调与合作，其对策与建议如下：

---

① 刘勇："'十二五'时期我国城乡区域协调发展的几点建议"，学习与实践，2009年第7期。

首先，实现区域和谐的制度基础。完善区域管理的机构与组织，解决"谁管"问题；明确区域管理的作用对象，解决"管谁"的问题；建立健全协调区域发展的法律法规体系，解决"用什么管"的问题；规范区域管理的决策程序，解决"怎么管"的问题[①]。其次，科学地确定各地区的发展定位。根据比较优势对各地区进行合理的定位，选择差异化发展战略，从而减少区域之间对资源之间的争夺，形成区域优势互补的格局，促进区域之间的合作。再次，推进政府间的合作，完善区域协调发展的联动机制，打破行政区边界，减少区域壁垒和封锁，促进区域经济一体化。同时还要将政府为主导的区域合作形式逐渐转变为企业为主导的区域合作形式，通过区域政策鼓励多层次多方式的区域企业合作等方面促进区域分工合作的发展。运用补助、优惠贷款、税收优惠、基础设施建设与科技或工业园区发展等政策工具鼓励区域间企业合作，促使参与合作的企业和地方都能受益而且符合整个国家发展要求的新型企业主导型区域合作格局早日形成[②]。

6.6.2.5 引导产业转移，增强区域协调发展能力

2000年与2007年东部地区及东北部地区的协调发展系数由良好协调变为中度协调，协调状况恶化，说明其协调能力下降，反映在省市区层面天津、江苏、浙江三省的协调等级也下降，这和其产业发展有一定关系。根据梯度理论，经济与技术的发展的区域梯度是客观存在的，是产业生命周期在空间上的表现形式。创新阶段产业一般出现在高梯度发达地区，而产业发展到衰退阶段以后一般会有向低梯度的落后地区转移的趋势。目前东部地区及东北部地区一些劳动密集型和一些资金密集型的产业已经进入衰退阶段，工资、土地、原材料等要素价格上涨，节能、减排的压力使得利润空间大大压缩。

---

① 张可云："论区域和谐的战略意义与实现途径"，创新，2007年第4期。
② 张可云、洪世键："全球化背景下中国区域分工与合作问题探讨"，经济经纬，2004年第6期。

预计在2008年开始实施进行"两税合一"以及金融危机带来的出口减少,可能会加剧该类产业发展的成本压力,以及向中西部进行产业转移的动力。该类产业的转移为新兴产业留下发展空间,发展高科技产业。这对于发展中西部地区经济和东部地区及东北部地区产业调整以及缩小区域间的差异都有很大帮助。因此,应积极引导东部地区及东北部地区产业向中西部地区转移。

一方面,改善中西部地区的软环境与硬环境。其中的软环境包括进行制度创新,使中西部地区更好地承接东部地区及东北部地区的产业转移,加强区域之间的合作;制定产业发展规划,防止产业结构趋同。硬环境,是指中西部地区承接产业转移所需要基础配套设施建设,尤其是交通、通信部门的发展。

另一方面,改变中西部地区的思想观念。将过去区域追赶思想、只依靠国家重大项目的思想转变为区域协调发展思想,积极承接东部地区及东北部地区的产业转移,发展区域经济。对于大部分的中西部地区,尚不具备赶超东部的基础,接受产业转移是较优的选择,既可以促进东部地区及东北部地区发展新兴产业,也可以促进本地区的经济发展。如果从国外引进技术发展产业,可能由于基础设施以及技术人才等要素缺乏而导致失败,还会引起各地区对资源的争夺和产业的同构现象,不利于区域之间的协作,反而会引起区域之间的矛盾。国家资金有限,而且随着市场经济的发展,政府的作用更多的是引导经济的发展,完全依靠国家重大项目发展经济的可行性不大,中西部地区应该寻找自己"造血"的能力。

参考文献

1. 沈文敏、江南、刘先云:"怎么看东部经济增长的'慢'",《人民日报》,2009年8月12日。
2. 付允生:"金融危机背景下的浙江转型升级",http://news.sina.com.cn,2010。
3. 王一鸣:"调整和转型:后金融危机时期的中国经济发展",《宏观经济研究》,2009年第12期。

4. 陈耀："产业资本转移新趋势与中部地区承接策略", http://www.chinado.cn/ReadNews.asp?NewsID=1681, 2009。

5. 王正忠、汪延、王圣志："1.4万亿的产业转移蛋糕, 资本闻'香'而来", http://jjckb.xinhuanet.com/sdbd/2009-04/22/content_155031.htm, 2009。

6. 姜增尧："温州: 在转移前实现转型升级", http://finance.sina.com.cn/roll/20090106/08262609835.shtml, 2009。

7. 褚晓亮："金融危机背景下中西部和东北地区需如何承接产业转移", http://jjw.mei.gov.cn/package_plan/news/20090209/249242200902090922839_1.htm, 2010。

8. 王一鸣："中国产业转移规模将越来越大", http://finance.qq.com/a/20100719/004526.htm, 2010。

9. 蔡昉、王德文、曲玥："中国产业升级的大国雁阵模型分析",《经济研究》, 2009年第2期。

10. "推动国内产业转移, 促进区域经济发展", http://www.amr.gov.cn/qikanshow.asp?articleid=1791&cataid=9, 2009。

11. 内蒙古自治区人民政府："内蒙古自治区人民政府关于做好承接发达地区产业转移的指导意见", http://law.baidu.com/pages/chinalawinfo/1701.html, 2008。

12. 劳佳迪："上海'腾笼换鸟'产业转移≠污染转移", http://newspaper.jfdaily.com/xwwb/html/2010-02/09/content_279201.htm, 2010。

13. 周黎安："中国地方官员的晋升锦标赛模式研究",《经济研究》, 2007年第7期。

14. 徐现祥、王贤彬、舒元："地方官员与经济增长——来自中国省长、省委书记交流的证据",《经济研究》, 2007年第9期。

15. 张孝德："2009应对金融危机要谨防政府与市场关系的三个偏差", http://www.fjbb.gov.cn/html/8/1287/26183_200910947.html, 2009。

16. 李晓西："东部产业转移趋势与承接机遇",《中国国情国力》, 2009第2期。

17. 周民良："突出发展问题区域化解地区发展不平衡矛盾", http://www.gmw.cn/content/2007-03/14/content_567664.htm, 2007。

18. 林家彬："老少边穷: 仅靠市场力量是不够——关于促进老少边穷地区发展的政策选择", http://finance.sina.com.cn/roll/20040211/0815625809.shtml, 2004。

19. 陈秀山、张可云:《区域经济理论》, 北京: 商务印书馆2007年出版。

20. 陆大道："地区合作与地区经济协调发展",《地域研究与开发》, 1998年第1期。

21. 白雪梅："社会协调发展的测度方法",《统计与决策》, 1998年第1期。

22. 吴殿廷："从可持续发展到协调发展—区域发展观念的新解读",《北京师范大学学报(社会科学版)》, 2006年第4期。

23. 杨伟民："地区间收入差距变动的实证分析",《经济研究》, 1992年第1期。

24. 魏后凯："论我国区际收入差距的变动格局",《经济研究》, 1992年第4期。

25. 周民良："对中国区域差距与区域发展若干重大问题的讨论"，《开发研究》，1998年第4期。
26. 李二玲、覃成林："中国南北区域经济差异研究"，《地理学与国土研究》，2002年第11期。
27. 陈秀山、徐瑛："中国区域差距影响因素的实证研究"，《中国社会科学》，2004年第5期。
28. 管卫华、林振山、顾朝林："中国区域经济发展差异及其原因的多尺度分析"，《经济研究》，2006年第7期。
29. 陈栋生："论区域协调发展"，《工业技术经济》，2005年第4期。
30. 高志刚："基于组合评价的中国区域竞争力分类研究"，《经济问题探索》，2006年第5期。
31. 高志刚："中国区域经济发展及区域经济差异研究述评"，《当代财经》，2002年第5期。
32. 高志刚：《新疆区域可持续发展评价预警及调控》，乌鲁木齐：新疆人民出版社2006年出版。
33. 张若："开放经济下区域贸易模式与空间格局演变：基于改进C—R模型的理论与实证研究"，《中国人民大学博士学位论文》，2009。
34. 汤学兵："中国区际基本公共服务均等化研究"，《中国人民大学博士学位论文》，2009。
35. 孙洋："产业发展战略与空间收敛：长三角、珠三角和环渤海区域增长的比较研究"，《南开经济研究》，2009年第1期。
36. 安体富："公共服务均等化:理论、问题与对策"，《财贸经济》，2007年第8期。
37. 安体富、任强："中国公共服务均等化水平指标体系的构建—基于地区差别视角的量化分析"，《财贸经济》，2005年第6期。
38. 樊纲、王小鲁、朱恒鹏等：《中国市场化指数—各地区市场化相对进程2006年度报告》，北京：经济科学出版社2007年出版。
39. 张启春："中国区域差距与政府财政平衡机制"，《财贸经济》，2008年第1期。
40. 白重恩、杜颖娟、陶志钢、仝月婷："地方保护产业地区集中度的决定因素和变动趋势"，《经济研究》，2004年第4期。
41. 保健云："中国发达地区间的发展竞争与市场一体化"，《中国人民大学学报》，2006年第3期。
42. 蔡丛露："我国区际贸易发展的现状分析及其对策"，《亚太经济》，2003年第3期。
43. 黄赜琳："中国制造业市场一体化程度测算及变动趋势"，《中国工业经济》，2007年第11期。

7 促进我国区域协调发展的政策建议

区域协调发展，是深入贯彻落实科学发展观，全面建设小康社会、构建社会主义和谐社会的战略任务和必然要求，也是"十二五"规划建议重申的区域发展总体战略目标。促进区域协调发展归根结底需通过具体的区域政策的制定与实施而落实和实现。区域经济政策通过相关区域政策工具的运用，可以解决一定时期内的突出的区域经济问题，有效实现区域政策的目标。

现阶段及今后一段时期内，如何通过区域政策工具的综合运用，按照资源环境承载能力，明确不同区域的功能定位，形成区域分工合理、区域比较优势充分发挥、区域差距控制逐步缩小在合理范围、区域基本公共服务均等化、区际良性互动、市场一体化加强、资源有效利用及环境生态得到保护和改善的区域协调发展格局，构成区域协调发展政策的主要目标。报告本部分的主旨是在前述内容基础上，勾勒出促进区域协调发展的政策体系框架，提出促进我国区域协调发展的总体思路和具体政策建议。

7.1 促进区域协调发展的区域政策体系和总体思路

7.1.1 区域政策体系

促进和实现一国范围内区域经济的协调发展，必须依靠政府区域政策的实施。区域政策，作为政府主要是中央政府干预区域经济的重要工具，通过政府的集中安排，可以有目地针对某些区域问题灵活运用奖励或限制各类区域政策工具，以改变由市场机制作用所形成的一些空间结果，促使区域经济的发展与区域间经济格局的协调，并保持区域收入分配的合理。从广义而言，国家区域经济政策是国家为了促进地区经济协调发展而采取的各项政策措施的总和。表7-1是借鉴国内外理论研究和实践经验得出的促进区域协调发展的一揽子政策体系，它为政府促进区域协调发展提供了可供选择的政策目标、工具类型与作用对象组合。

实践中，对促进区域协调发展的政策体系的应用，必须强调对以下几个方面的认识：

第一，从区域协调发展涉及的最终目标及目标体系要求出发，区域政策的运用涉及对各类型区域政策的选择和组合运用。区域政策由一系列具体的政策所组成，区域政策体系涉及区域援助和限制政策、区内政策和区际政策，也涉及财政税收政策、金融货币政策以及投资政策和产业政策，须在区域政策实践中根据区域政策目标和国情区情予以综合权衡，组合运用。

从可能选择的政策工具的性质而言，区域政策包括奖励政策和限制政策。前者通常被称为"胡萝卜"政策，集中体现为对特定区域的发展予以直接或间接支持的各种工具集合，国内学者通常称之为区域补偿政策或区域援助政策[1]，

---

[1] 魏后凯、邬晓霞：“国家区域援助政策的理论依据、效果及体系构建”，《中国软科学》，2009年第7期；王一鸣：《中国区域经济政策研究》，北京：中国计划出版社1998年版。

表 7-1 促进区域协调发展的一揽子区域政策体系

政策目标	最终目标：区域协调发展，缩小乃至消除区域差距	五大核心目标体系：区域比较优势充分发挥 区域差距范围合理 区域基本公共服务均等化 市场一体化加强 资源环境有效利用及保护和改善	
政策工具	政策工具类型	奖励政策（"胡萝卜"政策）（区域补偿政策或区域援助政策）	直接援助	转移支付 优惠贷款 减免税收
			间接援助	基础设施 工业与科技园区
		限制政策（"大棒"政策）（区域控制政策）		禁止 产业开发许可证制度 课税
政策作用对象	问题区域	落后区域 萧条区域 膨胀区域		

主要用于对欠发达地区的援助。限制政策被称为"大棒"政策，是对特定区域的发展实施一定限制的措施，在我国主体功能区政策规划中有明显体现。从政策的作用对象而言，区域政策包括落后区域政策、萧条区域政策与膨胀区域政策三类。落后区域政策主要是有重点地援助发展水平低、一国范围内相对落后的区域，促进其尽快起飞；萧条区域政策重视的是老工业区和资源枯竭区域的调整与改造，通过一定手段帮助其调整结构与重整昔日的辉煌；膨胀区域政策主要是运用直接控制或许可制度，限制并分散人口与经济活动过度集中地区的发展。从政策作用层次而言，区域政策还涉及宏观区域政策与微观区域政策。宏观区域政策主要是将一般宏观经济政策如财政政策、货币政策区域化，针对不同类型问题区域采用不同的宏观政策工具，以整个指

7. 促进我国区域协调发展的政策建议

定区域为作用对象,通过影响微观主体的决策和行为来引导整个问题区域的发展;微观区域政策的应用更为普遍。从政策作用功能而言,区域政策包括区域经济发展政策和区域经济关系协调政策。区域经济发展侧重于单个区域内的增长刺激和结构调整,如投资政策;而区域经济关系政策重点是解决区域经济差距和协调多个区域间的利益矛盾与冲突,如产业布局政策。区域政策的最终目标是实现区域协调发展,缩小乃至消除区域差距,但各阶段各时期的区域政策必须选择针对现实区域问题明确提出更为具体的政策目标,本课题提出的今后一定时期的主要目标包括前述的五大具体目标。

第二,促进区域协调发展的区域政策不仅涉及区际关系政策,也离不开区域发展政策。如上所述,区域经济发展政策主要涉及区内,政策主体不仅包括中央政府,更重要的还包括相应层级的地方政府,其主要目标侧重于单个区域内的经济和社会发展。区域经济关系协调政策目标是一国范围内区际间的协调发展,政策重点是解决区域经济差距和协调多个区域间经济关系,政策决策主体主要是中央政府。从促进区域协调发展要求而言,区域协调发展既包括了国家范围内区际关系的协调,也要求各区域自身的良性发展。因此,在以解决区际关系问题政策为主的同时也必须以区域经济发展政策为基础。

第三,现阶段中国促进区域协调发展的区域政策的重点是以区域奖励政策(或称之为补偿政策或援助政策)及其系列工具的运用为主,以控制政策及其工具为辅。鉴于中国的大国国情、改革开放后的快速增长变革直接催生的我国落后、萧条和膨胀三类区域病症的同时并存,和落后问题的长期性的客观事实,同时借鉴欧盟和加拿大、德国等国的区域政策实践经验,我国现阶段和今后一段时期,区域政策实践当以区域奖励政策为主,加强对欠发达地区、老工业基地、生态脆弱区域的援助和补偿,突出政府间财政转移支付在确保区域基本公共服务均等化和资源节约和生态环境保护以及区域差距的逐步缩小等目标上的援助作用。与此同时，辅之于直接（禁止）或间接控制政策，以抑制膨胀区域的过度膨胀。

第四，促进区域协调发展的区域政策的制定和实施必须重视区域政策和产业政策的协调。协调区域经济关系须注重区域产业布局政策的应用。从本质上讲，建立合理的区域分工关系、优化产业空间配置的过程就是区域间产业布局合理化的过程。产业布局政策既是区域政策体系中极为重要的组成部分，又是产业政策体系中不可或缺的重要内容，前者主要从区域发展角度建立和完善区域间的产业分工关系，而后者则是根据产业发展的经济技术要求，鼓励或限制特定地区发展某种产业。产业政策主要以企业为调节对象，促进供给数量和质量的提高；区域政策主要以地区为调节对象，不仅涉及产业发展问题，而且还涉及国民收入在地区间的合理分配和社会公平问题。通过有效的产业布局政策可以促进各地区发挥地区比较优势，建立合理的产业分工关系，以实现资源在空间的优化配置。还可以加强对农业生产区、矿产区和老工业基地的扶持，以增强其综合发展能力，提高市场竞争能力。就我国来说，主要是明确沿海与内陆、东部与中西部以及东北地区、主要经济区以及各省（区、市）之间的产业分工关系，推动各地区发挥相对比较优势。

7.1.2 总体思路

促进区域协调发展要以科学发展观引领区域政策全局，在区域协调政策中深入贯彻落实科学发展观。将区域协调发展置于构建和谐社会的总体背景之下，以区域协调发展为总体政策目标。强化市场和政府两大推动力，以中央政府的政策调控为主导，充分调动各级地方政府参与的积极性，国家主导，地方配合。以五大区域、主体功能区及经济圈和经济带三个空间层次作为政策操作的空间。在明确不同区域的功能定位的基础上，以区域援助政策为主，综合运用奖励政策和限制政策工具，围绕区域利益协调这一主线、区

7. 促进我国区域协调发展的政策建议

域间经济发展过程协调和社会发展过程协调两大任务领域，以空间协调和产业协调为两大突破点，重点建立区域间的利益环境补偿机制，建立完善符合中国国情的区域政策框架体系和区域协调发展机制。政策重点目标是全面提升区域自我发展能力和竞争能力，形成区域分工合理、区域比较优势充分发挥，区域差距控制逐步缩小在合理范围，地区基本公共服务均等化，区际良性互动、市场一体化加强，资源有效利用及生态环境得到保护和改善的区域协调发展格局，并开展区域协调发展进程的动态监测与评估，适时做出动态调整。

（1）促进区域协调发展须以科学发展观为区域政策的总体指导原则，将区域协调发展置于构建和谐社会总体背景之下。

促进区域协调发展的各项政策必须以科学发展观理论为思想指导，使科学发展观理念在区域政策中得以深入贯彻体现。虽然从区域协调发展战略目标的提出沿革来看，区域协调发展战略目标的正式提出是在"九五计划"。当时提出区域协调发展目标主要针对的是改革开放以后日益扩大的区域差距。但在党的十六届三中全会提出科学发展观、十六届六中全会提出构建社会主义和谐社会任务、十七大将科学发展观写入党章后[①]，科学发展观的确立，赋予了区域协调发展新的时代要求和新内涵、价值标准，使得"区域协调发展"成为科学发展观对于区域发展战略和模式的总体指导思想。科学发展观要求更加注重区域公平，使全国人民得以共享改革发展的成果。要实现科学发展，客观上要求区域间保持良性互动、协调发展，充分发挥各自的比

---

① "九五计划"明确提出：要逐步地、积极地解决地区差距扩大问题，实施区域经济协调发展战略。党的十六届三中全会明确提出了科学发展观，并明确提出了"五个统筹"作为落实科学发展观的新要求，包括统筹区域发展；十六届六中全会提出了构建社会主义和谐社会的任务，指出要按照科学发展观的要求，落实区域发展总体战略，促进区域协调发展。党的十七大进一步将"科学发展观"正式写入党章，成为我国经济社会发展的重要指导思想。

较优势，从而提高宏观经济（空间）效率。科学发展观强调可持续发展，保持经济社会发展与自然资源环境的协调，这要求在资源开发利用过程中各个区域之间要相互合作、利益共享，使生态环境得到更好的保护，从而促进经济社会的长期、可持续发展。因此，促进区域协调发展是落实科学发展观的内在要求，是推动科学发展、促进社会和谐、全面建设小康社会的重要支撑，区域协调发展是构建社会主义和谐社会的重要基础。和谐社会是经济社会协调发展的社会，是人与人、人与自然协调相处的社会，是区域间、城乡间的全面健康协调发展的社会。因此，逐步缩小区域经济社会发展差距，促进区域经济社会协调发展，关系到不同区域间城乡居民能否共享改革开放成果、逐步实现共同富裕的大局，是社会主义的本质要求，也是构建社会主义和谐社会的重要基础。

（2）促进区域协调发展须以区域协调发展为总体政策目标，以区域比较优势充分发挥、区域差距控制在合理范围、地区基本公共服务均等化、市场一体化加强、资源有效利用，环境生态得到保护和改善五大核心目标为政策重点。

从各国区域政策实践来看，区域政策的制定和实施针对的都是一定阶段和时期的突出区域问题。改革开放以来，我国经济社会发展取得了举世瞩目的成就，各地区保持了高速的经济增长，经济实力显著增强。但同时也出现了一系列区域问题，严重影响到区域协调发展。区域经济差距呈现不断扩大趋势，同时，区域间基本公共服务均等化水平也迅速扩大，发达地区与不发达地区在基础设施、医疗卫生、文化教育科技、社会保障等公共服务方面已存在显著差距。如何在继续提升宏观（空间）经济效率的同时，使各区域居民能够共享改革发展的成果，享受均等化的基本公共服务，实现区域发展公平和效率的统一，已成为当前面临的最为突出和紧迫的问题。

我国资源空间分布极不均衡，资源环境问题十分突出。由于各区域功能

7. 促进我国区域协调发展的政策建议

分工定位不明确，不少区域过度开发导致资源环境质量退化，综合承载力下降，经济增长的资源环境代价过大，可持续发展面临严重威胁。如何根据资源环境承载力和已有的开发力度，确定各区域的合理功能分工，实现空间的协调，是区域协调发展面临的又一突出问题。特别是在资源的跨区域开发与流动过程中，涉及地区间资源、环境利益的补偿问题，而区域间的资源环境补偿涉及众多利益主体，其中落后地区和生态脆弱地区的发展权问题应得到充分重视。无论是资源开发中的资源环境补偿还是落后地区发展权补偿，都面临资金来源问题，区域间的利益分配与协调难度很大；在现行制度与体制背景下，由于地区间存在着地方保护、市场壁垒，市场一体化尚未形成。受政绩考核体系影响，地方政府倾向于追求GDP增长、投资规模扩张，忽略区域长期持续的发展利益，行为目标短期化明显，导致地区间盲目竞争、重复建设，地区比较优势没有得到充分发挥，难以形成合理的区域产业分工，行政区与经济区之间的矛盾十分突出。如何实现有序的区域内产业结构优化和区域间产业转移，促进区域分工合理化，加强区域间联系，既关系到发达地区产业结构调整，又关系到落后地区承接产业转移，实现经济发展。破解区域间产业结构冲突，加强区域间产业联动是区域协调发展的重要途径，其核心问题是如何处理好区域间产业合作与竞争关系。上述五大方面的问题是我国当前和今后一段时期内区域协调发展面临的主要问题，需要综合的破解思路和解决方案。因此，区域协调发展政策须针对上述主要问题和障碍，在明确不同区域的功能定位、形成合理的区域分工合作、各具特色的区域发展格局的基础上，以区域比较优势充分发挥、区域差距控制在合理范围、地区基本公共服务均等化、市场一体化加强、资源有效利用，环境生态得到保护和改善为区域协调发展政策的核心目标。

（3）促进区域协调发展须明确区域协调政策主体，以中央政府为主导，充分调动省和地方政府的参与积极性。

从欧盟区域政策的实施经验来看，一切区域政策均源自欧盟而非成员国，均由欧洲议会表决通过，欧盟统一负责主持实施。但在实施过程中区域收敛等目标所涉及的成员国及地方政府须积极参与配合，共同促进政策目标的完成。区域协调发展主要涉及的是区际关系，这决定了地方政府作为协调主体的局限性。在肯定各级地方政府在本辖区内具有追求区域协调发展动力的同时，也不得不承认其在促进跨行政区的协调发展中的局限性，承认其具有独立的利益取向。从这个意义上说，地方政府在追求全国范围内的协调发展中只能充当配角。而从区域政策的主要特征来看，它也主要是来自"上面"的政策，因此，区域协调政策的主体应该是中央政府，要以中央政府调控为主导，区域经济关系协调政策的制定、出台、实施以及监督反馈须由中央政府这一政策主体及相关部门负责。与此同时，地方政府在国家的既定区域政策以及制度框架下，通过协助中央政府的政策计划实施或者通过积极完成中央政府交由地方政府实施的计划或项目，扶持本辖区落后地区的发展，促进本辖区区域问题的解决，通过自身发展，配合实现国家整体协调发展。即由中央主导，地方参与配合。

（4）促进区域协调发展须综合运用奖励、限制政策工具，以形成最优政策组合。

从国外区域政策工具的运用来看，在促进区域协调的过程中，政府针对不同的区域问题通常采用的是"胡萝卜加大棒"的政策组合，即奖励政策和限制政策的综合应用。奖励政策以中央政府的财政转移支付（财政直接拨款）以及优惠贷款、减免税收等区域援助政策为主，主要针对贫困落后区域包括因生态脆弱导致的贫困区域。比如欧盟为了实现其成员国间的经济收敛目标，采用结构基金、凝聚基金和入盟准备金三大基金加强了对成员国欠发达地区的全方位援助。结构基金的援助涵盖从基础设施资助、地方发展项目和小企业到培训和招工体系，再到渔业资源保持与利用平衡、落后区域农村

7. 促进我国区域协调发展的政策建议

发展等广泛的领域，凝聚基金专门援助欧盟收入最低的四个成员国进行基础设施建设和环境建设，2004年起新入盟的中东欧10国也全部纳入该基金援助范围；入盟准备基金主要是为准备加入欧盟的国家提供的一般性援助、结构性政策援助以及农业和农村发展特殊计划所需资金援助。这种以区域援助政策体系为特征的区域政策体系，分工明确而又相互补充，保证了政策目标的实施。限制政策则包括禁止等直接控制和产业开发许可证制度以及课税等间接控制工具，英国对以伦敦为中心的英格兰地区、日本对东京地区等膨胀区都曾使用过限制政策。

促进区域协调发展要根据我国落后区域问题长期存在的客观事实和收敛目标要求，将区域援助政策工具作为主要政策工具，同时站在促进我国整体空间结构优化和调整的高度，根据资源承载能力和发展潜力，适应形成高效、协调、可持续的国土空间开发格局的要求，针对不同区域问题，组合运用多种政策工具，以形成最优政策组合。一方面，政府应通过区域援助政策，坚持把深入实施西部大开发战略放在区域发展总体战略优先位置，给予特殊政策支持，加大对革命老区、民族地区、边疆地区、贫困地区扶持力度，重点增加对禁止开发区域、限制开发区域基本公共服务和生态环境补偿的财政转移支付。另一方面，政府要通过产业准入、建设用地控制等限制政策工具，合理调节不同功能区的发展。综合考虑各地资源禀赋、区位条件和经济社会发展水平等因素，采用法律、经济、行政等多管齐下的区域协调手段，构建多元化的政策工具体系，使区域政策工具从简单化走向精密化。

（5）促进区域协调发展须建立完善符合我国国情的区域政策框架体系。

区域协调政策的实施须借鉴国外成功经验、以建立健全符合我国国情的区域政策框架体系为制度基础，主要应从设置区域政策管理机构、设立区域政策相关基金以及建立健全区域政策法律法规三个方面着手。就管理机构的设置而言，借鉴国外经验，建议在国务院设置一个独立的部委级区域政策管理机构——"国家区域政策管理委员会"，全权负责统筹、协调区域政策的制定、实施和监督反馈工作。同时，考虑设立"中国区域发展政策基金"，并借鉴欧盟凝聚基金的使用，明确服务于政府各阶段的区域政策目标。就法律保障而言，须做好区域协调发展重点领域的立法工作。为保持国家区域政策的稳定性和连续性，建议中央政府制定健全有关区域政策的法律法规，将所有区域政策的制定、审批、执行以及监督调整等过程置于法律框架之内，以切实保证区域政策的有效实施。

7.2 促进我国区域协调发展的具体政策建议

遵循上述总体思路，本研究提出以下具体政策建议。

7.2.1 积极培育中西部区域性增长引擎，着重打造中西部优势特色产业，引导和鼓励欠发达地区的人口的向外转移，促进人口空间结构的合理调整，多层面多渠道采取措施，促进欠发达地区又好又快发展，逐步缩小区域差距

区域协调发展的核心问题和最终目标是缩小区域经济差距，促进区域协调发展从根本上说意味着以人均GDP、人均收入衡量的区域经济差距的缩小，区域间经济的均衡发展。而缩小区域差距实现共同富裕，必须以加快中、西部欠发达地区持续快速发展为主要战略目标而不应以抑制东部地区发展来解决均衡问题。因此，区域政策的制定和实施首先必须将根本着力点放在促进欠发达地区的发展上，多层面多渠道采取措施，促进欠发达地区在主体功能区战略"红线"容许前提下又好又快发展，逐步缩小区域差距，将其控制在社会可承受的范围之内，最终实现区域间的共同富裕、协调发展。

7. 促进我国区域协调发展的政策建议

（1）从空间政策层面采取措施，通过加大中西部地区基础设施建设投资，积极培育中西部区域性增长引擎，重点支持中西部城市群的形成和发展，培育若干带动力强的经济轴带，着力促进欠发达地区的经济发展。

在目前增长中心、城市群及经济圈、经济轴带等主要集聚在东部地区的背景下，要加快中西部欠发达地区发展，政府须采取空间干预政策，通过国土空间规划整治等区域政策，在符合主体功能区整体规划的前提下，促进欠发达地区发展。

其一，政府应适度加大中西部地区基础设施建设投资力度，进一步改善中西部投资环境，着眼于在中西部地区培育增长引擎。基础设施建设是区域经济快速腾飞的重要条件。以美国区域政策为例，美国的西部开发，首先是从运河的挖掘和汽船的应用着手、再扩展到铁路建设。在阿肯色州兴修的水利工程和田纳西流域的田纳西—汤比格水利工程，美国联邦政府不仅分别直接注入12亿美元和40多亿美元巨资，而且还直接参与了上述工程的规划管理。要促进中西部欠发达地区的发展，中央政府有必要在财政投资预算上向中西部倾斜，适度增加对中、西部的财政投资，增加对全国和中西部发展起全局性和关键性的基础设施建设和基础工业发展的投入和支持。也可以考虑通过面向全社会公开发行债券、引进BOT投资方式等多种渠道和形式来募集资金，以改善中西部投资环境。同时，围绕促进区域协调发展主线，以中西部省会城市为核心，积极培育一批区域性中心城市，支持一批区位重要、资源优势突出、具有成为区域性增长中心潜力的中小城市的发展，完善基础设施条件，发展特色产业体系，强化中小城市产业功能，在中西部地区形成若干有较强带动作用的区域性增长极，由此带动其腹地发展，推动形成多极带动的国土开发空间格局。

其二，重点支持中西部城市群加快发展，大幅提升城市群要素集聚能力。今后新增城市人口将主要向能够提供更多就业机会和生存空间的城市群集聚,城市群在区域协调发展中的地位将进一步突出。促进中西部欠发达地区发展,须遵循城市发展的客观规律,重点支持中西部地区城市群的形成和发展。在中西部重点开发区域内,以大城市为依托,以中小城市为重点,逐步培育形成若干新兴城市群,提升其产业和人口集聚能力,发挥其辐射作用。加快完善中西部城市群区域交通、信息网络等基础设施一体化建设和网络化发展,加强中西部城市群内部城市之间的经济联系,科学规划各城市功能定位和产业布局,打造全国区域统筹发展的主要载体,使其成为带动中西部地区经济增长的核心区域,提升中西部中心城市服务功能,增强产业和人口集聚能力,走出一条城市化带动区域协调发展的特色之路。

其三,积极培育若干带动力强的发展轴带,通过打造带动中西部经济联系的若干通道,以此加强中西部地区的对外经济联系,带动中西部地区发展。在统筹规划、合理布局、继续提升沿海发展轴,发挥东部地区长三角、珠三角、京津冀地区复合优势,进一步建设引领我国全面参与世界经济分工与合作的门户区域的同时,要重点强化沿长江发展轴,将长江三角洲与中部的武汉城市群、长株潭城市群及西部的成渝城市群连接起来,形成一条以长江为纽带的人口与产业集聚轴线,打造贯通东中西部经济联系的战略通道;强化中部地区的交通运输枢纽地位,发挥中部地区承东启西的区位优势,依托京广铁路和京港澳高速公路等我国南北交汇的重要枢纽地区,以特大城市和大城市为龙头,发挥沿线一批老工业基地的产业基础优势,大力拓展国土开发梯度推移的中枢纽带职能,打造仅次于沿海和沿江的我国第三条经济隆起带;同时,培育陇海—兰新开发轴,发挥这一重要轴带联通我国东部与中西部地区的重要功能,强化东部地区带动中西部发展地区的辐射轴线,打造沟通欧亚大陆经济联系的拓展通道;形成西南开发轴,进一步推动与东盟的区域性合作,带动西南地区的发展。

(2)从产业政策层面,着重培育和打造中西部优势特色产业,增强其自我发展能力。

政府应立足中西部地区的产业基础和资源条件，在充分发挥市场机制的基础性作用的前提下，根据中西部地区的比较优势，支持欠发达地区特色优势产业发展，积极培育成长潜力巨大、竞争优势突出的特色产业体系，以培植欠发达地区自身"造血"机能为目标，增强中西部地区自我发展能力。首先，加快发展中西部地区特色农业。鉴于我国中西部地区大多为农业大省、耕地资源相对丰富的区情，国家应结合粮食生产能力战略规划目标，进一步加大对中西部粮食主产区的支持力度，深入挖掘主要平原地区的粮食生产潜力；依托中西部地区优质棉、糖料、油料、中药材、畜产品等特色农副产品资源，建成一批规模化、产业化示范基地，培育一批带动力强的农副产品深加工龙头企业；继续推进和深化农产品的价格和流通体制改革，加强基本农田水利等基础设施建设，提高农业科技水平和耕作技术水平，加强农业开发和中低产田改造，尤其是要加大贫困山区综合治理力度，切实有效地落实"温饱工程"、"丰收计划"以及"坡改梯工程"等项目，通过有组织、有计划、有重点地推广农业适用科学技术、促进科技与农业相结合，实现粮棉油果蔬茶畜禽水产品等农副产品大范围、大面积、大幅度地增产，凸显中西部地区在农业上的比较优势，进而在强化和落实农业基础地位的过程中增加农民收入，解决中西部农村贫困问题，缩小区域收入差距。其二，改造提升、加快发展中西部优势工业。以认真落实国家重点产业调整和振兴规划为切入点，通过优化结构、改善品种质量，增强产业配套能力，淘汰落后产能，促进资源高效利用，发展先进制造业。强化中西部钢铁、汽车、纺织、有色金属、能源、石油加工等基础产业的升级改造，积极发展航天航空、装备制造、电子信息、国防科技、新能源等技术密集型产业，合理引导产业空间布局，促进若干特色优势产业集聚区的形成。其三，加快提升中西部现代服务业水平。大力发展生产性服务业和生活性服务业；强化中部地区的交通运输枢纽地位，大力发展物流运输业；积极发展旅游业，依托中西部地区特色旅游资源，大力培育开发一批跨区域联动的精品旅游线路，提升中西部地区旅游业整体竞争力。围绕完善城市功能大力发展文化、会展、创意等现代服务业。结合特色农业和优势工业发展需要，着力发展中介服务、科学咨询服务等新兴业态，拓展服务业新领域。其四，扶持中西部中小企业发展，积极寻找新的经济生长点。立足中西部实际，充分发挥中小企业投资小、建设期短、投资回收快且适应性强、能够以大企业难以采用的方式方法打入较小市场缝隙寻找"空穴"的优势，扶持中西部中小企业发展，逐步增强乡镇企业的活力和后劲。充分利用资源丰富、劳动力成本低廉的有利条件，扶持以资源开发型和劳动密集型为主的特色产业，拓展市场潜力大、能持续稳定发展的名特优新产品项目。最后，引导、鼓励和支持中西部地区企业积极参与对外投资、对外承包工程和对外劳务合作。充分利用中西部地区特别是中部地区在人才、教育以及科技等领域的优势，开拓国际市场，积极参与境外投资、工程承包以及劳务合作输出等。

（3）加快户籍和社保制度等社会政策领域的改革，引导和鼓励欠发达地区的人口的向外转移，促进人口空间结构的合理调整，通过形成各区域经济总量与人口大体协调，缩小区域人均收入差距。

区域差距的缩小，除了通过促进欠发达地区经济又好又快发展、扩大分子的路径外，还可以通过减少分母、合理引导欠发达地区人口向发达地区转移，以提高欠发达地区的人均收入水平。

合理引导和有序安排高山高寒缺水等自然环境恶劣、不宜居住地区人口向外迁移，是国外区域政策惯用做法之一。从发达国家实践经验来看，经济总量聚集的区域，通常也是人口相应集中的区域，最终会形成各区域经济总量与人口数量的大体协调。促进人口空间结构的合理调整，通过形成各区域经济总量与人口的大体协调，可以有效缩小不同区域民众的人均收入水平差距。

因此，当务之急是，政府应加快推进户籍制度和社会保障制度等社会政策领域的改革，重点解决跨区域农民工的市民化，为人口的跨区域自由迁移消除制度障碍。在户籍制度改革方面，重点从解决每年约1.3亿多农村劳动力其中主要是中西部农村富余劳动力的跨区域转移入手，允许鼓励在发达地区有稳定就业和住所的人口定居落户，实现跨区域永久性迁徙移民，引导流动人口融入当地社会。以户籍制度改革带动农民工权益保障问题的根本解决，重点做好跨区域农民工的市民化。农民工权益保障问题的核心是户籍制度问题。户籍问题解决了，相应的社会保障、住房公积金、廉租房、子女教育等问题都能够迎刃而解。在社会保障制度改革方面，建议把跨区域流动人口特别是农民工的社会保障体系的建设完善作为进一步健全覆盖城乡居民的社会保障体系的工作重点。在全国推行凡领取工资或现金报酬的职工包括农民工强制加入社会保险的政策，无论是企业缴纳还是职工个人缴纳均进入个人账户，退休后根据缴纳年限和数量在居住地领取养老金。尽快解决流动人口社会保障资金的跨区域转移问题，实现社保账户全国范围内跨区域转移，促进人口的合理流动。尽快研究社会保障全国统筹问题，完善社会保障筹资形式与提高统筹级次相配合，研究开征社会保障税，以替代目前的社会保险费的形式。不妨在西部地区先于全国大胆探索，加大力度推进户籍管理制度改革，户籍问题解决了，相应地带动西部一大批人口的社保、住房保障、子女教育等问题的相应解决，这对西部的发展将是一个质的跨越。

与此同时，合理引导和有序安排禁止开发和限制开发区域以及高山高寒缺水等极端环境地区贫困人口的向外转移，通过有序解决这批极端贫困地区人口的生存、发展问题，在一定程度上解决欠发达地区贫困问题。禁止开发和限制开发区域出于国家生态安全屏障功能的战略需要，其区域产业发展和空间开发将受到严格限制，高山高寒缺水等极端环境地区，扶贫成本偏高。

因此，政府政策宜采取"移民就业"途径，视程度轻重，采取政府直接安排或政策引导鼓励等不同方式，促进当地居民向外转移。对于禁止开发区比如三江源保护区，政府宜通过直接的政府安置配合适度的补偿实现区内人口的跨区域安置转移，以减少区内人口，提高当地居民的人均收入，改善脆弱的生态环境，缓解当地的人地关系矛盾。并通过政策激励、创造条件引导上述区域剩余劳动力向经济相对集中的地区转移，充分发挥这些地区的人口承载力。通过促进人口空间结构的合理调整，最终形成各区域经济总量与人口数量的大体协调，进而缩小区域人均收入差距。

（4）通过谋求区域基本公共服务的先期均等化，促进区域差距的缩小。

在中国这样一个地域辽阔、地区间发展严重不平衡的大国，期望在短期内实现区域经济差距缩小到合理范围内是不现实的。但是在着力促进欠发达地区经济发展的同时，通过缩小区域间基本公共服务的差距，先期实现基本公共服务的均等化，却是切合实际的途径。在区域经济差距无法在短期内明显缩小的背景下，通过谋求区域基本公共服务均等化，一方面，可以实现各区域人民享受政府基本公共服务的大体均等，以缩小社会发展差距，改善社会公平。另一方面，从长远看，基本公共服务均等化的实现，使不同区域民众享有大体均等的基础教育、公共卫生与基础医疗、文化科技以及就业、住房等社会保障，享有政府提供的平等机会、公共服务水平和良好生活和生态环境，有利于提高欠发达地区民众的个人素质，增强参与就业竞争的能力，也有利于改善欠发达地区经济发展环境，从而也从根本上有利于经济差距的缩小。因此，从我国实际出发，缩小区域发展差距不能只关注各区域经济总量，还要注重不同区域的人民生活水平和质量。谋求区域基本公共服务的先期均等化是今后一段时期内缩小区域发展差距的基本目标和促进区域协调发展的基本途径。同时，从国家现有经济实力和财力看，也具备了促进基本公共服务均等化的条件和能力。从"十二五"规划建议来看，逐步实现不同区域基本公共服务均等化也已提上议事日程。具体政策建议见报告本部分6.2.4。

7.2.2　构建基础设施一体化网络，促进商品要素跨区域合理流动，引导产业有序转移，加强和完善跨区域合作机制，完善维护市场公平竞争的法律体系，理顺中央地方财政关系，消除阻碍商品和生产要素流动的自然障碍和制度障碍，实现国内市场的一体化

　　地方保护、市场分割通常表现为利用多种非市场手段维护本地产品和企业在辖区边界内市场的地位，并对外地商品进入本地市场设置种种壁垒与障碍。产生市场分割、地方保护的原因是多方面的，既存在自然地理障碍原因，在交通等基础设施供给不充分的情况下，高山峻岭、江河湖泊往往成为产品和要素流动的天然屏障。又有人为因素，一方面源自企业的区域市场垄断或商业合谋。某一企业在区域市场上一旦取得完全垄断地位，该企业可能采取措施阻止外地同类商品进入本地市场。在存在寡头垄断情况下，寡头之间还可能通过公开的或秘密的协议安排，阻止外地同类商品进入本地市场。另一方面，人为因素更多地来自地方政府的不合理行为。地方政府作为相对独立的利益主体，使其不仅具有地方保护的动机或目标，而且拥有干预、控制辖区内产业投资和经营的各种经济能力或政治权利等。在中央和地方财政关系制度安排不合理的情况下，地方政府通常会采取经济、行政乃至法律的手段保护本地市场。这将严重影响到区域间的协调发展。因此，促进区域协调发展，须针对其形成原因，采取综合政策措施，消除地方保护主义和地区封锁，推进市场一体化，建立统一开放的市场经济体系。

　　（1）加强交通通信等基础设施建设，形成全国一体化的基础设施网络，消除商品和生产要素流通的自然壁垒。

上篇：总论

　　作为发展中的地域大国，虽然改革开放三十余年来，在基础设施建设领域取得了惊人成就，但中国现有的基础设施水平仍不能完全满足市场一体化的需要。交通基础设施网络化程度不高，高等级的运输线路(包括高速铁路和高速公路)还处在建设发展中，路网空间分布不均，中西部路网密度显著地低于沿海地区，铁公空水等各种运输方式衔接不良，等等。必须继续加大对于交通通讯等基础设施的投入，通过大规模基础设施投入，逐步完善并最终形成密度适当的网络型交通通信等基础设施体系，消除商品和生产要素市场一体化的自然地理障碍，为产品和要素的跨区流动创造便利的硬条件。尤其是要重点加强对中、西部地区基础设施建设的投入，在坚持把深入实施西部大开发战略放在区域发展总体战略优先位置并给予特殊政策支持过程中，加强西部地区基础设施建设，以保证西部地区与外界商品和资源的输出输入。在大力促进中部地区崛起中，加大中部地区作为重点开发区域的基础设施支持力度，发挥其承东启西的区位优势，构建承东起西、南北交汇的基础设施网络，以改善中部地区的投资环境，强化中部地区的交通运输枢纽地位，推进基础设施的网络化、一体化发展。为增进东、中、西部三大区域贸易和交流，发展区域间的贸易和要素流动，实现各区域供求平衡提供硬件支撑。

　　（2）促进生产要素跨区域合理流动，引导产业有序转移，加强和完善跨区域合作机制，以产业转移带动要素跨区域流动，逐步形成有利于发挥各地方比较优势的分工体系和产业结构，实现区域间的产业和空间协调发展。

　　消除地方市场分割，构建全国统一的大市场，一个重要的方面是要素市场的自由流动与区域产业结构的合理化。因此，须结合区域政策与产业政策，一方面，引导生产要素跨区域合理流动。引导资本、劳动力和技术等资源要素合理向目标功能区流动，促进生产要素流向区位条件好、价值创造能力强的区域，防止狭隘的地方利益膨胀，使市场信号扭曲，误导资源和要素的流向；充分保护各地区劳动力跨区域择业的自由和人口跨区域流动的自由，引导劳动力和人口从生态环境脆弱的区域流向资源承载力较高区域，从中西部的乡村向城市的转移，特别是向东部发达区域城市的转移。充分发挥市场配置资源的基础性作用，形成全国统一的要素市场。另一方面，须合理引导东部产业向中西部地区有序转移。在坚持以市场化途径推动产业转移，尊重产业转移规律，严禁高污染、高消耗的产业向中西部地区转移的前提下，明确产业转移的重点领域和重点地区，抓住加快东部地区转变经济发展方式、调整经济结构，实现产业升级和自主创新的机会，引导东部地区能源、冶金、化工、纺织、农副产品加工等劳动、资源、资本密集型产业，以及机械电子、通讯等技术密集型产业向中西部地区转移；中西部承接产业转移地区要因地制宜承接发展优势特色产业。制定中西部地区发展特色优势产业指导目录，在确保技术质量、环境标准、安全标准等前提下，降低中西部地区市场准入门槛，在技术改造、贷款贴息、技术创新资金、中小企业发展基金等方面，向中西部地区特色优势产业倾斜，支持因地制宜承接发展优势特色产业，吸引东部发达地区向中西部地区进行产业转移。

中西部地区要立足各地比较优势，合理确定产业承接发展重点，避免产业雷同和低水平重复建设，围绕自身优势产业及其上下游产业招商引资，扩展、延长、完善产业链。在承接中发展、在发展中提升，壮大优势产业，构建现代产业体系。把产业园区作为承接产业转移的重要载体和平台，加强统筹规划，合理调整产业布局，引导转移产业向园区集中，促进承接产业集中布局，培育和壮大一批重点经济区，发挥规模效应，提高辐射带动能力。积极探索"集群式"转移方式，引导东部地区一些传统产业集群中的核心企业与相关配套企业整体迁移到中西部的产业园区，弥补中西部产业配套条件的不足。

同时，在引导产业有序转移，积极探索中西部承接东部产业转移的成功模式过程中，加强和完善跨区域产业合作机制。支持、鼓励地区之间展开实质性合作。以合作共建开发区或工业园区的方式，积极引进大企业对西部园区进行整体开发，形成多种形式办园区、多种方式利益分享的有效机制。中央政府应给区域合作以更多的战略和政策层面上的指导，制定全国范围内和特定区域(跨行政区的)空间规划，以协调相关地区的发展规划和基础设施规划等通过上述政策措施，优化区域产业分工与布局，缓解区域间产业结构冲突，强化区域间产业联系，逐步形成区域经济优势互补、有利于发挥各地比较优势的分工体系和产业结构。

（3）完善维护市场公平竞争的法律体系，进一步理顺中央与地方财政关系，消除一切阻碍商品和要素流动的制度根源，实现国内市场的一体化。

消除地方保护、实现市场一体化目标最根本的是，从制度层面构建维护有效市场竞争的法律体系，在加大对地方保护主义行为的惩戒力度的同时减弱地方保护主义产生的动机。首先，须完善维护市场有序竞争及有效竞争的法律体系，制定和完善相关法律，建立相应的执法机构，杜绝地方政府对经济运行的不合理干预。切实贯彻实施《行政许可法》、《反垄断法》等规范政府行为的重要法律，防止地方政府滥用行政权力排除、限制竞争，强化相关法律对各级政府包括地方政府行为的约束和监督检查，发挥其限制地方政府运用行政性手段实施地方保护的作用；研究制定"统一市场法"或"区际公平贸易和投资自由法"，并建立公开透明的市场准入制度，实现技术标准、认证标准等的全国统一，制止利用技术壁垒保护本地市场的行为；建立解决跨地区经济贸易纠纷的司法制度，体现司法公正；加强政府采购的信息披露，实现政府采购透明化，为不同地区的企业提供平等竞争的条件，杜绝政府采购和招标中的地方保护行为；重点加强对烟草、酒类、汽车等受到保护程度最高产品的跨区域流动的监督，梳理烟草等行业相关的专卖制度；如6.2.1所述，改革户籍管理制度，消除身份歧视，建立全国统一的社会保障体系，为劳动力跨区域地区流动创造便利条件，促进全国统一的劳动力市场的形成。其次，按照财力与事权相匹配的要求，进一步完善中央和地方政府关系框架，理顺各级政府间财政分配关系。明确地方政府的权责范围、履行责任所需财力来源，实现权责与财力的大体相适应。逐步健全地方税体系，赋予省级政府适当税政管理权限。加大对老少边穷地区地方政府的扶持力度。通过增加地方政府财力以从根源上减弱地方政府实施市场分割、地方保护的动机。

7.2.3 实施差异化的区域协调发展总体战略，找准区域功能定位，合理选择、培育和提升主导产业，加快资源优势转化为产业优势，充分提高各地区的区域比较优势的发挥度，增强各区域自我发展能力，充分有效地发挥各地区的比较优势

"十一五"规划从东中西和东北四大板块区域战略布局出发，提出了区域协调发展的总体战略布局。"十二五"规划建议重申了继续实施区域发展总体战略和主体功能区战略，其政策精神体现了各地区有特色、有重点、各有侧重、差异化的发展思路，对各地区的发展方向、重点以及政策导向的定位都更加明确。这构成今后一定时期内各区域主导产业选择、培育及提升的整体约束条件和基础。各区域应正确认识区域协调发展总体战略的精神，找准区域功能定位，确立各区域的发展方向和重点。进而充分提高各地区的区域比较优势的发挥度，合理选择和培育主导产业，维持和提升主导产业的技术水平，以保持和提升各区域的竞争力。

按照"十二五"规划，国家坚持把深入实施西部大开发战略放在区域发展总体战略优先位置，给予特殊政策支持。政策支持的重点放在对加强西部地区基础设施建设和生态环境保护、科技教育发展等公共服务领域，以及西藏、新疆和其他民族地区特别是人口较少民族发展扶持上。国家同时也强调支持西部地区特色优势产业的发展。据此，西部地区的功能定位与主导产业

上篇：总论

选择应根据西部地区突出的战略地位、独特的区位和地缘优势、丰富的矿产资源等比较优势，充分利用国家西部大开发战略对西部地区基础设施建设和生态环境保护的支持所提供的产业支撑，把重点放在做大做强西部地区特色优势产业上，并依靠科技进步，加快资源优势转化为产业优势，增强西部自身发展能力和区域竞争力。要以西部地区丰富的石油、天然气、煤炭、有色金属、水能等资源为重要依托，实施优势资源转换战略，优化发展能源及化学工业，集约发展重要矿产资源开采及加工业。将优势资源加工成科技含量和附加值不断提高的深加工、精加工产品；要在延伸产业链，提高产品附加值和竞争力上下工夫，从以资源型产业为主向加工制造型产业为主转变，不断提高就地加工转换率，高起点、高水平、高效益地加快优势产业促进，加快主导产业结构优化升级；大力推进煤炭等优势资源的深度开发和多层次转换，下大力气加快煤炭等资源深加工产业发展，丰富能源外送方式，延伸开发利用产业链，拓展资源开发市场空间，加快资源优势向经济优势转换。

国家将重点积极支持东部地区在更高层次参与国际经济合作和竞争，在转变经济发展方式、调整经济结构和自主创新中走在全国前列，发挥东部地区对全国经济发展的支撑作用。政策支持目标是增强东部地区国际竞争力和可持续发展能力。东部地区的功能定位和主导产业的选择应围绕转变经济发展方式、大力推进产业升级与自主创新、适时调整国际化路径进行。在主导产业的选择和培育以及进一步提升主导产业技术水平过程中要着力发展新型外向型产业。改变以提供廉价产品为主导的国际化竞争模式，引导企业加强品牌打造力度，促进地方品牌、国内品牌逐步上升为国际品牌，积极打造培育国际品牌，提升中国经济在国际竞争格局中的地位；加快实施"走出去"战略。以龙头企业为依托，进一步扩大对外直接投资规模，不断拓展能矿资源开发、制造加工、研发、销售等对外投资领域，加大境外并购重组力度，积极参与其他国家基础性战略资源的开发进程，利用国外资源条件建立新型资源供给保障体系,满足资源大国消费大国的需要;加快世界级先进制造业基地建设。充分利用现代高新技术,加快推进装备制造、钢铁、石化、汽车和船舶行业等传统优势支柱产业的改造升级进程,促进制造业产业链向高附加值、高技术含量环节延伸,进一步提升传统优势产业的国际竞争优势;加大产业结构调整力度,逐步摆脱"两高一资"的产业发展模式,提高技术进步对经济增长的贡献份额;加快发展战略性新兴产业。大力培育和发展电子信息、基因工程、现代生物医药和新材料等高新技术产业;加快国家级高新技术研发基地建设。立足我国产业结构升级的战略需求,大力培育东部沿海地区技术创新能力,引导、支持民资企业、国有企业强化研发活动,进一步强化支撑我国基础产业升级和高端制造业发展的核心技术研发,促进东部沿海地区三大城市群成为我国自主创新网络的最高节点和建设创新型国家的主要支撑。加快世界级高端服务业基地建设。充分发挥东部三大城市群现代服务业的突出优势,积极整合东部沿海地区的服务业资源,大力发展面向国际、国内市场的金融及资本市场服务、物流航运服务、商贸服务、信息及企业咨询服务等现代服务业。

中部地区作为我国重要的农产品生产基地、能源基地和重要的原材料基地,拥有较雄厚的工业基础,具有科技、教育和人才优势,有着丰富的自然历史文化资源。在今后一段时期内中部地区将成为国家层面的重点开发地区,国家产业和人口承载的重要地区。国家对中部地区的政策支持重点是加强对其基础设施建设,目的在于发挥中部地区承东启西的区位优势,改善其投资环境,强化交通运输枢纽地位。这与主体功能区战略对中部地区的定位要求相适应。发挥承东启西的区位优势、壮大优势产业、发展现代产业体系成为今后一定时期的发展方向。中部地区比较优势的发挥,实施促进中部地区崛起战略,最重要的是进一步解放思想、更新发展观念、增强创新意识,加快推进体制、机制创新。在此基础上,应根据其传统和新兴产业比较优势，加强农业特别是粮食主产区的重要地位，发展现代农业，加强农业综合生产能力建设，构建高效农村经济体系；推进产业结构调整升级，走新型工业化道路。加强能源原材料基地建设，推进老工业基地改造和振兴。优化矿产资源勘探开发布局，进一步提高矿产资源开发利用水平，增强工业产能、布局、结构与资源开发的协调性，以巩固和提升中部地区重要能源原材料基地地位；依托科技、教育优势，加强产学研合作，组织实施重大科技基础设施工程，发展有竞争力的制造业、光电子等高新技术产业和现代服务业，大力发展文化产业；促进高新技术和先进适用技术与中部传统产业融合，推动传统制造业优化升级；重点加强综合运输体系建设，加强高速铁路、高速公路、干线公路、长江航运、民航等交通枢纽建设，充分发挥中部在全国交通格局中的枢纽作用，发展现代市场和流通，逐步形成全国重要的商品集散地和商品交易中心。总之，应抓住国际、国内经济结构深化调整及国家扩大内需的有利时机，充分发挥中西部地区的比较优势，改变与长山角地区产业同构的局面，通过结构调整改造传统优势产业，积极培育成长潜力巨大、竞争优势突出的特色产业体系，做好"两型"社会建设试点，加快中部地区崛起的步伐。

国家对全面振兴东北地区等老工业基地给予的政策支持重点是促进资源枯竭地区转型发展，完善现代产业体系，以促进其发挥产业和科技基础较强的优势。东北老工业基地曾是新中国工业的摇篮，为建成独立、完整的工业体系和国民经济体系，为国家的改革开放和现代化建设做出了历史性的重大贡献。1990年以来，东北老工业基地企业设备和技术老化，就业矛盾突出，资源性城市主导产业衰退，竞争力下降，与沿海发达地区的差距迅速扩大。但东北地区在原油、装备制造、农业、木材、汽车、造船等产业目前仍保持着较强的优势。原油产量占全国的2/5，木材产量占全国的1/2，汽车产量占全国的1/4，造船产量占全国的1/3。因此，全面振兴东北地区首要的任务是产业结构的战略性调整。须继续加大对企业技术改造的支持力度，继续推动装备制造业等传统优势产业的升级换代，建设先进的装备制造业基地。将东北地区建设成为具有国际竞争力的重型机械和大型成套装备制造业基地；深化国有企业改革，健全现代企业制度。推动企业兼并重组，淘汰落后产能，培育具有国际竞争力的大型企业集团；同时结合推进资源型城市可持续发展，开展资源枯竭城市转型评估，研究后续支持政策，支持高端制造业、新能源、节能环保、新材料等战略性新兴产业发展；进一步发挥东北地区农业优势。加快东北地区农业发展方式转变，创新农业经营机制，完善农业市场流通体系，积极推进农垦系统改革，健全东北粮食主产区补偿制度，加大对粮食主产区的道路、农网、水利等基础设施建设支持，尽快建立东北地区现代农业产业体系；促进大小兴安岭林区生态保护和经济转型，加快林区产业转型升级，在将大小兴安岭符合条件地区纳入国家生态功能区转移支付范围的同时，发展特色林区经济。加强与东北亚国家的合作，促进沿边地区开放。

通过实施各有侧重、差异化的发展战略，从根本上改变过去各地重复建设、产业同构的区域格局，充分提高各地区比较优势发挥度，形成各地区基于本地优势的主导产业结构。

7.2.4 明确全国基本公共服务的范围和标准，加大中央政府财政转移支付支持力度，重点加强县级政府提供基本公共服务财力保障，提高欠发达地区基本公共服务水平，推进区域基本公共服务均等化

在区域间经济差距目标短期内无法显著缩小的背景下，推进区域间基本公共服务的均等化成为促进区域协调发展的重要途径，因此也构成现阶段和今后一定时期内区域协调发展的重要追求目标。为着力推进区域基本公共服

---

① 联合国开发计划署编：《中人国类发展报告》（2007—2008）：惠及13亿人的基本公共服务。北京：中国对外翻译出版公司2008年版。

上篇：总论

务均等化，需要"公共制度、基础设施和干预措施的最佳组合"[①]

（1）须抓紧明确全国基本公共服务的范围，制定基本公共服务均等化的全国标准

这构成逐步实现区域间基本公共服务均等化的依据和基础。明确范围与制定标准必须以《中华人民共和国宪法》对公民基本权利和各级政府职责的法律界定为依据，将一般性公共服务、基础教育、公共卫生和基础医疗、就业与社会保障、基础科学研究、公益性文化、资源节约和环境保护等各类基本公共服务纳入全国基本公共服务范围，在此基础上，根据符合国情、比较完整、覆盖城乡、可持续的要求，分门别类研究制定具体范围和标准，建立相应的设施、设备、人员、财力标准以及根据这些标准建立统计指标体系和全国数据采集系统，并纳入法制轨道。为区域基本公共服务均等化的实施、评估奠定基础。如公共卫生服务至少包括计划免疫、传染病控制、妇幼保健、基本医疗、食品安全、艾滋病防治、特殊人群健康服务等等。在义务教育领域，应尽早出台并实施全国统一的义务教育公共经费标准，实施全国统一的义务教育阶段中小学公用经费基准定额，保障义务教育的均衡发展。进一步地，通过相关法律在合理界定事权基础上，明确各级政府和部门的基本公共服务的供给责任，保证各级政府和相关部门的基本公共服务供给有统一规范的法律标准和程序可依，明确各地区基本公共服务供给的标准和质量。现阶段可行的方案是，以县级政府辖区范围为基础划分框架和基本公共服务的基础平台，由中央财政出面，负责制定县级基本财力保障范围和保障标准。根据基本保障范围内各项目的筹资责任和支出标准，以及与财政支出相关的保障对象和支出成本差异，综合考虑各地区财力状况后测算制定统一的全国基本公共服务标准，并根据津补贴标准和民生政策等因素变化，动态调整和核定县级基本财力保障范围和标准，客观反映各地收支矛盾，建立起政策保障范围逐步扩大、保障标准逐步提高的动态长效保障机制。

7. 促进我国区域协调发展的政策建议

（2）加大中央政府对欠发达地区基本公共服务的财政转移支付的支持力度

在分级分税的财政管理体制下，中央政府的财政转移支付在区域基本公共服务均等化进程中扮演着主要角色，构成政府干预措施的基本手段，只有完善转移支付制度体系，加大政府间转移支付的力度，才能有效提高欠发达地区提供基本公共服务的财政能力，保证其基本公共服务达到全国标准。为此，首先，须深化财政体制改革，健全中央和地方财力与事权相匹配的财政体制。在合理界定事权基础上，按照财力与事权相匹配的要求，进一步理顺各级政府间财政分配关系。在联邦财政体制下，政府间转移支付制度以合理的政府间财政关系为基础，一定的政府间事权与财权的制度安排，决定了中央政府和各级地方政府的财政状况，也决定了地方政府履行基本公共服务的财政能力。在分税制框架下，须进一步明确各级政府的事权安排，理顺中央政府与省级政府间以及省级政府与县级地方政府间的财政分配关系。依据法律规定、受益范围、成本效率、基层优先等原则，合理界定中央与地方各级政府的事权和支出责任，尤其要重点划清中央与地方各级政府在义务教育、公共卫生、公共安全、社会保障等基本公共服务领域的支出责任，并逐步通过法律形式予以明确。与此同时，进一步完善政府间的收入分享制度，赋予省级政府适当税政管理权限。通过进一步理顺各级政府间的事权与财权关系，为有效实施政府间转移支付制度提供前提和基础。其次，须规范转移支付形式，增加一般性转移支付规模和比例，保证实现基本公共服务均等化所需财力。必须对现行名目繁杂的转移支付项目进行清理合并。借鉴欧盟区域政策实践经验，建立规范的区域援助基金，明确其占总预算的比例和援助目标，确保实现区域基本公共服务均等化的转移支付财力；清理归并专项转移支付，突出其矫正辖区间外溢性的职能，明确其对辖区间外溢性基本公共服务项目，如基础设施建设、天然林保护工程、退耕还林还草工程、贫困地区

上篇：总论

义务教育工程、社会保障制度建设、公共卫生体系建设等的支持；取消作为旧体制分配格局的延续原体制补助，归入一般性转移支付；考虑将其他一般目的转移支付形式，如调资转移支付、农村税费改革转移支付等对政府短期目标的配合转为专项转移支付形式予以支持；扩大对民族地区转移支付的支持规模；同时，建立科学的转移支付实施机制，用"因素法"取代"基数法"来核算转移支付数额，在因素选择上，应结合我国现阶段的区域发展国情和均衡目标，突出人口稀疏程度和各地区自然环境禀赋条件差异等主要客观因素，突出民族地区、边疆地区、革命老区等维护社会稳定和民族团结因素。第三，重构对口支援体系，开展区域间基本公共服务领域的多种形式的对口支援。在对纵向转移支付制度结构做内部调整和改革的同时，考虑重构我国多年来一直实施的对口支援体系，纳入法制化轨道，进一步扩展均等化渠道、增强均等化力度。目前，对口支援涉及到工业、农业、商贸、科技、人才、文教、卫生、扶贫、劳务等各个领域，包括地区间、援助主体与受援地区部门内部、行业内部的人力、物力、财力等的广泛支援。实施近30年来，对我国西部民族地区的发展做出了显著贡献。重构规范对口支援体系，须坚持全国统一立法，中央政府主持和管理，物资、技术、人才、资金援助相结合；重点援助受援地区教育、医疗卫生、环境保护等公共服务领域；重新审定对口支援的省区市，并根据各地实际情况确定主要援助形式，比如鉴于中部地区现阶段的自身财力状况，可以考虑主要以人才技术援助为主；财力对口援助方面宜改变目前的一对一的静态、行政援助模式，借鉴德国横向平衡经验，采取公式化、规范化和法制化的方法和步骤，以"平均财力水平"为依据，高于平均财力水平的往"大锅"里缴款，低于平均水平的从"大锅"里得到补助；须区分市场行为和横向区域援助，明确各省市的对口支援与有偿的跨地区投资的界限。明确作为转移支付体系的一个组成部分，对口支援的重点是财力或公共服务援助，而不是上经济项目。

7. 促进我国区域协调发展的政策建议

（3）以县级政府单元为重点，加强基层政府提供基本公共服务财力保障，提高欠发达地区政府基本公共服务水平

在我国现行分级分税财政体制下，县级政府承担了大部分财政支出责任，是提供基本公共服务的基础平台，但不同于中央财政日益宽余的局面，随着地方税源的日益枯竭，县级政府的财政平衡越来越困难。对于采取努力发展县域经济、增加财政收入、严格控制和精简财政供养人员、优化支出结构等措施后仍不能满足基本财力保障的县（市、区），省市和中央政府要协同构建县级政府基本公共服务财力保障机制，以县乡政府实现"保工资、保运转、保民生"为目标，保障基层政府实施公共管理、提供基本公共服务以及落实党中央、国务院各项民生政策的基本财力需要。其一，须完善省以下财政体制、规范省以下财政收入和政府支出责任划分，将部分适合更高一级政府承担的事权和支出责任上移。其二，由中央财政负责制定县级基本财力保障范围和保障标准。保障范围主要以基本公共服务支出为主。对基本财力存在缺口的县级政府，省级财政负责制定保障缺口弥补方案和工作计划，报财政部备案后组织实施。对保障范围和标准的制定，要坚持动态保障的原则，省级财政部门将每年结合各地财力变化情况，坚持有进有出，动态调整财政困难县保障范围，确保将转移支付资金补助到财政最困难的地区。其三，须进一步减少财政管理层次，在注意处理好与现行行政管理体制关系的基础上，积极推进"省直管县"财政管理方式改革，提高管理效率。强化乡镇财政管理，因地制宜深化乡财县管改革；最后，建立财政困难县（市、区）运行长效保障机制。通过加大转移支付力度等措施充实县级财力，帮助欠发达地区基层政府弥补基本财力缺口，更有力地支持革命老区、民族地区、边疆地区、贫困地区发展经济和改善民生，切实推动经济社会协调发展保障其基本公共服务的提供。要制定必要的约束机制，加强对县级财政预算安排和预算执行的监督管理，努力提高预算编制的科学性、完整性以及预算

执行的严肃性。

（4）各级政府须进一步调整支出方向和结构，完善公共财政框架

须根据市场与政府的分工原则调整政府职能、合理界定各级政府支出范围，突出预算保障重点，把更多财政资源用于加强经济社会发展的薄弱环节，优先保障对基本公共服务领域的支出，按照广覆盖、保基本、多层次、可持续的原则，加大对教育、科技、医疗卫生、文化、就业、社会保障、保障性住房、环境保护以及欠发达地区基本政权运转的支持力度。

7.2.5 按照"主体功能区"规划要求明确不同区域的功能定位，加强对禁止限制开发区域的重点援助，完善区域间资源开发和生态环境保护的利益补偿机制，综合运用区域援助和限制政策工具，促进资源的合理利用和生态环境的保护改善

要实现各区域资源的有效利用、生态环境的保护和改善目标，须综合运用政府和市场两种手段，站在促进我国整体空间结构优化和调整的战略高度，在明确优化开发、重点开发、限制开发和禁止开发四类不同区域功能定位和政策要求基础上，针对不同区域问题，综合运用区域援助和限制政策工具。重点加强对禁止开发、限制开发区域的援助，理顺、完善区域间资源开发和生态环境保护的利益补偿机制，以促进我国高效、协调、可持续的国土空间开发格局的形成。

（1）按照"主体功能区"规划要求，明确不同区域的功能定位，实行有差别的区域援助与调控政策。以对禁止开发和限制开发区域的援助支持为重点，构建生态环境补偿长效机制，实现生态环境的保护和显著改善

"主体功能区"规划的提出和实施为实现各区域资源的有效利用和生态环境的保护改善目标提供了政策框架和保证。根据规划纲要要求，不同区域资源环境承载能力、现有开发密度和发展潜力不同，则主体功能定位不同。

7. 促进我国区域协调发展的政策建议

优化开发区域，鉴于国土开发密度已经较高、资源环境承载能力开始减弱，其功能定位是着力提高产业的技术水平，化解资源环境瓶颈制约，提升参与全球竞争的层次，成为带动全国经济社会发展的龙头和我国参与经济全球化的核心区域；重点开发区域，其资源环境承载能力较强、集聚经济和人口条件较好，要进一步加快工业化和城市化，增强区域辐射功能，逐步成为支撑今后我国经济发展和聚集人口的重要载体，关键是要充实基础设施，增强吸纳资金、技术、产业转移和人口集聚的能力；限制开发区域，如退耕还林还草地区、天然林保护区、草原"三化"地区、重要水资源保护地区、重要湿地、水资源严重短缺地区、自然灾害频发地区等，其生态环境脆弱、集聚经济和人口的条件不够好，要实行保护优先、适度开发的方针，加强生态环境整治，适度发展特色经济，引导超载人口有序向外转移；禁止开发区域，作为依法设立的各类自然保护区域，要依据法律法规和相关规划规定实行强制性保护，严禁不符合功能定位的开发建设活动。

为满足主体功能区规划对各区域功能定位的需要，须调整原有区域经济政策思路方案，研究制定符合主体功能区理念的区域政策体系以及相应的政策绩效评价体系。总体上，宜采取援助与控制政策相结合的政策方案。首先，区域政策的重点是构建对禁止开发和限制开发区域的生态补偿援助政策长效机制。以保证其基本公共服务的全国均等化和生态环境的合理补偿为援助目标，建立纵向为主，纵、横交错的政府间转移支付体系。整合现行中央财政天然林保护转移支付，沙漠化和石漠化治理，生态移民等生态环境保护方面的各类转移支付制度，设置统一、更为综合的"生态环境补偿转移支付"，并扩大覆盖范围，提高补偿标准，取消地方配套，实现制度化管理；在中央政府统一领导下，建立横向援助机制，考虑对东部发达地区或下游地区征收生态补偿税，以建立生态补偿基金，以实施生态保护和建设项目开展环境保护领域的对口支援。中央政府投资重点支持限制开发、禁止开发区域

上篇：总论

公共服务设施建设、生态建设和环境保护。支持当地发展生态型特色产业，严格土地用途管制，严禁生态用地改变用途，鼓励生态移民。对生态遭受严重破坏重要区域实行抢救性保护，严禁从事不符合其发展方向的各类开发活动。其次，对京津冀、长三角和珠三角三大都市圈为代表的沿海经济核心区、中西部及东北开发密度较大的内陆超大城市中心区以及结构单一、亟待产业转型的资源型城市等优化开发区域实施以控制为主、控制和支持结合的区域政策。明确规划编制内容、管制目标及实施手段，严格限制占地多、消耗高、排放多产业的发展；实行最严格的耕地保护制度和节约集约用地制度，鼓励土地利用政策创新，提高土地节约集约利用水平；实行更严格的建设用地增量控制，以优化和改善空间结构，创造良好的人居环境，防止经济过度集聚，避免出现"膨胀病"，促进区域可持续发展。同时，支持其自主创新，提高产业竞争力。第三，对中西部及东北的中心城市及交通干道沿线地区、中西部具备大规模开发条件的资源富集地区以及东部沿海发展潜力较大的地区等重点开发区，政策支持重点是加强对基础设施建设的支持力度，增强人口和产业的集聚能力。在保证基本农田不减少的前提下适当扩大重点开发区域建设用地供给。合理确定各类用地规模，优化用地结构，以满足大力推进工业化和城镇化进程需要。与此相应地，对不同功能地位地区采取各有侧重的政策绩效评价体系。优化开发区域要强化经济结构、资源消耗、自主创新等的评价，弱化经济增长的评价；重点开发区域要对经济增长、质量效益、工业化和城镇化水平以及相关领域的自主创新等实行综合评价；限制开发区域则突出生态建设和环境保护等的评价，弱化经济增长、工业化和城镇化水平的评价；禁止开发区域主要评价生态建设和环境保护。

（2）理顺中央与地方、区域之间的利益分配关系，完善资源性产品价格形成机制，健全以合理的资源性产品价格为基础的跨区域资源开发利益补偿机制，促进资源在不同行业、部门、地区之间自由流动和节约利用，形成

7. 促进我国区域协调发展的政策建议

全方位的竞争格局。

要实现资源的有效、合理利用目标必须解决资源性产品跨区域开发利用中的定价和利益补偿机制问题。首先,资源的节约利用须深化资源性产品价格和要素市场改革,完善资源性产品价格形成机制,理顺煤、电、油、气、水、矿产等资源类产品价格关系。在推进资源性产品价格改革中,政府应适时转变和及时完备自身职能,尽快实现从资源性产品价格的直接制定者和管理者到市场经济中价格的调控者、监管者这一角色的转变。既要理顺资源性产品价格和各区域利益分配关系,尤其是要理顺那些政府直接参与定价的产品价格关系,使其达到合理水平,促进资源节约。更要注重建立能够反映市场供求关系、反映资源稀缺程度、符合市场经济需要的价格形成机制,减少行政干预。资源价格市场化改革不仅要进行资源消费终端的市场化改革,还要破除前端垄断的改革,资源部门应在进一步明晰产权、转变企业经营机制的同时,适当放开资源生产环节的经营权,通过逐步实现资源供应主体的多元化、大力鼓励和支持民间资本的参与等方式引入竞争机制,强化市场运行基础,发挥市场在资源配置中的基础性作用,建立反映资源稀缺程度和市场供求关系的价格形成机制,提高资源部门的生产效率和技术水平。坚持按照市场定价原则,推进资源产权制度改革,使资源价格反映开采成本、生态环境成本和资源稀缺程度(市场供求)情况,促进资源利用效率的提高,重点推进石油、天然气、煤炭、土地等资源的价格形成机制。其次,统筹协调各方利益,健全以合理的资源性产品价格为基础的跨区域资源开发利益补偿机制,促进资源在不同行业、部门、地区之间自由流动。西电东送、西气东输、南水北调等大型跨区域工程的开工建设是中央政府基于国家整体利益考虑实施的重要战略性工程,跨区域资源调配涉及到中央与地方、地方与地方、地方与企业、企业与企业、企业与居民之间等多重复杂的利益关系。重构跨区域资源开发利益补偿机制须统筹协调各方利益,结合市场和政府两种力量，建立由中央政府、输入区政府和资源开发企业组成的跨区域资源开发利用补偿体系。在强调构建纵横交错的政府间转移支付制度体系的同时，注重市场手段的利益补偿。一方面，重点考虑资源输入区的补偿作用，通过基于生态服务购买理念的横向补偿、实施生态援助计划以及对资源输出区进行产业扶持与异地开发等资源输入区为主体的跨区资源开发利益补偿途径和方式，对于资源输出区在资源生产、输出中承担生态等利益损失给予一定的资金补偿与发展援助。另一方面，应本着"谁开发谁补偿、谁污染谁补偿、谁受益谁补偿"的原则，全面改革资源税，开征环境保护税，利用资源税和环境保护税以及实施排污权配额交易等杠杆，调节资源性产品生产配置。通过建立资源开发企业为主体的利益补偿渠道，把资源输出区的生态成本与部分尚未体现在现有资源价格中的社会成本交由资源开发、生产及交易企业来承担，并通过他们分摊到相关的消费者身上。资源税改从量征收为从价征收，使资源税征收额和市场价格相联系，逐步提高资源税征收标准，最后实现资源价格全部收归国有，保证国家作为资源所有者的合理收益。开征环保税，实现环境成本内部化。进一步试点完善排污权配额交易的实施等市场手段。以重点保证资源开发区域的资源环境保护和改善，实现可持续的发展，保证落后地区的发展权得到保护和补偿。

参考文献：

1. ［英］阿姆斯特朗，泰勒：《区域经济学与区域政策》，刘乃全，贾彦利，张学良译.上海：上海人民出版社，2007年。
2. 王一鸣：《中国区域经济政策研究》，北京：中国计划出版社，1998年。
3. 陈秀山，张可云：《区域经济理论》，北京：商务印书馆，2003年版。
4. 刘卫东等：《中国区域发展报告（2007）》，北京：商务印书馆，2007年。
5. 中国共产党第十七届中央委员会第五次全体会议通过："中共中央关于制定国民经济和社会发展第十二个五年规划的建议"，http://news.xinhuanet.com/politics/2010-10/27/c_12708501.htm。

7. 促进我国区域协调发展的政策建议

6. 国家发展改革委地区经济司："'十二五'时期促进区域协调发展的基本思路与政策建议",《中国经贸导刊》,2009年第19期。

7. 国土开发与地区经济研究所课题组："'十二五'时期促进我国区域协调发展的重点任务和政策建议",《宏观经济研究》,2010年第5期。

8. 陈秀山、杨艳:"区域协调发展:回顾与展望",《西南民族大学学报》(人文社会科学版),2010年第1期。

9. 陆大道:"关于我国区域发展战略与方针的若干问题",《经济地理》,2009年第1期。

10. 魏后凯:"中国国家区域政策的调整与展望",《理论参考》,2009年第7期。

11. 魏后凯:"新中国60年区域发展思潮的变革与展望",《河南社会科学》,2009年第4期。

12. 邬晓霞、魏后凯:"国家区域援助政策的理论依据、效果及体系构建",《中国软科学》,2009年第7期。

13. 杨逢珉:"欧盟区域政策实施效果研究",《世界经济研究》,2009年第8期。

14. 赵景来:"综合配套改革与区域经济发展若干问题研究述略",《经济社会体制比较》,2008年第3期。

15. 范恒山:"区域政策:实现宏观调控有保有压的基本途径",《中国改革》,2007年第8期。

16. 魏后凯:"对推进形成主体功能区的冷思考",《中国发展观察》,2007年第3期。

17. 孙久文、彭薇:"主体功能区建设研究述评",《中共中央党校学报》,2007年第6期。

18. 李兴江、唐志强:"论区域协调发展的评价标准及实现机制",《甘肃社会科学》,2007年第6期。

19. 张佰瑞:"我国区域协调发展度的评价研究",《工业技术经济》,2007年第9期。

20. 王一鸣:"中国区域经济政策与区域协调发展",《中国金融》,2006年第15期。

21. 高国力:"关于我国主体功能区划分理论与实践的初步思考",《宏观经济管理》,2006年第10期。

22. 陈秀山、张若:"主体功能区从构想走向操作",《决策》,2006年第12期。

23. 郝寿义等:"国家综合配套改革试验区运行与前瞻",《改革》,2006年第9期。

24. 麦勇、贾彦利:"国外区域政策有效性评价综述",《工业技术经济》,2006年第6期。

25. 马凯:"积极稳妥地推进资源性产品价格改革",《求是》,2005年第24期。

26. 国务院发展研究中心课题组:"国内市场一体化对中国地区协调发展的影响及

295

其启示"，《中国工商管理研究》，2005年第12期。

27. 王一鸣、李爽、曾智泽："'十一五'时期促进经济社会协调发展的对策建议"，《宏观经济研究》，2005年第12期。

28. 刘乃全、贾彦利："中国区域政策的重心演变及整体效应研究"，《经济体制改革》，2005年第1期。

29. 刘培林："地方保护和市场分割的损失"，《中国工业经济》，2005年第4期。

30. 平新乔："政府保护的动机与效果——一个实证分析"，《财贸经济》，2004年第5期。

31. 李善同、侯永志、刘云中、陈波："中国国内地方保护问题的调查与分析"，《经济研究》，2004年第11期。

32. 胡乃武、张可云："统筹中国区域发展问题研究"，《经济理论与经济管理》，2004年第1期。

33. 郑毓盛、李崇高："中国地方分割的效率损失"，《中国社会科学》，2003年第1期。

34. 陆大道："中国区域发展的新因素与新格局"，《地理研究》，2003年第3期。

35. 刘玉、刘毅："区域政策研究的回顾与展望"，《地理科学进展》，2002年第2期。

36. 王洛林、魏后凯："对未来西部地区发展前景的展望"，《中国经贸导刊》，2001年第9期特稿。

37. 周叔莲、魏后凯："21世纪我国区域经济开发战略"，《经济研究参考》，2000年第2期。

38. Baldwin, Richard E., Forslid, Rikard, Martin, Philippe, Economic Geography and Public Policy, Princeton University Press, 2004.

39. Gavin Mccrone, Regional Policy in Britain[M].George Allan & Unwin Ltd., 1969.

40. John Friedman, Regional Development Policy：A Case Study of Venezuela[M].The M.I.T.Press, 1966.5.

41. Roy W. Bahl, Johannes F. Linn, Fiscal Decentralization and intergovernmental Transfers in Less Developed Countries, The Journal of Federalism, 24(1), Winter, 1995, p.1–19.

42. Turnovsky, s. and W.Brock,1980.Time consistency and optimal government policies in perfect foresight equilibrium. Journnal of Public Economics 13:p.183–212.

43. Shue Tuck Wong; Alicia A; Tiongson: Economic impacts of growth center on surrounding rural areas: A case study of Mariveles, Philippines, Human Geography, Vol. 62, No.2(1980), p. 109–117.

44. Martin Frost, Nigel Spence: Policy responses to urban and regional economic change in Britain, the Geographical Journal, Vol. 147, No.3(1981), p. 321–341.

45. Rernard Fingleton: Evaluating British Government Regional Policy: A Cost Oriented Approach, Transactions of the Institution of British Geographers, New Series, Vol. 14,

No.4(1989), p.446–460.

46. Robert R. Fletcher and Daniel D. Badger: Economic Impact of a Growth Center through Development of a New City in a Rural Area, American Journal of Agricultural Economics, Vol. 53, No. 5, Proceedings Issue (Dec., 1971), p. 844.

47. Carol B. Thompson: Regional economic policy under crisis conditions: the case of agriculture within SADCC, Journal of Southern African Studies, Vol.13, No.1(1986), p.82–100.

48. Lawrence A. Sullivan: Regional planning and economic dispersal programs in Great British: The Elusive Goal of "Balanced Growth", Stanford Law Review, Vol.23, No.5 (1971), p.903–940.

下篇　专题研究

8 地区比较优势评价研究

本章在阐明地区比较优势的内涵的基础上，构建一个三区域的地区比较优势的理论模型，综合考虑要素禀赋等外生优势和技术进步等内生优势，进而考察比较优势、产业空间布局与内生增长及区域差距之间的内在作用机理；在实证研究中，选取1984—2007年间若干代表年份的省级地区数据，从地区比较优势与制造业集聚的关系方面，对理论模型进行实证检验，来衡量和判别地区比较优势，从而为各地区了解和发挥比较优势、促进区域协调发展提供政策建议。

8.1 地区比较优势研究概述

比较优势这一思想源远流长，亚当·斯密（1776）在《国富论》第一篇第一章就提到比较优势在分工和贸易中的重要性。进入21世纪以来，随着经济全球化和贸易自由化的进程加快，比较优势重新在国际贸易领域占据主导地位，不仅如此，比较优势及区际专业化分工在区域经济增长和产业空间分布中也有着举足轻重的作用。开放经济背景下的地区比较优势研究是区域经济学的一个重要课题。

下篇：专题研究

当前我国正在大力实行区域协调发展战略，温家宝同志在2010年3月5日所作的政府工作报告中，再次强调："要实施区域发展总体战略，重在发挥各地比较优势，有针对性地解决各地发展中的突出矛盾和问题；重在扭转区域经济社会发展差距扩大的趋势，增强发展的协调性；重在加快完善公共财政体系，促进基本公共服务均等化。"可见，发挥地区比较优势，是促进区域协调发展的关键之一，也是实践科学发展观的内在要求。比较优势的内涵到底是什么？怎样评价？如何发挥比较优势？是当今我国区域经济学者必须要回答的重大理论和现实问题。

8.1.1 地区比较优势的内涵

根据《辞海》的定义，"优势是指：1.能压倒对方的有利形势。2.指超过同类事物中其他情况的形势。"显然，比较优势的定义源于第二种用法。而所谓比较，是指"就两种或两种以上同类的事物辨别异同或高下"。

可见，比较优势是客观存在的，因为区域之间必然存在着天然的或者后天的差异，这些都构成了比较优势。本章研究的对象是地区比较优势，特指一国内部的某区域与同类其他区域相比，在与经济发展相关的领域所具有的优势。它包括两方面的内涵：一是外生比较优势，指由外生因素决定，且在短期内不变的那些比较优势的方面，例如要素（资本劳力等）禀赋、自然形成的技术水平差异；另一方面是内生比较优势，例如技术进步、制度变迁等。它是一个客观的名词，区别于"比较优势、比较劣势"等带有趋向指示的形容词用法。

注意，本书里的所谓比较，是指相对于国内其他地区而言的比较。但不是孤立的、封闭的比较，而是综合考虑了国外市场需求、对外贸易等影响。

在比较优势研究中，另外几个常用的概念是要素禀赋、要素丰裕度、要素密集度，以及要素结构等。在参照Deardorff's Glossary of International

8. 地区比较优势评价研究

Economics 的定义基础上，本章定义如下概念：要素禀赋（factor endowment）指一个国家或者区域的初等要素数量；要素丰裕度（factor abundance）指一个国家或者区域的初等生产要素的丰富或稀缺程度；要素密集度（factor intensity）指某个产品或者产业所耗费的生产要素的比例；要素结构（factor content）指贸易品生产中所使用的要素的比例。

此外，本书所指的"动态研究"，包括两个层次的内涵：一是强调地区比较优势内在的动态属性，如：内生比较优势原本就是根据的变化而不断变化的，二是从动态的角度去考察和研究比较优势在长期的变化，以及它与增长和集聚之间相互作用的动态机制。

8.1.2 比较优势理论述评

比较优势理论源远流长，最早可追溯到亚当·斯密（1776）提出的绝对优势学说，后大卫·李嘉图（1817）正式创立了基于生产成本差异的比较优势学说。纵观比较优势理论发展的基本脉络，大概可分为以下几个阶段（见图8-1）：第一阶段（起源阶段）是古典贸易理论，以亚当·斯密、大卫·李嘉图和穆勒为代表，其贡献是创立了比较优势理论，被称为"传统比较优势理论"；第二阶段（发展阶段）是早期新古典贸易理论，以马歇尔、埃奇沃斯、帕累托、巴龙、米德等人为代表，主要贡献是在分析工具和方法上的创新（主要指引入了边际分析）；第三阶段（成熟阶段）始于20世纪30年代，代表人物是赫克歇尔和俄林，他们提出了著名的要素禀赋学说，后经哈伯勒、勒拉、里昂惕夫、萨缪尔森等人的努力和完善，将比较优势理论纳入了一般均衡分析框架，并以偏好、技术和要素禀赋为边界约束，最终形成了现代新古典比较优势理论，该学说也逐步取代了大卫·李嘉图模型成为比较优势理论的现代形式，被称为"现代比较优势理论"。

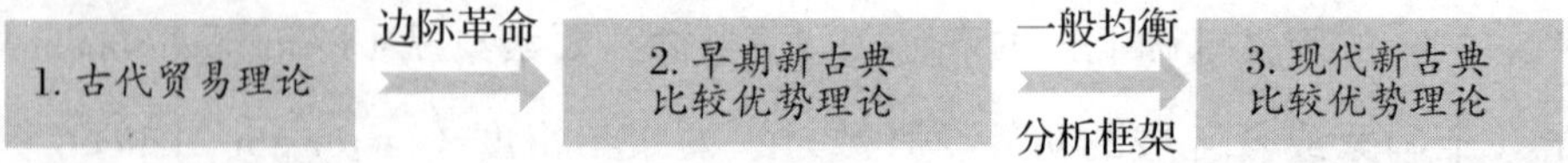

下篇：专题研究

1. 古代贸易理论	→边际革命→	2. 早期新古典比较优势理论	→一般均衡分析框架→	3. 现代新古典比较优势理论
• 代表人物：亚当·斯密、大卫·李嘉图、约翰·斯图亚特·穆勒 • 主要贡献：提出比较优势理论 • 李嘉图模型指出，比较优势来源于各国劳动生产率的差异（生产函数的差异）等。 • 约翰·斯图亚特·穆勒提出，贸易国之间的"相互需求"是决定贸易条件的因素。		• 代表人物：马歇尔、埃奇沃斯、帕累托、巴龙、米德 • 主要贡献：分析工具和方法的创新 • 马歇尔（1894）系统阐述相互需求模型，并用"提代曲线"加以说明，还分析了贸易均衡的稳定性等问题 • 帕累托和巴龙也作出对比优势进行模型化的努力。 • 经米德发展后的提供曲线，至今仍是贸易均衡分析的重要分析工具。		• 代表人物：赫克歇尔和俄林、哈伯勒、勒拉、里昂惕夫、萨缪尔森 • 主要贡献：将瓦尔拉斯一般均衡分析引入国际贸易，构建新系统的现代比较优势理论。 • 赫克歇尔（1919）作为奠基者，创造性提出要素价格均等变化命题，并讨论了国际要素禀赋差异在确定比较优势和国际贸易方面的作用。其学生俄林继承发展，形成HO理论。 • 哈伯勒（1933）放松李嘉图模型成本不变假定，引入机会成本概念，将该模型推广到成本递增情形。

图 8-1 比较优势理论的发展脉络

现代比较优势理论以赫克歇尔—俄林的要素禀赋学说为核心，其最主要的两个概念是要素丰裕度（factor abundance）和要素密集度（factor intensity）。其中：前者又称要素禀赋，其衡量指标为：要素实物量比例或者要素相对价格；而后者则指投入的不同生产要素的比率，其衡量指标主要是人均资本消耗量（K/L）。经典的H-O模型具有如下一系列核心假定：2*2*2框架（即两个国家或区域、资本和劳动两种生产要素以及两种产品）、各国偏好相同、科技水平相同、市场为完全竞争、规模报酬不变、不存在中间产品、要素国内完全流动，跨国不流动、商品自由流动、没有运输费用和交易费用等。

随着现代比较优势理论的不断发展，学者们通过严格的数学推导和证明，总结归纳出四个基本定理，分别是：（1）赫克歇尔—俄林（Heckscher-Ohlin，简称H-O）定理，主要阐述了要素禀赋和贸易模式之间的关系。该定理指出：在自由贸易条件下，各国将出口在其生产过程中相对密集地使用本国相对丰裕的要素产品，进口在其生产过程中相对密集地使用本国相对稀缺的要素产品。（2）斯托尔珀—萨缪尔森定理（Stolper-Samuelson，简称S-S定理），主要涉及商品价格的变动对要素价格的影响。他们指出，某一商品国内相对价格的上升，会提高在生产该商品的过程中密集使用的生产要素的价格，其重要推论之一是关税会提高一个国家相对稀缺要素的实际收益。（3）要素价格均等化定理（factor-price equalization，简称FPE定理，或称H-O-S定理）说明了贸易和收入分配之间的关系，其主要结论是：即使要素不能跨国流动，只能在国内各部门间自由流动，只要允许自由贸易，那么在一定的条件下各国之间相同要素的价格也会趋于一致。（4）雷布津斯基定理(Rybczynski定理)。证明了如果商品价格保持不变，则一种要素存量的增加不仅会导致生产中密集地使用该要素的产品在产品产量中的份额增加，而且会导致这种产品产出的绝对量增加，另一种产品的产出则绝对地减少。

二战后，以里昂惕夫（Leontief，1953）为代表的一批经济学家开始了大量关于比较优势的实证研究。他用贸易品生产中所使用的要素结构（factor content）和实际的要素丰裕度（factor abundance）进行比较，来判断现实贸易结构是否符合H-O要素禀赋理论所预示的结论。根据要素禀赋理论这两者应该是一致的，但是事实却不尽然，于是产生了著名的"里昂惕夫之谜"。他的研究激发了大量关于贸易模式的理论和经验分析的讨论，推动了比较优势理论的发展。

20世纪90年代以来，现代比较优势理论面临了新的挑战。比较有代表性的是以Krugman为代表的新贸易理论和以杨小凯为代表的新兴古典贸易理论。现代比较优势理论假定规模报酬在任何情况下固定不变，但是Krugman（1987）论证了学习曲线和历史累积过程在一国动态比较优势培植中的作用。他认为，在产业发展过程中存在着若干种学效应即动态的报酬递增，其形式为一个产业的学习曲线。Krugman 举了三个例子说明从长期来看，一个国家的动态比较优势是由规模经济来决定的：一是日本的产业选择实践，证明了采用保护幼稚工业的政策并不能起到扩大市场规模的作用；二是发现某种自然资源可能引起比较优势和产业结构的固化，例如："荷兰病"，发现石油对产业竞争力的影响；三是贸易政策的长期影响（如：撒切尔夫人的竞争后果，货币汇率高估带来的长期恶果）。他认为，基于规模经济的动态比较优势在国际分工中发挥着决定性的作用。新贸易理论引入了垄断竞争、差异产品和规模报酬递增的假设，成功地解释了发达国家间越来越多的产业内贸易现象，并逐步成为与主要解释产业间贸易的比较优势理论并列的贸易理论。

而以杨小凯（2000，2001）为代表的新兴古典贸易理论则从专业化和分工的角度拓展了对内生比较优势的分析。他通过运用超边际的分析方法将国内贸易和国际贸易相结合，沿着斯密市场范围限制分工的观点和杨格提出的"分工—市场—分工"的互动关系，将外生的比较优势因素引入到基于规模报酬递增的、以内生专业化和分工为核心的新兴古典贸易模型的框架中。他主张重新继承亚当·斯密的绝对优势学说，认为其更具一般性，同时坚决否定大卫·李嘉图比较优势学说。这对传统和现代比较优势理论的根基提出了直接的挑战。

综上所述，现代比较优势理论先后遭到很多挑战，但是正如李辉文（2006）指出的，现代比较优势理论本质上并不是一种静态的理论，相反，它本身具有内在的动态属性：一方面，要素密集度可以动态化。例如：Vernon（1966）的产品生命周期理论。另一方面表现为要素丰裕度的动态化。内生动态要素禀赋理论如：Oniki 和 Uzawa（1965）的两国家模型指出，随着资本/劳动比率的不断提高，开放条件下贸易小国的比较优势会逐渐转移到资本密集度更高的产品。此外，将资本存量从而要素丰裕度内生化的重要成果还有斯蒂格利茨和芬德利的模型，以及格罗斯曼和赫尔普曼（1991）基于知识和创新的模型。而外生动态要素禀赋理论则着眼于要素的跨国流动。由雷布津斯基定理可见，要素禀赋的改变会影响一国的产业结构和资源配置。由此可见，现代比较优势理论采用了一般均衡分析方法，它实际上是开放经济的价格理论和资源配置理论。要素禀赋差异是国际贸易的充分条件但不一定是必要条件。

总之，现代比较优势理论采用了一般均衡分析的框架，因此决定了其在国际贸易中的理论基准地位暂时还不会被替代，通过各种拓展，比较优势理论也可以与时俱进地继续完善。同时，新贸易理论与比较优势理论并不是完全对立、互相替代的关系，而是一种互相补充的关系[1]。甚至于从某种角度而言，规模经济也可视作一种内生的比较优势，两者可以有机结合，以便对国际和区际贸易作统一的分析。

8.1.3 国内外研究进展

（1）比较优势理论研究进展

近年来学者们都致力于现代比较优势理论的发展和完善，但是具体的整合和拓展，存在两种建模思路：

第一种思路是将一些之前未考虑的新因素，纳入传统比较优势理论的框架。比如人力资本和技术因素：Grossman和Helpman（1991a）建立了一个基于R&D的动态比较优势模型，将科技与人力资本并入比较优势模型，解释了贸易与内生经济增长的关系。Petsas和Iordanis（2009）则建立了一个基于熊彼特增长的两国家（本国、国外）两部门（商品生产部门和R&D部门）

---

[1] 实际上，新贸易理论的代表人物保罗·克鲁格曼（Paul Krugman）在其 *Rethinking International Trade* 一书中，就是持这种观点。在2009年12月发表的一篇名为"Increasing Returns in a Comparative Advantage World"的文章中，他再次指出，两者是互补关系。

一般均衡模型，该模型没有考虑规模经济，但是通过知识生产函数的特别规定，实现了半内生增长。研究结果表明，高人口增长率提高了本国的相对工资水平，但是减少了出口到国外的产品种类。创新的增加，同样提高了本国的相对工资，但是其对比较优势的影响并不确定。再比如：考虑交通成本和空间距离对比较优势影响。Deardorff（2004）在一般均衡框架下改造了李嘉图模型，他把交通成本并入生产成本中，提出了"地方比较优势"（local comparative advantage)的概念，研究发现：在贸易成本很高的情况下，决定贸易模式的并不是与世界水平相比的比较优势，而主要取决于与那些邻近国家的成本比较，因为与其进行贸易的成本最低。在地方比较优势基础上，一国可能进口那些在全球比较优势基础上本应出口的商品，反之亦然。Venables 和 Limao（2002）将冯·图能的"孤立国"理论与 H-O 要素禀赋理论相结合，系统地分析了距离的经济效应。

另一种思路则是在新经济地理（NEG）的框架下展开。如：Epifani（2005）建立了一个包括两个垄断竞争部门的两区域NEG模型，研究了要素禀赋比较优势的影响，解决了NEG经典文献里由于多重均衡而带来的不确定性以及关于一体化与专业化关系不明确的问题。他指出，如果两个国家的要素比例相差不是很大，即满足FPE（factor price equalisation）的条件，经济一体化进程中的集聚力量促使与自由贸易水平相关的超专业化（over specialization），也促使相对要素价格的超调（overshooting），即要素价格与要素丰裕度的关系逆转：当两个要素比例相同的国家充分一体化时，每个国家中丰富的要素反而将更加昂贵。如果要素禀赋在FPE设置之外，即两个国家要素比例差异很大，即使存在集聚力量，专业化、要素价格也仅仅与贸易成本相关，这一结论与传统贸易模型相似。Venables & Limao的一系列研究（1999，2002）也是此种路线。

此外，理论模型的研究还包括将模型一般化、增强解释力的努力。例如：Morrow（2008）建立了一个李嘉图—赫克歇尔—俄林模型（Ricardian-Heckscher-Ohlin Model，简称R-H-O）。模型在垄断竞争和规模报酬递增框架下展开，综合考虑了两种比较优势：一是H-O模型阐述的要素禀赋，二是李嘉图指出的生产率差异。研究发现，产业间的相对生产率差异与这些产业的要素密集度无关。因此，上述两方面都只能解释部分现实，必须将两者结合，才能更合理地解释贸易和分工方式。Costinot（2009）借用数学中的互补性分析工具（"对数超模"），建立了一个统一的比较优势理论分析模型，考察决定比较优势的基础性影响因素，该模型可以适用于任意个国家、任意产品和生产要素。通过要素生产和供给的充分条件，揭示了在多种要素的李嘉图模型中国际专业化分工的模式。该模型还可以用于研究技术和生产要素对专业化的共同作用。

考虑到相比国际经济学的研究对象，区域经济对空间距离、交通成本等因素更敏感，且垄断竞争、规模报酬递增的条件假定更符合现实，而且便于分析比较优势对产业空间分布格局的影响，故本研究采用第二种建模思路，即在NEG的框架下展开，但是兼收并蓄比较优势理论的精华，即引入要素禀赋差异和技术差异，且沿用一般均衡分析的框架。

国内比较有代表性的有：林毅夫（2002）指出，所谓的东亚奇迹，是由于那几个国家（地区）遵循了自身的比较优势，也即按照自身的要素禀赋结构去选择相应的发展道路，取得了成功。而如果发展中国家违背比较优势，发展一些与自身技术和产业结构不符的产业，这些部门将因为缺乏内生能力而难以为继。他领导的北京大学中国经济研究中心课题组（2002）提出了技术选择指数（TCI）的概念。通过一个两要素两部门模型分析，认为如果一个经济体的政府推行符合比较优势的发展战略，则每个企业、每个产业进而整个制造业的资本劳动比都是内生地由该经济体的要素相对价格决定，而后者又内生地绝定于其要素禀赋结构。于是他们定义了TCI，即一个国家（或地区）制造业的实际资本劳动比除以整个国家（或地区）的资本劳动禀赋比，并将之应用到我国省级地区以及跨国研究中。经验研究的结果证实了其理论推断（林毅夫，2003a）。此外，林毅夫（2003）还对比较优势和竞争优势的关系进行了深入探讨。他指出，对竞争优势理论的片面理解，使有些学者误认为比较优势理论已经过时，倡导由政府来推动竞争优势的提升，以进行经济上的"赶超"。实际上，竞争优势理论是对比较优势理论的一种补充。

（2）比较优势理论的实证研究

近年来，国际上有关比较优势的实证研究主要集中在检验比较优势与贸易模式的关系等方面。Trefler（1995）沿用里昂惕夫的方法，即将贸易品生产中所使用的要素结构（factor content）和实际的要素丰裕度（factor abundance）进行比较，对一个包含33个国家（地区）和9个投入要素的数据库进行了分析[①]。结果表明：当各国技术结构相同时，贸易品生产中所使用的要素结构并不能完全反映要素丰裕状况，H-O的要素禀赋学说与现实数据之间存在差异，现实中确实存在"迷失的贸易"（missing trade）。但是，如果放松各国技术结构相同这一假设，引入国别之间的技术差异时，现实数据又能与理论预测大体一致。这一结论也得到了许多其他研究的支持，如Davis et al.（1997）。技术差异的引入使得要素禀赋理论仍然没有被证伪。

Amiti（1997）、Brulhart & Trionfetti（1998）、Kim（1999）分别对欧盟和美国的专业化程度或产业集中度进行了度量，并估计了作为外生变量的规模经济参数（新贸易理论）和资源密集度参数（新古典贸易理论）影响，结果大都肯定了规模经济和要素禀赋两类比较优势的作用。Davis和Weinstein（2002）针对OECD国家的实证研究也表明，要素禀赋解释生产结构与贸易模式比规模经济更有效，甚至可解释发达国家间的贸易，但同时规模经济也

---

① 该数据库涵盖了3/4的世界出口额和近80%的世界收入，故比较有代表性。

很重要。

Midelfart-Knarvik等（2000，2003）建立了一个模型，认为产业空间布局是由"区域特性"和"产业特性"两类因素共同作用的，推导出一个可以用于计量研究的检验模型，并利用其对欧盟的产业空间布局进行了检验。结果表明，使用该模型实际上是一种广义上的比较优势模型，成功地将资源禀赋和规模经济、交易成本等因素纳入同一个模型中进行检验，并且强调其协同作用（交互作用）共同决定产业空间布局。根据对欧盟的实证检验，该模型具有较强的应用性和一定的解释力，近年来被国内外很多学者引用。本报告的计量检验模型也是基于此。

Redding（1999）则分析了动态比较优势和贸易的福利效应，他认为比较优势变化的动因在于技术创新。

国内的实证研究开展主要可分为三个方面：

——比较优势一般研究

针对我国在国际贸易中的比较优势研究较多。樊纲等（2006）提出以显示技术附加值赋值原理为指导，来识别贸易品技术附加值高低，根据这一原理提供了具体的赋值方法，并提出了基于贸易品技术分布的四种贸易结构分析方法。李辉文（2004，2006）系统总结了现代比较优势理论的内涵、理论和经验研究进展，澄清了一些认识误区，在国内有一定影响。

在我国地区比较优势的实证研究中，国内比较有代表性的是程选（2001）主编的、原国家计委研究院与中国人民大学区域所合作研究的课题成果《我国地区比较优势研究》。该研究采用基于区位商的"贸易比率"指标来衡量和评价地区比较优势。窦丽琛（2007）认为，我国地区经济发展对比较优势的偏离，是造成区域差距扩大的重要原因之一。文章将地区比较优势偏离度定义为投资份额与区位商的差值，但忽视了比较优势的动态内涵。

——地区比较优势与空间布局的研究

下篇：专题研究

近年来，很多学者关注中国的制造业聚集现象，并从各个角度进行了分析和探讨。Hu（2002）构建了一个空间集聚模型（spatial agglomeration model）来解释中国产业集聚和地区收入差距扩大的现象。在Midelfart-Knarvik等（2000）提出的交互作用空间布局计量模型基础上，国内先后涌现出一系列对中国制造业布局的研究，包括GE（2003），黄玖立、李坤望（2006），冼国明等（2006）。其中黄玖立主要从对外贸易和地方保护的角度考察制造业集聚，而冼国明则主要从FDI角度研究了中国制造业的集聚，认为外商资本在行业资本中的地区分布差异是解释开放经济下我国制造业聚集的一个重要因素。上述研究的结果大多表明，对外贸易是推动中国制造业集聚的重要因素，支持了Hu的理论假说。

金煜等（2006）在新经济地理学的分析框架下，讨论了经济地理因素和经济政策对工业集聚的影响，并利用我国1987—2001年省级面板数据进行实证研究，考察导致中国地区工业集聚的因素。结果发现：与历史与地理因素有关的对外开放促进了工业集聚。市场容量增加、基础设施的改善以及城市化进程都有利于促进工业集聚，而政府对经济的干预则对集聚有负面作用。此外他们还发现，我国工业集聚具有明显的沿海指向，即倾向于聚集在具有地理优势的沿海地区。

——地区比较优势与区域差距的研究

蔡昉（2004）尝试从地区发挥比较优势的角度来解释我国区域差距的成因。他将要素禀赋优势分为：物质资本、劳动力、人力资本和自然资源四种，揭示了不同地区禀赋比较优势和显示性比较优势的变化趋势，通过估计生产函数计算了不同地区生产要素的边际报酬。研究发现，市场化水平尤其是要素市场水平较低，制约了产业结构的调整，资源未达到最优配置。范建勇（2004）则讨论了市场一体化、地区专业化与我国产业聚集的趋势，他利用1980和2001的两位数制造行业的数据研究了产业的集中度和地区专业化水平，发现中国的制造业向沿海地区聚集的趋势非常明显，总体上处于"产业高集聚，地区低专业化"状态，国内市场一体化水平较低，甚至低于对外一体化水平，因此制造业都集中在沿海地区，无法向中西部地区扩散，而这是导致我国的区域差距不断拉大的重要原因。

综上所述，关于地区比较优势研究，国内已经有了一定的研究基础。但是就地区比较优势的内在动态变化，以及比较优势与产业空间布局、区域差距之间的统一的内在联系的把握和分析等方面，还有待进一步研究。

8.2 开放经济下地区比较优势理论模型

8.2.1 地区比较优势动态分析框架

本节首先总结归纳一下关于比较优势的各种来源和影响因素，以及比较优势与产业空间布局的关系，在此基础上，提出一个开放经济下地区比较优势动态分析框架。

8.2.1.1 比较优势的来源和影响因素

比较优势的来源有很多，概括而言：一是外生的因素，例如：要素禀赋。对此，经典的H-O模型及其一系列定理已经阐述得非常详细。再如：生产技术水平的差异。这是大卫·李嘉图提出的比较成本优势理论的核心。二是内生的因素，包括：技术进步、规模报酬递增带来的内部规模经济（新贸易理论研究的主要内容），以及制度因素等。

新制度经济学认为，生产效率是由制度质量内生决定。因而制度差异是比较优势的新来源。David Dollar（1993）最早提出了制度在长期内决定比较优势的假说。他认为，新技术源源不断的涌现，以及相应的人力资本得到适当培训，关键在于相关制度的有效支撑。虽然各国制度的优劣很难进行直接比较，但是一国所特有的制度架构对于不同行业技术进步的贡献是不同的。

例如，在美国得以发展和维持的制度适宜于培育某些行业的新技术及其配套人力资本，而德国独有的一些制度则更有利于另外一些行业持续拥有技术上的比较优势。

Belloc（2006）指出了制度比较优势的重要性，他认为，不少经验研究表明传统的标准理论模型对现实国际贸易模式的解释力不够，其中一个重要的原因就在于忽视了一国内部的制度环境这个重要因素。相关的制度水平和完善程度会通过产出和成本两方面共同影响贸易和国家竞争。在极端的情况下，即使两个国家的要素禀赋、技术水平以及偏好等都相同，风格迥异的制度也会导致国家的比较优势或劣势，他总结了相关文献，探讨了制度差异对比较优势和国际贸易变动的影响。

Costinot, Arnaud（2007）基于分工的视角，考察了不同国家存在内生技术差异的情况。他认为，产品的生产过程可以分解成多个任务（环节），产品的复杂程度越高，则专业化分工带来的所得就越多，另一方面，产品复杂程度越高，交易费用也随之提升（交易费用的大小和制度质量呈负相关）。因此在分工的收益和成本之间存在种种权衡，共同决定最优分工水平。他发现，在复杂产业中，制度和人力资本优势才是比较优势的主要来源。开放经济下，制度环境方面占优的国家往往能够发挥李嘉图式的比较优势。Antràs和Hansberg（2008）的综述指出了产业组织方式在贸易中的重要性，认为产业组织方式也是当代比较优势的重要来源。当引入这一因素后，新古典模型等传统模型将被改写，而其他的模型则有待进一步完善。

而Davin Chor（2008）采用数量分析的方法来分解比较优势的来源，它在国家特性与产业特性交互作用共同决定贸易的基本框架下展开研究，利用大样本的双边贸易流量数据，分别采用最小两阶段二乘法OLS和包含虚拟变量的SMM方法，估计了贸易流量模型的各项参数，从而分别计算出比较优势的各种来源：要素禀赋、李嘉图生产技术水平、空间距离以及制度等的贡献大小。并得出一些重要结论，例如：如果某地区的要素禀赋增加，或者制度得到改善，会带来本国产业份额的增加以及国家福利增进。

总而言之，制度经济学认为，在短期内，制度通过影响中间投入品的供给和需求、改变分工程度和工艺技术的选择等方式，间接影响行业生产率，在长期内则通过一系列更复杂的机制决定技术进步的轨迹，由此构成比较优势的源泉。制度更为优越的发达国家在复杂产品生产方面具有比较优势。而制度环境改善存在两大效应，一是产出效应，即制度改善会普遍提升整个生产领域的效率，另一个效应是产业结构调整效应，由于各行业对制度的反应不对称，将使资源从低技术行业向高技术行业倾斜（黄建忠，2009）。

此外，空间距离、交通成本对比较优势也具有重要影响。Limao和Venables(2001)认为，空间距离、落后的基础设施状况或者某国所处的地理位置被基础设施落后的周边国家包围，以上因素都可能造成发展中国家的交通成本远远高于发达国家，而交通成本显著地降低了贸易流量，据测算，内陆封闭国家的交通成本比同类的沿海国家高出50%左右。

8.2.1.2 比较优势与专业化分工和产业空间布局

近年来，越来越多的学者认识到，要素禀赋和规模经济共同决定贸易模式和产业空间布局，Krugman（2009）举了中国的桥头镇（生产全世界60%的纽扣）等例子，简单阐述了下述观点：即使在近些年来比较优势在国际贸易中占据了决定性地位，规模报酬递增依然发挥着不可或缺的作用，它以地方化的外部经济的形式出现，对国内经济地理具有很强的影响。而且，虽然规模经济不能决定贸易模式和专业化分工，但是由地方化经济获得的利益也是贸易得益的重要组成部分。

而比较优势对专业化的影响比较复杂。标准H-O模型认为贸易自由化可以提高专业化水平，在Stolper-Samuelson机制效应下，贸易自由化将导致单向的国家间相对要素价格收敛。而NEG模型则不太明确，在经典的FKV模型里专业化与贸易成本的关系是非单向的,这是由于 NEG 绝大多数模型假设国家为初始的同一,没有比较优势,于是贸易模式是不确定的,依赖于模型的设定条件而可能有多种均衡结果。Krugman 和 Venables（1996）建立了一个包括两个规模报酬递增（Increasing Returns,简称IRS）部门的模型,研究认为专业化可能产生于部门特有的集中力量,但由于要素不能跨区流动,集中力量仅仅促进了部门集中而不是所有IRS活动空间集聚。

在此基础上,Ricci（1999）建立了一个三部门模型,包含一个规模报酬递增产业（由两个部门组成）与一个规模报酬不变的部门,报酬递增的产业直接受制于集聚力量,该产业在不同地区和部门的生产效率存在差异,由此产生了比较优势以及某区域、某部门拥有的绝对优势；工人根据可获得的相对效用水平移动,集聚力量内生,消费拥挤外部性制止了工人全部集中在一个地区,结果发现:（1）集聚力量减少了受制于集聚效应的活动的专业化程度,因为该活动吸引了更多的非该国专业化的比较劣势的公司部门；（2）随着贸易成本降低,经济活动倾向于布局在规模更大或生产率更高的市场,但贸易成本降低并不一定增加集聚,甚至可以逆转地区间的集聚模式；（3）尽管国家间存在分工,各自专业化生产自己具有比较优势的商品,但比较优势提高并非必然促进专业化,如果国家的扩张是相对生产效率改变的结果,比较优势提高也可能降低专业化。这是因为比较优势与绝对优势可以同时改变,绝对优势引出内生集聚,而集聚又通过命题（1）降低专业化（谭裕华,2008）。

8.2.1.3 地区比较优势的动态分析框架

综上所述,地区比较优势的来源主要有两类:一是外生的,即先天存在的、短期内保持不变的,如要素禀赋和生产技术水平差异；二是内生的,即在经济发展过程中后天形成的,如:规模经济、技术进步和制度变迁等。此外,空间距离和运输成本也对地区比较优势有一定影响。目前已有的研究主

8. 地区比较优势评价研究

要集中在其中一两个方面，对比较优势与地区专业化和产业空间布局的关系，也没有明确，本研究旨在建立一个系统的动态分析框架，从而深入把握开放经济背景下地区比较优势自身的动态变化，以及与区域经济增长、产业空间布局、机制。见图8-2。

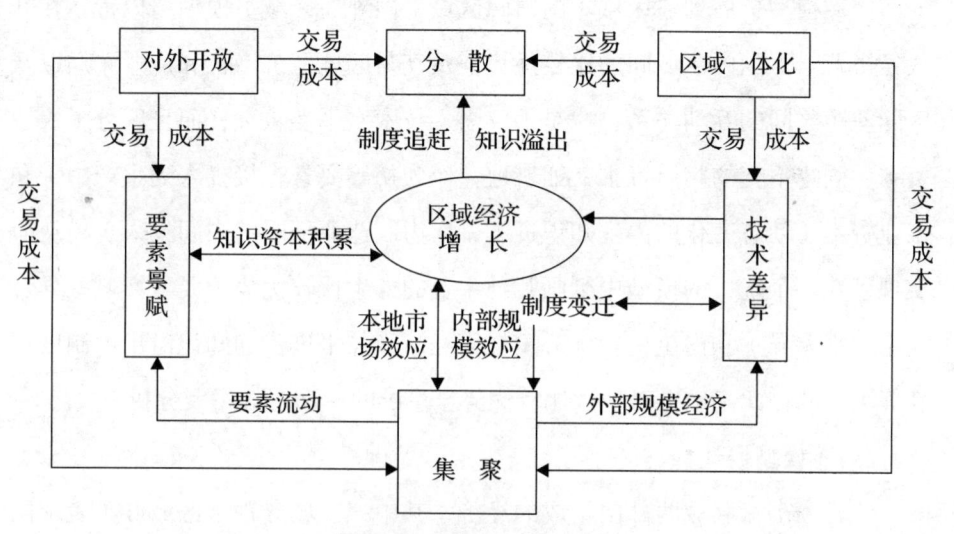

图 8-2 地区比较优势动态分析框架

由图8-2可见，首先，对外开放和区域一体化是当今区域经济发展的两大基本趋势和背景，也是我们研究地区比较优势的前提和基础，它们通过交易成本这一关键变量影响比较优势。其次，由外生比较优势带来区域经济增长的差异，在规模报酬递增的作用下，通过要素流动和知识溢出推动产业布局走向集聚或分散。而一旦出现产业集聚，内部规模效应和外部规模效应又会发生作用，一方面，通过本地市场效应，不断自我强化，造成区域经济增长差异和收入差距扩大，另一方面又通过改变初始的禀赋比较优势和技术水平差异，即后天优势强化先天优势，造成区域差距进一步加大，如此循环，直到交易成本降低，区域一体化推进，发生外部冲击或者拥挤效应等分散力足够强大，才能打破这一循环。

8.2.2 D-S-S框架下的三区域基本模型

本报告将在新经济地理学（NEG）最常用的D-S-S框架下（即：基于Dixit-Stiglitz垄断竞争模型和Samuelson冰山成本），建立一个三区域理论模型。模型的基本结构与Puga（1999）相似[①]，主要有如下改进：一是将原来的两区域模型扩展到三区域（国内两区域，国外一区域）模型，以考察在开放经济背景下国内区域间的比较优势，及其与区域经济增长和产业布局以及区际差距之间的互动关系；二是不仅引入技术水平参数 a_i，而且区分了农业资本（固定不变的物质资本，如耕地，作为初等要素直接投入到生产中）和工业资本（动态变化的内生知识资本，作为制造业部门的中间投入）。从而实现了在一个统一的模型中刻画几种主要的外生比较优势（要素禀赋差异、技术水平差异）和内生比较优势（规模经济、技术进步和知识溢出、制度创新等），并在此基础上对地区比较优势作系统的、动态的拓展分析。

（1）模型概述

考虑一个三区域两部门组成的经济，其中三区域分别指区域0（表示国外地区），区域1和区域2（表示国内两个地区）。每个区域都有两个生产部门：农业部门（简称A部门）和制造业部门（简称M部门）。农业部门生产同质的农产品，以规模报酬不变的完全竞争市场为特征；制造业部门则生产差异化的多种制成品，以规模报酬递增和垄断竞争为特征。

每个区域都有资本（K）和劳动力（L）两种生产要素，首先假定所有区域的相对要素禀赋相同。假定短期内劳动力只能在区内流动，不可在区际流动。长期内劳动力可以在国内两区域间流动，但不能跨国流动。

假定农产品的区内交易成本和区际交易成本均为0。而工业制成品在区域内无交易成本，但在区际有交易成本，并遵循萨缪尔森的冰山成本形式，

[①] 注：该模型最早的形式见 Krugman & Venables（1995），后经 Puga（1996,1999）、Nocco(2005)等改进完善。

即要使得其他地区1单位的产品运达 i 地区，生产地必须装运 τ（$\tau>1$）单位的产品。注意，这里的 τ 为广义的交易成本，不仅包括有形的运输成本，还包括其他无形的信息、销售成本等，甚至于地区间的贸易壁垒等。

（2）消费与偏好

需求方面，假定三区域所有消费者偏好相同，均消费同一种农产品（A 产品）和多种不同的工业制成品（M 产品，以下简称制成品）的组合。即消费者总效用函数为柯布—道格拉斯（Cobb-Douglas）效用函数：

$$U_i = M_i^\mu A_i^{1-\mu}, \quad i=0,1,2 \tag{8.1}$$

其中，U_i 表示 i 地区的消费者总效用，M_i 表示 i 地区消费的制成品组合，A_i 表示 i 地区的农产品消费量，μ 是常数（$0<\mu<1$），表示制成品在全部消费支出中的份额。

而制成品组合的效用函数 M_i 为不变弹性替代效用（CES）函数：

$$M_i = \left(\int_{j=1}^{\sum n_i} m_{ij}^{\frac{\sigma-1}{\sigma}} dj \right)^{\frac{\sigma}{\sigma-1}}, \quad i=0,1,2 \tag{8.2}$$

等式（8.2）中，m_{ij} 表示 i 地区第 j 种制成品的消费量；n_i 表示 i 地区制成品的种类数；σ 表示任意两种制成品之间的替代弹性（$\sigma>1$）。

对于给定的收入 Y_i，地区 i 代表性消费者的预算约束为：

$$Y_i = p_i^A A_i + P_i^M M_i \tag{8.3}$$

其中，p_i^A 表示 i 地区农产品价格，而 P_i^M 表示 i 地区的制成品价格指数（即购买一单位制成品组合的最小成本），由下式给出：

$$P_i^M = \left[\sum_{r=0}^{R} n_r (p_r^M \tau_{ri})^{1-\sigma} \right]^{1/(1-\sigma)}, \quad i=0,1,2; r=0,1,2 \tag{8.4}$$

上式中，P_i^M 表示 r 地区的制成品价格，τ_{ri} 表示 r 地区生产的制成品到

i 地区之间的交易成本,如果 $r=i$,则 $\tau_{ri}=1$,即本区域内部无交易成本。假定国内区际交易成本 $\tau_{12}=\tau$($\tau>1$),而两区域的对外贸易成本 $\tau_{01}=\tau_{02}=\tau_0$。

令 E_i^M 表示 i 地区消费者在制成品上的支出,可得出 i 地区对 r 地区生产的制成品 j 的需求为 $(p_r^M \tau_{ri})^{-\sigma} (P_i^M)^{\sigma-1} E_i^M$($i=0,1,2; r=0,1,2$),令 p_{ij} 表示 i 地区制成品 j 的价格,因此可以求出所有地区对 i 地区生产的第 j 种制成品的需求总量 X_{ij}:

$$X_{ij} = p_{ij}^{-\sigma} \sum_{i=0}^{R} (P_i^M)^{\sigma-1} \tau_{ri}^{1-\sigma} E_i^M, \quad i=0,1,2; j=0,1,2,\ldots n_i \quad (8.5)$$

(3)生产者行为

1. 农业生产部门

农业部门生产函数为:

$$Q_i^A = g(L_i^A, K_i^A) \quad (8.6)$$

其中,Q_i^A 表示 i 地区农业部门的产出,L_i^A 为 i 地区 A 部门的劳动力,K_i^A 表示 i 地区的农业资本,即生产农产品时投入的耕地。

农业部门收益函数如下:

$$R(p_i^A, \omega_i, K_i^A) = \max_{\{Q_i^A, L_i^A\}} \{p_i^A Q_i^A - \omega_i L_i^A \mid Q_i^A \leq g(L_i^A, K_i^A)\}, \quad i=0,1,2 \quad (8.7)$$

上式中,p_i^A 表示 i 地区农产品价格,ω_i 表示 i 地区的劳动力工资。为简化分析,选取适当单位将 p_i^A 标准化为 1,由于农产品部门规模报酬不变,可将上式简化为 $R(1, \omega_i, K_i^A) = r(\omega_i) K_i^A$,由此可得单位土地的收益率函数:

$$r_\omega(\omega_i) \equiv \frac{\partial r(\omega_i)}{\partial \omega_i} = -\frac{L_i^A}{K_i^A} \quad (8.8)$$

为便于后面分析,假定农业生产函数为如下的柯布—道格拉斯函数形式:

$$Q_i^A = (L_i^A)^\theta (K_i^A)^{1-\theta} \quad (8.9)$$

其中，θ 为农业生产中劳动力的投入系数，$0<\theta<1$。于是相应可求出：$r(\omega_i)=(1-\theta)\left(\dfrac{\omega_i}{\theta}\right)^{\frac{\theta}{\theta-1}}$，代入式（8.7）、（8.8），易得：

$$r(\omega_i)=(1-\theta)\left(\dfrac{L_i^A}{K_i^A}\right)^{\theta}, \quad \omega_i=\theta\left(\dfrac{L_i^A}{K_i^A}\right)^{\theta-1} \tag{8.10}$$

2. 制造业生产部门

如前所述，制造业部门为垄断竞争、规模报酬递增的差异化产品生产部门。每个区域的企业数 n_i 是内生决定的。根据Dixit and Stiglitz (1977)，生产任意一种制成品 j，需要投入固定成本 α 和 β 单位的边际成本。注意本模型中，制造业的产出并非完全消费，有一部分要作为本产业的中间投入。

假定代表性厂商的生产函数为：

$$Q_{ij}^M=\dfrac{a_i\left(I_{ij}^M-\alpha\right)}{\beta}, \quad i=0,1,2; j=1,2,...,n \tag{8.11}$$

其中，Q_{ij}^M 表示 i 地区第 j 种制成品产量，a_i 为技术水平参数，可以表示区域间生产技术水平（生产率）的差异。α 和 β 均为参数，$\alpha>0$，$\beta>0$，而 I_{ij}^M 表示相应的生产投入，具体函数形式如下：

$$I_{ij}^M=\dfrac{\left(L_{ij}^M\right)^{1-\upsilon}\left(D_{ij}^M\right)^{\upsilon}}{(1-\upsilon)^{1-\upsilon}\upsilon^{\upsilon}}, \quad i=0,1,2; j=1,2,...,n_i \tag{8.12}$$

上式中，L_{ij}^M 表示 i 地区生产某种制成品 j 所投入的劳动力，相应地，D_{ij}^M 表示投入的中间要素，而参数 υ 则表示生产者的中间投入品支出份额（$0\leq\upsilon<1$）。

厂商成本最小化的约束条件如下：

$$TC_{ij}^M=(P_i^M)^{\upsilon}\omega_i^{1-\upsilon}\left(\alpha+\beta Q_{ij}^M/a_i\right), \quad i=0,1,2; j=1,2,...,n_i \tag{8.13}$$

本节构建的三区域基本模型，为研究开放经济背景下区域比较优势及其与产业空间布局的互动机制提供了一个基本的理论分析工具和研究参照。但是基本模型中的一些假定过于严格,在进一步的研究中要按照研究目标和应用范围,有针对性地放松一些假设条件或改变某些参数,作一些拓展分析。

8.2.3 地区比较优势理论模型的检验

本节将利用我国1985—2007年间的数据,在描述我国制造业集聚的特征性事实基础上,建立计量检验模型,来检验理论模型得出的推论,即比较优势与产业空间布局的关系,重点检验要素禀赋、人力资本、制度差异与制造业集聚的相关性。

8.2.3.1 我国制造业集聚现状

我们将从两个方面来度量我国制造业集聚现状:一是地区专业化分工水平,二是制造业(两位数代码)各行业的产业集中度。研究的对象分为省级地区(省、直辖市、自治区)和五大区域两个空间层次。

在时间节点上,我们选定1985、1993、2001以及2007年这四个代表性年份的数据进行实证分析[①]。理由如下:1985年可以代表改革开放初期的阶段特征,1992年我国正式确立市场经济体制,标志着从1993年开始市场化程度不断提高,要素流动加快,可以反映模型中关于要素自由流动的假设。而2000年"十五"《纲要》提出"实施西部大开发,促进地区协调发展",把地区协调发展提到了前所未有的高度。标志着区域协调发展进入新阶段,某种程度上暗合本报告理论模型中关于区域一体化进程加快的假设。本节描述性分析的数据来源,除1985年的数据来自《中华人民共和国1985年工业普查资料》,其余均来自各年《中国工业经济统计年鉴》。

由于在研究的时间段中,1994年和2002年,我国对国民经济行业分类进

[①] 由于第二次全国经济普查的原因,《中国工业经济统计年鉴2009》至今尚未出版,而各地的统计年鉴到目前还不全,因此最新的可获得数据截止到2007年。

行了两次修订，分别形成《国民经济行业分类与代码》（GB/T4754-1994）和《国民经济行业分类》（GB/T4754-2002），加上数据可获得性的原因，为保持前后统一，我们的样本最后只有20个行业的数据。具体的行业及代码见表3-3。而1985年海南省还没成立，1993年时重庆没有成立，为保持前后统一，将其分别并入广东省和四川省。因此，最后的实证检验样本为29个省区，20个制造业行业。

（1）我国地区专业化分工水平

我们采用最常用的克鲁格曼地区专业化指数作为衡量我国省级地区专业化水平的指标，其计算公式如下：

$$K_i = \sum_k \left| S_i^k - V_i^k \right|$$

其中，K_i表示i地区的专业化指数，S_i^k表示i地区第k种产业的产出占i地区制造业总产出的比重，V_i^k表示除了i地区以外其他所有地区第k种产业的产出占其制造业总产出的比重。计算结果见表8-1。

由表8-1可以发现，从1985—2007年间，我国省级地区的相对专业化指数整体呈现逐步上升趋势，均值从1985年的0.39上升到1993年的0.50，再到2001年的0.67，最后到2007年，均值已经达到0.73，表明随着改革开放步伐的不断加快，市场经济体制的逐步确立，我国省级地区发展制造业时，逐步走向差异化，专业化水平不断提升，地区分工不断增强。从不同省区比较来看，专业化指数最高的是西藏和青海，而非我们印象中的广东、浙江等制造强省。这是由于这些地区的制造业门类不齐全，或者某一两个产业一枝独秀造成的。

表 8-1 1985—2007年各省专业化指数

地区	1985年	1993年	2001年	2007年	1985—2007年变动
北京	0.31	0.40	0.48	0.52	0.21
天津	0.22	0.39	0.53	0.55	0.33
河北	0.29	0.35	0.53	0.70	0.41

续表

地 区	1985年	1993年	2001年	2007年	1985—2007年变动
山西	0.33	0.50	0.77	0.97	0.63
内蒙古	0.45	0.54	0.78	0.77	0.32
辽宁	0.41	0.49	0.51	0.55	0.14
吉林	0.35	0.61	0.94	0.95	0.60
黑龙江	0.37	0.49	0.76	0.85	0.48
上海	0.44	0.37	0.38	0.49	0.05
江苏	0.25	0.44	0.40	0.45	0.20
浙江	0.27	0.48	0.51	0.54	0.27
安徽	0.38	0.24	0.35	0.44	0.06
福建	0.42	0.47	0.38	0.46	0.04
江西	0.23	0.31	0.52	0.52	0.29
山东	0.33	0.36	0.47	0.48	0.14
河南	0.28	0.34	0.51	0.59	0.30
湖北	0.27	0.38	0.37	0.38	0.10
湖南	0.28	0.33	0.46	0.51	0.22
广东	0.34	0.53	0.66	0.69	0.35
广西	0.44	0.52	0.77	0.69	0.25
四川	0.28	0.31	0.43	0.47	0.19
贵州	0.49	0.60	0.86	0.88	0.38
云南	0.65	0.83	1.07	1.01	0.37
西藏	1.07	1.17	1.49	1.74	0.67
陕西	0.32	0.38	0.38	0.63	0.31
甘肃	0.48	0.67	0.86	1.05	0.57
青海	0.41	0.72	1.15	1.09	0.68
宁夏	0.42	0.65	0.89	0.77	0.35
新疆	0.54	0.56	0.92	0.88	0.33
平均	0.39	0.50	0.66	0.71	0.32

数据来源：根据相应年份《中国工业经济统计年鉴》计算整理。

上述结果是地区相对专业化指数，为进一步了解更大空间尺度上经济区之间的专业化分工现状，我们又计算了五大区域间专业化指数，计算公式如下：

$$K_{ij} = \sum_{k} |S_i^k - S_j^k|$$

其中，K_{ij} 表 i 地区和 j 地区之间的地区专业化指数，S_i^k 和 S_j^k 分别表示 i 地区和 j 地区第 k 种产业的产出占各自制造业总产出的比重。该指数可以用来衡量两个地区产业结构的相似程度，如果两个地区产业结构完全相同，显然该指数取值为 0，相反，如果两者迥异，则取值为 2，因此该指数又被称为区域分工指数。我们按照东北、东部、中部、西南和西北五大区域，分别计算了两两之间的专业化指数，结果见表8-2。

表 8-2 五大区域间专业化指数

1985年	东部	中部	西南	西北
东北	0.344	0.338	0.396	0.276
东部		0.291	0.351	0.237
中部			0.175	0.182
西南				0.274
2007年	东部	中部	西南	西北
东北	0.649	0.473	0.458	0.526
东部		0.571	0.673	0.768
中部			0.303	0.392
西南				0.556

数据来源：根据相应年份《中国工业经济统计年鉴》计算整理。

由表8-2可见，总体来看，随着改革开放的深化，市场机制的基础作用充分发挥，我国的区际分工明显加强，这一点跟省级地区是一致的。但与此同时，在专业化程度上，也体现了明显的区际差异。其中中部地区与西南和西北两个地区的制造业结构差异最小，而东部地区与其他几个地区之间差异都比较大，这在一定程度上反映了我国东部沿海地区制造业具有比较优势的事实。

（2）我国制造业的产业集中度

首先采用最普遍的CR5指数法来衡量20个制造行业的集中度，即产值最高的五个省区产值占整个制造业总产值的比重，计算结果见表8-3。从表8-3

可见，从1985年到2004年的三个时间段，除了石油加工和黑色金属以外，绝大部多数制造行业的CR5都呈现出不断上升的趋势，表明产业集中度逐步提高，到2007年，20个行业中有14个行业（占70%）CR5超过50%，甚至有7个达到70%，可见我国制造业产业集聚的现象比较显著。图8-3表示了2007年我国制造业份额前五位的省份（江苏、广东、山东、浙江和上海），全都集中在沿海地区，而曾经名列前茅的辽宁也位于沿海地区。

表 8-3　1985—2007年制造业行业集中度CR5

代码	行业名称	1985	1993	2001	2007	Δ
C13	农副食品加工	0.358	0.457	0.548	0.553	0.195
C14	食品制造	0.378	0.505	0.505	0.518	0.141
C15	饮料制造	0.401	0.482	0.488	0.482	0.081
C16	烟草加工	0.465	0.506	0.529	0.495	0.030
C17	纺织	0.542	0.651	0.710	0.772	0.230
C22	造纸	0.364	0.439	0.612	0.699	0.335
C25	石油加工	0.601	0.537	0.502	0.477	-0.124
C26	化学原料	0.429	0.453	0.529	0.600	0.171
C27	医药制造	0.419	0.452	0.417	0.456	0.037
C28	化学纤维	0.648	0.726	0.711	0.819	0.171
C31	非金属	0.391	0.463	0.515	0.556	0.165
C32	黑色金属	0.538	0.511	0.480	0.514	-0.023
C33	有色金属	0.450	0.419	0.418	0.454	0.004
C34	金属制品	0.454	0.526	0.689	0.711	0.257
C35	通用设备	0.452	0.520	0.656	0.660	0.208
C36	专用设备	0.439	0.488	0.608	0.544	0.105
C37	交通设备	0.447	0.462	0.504	0.460	0.013
C39	电气机械	0.527	0.604	0.731	0.729	0.202
C40	通信设备	0.567	0.647	0.754	0.796	0.229
C41	仪器仪表	0.535	0.619	0.747	0.751	0.215

数据来源：同上。注：Δ表示2007年CR5与1985年CR5的差值。

8. 地区比较优势评价研究

必须指出，CR5指数法虽然很直观很常用，但是却忽略了空间距离的影响，为弥补这一缺陷，我们将采用国外学者使用较多的SP指数法[①]来对制造业的产业集中度作进一步考察。其计算公式如下：$SP^k = c\sum_i\sum_j \delta S_i^k S_j^k$。其中，$SP^k$表示$k$产业的SP指数，$S_i^k$表示第$k$种产业的产出占$i$地区制造业总产出的比重，和$S_j^k$分别表示$j$地区第$k$种产业的产出占其制造业总产出的比重。$c$为大于零的常数，为便于分析，我们令其等于1。而$\delta$则是度量两地区之间空间距离的变量。与多数研究采用省会中心城市间的直线距离或者公路距离等方法不同，本研究参考空间计量经济学中空间权重矩阵的赋值原理，即如果区域i和区域j相邻（接壤）则δ取值为1，不相邻则取值为0。这一方法可在一定程度上反映地理上的邻近造成的产业集聚的情况。

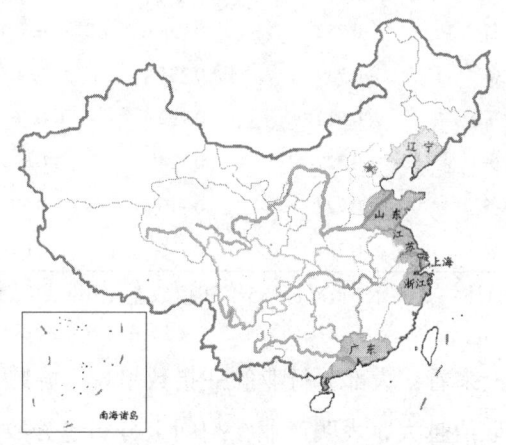

图 8-3 我国制造业沿海集聚带

表8-4报告了1985年、1993年和2007年我国制造业20个行业的SP指数。

表 8-4 1985—2007年20个制造行业SP指数

代码	行业名称	1985	1993	2007	Δ
C13	农副食品加工	0.785	0.764	0.713	—
C14	食品制造	0.778	0.768	0.718	—

---

① 国内研究中，陈良文（2006）也曾经使用过这一方法。

续表

代码	行业名称	1985	1993	2007	Δ
C15	饮料制造	0.721	0.765	0.782	+
C16	烟草加工	0.765	0.731	0.756	−
C17	纺织	0.642	0.624	0.532	−
C22	造纸	0.764	0.762	0.699	−
C25	石油加工	0.801	0.803	0.792	−
C26	化学原料	0.729	0.769	0.700	−
C27	医药制造	0.719	0.772	0.756	−
C28	化学纤维	0.648	0.616	0.719	−
C31	非金属	0.791	0.763	0.756	−
C32	黑色金属	0.738	0.751	0.714	−
C33	有色金属	0.750	0.779	0.754	−
C34	金属制品	0.754	0.746	0.691	−
C35	通用设备	0.752	0.738	0.660	−
C36	专用设备	0.739	0.731	0.661	−
C37	交通设备	0.812	0.799	0.760	−
C39	电气机械	0.727	0.724	0.629	−
C40	通信设备	0.727	0.716	0.678	−
C41	仪器仪表	0.735	0.726	0.641	−

数据来源：同上。注：Δ表示2007与1985年SP指数差（用+或−表示升降）。

显然，从总体上来看，大部分行业的SP指数呈现下降趋势，考虑到SP指数是反向指标（即取值越大，表明产业在空间上分布越分散），这同样证明了我国制造业集聚的趋势。同时，我们注意到个别产业如专用设备制造更倾向于布局在地理邻近的地方，表现为其SP值比较小。

8.2.3.2 我国地区比较优势与制造业集聚的实证检验

前面的经验数据表明，1985年以来，我国制造业专业化水平上升，制造业集聚水平也不断提高，且主要集中在东部沿海地区。根据上一章理论模型的推论，外生比较优势和内生比较优势都会促成或影响产业集聚，下面我们就将对地区比较优势与我国制造业集聚的关系进行实证检验。

8. 地区比较优势评价研究

（1）待检验假说

基于上章理论模型的分析和结论，我们提出如下几个待检验假说：

——要素禀赋与产业空间布局

根据模型的分析，密集使用某种要素生产的产业，倾向于布局在具有该要素禀赋优势的地区。考虑到我们考察的是制造业布局，故有如下假说：

假说1：农业投入密集度高的产业，倾向于布局在农业要素丰裕的地区。

——人力资本与产业空间布局

假说2：人力资本投入密集度高的产业倾向布局在人力资本丰裕的地区。

——市场潜力、规模经济与产业空间布局

假说3：中间投入密集度高的产业，倾向于布局在市场潜力大的地区。

假说4：国内最终需求度高的产业，倾向于布局在市场潜力大的地区。

假说5：规模经济显著的产业，倾向于布局在市场潜力大的地区。

——制度差异与产业空间布局

假说6：规模经济显著的产业，倾向于布局在制度水平高的地区。

——对外开放的影响

基于模型中对外开放度影响的分析，我们提出如下两个假说：

假说7：对外贸易密集度较高的产业，倾向于布局在国外市场接近度高的地区。

假说8：FDI流入，会促进制造业的集聚。

（2）计量检验模型

借鉴Midelfart-Knarvik（2000，2003）提出的模型，设定如下计量检验模型[①]：

[①] 国内研究方面，Ge（2003）、黄玖立和李坤望（2006）以及洗国明（2006）均采用了此计量模型来考察中国的制造业布局，与之前的研究相比，本文的主要区别在于：（1）本文的待检验假说来自第二章理论模型的推导，因此为实证检验；（2）本文考虑制度因素，引入市场化指数；（3）在变量的指标选取方面也有不同，例如本文采用农作物总播种面积来度量区域的农业要素禀赋，而非之前研究所用的各省农业产出占GDP比重那样的替代方法，更符合其外生性的定义，且可在一定程度上减少内生性问题。

$$ln(S_i^k+1) = \theta\, ln(Pop_i) + \alpha\, ln(Manu_i) + \gamma\, ln(FDI_i^k+1) + \sum_j \beta_j \left(x_{j(i)} - \overline{x_j}\right)\left(y_{j(k)} - \overline{y_j}\right) + \varepsilon_i^k$$

上式中，S_i^k 表示 i 地区第 k 种产业的产出占全国该产业的比重。前面三项中，Pop_i、$Manu_i$ 和 FDI_i^k 分别指 i 地区的人口、制造业和FDI的比重，用于控制省份之间规模的影响以及FDI的影响。

$x_{j(i)}, y_{j(k)}$ 分别表示 i 地区的区域特征，和第 k 种产业的产业特征。$\overline{x_j}, \overline{y_j}$ 则分别表示临界水平。若高于临界水平，则倾向于布局在该地区，若低于该水平，则会退出该地区。$\theta, \alpha, \gamma, \beta_j$ 分别为回归系数，ε_i^k 为随机误差项。

注意，上式中之所以被解释变量是 S_i^k+1，主要考虑到某些地区不少制造行业产值为零，故制造业份额也将为零，会导致估计结果有偏，故借鉴洗国明（2006）的做法，对 S_i^k 和 FDI_i^k 采用加 1 再取自然对数的方法。

（3）变量选取与数据来源

所选择的各解释变量的名称及度量指标详见表8–5。

关于计算方法和数据来源具体说明如下：

1）市场化指数：非国有企业的固定资产投资份额和非国有企业工业产值份额的算术平均值。

2）关于市场潜力计算的说明：

考虑到地形地貌等差异，各省区之间的距离采用各省会之间的公路距离而非地理上的直线距离（数据来自《中国公路运营里程地图册》）。另外，取各省半径的2/3为内部距离。即：各省区内部距离计算公式如下：

$$D_{ii} = \frac{2}{3}\sqrt{S_i/\pi}$$

则DMP的计算公式：

$$\mathrm{DMP}_i = \sum_{j \neq i}(GDP_j/D_{ij} + GDP_i/D_{ii})$$

国外市场接近度即海外距离，借鉴黄玖立（2006），沿海地区为100除以自己的内部距离 $100/D_{ii}$，而内陆地区选择其到距离最近的一个沿海省份的距离，即：$100/(\min D_{ij} + D_{ii}), i \neq j$。

表 8-5　解释变量选择与含义说明

类别	变量名称	英文简称	具体度量指标
区域特性	农业资本禀赋	AgrA	农作物总播种面积对数
	人力资本禀赋	HumC	6岁以上人口中高中以上文化程度人口比重
	制度水平	Inst	市场化指数
	国内市场潜力	DMP	以省区间公路距离为权重的加权的GDP
	国外市场接近度	FMA	各省到沿海的距离
产业特性	农业投入密集度	AgrI	农业投入占该行业总产出的比重
	人力资本密集度	HumI	每万名从业人员中科学家和研究人员数量
	内部规模经济	EconS	行业单位企业从业人员
	中间投入密集度	InterI	行业中间投入总计占该行业总产出的比例
	国内最终需求度	FinalD	行业国内消费总额占该行业总产出的比例
	对外贸易密集度	Trade	行业进出口总额占该行业总产出比重
交互项	农业要素禀赋×农业投入密度	AgrA*AgrI	根据假说1
	人力资本禀赋×人力资本密集度	HumC*HumI	根据假说2
	国内市场潜力×中间投入密集度	DMP*InterI	根据假说3
	国内市场潜力×国内最终需求度	DMP*FinalD	根据假说4
	国内市场潜力×内部规模经济	DMP*EconS	根据假说5
	制度水平×内部规模经济	Inst*EconS	根据假说6
	国外市场接近度×外贸密集度	FMA*Trade	根据假说7

　　制造业的数据除1985年的制造业数据来自《中华人民共和国1985年工业普查资料》，其余均来自各年《中国工业经济统计年鉴》。样本量与前述一

致，29个省区、20个制造行业、4个代表年份。

各省份农作物总播种面积、人力资本、GDP、消者价格指数、非国有企业的商品零售额、非国有企业的固定资产投资额和非国有企业工业产值额等指标主要来源于：《中国统计年鉴1986》、《中国统计年鉴1994》、《中国统计年鉴2001》和《中国统计年鉴2008》，《新中国五十年统计资料汇编》、1982年全国第三次人口普查资料、1990年全国第四次人口普查资料、2000年全国第五次人口普查资料以及《中国人口统计年鉴2008》。

中间投入密集度的数据根据《中国投入产出表1995（33部门）》、《中国投入产出表2002（33部门）》、《中国投入产出表2007（42部门）》整理而来。其中，农副食品加工、食品制造、饮料制造和烟草加工四个行业统一使用"食品制造及烟草加工业"的系数，化学纤维、化学原料行业统一使用"化学工业"的系数，黑色金属加工业和有色金属加工业统一使用"金属冶炼及压延加工业"的系数，通用设备制造业和专用设备制造业统一使用"通用、专用设备制造业"的系数。

表8-6报告了2007年所有解释变量的描述性统计。

表 8-6 变量的描述性统计（2007年，样本量=580）

变量简称	均值	标准差	最小值	最大值
POP	0.0344	0.0376	0.001	0.1364
Manu	0.0344	0.0395	0.003	0.1430
FDI	0.0344	0.0269	0	0.2273
AgrA	0.8069	0.1158	0.5451	0.9553
HumC	0.1369	0.0462	0.0292	0.2607
Inst	0.5571	0.1903	0.1981	0.8759
DMP	1.9631	0.9843	0.5721	4.8964
FMA	0.5570	0.7853	0.0256	3.3721

续表

变量简称	均值	标准差	最小值	最大值
AgrI	0.0608	0.0998	0	0.3496
HumI	1.2674	1.0858	0.1143	3.5941
EconS	1.0126	1.3416	0.368	7.9236
InterI	0.7240	0.1088	0.2397	0.874
FinalD	0.2359	0.2896	0.0005	0.8427
Trade	0.3048	0.3724	0.0076	1.8142
AgrA*AgrI	0.0491	0.0032	0	0.3097
HumC*HumI	0.1735	0.1679	0.0035	0.9968
DMP*InterI	1.4213	0.7679	0.1243	3.951
DMP*FinalD	0.4631	0.5968	0.0002	3.8429
DMP*EconS	1.9878	2.6891	0.1517	33.2567
Inst*EconS	0.5641	0.6809	0.0123	6.12
FMA*Trade	0.1698	0.4231	0.0002	6.2675

（4）检验结果分析

为避免异方差导致普通最小二乘（OLS）出现无效估计的结果，本报告采用了White（1980）的方法调整t统计值，实现对异方差稳健的标准误。表8-7报告了经过调整后的OLS回归分析结果[①]。其中：方程（1）不考虑FDI和对外贸易，故可检验封闭条件下模型的解释力。方程（2）则考虑了FDI和对外贸易的影响，故可视为开放条件下的方程：一方面可以检验对外开放对国内产业空间布局的影响，另一方面又可以检验开放经济下，对外比较优势的各来源对产业空间布局的影响有何变化。考虑到1985年FDI作用有限，从1993年开始估计两组方程。

---

① White(1980)证明了这种方法得到的标准误是渐进可用（asymptotically valid）的。

下篇：专题研究

由表8-7可见，两个控制规模的变量系数都很显著，制造业规模的系数为正（5%的显著水平），表明制造业规模越大的地区越容易吸引新的制造业企业。但是人口规模的系数为负，与预期不符。可能与我国的特殊情况有关，人口规模大的省区市场规模不一定大，因为收入和实际购买力问题。例如河南是我国的人口大省，拥有9000多万人口，但是由于经济发展水平不高，其市场规模却不大。相比之下，人口规模较小的省市如北京上海等，市场规模较大。

我们重点关注的是交互项的系数，即各种比较优势与产业布局的关系。

1）要素禀赋与制造业集聚的关系

首先来看AgrA*AgrI，即农业要素禀赋×农业投入密度。回归的系数为正，且在5%水平上显著。假说1得到了较好的证实。这也表明要素禀赋差异是促进制造业集聚的一个重要因素，一旦拥有初始的要素禀赋优势，在规模报酬递增的作用下，就会不断强化。但是通过对比封闭条件下和开放经济下的结果，可以发现当考虑了FDI和对外贸易等因素后，系数有所降低。

2）人力资本与制造业集聚的关系

再来看HumC*HumI，即人力资本禀赋×人力资本投入密度。由表8-7可见，该项的系数都为正，而且具有一定的显著水平。尤其在封闭经济条件下，人力资本作用比较显著。但是在开放经济下，其影响逐步减弱。本报告认为，这可能跟选取的指标有关系。由于我国没有关于行业的技术密集度的相关统计，如R&D投入等，所以最后选取的指标是，每万名从业人员中科研人员数量，所以并不能很好地反映模型中的知识资本的概念，是一种接近于劳动的生产要素，它不具备自我积累和强化功能，与对外开放之间也不存在互动机制。但不管怎么样，假说2基本得到证实。但是对于知识资本在开放经济下对产业布局的作用，我们还有待进一步考察。

8. 地区比较优势评价研究

表 8-7 OLS估计结果

年份	1985	1993		2001		2007	
变量	(1)	(1)	(2)	(1)	(2)	(1)	(2)
lnPOP	−0.023** (0.004)	−0.032** (0.004)	−0.009** (0.004)	−0.036** (0.003)	−0.014** (0.004)	−0.045** (0.004)	0.016** (0.003)
lnManu	0.026*** (0.003)	0.031** (0.003)	0.012** (0.003)	0.037*** (0.003)	0.017** (0.003)	0.046*** (0.003)	0.023** (0.003)
Ln(FDI+1)	—	—	0.289*** (0.003)	—	0.362*** (0.003)	—	0.401*** (0.003)
AgrA*AgrI	0.106*** (0.083)	0.163*** (0.053)	0.172** (0.043)	0.265** (0.071)	0.138* (0.052)	0.287** (0.083)	0.126* (0.063)
HumC*HumI	0.043* (0.018)	0.025* (0.013)	0.016 (0.011)	0.021* (0.009)	0.012 (0.018)	0.023* (0.021)	0.009 (0.020)
DMP*InterI	0.016* (0.053)	0.042* (0.063)	0.017 (0.063)	0.011 (0.029)	0.005 (0.018)	0.009 (0.021)	−0.006 (0.013)
DMP*FinalD	0.011 (0.043)	−0.016 (0.010)	−0.021* (0.008)	−0.002 (0.006)	−0.006 (0.007)	−0.003 (0.004)	−0.009 (0.005)
DMP*EconS	0.015* (0.009)	0.008 (0.006)	0.006 (0.005)	0.004 (0.005)	−0.003 (0.007)	0.005 (0.005)	−0.007* (0.003)
Inst*EconS	−0.016* (0.006)	0.017* (0.003)	0.019* (0.003)	0.017* (0.003)	0.018* (0.003)	0.021* (0.003)	0.024* (0.003)
FMA*Trade	—	—	0.021** (0.003)	—	0.016** (0.003)	—	0.012** (0.003)
调整后R²	0.43	0.47	0.58	0.63	0.51	0.56	0.67
标准差	0.023	0.028	0.021	0.03	0.024	0.036	0.026
样本量	580	580	580	580	580	580	580

注：***，**和*分别表示显著性水平为1%，5%和10%。括号内为经过White(1980)调整后的稳健性标准误。

3) 市场潜力、规模经济与产业空间布局

国内市场潜力×中间投入密集度（DMP*InterI）：这一项的系数基本为正，但是不太显著，尤其是在开放经济下，作用很小。可能的解释是，随着对外开放和运输成本的不断下降，对中间投入要求高的产业可以通过进口或者其他渠道满足自己的需求，不一定要布局于市场潜力大因而中间投入品丰富的地区。

国内市场潜力×国内最终需求度（DMP*FinalD），该交互项的系数基本为负，与预期不一致。从理论上说，国内需求较大的产业，最重视的应该就是市场因素，即倾向于布局在国内市场潜力较大的地区。也许是因为我国国内市场一体化程度还不够高，对很多地区来说，对外贸易的成本更低，因此在多重因素综合考虑和权衡下，国内市场潜力的作用就几乎不重要了。

国内市场潜力×内部规模经济（DMP*EconS）：该项的系数在1985年和1993年为正，到2001年和2007年都开始下降，而且基本都不显著。这一点也与预期不符。换而言之，在本次检验的样本中，假说5没有得到很好的支持。

4）制度差异与产业空间布局

制度水平×内部规模经济（Inst*EconS）：该项系数为正，且在10%水平上显著。与预期相符，即：规模经济显著的产业更加青睐市场化水平高的地区。值得注意的是，与人力资本和农业要素禀赋等相反，其系数在开放经济条件下有所提高，证明了在开放经济条件下，制度的作用更加重要。假说6得到较好的支持。

5）对外开放的影响

国外市场接近度×外贸密集度（FMA*Trade）：回归结果表明，无论是1993年、2001年，还是2007年，对外贸易这一项的系数均为正，且在5%的水平上显著，这表明对外贸易是促进我国制造业在沿海聚集的一个重要因素。这一结论与Ge（2003）、黄玖立（2006）以及洗国明（2006）的发现都是一致的。改革开放以来，我国东部沿海地区凭借原本固有的区位、技术、资本等优势，再加上新获得的制度环境等后天优势，在对外贸易方面正是"如虎添翼"。海外市场的需求增加有效带动了本地制造业的快速发展，进一步促进了集聚的强化。同时，我们注意到，随着时间的推移，对外贸易的作用似乎有减弱的趋势，尤其是2007年这一趋势很明显。这可能在一定程度上反映出，最近在金融危机笼罩下，沿海地区对外向型经济的依赖性有所下降，开始重视国内市场和内源性增长。

最后，由表8-7可见，外商投资（FDI）的系数非常显著，显示了其在促进我国制造业集聚中的作用，这一点结论与洗国明（2006）是一致的。正如上一章模型分析中所言，在开放经济背景下，FDI通过改变流入地的资本要素禀赋，以及在当地的知识溢出这两个渠道双管齐下，极大地推动了制造业在沿海地区的集聚。综上所述，假说7和假说·8得到了很好的证实。

总体而言，模型的结论基本得到了证实。但是在开放经济下，由于FDI和对外贸易的作用非常显著，要素禀赋等因素对产业布局的作用有所减弱，而制度因素的作用有所增强。这也提示我们，任何时候都不能忽视对外开放这一关键条件。当今世界，经济全球化是大势所趋，必将继续深化，因此研究我国地区比较优势也要放在这一背景下考察，否则，如果孤立地，在封闭状态下得出的结论，其意义就要大打折扣。

8.3 我国地区比较优势评价实证研究

在完成对理论模型的检验之后，本章将在总结相关研究的基础上，提出基于产业地方化视角的地区比较优势评价方法。并利用1985—2007年若干代表年份的省级地区数据，系统考察我国地区比较优势的演变规律，从而为第四节的政策建议提供事实依据。

8.3.1 我国地区比较优势评价——基于产业地方化的视角

如何科学评价地区比较优势是个难题，目前相关研究成果不多。本节将在对现有评价指标和方法进行述评的基础上，总结出评价的几个基本原则。进而在理论模型的指导下，提出一种改进后的度量指标——SLQ（对称区位商），并应用其对我国地区比较优势进行评价和进一步分析。

8.3.1.1 关于比较优势评价方法的思考

在国际贸易领域，度量国家的比较优势最常用的指标就是Balassa(1965)提出的显性比较优势指标（RCA），其公式如下：

$$RCA_i = \frac{X_{ij} / \sum_i X_{ij}}{\sum_j X_{ij} / \sum_i \sum_j X_{ij}}$$

其中，X_{ij}表示i地区第j种产品的出口额。

就如何度量比较优势，可概括为两种基本思路：一是从理论出发，定义理想状态的"应该是怎样"；另一种是从事实出发，说明"是什么样"，即所谓的"事后判别法"。显然，在对比较优势的评价中，第一种方法会面临种种问题，因为比较优势是一个综合的概念，其内涵远远超过了单纯的要素禀赋或者技术差异，还包括了内生的技术进步、人力资本积累和制度创新等，而且各种因素互相作用，是个复杂的系统，且不论要将各种来源的比较优势整合到一起，就如何度量每种比较优势也是至今仍无定论。

以看似最容易度量的要素丰裕度为例，主要的评价方法有如下几种：

一是经典的H-O理论的定义方法。H-O模型最早给出的定义是仅限于两个地区的，即：令v_{ij}表示国家j的要素i的禀赋，当满足以下条件：$v_{11}/v_{21} > v_{12}/v_{22}$，则认为国家1（2）拥有的要素1（2）比较充裕。自由贸易可能导致两国要素价格均等化。如果两者都服从同样的新古典生产函数，随之要素价格均等化过程，两国生产要素的投入比率也将趋于一致。对于同样的产品，国家1生产的产品1比例比2高。效用函数相同的国家将消费同样比率的产品，并出口那些密集使用相对充裕的要素生产的产品。Vanek（1968）将两维的要素结构模型拓展到多种要素的情况。如果满足下式的条件：$\cdots > V_{m1}/V_{m2} > \cdots > V_{n1}/V_{n2} > \cdots$，则称国家1的要素$m$相对丰裕，而国家 2 的要素 n 相对丰裕。类似地，可以给出多个国家、两种要素情况下的要素丰裕度定义。

二是份额丰裕度的方法。该方法建立在Vanek (1968)的一系列特殊假定基础上，包括要素价格均等化假定。令 S_k 表示国家 k 在世界收入中的份额，则 $s_k = y_k/y_w$。假定国家间自由贸易且偏好相同，国家 k 将按照其收入份额，相应消费产品 j 世界总产出 x_j^w 的一部分，即 $c_{jk} = s_k x_j^w$。如果它的 i 要素禀赋在世界所占份额大于其在世界收入中的份额，即 $v_{ik}/v_{iw} > s_k$ 或者 $v_{ik} - s_k v_{iw} > 0$，则称国家 k 在要素 i 上是份额充裕的。Trefler (1995) 计算了33个国家、9种要素的份额丰裕度，结果发现，样本中一些收入份额很小的发展中国家，由于其工资水平和非贸易品价格很低，结果居然很多要素的份额富裕度都很高[①]。

三是 Leamer（1980）提出的"世界相对丰裕度"的计算方法。如果满足下式：$V_{mk}/V_{nk} > V_{mw}/V_{nw}$，则相对于要素 n，国家k的要素 m 世界丰裕度较高。当$V_{mk}/V_{mw} > V_{nk}/V_{nw}$，世界丰裕度相当于世界要素禀赋份额的排名。

Thompson（1999）指出了这三种方法的差别：在两个国家（或区域）、两种生产要素的情况下，份额丰裕度和世界丰裕度与公式（1）中的定义相同。但是当国家数和要素种类更多的时候，这两种丰裕度均小于公式（1）的定义。在多国家多种要素的情况下，世界丰裕度可能在不满足（1）式的情况下成立。而份额丰裕度是最弱的条件，甚至当世界丰裕度条件都不满足的时候，它仍然可能在某些国家两两之间成立。在此基础上，Tompson (2004)又提出了采用欧几里得距离来度量多个国家（或地区）多种要素的丰裕度的方法。但是，实证运用得很少。

值得一提的是，地区比较优势评价不同于国家间的比较优势评价，因为计算RCA所需的进出口数据可以直接获得，但是由于种种原因，区际贸易的数据很难获得，在我国尤其如此。因此，只能通过别的方法来度量。不过Don

---

① 其数据库能说明3/4的世界出口额和近80%的世界收入。

P. Clark et al.（2005）把RCA指标稍作修改，用于研究美国国内区域的比较优势，并考察了比较优势的动态变化，他认为，用产出指标代替出口额后，RCA同样可以适用于国内的区域经济分析。研究还发现，比较优势的表现方式和出口结构的转变模式具有明显的区域差异。此外，尽管国际贸易领域的学者们发展了不少新的评价方法，例如：Michaely波动系数（Michaely Index，简称MI）和 x^2 等。但是依然无法撼动RCA的主导地位。原因就在于，该方法虽然看似简单，但是构建的原理很好地体现了比较优势的内涵，且便于分析。

综上所述，我们认为对地区比较优势的评价应该遵循："客观、动态、简便易行"等几大原则：首先，要反映比较优势的本质内涵。要体现"比较"，而不仅仅是"优势"。其次，评价方法应尽量客观。正如本报告在第一章中所定义的，比较优势是一种两相比较下占优的情况，应该是个客观的结果。这意味着常用的指标体系的评价方法被排除，因为指标体系虽然可以考虑多种因素，但是任何指标体系在具体测算时几乎都不可避免地需要赋予权重，这一主观的基于经验（即使是专家的经验）的步骤会直接影响评价的结果。而且如何在指标体系的代表性和全面性之间取得平衡也是个难题。第三，评价方法应当简便易行，也便于事后的跟踪对比研究和评价。事实证明，往往经典的评价方法或指标都是比较清晰明了，应用性很强，因而这些方法更具有生命力。基于以上原则，本报告将在借鉴前人研究的基础上，提出一种新的评价方法来测度地区比较优势，并考察其动态演变机制。

8.3.1.2 评价方法和数据来源

（1）评价方法的理论基础

新经济地理认为，在规模经济的作用下，随着区域一体化进程推进，地区的专业化水平会上升，区域分工逐渐加强，表现在具体的产业层面上，就是产业的地方化（Localization）趋势增强。因此，事实上，地区专业化和产业地方化是一个问题的两个方面，两者是辩证统一的。本报告的理论模型也

8. 地区比较优势评价研究

证明了这一点，即基于产业联系的外部规模经济和技术的外部性会强化基于资源禀赋比较优势的专业化分工，使产业更加集聚于具有初始比较优势的地区，即所谓的"后天优势"会强化"先天优势"。而这种比较优势的自我强化机制，其结果即为产业地方化的不断强化。由此可见，从产业分布的最终结果角度来评价地区比较优势是比较科学、客观的，在理论上是合理可行的。因此，本报告将从产业地方化的视角来考察和评价地区比较优势。

目前国内关于产业地方化的研究中，比较有代表性的是梁琦（2004），她采用了Kim（2001）提出的地方专业化指数（β指数）来研究，其计算公式如下：

$$\beta = \frac{q_{ij}/q_j}{q_i/q}$$

上式中，分子表示i地区第j种产业的产出占全国该产业产出的比重，而分母则表示i地区产出占全国总产出的比重。仔细观察一下，这其实就是源自RCA的区位商（LQ）指标。

区位商是一种经典的评价指标，符合我们"客观、简便但又不失代表性"的要求。之前国内最有代表性的地区比较优势实证研究——程选（2001）也是采用这一方法来评价我国的地区比较优势[1]。但是值得一提的是，单纯地使用区位商判别地区比较优势或者地方性优势产业，也存在一定的缺陷[2]。首先，它是非对称的，虽然以LQ是否大于1作为判断该地区在该产

---

[1] 他们采用的是贸易比率指标，即LQ-1，比LQ更直观一些，但是依然没有解决下面提到的单纯LQ指标的缺陷。

[2] 梁琦也意识到单纯地使用β指数（即区位商）判别地方优势性产业存在一定缺陷，故增加了一个绝对值的"门槛"作为第二个判别标准，她指出，必须同时满足两个条件：β指数大于1，且某地区该产业的总产值绝对值超过全国该产业总产值的3%，才能判定该产业是地方优势性产业，换而言之，该地区的该产业在全国具有优势，形成了产业集中。同时在实证分析中，她也结合了本区排名和全国排名作参照。而本文采用的是另一种更简便、清晰的解决思路。

业是否具有比较优势的标准,但是其取值范围为$[0,\infty]$是发散的,并不关于1对称,而且其均值因地区和产业的数目不同而变化,不利于计量经济学的比较和分析,尤其在回归分析中会产生高估、误差过大等问题。其次,它实际上反映的是一种单纯的比较优势,无法进一步在同一个地区的不同产业间比较。

基于以上问题,借鉴国际贸易领域的相关研究,提出一种调整过的区位商评价指标,可称之为"对称的地方专业化指数",或"对称区位商"(SLQ),其计算公式为:

$$SLQ = \frac{LQ-1}{LQ+1}, LQ = \frac{Q_{ij}/\sum_i Q_{ij}}{\sum_j Q_{ij}/\sum_i\sum_j Q_{ij}}$$

其中,SLQ表示i地区的对称区位商,LQ表示i地区的区位商,Q_{ij}表示i地区j产业的产值。通过上式的处理,原本取值范围为$[0,\infty]$的区位商指标,现在取值范围为[-1,1]。而且关于0对称,这一特性改变使判断标准更加清晰,一目了然,更重要的是,它完全消除了量纲的影响,相当于进行了标准化处理,便于直接将比较优势指标纳入计量经济学的分析和空间计量经济学的研究[①]。

(2)实证研究数据来源

下面我们将利用SLQ指标对我国地区比较优势进行评价。我们实证研究的对象与前面相同,是全国大陆地区的省、市、自治区[②]以及五大区域。实证研究的数据来源于历年的《中国统计年鉴》和《中国工业经济统计年鉴》。

8.3.1.3 我国地区比较优势的宏观考察

为了从整体上了解我国地区比较优势的现状,首先根据《中国统计年

---

① Keld Laursen(1998)曾经用回归方程对自己提出的RSCA的传统的RCA进行过比较,证明RSCA更稳健,估计偏差较小,更适合用于计量经济学分析。
② 1985年和1993年的数据,海南省数据并入广东省,重庆并入四川省。

鉴》中列出的九大产业来考察。按照三次产业的划分，第一产业为广义的农业，即农林牧副渔业，第二产业包括工业和建筑业，第三产业又可分为：交通运输、仓储和邮政业，批发和零售业，住宿和餐饮业，金融业和房地产业，以及其他第三产业。为本报告分别计算了2008年五大区域和省级地区九大产业的SLQ。结果见图8-4和表8-8。

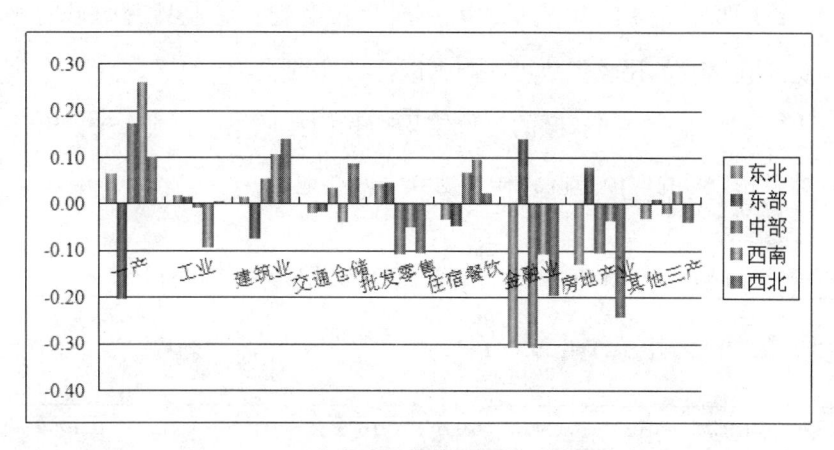

图 8-4 五大区域比较优势现状（2008）

数据来源：根据《中国统计年鉴2009》计算整理。

由图8-4可见，（1）东北地区比较优势最大的是第一产业和第二产业。第三产业总体都处于劣势，尤其金融业非常落后，只有传统的批发零售业具有一定比较优势。东北地区作为曾经的全国重工业基地，由于体制等原因，在改革开放中工业逐渐失去了竞争力，现在的比较优势产业只剩下第一产业和批发零售业，工业的比较优势已非常微弱。这也说明了比较优势是动态变化的，"不进则退"。东北地区原先的比较优势荡然无存，新的优势产业还没有出现，因此出现"东北"现象的困境在所难免。

（2）东部地区的优势产业以第三产业为主，其中金融业和房地产业优势最大。第一产业和建筑业呈现明显的比较劣势。这与其产业结构是相符的。

（3）中部地区的情况与东北地区类似，但是第三产业中具有优势的是

343

住宿餐饮业。

（4）西南地区的第一产业和建筑业具有明显的比较优势，同时住宿餐饮业和其他第三产业也具有一定比较优势，这可能与西南地区旅游资源丰富有关，故第三产业相对发达，但是其工业劣势非常明显，这可能跟西藏的特性有一定关系。下面我们会结合省区的数据进行具体分析。

（5）西北地区的建筑业、第一产业和交通仓储业具有明显的比较优势。交通仓储业的比较优势可能与其区位特性有关。

表8-8报告了2008省区的评价结果。我们按照第一产业LSQ的升序来排列，并且按LSQ的取值范围将样本划分为四类地区：

表 8-8 我国省级地区比较优势现状（2008）

地区	一产	工业	建筑业	交通运输、仓储邮政	批发和零售业	住宿和餐饮业	金融业	房地产业	其他三产
上海	−0.853	−0.038	−0.249	0.035	0.072	−0.082	0.415	0.167	0.164
北京	−0.811	−0.369	−0.074	−0.042	0.117	0.110	0.532	0.199	0.405
天津	−0.685	0.100	−0.095	−0.019	0.087	−0.119	0.132	−0.099	−0.080
山西	−0.406	0.107	−0.046	0.134	−0.136	0.075	−0.228	−0.230	−0.052
浙江	−0.338	0.029	0.019	−0.153	0.083	−0.114	0.201	0.129	−0.021
广东	−0.303	0.030	−0.259	−0.148	0.074	0.055	0.154	0.229	0.007
江苏	−0.196	0.044	−0.019	−0.132	0.110	−0.083	0.058	0.018	−0.060
山东	−0.033	0.065	−0.030	0.070	−0.025	0.031	−0.140	−0.073	−0.164
辽宁	−0.032	0.047	0.026	0.007	0.070	−0.039	−0.258	−0.114	−0.098
福建	0.018	−0.018	0.055	0.129	0.047	−0.187	−0.002	0.052	−0.052
宁夏	0.029	−0.010	0.205	0.051	−0.219	−0.100	0.090	−0.135	0.008
青海	0.031	0.006	0.244	−0.106	−0.181	−0.191	−0.157	−0.270	0.070
陕西	0.032	0.027	0.188	−0.009	−0.063	−0.065	−0.176	−0.250	−0.056
重庆	0.045	−0.065	0.175	0.073	0.049	0.016	−0.049	−0.018	0.035
内蒙古	0.062	0.036	0.053	0.223	−0.062	0.177	−0.339	−0.286	−0.173

续表

地区	一产	工业	建筑业	交通运输、仓储邮政	批发和零售业	住宿和餐饮业	金融业	房地产业	其他三产
河北	0.099	0.039	−0.045	0.203	−0.210	−0.398	−0.254	−0.182	−0.041
黑龙江	0.119	0.019	−0.018	−0.059	−0.025	−0.072	−0.399	−0.128	0.010
吉林	0.161	−0.042	0.036	−0.027	0.070	0.021	−0.310	−0.159	0.046
河南	0.167	0.065	−0.039	0.039	−0.240	0.220	−0.398	−0.193	−0.191
甘肃	0.171	−0.084	0.180	0.118	−0.127	0.068	−0.312	−0.137	0.104
西藏	0.194	−0.717	0.598	−0.021	0.030	0.360	−0.396	0.346	0.293
湖北	0.207	−0.087	0.011	−0.008	−0.004	0.061	−0.113	−0.022	0.083
安徽	0.216	−0.073	0.145	0.081	−0.056	−0.073	−0.357	−0.003	0.040
江西	0.227	−0.032	0.293	0.062	−0.083	−0.136	−0.484	−0.139	−0.107
贵州	0.229	−0.100	−0.046	0.016	−0.122	0.080	−0.050	−0.025	0.128
新疆	0.229	−0.033	0.126	−0.070	−0.200	−0.170	−0.045	−0.267	0.038
云南	0.269	−0.116	0.117	−0.147	−0.020	−0.009	−0.065	−0.005	0.081
湖南	0.271	−0.085	0.034	−0.056	−0.076	−0.047	−0.328	−0.057	0.105
四川	0.294	−0.073	0.118	−0.072	−0.152	0.151	−0.085	−0.112	−0.013
广西	0.326	−0.108	0.022	−0.023	0.035	0.107	−0.265	0.003	−0.012
海南	0.488	−0.348	0.173	0.116	0.116	0.151	−0.407	0.005	−0.006

数据来源：根据《中国统计年鉴2009》计算整理。

第一类 LSQ 取值小于−0.2，表示第一产业为强比较劣势，包括：上海、北京、天津、山西、浙江、广东、江苏。与第一产业形成鲜明对比的是，这些地区的工业大多具有比较优势（北京、上海两个大都市除外）。第三产业整体上也是具有比较优势，或者只是微弱劣势（山西除外）。这里重点说明一下：第一个例外，是由于北京、上海等直辖市所处的发展阶段决定的，它们已进入后工业化时期，达到中等发达国家收入水平，第三产业占GDP的比例达到50%以上，尤其是北京，已经超过70%。所以，相比之下，工业就不具比较优势了。第二个例外，是山西，众所周知，这个资源大省煤炭工业一枝独秀，因此与"北煤南运"紧密关联的交通运输仓储业也具有较强的比较优势，相比之下，其第三产业大都处于相对劣势。

第二类 LSQ 取值大于-0.2小于0，表示第一产业为弱比较劣势，包括山东和辽宁。这两省的共同特征是：工业具较强比较优势，第三产业也相对较弱。

第三类 LSQ 取值大于0小于0.2，表示第一产业为弱比较优势，主要包括西北地区除新疆外的五个省区，东北的黑龙江、吉林，中部的河南，西南的西藏、重庆，以及福建、河北两个沿海省份。这些省份的工业也大多具有弱比较优势（除了西藏、重庆和甘肃），或只有弱比较劣势，但是第三产业也是比较劣势。注意，西藏地区的情况比较特殊。由于独特的自然地理特征，其经济以旅游业和特色产业为主，2008年其三次产业结构比为15.3：29.2：55.5，显然，其工业相对比较薄弱。

第四类 LSQ 取值大于0.2，表示第一产业为强比较优势，包括：中部的湖北、安徽、江西、湖南四省，西南四省以及新疆和海南，相应地，其工业几乎均为强比较劣势（大多小于0.1）。其中，中部四省均为农产品大省，商品粮主产区，名副其实。新疆和海南的第一产业也是特色产业。此外，这些地区的建筑业大都具有一定比较优势。

上述评价的结果表明，我国省区间也呈现出明显的区域差异，LSQ这一指标基本反映了现实的情况，可以应用于地区比较优势的评价实践。而且对比直接用LQ指标，我们可以发现SLQ指标清晰明了、更便于比较的优势。

在宏观考察的基础上，将集中考察制造业，原因如下：首先，虽然北京、上海等少数大城市已经进入工业化后期，但是总体而言，我国大部分地区仍处于工业化中期，尤其广大中西部地区，因此至少在一段时期内，工业还是我国最重要的产业。而制造业又占了工业的绝大多数比重。而且改革开放以来，我国制造业的专业化分工和集聚特征非常明显。其次，九大产业的划分过于粗略，更多的时候是反映了整体发展水平和发展的阶段特征的差异,而其他信息被抽象掉了。因此,下面本报告将从动态演变的角度,详细考察制造业内部各行业的地区比较优势和地区专业化分工状况。

8.3.2 我国地区比较优势的演变——基于制造业的分析

改革开放以来,我国的制造业专业化分工水平不断提升,表现在空间上就是制造业的高度集聚,目前多数学者认为,对外开放(包括对外贸易和FDI等因素)是推动我国制造业向沿海地区集聚的重要原因。本节将详细考察1985年以来,我国地区比较优势产业的演变规律,尝试从比较优势动态变化的角度探讨制造业高度分工和集聚背后的机理。为此,本报告分别计算了我国省级地区1985年、1993年、2001年以及2007年20个制造业行业的SLQ,列出30个省区相应年份比较优势最强的三个行业,见表8-9、表8-10。

观察表8-9和表8-10可见,从1985—1993年、1993—2001年再到2001—2007年三个时间段,我国各省区比较优势产业的变化具有相对稳定性,没有呈现出明显的阶段特征,因此我们作统一的考察。为便于分析,我们将1985-2007年间四组数据进行一一比对,按照其变动的性质和程度,总结出以下几种主要类型(详见表8-11)[①]:

8.3.2.1 基本稳定型

基本稳定型指在样本期间至少连续三个观测时间段都具比较优势的地方性优势产业(必须同时满足SLQ值大于0且在本地区排名前三名两个条件)。

最典型的例如:新疆的四大产业(石油加工、纺织、农副食品加工、食品制造),从1985—2007年间的四个观测年份来看,均是本地区比较优势最强的前四名,而且SLQ值均大于0.15。这与其要素禀赋和发展阶段是一致的,比如石油天然气是建立在区内丰富的资源基础上,纺织业也是有良好基

---

① 注意,这里重点关注了变动最大的三种类型,对于其他变动幅不大的(如:优势相对削弱或者略有增强),其原因更加复杂且很难找到规律可循,因此这不作专门的分析。

础和竞争力的（棉花种植和建国后建设兵团在当地的基础），此外新疆的农副产品，由于特殊的地理条件也非常有特色，竞争力较强。这四大产业可谓实至名归。这从一个方面说明了新疆地区的产业结构是符合其比较优势的，因而在实际的经济发展中，这些产业都经受住了20多年市场竞争的考验，而且展现出了较好的持续发展能力，实现了良性循环。此外，值得注意的是，进入新世纪以来，食品制造业发展加快，比较优势不断增强，有逐步赶超农副食品加工业的趋势。这反映新疆在附加值更高，更充分发挥禀赋优势。

与此类似的还有：江苏、浙江的纺织业（历史悠久，自南宋起就很发达，人力资本等优势），广东省的电气机械制造、上海、吉林的交通设备制造以及北京、天津和上海的通信设备制造等。这些产业都具备良好的发展基础，随后其优势地位也不断强化。例如：从表8-9可见，早在改革开放初期（1985年），电气机械设备制造业就是广东省的第一大优势产业（SLQ值达到0.33，与石油化工并列）。

表 8-9　1985-1993年我国地区比较优势行业

地区	1985年	1993年
北京	通信设备、化学原料	石油加工、通信设备、交通设备
天津	化学纤维*、金属制品、化学原料	金属制品、交通设备、通信设备
河北	纺织、非金属、医药	黑色金属、非金属、造纸
山西	黑色金属*、通用设备	黑色金属*、有色金属、化学原料
内蒙古	黑色金属*、食品制造、食品加工	黑色金属*、食品加工、饮料制造
辽宁	石油加工**、黑色金属*、有色金属	石油加工、黑色金属、通用设备
吉林	交通设备**、医药制造	交通设备**、医药制造、化学原料
黑龙江	石油加工*、食品、饮料	石油加工**、医药制造、食品加工
上海	化学纤维**、仪器仪表*、黑色金属	化学纤维*、仪器仪表、黑色金属
江苏	纺织、非金属、仪表	化学纤维、纺织、通用设备

8. 地区比较优势评价研究

续表

地区	1985年	1993年
浙江	通信、纺织、仪表	纺织、电气机械、通用设备
安徽	烟草加工*、食品加工、饮料制造	食品加工、烟草加工、饮料制造
福建	造纸*、食品制造、食品加工	通信设备**、造纸*、食品制造
江西	食品制造、交通设备、医药制造	医药制造*、有色金属*、交通设备
山东	纺织、烟草加工、石油加工	食品加工、饮料制造、石油加工
河南	烟草加工**、食品加工、饮料制造	专用设备、烟草加工、有色金属
湖北	交通设备*、黑色金属、石油加工	交通设备*、黑色金属、烟草加工
湖南	有色金属*、烟草、造纸	烟草*、有色金属、造纸
广东	电气机械、石油加工、医药制造	通信设备*、电气机械、仪器仪表
广西	通信设备**、食品制造、食品加工	食品加工*、食品制造、非金属
四川	饮料、黑色金属、造纸、	黑色金属、饮料制造、食品加工
贵州	烟草**、有色金属、交通设备	烟草**、有色金属**、饮料制造*
云南	烟草**、有色金属**、食品加工	烟草**、有色金属*、食品加工
西藏	通信**、交通*、非金属	非金属**、食品加工**、交通设备
陕西	仪器仪表*、交通设备、专用设备	通信设备*、仪器仪表、医药制造
甘肃	有色金属**、石油加工**、化学原料	有色金属**、石油加工**、化学原料
青海	交通设备、通用设备、黑色金属	有色金属**、黑色金属*、通用设备
宁夏	仪器仪表**、通用设备*、有色金属	有色金属**、黑色金属**、石油加工*
新疆	石油加工*、食品制造、食品加工	石油加工*、食品加工*、纺织

数据来源：根据各年《中国工业经济统计年鉴》计算整理。
注：表中**表示超强比较优势产业（SLQ≥0.5），*表示比较优势产业（SLQ≥0.35）。

此外，大部分对资源依赖性较强的产业也表现出稳定性的布局倾向，如：山西、内蒙古、宁夏、青海、四川的黑色金属加工业，甘肃、青海、宁夏、云南、贵州、江西等省的有色金属业，辽宁、黑龙江、甘肃的石油加工，云南和贵州的烟草制品业（基于当地的优质烟草资源和发展基础）。

表 8-10　2001—2007年我国地区比较优势行业

地区	2001年	2007年
北京	通信设备**、石油加工、黑色金属	通信设备**、仪器仪表**、交通设备
天津	通信设备*、化学纤维、金属制品	黑色金属、通信设备、交通设备
河北	黑色金属*、医药、食品制造	黑色金属**、食品制造、非金属
山西	黑色金属**、有色金属**、石油加工	石油加工**、黑色金属**、专用设备
内蒙古	黑色金属*、食品制造*、有色金属	食品制造**、有色金属**、黑色金属**
辽宁	石油加工*、黑色金属、通用设备	石油加工*、通用设备、黑色金属
吉林	交通设备**、医药制造、化学原料	交通设备**、食品加工、饮料制造
黑龙江	石油加工**、医药制造*、食品制造*	石油加工**、食品制造*、食品加工*
上海	交通设备、黑色金属、通信设备	通信设备*、通用设备、交通设备
江苏	化学纤维*、纺织、通用设备	化学纤维*、纺织、服装、通信设备
浙江	纺织*、化学纤维*、通用设备	化学纤维*、服装、纺织、通用设备
安徽	饮料制造*、烟草加工、有色金属	医药*、烟草加工、饮料制造
福建	化学纤维、通信设备、造纸	服装**、化学纤维、非金属
江西	有色金属*、医药制造、烟草	有色金属*、非金属、烟草
山东	食品加工*、专用设备、造纸	食品加工*、造纸、纺织
河南	有色金属*、非金属、食品加工	非金属*、食品制造*、有色金属*
湖北	交通设备*、烟草、医药制造	交通设备*、烟草加工*、饮料制造
湖南	烟草**、有色金属*、造纸	烟草**、有色金属*、专用设备
广东	仪器仪表*、通信设备*、电气机械、	通信设备*、仪器仪表*、电气机械
广西	交通设备**、食品加工*、医药制造	食品加工*、医药制造*、有色金属
四川	饮料**、黑色金属、医药制造	饮料*、食品加工、黑色金属
贵州	烟草**、有色金属**、医药制造*	烟草**、医药制造**、饮料制造*
云南	烟草**、有色金属*、化学原料	烟草**、有色金属**、黑色金属
西藏	医药**、饮料**、非金属**	医药**、饮料**、非金属*
陕西	医药制造**、烟草、交通设备	石油加工*、饮料制造*、医药制造
甘肃	有色金属**、石油加工*、非金属	有色金属**、石油加工**、医药制造
青海	有色金属**、黑色金属*、化学原料	有色金属**、化学原料*、黑色金属

续表

地区	2001年	2007年
宁夏	有色金属**、造纸*、食品制造	有色金属**、石油加工*、食品制造
新疆	石油加工**、食品加工、纺织	石油加工**、食品制造、纺织

数据来源：根据各年《中国工业经济统计年鉴》计算整理。

注：表中**表示超强比较优势产业（SLQ≥0.5），*表示强比较优势产业（SLQ≥0.35）。

表 8-11　1985—2007年间我国地区比较优势行业变动情况

地区	基本稳定型	从无到有型	从有到无型
北京	通信设备	仪器仪表	化学原料
天津	通信设备、交通、金属	黑色金属	化学纤维
河北	非金属	黑色金属、食品制造	——
山西	黑色金属、有色金属	石油	通用设备
内蒙古	黑色金属、食品制造	有色金属	
辽宁	石油、黑色、通用	有色金属	
吉林	交通、医药、化学原料	食品、饮料	
黑龙江	石油、食品	医药	饮料
上海	交通、通信设备、黑色金属	——	化纤、仪表
江苏	化纤*、纺织、服装	化纤*、通用、通信	
浙江	化纤*、纺织、服装	化纤*、通用设备	电气、仪表
安徽	烟草、饮料、食品	医药	
福建	化纤*、造纸、服装	化纤*、食品、非金属	
江西	有色金属、医药	烟草	交通设备、食品制造
山东	食品加工、纺织、造纸	——	石油加工
河南	有色金属、食品	非金属	烟草加工
湖北	交通、烟草	饮料、医药	黑色金属、石油加工
湖南	烟草、有色金属、造纸	专用设备	——
广东	电气机械、通信设备、仪表	通信设备*、仪表*	
广西	食品加工	医药制造、有色金属、食品制造	通信设备

续表

地区	基本稳定型	从无到有型	从有到无型
四川	饮料、黑色金属	食品加工、医药制造	造纸
贵州	烟草、有色金属	医药、饮料	交通设备
云南	烟草、有色金属	黑色金属、化学原料	食品加工
西藏	非金属	医药、饮料	通信、交通设备
陕西	医药制造	饮料、烟草、石油	仪器仪表、交通设备
甘肃	有色金属、石油加工	医药制造	——
青海	有色金属、黑色金属	化学	交通、通用设备
宁夏	有色金属、黑色金属	石油加工、食品制造	仪器仪表
新疆	石油、食品加工制造、纺织	——	

数据来源：同上。

8.3.2.2 从无到有型

从无到有型产业指那些1985年不具比较优势甚至具有很强比较劣势，后来发展成具备地区比较优势的产业。主要又可分为两类：

一种是顺应本地区比较优势变化而自然形成的。比如由于新发现了某种资源，使得要素禀赋改变，获得了新的比较优势，如内蒙古的有色金属（20世纪90年代以来在内蒙古大兴安岭地区探明大量有色金属矿产，专家认为其完全有可能成为我国重要的有色金属资源基地）；或者由于产业结构调整升级，新的产业迅速发展并成为地区比较优势产业，例如北京的仪器仪表。这反映了比较优势的动态性特征。

另一种情况则是本就具有一定潜在优势，但是没有显示出来，在合适的机遇下，得以充分发挥。最典型的有：江苏、浙江以及福建的化纤产业，江苏、浙江的通用设备制造，广东的通信设备和仪器仪表业。根据前面的测算，1985年这些地区的这些产业均为比较劣势产业，但是实际上只是由于历史、政策等因素的影响，没有显示出相应的比较优势。随着改革开放和国内市场化加快，这些地区获得了难得的机遇，成功发挥出潜在的区位、资本、技术、人力资本等方面的比较优势，加上政策环境方面优良的外部条件，得以不断自我强化，正所谓"厚积薄发"。

8.3.2.3 从有到无型

顾名思义，从有到无型产业是指那些1985年原本属于地区比较优势产业，但是在后来的发展中相对滞后，逐步丧失了最初的比较优势，甚至变成比较劣势的产业。从有到无型同样分为两种情况：一种是产业结构的调整带来的优胜劣汰，如北京的化学原料，上海的化学纤维等，其特征为调整后的新优势产业技术水平更高，更符合其产业升级调整的方向。再如山东的石油加工，则是由于对资源的依赖下降，其他产业发展更快导致。这同样反映了比较优势的动态升级。

而另一种情况与此相反。最典型的如：宁夏的仪器仪表，青海的交通设备制造，都是"三线"建设的产物，违背了客观的经济规律，与自身实际的禀赋结构不符，虽然一时可以借助政策扶持发展，但是会由于没有内生发展能力，不能自我强化，最后在残酷的市场竞争中被淘汰。所以其原先的所谓"优势"可称之为一击即破的"泡沫优势"。究其原因，就在于其缺乏现实的基础，并不是真正的比较优势，换而言之，违背了比较优势的客观规律。对比前面两种，或是具有要素禀赋优势，或是具有良好的发展基础，总之是建立在实际客观的比较优势基础上的产业，保持了稳定持续的发展，又或者是虽然可能一时由于种种原因，其比较优势没有发挥出来，但是一旦有合适的机会便迅速发展，即"厚积薄发"。

从以上的对比分析可见发挥地区比较优势的重要性。同时，也提醒我们时刻重视比较优势的动态性特征。无论在研究还是实践中，评价一个地区的比较优势时，要结合禀赋基础、历史规律等做综合分析，辩证看待。本研究的这一观点可以与林毅夫（2002）利用技术选择指数（TCI）所作的跨国研

下篇：专题研究

究的结论相应证。本书的研究证明，在一个国家内部的区域层面，遵循比较优势发展经济同样非常重要。

最后，需要特别说明的是西藏地区的情况。从统计数据来看，西藏自治区的制造业门类稀少，绝大部分制造业都没有，产值为0，而仅有的几个行业，如：医药制造、非金属制品等，每个产业的企业数目非常小（样本期间平均才10个左右），而且其中还经常有好几个企业亏损，因此整个行业的发展波动非常大。所以其指标不具有代表性，不影响我们对整体规律的基本判断。

8.3.3 我国地区比较优势产业演变的机理分析——"超调"假说

根据前面的分析，我们提出一个市场"超调"（overshooting）假说。即我国改革开放以来，制造业向东部沿海地区集聚，其实是市场的"超调"效应加规模报酬递增的循环累积效应共同作用形成的。

先来看一下背景。在建国之后，"三线建设"时期布局于中西部的企业很多都是不符合市场规律的，真正具有比较优势的沿海地区此时并没有得到很好的发展，也造成了社会资源配置的低效率甚至产生了一定副作用，但是由于在计划经济体制下，市场的作用非常有限，而且加上国防等因素的综合考量，所以形成了当时的产业布局状况。

我们认为，沿海地区发展制造业是符合其自身比较优势的，因而即使没有对外开放，仅仅是国内市场化推进，在市场机制发挥基础作用的前提下，制造业向沿海布局也是必然的，这是市场对原本不合理的资源配置的"回调"效应。（参见模型中的相关结论，当区际交易成本降低到一定程度，产业会聚集到具有先天比较优势的地区。）

事实是，我国当时政策和环境的特殊性导致了先对外开放，再对内开放，国内市场一体化进程相对落后，所以当1992年国内市场化开始进入实质化阶段，国内劳动力等要素流动加快时，沿海地区通过10余年的改革开放，已经积累了一定的产业基础，自身的区位、资本、技术、人力资本等比较优势已经开始发挥，并在规模报酬递增下，通过产业间上下游联系以及本地市场效应等形成了自我强化的机制。因此，在国内市场自我矫正"超调"（overshooting）加上规模报酬递增的双重作用下，就更加剧了制造业在沿海地区的集聚。

我们提出的这一假说，不仅承认对外开放在促进沿海制造业集聚中的作用，更看到了国内市场的作用。最关键在于：分析了沿海地区制造业集聚背后蕴涵的比较优势的原理。以广东省为例，其制造业发展一方面是因为原有的优势产业电气机械的巩固和发展，另一方面是由于把握住了国际产业转移的历史机遇和改革开放的政策优势，充分发挥自身的比较优势，发展通信设备和仪器仪表制造两大产业，并迅速成为本地区新的优势产业，并自1993年保持至今，仍在不断自我强化。从另一个角度来看，中西部某些地区"泡沫优势"的破灭，也是向正常轨道的一种回归，以宁夏为例，到2007年，其地区优势产业分别是有色金属、石油加工和食品制造，这是比较符合其自身实际的。

8.3.3.1 假说的验证之一：化学纤维产业的案例

为了初步验证这一假说，我们首先以化学纤维制造产业（以下简称化纤产业）为例来说明。

1985年我国化学纤维最具比较优势的是上海和天津。（两市化纤SLQ值分别为：0.59和0.36），而当年江苏、浙江和福建三省化纤行业的SLQ分别为–0.01、–0.03、–0.08，产值也很微不足道。但是，本报告认为江苏、浙江等沿海省份在发展化纤产业方面，具有一系列的潜在优势：

一是区位条件优势。化纤产业的很多原料我国不能自给自足，到目前为止仍然有一半以上的原料需要从海外进口，且对外依存度接近60%。改革开放初期的原料几乎完全依靠进口，而且产品很大一部分也是面向国外市场出口的,即"两头在外",因此沿海的区位可以大大节省运输成本从而有效减少生产成本。

二是产业关联优势。江苏、浙江等省当时已经聚集了大量的下游生产商——纺织业和服装业企业。众所周知,江浙一带的纺织业有着优良的传统,自南宋以来就一直很发达。根据论文中计算的SLQ值也可以发现,纺织业和服装鞋帽业一直是江浙两省的比较优势产业。根据理论模型的结论,由上下游之间的产业关联带来的规模经济可以强化基于要素禀赋的外生比较优势,并不断自我强化,形成循环累积效应。

三是要素禀赋优势。20世纪80年代江浙地区乡镇企业、私营企业已经开始遍地开花,资本比较充裕,同时其劳动力素质较高,具有一定技术优势。

总之,在改革开放的政策环境支持下,江苏、浙江等省的上述三大潜在优势得以充分发挥,在仪征化纤等龙头项目的带动下,90年代以来江苏、浙江以及福建等沿海省份化纤业发展迅猛,目前,江浙两省的产能合计占全国60%以上,加上福建省,几乎集中了全国80%的产能。一方面,以这三个省为代表的东部沿海地区已形成化纤、纺织、服装垂直整合配套的产业集群,充分发挥了地区比较优势,形成了一批地方产业集群,例如:江苏省江阴市周庄镇仅仅77.09平方公里的土地上,聚集着1000多家工业企业,其中450多家为化纤、纺织、染整企业,每天创造工业总产值超亿元,打造了"三房巷"、"虎跑"、"翠钰"等著名品牌,成为世界特大的化纤生产基地,被评为"国家化纤纺织名镇"。另一方面,从整个化纤产业发展来看,这些产业集群有效地降低生产成本,提高了产业发展水平,大幅提升了我国纺织、化纤工业的竞争力,使我国在世界化纤产业中的地位显著提高。据统计,1990年我国化纤产量仅占纺织纤维总产量的22.9%,与世界平均水平相差23.2个百分点,到2000年已提高到61.1%,超过世界平均水平8.2个百分点。2004年,国内化纤消费量占纺织纤维加工总量比例已超过2/3,国内化纤产量占世界化纤生产量已达到近40%[①]。

8.3.3.2 假说的验证之二：比较优势的来源分析

为了进一步验证这一提出的假说，我们沿用模型的思路，即把决定产业空间布局的因素分为区域特征和产业特征两类，并考察两者的交互作用，从而考察比较优势的各项来源，其基本方法如下：

首先，通过计算20个行业1993年、2001年和2007年平均的资本劳动比，结合中国工业部对出口的工业制成品的分类标准，将样本的20个行业划分为三类：劳动密集型、资本密集型和技术密集型，见表8-12。此外，有四个行业具有一定的资源依赖性，包括石油加工、有色金属、黑色金属和烟草制品，即在同等条件下倾向于布局在相应资源丰富的地区，换而言之，这些资源的产地在吸引这类产业布局方面具有一定的比较优势，我们可看成一种区位优势。

其次，分别列出两种特征进行分析。（1）区域特征：资本丰裕度、劳动丰裕度、人力资本丰裕度、制度、基础设施水平等；（2）产业特征：资本密集度、劳动密集度、技术密集度、交易成本等。注意产业特征本身的变化，比如石油和黑色金属的原料地指向逐步减弱，因为铁矿石和石油都可以从海外大量进口，故有沿海布局倾向。

表 8-12 制造业行业分类

劳动密集型	资本密集型	技术密集型	资源依赖性
纺织业	石油	通信设备	石油加工
金属制品业	化学原料	仪器仪表	有色金属
非金属矿物制品业	化学纤维	交通设备	黑色金属
食品制造业	烟草制品	医药制造	烟草制品

[①] 资料来源：国家发改委网站，《我国化纤工业布局、结构特点及存在的主要问题和对策建议》。

下篇：专题研究

续表

劳动密集型	资本密集型	技术密集型	资源依赖性
农副食品加工业	黑色金属	专用设备	
造纸及纸制品业*	有色金属	通用设备	
饮料制造业*			

注：*表示在劳动密集型中，资本相对密集的产业，或称之为中度资本劳动密集型。

由表8-12可见，从产业特征来看，改革开放以来向东部沿海地区聚集的制造业行业，如：化学纤维、各种设备制造业产业等，都是资本或技术密集型。而从区域特征来看，即使是在建国后到改革开放前的一段时间，中国东部沿海地区的资本也更加充裕，尤其是江浙地区的民间资本。而之前多年积累的技术、人力资本优势也都是重要因素，因此，江苏和浙江等地发展化学纤维业是符合其比较优势的。同样的道理也适用于其他产业。

值得注意的是，上述的划分过于粗略，会丢失一些重要的信息，有一定缺陷。下面举纺织业的例子：按照资本劳动比标准，纺织业属于绝对的劳动密集型产业，但是我们发现纺织业比较优势最强的并不是劳动力资源最丰富的中部地区，而是江苏、浙江。主要原因是这两省凭借更高的劳动生产率和熟练劳动力的素质，即生产技术比较优势和人力资本优势共同作用的结果，而且还有发展历史的自然地理因素，以及规模经济的自我强化效应，导致了其纺织业经久不衰。

此外，劳动力的流动也是一个重要原因。如下图8-5所示，我国中西部地区每年都有大量劳动力流向东部沿海地区（尤其是东南沿海地区），这些外来的劳动力事实上也改变了流入地的资源禀赋状况。由此可见，地区的比较优势产业并不仅是技术选择，还受到地理因素、历史因素、政策因素等其他因素影响。这也验证了我们模型中关于比较优势多来源、综合性、动态性的观点。

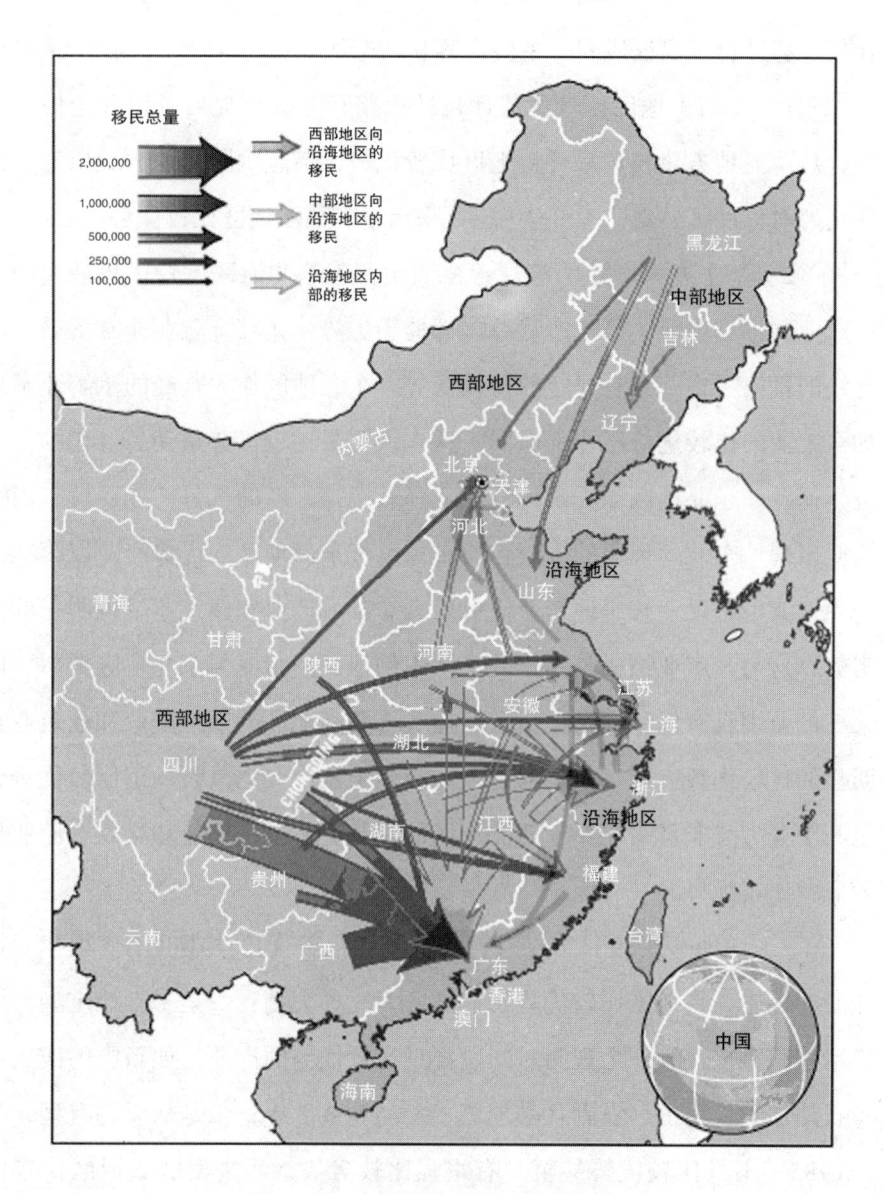

图 8-5 中国劳动力流动的空间趋向

来源:世界银行《世界发展报告2009》黄,罗(2008)根据2008年全国人口普查资料绘制

8.3.4 小 结

本章利用我国省级地区1985—2007年若干代表年份的数据,对我国地区

下篇：专题研究

比较优势进行了实证研究，主要内容和结论如下：

（1）总结了地区比较优势评价的思路和方法，提出了以理论模型为指导，从产业地方化视角来评价地区比较优势，借鉴国际贸易领域研究，提出使用"对称性区位商"（SLQ）指标来衡量和显示地区比较优势。

（2）基于九大产业的宏观考察表明：①东北地区比较优势最大的是第一产业和第二产业。第三产业总体都处于劣势，尤其金融业非常落后，只有传统的批发零售业具有一定的比较优势。东北地区作为曾经的重工业基地，如今工业的比较优势已非常微弱。这也说明了比较优势是动态变化的，"不进则退"。东北地区原先的比较优势荡然无存，新的优势产业还没有出现，因此出现"东北"现象的困境在所难免。②东部地区的优势产业以第三产业为主，其中金融业和房地产业优势最大。第一产业和建筑业呈现明显的比较劣势。这与其产业结构是相符的。③中部地区的情况与东北地区类似，但是第三产业中具有优势的是住宿餐饮业。④西南地区的第一产业和建筑业具有明显的比较优势，同时住宿餐饮业和其他第三产业也具有一定比较优势，但是其工业劣势非常明显。⑤西北地区的建筑业、第一产业和交通仓储业具有明显的比较优势。

（3）详细考察1985年以来，我国地区比较优势产业的演变规律。按照变动的性质，将地区比较优势产业划分为三种类型：一是基本稳定型，指在样本期间至少连续三个观测时间段都具比较优势的产业，如新疆的四大产业（石油加工、纺织、农副食品加工、食品制造）等；二是从无到有型，指那些1985年不具比较优势甚至具有很强比较劣势，后来发展成地区比较优势产业的产业。典型代表是"厚积薄发"的江苏和浙江化学纤维业，因发挥了潜在的比较优势而具有很强的自我发展能力，逐步壮大。此外还包括顺应产业结构调整和资源禀赋变化的例子。三是从有到无型，指那些1985年原本属于地区比较优势产业，但是在后来的发展中逐步丧失了最初的比较优势，甚至变成比较劣势的产业。典型的如：宁夏的仪器仪表，青海的交通设备制造等。笔者认为，其原先的所谓"优势"是政策倾斜下的"泡沫优势"，并不具备内生的自我发展能力，因而这些产业在市场竞争中逐渐落后，泡沫破灭。此外还包括，产业升级调整带来的优胜劣汰。

（4）本研究尝试从比较优势动态变化的角度探讨制造业高度分工和集聚背后的机理，提出了一个市场"超调"（overshooting）假说，即改革开放以来，我国沿海地区发展制造业中的资本和技术密集型行业，是符合其自身比较优势的。至于制造业在东部沿海地区高度集聚，其实是市场机制纠正过去计划经济时代资源配置在空间上的扭曲导致的"超调"效应，加上规模报酬递增的循环累积效应共同作用形成的。其根源在于，我国的对外开放早于国内市场化进程，导致至今国内一体化程度仍然偏低。本报告还通过化学纤维产业的例子初步验证了这一假说。该假说为我国改革开放以来的制造业集聚与区域差距扩大现象提供了一种新的解释。

（5）通过本章的实证分析，还得到了一个基本的政策启示：即我们在建设社会主义市场经济的过程中，应该尊重市场在资源配置中的基础性作用。在正确认识自身比较优势的基础上，遵循比较优势的规律发展经济。事实证明，在一定条件下，违背客观规律的扭曲现象将会被矫正。市场的扭曲积累到一定程度会以经济危机的形式出现，而政府干预、人为的扭曲也将被市场矫正，甚至"矫枉过正"，即"超调"（overshooting）。

这些信息都是理论和计量模型无法得到的。总而言之，实证研究的结果不但进一步支持和验证了模型的假说，而且丰富了理论分析的结论，加深了对我国地区比较优势及其动态变化规律的理解，同时也为后面提出有针对性的政策建议提供了现实依据。

8.4 政策建议

本章在实证研究的基础上，分析地区比较优势与区域协调发展的关系，并结合前几章分析给出的政策启示和国外区域政策的相关经验，提出有针对性的政策建议。

8.4.1 地区比较优势与区域协调发展的辩证关系

发挥地区比较优势是实践科学发展观、促进区域协调发展，构建和谐社会的必然要求。

首先，合理发挥地区比较优势是区域协调发展的主要目标之一。如前所述，区域协调发展有五大目标。这五大目标是互相联系、互为促进、有机统一的。其中，比较优势是区域协调发展的首要评判标准；区域收入差距控制在合理范围是区域协调发展的必然要求；地区基本公共服务均等化是实现区域协调发展的基础保障；形成全国统一大市场是提升资源配置效率、实现空间最优的重要驱动力；资源环境得到保护利用是实现区域协调发展的落脚点和归宿。值得强调的是，以上五大目标的组合是动态过程，在各发展时期优先顺序不同。经济社会发展所属阶段，以及面临的问题不断变化，决定了目标组合动态性。当前可能比较突出的是要解决公共服务均等化，但是发挥地区比较优势也很重要，而且更加根本。

其次，发挥地区比较优势是区域协调发展的首要内涵和题中应有之义。区域协调发展归根到底，就是要实现"携手共进，各得其宜"。如果各地区没有发挥地区比较优势，而是不顾客观规律地盲目发展，或者恶性竞争，必然跟"协调"两字渐行渐远。同时，更重要的是，发挥地区比较优势，不仅关系到"协调"的状态，而且直接关系到"发展"的本质。我国幅员辽阔，人口众多，各地区之间在自然资源、人力资本以及物质资本等要素的差异很大,加上历史地理等因素,客观上需要根据各地区的资源禀赋,按照比较优势原则来进行资源配置,形成合理的区际分工格局,实现资源配置最优化,进而实现整个社会福利的最大化,实现区域协调发展。

最后,从过程来看,促进各地区发挥比较优势是促进区域协调发展的重要手段。显然,通过明确各地区比较优势,进而遵循比较优势发展,可以实现资源的最优化配置,有利于提升国家的宏观经济整体效率。

8.4.2 来自英国的经验和启示

如何发挥地区比较优势,逐步缩小区域差距,促进区域协调发展,是一个世界性的难题,很多国家都在探索。古人云:"他山之石可以攻玉"。下面就介绍一下在全球化背景下的英国区域政策,也许可以给我们带来一些启示。[①]

8.4.2.1 时代背景:全球化和技术进步的影响

作为开放灵活的经济体,英国得益于全球经济一体化、人口流动、市场竞争程度提高和持续的技术进步。然而,全球化和技术进步对英格兰不同部分的区域经济有着重大影响,而且进一步的改变不可避免。

技术创新、经济一体化,以及新兴和发展中的经济体更多地融入全球贸易系统,导致了经济活动在不同国家之间布局更加分散,并且形成专业化生产。随着市场壁垒的减少,产业链被分割成多个环节,发展中国家和新兴经济体在生产中占更大份额,特别是制造业。来自新兴和发展中经济体的持续竞争要求各国实现经济结构调整、专业化和利用比较优势,进而从贸易中获利。就发达经济体而言,如英国,它表现为高附加值制造业和服务业的重要性增强。同样地,在英国,专业化为企业提供了从事高附加值、知识密集型活动的机会,在这里它们更具比较优势,包括商业服务和金融服务等服务业。

[①] 本案例资料来源:Globalisation and the UK: strength and opportunity to meet the economic challenge, HM Treasury, December 2005。

英国经济的地区差异意味着不同的地区将会在未来进一步的全球一体化和技术进步中受到不同的影响。那些拥有高附加值制造业和服务业集群的区域将从比较优势转变中获益，特别是随着高附加值服务业的重要性提高。同样，那些较早采纳新的环保技术、资源效率更高以及低碳创新的区域也能够从比较优势中获益。

因此，英国不同区域未来在经济变化过程中所承受的压力不尽相同。那些创新力强、企业活动水平高的区域将需要继续吸引和留住技术工人并维持其在世界其他同类型区域中的比较优势。相反，那些在高附加值部门不具备强大基础的地区，将与中国和印度等低成本生产中心竞争工作机会和投资。

8.4.2.2 英国政府的区域政策框架

英国政府的总体经济目标是：提高可持续发展水平，实现新的繁荣和提高生活质量，为所有人提供经济和就业机会。实现这一目标的根本在于，英国的各个民族、区域、地方和社区充分发挥其经济潜力（比较优势）。

政府实现整个英国的增长和繁荣的政策框架建立在三大支柱之上：一是维持宏观经济稳定，确保企业和个人能够在确定的长期预期下进行规划；二是实施微观改革，解决增长动力因素（如竞争、企业、创新、技术、投资和就业）下的市场失灵问题；三是尽可能将决策权下放到区域和地方层面，确保战略和执行具有针对性，符合地方经济环境的具体特征。

1997年以来，英格兰区域发展决策权下放到区域和地方层面，并且确立了两项政府目标，旨在提高全国所有地区的经济增长水平，缩小经济差距，以及解决贫困的空间集中问题。2007年英国政府多个部门联合对英格兰区域经济发展和振兴政策所取得的成效进行了全面的总结和评估。

英国政府1997年以来的改革计划基于以下原则：

（1）在适当的空间层面上管理政策

应当通过权力下放，给与地方政府和区域更多的权利，应对地方性的挑战和提高经济水平；责任分配应当与经济影响一致，通过从下至上的方法实现地区间的合作。

（2）确保责权明晰

首先需要明确目标，更多地关注经济发展手段和可持续增长的机遇；决策应当尽可能保证连贯性，并且精简行政机构；战略、政策和资金流有效合理地利用。

（3）确保地区充分发挥比较优势

明确的责任和公共监督安排必须到位，允许权力和责任下放，包括在区域层面，制定囊括所有内容的区域发展战略；以及公共部门必须有私人部门有效地合作。

因此，改革主要集中在四个关键领域：

（1）赋予所有地方政府促进经济发展和社区振兴的权力，包括提高政策的灵活性，密切地方政府与其他机构的合作，以及通过新的机制，激励地方政府实现经济增长目标和确保落后地区从经济发展中受益并最终为经济发展做出贡献。

（2）采用不同的方法，支持地方政府按照其意愿，在所有领域中实现更有效的合作，例如，通过在次区域层面上整合资源、责任和目标，以及支持在此层面的决策开发。

（3）以更有效和负责任的区域发展局为基础，简化伦敦以外的区域层级结构，区域发展局应当在地方政府密切合作下，负责筹备单一的区域战略。区域发展局还将通过更强大的绩效管理，在可持续经济发展的执行方面，为地方政府和次区域提供支持。

（4）通过明晰目标和责任，规范中央政府部门的工作重点，在所有空间层面上为经济发展和社区振兴提供更有效的支持和更好的协作。

英国政府相信，将权力下放到区域、次区域和地方层面将有助于经济发展和振兴。在区域层面上,这将有助于减少非均衡经济增长带来的各种问题,避免生产陷入"瓶颈",并减少经济周期中的风险因素。在地方层面上,通过强调经济增长缩小差距,将确保更有效地利用资源,减少处理不利因素的成本。

所有空间范围的经济绩效最终都与劳动力和资本的投入水平、投入要素的质量及其利用效率(全要素生产率)有关。这些关系是政府生产效率政策框架的基础。该政策框架承认经济增长取决于就业、劳动生产率的提高,以及持续的技术进步和创新。包括产品、劳动力和资本等所有市场的高效运行,对于高水平的生产率和就业率至关重要。然而,这些市场的运行受到市场失灵的限制,因此对劳动生产率的发挥有决定性的影响。

然而,即便克服了市场和政府失灵,新经济地理理论表明,区域间人均收入趋同(以GVA度量)可能仍然不会出现。原因之一是由于各地区自然资源禀赋和经济历史不同,因而存在经济结构差异。这意味着各地区可能拥有不同的技术、人口和部门结构。那么,即使人口、资本和技术流动导致各地区生产成本相等,地区间可能仍然存在工人技术上的差异,结构差异将意味着总体上人均收入存在持续差异。

8.4.2.3 四大核心领域的具体改革

为了实现区域政策的目标,英国政府主要着力于推动以下四个核心领域的改革:

(1)赋予所有地方政府促进经济发展和社区振兴的权力

地方政府有更大的灵活性和动力来促进经济增长和解决贫困地区问题,具体措施包括:从法律上赋予地方政府经济发展职责,要求所有上层机关对其地方经济进行一项关于经济环境与挑战的评估;改革地方政府商业发展激励计划,给予地方政府明确的工作重点,并且激励地方政府推进经济增长;将社区振兴基金集中用于最贫困的地区,为提高绩效提供更大的激励机制;

与地方政府、企业和其他利益相关群体一道,探讨商业率的替代选项;改革地方政府政绩评价体系,强调经济增长和社区振兴的责任;与区域发展局(RDA)合作,后者更多地发挥战略指导的作用,将为地方政府和次区域筹集资金的责任下放,除非在区域层面上保留有明确的资金来源,或者下级政府缺乏筹资能力;确保新的内政局同样支持地方政府在关注住房、住房相关干预措施,以及贫困社区转型方面的作用;以及与地方政府一道,提高他们在经济发展和社区振兴方面作用的能力。

(2)支持地方在次区域层面上加强合作

承认城市和城镇是经济增长的发动机,而许多经济市场在次区域层面上运行,政府将:允许次区域加强其交通管理,作为地方交通法案的一部分,在相应的管理协议下,提供长期稳定的交通建设资金来源;开发多区域合作协议草案,允许多个地方权力机关共同协商解决经济发展问题;与感兴趣的次区域合作,探索允许地方权力机关依法建立次区域协议的潜力,它们将超越交通领域,而在经济发展政策领域实现永久的责任共担。

(3)加强区域层面的作用

区域层面在开发总体战略、识别优先目标和增长机遇方面发挥重要作用。更多的政策权力和资金决策应当从中央政府下放到区域层面。然而,责权需要明细和简化。因此政府:提出单一并且一体化的区域战略,确立各个区域的经济、社会和环境目标;赋予区域发展局执行责任,代表区域制定一体化的区域战略,与地方政府及其他合作伙伴密切合作;为各个区域设定一个区域经济增长目标,并且安排区域与地方政府及其他利益相关群体合作,制订住房增长计划,解决区域人口增长压力,帮助解决支付能力和全国住房供应不足问题;大力改革区域发展局的目标,根据单一、全局性的增长目标来定义一个简化的政策框架,重点关注结果和增长,代替当前的任务框架;赋予地方政府领导人区域职责,即与区域发展局协商区域战略的制定,并且有效地监督区域发展局的表现；与议会一道，商讨议会如何改进对区域机构和区域经济政策的监督，并提出最佳方案；在全面支出审核期间，执行区域资金的二次分配；确保各机构的工作与区域战略中确定的优先目标一致；大力改革和简化区域发展局的赞助框架，从而支持决策权下放议案，实现战略和分析能力的进一步提升，并且进一步明确区域发展局工作的重心，为各个区域发展局提供激励机制，持续改善他们的影响和表现。

（4）改革中央政府与区域和地方政府的关系

政府还将提高它对区域和地方的支持力度，包括：赋予商业、企业与改革部（DBERR）管理区域发展局的责任；赋予DBERR领导区域经济绩效公共服务水平协议（PSA）的责任；使区域战略符合商业、企业与改革部以及沟通与地方政府部联合签署的文件；为各个区域指定一位部长，区域发展提供战略方向指导，让中央政府听取市民的意见，确保政府政策充分考虑到了九个区域的不同需求；确保所有的执行部门都在新的绩效管理框架下共同承担责任。

8.4.2.4 区域政策效果评估

目前的一些迹象表明，区域经济发展势头较好，落后地区经济获得了一些改善，可以说，区域经济绩效PSA和社区振兴PSA在一定程度上开始逐步实现。2003—2005年人均名义GVA数据为区域间增长差距缩小提供了鼓舞人心的证据，但是并不表明英国所有地区经济绩效改善。这也可能是落后地区更强劲的就业表现导致的。然而，前三名和后六名区域在生产率差距方面似乎没有改变。

自引入区域经济绩效PSA目标以来，仅可获得三年的数据，不能为判断前三位区域和后六位区域的平均增长率之间的区域差距是否缩小提供充分证据。能否到2012年前实现区域间增长率差距的缩小还面临重大的挑战。除了伦敦以外，英国各个城市还落后于欧洲的其他竞争对手。社区振兴方面的数据鼓舞人心，因为地方政府在关键指标上的差距缩小了。然而，最贫困社区和全国其他地区的差距依然存在。

全球化与技术进步将为经济增长提供更多的机会，但专业化分工程度的提高将增加地区差距扩大的风险，低技术水平地区面临更大的落后风险。基于知识经济和高技术水平的城市更可能实现繁荣，包括更小的专业化集群。同时，所有区域都需要快速灵活地应对经济环境的变化，包括应对气候变化的挑战。因此，如何充分发挥地区比较优势，促进区域协调发展仍然是未来面临的一大挑战，需要持续的努力。

8.4.3 合理发挥我国地区比较优势的政策建议

通过以上的分析可以发现，合理发挥地区比较优势是促进区域协调发展的重要目标和手段，对于中央政府和地方政府而言，政策的着眼点和可运用的手段不同，因此相关的政策选择也各自有别。下面就如何合理发挥我国地区比较优势，促进区域协调发展，分别提出对中央政府和对地方政府的政策建议。

8.4.3.1 中央政府的相关政策

从中央政府角度而言，政策的着眼点是总体的经济增长和全国的福利。其目标是提升空间效率和全国经济整体增长率。因此，对中央政府而言，主要应采取的政策有：

（1）尊重市场作用，明确自身定位

从经济发展的角度来看，以国防原则为指导思想的"三线"建设在一定程度上违背了客观的经济规律，给我国的产业布局和地区比较优势合理发挥带来一定的不良影响。因此，政府应该明确自己的职责，不能越俎代庖，要尊重客观规律。

必须认识到，经济活动的集聚，是一种客观规律，至少是已经被世界上很多国家发展经历所证明的客观现象。当今世界，大部分生产活动都集中在大城市、发达省份或者富裕国家。半数的生产活动位于1.5%的陆地区域。例如：开罗的产值占埃及 GDP 的一半以上，所使用的土地面积仅占该国总面积的 0.5%。巴西中南部三个州的土地面积占该国总面积的 15%，但生产活动却占全国的一半以上。北美、欧盟和日本的人口不到 10 亿，却拥有全世界 3/4 的财富[①]。

由此可见，生产中的空间差异是不可避免的，国家内部的空间差异甚至是一种有益的现象。随着经济发展到一定阶段，经济增长的差异和收入差距会缩小（倒U型理论），但这个过程是缓慢的，并且区域之间的差异永远不能完全消失。前面的理论模型也告诉我们，从本质上说，在一定范围内，集聚是一种高效的生产组织方式，通过企业的内部规模经济以及外部规模经济提高了生产效率，节约了生产成本。集聚是由于该地区具有一定比较优势，或者即使最初没有比较优势，由于偶然因素产生集聚后也会获得比较优势，因此，集聚有其合理性。

所以，作为政府，应该科学客观地看待集聚的趋势，合理地引导产业集聚。事实上，在一定条件下，集聚不仅可以有效促进区域经济发展，而且可以促进整体空间效率的提高。政府应该做的是，及时推行相应的政策，促进基本公共服务均等化，避免人民在基本生活水平上的差距拉大。在经济集中化的同时，致力于社会平等化。

（2）以提高效率为目标，推动制度改革和创新

推动制度改革和创新，积极消除阻碍要素流动的各种障碍和壁垒，尤其是制度政策方面的障碍。从而促进国内要素充分流动，促进国内市场一体化进程，由市场去实现资源的优化配置。而政府致力于社会方面的平等化，从而可以实现空间效率和公平的兼顾。

---

① 资料来源：《世界银行2009世界发展报告》。

值得一提的是，应当继续关注农民工的生存状况。因为城市化仍将是我国未来一段时期内的趋势，应加快户籍制度、社会保障制度的改革，同时通过消除体制障碍，促进资本等其他要素加快流动，尤其是促进民间资本的流动。

（3）以五大区域和类型区为政策的主要单元，实行有针对性的分类政策

对于发达地区，主要靠其自身发展，因为它们已经具备了很强的比较优势，自主发展能力很强。政府应该尽力帮助落后地区，例如：老少边穷地区，资源濒临枯竭的资源依赖型地区等等。但是，这类干预措施不应妨碍国内一体化进程，不可逆势而为。经验表明，不应当为那些依赖聚集经济或国际市场准入的经济活动提供激励措施，帮助措施应该以"造血"为主，"输血"为辅。

8.4.3.2 地方政府的政策选择

对地方政府而言，促进本地经济增长，增加本地居民收入和福利是最主要的目标。

首先，在思想上要科学地认识比较优势。如前所述，首先要承认区域差异和区际差距是客观存在的，有其规律性。首先要澄清一下关于"比较优势"的认识误区，比较优势本身是一个动态的概念，所有地区的比较优势在一段时期都会发生变化。所谓在地区分工中"占据有利地位"和"不利地位"也是相对的。归根到底，分工中的地位也是由其比较优势决定的。显然，如果可以选择，没有地区愿意处于价值链低端，处于不利地位。所以第一步，是明确自身的比较优势，因时因地制宜，这也正是比较优势的精髓所在。

既然比较优势是动态变化的，那么该如何合理发挥地区比较优势呢？如前所述，地方政府要想改变在分工中的地位，必须首先立足于自身的比较优势，重点发展具有比较优势的产业。尤其要遵循经济发展的一般规律，包括：发挥市场主体作用、遵循比较优势规律等。

具体而言，遵循比较优势规律可分为如下两个方面：

一是充分发挥当前的比较优势。比如，资源型地区应延长产业链条，从直接输出原材料，到输出简单加工过的初级产品，再到经过深加工的高附加值产品，甚至延伸至相关的产业。（对整个国家而言，这也是整体效率的提升。因为资源等初级产品的运输成本很大）。考虑到当前我国资源的价格体制改革尚有待继续攻坚，对地方政府而言，一个比较可行的方法是利用金融市场，将矿产资源等证券化，变现用于地方基础设施建设、基本公共服务等，培育新的优势。当前，我国有不少地区都是反面典型：某些资源丰富的地区，直接大量出口或者出售资源或者发展些初级的加工产业，而没有充分发挥资源方面的外生比较优势，同时又没有注重技术研发、制度创新等措施，内生的比较优势没有出现或不太显著，导致在资源快速衰竭后地区经济难以为继，比较优势荡然无存。因此，资源型地区的政府一定要预先做好规划，长远打算，避免从资源型地区变为资源依赖型地区。

二是着眼于未来，结合比较优势自身的动态属性，强化已有的比较优势，并弥补在某些方面的劣势，而不是直接违背比较优势去发展经济，或者用倾斜性的政策，保护主义等形成虚假的泡沫型比较优势，事实证明其不堪一击。具体而言，可以从以下几个方面着手：

（1）加大人力资本投资，促进技术进步。事实证明，人力资本是一个区域创新和发展的源泉。对于技术相对落后的地区，要想缩小与发达地区的差距，一方面，要比其他地区增加更多的人力资本投入和科研开发经费，从而刺激本地的技术研发，提高本地区的技术水平；一方面应通过降低交易成本，吸引跨国企业或发达地区的企业，同时提高自身学习能力，大量吸收其知识溢出，从而促进自身技术进步。赶超也许是小概率事件，但是通过有针对性的政策，至少可以保证技术差距不会扩大。

（2）加强制度创新。制度上处于劣势的，应加强制度创新，某些时候,制度创新比技术创新更容易,但是同样能带来生产率的提高,改变自身的比较优势。例如:提高政策的透明度,优化投资环境等。

(3)区域政策方面,集中力量帮助区内的落后地区,改善其生活条件,减少相关的制度性阻碍,重点是促进自身发展能力培育。

(4)产业政策方面,对于具有比较优势的产业,基本放手,让其在市场上自我发展,事实证明,不符合自身比较优势的产业即使靠保护成长起来,也只是一时风光,不会持久。对于处于比较劣势的产业,不应违背客观规律扶持。除非关系到人民生活的,总体上仍属于福利增进性质的。但是也不应让其占用太多资源。

(5)加强地区合作互动。前面的实证研究发现,很多地区地理邻近,禀赋相似,比较优势产业也几乎雷同,例如云南和贵州,20多年来,一直是以烟草、有色金属和食品加工等为主,尤其是前两者。这是当地的资源禀赋结构决定的。地区政府切忌目光短浅,"以邻为壑"。应该借鉴长三角的发展模式,即区内分工,虽然产业同构水平很高,但是通过紧密的上下游联系和集群优势,不仅巩固了自身原有的优势,还获得了持续发展和升级的能力,形成了共赢的局面。

总而言之,各地区应该尊重市场主体作用,遵循比较优势的客观规律,根据自己的要素禀赋等实际状况,选择适合自己的经济发展道路和重点产业,通过产业政策鼓励发展本地区具有比较优势的产业,尤其是坚决退出违反比较优势的产业,提高资源配置效率。因为事实已经多次证明,只有植根于自身比较优势基础上的特色产业才能经久不衰,形成特色产业链,或者产业集群,不断自我强化。

8.4.4 小结

本章首先分析了地区比较优势与区域协调发展的关系,然后介绍了英国发挥地区比较优势、实施灵活的区域政策的经验，最后，针对如何在全球化和区域一体化背景下，充分发挥我国各地区比较优势，促进区域协调发展，提出了一系列政策建议，主要包括：

（1）对中央政府而言，应尊重市场作用，明确自身定位，客观看待集聚的趋势，在市场促进经济集中化的同时，政府应着力促进基本公共服务均等化，避免人民在基本生活水平上的差距拉大，即在经济集中化的同时，致力于社会平等化。同时推进政策改革和制度创新，推动国内一体化进程，促进要素流动，这是各地区充分发挥比较优势的基础。最后，应针对经济区和类型区实行因地制宜的"有针对性"的区域政策。

（2）对地方政府而言，首先应澄清认识误区，在科学认识比较优势的基础上，通过对特殊地区的规划、有进有退的产业政策以及根据自身实际弥补短板来增强自我发展能力。特别重视加大人力资本投资、推进制度创新等措施，还应注重于周围地区的合作互动，实现共赢。

参考文献：

1. 安虎森、蒋涛："一体化还是差别化——有关区域协调发展的理论解析"，《当代经济科学》，2006年第4期。
2. 安虎森、李瑞林："区域经济一体化效应和实现途径"，《湖南社会科学》，2007年第5期。
3. 贝蒂尔·奥林：《地区间贸易和国际贸易》，北京：首都经济贸易大学出版社2001年版。
4. 蔡昉、王德文："比较优势差异，变化及其对地区差距的影响"，《中国社会科学》，2002年第5期。
5. 陈良文、杨开忠："地区专业化、产业集中与经济集聚——对我国制造业的实证分析"，《经济地理》，2006年第12期。
6. 陈秀山、杨艳："我国区域发展战略的演变与区域协调发展的目标选择"，《教学与研究》，2008年第5期。
7. 程选：《我国地区比较优势研究》，北京：中国计划出版社2001年版。
8. 窦丽琛、李国平："地区经济发展对比较优势偏离的实证研究"，《科学学研究》,2007年第1期。

9．樊纲、关志雄、姚枝仲:"国际贸易结构分析:贸易品的技术分布",《经济研究》,2006年第8期。

10．范剑勇:"市场一体化,地区专业化与产业集聚趋势——兼谈对地区差距的影响",《中国社会科学》,2004年第6期。

11．耿伟:"动态比较优势与中国目标产业选择实证分析",《现代财经》,2007年第12期。

12．关志雄:"从美国市场看中国制造的实力———以信息技术产品为中心",《国际经济评论》,2002年第7—8期。

13．胡健、董春诗: 比较优势理论研究的最新进展——一个文献述评,西安财经学院学报,2006年第5期。

14．黄玖立、李坤望:"对外贸易、地方保护和中国的产业布局",《经济学(季刊)》,2006年第3期。

15．黄建忠、杨扬:"制度差异与比较优势",《光明日报》,2009年1月31日。

16．金煜、陈钊、陆铭: "中国的地区工业集聚:经济地理,新经济地理与经济政策",《经济研究》,2006年第4期。

17．梁琦:"中国制造业分工、地方专业化及其国际比较",《世界经济》,2004年第12期。

18．梁琦、钱学锋:"外部性与集聚:一个文献综述",《世界经济》,2007年第2期。

19．李辉文:"现代比较优势理论研究",北京:中国人民大学出版社2006年版。

20．林毅夫:"发展战略、自生能力和经济收敛",《经济学(季刊)》,第1卷第2期,2002年1月。

21．林毅夫、李永军:"比较优势、竞争优势与发展中国家的经济发展",《管理世界》, 2003年第7期。

22．吕康银:"区域开放与区域利益实现的经济学分析",《当代经济研究》,2002年第10期。

23．谭裕华、冯邦彦:"比较优势与集聚:一个文献综述",《财贸研究》,2008年第2期。

24．王世军:《综合比较优势理论与实证研究》,北京:中国社会科学出版社2007年版。

25．王元颖:"关税保护与动态比较优势的理论与经验分析",北京:经济科学出版社2008年版。

26．王小鲁、樊纲:"中国地区差距的变动趋势和影响因素",《经济研究》,2004年第1期。

27．吴群:"地区比较优势结构的测度与升级",《南京政治学院学报》,2007年第5期。

28. 冼国明、文东伟："FDI，地区专业化与产业集聚"《管理世界》，2006年第12期。

29. 徐现祥、李郇："市场一体化与区域协调发展"，《经济研究》，2005年第12期。

30. 杨小凯、张永生：《新兴古典经济学和超边际分析》，北京：中国人民大学出版社2000年版。

31. 杨小凯、张永生：" 新贸易理论、利益理论及其经验的新成果：文献综述"，《经济学季刊》，2001年第1期。

32. 赵伟：《中国区域经济开放：模式与趋势》，北京：经济科学出版社2005年版。

33. ［美］艾德加·M.胡佛（1971）著，王翼龙译：《区域经济学导论》，北京：商务印书馆1990年版。

34. ［美］保罗·R.克鲁格曼，茅瑞斯·奥伯斯法德（2003）著，海闻等译：《国际经济学：理论与政策》，北京：中国人民大学出版社2006年版。

35. ［美］彼得·尼茨坎普（1987）著，安虎森译：《区域和城市经济学手册（第1卷）区域经济学》，北京：经济科学出版社2001年版。

36. ［日］藤田昌久，[美］保罗·R.克鲁格曼，安东尼·J.维纳布尔斯（1999）著，梁琦译：《空间经济学——城市、区域与国际贸易》，北京：人民大学出版社2005年版。

37. ［瑞］贝蒂尔·奥林（1931）著，王继祖等译：《地区间贸易和国际贸易》，北京：首都经济贸易大学出版社2001年版。

38. ［以色列］赫尔普曼，[美] 克鲁格曼（1985）著，尹翔硕，尹翔康译：《市场结构和对外贸易》，上海：上海人民出版社2008年版。

39. ［英］亚当·斯密（1776），郭大力，王亚南译：《国民财富的性质和原因的研究》，北京：商务印书馆1977年版。

40. ［英］大卫·李嘉图（1871）：《政治经济学及税赋原理》，北京：商务印书馆1962年版。

41. Antràs P., Hansberg E.R. Organizations and Trade. Annual Review of Economics, 2009(1): 43–64.

42. Baldwin, R., Forslid, R., Martin, P., Ottaviano, G., Robert–Nicoud, F. Economic Geography and Public Policy. Princeton University Press, Princeton, 2003.

43. Barnes & Noble Books. Trefer, D. The Case of the Missing Trade and Other Mysteries, American Economics Review, Dec., 1993, 85(5):1029–46.

44. Belloc M. Institutions and International Trade: Lessons from the Commercial Revolution. Journal of Economic Surveys., 2006,20(1): 3–26.

45. Bond E. W., Trask K., Wang Ping. Factor Accumulation and Trade: Dynamic Comparative Advantage with Endogenous Physical and Human Capital. International Economic

Review, 1996, 44(3):1041-1060.

46. CostinotA. On the origins of comparative advantage. Journal of International Economics, 2009(77):255-264.

47. Costinot A. An Elementary Theory of Comparative Advantage., NBER Working Paper [Online]. Available at http://www.nber.org/papers/w14645, 2009.

48. Chor, Davin. Unpacking Sources of Comparative Advantage: A Quantitative Approach, [Online].Available at SSRN: http://ssrn.com/abstract=1289543, 2009.

49. Davis, Weinstein, Bradford and Shimpo. Using International and Japanese Regional Data to Determine when the Factor Abundance Theory of Trade Works, American Economic Review, 1997, 87(3):1421-1461.

50. Davis and Weinstein. Bones, bombs and break points: the geography of economic activity. American Economic Review, 2002(92): 1269-1289.

51. Davis, D.R., Weinstein,D.E. Do Factor Endowments Matter for North-North Trade? [Online]. Available at http://www.econ.columbia.edu/RePEc/pdf/DP0102-03.pdf

52. Deardorff, A. V. The General Validity of the Law of Comparative Advantage, Journal of Political Economy, University of Chicago Press, 1980,88(5):941-957.

53. Deardorff, A. V. Local comparative advantage: trade costs and the pattern of trade, University of Michigan Discussion Paper [Online]. Available at http://fordschool.umich.edu/rsie/workingpapers/Papers476-500/r500.pdf, 2004.

54. Dixit and Stiglitz. Monopolistic Competition and optimum production diversity, American Economic Review, 1977, 67(3).

55. Don P. Clark, W. Charles Sawyer and Richard L. Sprinkle. Revealed Comparative Advantage Indexes for Regions of the United States, Global Economy Journal, 2005, 5(1).

56. Epifani P. Heckscher-Ohlin and Agglomeration. Regional Science and Urban Economics, 2005 (35):645-657.

57. Fujita, M., J. Thisse. Economics of Agglomeration. Oxford University Press, 2002a.

58. Fujita, M., J. Thisse. Does Geographical Agglomeration Foster Economic Growth? And Who Gains and Losses from it? [Online]. Available at http://www.cepr.org/pubs/dps/DP3135.asp,2002b.

59. Ge Ying.Regional Inequality, Industry Agglomeration and Foreign Trade, the Case of China, Working Papers, University of International Business and Economics, China. [Online]. Available at http://www.wider.unu.edu/stc/repec/pdfs/rp2006/rp2006-105.pdf, 2003.

60. Grossman, G., Helpman, E. Trade, knowledge spillovers and growth. European Economic Review, 1991a(35):517-526 (and NBER Working Paper No. 3485).

61. Grossman G.M., Helpman E.Dynamic comparative advantage, innovation and growth in the global economy. The MIT Press, Cambridge, MA.1991.

62. Grossman, G. M. and Helpman, E. "Technology and Trade", in Handbook of

International Economics , Grossman , G. M. and Rogoff , eds. Amsterdam: North Holland, 1995(3).

63. Hanink DM, Cromley, R.G. Geographic change with trade based on comparative advantage. Annals of the Association of American Geographers , 2005(95): 511-524.

64. Helpman, H., Krugman, P.Market Structure and Foreign Trade. MIT Press, Cambridge, MA, 1985.

65. HM Treasury. Globalization and the UK: strength and opportunity to meet the economic challenge, [Online]. Available at http://www.hmtreasury.gov.uk/d/ent_globaluk021205.pdf, December 2005.

66. Hu Dapeng. Trade, Rural-Urban Migration, and Regional Income Disparity in Developing Countries: A Spatial General Equilibrium Model Inspired by the Case of China, Regional Science and Urban Economics, 2002(32): 311-338.

67. Junko Doi et al. A two-country dynamic model of international trade and endogenous growth: multiple balanced growth paths and stability, [Online]. Available at http://www.rieb.kobeu.ac.jp/academic/ra/dp/English/dp188.pdf, 2006.

68. Kim, S. Regions, resources, and economic geography: Sources of U.S. regional comparative advantage, 1880-1987. Regional Science and Urban Economics, 1999(29): 1-32.

69. Krishna P., Andrei A., Levchenko. Comparative Advantage, Complexity and Volatility, [Online]. Available at http://www.nber.org/papers/w14965, 2009.

70. Krugman, P., Venables, A. Integration and the competitiveness of peripheral industry. Bliss, C., de Macedo, G, Unity with Diversity in the European Community. CEPR, London, 1990.

71. Krugman, P.R. Geography and Trade. MIT Press, Cambridge, MA, 1991a.

72. Krugman, P.R. Increasing returns and economic geography. Journal of Political Economy, 1991(99): 483-499.

73. Krugman, P.R. First Nature, Second Nature, and Metropolitan Location. Journal of Regional Science., 1992, 33(2): 129-144.

74. Krugman, P., Venables, A. Globalization and the inequality of nations . Quarterly Journal of Economics, 1995(110):857-880.

75. Krugman, P., Venables, A. Integration, specialisation and adjustment. European Economic Review, 1996(40):959-967.

76. Krugman, P., Increasing returns in a comparative advantage world. [Online]. Available at www.princeton.edu/~pkrugman/deardorff.pdf, 2009.

77. Laursen. Keld, Revealed Comparative Advantage and the Alternatives as Measures of International Specialisation. [Online]. Available at http://www3.druid.dk/wp/19980030.pdf,1998(3).

78. Leontief, Wassily, Domestic Production and Foreign Trade : The American Capital Position Re2Examined, Proceedings of the American Philosophical Society, 1953(97). Also

Reprinted in Economia Internationale, vii (1954).

79. Leontief, Wassily, Factor Proportion and the Structure of American Trade: Further Theoretical and Empirical Analysis, Review of Economics and Statistics, 1956, 38 (4) :386-407.

80. Limao N, Venables, A. Infrastructure, geographical disadvantage, transport costs and trade. World Bank Economic Review, 2001(15): 451-479.

81. Markusen, J.R., Venables, A. Interacting factor endowments and trade costs: A multi-country, multi-good approach to trade theory. Journal of International Economics, 2007(73): 333-354.

82. Martin, P., G. Ottaviano. Growing Locations: Industry Location in a Model of Endogenous Growth. European Economic Review, 1999(43):281-302.

83. Morrow. Peter M. East is East and West is West: A Ricardian-Heckscher-Ohlin Model of Comparative Advantage. [Online]. Available at http://www.fordschool.umich.edu/rsie/workingpapers/wp.html, 2008.

84. Nocco, A., The rise and fall of regional inequalities with technological differences and knowledge spillovers. Regional Science and Urban Economics, 2005(35): 542-569.

85. Oniki, H., Uzawa, H., Patterns of Trade and Investment in a Dynamic Model of International Trade. Review of Economic Studies, 1965(32):15-28.

86. Petsas, Iordanis. Sustained Comparative Advantage and Semi-Endogenous Growth. [Online]. Available at http://mpra.ub.uni-muenchen.de/14297, 2009.

87. Puga, D. The rise and fall of regional inequalities. European Economic Review, 1999(43): 303-334.

88. Redding, S. Dynamic Comparative Advantage and the Welfare Effects of Trade. Oxford Economic Paper, 1999(51):15-39.

89. Ricci, L.A., Economic geography and comparative advantage: agglomeration versus specialization. European Economic Review, 1999(43): 357-377.

90. Samuelson, P.A., A Ricardo-Sraffa Paradigm Comparing Gains from Trade in Inputs and Finished Goods. Journal of Economic Literature, 2001, 39(4):1204-1214.

91. Samuelson, P.A., Where Ricardo and Mill Rebut and Confirm Arguments of Mainstream Economists Supporting Globalization. Journal of Economic Perspectives, 2004(18): 135-146.

92. Shiozawa, Y., A New Construction of Ricardian Trade Theory — A Many-country, Many-commodity Case with Intermediate Goods and Choice of Production Techniques. The Evolutionary and Institutional Economics Review, 2007, 3(2): 141-187.

93. Sraffa P., Production of Commodities by Means of Commodities. Cambridge University Press, 1960.

94. Trefler, Daniel, International Factor Price Differences: Leontief Was Right! Journal of Political Economy, 1993(101): 961-987.

95. Trefler, Daniel, The Case of the Missing Trade and Other Mysteries, American Economic Review, 1995, 85(5):1029–1046.

96. Thompson, H., Definitions of Factor Abundance and the Factor Content of Trade, Open Economies Review, 1999(10): 385–393.

97. Thompson, H., Factor Abundance in International Trade, [Online]. Available at http://www.auburn.edu/~thomph1/abundmj&frweb.htm, 2004.

98. Vanek, J., Factor Proportions Theory: The N2 factor Case, Kyklos. , 1968(21): 749–754.

99. Venables, A., Equilibrium locations of vertically linked industries. International Economic Review, 1996(37): 341–359.

100. Venables, A., The international division of industries: clustering and comparative advantage in a multi–industry model. Scandinavian Journal of Economics, 1999(101): 495–513.

101. Venables, A., Limao, N., Geographical disadvantage: a Heckscher–Ohlin–von. Thunen model of international specialization. Journal of International Economics, 2002(58): 239–263.

102. Vernon, R., International Investment and International Trade in the Production Cycle. Quarterly Journal of Economics. , 1966(80):190–200.

103. Walz, U., Growth and deeper regional integration in a three–country model. Review of International Economics, 1997(5): 492–507.

104. White. H., A Heteroskedasticity–Consistent Covariance Matrix Estimator and a Direct Test for Hetero skedasticity, Econometrica, 1980, 48(4): 817–838.

105. World Bank, Reshaping Economic Geography. World Development Report 2009.

106. Wynne, J., Wealth As a Determinant of Comparative Advantage, American Economic Review, 2005, 95(1): 226–25.

9 产业结构协调研究

区域协调发展的重要内容之一是实现区域间产业结构协调，区域分工协调。从亚当·斯密开始，分工问题就受到高度重视，他强调分工和专业化能有效提高生产效率，是经济增长的源泉。地区间的合理分工同样有利于效率提升，促进地区间共同发展。按照绝对成本说，各个区域应该选择本区域内拥有绝对优势的产业进行生产。按照比较成本说，则各个区域应该选择本区域内拥有相对优势的行业进行生产。新古典国际贸易理论则认为各个区域应该生产最具有要素禀赋优势的产品，认为资源禀赋的差异决定了各个地区之间的贸易和分工格局。而新经济地理学则认为生产的地理聚集会产生规模收益递增，包括企业内部的规模收益递增和企业外部的规模收益递增，并产生核心边缘分化和分工贸易。总而言之，区域分工形成原因比较复杂。第一自然和第二自然都发挥着塑造区域分工的影响。对于资源或者某种要素依赖比较明显的行业，受要素禀赋差异的影响会更突出，而受市场、规模等因素影响的行业则更明显受到第二自然力量的塑造。

我国的情况是，由于普遍存在的投资的冲动和盲目性，各个地区往往在少数几个行业一拥而上，区域间出现产业结构同构、重复建设并进而引发区域冲突，显然，这不利于区域分工和专业化的形成，不利于经济效率的提升。所以有必要研究中国当前地区分工的状况、形成原因，以及后果。本章从以下四个角度研究地区分工问题：从产业选择现状和原因看地区分工，从产业结构冲突看地区分工，从地区贸易格局看地区分工，从产业集群看地区分工从产业选择现状和原因看地区分工。研究内容包括了分工的描述、评价，以及原因分析。

9.1　从支柱产业选择看地区分工

支柱产业是各个地区的生产、就业、利税的主要部门，分析各地区的支柱产业，可以看到地区分工的主要特征。本部分在描述地区支柱产业选择的基础上，从重点行业和重点地区两个角度深入探究了各地支柱产业选择的原因。

9.1.1　现状——支柱产业选择

支柱产业在国民经济体系中占有重要战略地位，产业规模在国民经济中占有较大份额，起着"支撑"作用的产业或者产业群。从各地的支柱产业情况可以看到基本的分工格局。

数据说明：国研网工业统计数据，2008年的工业总产值。具体哪些地区以该行业作为支柱产业（阴影地区）。没有分析全部38个行业，只选取了5个重要产业（选择标准：至少有三个地区以此行业作为第一支柱产业）。

9. 产业结构协调研究

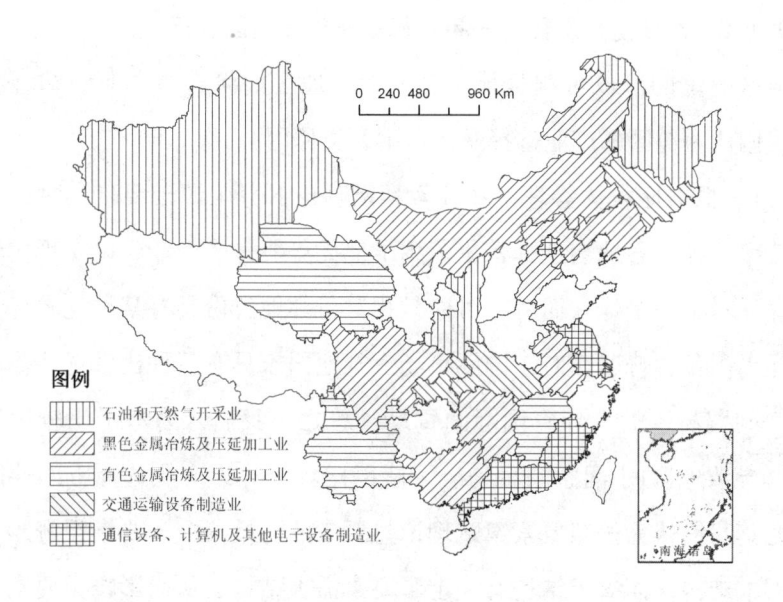

图 9-1 以某些重要产业为支柱产业的省域的分布情况

图9-1说明了以石油和天然气开采业、以黑色金属冶炼及压延加工业、以有色金属冶炼及压延加工业、以交通运输设备制造业或者以通信设备、计算机及其他电子设备制造业为主导产业的省域的分布情况。石油和天然气开采业依赖资源的自然分布状态，而资源分布又极不平衡，所以该行业集中在少数几个地区。有色金属冶炼及压延加工业也类似。与之形成鲜明对比的是黑色金属冶炼及压延加工业，该行业在全国呈现出普遍发展的态势，有8个地区以此行业为主导产业，因此对于原材料的争夺、对于市场的争夺就不可避免，地区间产业结构冲突明显。但是各个地区内，该行业的发展又有其各自的特殊性，选择原因也不尽相同，不是简单的重复建设能够全部概括的，详见9.1.2。从图9-1也可以看出交通运输设备和通信等电子设备制造业受自然资源约束小，更多的受到技术、市场、历史等第二自然的影响。比如电子设备制造业集中在东部地区。

9.1.2 产业选择原因——重点行业和重点地区分析

地区分工的形成机制是什么？或者各地区如何选择产业？结合相关理论，我们认为地区的产业选择基于以下几类原因：

（1）根据比较优势理论和要素禀赋理论，分工源于要素禀赋差异所造成的效率差异，各地会选择密集使用本地优势要素的产业，以实现比较优势的发挥。对于一个地区而言，可能是相对于其他省份具有某种比较优势，也可能是中国各省普遍相对于国际市场上其他国家具有某种比较优势。前者导致地区间贸易，后者导致国际间贸易。总之，我们认为基于比较优势的产业选择导致地区间/国家间贸易。可能以比较优势为产业选择方向伴随着贸易。尤其我们认为按照要素禀赋理论：要素的初始分配、要素报酬影响了地区的需求结构，而需求结构又决定了要素需求结构，从而影响了要素价格。比如要素报酬过于向资本拥有者和资源拥有者集中，则导致分配收入向这些群体倾斜，而这些群体需求结构中对于投资性的需求很高，比如房地产，并导致生产投资品的相关要素需求大涨。而消费类产品需求会受到压抑。因此，会出现整体消费需求低迷，投资需求旺盛。

（2）另外，根据新经济地理学，要素禀赋等"第一自然"只是影响产业区位选择的第一个因素，人类创造的"第二自然"也将对于企业的空间选择产生影响。对于一个企业来说，一个经济活动密集的地区更有吸引力，原因在于：本地市场效应和生活成本效应。（相反的推动力也存在，就是竞争、拥堵等效应）。本地市场效应说明一个地区人口密集将产生巨大的消费市场吸引力，从而形成循环累积效应，这种循环累计效应也体现在中间投入市场。所以我们从消费和中间投入来分析本地市场效应。对于东部某些地区而言，比如上海。之所以能获得各个行业的普遍发展，显然不是因为这些地区在所有领域都具备比较优势，而是因为当地有巨大的消费市场和中间投入市场。

（3）在这两种理性的产业选择原因之外则是非理性的重复建设。重复建设的产生既可能是政府行政目标干预市场的结果，也可能是企业决策过程中受到市场失灵影响导致的。我们无法一一还原所有行业内所有企业的决策过程，只能通过结果性指标来观察一个行业是否存在重复建设。本部分选择存货增加、资本边际产量来体现一个行业的销售情况，如果存货比例很高，则认为该地区选择这个行业是某种非理性的重复建设行为。其中资本边际产量＝资本报酬（营业盈余）/资本数量＝资本报酬（营业盈余）/（资本折旧/折旧率）。库存已生产但无法销售的情况，资本边际产量识别已投资，但无法生产。其中我们假定一个行业内折旧率大致相同，所以，用资本报酬/资本折旧作为一个行业内各地之间的相对指标。

在这些内容之外，我们增加了一个反映市场结构，或者说企业规模情况的指标。规模效应＝增加值/资本数量。同样因为折旧率相同，而转换为增加值/资本折旧。构造的理论依据是：规模报酬递增的假定下，随着规模扩大，单位资本的平均产值是上升的，所以单位资本平均产量反映规模情况。这个指标只是描述市场情况，并不是评价标准，因为规模并非越大越好，规模收益是以产品多样性下降、市场竞争程度下降为代价的。因为篇幅所限，我们从145个行业中，选择全国范围内GDP比重最高的10个行业进行分析。因为农业和采掘业受到第一自然影响很明显，我们不予关注；而第三产业普遍服务于本地的职能很突出，也不予讨论，我们只选择争议较大的工业。但是在地区分析部分我们是包含第三产业的。因为数据和篇幅所限，我们只从27个地区中选择10个地区加以分析。其他行业和其他地区的分析方法是类似的，只需要重复并展开即可。本研究所用数据都是2007年投入产出表数据。包括中国投入产出表（2007）、27个地区的地区投入产出表（2007）。

—— 重点行业分析

全国范围内135个部门中，最重要的工业部门如下：

表 9-1　2007年中国十大工业

(单位：万元)

行　业	GDP
钢压延加工业	50204383
汽车制造业	45353798
金属制品业	36870090
废品废料	35309227
其他通用设备制造业	31557100
石油及核燃料加工业	27375612
纺织服装、鞋、帽制造业	25854029
电子元器件制造业	25820661
烟草制品业	24272501
棉、化纤纺织及印染精加工业	22753589
塑料制品业	22543688
医药制造业	20596196
炼钢业	20204941
有色金属压延加工业	19970297
电子计算机制造业	19599033
基础化学原料制造业	19525204

数据来自中国投入产出表2007。

(1) 钢压延加工业

表 9-2　各地钢压延工业使用构成

(单位：%)

	调出	出口	中间使用	消费	投资	库存	资本边际产量	规模效应
河北	68.68	5.36	35.68	0.00	0.00	−0.10	3.51	7.42
江苏	17.69	16.77	79.51	0.00	0.00	1.11	1.52	5.07
山东	0.41	0.58	101.32	0.00	0.00	0.04	1.24	4.15
上海	20.76	38.76	122.98	0.00	0.00	1.85	2.04	4.45
山西	1.51	0.00	75.66	0.82	0.00	23.27	10.87	15.34
广东	84.60	45.35	39.71	0.00	0.00	9.93	0.59	3.30
浙江	12.26	21.22						
天津	23.07	12.60						
河南	68.68	0.00						
江西		4.74						

数据说明：地区按照行业产出规模排序。

9. 产业结构协调研究

钢压延工业是中国工业中GDP比重最高的，存在各地普遍发展的趋势。但是各地选择这个行业的原因却差异很大。河北、广东两地是基于比较优势建立的，但是河北和广东情况有区别：河北省调入和进口数额很少，表现为单方向的输出；而广东省调入数额巨大，说明广东和其他地区存在更细的产品层次的分工。而江苏、山东、山西、上海等地则主要基于本地市场需求。本地市场需求主要体现在行业间联系产生的中间投入需求。最终需求，也就是消费和投资需求很少，这是行业产品性质决定的。这个行业普遍的存货数量很少，说明行业不存在销售困境，但是广东、山东等地的资本边际产量相对指标很低，说明这两个地区存在一定投资闲置的情况，这两个地区选择钢压延工业有重复建设的迹象。

钢压延加工业生产过程投入最大的是炼钢业，炼钢业投入最大的是炼铁业，炼铁业投入最大的是黑色金属矿采选业。所以，钢压延行业的资源基础是黑色金属矿采选业。河北省正是因为资源条件突出，成为该行业的主要生产地。

（2）汽车制造业

除了山东和江苏是明显基于本地市场优势发展的，其他比如吉林、广东、上海、浙江等地都是第一自然和第二自然共同作用的结果：既有基于比较优势的贸易，也有本地大规模市场的拉动。相对而言，江苏存在一定程度的重复建设。

金属制品业的产业选择很统一，都是基于本地市场的需要，这个行业分地区的比较优势差别不大，最有影响力的就是需求市场的规模。对于工业发达的地区，比如广东、江苏、浙江、山东、上海，比较容易发展起金属制品业。但是广东的资本边际产量很低，而且规模效应也不高（规模很大的话，是有可能压低边际产量的），所以广东省存在一定程度的过度发展。

表 9-3 各地汽车制造业使用构成

(单位：%)

	调出	出口	中间使用	消费	投资	库存	资本边际产量	规模效应
吉林	50.82	50.82	45.58	1.59	0.82	2.59	5.91	11.08
广东	41.14	1.65	55.80	22.32	2.93	3.43	2.24	6.51
上海	51.17	55.18	20.99	3.70	23.30	-0.41	2.21	7.06
山东	0.00	0.00	69.89	1.42	42.62	0.00	14.29	16.41
浙江	57.51	11.47	23.76	0.82	6.52	2.27	2.64	8.99
江苏	0.17	0.84	69.26	7.26	23.70	3.42	1.83	7.65
重庆	66.99	9.97	0.00	0.00	0.00	0.00		
北京	58.82	9.76						
天津	69.55	6.62						
湖北	7.66	7.66						

(3) 金属制品业

表 9-4 各地金属制品业使用构成

(单位：%)

	调出	出口	中间使用	消费	投资	库存	资本边际产量	规模效应
广东	2.86	11.03	93.24	1.16	1.10	0.81	1.31	5.47
江苏	2.43	12.42	65.68	1.35	38.21	0.99	3.92	9.84
浙江	7.32	25.16	112.65	0.83	4.63	1.23	4.01	10.52
山东	0.15	4.38	100.09	0.56	8.51	0.07	2.87	6.40
上海	6.00	12.05	82.86	2.32	22.78	1.01	4.61	11.11
河北	18.27	12.89	161.95	1.88	12.93	4.18	6.22	11.19
河南	0.00	0.00	0.00	0.00	0.00	0.00		
湖北	8.76	8.76	0.00	0.00	0.00	0.00		
福建	4.17	31.59	0.00	0.00	0.00	0.00		
天津	19.61	22.82	0.00	0.00	0.00	0.00		

类似地，对144个行业进行类似的分析，研究影响每个行业区位选择的因素。

——重点地区分析（包括三大产业）

各地区都选择最为突出的支柱产业，并分析各个产业的选择原因。因为不同行业间的资本折旧率不同，所以不同行业间的资本边际产量相对值无法求得，除非找到各个行业各自的折旧率。但是行业内的比较仍然可行。比如

9. 产业结构协调研究

至少可以和全国平均水平进行比较，所以我们使用了资本边际产量/全国资本边际产量的值来体现当地的情况。规模也同样处理。

表 9-5 北京市主要产业选择（按照增加值总额排序）

（单位：%）

	中间使用合计	消费	固定资本形成	存货	调出	出口	资本边际产量	规模	原因
银行业	25.01	16.80	0.00	0.00	58.05	0.50	0.73	0.70	比较
批发业	67.10	10.38	3.84	2.81	20.50	29.86	1.15	1.09	混合
房地产开发经营业	24.72	16.30	57.37	0.00	1.40	0.35	0.84	1.06	本地
房屋和土木工程建筑业	11.28	3.19	115.49	0.00	0.00	0.00	0.78	1.98	本地
电信和其他信息传输服务业	48.33	13.37	0.00	0.00	35.74	8.15	1.56	1.49	混合
商务服务业	83.35	0.03	0.00	0.01	7.92	44.40	9.52	7.25	混合
软件业	11.54	0.39	76.53	0.01	14.85	4.50	1.50	2.22	本地
专业技术服务业	19.67	19.09	0.00	0.00	39.65	34.69	0.93	1.34	比较
公共管理和社会组织	4.05	98.83	0.00	0.00	0.00	4.20	65.94	0.96	本地
教育	13.82	68.44	0.00	0.00	15.80	2.20	0.08	0.82	本地
电力、热力的生产和供应业	102.53	6.13	0.00	0.00	0.01	0.00	3.12	1.44	本地
铁路运输业	41.62	2.07	0.11	0.38	70.86	1.57	1.53	1.15	混合
卫生	0.89	96.17	0.00	0.00	2.94	0.00	0.31	1.86	本地
住宿业	89.58	0.64	0.00	0.00	40.63	10.05	5.23	1.59	混合
研究与试验发展业	39.78	55.02	0.00	0.00	5.19	0.00	2.10	2.12	本地
汽车制造业	60.31	8.92	4.04	5.50	58.82	9.76	3.21	1.37	混合
航空运输业	61.57	2.30	0.26	0.09	44.41	26.45	1.05	1.07	混合
餐饮业	48.33	47.24	0.00	0.00	27.53	3.74	0.34	0.59	本地
计算机服务业	7.45	0.00	0.00	0.00	86.82	14.29	0.90	1.81	比较
通信设备制造业	6.99	1.64	2.40	2.65	1.84	99.12	2.00	1.39	比较

20个行业中有7个行业是基于比较优势和本地市场，4个是基于比较优势，9个是基于本地市场。说明北京市的产业选择最主要的基于本地市场，比较优势在银行、专业技术服务、计算机服务、通信设备制造业等领域比较明显。这是因为北京市在这些领域有人才和技术的要素优势。北京市支柱产业中出现重复建设的情况不明显，因为相对于全国的边际资本产量来看，大多数行业都大于1。只有教育和餐饮比较小。教育可能是因为其特殊的产业

属性，很难完全划分私人投资和公共投资，所以统计口径有问题。餐饮业则是无法跨地区贸易的，所以不存在和其他地区重复建设的问题，当然有可能北京市内部餐饮有过度竞争的问题。

另外，规模指标显示，北京市支柱产业总体而言，规模都比全国平均水平大。广东省20个支柱产业选择都或多或少有本地市场的影响。其中有9个行业完全基于本地市场。另外，广东省的产业选择混合了本地市场和比较优势的比较多，有11个行业。金属制品业存在一定程度重复建设。有11个行业的资本边际产量低于全国水平，广东省的资本利用效率不高，可能存在比较普遍的生产能力闲置。而且，发现资本边际产量和规模情况有较高相关性，二者同时小于1或大于1的情况普遍。可见广东省的规模偏低可能影响到了资本效率。

表 9-6 广东省主要产业选择（按照增加值总额排序）

（单位：%）

	中间投入	消费	固定资本形成	存货增加	出口	调出	资本边际产量	规模	原因
电子计算机制造业	48.16	1.93	1.75	0.38	80.67	8.11	1.60	1.28	比较、本地
电子元器件制造业	189	0	0	3.38	6.53	7.19	1.60	1.20	本地
建筑业	26.26	3.41	144.2	0	0	0	0.61	0.83	本地
电力、热力的生产和供应业	132.5	6.64	0	0.7	0	1.94	2.78	1.50	本地
金属制品业	114.7	1.16	1.1	0.81	11.03	2.86	0.45	0.64	本地、重复
批发零售业	112	26.55	7.3	0.86	23.35	19.31	1.39	1.15	本地、比较
家用电力和非电力器具制造业	35.19	15.93	0.13	2.08	20.19	48.78	0.91	0.97	比较、本地
塑料制品业	126.1	1.74	0	-0.78	22.9	32.31	0.81	0.91	本地、比较
房地产业	114.4	44.51	21.38	0	0	0	1.59	1.19	本地
通信设备制造业	61.07	6.96	27.39	0.24	17.36	37.36	0.58	0.92	本地、比较
银行业、证券业和其他金融活动	142.5	18.86	0	0	0	0	0.61	0.73	本地
汽车制造业	76.57	22.32	2.93	3.43	1.65	41.14	1.23	0.85	本地、比较
家用视听设备制造业	36.64	2.97	0.06	0.27	103.5	30.91	1.85	1.58	比较、本地
纺织服装、鞋、帽制造业	39.48	3.66	0	1.6	157.2	8.39	0.62	0.88	比较、本地

续表

	中间投入	消费	固定资本形成	存货增加	出口	调出	资本边际产量	规模	原因
商务服务业	151.8	0	0	0	0	0	1.59	1.06	本地
石油及核燃料加工业	120.9	11.9	0	3.83	10.37	83.88	5.26	1.53	本地、比较
餐饮业	56.43	71.63	0	0	3.39	0	0.92	1.07	本地
有色金属压延加工业	142.2	0	0	0.86	12.49	13.74	0.91	0.64	本地
造纸及纸制品业	121.7	1.2	0	1.41	12.14	11.6	0.68	0.84	本地
皮革、毛皮、羽毛(绒)及其制品业	90.01	19.4	0	2.52	34.11	6.71	0.62	1.23	本地、比较

第一支柱产业电子计算机制造业是基于比较优势的分工，参与国际分工。其他行业选择中普遍受到本地市场的影响更大。广东省这样一个巨大的经济、人口集中体，产生了集聚效应，使得各个行业普遍受到吸引。

数据说明：缺全国数据，全国只有房地产，没有细分。所以，用全国的房地产业代替下面的子行业。全国零售业和批发业未分，所以用批发零售业代替其子行业。农业、畜牧业、渔业，全国和安徽都是0，所以相对值为1。钢压延、居民服务、零售、和汽车制造业存在重复建设。物业管理业的营业盈余为0，导致其资本边际产量为0，可能是统计口径的原因。

10个本地市场、9个混合、1个比较优势。要改变安徽省的经济相对落后状况，要充分挖掘第一自然优势和第二自然的自我强化。其中钢压延行业存在一定程度的重复建设。

表 9-7 安徽省主要产业选择（按照增加值总额排序）

（单位：%）

	中间投入	消费	固定资本形成	存货增加	出口	调出	资本边际产量	规模	原因
农业	62.18	16.8	0	1.8	0.75	37.14	1	0.85	本地
房屋和土木工程建筑业	0.07	0	199.06	0	0	0	1.75	1.36	本地
畜牧业	23.2	30.88	0.24	1.25	0.19	50.66	1	4.01	混合
批发业	117.83	31.31	15.87	3.07	8.72	89.89	1.31	1.07	混合

续表

	中间投入	消费	固定资本形成	存货增加	出口	调出	资本边际产量	规模	原因
煤炭开采和洗选业	100.87	1.07	0	1.14	0	54.52	0.94	0.78	本地、比较
公共管理和社会组织	1.68	98.31	0	0	0	0	0	1.32	本地市场
物业管理业	2.31	97.63	0	0	0	0.07	0.02	0.58	本地
道路运输业	69.54	13.66	4.11	0.71	2.01	15.71	0.86	0.74	本地
教育	16.88	83.26	0	0	0	0			本地
电力、热力的生产和供应业	71.69	12.04	0	0	0	16.29	1.81	1.27	本地
零售业	217.6	70.82	23.31	4.83	20.4	145	0.23	81.31	混合
钢压延加工业	116.38	1.18	0	5.61	2.5	41.16	1.09	1.01	本地、比较、重复建设
汽车制造业	28.7	2.1	6.15	1.18	11.11	73.94	0.53	0.72	比较
电信和其他信息传输服务业	30.51	70.06	0	0	0.69	0.49	0.69	0.98	本地
渔业	41.19	15.47	0	0	0	43.69	1	21.57	混合
居民服务业	23.65	49.56	0	0	0.89	25.78	0.17	0.56	本地
商务服务业	48.37	4.05	0	0	0	48.31	92.79	41.18	混合
废品废料	99.23	0	0	3.51	9.49	80.47	1.04	1.06	混合
餐饮业	29.13	60.05	0	0	0.61	10.38	0.91	0.85	本地
烟草制品业	1.29	49.67	0	2.2	0	55.49	1.52	1.11	混合

9.2 从产业结构冲突看地区分工

支柱产业分析只关注了最突出的行业，没有全面考察所有行业的结构状况。利用产业结构相似指标可以实现所有行业结构的考察。

9.2.1 地区间产业结构相似状况

根据38个行业的数据，得到表9-8。计算结果显示，四川、江西、山东、辽宁和其他地区的产业结构相似度最大。29个制造业行业的数据显示，问题最突出的是安徽、北京、福建和甘肃。其中，38个行业数据显示上海和江苏的产业结构相似系数达到0.918，和浙江的相似系数达到0.714，而江浙之间的相似系数为0.8。作为比较，东北三省区间相似程度都在0.5左右。（29个行业数据所显示的长三角相似程度和东北地区对比情况大致相同。）

29个行业的数据显示，发现北京、天津、上海三地之间的两两相似性最高，具体见表9-9，湖北和四川之间相似度也很高，而剩下标注地区的相似度比较高。

说明：选择相似度最高的两两地区。发现北京、天津、上海三地之间的两两相似性最高，湖北和四川之间相似度也很高，而剩下标注地区的相似度比较高。

表 9-8　38个工业行业地区间相似状况

地区	总体相似程度	地区	总体相似程度
北京	7.96	河南	8.38
天津	7.03	湖北	8.62
河北	7.75	湖南	8.45
山西	5.35	广东	6.40
内蒙古	8.155	广西	8.31
辽宁	8.695	四川	9.14
吉林	6.615	贵州	7.76
黑龙江	4.145	云南	4.53
上海	7.395	西藏	3.17
江苏	7.46	陕西	6.25
浙江	7.03	甘肃	7.97
安徽	8.45	青海	6.67
福建	7.56	宁夏	7.04
江西	8.81	新疆	3.79
山东	8.80		

表 9-9　29个制造业地区间相似状况

地区	总体相似程度	地区	总体相似程度
安徽	9.75	辽宁	9.17
北京	8.48	内蒙古	8.46
福建	7.87	宁夏	7.87
甘肃	7.50	青海	6.69

续表

地区	总体相似程度	地区	总体相似程度
广东	6.30	山东	9.47
广西	9.14	山西	7.45
贵州	7.94	陕西	9.31
河北	7.86	上海	8.73
河南	9.37	四川	9.80
黑龙江	7.06	天津	7.82
湖北	9.36	西藏	3.95
湖南	9.42	新疆	8.45
吉林	6.25	云南	4.17
江苏	8.62	浙江	7.49
江西	9.81		

国内学者围绕产业结构相似系数[①]进行的区域分工、区域产业同构研究非常丰富。但是该指标只是衡量了两个地区产业结构的相似程度，正如邱风、张国平等(2005)所指出，产业结构相似并不能说明存在过度竞争。产业结构相似系数只是衡量了两个地区产业结构的相似程度，特别的，如果两个地区占产出比重高的主导产业相同，则该相似系数就会比较大。用这个指标直接判断区域间是否存在产业结构配置不合理的问题，因为即便是有效的产业聚集过程，该指标也会变大。如何判断是重复建设、产业同构，还是合理的产业聚集过程？合理的标准应该是效率和市场。如果市场能够有足够的需求消化这些地区同时生产的同类产品，而且，这些地区内的行业效率也比较高，那么就是合理的产业聚集过程。这个过程不但不会导致区域间的冲突，反而能够由聚集产生效率提升，甚至推动区域间合作。反之，如果市场没有足够的需求消化这些行业的产出，则各地相似产业间会出现过度竞争，导致

---

① 联合国工业发展组织提出了产业结构相似系数，计算区域间产业结构相似程度，其计算公式如下(X_{ik} 表示 i 地区 k 行业产出比重)

$$R_{ij} = \frac{\sum_{k=1}^{n} X_{ik} X_{jk}}{\sqrt{\sum_{k=1}^{n} X_{ik}^2 \sum_{k=1}^{n} X_{jk}^2}}$$

区域冲突，并引起产能过剩，最后导致生产有效性（效率）下降。

9.2.2 区域间产业结构冲突状况

为了克服产业结构相似系数的不足，有必要构建新的指标来衡量区域间分工状况。本研究引入市场和效率来实现。供需对比的情况无法直接测度到，但是可以通过各类间接指标反映，比如产销率低、产能闲置、库存增加、利润下降等。产销率描述了已生产出来的产品被市场接受的情况，但不能体现出生产能力闲置状况，所以需要结合效率指标。本研究选用DEA方法衡量效率，其有效性指标其实就是实际生产能力和潜在生产能力之间的比值。有效性指标小于1，可能是因为这些劳动力和资本没有得到全部使用，即存在生产能力闲置；也可能是因为要素的使用效率低：制度安排、非体现型的技术进步等因素都会导致指标结果的差异。将这两个指标综合，体现了两方面的内容：生产能力过剩（包括生产能力闲置和产品未能完全销售）和生产效率。作者引入这两个指标来调整产业结构相似系数，使得新指标更准确地反映了区域间产业结构冲突程度，以度量区域分工合理性：

$$E_{ij} = \frac{\sum_{k=1}^{n} X_{ik} X_{jk}(1-C_{ik})(1-C_{jk})}{\sqrt{\sum_{k=1}^{n} X_{ik}^2 \sum_{k=1}^{n} X_{jk}^2}} = \frac{\sum_{k=1}^{n} X_{ik} X_{jk}(1-C_{ik})(1-C_{jk})}{\sum_{k=1}^{n} X_{ik} X_{jk}} * \frac{\sum_{k=1}^{n} X_{ik} X_{jk}}{\sqrt{\sum_{k=1}^{n} X_{ik}^2 \sum_{k=1}^{n} X_{jk}^2}} = r_{ij} * R_{ij}$$

其中，$C_{ik} = D_{ik} * S_{ik}$

（9.1）

D_{ik} 表示 i 地区 k 行业相对于所有地区 k 行业的DEA有效性[①]（本文采用 C^2R 模型），S_{ik} 是 i 地区 k 行业产销率，X_{ik} 表示 i 地区 k 行业的产出占 i 地

---

① 利用DEA计算的效率只体现了"相对"有效性，所以DEA高的地区也有可能存在"绝对"效率低下。因此，某些地区的区域分工问题也有可能为其较高的相对效率所掩盖，至少有所削弱。

下篇：专题研究

区所有产出的比重。R_{ij}即区域i和区域j之间的产业结构相似系数，r_{ij}表示两个地区各个行业同时出现低效率和不被市场接受的情况，即产业同步弱质性。

该指标其实是在产业结构相似系数基础上加入了新指标C_{ik}，其作用是"挑选"那些低效率、且不被市场接受的行业。只有两个地区k行业都存在低效率和市场接受程度低的情况，该行业才被"挑选出来"，用于两个地区间的结构比较。两个地区中只要有一个地区的效率、市场接受程度都是100%，则两地区k行业的$X_{ik}X_{jk}(1-C_{ik})(1-C_{jk})$为0。所以该指标体现了两个地区在相同行业都出现低效率和产能过剩的情况。从指标分解可以看出，E_{ij}指标高，可能由两方面原因引起：两个地区产业结构相似性（R_{ij}）程度大，或者两个地区各个行业同时出现低效率和不被市场接受的情况比较严重，即产业呈同步弱质性。E_{ij}大说明i和j两个地区的产业分工不合理。

利用这个指标判断区域分工合理性，则不同分工类型（产业间分工和产业内分工）的地区就可以比较。存在产业内分工的地区就不会因为行业划分过大而出现同构问题，因为即便两地区产业结构完全一致，如果地区各行业生产有效率而且市场表现良好（即C为1），则区域分工合理性指标就为0。同样，有效聚集的地区也因为其高效率和良好的市场表现而显示区域分工合理性指标为0。

按照新的区域间产业结构冲突指标计算，1996年和2005年全国29省市（在28省市基础上加上西藏）间两两区域产业结构冲突指标E_i，以及r_i与R_i（数据结果见本章附录9-1）。

数据说明：（1）为了保证1996年和2005年数据口径一致，并且减少数据缺失情况，将1996年和2005年工业行业统一调整为38个行业（其中制造业29个行业）。另外，将31个省市区调整为29个地区，删去了海南省，并且把四川和重庆合并了。（2）1996年工业增加值、工业总产值（当年价格）、工业销售收入，以及就业人数来自国研网工业统计数据库。

9. 产业结构协调研究

表 9-10 各地区38个工业产业结构冲突指标汇总

	1996年			2005年		
	E	r	R	E	r	R
北京	2.11	4.11	15.83	1.80	3.68	16.92
天津	2.14	4.57	14.46	4.09	7.76	15.06
河北	3.85	5.55	20.86	3.10	6.23	16.50
山西	1.56	3.79	12.82	2.53	6.92	11.70
内蒙古	2.52	4.43	17.65	2.97	5.59	17.31
辽宁	4.58	7.20	18.71	4.33	7.58	18.39
吉林	4.04	7.50	16.58	3.71	7.98	14.22
黑龙江	2.90	7.27	9.99	4.17	10.98	9.29
上海	1.06	2.03	16.27	0.44	1.11	15.78
江苏	1.86	3.24	17.96	1.94	4.36	15.92
浙江	1.94	3.41	17.82	1.56	3.27	15.06
安徽	1.76	2.65	19.51	3.03	5.37	17.90
福建	1.91	3.22	18.06	2.42	5.07	16.11
江西	3.25	4.81	20.23	3.11	5.29	18.61
山东	3.35	4.89	20.18	2.95	5.18	18.60
河南	3.38	4.98	20.57	3.27	6.08	17.75
湖北	2.99	4.38	20.80	3.66	6.81	18.23
湖南	3.08	4.63	19.78	3.02	5.35	17.90
广东	1.21	2.08	17.32	1.75	4.43	13.81
广西	3.11	4.88	19.05	3.32	6.05	17.62
四川	3.91	5.67	20.86	3.77	6.56	19.29
贵州	3.17	5.59	17.11	3.60	6.80	16.52
云南	0.71	3.76	7.68	1.86	6.04	10.06
西藏	1.74	4.39	12.77	1.15	5.33	7.34
陕西	3.42	5.64	18.55	5.62	11.17	13.50
甘肃	4.22	7.41	16.03	4.93	9.13	16.93
青海	4.18	7.23	16.56	5.78	11.30	14.34
宁夏	2.28	4.24	16.22	2.47	5.09	15.08
新疆	3.81	9.04	10.62	4.67	13.33	8.57
全国平均	2.76	4.92	16.93	3.14	6.55	15.32

2005年工业总产值、销售收入、就业人数、固定资产净值年平均余额来自国研网工业统计数据库；27个工业行业（21个制造业行业）工业增加值来自《中国工业经济统计年鉴2006》，剩下11个工业行业（8个制造业行业）工业增加值经估算得到，即利用2005年规模以上分行业增加值率（《中国工

业经济统计年鉴2006》）和2005年工业总产值（国研网），估算8个行业增加值。1996年和2005年增加值小于0的调整为0。各地区人口数据来自《中国统计年鉴1997》，《中国统计年鉴2006》。利用C^2R模型计算分地区分行业的DEA系数，其中资本投入指标为累计固定资产净值年平均余额，1996年劳动力投入指标为"全部职工（就业人员）"，2005年劳动力投入指标为"全部从业人员"；产出指标为工业增加值。作DEA[①]计算时，发现2005年制造业中，平均DEA值小于0.4的三个行业都显示，DEA为1的地区工业增加值总额都很小。因DEA模型本身具有的特征，规模极小但是DEA又等于1，地区数据稍有偏差，就会大大影响所有地区DEA系数。所以，出现各地DEA普遍偏低的情况，可能是由数据偏差造成的。所以对这三个行业分地区数据加以调整，调整的依据是《中国经济普查2004》，国研网工业统计数据，《中国工业经济统计年鉴 2006》。另外，1996年制造业中有两个行业全国平均DEA小于0.4，这两个行业中DEA为1的地区都是天津市。考虑到其绝对产出规模都比较大，误差影响小，所以没有加以调整。对于两项投入、一项产出都为0的地区，本文将其DEA值定为1。产销率用销售收入/工业总产值得到。产值为0的地区产销率定为1，大于1的产销率定为1。

表 9-11　分解E的影响因素

年份	地区	R 方差比重	r 方差比重	R 与 r 协方差比重
1996	东部	0.337	0.750	−0.087
	中部	0.545	0.566	−0.112
	西部	0.540	0.475	−0.015
	全国	0.472	0.592	−0.064
2005	东部	0.337	0.909	−0.245
	中部	0.707	0.567	−0.274
	西部	0.526	0.494	−0.020
	全国	0.490	0.667	−0.157

---

① DEA计算利用软件DEAP2.1实现

9. 产业结构协调研究

全国平均指标显示，2005年较之1996年，区域分工合理性下降了。其中产业结构差异程度有改善，但是同步弱质性上升了，即比较多地区在相同的行业上出现低效率和低市场接受率。各地区指标显示，29个地区中18个地区分工合理性下降了，其中地区同步弱质性上升的有27个地区，而产业结构相似系数上升的只有4个省份。可以认为1996—2005年期间区域产业结构冲突指标变化的主要原因是 r 的上升。每个时期，地区间产业结构冲突程度差异可以通过以下方式加以分解：

数据说明：

$$E = R*r$$

$$\frac{1}{E} = \frac{1}{R} * \frac{1}{r}$$

$$\ln(\frac{1}{E}) = \ln(\frac{1}{R}) + \ln(\frac{1}{r})$$

$$E' = R' + r'$$

$$\sum_{i=1}^{29*28}(E'-\overline{E}')^2 = \sum_{i=1}^{29*28}(R'-\overline{R}')^2 + \sum_{i=1}^{29*28}(r'-\overline{r}')^2 + 2\sum_{i=1}^{29*28}(R'-\overline{R}')(r'-\overline{r}')$$

（9.2）

$$R方差比重 = \frac{\sum_{i=1}^{29*28}(R'-\overline{R}')^2}{\sum_{i=1}^{29*28}(E'-\overline{E}')^2}，其余两列类似。$$

可以看到E的变化主要来自 R 和 r 的单独变化。从差异源头来看：全国1996年 r 和 R 发挥的作用比较接近，2005年 r 的差异开始发挥更大的作用。另外，分地区数据显示1996年和2005年东部各地区差异主要受 r 影响。而中部和西部2005年主要受 R 影响。

不同研究者在长三角产业结构合理性问题上存在分歧，本研究可以提供什么结论呢？选择东北地区、京津冀地区和长三角地区工业（38个行业）产业结构冲突指标进行比较。

表 9-12　东北地区产业结构冲突情况

年份	地区	R_{ij} 吉林	R_{ij} 黑龙江	r_{ij} 吉林	r_{ij} 黑龙江	E_{ij} 吉林	E_{ij} 黑龙江
1996	辽宁	0.613	0.566	0.387	0.427	0.237	0.242
	吉林		0.383		0.430		0.165
2005	辽宁	0.586	0.407	0.321	0.540	0.188	0.220
	吉林		0.480		0.584		0.280

表 9-13　京津冀地区产业结构冲突情况

年份	地区	R_{ij} 天津	R_{ij} 河北	r_{ij} 天津	r_{ij} 河北	E_{ij} 天津	E_{ij} 河北
1996	北京	0.484	0.692	0.105	0.222	0.051	0.153
	天津		0.590		0.150		0.089
2005	北京	0.696	0.687	0.063	0.092	0.044	0.063
	天津		0.511		0.276		0.141

表 9-14　长三角地区产业结构冲突情况

年份	地区	R_{ij} 江苏	R_{ij} 浙江	r_{ij} 江苏	r_{ij} 浙江	E_{ij} 江苏	E_{ij} 浙江
1996	上海	0.747	0.699	0.056	0.054	0.042	0.038
	江苏		0.967		0.068		0.065
2005	上海	0.918	0.714	0.025	0.045	0.023	0.032
	江苏		0.800		0.132		0.106

数据显示，1996年和2005年长三角地区内各省市间平均产业结构相似性最高（R_{ij}最高），京津冀次之，东北地区最小。但是东北地区内各省市间产业同步弱质性最强（r_{ij}最高），京津冀地区次之，长三角最低。最后导致区域间产业结构冲突性指标（E_{ij}）东北地区最高，京津冀地区次之，长三角地区最低。长三角地区产业结构冲突性之所以最弱，是因为在该区域内，同类产业聚集是有效率的，而且市场接受程度高。

从1996—2005年期间的变动情况来看，东北地区和长三角地区的分工状况在恶化，但是原因不同，东北地区是因为地区间同步弱质性加强导致的（其产业结构相似系数是下降的），而长三角地区则是由同步弱质性加强和结构相似性上升造成的。与这两个地区相反，京津冀地区产业分工合理性上升了，主要原因是地区间同步弱质性下降了（其产业结构相似系数是上升的）。各地区变化中体现的主要问题可以归结为：长三角地区和东北地区的主要问题都是地区同步弱质性增强（虽然长三角地区还是远低于另两个地区），而京津冀地区的主要问题是产业结构相似性上升。

考虑到采掘业和电力、燃气、水的生产供应业受自然资源状况影响突出，地区间分工状况很大程度上取决于自然资源禀赋的差异，所以本文特别关注制造业（29个行业）的区域分工状况。

表 9-15 东北地区产业结构冲突情况

年份	地区	R_{ij}		r_{ij}		E_{ij}	
		吉林	黑龙江	吉林	黑龙江	吉林	黑龙江
1996	辽宁	0.541	0.684	0.330	0.255	0.179	0.174
	吉林		0.511		0.273		0.140
2005	辽宁	0.495	0.665	0.182	0.225	0.090	0.150
	吉林		0.460		0.249		0.114

和工业整体情况类似，1996年制造业区域分工合理性从高到低依次是长三角地区、京津冀地区和东北地区，但2005年制造业区域分工合理性从高到低依次是环渤海地区、长三角地区和东北地区。京津冀地区和长三角地区相比，产业结构相似性低，地区同步弱质性强。各个地区主要问题如下：长三角地区产业结构相似性太高（三地区中最高），东北地区则是地区同步弱质性太强，京津冀地区则二者都需要改善。长三角各地区工业结构配置冲突性是三地区最弱的，但是制造业结构配置冲突性问题就相对突出了，主要的原因就在于长三角各地区制造业的产业结构相似性太高。

表 9-16 京津冀地区产业结构冲突情况

年份	地区	R_{ij}		r_{ij}		E_{ij}	
		天津	河北	天津	河北	天津	河北
1996	北京	0.501	0.786	0.105	0.227	0.053	0.178
	天津		0.604		0.073		0.044
2005	北京	0.964	0.670	0.045	0.073	0.044	0.049
	天津		0.536		0.131		0.070

表 9-17 长三角地区产业结构冲突情况

年份	地区	R_{ij}		r_{ij}		E_{ij}	
		江苏	浙江	江苏	浙江	江苏	浙江
1996	上海	0.760	0.721	0.057	0.052	0.043	0.037
	江苏		0.969		0.070		0.068
2005	上海	0.917	0.715	0.025	0.050	0.023	0.035
	江苏		0.805		0.145		0.116

动态来看，1996—2005年期间长三角地区制造业分工合理性在恶化，而京津冀和东北地区在改善。另外，东北地区无论是产业结构相似性，还是同步弱质性都有改善；京津冀地区则同步弱质性有改善，而产业结构相似问题还恶化了；长三角地区则同步弱质性和产业结构相似性都恶化了。

全国范围内，可以看出新疆、青海、黑龙江一直问题比较严重。而辽宁、山东和甘肃则情况有所改善。冲突最强的地区成员变动比较小，而冲突次强地区的成员变动相对大。另外，可以计算每个行业中，哪两个地区间的冲突最大：该行业占两地工业增加值比重越大，当地该行业效率和市场表现越差，则冲突越明显。具体结果见下表9-18。

表 9-18 各行业区域产业结构冲突地区

行业编号	行 业	冲突地区		行业编号	行 业	冲突地区	
1	煤炭采选业	山西	宁夏	20	化学原料及化学制品制造业	青海	宁夏
2	石油和天然气开采业	黑龙江	新疆	21	医药制造业	吉林	广西
3	黑色金属矿采选业	河北	安徽	22	化学纤维制造业	江苏	浙江
4	有色金属矿采选业	云南	西藏	23	橡胶制品业	福建	贵州

9. 产业结构协调研究

续表

行业编号	行　业	冲突地区		行业编号	行　业	冲突地区	
5	非金属矿采选业	湖北	青海	24	塑料制品业	福建	广东
6	其他矿采选业	广西	贵州	25	非金属矿物制品业	广西	西藏
7	食品加工业	广西	甘肃	26	黑色金属冶炼及压延加工业	河北	辽宁
8	食品制造业	安徽	宁夏	27	有色金属冶炼及压延加工业	甘肃	宁夏
9	饮料制造业	四川	西藏	28	金属制品业	浙江	广东
10	烟草加工业	贵州	云南	29	普通机械制造业	辽宁	浙江
11	纺织业	江苏	浙江	30	专用设备制造业	河南	陕西
12	服装及其他纤维制品制造业	浙江	福建	31	交通运输设备制造业	吉林	四川
13	皮革、毛皮、羽绒及其制品业	浙江	福建	32	电气机械及器材制造业	浙江	广东
14	木材加工及竹、藤、棕、草制品业	吉林	广西	33	电子及通信设备制造业	江苏	广东
15	家具制造业	浙江	广东	34	仪器仪表及文化、办公用机械制造业	浙江	广东
16	造纸及纸制品业	广西	宁夏	35	其他制造业	浙江	福建
17	印刷业、记录媒介的复制	北京	西藏	36	电力、蒸汽、热水的生产和供应业	贵州	青海
18	文教体育用品制造业	福建	广东	37	煤气生产和供应业	吉林	四川
19	石油加工及炼焦业	山西	甘肃	38	自来水的生产和供应业	广西	西藏

综上，第一，减少产业结构的冲突性必须从差异和效率两方面入手。产业结构差异性有助于从源头上防止产业结构冲突的产生。即便是在一个大的行业类别中，区域间也可以进行更细类别的分工，实现相邻区域内的协作，使该大行业得以在这些地区实现有效聚集，从而最终提升各地区的行业生产效率。

第二，各个经济区产业结构冲突的形成原因各有侧重，所以应该根据各自的产业结构冲突主要特征有针对性地予以解决。东北地区的产业结构互补性较强，所以要注重提高产业素质，利用技术进步、制度创新提高效率，而且要根据市场的情况及时调整产品，提高产品销售率。长三角地区虽然产业结构相似性比较大，但是因为其效率和市场表现都不错，所以目前冲突性问题不是非常明显，但从长远看，有必要强调三省市的特色产业优势。京津冀地区则首先要注重提升产业素质，其次也要注意提高产业结构差异性。

第三，产业结构冲突最强的地区是在西部。西部地区经济发展相对滞后，虽然产业结构的差异性最大，但是因为产业效率低和市场情况不理想，所以冲突的压力很大。西部的压力除了其内部冲突外，和中部的冲突也很明显。所以西部的产业结构调整一方面要立足西部省内的分工，另外也要注意和中部的协调发展。

第四，支柱产业分析发现，大多数地区的支柱产业都集中在5个行业里，可以引导各地在更大范围内选择支柱产业。

9.3 从产业空间结构变动看区域间分工

我们利用指标分解研究了产业空间结构变动，具体思想是：一个大类行业（比如制造业）包含 m 个子行业，共有 n 个地区。（1）判断 i 子行业空间分布是否向大类行业空间聚集区倾斜。如果是，则该子行业是导致地区间人均大类行业产出进一步分化的力量，推动大类行业聚集过程。反之，则是扩散力量。（2）判断 i 子行业空间分布是否向人口空间聚集区倾斜。如果不是，则子行业是导致地区间人均大类行业产出进一步分化的力量，推动大类行业聚集过程。反之，则是扩散力量。（3）综合（1）和（2）判断 i 行业发挥聚集力量还是发挥扩散力量。

$$I_{i.} = \frac{I_{i.}^C(t)/I_{i.}^C(t+1)}{I_{i.}^L(t)/I_{i.}^L(t+1)} = I_{i.}^1 * I_{i.}^2 * I_{i.}^3$$

其中

$$I_{i.}^L = \sum_{j=1}^n LQ_{ij} = \sum_{j=1}^n \frac{Y_{ij}}{T_i}/\frac{Y_j}{T}\ ;\quad I_{i.}^C = \sum_{j=1}^n CC_{ij} = \sum_{j=1}^n \frac{Y_{ij}}{T_i}/\frac{P_j}{P}$$

9. 产业结构协调研究

$$I_{i.}^1 = \frac{\sum_j \beta_{ij}(t)/\alpha_j(t)}{\sum_j \beta_{ij}(t+1)/\alpha_j(t)} \bigg/ \frac{\sum_j \beta_{ij}(t)/\gamma_j(t)}{\sum_j \beta_{ij}(t+1)/\gamma_j(t)}$$

$$I_{i.}^2 = \frac{\sum_j \{\beta_{ij}(t+1)*[1/\alpha_j(t)]/[\sum_j 1/\alpha_j(t)]\}}{\sum_j \{\beta_{ij}(t+1)*[1/\alpha_j(t+1)]/[\sum_j 1/\alpha_j(t+1)]\}} \bigg/ \frac{\sum_j \{\beta_{ij}(t+1)*[1/\gamma_j(t)]/[\sum_j 1/\gamma_j(t)]\}}{\sum_j \{\beta_{ij}(t+1)*[1/\gamma_j(t+1)]/[\sum_j 1/\gamma_j(t+1)]\}}$$

$$I_{i.}^3 = \frac{\sum_j [1/\alpha_j(t)]}{\sum_j [1/\alpha_j(t+1)]} \bigg/ \frac{\sum_j [1/\gamma_j(t)]}{\sum_j [1/\gamma_j(t+1)]}$$

LQ_{ij} 是 j 区域 i 子行业的区位商，CC_{ij} 是 j 区域 i 子行业的集中系数。Y_{ij} 是 j 区域 i 子行业的经济产出水平，Y_j 是 j 区域大类行业总产出，T_i 是全国 i 子行业总产出，T 为全国大类行业总产出，P_j 是 j 区域人口，P 是全国人口。

表 9-19　1996—2005年中国制造业分行业空间结构变动

	I_i^1	I_i^2		I_i^1	I_i^2
食品加工业	0.964	0.898	化学纤维制造业	1.707	0.811
食品制造业	1.067	0.883	橡胶制品业	0.867	0.844
饮料制造业	1.028	0.960	塑料制品业	0.791	0.862
烟草加工业	0.852	1.159	非金属矿物制品业	0.916	0.891
纺织业	1.033	0.796	黑色金属冶炼及压延加工业	1.038	0.886
服装及其他纤维制品制造业	0.992	0.767	有色金属冶炼及压延加工业	0.983	0.945
皮革、毛皮、羽绒及其制品业	0.904	0.751	金属制品业	0.783	0.846
木材加工及竹、藤、棕、草制品业	0.803	0.892	普通机械制造业	0.765	0.894
家具制造业	0.650	0.830	专用设备制造业	0.917	0.885
造纸及纸制品业	0.858	0.855	交通运输设备制造业	1.055	0.955
印刷业，记录媒介的复制	0.769	0.951	电气机械及器材制造业	0.851	0.877
文教体育用品制造业	0.994	0.734	电子及通信设备制造业	0.758	0.796
石油加工及炼焦业	1.139	0.972	仪器仪表及文化、办公用机械制造业	0.998	0.878
化学原料及化学制品制造业	1.048	0.902	其他制造业	0.893	0.765
医药制造业	1.089	0.958			

从过程（I_i^1）来看，首先，29个制造业行业中仅有9个行业存在扩散效应，20个行业存在聚集效应，因此制造业总体上处于聚集过程。其次，各个

405

子行业表现存在差异：技术特征突出的行业以聚集为主，比如高技术产业中电子及通信设备制造业聚集很明显（0.758），装备工业也以聚集为主。9个扩散行业主要是一些传统的，资源密集或者劳动力密集的，涉及原材料和基本能源提供的产业。其中医药制造业作为高技术产业之一也发生扩散，是一个特例。不过通过进一步研究发现，医药制造业扩散主要表现为"化学药品原药制造业"扩散明显，这个行业属于附加值低，劳动密集度高，对原料依赖很大的行业。所以，扩散行业的基本特征还是接近的。其中扩散最突出的是化学纤维制造业（1.707），远高于其他行业。该行业代表了一类典型的扩散过程：相对发达地区内部的梯级扩散。绝大部分产业比重转移发生在上海和江苏、浙江之间：上海比重从28.63%下降到3.01%，江苏比重从19.90%上升到了35.47%，浙江比重从8.57%上升到21.68%。

聚集和扩散如何影响地区分工？我们计算了两个因素对于区域产业结构冲突的贡献如下：

表 9-20　聚集和扩散过程对于区域产业结构冲突贡献

（单位：‰）

年份	$I_i^1=1$	$I_i^1=2$
1996	17.00	72.31
2005	15.68	70.13

数据显示处于扩散过程对于产业结构冲突的贡献率远高于处于聚集过程的行业，而且2005年二者差距还进一步扩大，扩散行业贡献率是聚集行业的4.5倍（1996年是4.3倍）。

9.4　从地区贸易格局看区域间分工与协调

前面9.1.2已经考察了产业选择里面的两个决定因素：比较优势和本地市场。比较优势是从地区间贸易情况来体现的。本部分要单独考察贸易情况。前

9. 产业结构协调研究

面的分析发现，本地市场因素占比重很大，但是这不能说明本地市场是地区间分工的主要因素。我们认为：满足区域外部需求的基础，即基础部门是一个地区经济存在的理由，或者说是它的"经济基础"（economic base）。一个比例很低的基础部门波动，可以引起整个经济波动。因为根据基础乘数理论：

$$Y = \frac{X}{1-a} \quad (9.3)$$

国内生产总值不过是调出部门的产出和乘数的积而已。当然其中的a，也就是本地部门满足的比例不一定是常数，可以是y的函数。所以本部分特别关注每个地区的产品调出和出口情况，这些部门是该地区的经济基础，是一个地区在分工体系中存在的理由，是每个地区形象的身份标志。非基础部门，也就是满足本地需求的部门不过是基础部门的配合和延伸罢了。

其实，从亚当·斯密开始，分工始终和交换相联系。而产业分工情况可以从地区间贸易格局加以分析。我们认为：分工合理的区域产业结构将表现为地区间贸易增加。每个地区生产不同的产品，并通过地区间贸易供给其他地区需求。对于每个地区而言，获得两种收益:（1）各区域基于比较优势的分工促进了交换双方福利提升;（2）本地区专注的生产拥有更大的市场规模，从而实现更高的规模经济。

本部分数据仍用2007年145部门的投入产出数据，因为只有地区投入产出表中的调出数据才能体现地区间的贸易情况，并进而体现分工。北京市的基础部门是通信设备制造业、银行、专业技术服务等。这些部门的发展构成了地区的产业特色，构成了地区发展的基础。对于基础部门的强调体现了地区分工在地区发展中的重要作用。其他地区的分析类似。

表 9-21 北京市与其他地区的贸易数据

	调出	出口	总和
通信设备制造业	254114.5	13689749.28	13943863.74
银行业	10251194	88224.15	10339418.46

续表

	调出	出口	总和
专业技术服务业	4984181	4360388.33	9344569.12
计算机服务业	6858555	1128876.28	7987431.05
批发业	3211361	4676756.18	7888117.02
汽车制造业	5318425	882443.74	6200868.57
商务服务业	831435.7	4661527.65	5492963.35
电信和其他信息传输服务业	2794546	637357.29	3432103.24
石油及核燃料加工业	2904337	407777.76	3312115.07
铁路运输业	3156142	69879.89	3226021.39

9.5 从产业集群看地区分工

产业集群首先是空间上的集聚状态，表现为众多产业在一个空间范围内集中，并形成产业间的有机联系。其次省内聚集研究已经比较多。我们关注跨省聚集。产业集群空间范围有可能突破行政区，所以我们特别关注相邻地区间是否存在产业集群。并分析集群。我们计算39个工业行业在每个省的单位土地承载产出：行业GDP/地域面积；同时计算两省的平均土地承载：两省行业GDP和/两省土地面积和。再构建31*31的相邻矩阵，即只有空间上相邻的省份才有可能形成空间上的产业集群。设定3个标准寻找每个行业的空间集聚地点。两地单位土地承载产出都是全国的两倍，两地相邻，且两地平均单位土地承载是全国的4倍、15倍和20倍。对39个行业重复这个过程，得到每个行业的空间集中表，再把39张表叠加，即得到所有工业的产业集群情况。

（1）两地单位土地承载产出都是全国的2倍以上，两地平均则是全国4倍以上。

按照这个标准，空间上来看，共存在6个工业的空间集群，分别是：

京津：有27个行业形成集群

河北、山东、河南：共有11、5、22个行业形成集群

江苏、上海、浙江：共有31、31、31行业形成集群

山东江苏：31个行业形成集群

浙江福建：17个行业形成集群

广东福建：12个行业形成集群

其中江浙沪的工业集群无论是行业书目、行业规模、行业密度都是最大的。这些产业集群涉及的地域范围主要在东部。也就是说从工业角度来看，东、中西并不存在明显分工，东部独大。如果产业集群的形成是基于比较优势，那么应该各地都普遍发展相对强项，而不是目前这种高度集中长三角的形式。如果是重复建设，那么长三角地区的工业应该表现出效率低和市场接受情况差，但是产业结构冲突分析也否定了这一点。我们的结论是，各地区的工业选择主要基于市场联系。也就是说克鲁格曼的新经济地理学是解释目前地区分工的主要观点。

（2）两地单位土地承载产出都是全国的2倍以上，两地平均则是全国15倍以上。

按照这个标准，全国范围内，存在两个产业集群：北京、天津：15个行业形成集群。江浙沪：两两间分别是10、6、12个行业形成集群。

（3）两地单位土地承载产出都是全国的2倍以上，两地平均则是全国20倍以上。

按照这个标准，全国范围内，存在两个产业集群：北京、天津：8个行业形成集群。江浙沪内：沪江形成8个行业集群，沪浙形成5个行业集群，江浙形成2个行业集群[①]。

以上分析发现，从产业集群角度来看，工业行业的地区分工不明显，两个大的产业集群地几乎在各个行业都占据优势。市场效应，行业联系等聚集力量是目前地区分工的主导力量，而其他的因素：比如资源环境条件、劳动力成本等都尚未构成地区分工的主要因素。但是随着资源环境约束加深，劳

---

① 其实，进一步可以显示各个集群的产业构成，篇幅所限，本文并未列出。

表 9-22　工业产业集群情况

（单位：个）

	北京	天津	河北	山西	内蒙古	辽宁	吉林	黑龙江	上海	江苏	浙江	安徽	福建	江西	山东	河南	湖北	湖南	广东	广西	海南	重庆	四川	贵州	云南	西藏	陕西	甘肃	青海	宁夏	新疆
北京	26																														
天津	27	30																													
河北	3	2	2																												
山西			2	2																											
内蒙古																															
辽宁	3					8																									
吉林																															
黑龙江									1																						
上海									32	31	31	2																			
江苏									31	30	31	1																			
浙江									31	31	28	17	8	1																	
安徽										2	1																				
福建											17		4																		
江西											2			1																	
山东										31		4			34	22	1														
河南												2			22	12	1														
湖北																1	1														
湖南																		2													
广东	11												12					2	12								2				
广西	5	1			1														1	20		1									
海南																					1										
重庆																															
四川																															
贵州																															
云南																2															
西藏																															
陕西			1																								1				
甘肃																															
青海																															
宁夏																															
新疆																															

9. 产业结构协调研究

动力成本上升，这些因素将对地区分工产生更深刻的影响。

以上是对产业集群的空间界定，我们还需要分析这些产业集群内部是否存在紧密的产业间联系。我们认为集群内的产业间联系有助于效率提升，是产业集群成长的内在动因。产业间联系内涵很广泛，本研究关注最主要的投入产出联系。我们要回答集群内的投入产出联系是否高于普遍水平。选取京津和江沪这两个典型的产业集群做比较。

表 9-23 京津与江沪的跨省产业集群比较——产业选择比较

北京、天津	江苏、上海
石油和天然气开采业	纺织业
医药制造业	纺织服装、鞋、帽制造业
黑色金属冶炼及压延加工业	化学原料及化学制品制造业
交通运输设备制造业	化学纤维制造业
通信设备、计算机及其他电子设备制造业	金属制品业
仪器仪表及文化、办公用机械制造业	通用设备制造业
电力、热力的生产和供应业	通信设备、计算机及其他电子设备制造业
水的生产和供应业	仪器仪表及文化、办公用机械制造业

两个产业集群内产业数目相当。但是领域差别比较大，相似的产业是通信设备、计算机及其他电子设备制造业，以及仪器仪表及文化、办公用机械制造业。所以两个集群的分工是很明显的。两个工业集群中，这些行业间的联系程度大吗？因为集群不仅仅是空间集中，更应该具有产业间的有机联系。利用的全国的平均技术情况来评价这种联系，计算可得两个产业集群的产业联系如下：

表 9-24 京津与江沪的跨省产业集群比较——产业联系比较

	京津	江沪
直接联系	0.065	0.066
相对值	4.396	4.496
完全联系	0.289	0.311
相对值	4.138	4.455

数据说明：相对值都是集群产业联系/所有产业联系。

集群内的8个产业间联系程度明显高于所有行业间的联系程度。其中江苏、上海产业集群内部，产业间联系稍高于京津地区。我们的实际数据分析支持这样的结论：产业集群内部的产业联系是产业集群成长的重要条件。

9.6 结论、讨论和建议

随着工业化进程广泛推进，各产业空间布局不断演变，聚集和扩散过程共同塑造了产业结构以及区域分工。区域产业结构协调，区域分工合理，是实现区域协调发展的产业基础。测度并分析中国工业空间格局演变、区域产业结构及分工状况，得到以下结论：

（1）聚集是产业空间格局演变的主要特征，扩散则主要集中在低技术水平、高资源依赖的传统行业；扩散过程加剧了区域间产业结构冲突，不利于区域间分工深化。

第一，产业空间格局演变中，聚集为主，扩散为辅。我国工业整体表现出聚集特征，只有少数行业出现扩散过程；而且大量扩散存在于相对发达地区内部成员之间。扩散最突出的是化学纤维制造业，该行业代表了一类典型的扩散过程：绝大部分产业比重转移发生在上海和江苏、浙江之间，是相对发达地区内部的梯级扩散。

第二，高技术产业聚集，低技术含量产业呈现广泛扩散。高技术产业如电子及通信设备制造业聚集很明显，装备工业也以聚集为主；而扩散的9个行业主要是一些传统的，资源密集或者劳动力密集，涉及原材料和基本能源供应的行业。因为这些行业技术门槛低，各地普遍存在发展冲动，而忽略了市场、效率以及竞争力等问题。中国工业空间格局演变与国外经验相反。

第三，聚集与扩散过程影响了区域间产业分工。区域间产业分工是产业空间布局动态调整的结果。扩散过程主要发生在传统的资源、劳动力密集型行业，导致扩散过程大量表现为低水平的重复建设，既无效率提升，也缺乏市场需求支持。扩散过程对于区域分工产生了负面冲击，加剧了区域间产业结构冲突。计算各行业对于区域间产业结构冲突的贡献，发现扩散行业贡献率远高于聚集行业，是聚集行业的4.5倍，而且二者差距还在进一步扩大。总之，较之聚集行业，扩散行业出现了非常严重的地区间产业结构相似，产业弱质性突出等问题，扩散过程加剧了区域产业结构冲突，不利于区域间分工。

（2）区域间产业分工状况普遍恶化，地区和行业差异明显。

第一，区域间产业分工状况普遍恶化。测算发现，各地产业结构相似度下降，有利于促进区域分工合理化；但是在某些相同行业上，各地普遍出现资源浪费、效率低下、市场接受情况不理想等现象，表现出重复建设和过度竞争的特征，表明区域分工合理化下降。各地分工合理性平均恶化14%；29个省级行政区（无海南，重庆和四川合并）中，17个省级地区分工合理性下降。按照五大区划分，则五大区全面恶化，西北地区产业结构冲突上升最明显，中部地区次之，而东部地区上升最小。

第二，各地分工合理性差距大，分工不合理、产业结构冲突强问题主要集中在西北和东北地区。问题最严重地区依次是青海、陕西、甘肃、新疆、辽宁、黑龙江等地，表现最好的地区则依次是上海、西藏、浙江、广东、北京等地。其中青海与其他地区间产业结构冲突强度是上海的13倍。另外，五大区中西北地区和东北地区问题最突出，东部地区问题最小。

第三，区域间产业结构冲突问题集中表现在少数几个行业上。各行业对于产业结构冲突贡献差距很大，贡献最大的四个行业依次是：石油加工及炼焦业,化学原料及化学制品制造业,黑色金属冶炼及压延加工业,交通运输设备制造业。70%的地区内，问题最突出的都是这四个行业（共29个行业）。

（3）空间越邻近，产业结构越相似。

空间上越接近，两个地区产业结构相似程度越高，空间距离和产业结构相似性度呈线性相关。原因在于：第一，空间邻近地区资源条件相似，比较优势相似，制度、文化背景、经济发展阶段都相对接近，所以产业选择也相似；第二，同一产业在邻近几个地区内聚集，有助于发挥聚集效应：共享服务和设施，丰富的专业劳动力供给，形成供给方市场。基于第二个原因，邻近地区产生产业结构相似，能充分发挥聚集的外部经济，与重复建设或者地区分工不合理等现象存在本质区别。所以，对于产业结构相似度高的邻近地区要具体分析，以区分重复建设和有效聚集。比如长三角和东北地区，长三角地区无论是工业还是制造业，地区间产业结构相似程度都明显高于东北三省，地区分工似乎远没有东北三省合理，但实际上，聚集效应使得该地区各行业效率普遍较高，市场接受情况好，所以长三角地区产业结构冲突整体小于东北三省，地区分工反而更有效率。

（4）产业空间格局演变及地区分工问题，影响区域协调发展。

聚集过程使得地区差距进一步扩大，而扩散过程又尚未惠及相对落后地区，所以地区差距仍有进一步扩大的产业推动力，核心——边缘地区有分化加剧趋势。比如1996—2005年，制造业整体表现出核心——边缘分化过程。边缘地区虽然也接受扩散，但主要集中在低技术水平的劳动、资源密集型传统行业，导致这类地区产生了最强烈的区域产业结构冲突，地区分工状况非常恶劣。而分工状况恶化直接影响了地区间的贸易联系，地区间难以通过贸易发挥辐射带动作用，区域协同发展力量被削弱。

根据产业空间格局、产业结构、区域分工的现状及问题，以区域协调发展为目标，提出以下对策，以调整产业结构，深化区域分工，推进区域协调发展。

（1）规范和引导产业空间转移过程，以实现空间布局科学，产业分工合理，聚集优势充分发挥。

在产业不同发展阶段，对于技术需求不同，应该适应产业发展的需要，适时引导聚集与扩散。对于新兴产业要鼓励聚集，以聚集优势提升产业总体竞争力；对于技术成熟的产业则要鼓励转移，根据各地比较优势选择生产区位，避免重复建设。具体地区而言，根据自身特点，尽量选择产业实现错位发展，和其他地区实现明确分工，可适当和邻近地区产业重合，以获得聚集效应，并获得邻近地区的资金、技术外溢。

（2）持续监测各地区分工状况及各行业空间格局，控制重点行业、重点地区的产业结构问题。

建立各地区各行业的持续监测，掌握动态趋势，实现动态调整。调整过程要抓主要矛盾，优先解决重点地区和重点行业问题。对于产业结构问题突出地区，要分析具体产业层面原因，寻找本地区的产业调整方向，淘汰效率低下，市场情况不理想，缺乏竞争力的落后行业产能。比如浙江省和福建省的主要冲突在于纺织行业，所以要改善两地之间分工，首要的应先解决两地纺织行业的市场定位、技术改造和产业升级等问题。问题突出的行业则要分析具体地区层面原因，寻找本行业冲突最突出的地区，调整产业的地区（空间）分布，以行业的空间结构调整实现行业的整体竞争力提升。比如黑色金属冶炼及压延加工业，冲突最强的两个地区是河北和辽宁，要实现该行业的健康发展，首先要处理好两省的产业雷同问题，避免该行业的在广泛空间上盲目发展，而导致对于原材料、市场产生过度竞争。

（3）对于邻近地区的产业结构相似，要具体问题具体分析，政策选择不能一刀切，应区分有效聚集与低效率的重复建设。

评价邻近地区产业结构相似，要分析效率与市场接受情况，具体分析，分类指导。具体而言，产业结构相似度高发生在邻近地区之间，需要同时考察效率和市场。如果二者表现良好，可以判断聚集效应占主导，如长三角地区，应鼓励产业在这个地区进一步集中。如果二者表现不好则需要市场、政策各种手段引导、干预，一方面继续降低结构相似度，明确分工；另一方面则要破除市场壁垒，以市场选择来淘汰无效率的行业。总之，既要注意区域间产业分工明确，也要鼓励特定产业在一定空间范围内聚集。一定空间范围内的聚集是有必要的，对于效率提升和建设市场有帮助。

（4）以区域产业结构协调推进区域协调发展。

将区域协调发展目标落实到产业层面，以区域产业结构协调推进区域协调发展。以产业的空间转移带动资本、技术的流动，实现地区间的辐射和带动，以促进相对落后地区发展。利用产业空间有序转移、区域间分工优化等积极力量，缩小地区差距。

参考文献：

1. 白重恩、杜颖娟、陶志刚、仝月婷，2004：《地方保护主义及产业地区集中度的决定因素和变动趋势》，《经济研究》第4期。
2. 保罗·克鲁格曼，2000：《地理与贸易》，中译本，北京，北京大学出版社。
3. 陈建军，2002：《中国现阶段产业区域转移的实证研究——结合浙江105家企业的问卷调查报告的分析》，《管理世界》第6期。
4. 陈建军，2004：《长江三角洲地区的产业同构及产业定位》，《中国工业经济》第2期。
5. 陈建军、姚先国，2003：《上海建设国际经济中心与长江三角洲地区的产业经济关系研究——以浙沪经济关系为例》，《管理世界》第5期。
6. 樊福卓，2007：《地区专业化的度量》，《经济研究》第9期。
7. 范剑勇，2004a：《长三角一体化、地区专业化与制造业空间转移》，管理世界第11期。
8. 范剑勇，2004b：《市场一体化、地区专业化与产业集聚趋势——兼谈对地区差距的影响》，《中国社会科学》第6期。
9. 路江涌、陶志刚，2006：《中国制造业区域聚集及国际比较》，《经济研究》第3期。
10. 路江涌、陶志刚，2007：《我国制造业区域集聚程度决定因素的研究》，《经济学（季刊）》第6期。
11. 邱风、朱勋，2007：《长三角地区产业重复投资与协同发展研究》，《财经论丛》第6期。
12. 邱风、张国平、郑恒，2005：《对长三角地区产业结构问题的再认识》，《中国工业经济》第4期。
13. 唐立国，2002：《长江三角洲地区城市产业结构的比较分析》，《上海经济研究》第9期。

10 跨区域资源开发与利益补偿机制研究

伴随着西电东送、西气东输、南水北调等大型工程的开工建设，一场前所未有的资源大调度正在中国国土空间上拉开序幕。理论上，这些跨区域资源调配工程不仅有利于改变我国资源地区分布严重不均，资源利用结构不合理以及资源禀赋与消费需求空间错位，而且可以为资源输出区和输入区提供新的经济发展机遇，并使双方通过资源输送交易建立起新型区域关系，促进区域协调发展。实际上，真正实现这些效应需要一系列前提条件予以保障，而目前许多前提条件尚不完备，尤其资源生态补偿制度不完善导致新的资源生态问题与区域利益纠纷不断产生，跨区域资源开发的利益补偿机制研究亟待开展。受资料获取等方面的限制，我们主要以西电东送工程南通道为例开展研究。

10.1 跨区域资源开发背景下新型区际资源生态关系与利益分配格局

南水北调、西气东输、西电东送、青藏铁路被称为"改写中国经济区域版图的四大工程"。其中南水北调、西气东输、西电东送旨在改变中国资源、能源的空间分布不均和结构不合理状况，青藏铁路旨在疏通人流、物流在全国范围内的流动，加强区域之间的沟通与联系。这些工程，特别是南水北调、西气东输和西电东送在实现资源、能源的空间优化配置和结构调整的同时，也重塑着区域间的利益关系。资源输出、输入双方在经济、社会和生态环境方面均因工程的实施发生利益得失的变化。一直以来，中国的区域关系十分复杂，跨区域资源调配工程则进一步加剧了区域关系的复杂性。资源调配双方区域关系的合理与否不仅直接关系到几大工程的可持续实施，而且影响着中国未来区域经济格局与国家的整体发展。

10.1.1 区际资源生态关系变化

10.1.1.1 输出区与输入区建立新型资源关系

长期以来，我国资源种类和资源总量虽然较为丰富，但地区分布却严重不均。例如，我国是世界上水能资源最丰富的国家，可开发装机容量为3.78亿kW，年发电量1.92亿kWh。但水能资源的分布极不均匀，90%的可开发装机容量主要集中在西南、中南地区和西北部分地区。特别是长江中上游的干支流和西南国际性河流，其可开发装机容量占到全国可开发装机容量的60%。此外，我国煤炭资源也集中在山西、陕西、内蒙古西部。值得强调的是，资源地区分布不均的宏观背景下，又存在着资源禀赋与消费需求空间的显著错位，即资源能源贮存丰富的地区消费需求相对较小，而资源能源短缺的地区消费需求却非常旺盛。例如，2008年，经济较发达的北京、天津、山东、上海、江苏、浙江、广东等东部7省市的电力消费占到全国电力消费的40.8%。大型跨区域资源开发工程的实施，有效地改变了我国资源空间分布不均衡、资源利用结构不合理，以及资源禀赋与消费需求空间错位的局面。

跨区域资源开发，即大量开发资源较丰富地区的资源向资源匮乏及消费需求量大的地区输送，毫无疑问将在输出区与输入区之间建立起新型的资源开发与交易关系。并在此基础上形成复杂、多样、深入的区域利益关系。

10.1.1.2 跨区域资源调配对输出区和输入区生态安全的影响

—— 输出区生态安全面临新的威胁

尽管大型跨区域资源调配工程在实施之初已通过较充分的经济、生态等成本—收益论证,以西电东送为例,输电比输煤成本更低、更环保;水电比火电危害更小、更清洁等,但这更多地是基于全国与工程总体影响角度而言。事实上不可否认的是在资源开发、生产大规模向西部等地区集中的同时,资源破坏与生态环境污染也必然向这些地区集中。资源开发生产造成的生态外部不经济边界也从区域内部延伸到区外。水、电力和天然气资源的开发、输出均会对输出区造成不可避免的生态环境破坏与威胁。水资源调配对输水区地质、水位、生态系统具有一定的影响;电力,尤其是火电生产规模的持续扩大对输出区造成的资源开采破坏、生态环境污染等更是显而易见。截至目前,我国已采取资源税、生态环境保证金、安装脱硫装置等措施,将部分资源与生态破坏纳入电力生产成本之中,但与电力生产、输出地实际付出的资源与生态代价相差甚远。而且,有关生态成本的分摊、生态补偿资金的分配与使用等缺少完善、有效的机制保障与支撑,严重影响了生态补偿的效果。西部资源输出区的生态安全将为此承担一切后果。

现在,由于生态补偿机制的缺失,当然还有一些开发观念与实践操作过程中的失误,我们已经看到西部轰轰烈烈的变资源优势为经济优势运动中出现了"西部开挖"迹象,已经看到廉价、清洁的资源能源正源源不断地流向东部地区,却把大量污染破坏留在了西部地区。过去几十年,东部沿海地区曾以惨重的资源与生态环境代价换取了经济的持续高速增长,对区域乃至全国资源与生态安全造成了严重的威胁。而现在,这种历史又将在西部地区重演。例如,在西电东送南通道,云南和贵州火力发电规模的持续扩大使其成为区域环境污染的主要源泉,尤其是贵州。2005年,东送电量使贵州的GDP能耗上升了0.68%,使云南的GDP能耗上升了0.17%。更重要的是,西部资源输出区大多经济基础薄弱，环保投入非常有限，污染预防与治理能力低下，生态危害更加严重。2008年，广东省工业SO_2排放达标率为88%，而贵州仅为52.5%。

当然，西电东送工程的实施在对西部资源输出区资源环境造成一定威胁的同时，也由于污染源集中分布降低部分污染治理成本，区域经济发展导致环保投入增加，以及区域电力结构得到优化配置等因素给资源输出区带来某些正面生态效应。

——输入区生态环境总体得到改善

作为西电东送南通道主要输入区的广东，近年经济发展迅速，能源消费需求大幅增长。而由于本区资源能源缺乏，一直以来，靠从区外输入煤炭、石油等在本区发电成为解决能源需求问题的重要途径之一，对生态环境产生了巨大的压力。西电作为清洁能源大量进入，对广东生态环境将产生一定直接与间接的积极影响。一方面，西电的输入迫使广东原有小火电逐渐退出市场，从而污染物排放减少，环境质量得以提高。据国家社会科学基金项目《东西部区域利益协调与加快西部少数民族经济社会发展研究——以西电东送为典型实证》，以"十一五"广东接受西电600亿kWh计算，清洁能源可减少广东二氧化碳排放2305万吨，二氧气化硫排放458.4万吨。同时，也降低了环保成本的投入。另一方面，区域环境质量的改善与区域环境容量的扩大，为提升输入区区域整体竞争力创造了有利条件，区域产业结构优化升级、区域投资、生活环境改善等为广东经济社会进一步发展奠定了良好的基础。此外，输电代替输煤，对减少环境污染的积极意义也不容忽视。

10.1.2 区域利益分配格局变化

10.1.2.1 区域整体利益得到提升

西电东送战略实施10年左右以来，在东、西部均产生了巨大的区域效益。一方面，西电东送战略实施在拉动西部资源输出区投资、扩大产出、促进其他行业发展；增加公私部门收入、调节收入结构；提高经济运行效率、促进产业结构调整；缩小区域发展差距、优化行业空间布局等方面效应显著。另一方面，西电东送工程的实施在如下方面的作用也十分明显：资源输入区增加电力供给、降低能源消费成本；优化产业结构、拉动经济增长；改变能源消费结构、提高经济运行安全等。作为本书研究基础的重要前期工作之一《西电东送区域效益评价》，对上述问题进行了详细、深入的统计与定量分析，此处不再赘述。

10.1.2.2 区域发展失衡进一步加剧

跨区域资源调配工程的实施，使资源输出区和输入区之间建立起长期、稳定的资源输送、交易关系。设想中这种关系可以促进双方优势互补、互惠共赢，但事实上，由于生态补偿机制和利益均衡机制的不健全，东西部区域发展失衡却在不断加剧。

首先，西电东送诸多成本没有有效体现在电价中，导致西部电力输出区利益受损。除了电力开发、生产过程中直接的投资成本和各种运行维护成本外，还有很多潜在的和相关的经济、生态成本，如西部地区水电站建设中涉及的移民安置与后续发展成本，火力发电导致的长期生态环境破坏损失，以及西部地区为了保障东送电量而迫使对本地企业拉闸限电等并没有被充分地计入市场交易成本，因此电价的合理性受到一定影响。据《东西部区域利益协调与加快西部少数民族经济社会发展研究——以西电东送为典型实证》课题组测算，西南地区水电站建设每千瓦产生移民1869人，每万千瓦淹没耕地平均高达2262亩。

其次，西电东送所获得的经济收益仅有一小部分落在资源输出区，资源开发区居民受益更是微乎其微。包括本书前期研究基础之一的《西电东送区域效应评价》和国家社科基金项目《东西部区域利益协调与加快西部少数民族经济社会发展研究——以西电东送为典型实证》等在内的研究成果表明，目前西电东送的利益分配格局大致表现为：东部电力输入区以购西电节约成本为主获得较可观的收益；电力开发、输送企业获得部分利益；西部地方政府以税收等为主获得小部分利益；电力及相关部门从业者收入获得一定提高，而资源开发区的居民则受益很少，甚至出现越开发越穷的现象。具体收益分配计算见表10-1。

表 10-1　全年西电东送电量为2000亿kWh的收益分配情况

	输入区节约购电成本（广东）	电力企业获利	西部输出区地方政府财政收入	资源开发区居民
收益总量	560亿元	140亿元	100亿元	—
占比（%）	64.6	22	13.4	—

注：根据《东西部区域利益协调与加快西部少数民族经济社会发展研究——以西电东送为典型实证》课题组提供数据整理。

第三，东西部地区间产业分工格局加剧了电力资源输出区与输入区的发展差距。跨区域资源调配工程的实施确实更好地促进了以西部为主体的资源输出区和以东部为主体的资源输入区之间比较优势的发挥，符合区域分工原则。但是西部地区与东部地区的产业分工仍是资源—垂直加工型格局，而且东部地区在区域分工链上的优势更加明显。东部地区主要占据国内产业发展的相对高端环节，产业集中程度也越来越高[1]。尽管资源等传统因素对经济增长率的贡献相对越来越小，但稀缺性却又使其绝对地位与日俱增[2]。因此，西部地区提供的资源与能源对东部地区产业发展具有重要意义。跨区域资源调配工程为东部地区送来了充足、廉价、清洁的资源能源，并且替代了很大一部分当地的资源能源生产或高价从别处购入。东部主要资源输入区，如珠江三角洲、长江三角洲和环渤海地区等均属于优化开发区范畴，不再适

---

[1] 石敏俊，金凤君，李娜 等：“中国地区间经济联系与区域发展驱动力分析”，《地理学报》，2006年第6期。
[2] 陆大道 等著：《中国区域发展的理论与实践》，北京：科学出版社2003年版。

合大规模发展资源能源生产行业。西部资源能源的输入实际相当于降低了东部地区的资源环境损失。由于生态补偿尚未建立，东部地区并不需要为此付出相应的成本。随着资源与生态环境因素在区域发展中的地位日益显著，东部地区的收益也愈加明显。而西部地区因为输出、销售资源能源获得了一定的经济收益，却为此付出了巨大的资源与环境代价。

区域利益补偿机制尚未建立，跨区输送电力资源的定价机制也不健全。在这个过程中，西部地区部分利益受到损害，东部地区却有着额外的收获，导致区域差距进一步扩大，区域发展不公平进一步加剧。这显然不符合西部开发的初衷，更不符合统筹区域发展的思想。

10.2 跨区域调配资源的产权界定

通过区际资源的合理有效配置，可以发挥各地比较优势，有针对性地解决各地发展中的突出矛盾和问题；同时有利于扭转区域经济社会发展差距扩大的趋势，增强发展的协调性；并通过有效的补偿机制加快完善公共财政体系，促进基本公共服务均等化。然而，区际资源不仅具有国家所有、公地悲剧、外部性等资源产权的一般特征，并具有要素禀赋和要素流动等区域性特征，使得区际资源的配置十分复杂和艰巨。而且，资源的跨区调配带来了新的受益与损失可能性的发生，引发了对调配资源的产权界定的需要。产权的重要性在于帮助人们在与他人打交道时能够形成合理持有的预期，引导各种激励，使外部性在很大程度上得以内部化。

10.2.1 跨区域调配资源的产权形式

"产权是一种通过社会强制而实现的对某种经济物品的多种用途进行选择的权利。"产权是包括所有权、使用权、受益权、转让权等在内的一组权利。本研究认为跨区域调配资源的产权主要涉及资源的归属权、交易量和交易价格的决定、相应环境污染治理责任的承担等方面。跨区域调配资源的产权界定是一个动态的谈判过程，它与制度环境、交易谈判和补偿机制有关，其有效的产权形式由制度约束、交易合约和补偿机制等三部分有机构成。其实现路径是，从中央政府的制度供给到交易双方在既定制度约束下的交易谈判，并随着交易结束最终生成利益补偿机制。

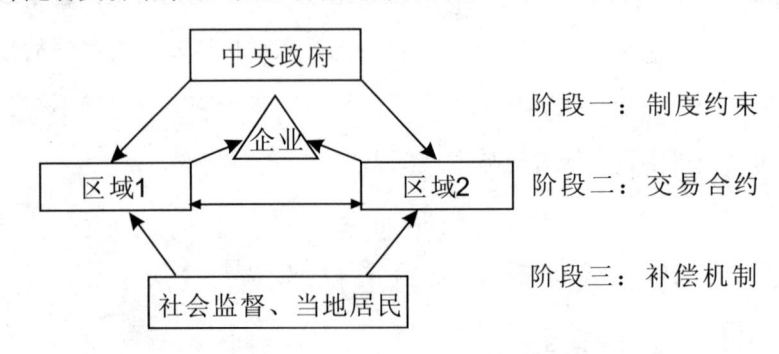

阶段一：制度约束
阶段二：交易合约
阶段三：补偿机制

图 10-1　跨区域调配资源的产权界定

10.2.1.1　制度约束

对交易问题的分析不能仅仅局限于交易的结果，而更应重视交易过程本身。在此前提下，首先需要回答的问题是，这种交易结果产生的局限条件是什么？布坎南认为，所有的自愿交易都是在某个制度下完成的，资源最有价值的使用方式依赖于制度环境，体现在制度环境对当事人战略空间的制约上。我国跨区域资源调配工程由中央主管部门统一部署和管理，与之相关的水、电、气等资源价格也由主管部门统一制定和调整，因而我国跨区域调配资源的产权调整虽然也受到微观主体制度需求的影响，但更大程度上受制于主管部门在既定政治经济秩序下提供新的制度安排的能力和意愿。

10.2.1.2　交易合约

不确定性和交易成本的存在使得交易双方产权界定的相关契约不可能完备，同时主管部门的过多干预使得契约并非严格理论意义上的自由契约，因此契约和现实之间产生了真空地带。而这种具有公地特征的剩余权利不包括在明示契约中，使得当事人有可能做出机会主义行为，交易谈判对产权界定的影响便由此而来。在主管部门限定的制度环境下，资源输出输入区可以在此真空地带运用各自的谈判能力进行讨价还价以修正和落实调配资源的交易合约。

10.2.1.3 补偿机制

由于制度演进的长期性和交易谈判的妥协性，跨区域调配资源的产权模糊具有内生性。交易双方所能达成的最优交易合约劣于自由契约条件下的最优产权形式，即资源输出输入区在既定的制度环境下所能达成的调配资源的最优交易合约与自由契约条件下的最优产权形式相比存在一定差值。为弥补产权模糊带来的经济损失和社会不公，资源输出输入区在资源交易后需要建立必要的补偿机制。

10.2.2 交易前的制度环境

调配资源的交易行为首先是一个制度供给问题，主管部门的制度供给意愿主要受到资源输出输入区利益集团争斗和社会支持力两个因素的约束。本研究通过构建不完全信息动态博弈模型，分析了主管部门和资源输出、输入区三者在资源调配方案制定过程中的行为模式，简单勾勒出了主管部门的资源调配学习曲线，论证了调配资源交易前制度环境的演进过程。

10.2.2.1 不完全信息动态博弈模型

在动态博弈中，行动有先有后，后行动者通过观察先行动者的行为来获得有关先行动者的信息，从而修正自己对先动者的判断。某一参与人既不知道其他参与人的真实类型，也不知道其他参与人所属类型的分布概率。他只是对这一概率分布有自己的主观判断，即有自己的信念。博弈开始后，该参与人将根据他所观察到的其他人的行为来修正自己的信念，并根据这种不断变化的信念做出自己的战略选择。与不完全信息动态博弈相对应的是精炼贝叶斯均衡。

假定主管部门设计了一个资源调配方案，并进行试点。主管部门不知道资源调配试点结果如何，但它知道如果资源调配是A类型（无效率），当采取行动集C＝(c)（试点）时，资源输出输入区反应为集合E＝(e)（成功）的概率为20%；如果资源调配是B类型（有效率，指博弈的结果可以达到社会支持力度大，且资源输入输出区的争斗较小的状态），则采取行动集C时，输出输入区反应为集合E＝(e)的概率为100%。现在博弈开始，主管部门根据现有的一切信息认为资源调配是A类的概率是80%，因此估计自己采取行动集C时，输出输入区采取E的概率为：

$0.80 \times 0.2 + 0.20 \times 1.0 = 0.36$

0.36是主管部门给定资源调配所属类型的先验概率下，资源输出输入区可能采取E的概率。

当输出输入区确实进行E时，使用贝叶斯法则，根据采取E的这一行为，主管部门认为资源调配是A的概率变为：

$0.8 \times 0.2 / 0.36 = 0.44$

根据这一新的概率，主管部门估计自己采取C时输出输入区采取E的概率为：

$0.44 \times 0.2 + 0.56 \times 1.0 = 0.648$

如果主管部门再一次采取C，输出输入区又采取了E，则主管部门认为资源调配是A型的概率变为：$0.44 \times 0.2 / 0.648 = 0.136$

这样输出输入区一次一次的采取E，主管部门对资源调配的判断逐步发生变化，越来越倾向于资源调配为B型，这是一个动态演变的过程。

10.2.2.2 试点与推广

主管部门对资源调配的过程是一个动态的学习过程，也是追求社会支持力和资源输出输入区政治平衡的博弈过程。

假定博弈开始时主管部门设计的调配方案是有效率的,则主管部门对资源调配的信任度将随时间递增。在此情况下,主管部门可以将试点推广。

假定博弈开始时主管部门设计的调配方案是无效率的,则通过以上推断可以得到相反的结果:主管部门对资源调配的信任度将随时间递减。在此情况下,主管部门可以根据试点的实证经验修正调配方案,如此往复,直至方案有效,并进一步做出推广。

10.2.2.3 制度约束的演进

动态博弈是一个双方披露真实信息的发信号和做出正确判断的信号筛选的过程。从上面的分析中我们可以看出,在均衡中 K 将会出现一个动态演变的过程,逐步接近并最终稳定在最优的 r^*。图10-2简单勾勒出了主管部门资源调配的学习曲线,并给出了这种信念演进的直观描述。

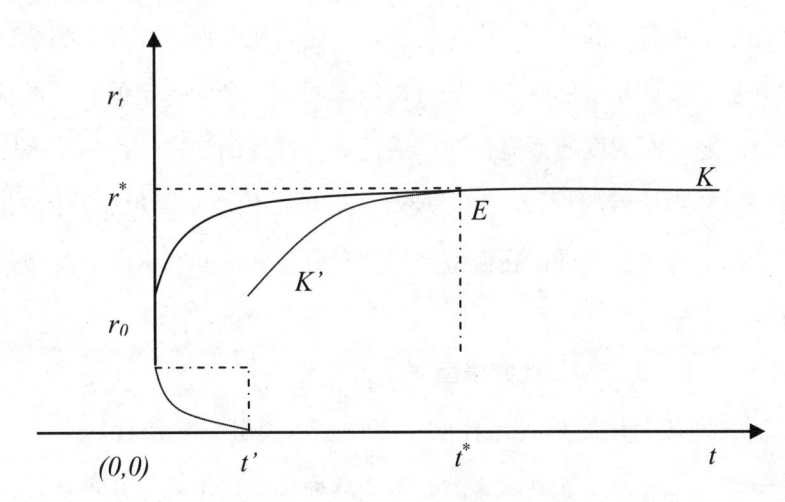

图 10-2 制度约束的演进

图中的横轴表示试点的时间 t,纵轴表示主管部门对资源调配方案的信念 r_t,曲线 K 和 K' 表示主管部门资源调配的学习曲线,其中 K 表示初始博弈时资源调配方案是有效的情形下的学习曲线,K' 表示初始博弈时资源调配方案是无效的情形下的学习曲线,它们清晰地刻画出了调配资源交易前制度约束的演进过程。

10.2.3 交易中的叫价谈判

中央政府主导下的制度供给可以给出实现区际资源优化配置的一份合作博弈的有效契约，制度约束的演进过程正是展现了中央政府在区际总体利益和社会大众支持的效用目标下制度供给的动态最优化。区际资源的配置问题首先是一个"是与否"的超边际解问题，然后才是交易价格和数量等决策变量"多少"的边际解问题，因此，区际资源的配置必然是以通过区际分工和协作可以对区际总体进行帕累托改进为前提的，即区际资源的协作利用的收益大于单个区域分别利用的收益之和。这种联盟剩余的大小是状态依赖的，研究者很难用数量统计的思想和方法来抽象，因而它的核算问题目前还没有普遍适用意义的结论。由于对治理机制的研究而言，联盟剩余的分配问题比剩余的核算问题更重要，故可以假定联盟剩余为一定值，进而精确分析其分配问题。而制度的不完备性和最优制度选择的演进性产生了区际间在区际资源交易中谈判的可能性和必要性。此处借用罗宾斯坦英（Rubinstein, 1982）提出的轮流叫价谈判模型来模拟和分析区际间在区际资源交易中的谈判过程。

10.2.3.1 轮流叫价谈判模型

罗宾斯坦英的案例是这样的：有两个人要分一块蛋糕。参与人1先出价，提出自己的分配方案 x_1，参与人2选择接受或拒绝。如果选择接受，则蛋糕按 x_1 分配；若选择拒绝，则参与人2还价，提出相应的分配方案 x_2，参与人1接受或拒绝。若选择接受，蛋糕按 x_2 分配；若选择拒绝，参与人1再出价。如此往复到无限次。因此，这是一个无限期的完美信息博弈。

假定参与人1和2的贴现因子分别为 δ_1、δ_2。若博弈在 t 期结束，t 是参与人 i 的出价阶段，参与人1支付的贴现值为 $\pi_1=\delta_1^{t-1}\times x_i$，参与人2支付的

贴现值是 $\pi_2=\delta_2^{t-1}\times(1-x_i)$。罗宾斯坦英证明，在无限期轮流出价博弈中，唯一的子博弈精炼纳什均衡结果是：$x^*=(1-\delta_2)/(1-\delta_1\delta_2)$（若$\delta_1=\delta_2=\delta$，$x^*=1/(1+\delta)$）。所有这些以高概率发生，比方说，$1-\varepsilon$。但是参与人也以错误概率$\varepsilon>0$随机地选择接受和拒绝，亦即，有限理性、随机冲击等外生于模型的原因使然。然而，错误概率ε较小时不影响罗宾斯坦英轮流叫价模型的解，并且ε会以贝叶斯演进形式逐步递减，关于这一点本文不再详述。现在假定参与人1是区域1，参与人2是区域2，则那块蛋糕就是区际资源的所有权（包括相应的责任）。罗宾斯坦英模型的一个重要结论是：博弈的均衡结果是参与人贴现因子的函数。

10.2.3.2 谈判力的衡量

谈判博弈的均衡结果由参与人贴现因子决定，因此资源输出输入区的谈判能力由各自的贴现因子δ决定。具体而言，贴现因子δ可理解为以下四个因素：（1）政治经济影响力，可以用当地的GDP来衡量；（2）社会影响力，可以用两地的经济差距和环境破坏程度来衡量；（3）谈判技巧，可以用当地的文化水平来衡量，并假设谈判技巧符合学习曲线的递增性质。（4）信号显示机制，它影响以上三个因素的识别和展现的速度。

10.2.3.3 资源输出区谈判力增强的动态过程

我国区际资源配置中，区域2往往有一方为谈判力较弱的经济落后地区，他们在交易谈判中往往处于劣势，因此研究如何增强区域2在交易谈判中的谈判能力十分必要。为了较为精确分析这一过程，可将δ写为：

$$\delta(t)=h(x_1(t),\ x_2(t),\ x_3(t),\ x_4(t))$$

其中$x_1(t)$，$x_1(t)$，$x_1(t)$，$x_1(t)$分别代表输出方的政治经济影响力、社会影响力、谈判技巧和信号显示机制。

$$\delta(t)\text{的动态增长率}\ g_{\delta(t)}=\frac{d\ln h}{dt}=\sum_{i=1}^{4}\frac{\partial h}{\partial x_i}\times\frac{x_i}{h}\times\frac{\dot{x_i}}{x_i}\quad i=1,\ 2,\ 3,\ 4,$$

记 $\varepsilon_i^h = \dfrac{\partial h}{\partial x_i} \times \dfrac{x_i}{h}$，它表示 $\delta(t)$ 对因素 x_i 的弹性。

那么，$g_{\delta(t)} = \sum_{i=1}^{4} \varepsilon_i^h \times g_{x_i}$

由此可见，$\delta(t)$ 的演进速度由 $\delta(t)$ 对因素 x_i 的弹性和 x_i 的动态增长率决定。在一个多阶段的博弈中，区域 2 可以通过对因素 x_i 的弹性和动态增长率的调整来提升自己的政治和社会影响力增强其谈判技巧，逐步增大其参与资源交易的谈判能力，最终使资源交易双方在既定的制度约束下达成最优的交易合约。

10.2.4 交易后的补偿机制

由于制度演进的长期性和交易谈判的妥协性，制度约束和交易合约不能清晰界定区际资源的产权。区际间需要在交易后建立必要的补偿机制来补充和修缮区际资源的产权，而在目前区域 1 明显受益于区域 2 的现状下，该机制即指区域 1 对区域 2 的补偿。

本研究采用包含机会主义的效用函数来说明补偿机制的效率。为了对机会主义行为进行深入洞识，有必要对其进行科学的边际分析。于是构造如下基本模型：

$$U = \alpha W(Q) - \beta C(Q) \tag{2.1}$$

将机会主义行为抽象为一种产品，数量为 Q，U 为机会主义效用，α、β 为效用系数（指收益和成本对内心满足程度的转化率，主要涉及效用递减规律、道德约束和风险偏好等因素），W 为收益，C 为成本，$W-C$ 为机会主义溢价。

技术上，假定函数 U，W，C 都是连续和二阶可导的。那么，一般有：

$$\partial W / \partial Q > 0, \quad d^2 W / dQ^2 < 0 \tag{2.2}$$

机会主义的收益随机会主义行为的增加而增加，同时满足边际效益递减。

$$\partial C/\partial Q > 0，d^2C/dQ^2 > 0 \tag{2.3}$$

机会主义的成本随机会主义行为的增加而增加，同时满足边际成本递增。

由"机会主义效用函数"（2.1）式，在给定的最优化技术条件前提下，可以得到最优化的一阶条件（2.4）：

$$\partial U/\partial Q = \alpha\, \partial W/\partial Q - \beta\, \partial C/\partial Q = 0 \tag{2.4}$$

令 $\partial W/\partial Q = MR(Q)$，$\partial C/\partial Q = MC(Q)$ 则

$$(\partial W/\partial Q)/(\partial C/\partial Q) = MR(Q)/MC(Q) = \alpha/\beta \tag{2.5}$$

其含义非常明确：行为人增加最后一单位的机会主义行为，从收益中获得的效用正好等于从成本中失去的效用。这种表达形式与市场经济均衡中的一阶条件 $MR=MC$（或 $P=MC$）颇为相像，只不过机会主义均衡中 $\alpha/\beta=1$ 仅是非常特殊的情况，$\alpha/\beta\neq 1$ 才是正常的情况。因此，总体而言，机会主义均衡中对资源的配置效率通常低于理想的竞争性市场中的资源配置效率。

通过以上分析可知：（1）由于机会主义效用的存在，区际双方往往在交易谈判中运用机会主义行为。（2）机会主义会降低区际资源的配置效率，并造成区际不平等。（3）消除或降低机会主义行为可以通过改变其内生变量 W、C，也可以通过改变其外生变量 α、β 来实现。然而，补偿机制正是调整 W、C、α 及 β 的行之有效的治理机制，因此可以通过补偿机制遏制区际双方的机会主义行为，补充和修缮区际资源的产权，进一步优化区际总体利益和长远利益。

10.3 跨区域资源开发利益补偿主导因素

通过上述分析，可以得出：跨区域资源调配工程可以促进区域协调发展，但生态补偿是其重要的前提条件与保障之一，必须尽快完善、实施。跨区域资源调配背景下的生态补偿涉及的利益主体非常多，利益关系复杂，中国宏观经济发展阶段和区域经济发展格局进一步加剧了这种复杂性。因此，跨区域资源调配生态补偿实施难度较大。

跨区域资源开发利益补偿主导因素包括以下方面。

10.3.1 成本—收益

10.3.1.1 利益得失均衡点

由于生态补偿涉及不同主体，特别是资源输出区和输入区之间的利益再分配，因此首先需要明确双方由于资源输送交易导致的生态利益得失。资源输出区生态损失和资源输入区的生态收益均是多种因素共同作用的结果，资源输受双方自身条件与努力，如自然环境基础、生产工艺、制度管理水平等因素会对生态得失造成一定影响。因此不能简单地把所有损失转嫁给输入区承担。需要区分出应该获得补偿部分的资源生态环境损失，在资源输出区生态损失和输入区生态收益之间找到一个合适的利益均衡点，作为生态补偿的标准。

资源输入区一般人口稠密、产业密集，环境边际成本高昂，利用输入资源所产生的潜在收益实际上远大于资源输出量本身的替代效应，需要确定他们如何为这部分收益提供补偿。资源输入区在接受资源输入继而获得一系列相关收益的同时，也承担了某些附加的经济成本，如水价上涨、输电、输气配套设施建设等，而且在资源供给数量与质量方面也承担着一定的风险。在核定资源输入区收益时，应适当考虑并扣除这些损失和风险。

10.3.1.2　外部成本内部化比例

从经济学角度看，通过市场手段将资源输出区开发、生产所造成的生态损失纳入生产成本是一种最好的选择，但是其结果必然引起资源能源价格大幅上涨。水、电、气等都是保障国民经济各部门生产与人民生活的基础性产品，社会对其价格水平的变化极为敏感，而且区域之间由于发展水平的差异对价格承受能力存在较大差别，必须合理规避其负面影响。再者，目前我国这些产品的市场化程度还非常低，短期内完全实现市场化并不现实。

因此，我国跨区域资源调配过程中的资源生态外部成本一部分可以内部化，即通过市场化途径来解决，还有一部分难以内部化，或在现有体制或宏观发展背景下不能完全内部化。需要合理确定外部成本内部化的比例，并根据宏观环境的变化适时调整。另一个迫切需要解决的问题是现阶段不能完全内部化的部分可以通过什么途径消化、落实。

10.3.2　政府—市场

现阶段跨区域资源调配的生态外部成本无法完全实现内部化，由此决定了应由市场与政府"双管齐下"实施生态补偿。

10.3.2.1　市场手段

生态补偿的市场手段一般包括生态税费制度和市场交易模式[1]。生态税费是对生态环境保护定价，利用税费形式征收开发造成生态环境破坏的外部成本[2]。我国现行的生态税费主要包括环境资源费和生态补偿费。西电东送一方面应强化资源有偿使用。这样既能提高资源开采利用效率，又能平衡电

---

[1] 毛锋，曾香："生态补偿的机理与准则"，《生态学报》，2006年第11期。
[2] 孙新章等："中国生态补偿的实践及其政策取向"，《资源科学》，2006年第4期。

力输出区和输入区的利益得失，电力输出区地方政府也可以获得一定的税收等资金来源，用于资源环境的保护与恢复。另一方面应向西部所有水电、火电项目开发商收取合理的生态环境恢复保证金，既约束发电者的行为，减少对生态环境的破坏；也为西部地区未来恢复生态环境提供资金保障。通过市场交易进行生态补偿，主要形式有排污权交易、水资源交易和生态建设的配额交易等。以往，这些市场交易方式在像西电东送这样的工程中尚不多见。可以考虑以实现大区域污染物排放总量控制为目标，将它们引入西电东送的生态补偿体系中。例如，西电东送，相当于云贵等西部省份代替广东排污、用水，实施生态建设，因此可遵循市场交易原则由广东向云贵支付相关费用。

10.3.2.2 政府手段

根据国内外经验，生态补偿的政府手段一般包括财政转移支付、专项基金和项目工程等。其中，专项基金是部门开展生态补偿的重要形式，实施主体主要是国土、林业、水利、农业、环境等部门。而财政转移支付和项目支持的实施主体主要指中央和地方政府，针对西电东送工程而言，地方政府又包括西部电力输出区政府和东部电力输入区政府。

10.3.3 责任—权利

跨区域资源调配是国家基于宏观、整体利益考虑实施的重要战略性工程，目标与功能体现在多个方面，所要顾及的绝不是单纯的资源输受双方生态利益纠纷问题，而是多种多级利益关系的协调与均衡。需要把生态补偿问题有机地纳入整个工程纷繁复杂的利益网络之中，分别从国家层面、区域层面和企业层面等理顺生态补偿的责权关系，充分调动国家、区域、企业，以及全社会的资源有效落实生态补偿，利用各个主体之间的利益关系拓展生态补偿的创新方式与途径。

我国跨区域资源调配工程总体上具有输受双方区域发展水平差异巨大的特点，需要在生态补偿设计与实施的过程中切实体现科学发展观中统筹区域发展的思想，并在逐步建立、完善生态补偿机制的同时，完善其他配套措施保障资源输受双方乃至全国的持续健康发展。

10.4 跨区域资源开发利益补偿机制

10.4.1 利益补偿主体

资源调配涉及国家与地方之间、地方与地方之间、地方与企业之间、企业与企业之间、企业与居民之间等多重的复杂的利益关系。资源输出区和输入区是跨区域资源调配中两个最大、最主要的利益相关者，也是生态补偿的两个关键主体。但跨区域资源调配是国家层面上的重大战略工程，涉及的利益主体远不止于此。可以将多重利益主体界定为：中央政府、输出区、输入区、企业、当地居民、非政府组织及社会大众等，参见表10-2。

表 10-2 跨区调配资源的多重利益主体

主体	中央政府	输入区	输出区	企业	当地居民	非政府组织及社会大众
地位	所有权	使用权	支配权	收益权	——	知情权
职责	主导改革	受益方	提供方	微观主体	承受外部性	舆论监督
诉求	区际总体	自身利益	自身利益	利润	民生	环境保护
效率	总体效率	经济效率	经济效率	——	社会效率	生态效率

跨区域资源开发利益补偿多重利益主体的原因主要是：①资源产权具有多主体的分散化特征，资源产权由国家占有、政府支配、国有企业等微观主体依法取得使用权和收益权、国家政府企业居民等均享有一定的处置权。②南水北调、西电东送等跨区调配的资源，因此区际资源涉及多个地方政府。③政府主导下的制度供给受到地方政府利益之争和社会支持两个约束。

10.4.2 利益补偿标准

10.4.2.1 补偿函数

$$T(x) = (1-x) \cdot L_1 + x \cdot R_2, \quad 0 < x < 1$$

L_1 为资源开发、输出带来的环境治理与生态恢复成本，它是生态补偿的下限，因为补偿低于该值时，输出区将停止输出资源。R_2 为资源输入区的总收益，它是生态补偿的上限，因为补偿高于该值时，输入区将停止输入资源。x 为补偿系数，一般而言，补偿居于二者之间，因此可用 $(1-x) \cdot L_1 + x \cdot R_2$，$0 < x < 1$ 表示补偿值，并且由其一次导数：

$$\frac{dT(x)}{dx} = R_2 - L_1 > 0$$，易知 T 是 x 的单调增函数。

10.4.2.2 补偿函数最优解的条件

$MR_1 = MC_1 = MC_2 = MR_2$

MR_1 和 MR_2 分别表示资源输出输入区的边际收益，MC_1 和 MC_2 分别表示资源输出输入区的边际成本。补偿函数的最优解的条件为 $MR_1 = MC_1 = MC_2 = MR_2$，这是因为：第一，各区应该使跨区域资源调配的边际收益等于边际成本；第二，区域之间应该使边际成本（或边际收益）相等，只要区域之间边际成本（或边际收益）不相等，区域之间就有资本流动（进入或退出）或利益谈判的存在。

通过补偿函数最优解的条件 $MR_1 = MC_1 = MC_2 = MR_2$，可以求解出最优的补偿系数 x，进而得出最优的补偿值 T。

10.4.3 利益补偿方式与途径

多个主体之间的职责分工明确与紧密合作是有效落实生态补偿的重要前提，他们之间将通过错综复杂的关系和多元化的补偿手段共同完成跨区域资源调配生态补偿。资源输入区政府、资源用户，中央政府和非政府组织等除了通过生态援助、转移支付、专项基金、生态工程等方式向资源输出区政府和利益受损居民提供生态补偿外，还通过调整资源交易价格、合作投资、税收优惠、资源或技术援助等方式向资源生产与输送企业提供补偿，再由企业通过资源开采权金、排污费、占地费、移民安置费等方式补偿给受损地区与居民（详见图10-3）。

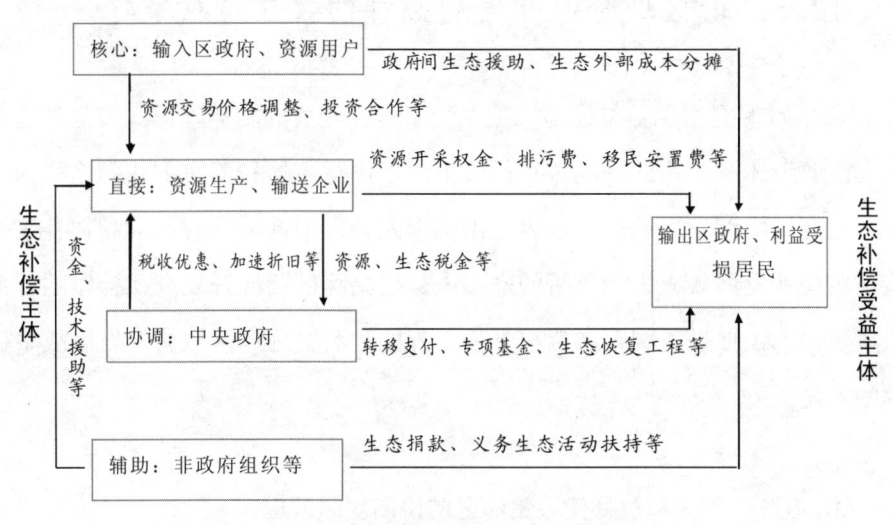

图 10-3　跨区域资源调配生态补偿主体与方式

由于一直以来相关的法律法规缺失，对于过去已经发生的生态利益损失很难界定应该由谁来承担补偿，所以这部分损失应当由中央政府代表国家给予一定的补偿，补偿的途径可以是财政转移支付，也可以是结合移民、替代产业发展等开展项目支持。而对于今后，特别是资源与生态环境有偿使用和治理、恢复等相关政策出台之后，将本着"谁开发谁补偿、谁破坏谁补偿、谁受益谁补偿"的原则来执行。这部分中除了通过市场手段将补偿成本分摊到开发商、用户或其他主体外，双方地方政府也需要做出相应努力。需要强调的是，东部电力输入区应转变观念。自己建电源，特别是火电，即便是全部实现脱硫，实现污染物达标排放，还需考虑区域的总体环境容量，单个项目排放都达标，总量不一定达标。也就是说，西电带给东部地区的环境收益是可以肯定的，并且这种收益将会随着社会的进步、生态环境价值的凸显而不断上升。作为受益者，理应承担补偿的责任。东部地区对西部地区的生态补偿除了一部分体现在电价外，也可以采取横向转移支付和项目支持的手段。

10.5 跨区域资源开发利益补偿效应与政策建议

跨区资源开发利益补偿是一项系统工程，相关的利益补偿政策也是一个庞大的政策体系，不同的利益补偿政策由于执行主体和落实方式与途径的不同，其区域协调发展的效应也表现出一定差异。本部分在对不同利益补偿政策区域协调发展效应进行分析的基础上，提出跨区资源开发利益补偿的若干政策建议，以促进我国跨区资源开发工程的顺利实施和区域协调发展战略目标的实现。

10.5.1 不同利益补偿政策的区域协调发展效应

10.5.1.1 中央为主体的利益补偿政策及效应

中央政府作为主体的跨区资源开发利益补偿政策主要有：通过财政转移支付等手段给予资源输出区利益补偿；对资源输出区实施资源价格补贴；通过产业政策制定与调整对资源开发区实施产业扶持；建立起稳定的利益补偿机制等。

这类政策的出发点是资源产权国有和中央政府在协调区域利益关系方面的独特地位。其中通过财政转移支付等手段给予资源输出区利益补偿和利用产业政策制定与调整进行产业扶持相比较，实施起来相对比较容易，结合特定的区域发展战略，如西部大开发战略即可较好地实现；对资源输出区实施资源价格补贴需要在有效核定成本和处理相关利益关系的基础上进行；难度较大的为在中央政府的主导与协调下建立起稳定的区域利益补偿机制。

中央政府为主体的利益补偿政策具有较强的实施保障力度，可以为西部资源输出区的利益损失提供一定程度的补偿，不过通常补偿强度有限，例如，财政转移支付的额度一般不大；对输出区的资源价格补贴只能是在参照西部资源输出的资源成本、工程成本和生态成本的基础上，适当对西部资源及资源产品输出进行价格补贴，以提高西部资源价格竞争力，增强西部生态建设能力。因此，对促进资源输出区与输入区之间的协调发展一般仅起到有限的推动作用。当然，在中央政府的主导与协调下，建立起区域间稳定的利益补偿机制，则会为促进跨区域调配资源的利益补偿提供强有力的制度基础与政策保障，对促进资源输出区与输入区之间的区域协调发展至关重要。

10.5.1.2 输入区为主体的利益补偿政策及效应

资源输入区为主体的跨区资源开发利益补偿政策主要有：横向财政转移支付；基于生态服务购买理念的横向补偿；实施生态援助计划以及对资源输出区进行产业扶持与异地开发等。其主要宗旨是对于跨区资源开发、交易过程中输入区在享受资源开发生态成本节约、资源购买经济成本节约及相关的产业升级、投资环境优化等的同时资源输出区却承担着一定的生态等利益损失，而给予输出区一定的资金补偿与发展援助。

这类政策由于执行与受益主体主要是资源输入区与输出区，不仅对理顺、协调双方区域利益关系具有重要的积极意义，而且在资源跨区开发、交易的基础上进一步深化了输出区与输入区双方在产业联系和生态建设等方面的交流与合作，一方面拓展了资源输入区包括生态容量空间和产业调整优化空间等在内的发展空间，另一方面对提升资源输出区发展能力、培育新的经济增长点提供了新的动力与支持。因此，对于实现双方优势互补，形成资源—经济—生态联动发展格局具有重要的推动作用，区域协调发展效应也较为明显。而且其中基于生态服务购买理念的补偿，可以借鉴国外流域生态服务购买之理念，将资源及资源产品附加的生态利益作为商品，在明晰产权的基础上，通过自由市场的交易达成。如可以在输入区内对资源开发利用者或者资源产品消费者征收生态税附加、消费税等，作为对资源输入区资源边际生态成本节约的支付，专项用于资源输出区生态利益损失的弥补和生态建设成本支出[①]，区域利益补偿针对性较强，补偿的对象及用途比较明确，实施效果相对较好。

10.5.1.3　资源开发企业为主体的利益补偿政策及效应

资源开发企业为主体的利益补偿政策，其实最接近市场机制作用下的利益补偿。主要是把资源输出区的生态成本与部分尚未体现在现有资源价格中的社会成本交由资源开发、生产及交易企业来承担，并通过他们分摊到相关的消费者身上。主要的政策手段为征收资源税或资源使用费等。此类政策理论上最能充分、直接解决问题，也符合"谁开发谁补偿、谁受益谁补偿"的原则，但是强势的企业在无外界约束下补偿机制的稳定性较差，并且分散的居民与企业间谈判的交易费用极高。

由上分析可知，不同的跨区域资源开发利益补偿政策具有不同的区域协调发展效应。中央政府的介入虽然对区域扶持和补偿的力度有限，但是利益补偿的导向性非常明显，特别长效的区域利益补偿机制是补偿政策得以实施、补偿效果得以发挥的必要基础与保障。此类政策需要注意的是中央与地方政府之间的利益博弈以及官僚制度成本。输入区与输区出之间的利益补偿政策可以有效改善并拓展区域双方的利益关系，但是区域追求自身利益的特点与区域发展能力不平衡等问题会使政策实施效力得不到保障，稳定性不强。而直接把成本交由资源开发企业为主的利益补偿政策表面上可以较好地

---

① 石江水，崔金星："跨流域资源调配视角下西部生态补偿机制构造理论"，2008年全国环境资源法学研讨会（年会）；中国法学会环境资源法学研究会、水利部、河海大学主办；南京；2008年10月。

解决问题，但企业落实政策的自主性与效率存在风险，而且容易引发资源用户与企业之间的利益纠纷。所以，跨区域资源开发利益补偿政策的制定与实施需要考虑多种因素、多个利益主体及多种多级利益关系。

10.5.2 跨区域资源调配利益补偿政策建议

跨区域资源调配工程是国家的重要、长期战略性工程。例如，到2020年西电东送规模将达到1.5亿千瓦，区域电网间电力交换达到6900万千瓦。大规模的资源开发不是西部地区自己的事情，东部资源输入区乃至整个国家和利益都与此紧密相关。在落实科学发展和构建社会主义和谐社会的宏观背景下，建立起完善的利益补偿机制不仅是保障西部资源输出区生态环境安全的必要举措，也是促进东西部区域协调发展，体现社会公平的必然选择。与一般意义的利益补偿相比，跨区域资源调配利益补偿更为复杂。国家"十二五"规划建议中特别强调资源节约、环境保护以及区域利益关系协调发展。今后应在其指导下，从资源产权界定、资源价格改革、生态补偿和利益分配等各角度逐步完善跨区资源开发利益补偿机制。

10.5.1.1 加强区际资源制度约束，明晰资源产权

中央政府务实高效地做出区际资源的制度约束，资源产权明晰化。中央政府应加强对资源产权的认识、提高决策速度与效率、根据试点经验反馈及时、适时地推进制度供给。建立资源产权市场、扩大排污权交易试点、深化资源性产品价格和环保收费改革，以及加速跨区资源调配工程进度。随着资源改革的推进，逐步淡出中央政府的制度供给，在重要资源国家所有的基础上，稳步地将一些资源的所有权向社会开放，建立以重要资源国有、包括个人资源所有权在内的多元资源产权体系。

10.5.1.2 构建公平有序的竞争环境，理顺资源价格

按照市场规律引入竞争，鼓励资源节约与环境保护，提高资源开发生

产技术与运行效率，深化资源性产品价格和要素市场改革，理顺资源价格，增加资源价格透明度；更多地让资源开发生产企业与大型资源用户等直接参与到资源价格制定环节；在保证适当利润空间的前提下，让资源输出区与输入区均能得到较好的利益，实现价格双赢，规范地方政府行为，使区际双方在竞争有序的谈判下达成交易合约；把社会民生和生态环保纳入地方政府政绩考核体系，使区际双方自发地将把社会利益和生态利益纳入谈判内容，并可以使落后地区的谈判能力得到提升；规范资源开采利用程序，减少行政审批，提高行政效率；理顺政企关系，防止出现偏袒企业而忽视民生和社会的廉价投票权现象。

10.5.1.3 引导区域利益共享与深层合作，促进区域协调发展

健全和完善区域利益分配与协调机制，使资源输出区与输入区在公平、公正的基础上实现利益共享并深入区域合作。一方面，规范资源输出区与输入区在跨区资源开发调配过程中的责任与权利范围，明确成本与收益分配模式；另一方面，鼓励、引导资源输出区与输入区在建立新型资源关系基础上加强资源开发合作、产业合作与生态环境建设合作等，实现区域利益共享。尤其应引导资源输入区通过产业转移、技术带动、生态援助等途径实现对资源输出区的帮助与拉动。此外，配合资源产权界定，进行工商、财税体制方面的改革，让跨区资源开发的收益更多地留在资源输出区，并结合多元化的生态补偿方式让资源输出区居民获得更多的实惠。

10.5.1.4 健全生态补偿体系，减少资源输出区生态损失

建立稳定、长效的西电东送生态补偿机制。建议成立专门的生态补偿执行与监管机构，负责生态补偿相关法律法规的起草、执行与监督，生态补偿资金的筹集、保值增值及使用，生态补偿纠纷的仲裁与处理等工作；建议加强资源有偿使用和生态环境货币化方面的立法，为西电开发对电源建设区的破坏得到应有的补偿提供法律依据；加强生态补偿资金使用的政策法规约

束，确保资金用于云贵生态环境改善、恢复与治理方面；由中央政府建立专门的西部电力输出区生态基金，用于防范可能出现的生态破坏，当对生态与环境的危害发生时拿出使用；根据不同区域经济发展水平和环境容量，规定各区域的生态建设配额，作为政府考核的重要内容；借鉴现有排污权交易的实践经验，通过生态建设配额之间的交易为水电开发的生态补偿筹集资金。

在东部主要电力输入区和西部主要电力输入区之间建立起区域生态援助计划，使获得清洁能源、环境得到改善的东部向西部地区提供资金、技术、项目等方面的生态治理、恢复和建设援助；将水电开发所在区域划为特殊生态类型区，在水电开发企业和区域之间生态补偿的基础上，实施水电开发区域政府生态援助，同时，可以考虑从东部能源输入区拿出一定数额的GDP，专门用于水电开发区域的生态恢复和建设。

参考文献：

1. ［美］J.M.布坎南：《自由、国家与市场》，上海:上海三联书店1989年版。
2. ［美］彼得·纽曼：《新帕尔格雷夫经济学大辞典》，北京：科学出版社2005年版。
3. 安虎森：《新区域经济学》，大连：东北财经大学出版社2008年版。
4. 陈秀山、肖鹏，刘玉：《西电东送工程区域效应评价》，北京:中国电力出版社2007年版。
5. 冯艳芬、刘毅华、王芳、杨木壮："国内生态补偿实践进展"，《生态经济》，2009年第8期。
6. 高新才、姜安印："转型经济中区域突破现象的制度解释——基于中小企业成长的新视角"，《中国软科学》，2005年第8期。
7. 黄少安："经济学研究重心的转移与'合作'经济学构想"《经济研究》，2000年第5期。
8. 黄少安：《产权理论与制度经济学》，湘潭：湘潭大学出版社2008年版。
9. 李子奈："计量经济学模型方法论的若干问题"，清华大学经济管理学院工作论文，2007年。
10. 刘诚、刘玉："跨区调配资源的产权界定及实现路径"，《生态经济》，2009年第11期。
11. 刘诚、刘玉："银行与中小企业诚信信贷的博弈分析"，《财会月刊》，2010

年第1期。

12. 刘玉："跨区资源调配生态补偿与区域协调发展"，《宏观经济管理》，2007年第11期。

13. 刘玉、冯健："跨区资源调配背景下的区域利益关系探讨"，《自然资源学报》，2008年第3期。

14. 陆大道等著：《中国区域发展的理论与实践》，北京：科学出版社2003年版。

15. 石敏俊、金凤君、李娜等："中国地区间经济联系与区域发展驱动力分析"，《地理学报》，2006年第6期。

16. 孙杰、赵承、王阿敏："四大工程将改写中国区域经济版图"，人民日报海外版，2001年3月14日。

17. 王一鸣："当前中国经济面临六大挑战"，《中国改革》，2009年第6期。

18. 肖鹏："区域分工贸易非均衡与区域利益分配的理论思考"，《经济研究参考》，2006年第9期。

19. 杨瑞龙、杨其静："阶梯式的渐进制度变迁模型"，《经济研究》，2000年第3期。

20. 杨瑞龙、周业安："交易费用与企业所有权分配合约的选择"，《经济研究》，1998年第9期。

21. 杨瑞龙："论我国制度变迁方式与制度选择目标的冲突及其协调"，《经济研究》，1994年第5期。

22. 杨瑞龙："论制度供给"，《经济研究》，1993年第8期。

23. 杨瑞龙："我国制度变迁方式转换的三阶段论"，《经济研究》，1998年第1期。

24. 易丹辉：《数据分析与Eviews应用》，北京：中国人民大学出版社2008年版。

25. 张维迎：《博弈论与信息经济学》，上海：上海人民出版社1995年版。

26. 中国生态补偿机制与政策研究课题组：《中国生态补偿机制与政策研究》，北京：科学出版社2007年版。

27. 朱俊立："资源性产品价格改革的财政支持研究"，《价格理论与实践》，2008年第11期。

28. 庄国泰、高鹏、王学军："中国生态环境补偿费的理论与实践"，《中国环境科学》，1995年第6期。

29. Armen A. Alchian, H. Demsetz. Production, Information costs and Economic organization. The American Economic Review,1972(62):777-795.

30. H.Peyton Young. The Evolution of Convention . Econometrica, 1993(61):57-84.

31. Harold Demsetz. Toward a Theory of the Property Rights. *American Economic Review*, 1967(57):347-359.

32. Jacob K. Goeree and Charles A. Holt. Ten Little Treasures of Game Theory and Ten Intuitive Contradictions, *American Economic Review*, Vol. 91, No. 5 (Dec., 2001), pp. 1402-

1422.

33. M. Dewatripont and E. Maskin. Credit and Efficiency in Centralized and Decentralized Economies. The Review of Economic Studies, Vol. 62, No. 4 (Oct., 1995), pp. 541–555.

34. Paul Krugman. Increasing Returns and Economic Geography. The Journal of Political Economy, Vol. 99, No. 3 (Jun., 1991), pp. 483–499.

35. R.H.Coase. The Problem of Social Cost. Journal of Law and Economics, 1960(3):1–44. Rubinstein, A. Perfect Equilibrium in a Bargaining Model. Econometrica, 1982(50): 97–10 .

11 区域贸易联系与市场一体化研究

　　理解中国的区域贸易是理解区域经济发展以及区际经济关系的重要视角。对一个地区而言，贸易包括两个不同的层次：一是面向其他国家的对外贸易；二是面向国内其他地区的区际贸易。区域贸易的发展，不仅是推动国家和区域经济的腾飞和发展的重要动力，而且也深刻地影响着国内的经济空间格局。因此，从理论和实证两个层面深入研究区域贸易联系和市场一体化问题，对于指导区域协调发展、制定内外贸政策都有着重要的借鉴意义。本研究通过估算我国省际贸易流量矩阵，比较各地区在省际贸易中的互益得失和测度区域市场一体化水平，准确地把握我国区域贸易的空间特征、存在的问题，以及在市场一体化进程中所处的位置和变动趋势，同时在理论层面上借助多区域的张伯伦—李嘉图（C-R）贸易空间模型，对地方政府的干预政策进行了深入分析和讨论，以便为推进市场一体化进程和协调这一进程中可能扩大的区域差距提供方向指导。

11.1 我国区域贸易发展与空间格局分析

11.1.1 我国区域贸易的发展态势

改革开放以来，我国对外贸易始终保持快速增长，2007年中国的进出口贸易依存度已经超过了70%。同时，国内的省际贸易也迅速扩大，表11-1中显示了1980—2007年我国若干省市参与国内省际贸易和对外贸易的增长情况。从表中可看出，伴随着我国改革开放以来的快速经济腾飞，全国所有省份的贸易总额都有很大幅度的提升，各省区与省外、国外的经济交流越来越广泛，对外开放进一步加强，这从一个侧面反映出全国市场一体化程度有所提高。

区域贸易量的增大，一方面源于与贸易成本有关的各项基础设施，如各区域交通、通信以及商贸市场等环境的改善，极大地缓解和改善了区际联系和对外联系的"硬件"条件，降低了贸易成本，刺激了区域贸易的增长；另一方面，贸易量的增大也与各地区经济规模不断扩张有关。改革开放使我国区域经济得到普遍的快速发展，各地经济规模不断增大，由此"水涨船高"地增加了区际贸易的交往。

表 11-1 1990—2007年若干省市贸易总额变动情况

	省际贸易总额（亿元）				对外贸易总额（万美元）			
	1980	1992	2002	2007	1980	1992	2002	2007
北京	-	728	6621	15788	66280	320171	5250529	10547169
天津	128.3	760	5343	13084	182696	237577	2281140	7154981
河北	-	2410	8614	34405	62962	246227	666525	2553848
山西	29.3	542	1198	4885	1513	54600	231154	1157047
辽宁	-	707	2099	3150	405000	765900	2173965	5947000
上海	253.1	2394	5238	19159	450600	975700	7262711	31504272
江苏	83.1	2360	4898	23929	94609	696204	7028854	32020302
福建	27.9	363	1845	8186	-	805873	2839737	10761131
江西	26.4	440	1871	-	10864	531711	169447	944886

续表

	省际贸易总额（亿元）				对外贸易总额（万美元）			
	1980	1992	2002	2007	1980	1992	2002	2007
山东	57.7	2278	7610	5791	187242	778140	3393448	12261798
河南	58.5	1017	6391	16392	22644	116194	320316	1280492
湖北	52.5	1234	2297	35054*	26669	174533	395314	909188
湖南	–	839	2636	9990	32635	207800	287584	600485
广东	75.8	2167	10809	39288	255100	6574800	22109631	64659043
广西	–	670	1332	7562	37823	163850	243049	927686
四川	70.4	629	3046	–	8002	141531	626160	1438461
云南	24.8	146	1741	6068	11037	96546	222676	877976
宁夏	–	119	672	1573	4674	12894	44291	158430
新疆	–	587	1556	4629	3160	75039	269170	z1371623

数据来源：1980年和1992年省际贸易依存度数据来自：李善同，刘勇，"我国省际贸易增长情况及原因分析"，国研网，国研报告，2000年。其余数据根据各省2002年、2007年投入产出表以及1980年、1992年、2002年、2005年、2007年各省统计年鉴整理计算。

如果剔除经济规模对贸易量的影响，可以用贸易依存度指标，来考察对外和省际开放度的变动情况。如表11-2所示，贸易依存度为各个贸易量指标与各省地区生产总值之比。从表中可以看到，首先，除外向性非常高的上海、江苏、福建、广东等省市以外，对于国内大多数省区，省际贸易依存度都远高于对外贸易依存度，说明相对于国际贸易，国内贸易在促进中国经济增长和国内经济一体化方面有着更大的作用，并不存在明显的"外贸偏好"。尽管这些沿海省市的对外贸易额比重更大，但事实上它们的调入量可能还包括了其他省份经这些省的口岸出口的部分，并且从时间上看，外贸比重也呈显出下降趋势，因此可以说，尤其在2002年之后，各地区经济增长越来越依赖于区际需求的增长。

表 11-2 1992—2007年若干省市贸易依存度变动情况

	省际贸易依存度			调出依存度			调入依存度		
	1992	2002	2007	1992	2002	2007	1992	2002	2007
北京	102.6	152.9	160.1	49.2	74.2	77.6	53.4	78.7	82.5
天津	184.9	248.4*	259.1	89.5	123.2	124.3	95.4	125.3	134.8
河北	188.5	143.1	249.7	90.9	75.2	126.5	97.6	68.0	123.2

续表

	省际贸易依存度			调出依存度			调入依存度		
	1992	2002	2007	1992	2002	2007	1992	2002	2007
山西	95.0	51.5	69.8	43.8	22.1	33.4	51.2	29.4	36.4
辽宁	48.0	57.7	59.9	24.6	31.9	33.1	23.4	25.8	26.8
上海	214.8	91.2	157.2	100.7	56.3	85.6	114.1	34.9	71.6
江苏	110.5	46.2	90.3	99.4	20.7	47.4	11.1	25.5	42.9
福建	46.1	41.3	88.5	15.6	17.0	35.2	30.5	24.3	53.3
江西	76.9	76.3	77.8	32.3	37.3	33.3	44.6	39.0	44.5
山东	103.7	74.1	22.8	48.7	36.6	13.8	55.0	37.5	9.0
河南	79.5	105.9	109.2	39.6	60.6	52.9	39.9	45.2	56.3
湖北	113.4	54.5	36.2	56.6	29.7	18.7	56.8	24.9	17.6
湖南	84.1	63.5	103.6	38.9	31.1	50.3	45.2	32.4	53.3
广东	94.5	80.0	127.4	40.6	39.2	57.8	53.9	40.9	69.6
广西	103.6	52.8	126.9	47.7	23.0	58.9	55.9	29.8	68.0
四川	38.7	64.5	54.1	18.2	32.0	24.4	20.5	32.5	29.7
云南	23.6	75.3	127.5	6.7	33.0	61.2	16.9	42.3	67.4
宁夏	143.7	178.2	174.9	52.9	69.6	62.4	90.8	108.6	112.5
新疆	145.9	96.5	128.7	51.9	40.9	58.6	94.0	55.6	70.2

	对外贸易依存度			出口依存度			进口依存度		
	1992	2002	2007	1992	2002	2007	1992	2002	2007
北京	32.4	37.8	81.4	19.6	18.9	44.2	12.8	18.9	37.2
天津	35.9	95.0	77.0	20.2	48.7	44.4	15.7	46.3	32.6
河北	10.6	9.2	15.4	8.4	6.3	10.1	2.2	2.8	5.3
山西	5.3	8.2	15.4	3.6	5.9	8.7	1.7	2.3	6.7
辽宁	10.9	32.6	33.9	6.2	18.3	19.0	4.7	14.3	14.8
上海	74.4	123.1	193.1	50.7	55.6	92.1	23.7	67.5	101.1
江苏	23.3	58.7	91.9	13.6	30.7	51.0	9.7	28.0	40.9
福建	46.0	52.6	61.7	29.9	32.2	41.4	16.1	20.4	20.3
江西	5.1	5.7	13.0	3.4	3.6	7.5	1.7	2.2	5.5
山东	14.7	27.3	31.5	11.8	17.0	22.5	2.9	10.3	9.0
河南	5.0	4.4	6.5	3.5	2.9	4.3	1.5	1.5	2.2
湖北	8.8	7.8	7.5	5.9	4.1	3.7	3.0	3.6	3.9
湖南	11.5	5.7	5.0	7.8	3.6	3.1	3.7	2.2	1.9
广东	70.5	136.5	159.5	43.4	73.5	92.9	27.1	63.0	66.5
广西	14.0	8.0	12.8	9.5	4.9	7.3	4.5	3.0	5.5
四川	7.4	7.7	10.4	5.0	4.7	6.2	2.4	3.0	4.2
云南	8.6	8.0	17.6	5.8	5.1	3.8	2.8	2.9	13.8
宁夏	8.3	9.7	17.6	7.2	7.2	13.6	1.1	2.5	4.1
新疆	5.9	13.6	11.9	4.2	6.6	7.7	1.7	7.0	4.2

数据来源：1992年省际贸易依存度的数据来自李善同，刘勇，"我国省际贸易增长情况及原因分析"，国研网，国研报告，2000年。其余数据根据2002年各省投入产出表以及1992年、2002年各省统计年鉴整理计算。

其次，从各省对外贸易依存度和省际贸易依存度的变动趋势情况来看，1997—2002年期间，所有省区可以分为四类情况（见图11-1）：第一类是对外贸易依存度提高，而国内省际贸易依存度降低的情况，主要有河北、山西、上海、江苏、山东、广东、新疆等省区。以东部省区为代表，如上海，对外贸易依存度从1992年的74.4%，上升至2007年196.6%，而省际贸易依存度则在1992—2002年期间下降一半以上，虽然到2007年，这一指标回升至162.3%，但仍未达到1992年214.8%的水平，这一现象反映出在开放过程中，似乎存在的省际贸易和国际贸易相互替代的现象；第二类省区，如天津、北京、辽宁、福建、四川、宁夏等，它们内外贸易的依存度都提高了，说明其利用国外市场和国内市场的能力都有所提高，与国际国内贸易联系更加紧密；第三类省区内贸依存度提高但外贸依存度下降，如河南、云南，这些省区与国内各省之间的贸易联系增多，但对外贸易和利用国外市场的能力降低；第四类地区是内外贸依存度都降低的地区，如湖北、湖南、广西等，可能存在一些因素使其参与国内国际贸易相对受阻。

但值得注意的是，2002—2007年期间，除湖北、四川和宁夏外，其他所有省份的对外贸易依存度和省际贸易依存度都提高了，特别是前一阶段省际贸易依存度下降的一些省市，如河北、山西、上海、江苏、山东、湖南、广东、广西、新疆等，其省际贸易依存度的增长幅度更大。

第三，从调入调出结构来看，有些省调入和调出的依存度都较高，如北京、天津、河北，说明这些省区开放度较高，与其他地区贸易联系较强，产业内贸易和产业间贸易水平均较高；有的省主要依赖区外输入，如地处西部内陆的宁夏、广西等，这些省份经济规模较小，产业结构相对单一，产品种类无法满足本省消费的需求，因此其调入调出结构是由自身发展水平和资源约束决定的。而其他如辽宁、湖南、湖北等省区，对外贸易和省际贸易的依存度都不算太高，其调入调出水平也大致相当，经济上自给自足特征较为明显。

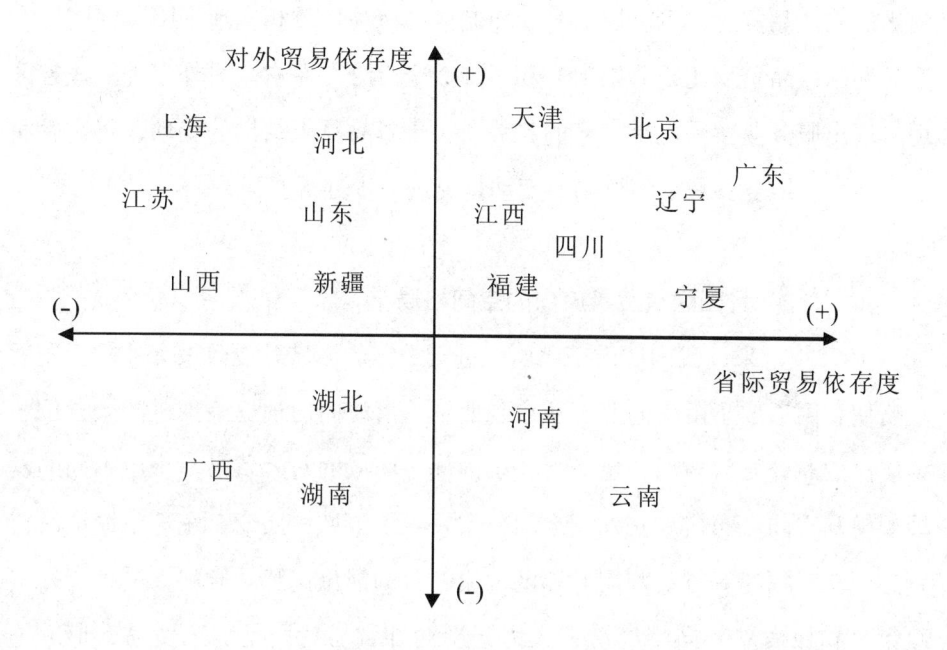

11. 区域贸易联系与市场一体化研究

```
                对外贸易依存度
                      ↑(+)
    上海                      天津    北京
          河北                              广东
    江苏                              辽宁
          山东          江西
                                 四川
    山西    新疆        福建
                              宁夏
(-)←─────────────────────────────────────→(+)
                                    省际贸易依存度
                湖北
                      河南
    广西
          湖南              云南

                      ↓(-)
```

图 11-1 若干省份贸易依存度变动趋势分类

值得注意的是，东部一些省区，如北京、天津、山东、广东等，虽然其贸易总体上表现为净流出，但省际贸易这部分则表现为净流入。这一现象，很可能是由这些沿海省份的调入量还包括了其他省份经这些省的口岸出口的部分，以及它们作为世界工厂，其生产所需的要素投入（如原材料、能源等）大量依赖于省外输入。因此，省际贸易往来不再只是单纯的互通有无，还受到对外贸易的影响；可以说，各地区经济增长越来越依赖于区外需求的增长。

此外，调查还发现，几乎所有省份的贸易品类结构都发生了明显的变化，大多数省份的贸易品构成，突出表现为农产品贸易比重下降，矿产品贸易、制成品贸易比重提升，如新疆的制成品贸易份额从25.9%猛增至63.6%；而农业产品的贸易比重从55.2%急降至8.1%。只有少数一些省份，如湖北和河南的农产品贸易比重有所上升，而制成品贸易比重相应地下降：河南的农产品和制成品贸易比重分别上升和下降2个百分点左右。另外东部一些省区还呈现出服务业贸易比重上升的趋势。关于贸易品类结构的变动，将在后面的章节中，结合贸易空间格局的变动情况进一步分析。

11.1.2 我国区域贸易流向的空间格局

1978年以来，我国"由东向西渐进开放"的区域开放政策和非均衡发展战略使我国形成了由南向北、从东到西、从沿海向内地逐渐推进的全方位、多层次的对外开放格局，也使得我国内部各区域的对外贸易呈现出不同的发展规模和空间分布格局，外贸空间分布发生了区域性质变。东部沿海地区特别是广东、福建等省，利用毗邻港、澳、台的区位优势和倾斜性的外资外贸政策，积极发展外向型经济，大力开展对外贸易特别是加工贸易，形成了"两头在外"的对外贸易发展新格局；其后，由东南沿海地区率先对外开放的政策进一步由东向西，从南到北纵深发展。通过引进国外资金、技术和发展进出口贸易，带动了我国东部沿海地区和全国的经济增长，大大提高了我国国民经济的对外依存度，使国内生产和国内市场同国际分工和国际市场的联系更加紧密，对外贸易与地区经济发展的关系日益密切。总体上看，对外贸易活动高度集中在东部地区，并且这一格局随时间变化不大。1990年，东部沿海地区的进出口贸易总额已经占到全国比重的86.5%，中部和西部地区的比重分别为8.4%和5.1%；而到2007年，这一比重略微上升至89.0%，而中部和西部的比重则分别下降至7.4%和3.6%。由此，对外贸易的空间聚集特征不言而喻。

至于国内的区际贸易，由于缺少地区间货物和服务贸易的相关统计资料，很难清晰地勾勒出贸易的流向和空间格局。近年来国内区域间投入产出表的编制工作带动了对地区间贸易流量测算的实践，如刘强、冈本信广在充分挖掘现有资料的基础上，利用引力方程和回归分析的方法分别测算出了中国1997年3地区10部门的地区间的产品交易矩阵，虽然模型的规模不是很大，但是对于后续研究具有重要的参考价值（刘强、冈本信广，2002）。国家信息中心同样采用引力方程方法并结合部分调查数据，估算出1997年8区域30部门的区域间贸易流量矩阵，并在此基础上编制了中国区域间投入产出表（国家信息中心，2005）。但总的来看，国内关于地区间贸易流量的计算方法较为单一，而关于大区的划分也难以满足在当前以省为单位的行政区划框架下研究区际贸易的需要。本研究将借助基于信息理论和国家与区域间投入产出联系的数学规划模型，估算省际产品贸易的流量矩阵，分析各省参与国内区际贸易的总体水平、贸易流向和市场空间结构特征。

11.1.2.1 省际贸易流量矩阵的估算方法

Batten & Martellato（1985）指出，主要有四种方法可用于估计区际贸易流量，包括引力与熵模型、投入产出模型、空间价格均衡模型，以及区域间可计算一般均衡模型。Susiluoto（2000）进一步对这些模型进行了比较分析，认为投入产出与计量分析相结合的模型适用于大多数情况。另一类估计方法是利用约束条件下的矩阵平衡方程，在有限的初始信息基础上对未知数据进行估计。如 Batten（1982）基于信息理论和国家与区域投入产出账户间的联系，构建了优化模型来同时估计区域间中间产品和最终产品的交易。下面先简要介绍在贸易估算实践中使用较多的三类估计方法，并在此基础上说明本研究选取的估计模型和数据。

首先是区位商方法，Hewings, etc.（2001）采用区位商方法估计芝加哥大都市区内部各地区之间的产业贸易系数：

$$LQ_i^p = [\, e_i^p / e^p \,] / [\, E_i / E \,]$$

假定各个地区具有相同的需求水平和结构。当区位商大于一时，本地经济产出高于了全国平均水平。这意味着该部门产出量必定超过了本地经济需求，因此，它出口部分产品或服务。i 部门的出口份额可用区位商表示：

$$ex_i^p = \left(1 - 1/LQ_i^p\right)$$

在此基础上，该研究按照各个区域总就业人数和距离参数将一地区的出口份额具体分配到其他三个接受地，即得到区域间的贸易系数。由于模型所需信息量较少，估计过程中的主观设定条件较多。因此通常在数据资料极其匮乏的情况下使用这一方法，例如对服务业贸易问题。

第二类是引力模型，它的使用最为广泛，它最早由Leontief & Strout（1963）提出，主要是基于"贸易池"的假说，其估计方程如下：

$$x_i^{*r'} = \sum_{i=1}^{I'} a_{ii'}^{r'} x_{i'}^{r*} + y_i^{r'}, \quad x_i^{r*} = \sum_{r'=1}^{R'} x_i^{rr'}, \quad x_i^{*r'} = \sum_{r'=1}^{R'} x_i^{r'r}, \quad x_i^{rr'} = \frac{x_i^{r*} x_i^{*r'}}{x_i^{**}} q_i^{rr'}$$

其中，X_i^{r*} 表示 r 地区 i 产品的供给集合，$X_i^{*r'}$ 表示 r' 地区 i 产品的需求集合（中间需求和最终需求的合计），而 $X_i^{rr'}$ 表示从 r 地区流入 r' 地区的 i 产品总量。$q_i^{rr'}$ 为贸易摩擦系数。

上述等式可以看作引力模型的特例。其经济意义是，地区间的货物流量由输出地区的供给能力、输入地区的需求水平以及贸易成本确定。其中区域间产品流动的摩擦系数可以由某一区域向其他区域的物资输送的分配比例与物资中重要产品的分配比例来确定。由于估算前已经设定好模型的形式，因此这也是一种非常主观的估算方法。

第三类是宏观统计模型，Batten（1982）在Wilson（1970）早期工作的基础上，建立了基于信息理论和国家与区域间投入产出联系的数学规划模型，估计区域间中间产品和最终产品的流量。这一框架后来在区域间贸易流量分析中得到广泛应用（Byron, etc., 1993；Boosma & Osterhaven, 1992；Trendle, 1999），并发展出了多种估计方法，如：最大熵方法、最小信息原理、熵约束法。

根据彼得·尼茨坎普（2001），上述估计法可以得出相似的结论，因为它们建立在相似的统计假设基础上。此外，与前述模型相比，这种线性规划估计方法也更加灵活，不仅可以涵盖核算约束形式的统计数据，而且也可以加入更广范围的行为约束条件，来表述一些附加的理论假设，使人们能够检验、统一或比较各种采用线性约束方程或不等式形式表述的调查信息或者理论假设。

通常，决定采用哪种模型进行估计主要取决于可获取的区际流量信息。由于我国完全没有省际贸易流量数据的统计，但大多数省份都编制了各自的投入产出表，而交通年鉴上提供了区域间货物流量矩阵等相关数据。因此本研究选择在区域间经济核算框架和区际货运初始估计值的基础上，利用数学规划模型，估计省区间分行业的贸易流量。在各地区内部投入产出关系已知的情况下，地区间的产品贸易由各区域的供给和需求所确定。规划模型的核算约束条件包括：

$$\sum_{j=1} z_{ij}^{*r} + y_i^r = \sum_{s=1} d_i^{sr} + m_i^r \tag{11.1}$$

$$\sum_{j=1}\sum_{s=1} z_{ij}^{sr} + m_i^r + v_i^r = \sum_{j=1} z_{ji}^{*r} + v_i^r = x_i^r \tag{11.2}$$

$$\sum_{s=1} d_i^{rs} + e_i^r = x_i^r \tag{11.3}$$

其中，x_i^r、y_i^r、v_i^r、e_i^r 和 m_i^r 分别表示 r 地区 i 部门的产出，最终需求（不含出口）、增加值、出口和进口，Z_{ij}^{sr} 表示 s 地区生产的 i 部门产品用于 r 地区 j 行业生产的中间投入量，Z_{ij}^{*r} 表示 r 地区 i 部门到 j 部门的中间产品投入量，d_i^{sr} 表示 s 地区出口到 r 地区的 i 部门产品流量。式（11.1）

表明各地区 i 部门的中间产品和要素投入等于总产出；式（11.2）表明所有地区的流入（包括自身）必须满足各地区中间和最终需求之和；式（11.3）表明各地区生产的产品等于流往国内所有区域以及向其他国家的出口量之和。另外，区域间贸易数据显然还具有非负特征，因此需满足边界约束条件：$d_i^{sr} \geq 0$。根据 Canning & Wang（2005），模型的目标函数可采用二次函数形式：

$$MinS = \frac{1}{2}\sum_{i=1}^{n}\sum_{s=1}^{m}\sum_{r=1}^{m}\frac{(d_i^{sr}-\bar{d}_i^{sr})^2}{wd_i^{sr}} \qquad (11.4)$$

其中，wd_i^{sr} 为初始值 $\bar{d}_i^{sr}$ 的可靠性权重，而对它的选择对于估计结果有重要影响：当权重与初始估计值的方差成比例并且初始估计值在统计上相互独立时，模型的解集是对实际未知矩阵的最优线性无偏估计（Byron，1978）。当模型以初始值作为可靠性权重，并且估计结果与初始值接近时，它与交叉熵函数可看作是近似的；但二次方程在求解过程中更有优势，特别当模型规模很大时，它比熵函数更容易求解（Canning & Wang, 2005）。

针对上述约束条件和目标函数所描绘的多变量优化问题，本文借助GAMS软件进行求解。由于主要考察农产品、矿产品、制成品等大类商品的贸易格局，为减小模型维度，将各地区投入产出表按农业、采掘业、制造业、电力、蒸汽及水生产和供应业、建筑业、服务业汇总为六个部门。

11.1.2.2 估算结果

关于模型初始值的设置，我们将结合省际间货物运输矩阵信息，利用传统引力模型（刘强、冈本信广，2002）推算农产品、矿产品和制成品贸易流的初始值矩阵；其余行业则采用区位商模型（Hewings, etc., 2001）计算初始值。根据上述约束条件和目标函数，在GAMS程序中写入规划模型，并执行MINOS算法进行求解。模型中使用的数据主要来自全国以及各省区1997、

2002、2007年的投入产出表、全国和各省1997、2002、2007年的统计年鉴以及历年的《中国交通年鉴》中公布的各年度省份的铁路运输货运资料，铁路运输货物占全社会运输货物的比例等资料。估算结果按大区进行汇总整理，见表11-3。

总体上看，全国区际贸易的重心在东部沿海地区，上海、江苏、北京和广东等地区是国内贸易大省，全国大多数省份和这几个省份的贸易联系都较大，具有明显的沿海指向特征。其次，省际贸易存在空间聚集现象，地理上临近的省区之间贸易联系强度也相对较大，按照传统标准划分，如东北、中部、西南等区域，区内的省际贸易量分别占到各省贸易总额的第二位或者较大比重。然而也有一些特殊地区，如地理上临近的一些西北、中部省区之间的贸易流量却相当小，山东与京津冀地区的贸易联系也不及与长三角地区，广东和福建的贸易量，也只占各自的较少份额，对于这些现象有必要进行深入地探讨。

表 11-3 1997—2007年我国区际际贸易流向及其份额（%）

1997	东部沿海	东北	中部	西南	西北
东部沿海	65.96	4.74	22.83	3.79	2.68
东北	40.35	49.47	6.80	2.16	1.22
中部	66.52	5.45	21.73	3.70	2.60
西南	60.40	2.40	17.79	15.34	4.07
西北	48.79	2.30	18.12	10.05	20.74
2002	东部沿海	东北	中部	西南	西北
东部沿海	63.99	6.35	20.97	5.95	2.75
东北	42.79	46.26	6.85	2.03	2.07
中部	75.26	1.50	14.95	4.81	3.48
西南	57.96	1.09	13.74	24.08	3.13
西北	56.70	3.36	17.63	9.21	13.10

续表

2007	东部沿海	东北	中部	西南	西北
东部沿海	54.09	3.01	27.81	11.40	3.70
东北	46.26	38.98	10.08	3.00	1.68
中部	79.85	1.16	13.37	3.83	1.78
西南	63.65	0.85	9.77	23.61	2.13
西北	69.68	1.46	14.64	7.33	6.89

注：表中各区域内贸易为区内省际贸易，不包括省内贸易额；贸易份额为输出与输入贸易之和。

11.1.2.3 我国区际贸易的空间流向分析

我国省际贸易的空间格局带有明显的区域特征，下面将按照传统区划基础上，深入分析各个区域的省际空间贸易流向及结构特征。

—— 东部沿海地区

东部沿海地区是我国省际贸易的重心，由于该地区经济体量很大，本文把它进一步细分为三个子区域，即包括北京、天津、河北、山东在内的环渤海地区，包括上海、江苏、浙江在内的长三角地区，和包括广东、福建的珠三角地区。根据表11-4可以看到，环渤海地区各省参与区内贸易的程度最高，2007年区内省际贸易额占到该地区区际贸易总额的45%以上，其中，北京、天津和河北的贸易联系十分紧密，特别是天津和河北，2002—2007年，区内贸易份额分别上升了9%和11%，北京是它们最大贸易伙伴；在此期间，北京的区内贸易份额略微有所下降，而与上海、江苏、浙江地区贸易往来有所加强，说明北京的区外联系以及辐射能力有所提升。此外，山东的前三大贸易伙伴分别是江苏、上海和浙江，2007年山东与这三个省的贸易占其省际贸易总额的31.67%；而与环渤海、珠三角地区的贸易份额分别为13.48%和4.32%。显然，山东的经济和长三角地区联系更加紧密，从贸易交流来看环渤海并没有形成一个经济区。

表 11-4 2007年我国东部沿海地区区际际贸易流向及其份额（%）

	东部沿海			东北	中部	西南	西北
	环渤海	长三角	珠三角				
北京市	50.94	24.01	5.12	5.71	9.13	3.19	1.90
天津市	66.54	7.56	0.64	8.16	10.57	2.62	3.90
河北省	52.56	16.30	4.26	6.32	15.81	2.91	1.84
山东省	13.48	31.67	4.32	5.19	33.71	4.36	7.27
上海市	14.08	35.66	12.18	2.45	18.09	12.19	5.35
江苏省	16.26	16.84	8.58	2.20	42.71	5.49	7.93
浙江省	13.42	29.64	22.10	1.63	23.18	7.13	2.90
广东省	3.41	15.41	4.75	0.34	43.29	30.21	2.60
福建省	4.96	45.27	18.38	0.63	24.93	4.06	1.76

其次，长三角地区内部也存在较为紧密的贸易联系，互为最大的贸易伙伴。上海与北部的环渤海地区、南部的珠三角地区贸易比重基本相当，而江苏和浙江则分别倾向于地理上更接近的大区。从时间上看，2002—2007年，北部的环渤海地区在各省的省际贸易份额基本维持不变，而珠三角地区在江苏的省际贸易中地位则显著下降，比重减少近6%，而它在浙江的省际贸易份额中则提升了4%。此外值得注意的是，该地区同中部一些的省区，如安徽、江西、河南的贸易联系十分紧密，并且有随时间进一步增强的趋势，可见它们对与自身临近省份的辐射带动作用越来越凸现出来。

第三，南部沿海区内，虽然福建的第一大贸易伙伴是广东（贸易份额占18%左右），但它与以上海为中心的长三角地区贸易联系也很大，沪、苏、浙三省的贸易份额之和达到了45%以上。可见，福建位于长三角和珠三角两大贸易区之间，但是更接近于长三角地区。广东与中部的湖南、湖北，西南的广西、云南、贵州贸易联系相当密切，同两区域的贸易份额分别占到30%以上，同时它也是周边这几个省区的第一大贸易伙伴，可见它对周边地区

下篇：专题研究

（泛珠三角）的贸易联系和辐射效应很强。

从贸易量的产业构成来看，制成品贸易显然是东部地区贸易的最重要内容，各省制造品贸易额（含输入和输出）都占到其省际贸易总额的80%以上。2002年，除北京外，其余所有东部省份都是制造品的净流出地区，到2007年，浙江、福建和山东三省也成为了制造品的净流入地区，作为传统的制造业省份，其贸易方向的变化可能隐含了产业内贸易增多的因素。农产品和矿产品贸易占这些省份贸易总额的比重都较小，2007年，除河北和福建外，其余省市是农产品的净流入地区；而除天津、山东以外，其余省区的矿产品也都表现为净流入。总体上这一贸易结构与各省的产业结构以及资源条件相一致。下面将从制成品的流出方向、农产品和矿产品的流入来源，考察东部各省区的贸易空间流向格局。

由于制造品贸易在东部各省的全部产品贸易中所占比重很高，因此，从表11-5中可以看到，制造品的流出格局与总的贸易空间格局大致相似。除参与所在地区贸易外，东部各省的制造品主要流向中部地区，特别是江苏和广东两省，中部的临近省份是它们最大的省际贸易流出口。此外，广东对西南地区的制造品输出比重也很大，尤其是向广西、云南、贵州的制造品输出占到了30%左右。

农产品由于价格较低，在东部各省的贸易总额中所占比重很小，除河北（9%）外，其余都在5%左右。从东部各省的农产品流入来源（见表11-6）看，京津冀的农产品主要来自区内，如河北和山东是北京和天津的最大农产品来源地，第二大来源区域则是东北地区；其余东部沿海省份的农产品都来主要自中部地区，显然，这两个地区中都有农产品大省，如江苏的农产品主要来自安徽（18%）、河南（18%）以及山东（12%）；广东的农产品主要来自湖南（21%）和河南（14%）；河北的农产品主要来自山东（20%）和内蒙古（8%）。

表 11-5 2007年东部各省区制成品输出额与空间流向（%）

	贸易额（万元）	环渤海	东部沿海 长三角	珠三角	东北	中部	西南	西北
北京市	29364524	40.73	23.37	6.61	6.06	14.03	5.79	3.41
天津市	41309950	61.17	5.90	0.83	7.87	15.16	3.54	5.53
河北省	121906902	53.47	21.41	5.51	3.53	11.44	2.93	1.70
山东省	18697844	5.27	44.60	5.03	2.77	36.55	2.60	3.17
上海市	75484313	10.93	30.37	15.35	2.53	17.00	16.50	7.32
江苏省	113813658	5.91	23.43	12.04	1.84	43.71	5.87	7.19
浙江省	90013709	4.93	20.64	35.12	1.34	22.93	11.08	3.95
广东省	162515669	2.53	9.88	2.71	0.26	37.93	43.02	3.67
福建省	25382723	3.04	35.62	33.14	0.45	19.36	5.35	3.04

东部各省的矿产品的贸易份额差别很大，其中天津、河北、江苏、浙江和广东的矿产品贸易比重相对较大，占总贸易额的7%—10%；其余省份则仅占1%—4%。从流入来源看，天津的矿产品主要来源于河北、山西和内蒙古；河北主要来源于山西和天津；江苏主要来源于山东、河南和陕西。

表 11-6 2007年东部各省区农产品输入额与空间流向（%）

	贸易额（万元）	环渤海	东部沿海 长三角	珠三角	东北	中部	西南	西北
北京市	1776981	56.56	7.61	2.98	13.11	11.18	5.49	3.07
天津市	1143573	69.42	1.92	0.24	15.72	5.02	3.44	4.24
河北省	6765992	37.10	4.71	1.72	23.31	23.04	5.61	4.53
山东省	3620120	15.68	18.41	6.66	4.81	33.64	15.25	5.55
上海市	6249012	19.50	1.06	2.33	4.30	50.58	8.77	13.46
江苏省	3691715	16.87	11.67	8.16	3.86	44.59	10.23	4.62
浙江省	1891005	6.17	20.09	3.02	1.79	59.30	7.78	1.84
广东省	7316439	14.31	6.96	2.12	11.18	36.64	10.80	17.99
福建省	144552	2.18	4.26	4.53	0.53	60.00	26.36	2.14

下篇：专题研究

——中部地区

从估算结果来看，首先，中部六省的贸易伙伴排序基本一致，即从东部地区、中部地区、西部地区和东北地区，贸易份额依次递减。高居榜首的东部地区，占据了山西、安徽、江西、河南和湖南5个省70%左右的贸易份额，即便是地处内陆、与东部地区不交界的湖北省，其贸易份额也超过54%。这一结果与现实基本相符：东部地区经济发达但资源能源匮乏，很多大城市存在巨大的农产品需求，与矿产能源丰富、农业发达的中部省份存在很强的互补性，双方增加贸易往来可以互惠互利；加之近年来东部沿海制造业产业开始向中部临近省份转移，使得两者之间的联系更加密切。其次是中部地区，与沿海地区相比，中部地区内部的省际贸易流量相对较小，基本处于15%—25%的区间，这可能反映了地理相邻、水平相当的中部各省之间的贸易联系却相对薄弱的问题。中部各省间贸易联系不畅，可能是因为地区内贸易成本偏高、省际产业关联度低、产品结构趋同、竞争大于互补。排在第三位的是西部（含西北和西南）地区，但估计结果表明，中部各省与西部地区的贸易流量普遍很小，其贸易份额大致在5%—10%之间，受经济基础和流通条件约束，中部地区对西部临近省份的辐射带动作用尚未发挥出来。

中部各省与东部次一级区域的主要贸易伙伴关系不断强化。每个中部省份都有一个相对固定的沿海次级区域作为主要贸易伙伴，且双方贸易联系日趋紧密。如1997—2007年间，山西省与北部沿海（京、津、冀、鲁）地区的贸易份额基本维持在40%以上，占据了近半壁江山；而安徽和河南的贸易主要集中于东面临近的东部沿海（沪、苏、浙）地区，其中，安徽与这三省的贸易份额超过省际贸易总额60%；而河南则是从30.6%大幅升到44.37%，长三角作为河南第一大贸易伙伴的优势进一步巩固。另外，湖北和湖南两省则更多地与广东贸易联系紧密，虽然在1997—2002年间，湖北与南部沿海地区的贸易份额均有小幅下滑，但其第一伙伴的地位仍然相对牢固。1997—2002

年江西与长三角地区的贸易份额从41.55%稳步增至45.33%,但到2007年这一比重又下降至37.94%,而它与珠三角地区的贸易份额上升至41.17%。

其次,从产品结构来看,制成品贸易也是中部各省国内贸易的最主要内容,其中70%以上的制成品贸易是与东部沿海地区之间完成的,并且表现出明显的小范围聚集指向(见表11-7)。如:长三角地区是中部多个省份最大的制成品贸易伙伴,特别是,2007年安徽省制成品流入中有60%来自沪、苏、浙三省。京津冀地区历来是山西最大的制成品贸易伙伴,但近年来,它与长三角的制成品贸易联系也在不断加强。而湖南和湖北的制成品贸易主要指向南部的珠三角地区:湖南与南部沿海地区的流出和流入份额分别达到43.78%和48.69%。另外,从流入与流出总额对比来看,山西、安徽、湖北三省都是制成品净流入地区,而河南和湖南的制成品流出也仅略高于流入,这也反映出中部整体的制造业还不够发达,还须尽快将丰富的资源能源原材料优势转化为现实的制造业竞争优势。

中部地区的农产品和矿产品贸易都以流出为主,除自然环境不佳的山西外,中部其余各省都是农产品大省,同时也是农产品的净流出地。从流出结构看,可能是受农产品的运输距离和消费习惯影响,中部地区的农产品主要流往邻近的东部地区,如:安徽流出的农产品中有30%都是流往江苏,而湖南流出的农产品中近40%是流往广东省,江西也有44%的农产品流出到南部沿海地区。相比之下,河南和湖北的农产品流出结构则相对均衡。估算结果反映了中部地区农业的竞争力,与其作为粮食主产区和主要农产品基地的现实地位相符。同时中部与东部及其他地区的农产品贸易增长,既能满足东部地区日益增长的农产品需求,又能促进中部发挥比较优势带动农业发展,充分体现互惠互利原则。中部地区矿产品也以流出为主,这与中部地区是矿产资源富集有关。2002年,山西、安徽、江西、湖南都是矿产品净流出地区,尤其山西、安徽的矿产品流出达到流入的约5倍之多;河南虽然也是煤炭输出大省，但由于从省外调入了大量非金属矿采选产品，从贸易总额来看其矿产品流入大于流出；只有湖北省的能源矿产品主要依靠区外调入。但到2007年，除山西外，其余省份均表现为矿产品的净流入，从流向上看，主要来自于中部其他省区和西北地区，地区内矿产品贸易相对活跃。

表 11-7　中部六省制成品贸易额与空间流向

（单位：%）

		贸易额（万元）	环渤海	东部沿海长三角	珠三角	东北	中部	西南	西北
山西	流出	6719950	56.81	27.32	1.93	1.78	11.23	0.53	0.40
	流入	16675078	45.27	45.17	3.17	1.13	3.16	1.08	1.02
安徽	流出	42932027	3.37	78.56	9.98	0.51	5.83	0.96	0.80
	流入	47843669	19.52	62.05	3.02	1.84	11.09	1.52	0.95
江西	流出	13321066	1.83	33.23	52.03	0.33	9.44	2.89	0.25
	流入	11036795	6.29	48.40	25.38	0.83	15.52	1.98	1.61
河南	流出	69462171	7.20	36.65	23.94	0.78	25.42	4.09	1.94
	流入	67111448	28.26	53.70	5.74	2.00	4.66	2.32	3.31
湖北	流出	10432598	8.21	10.99	52.32	1.28	15.24	8.53	3.43
	流入	10760021	15.65	13.36	13.19	1.03	45.74	6.15	4.88
湖南	流出	26806270	2.36	15.04	70.77	0.20	4.85	6.16	0.62
	流入	25271432	3.67	13.31	59.77	0.68	16.68	5.26	0.63

——西北地区

西北五省区的省际贸易流向呈两大特征：一是地区内省际贸易联系较强。1997年甘肃、青海、宁夏和新疆最大的贸易伙伴均为西北其他省区，区内贸易份额占总量的30%以上；即使是对外开放程度最高的新疆维吾尔自治区，地区内贸易比重也高达23.29%。区内省际贸易联系紧密，可能与其地处内陆、交通还不够便利且长期相对封闭的特殊区情有关。估算结果还显示，甘肃省是地区内贸易中心，它与西北各省之间的贸易量都较大，特别是与青海的贸易份额占到后者总量的近20%，这可能是由于西北地区与全国其他地区的贸易通道较为单一，而甘肃作为联系西北诸省的重要货物通道，从东部到西北的货物大都在此中转。

表 11-8　1997—2007年西北五省贸易额与空间流向

（单位：%）

	环渤海	东部沿海 长三角	珠三角	东北	中部	西南	西北
1997							
陕西省	6.13	40.87	17.69	1.04	18.04	9.59	6.64
甘肃省	4.62	13.91	9.03	2.08	11.64	13.61	45.12
青海省	9.97	25.62	11.67	2.18	12.20	4.34	34.01
宁夏	17.05	13.72	9.45	8.49	5.65	4.55	41.10
新疆	9.47	20.38	12.79	2.43	20.98	10.68	23.29
2002							
陕西省	12.94	32.67	12.78	1.61	26.11	10.34	3.55
甘肃省	8.05	30.76	8.97	2.17	11.56	10.25	28.24
青海省	11.02	28.57	7.82	3.11	13.51	5.58	30.37
宁夏	19.27	22.31	8.84	15.73	10.65	8.03	15.17
新疆	16.34	37.63	13.79	1.77	12.64	7.55	10.27
2007							
陕西省	15.93	43.90	10.17	1.22	16.64	7.71	4.44
甘肃省	11.89	41.49	10.79	1.31	11.68	7.80	15.05
青海省	12.96	51.60	7.30	2.01	13.55	4.82	7.76
宁夏	23.55	23.14	8.36	5.73	8.94	10.19	20.09
新疆	16.69	44.25	11.35	1.13	10.89	5.93	9.75

　　二是地区外贸易指向明确。五省区的区外最大贸易伙伴都是东部沿海地区，其次为中部地区。究其原因，东部沿海地区经济技术发达，光机电等高新技术产品输出较多，与矿产、油气等资源丰富的西北地区具有较强的互补性，而西北与中部地区的贸易可能更多是出于农产品和原材料等方面的互通有无。相反，西北各省与东北的贸易联系最弱，其次是西南诸省，这可能是空间距离遥远或交通不便且产业结构互补性不强所致。

　　此外，时间纵向比较来看，西北各省的贸易流向呈现出多元化、均衡化的发展趋势，与区外联系明显增强。具体表现为：1997年，五省区与西北其他省区的平均贸易份额达到了34.0%，其中四个省区最大的贸易伙伴都是本地其他省区；而到2002年，这一比重下降至26.5%，并且继新疆后，甘肃的最大贸易伙伴也被东部沿海地区占据；到2007年，仅甘肃和宁夏仍维持着较大比重的区内省际贸易。由此可见，西北各省区过去相对封闭的情况有所改观，对内开放步伐加快，与国内其他地区的贸易联系明显增强，这也从一个侧面反映出全国市场一体化程度有一定提高。

西北各省贸易总量猛增的同时，制造业和服务业贸易比重也大大提高，而农产品的贸易份额下降很快。例如：新疆的制成品贸易份额从25.9%猛增至71.8%；而农业产品的贸易比重从55.2%急降至11.2%。2007年，除宁夏外，其余省区均为制成品的净流入区，其中陕西、新疆的制成品流入流出比分别达到1.5和1.8。西北各省的制成品贸易主要从长三角地区（沪、苏、浙）流入，其次是环渤海地区（京、津、冀、鲁）。这一方面是因为东部地区制造业发达，除了烟草加工业和交通运输设备制造业以外，大多数行业均高度聚集于沿海的苏、浙、沪、鲁（还有一些分布于广东省）等省；而西北地区制造业规模较小，结构单一，以原材料加工业为主，难以满足自身发展需求。另一方面，东起江苏省连云港的第二亚欧大陆桥，在我国境内贯穿江苏、山东、山西、安徽、河南、陕西、甘肃、新疆等省区，为西北和东部沿海之间的制成品流通提供了便利，这也有助于解释为何北部沿海地区（以山东为代表）和中部地区（主要是山西、安徽、河南沿线三省）在西北各省的制成品流入中占有较大比重。

与流入相比，西北地区制成品流出在全国分布比较均衡，无明显的集聚指向。这是由西北地区优势制造业的行业特点决定的。西北地区资源丰富，各省的主要制造业都是依托优势资源发展起来的，例如：石油加工、炼焦及核燃料加工业、黑色或有色金属及延压加工业、化工原料及化学制品制造业，这与全国大多数地区在产业结构方面都有较好的互补性，因此流出贸易的空间分布相对比较分散。

11. 区域贸易联系与市场一体化研究

—— 东北和西南

根据估算结果,内蒙古、辽、吉、黑四省之间的贸易联系十分紧密,地区内贸易比重分别占到了各自省际贸易总额的40%左右。其中辽宁是贸易交流的核心省份。辽宁的前三大贸易伙伴分别是吉林、内蒙古和黑龙江。相比之下,内蒙古与环渤海地区的贸易联系更加紧密,占其贸易总额的40%以上,从1997—2007年变动趋势来看,内蒙古进入东北贸易区的态势也较为明显,比重从24.39%上升至26.90%,而吉林、黑龙江的区内贸易比重有所下降,特别是黑龙江,比重从58.8%下降到40.0%。从东北各省同区外的联系看,环渤海和长三角地区是它们最大的贸易伙伴。

表 11-9　2007年东北四省贸易额与空间流向

（单位：%）

	环渤海	东部沿海 长三角	珠三角	东北	中部	西南	西北
内蒙古	42.97	16.68	3.26	26.90	5.74	1.93	2.52
辽宁省	25.04	14.53	1.58	40.78	13.16	2.79	2.12
吉林省	17.60	26.01	2.52	41.18	7.98	4.00	0.71
黑龙江	19.07	27.65	2.42	40.02	6.70	3.26	0.88

西南地区所有省份都与广东有密切的贸易联系,它是广西、云南以及贵州的最大贸易伙伴,四川和重庆的第二大贸易伙伴;川渝两地互为对方的最大贸易伙伴,特别是重庆,与四川的贸易额占到总额的20%以上。从1997—2007年的变动趋势来看,广东对广西、云南、贵州的贸易辐射作用略有减弱（在统计上,1997年重庆仍然隶属四川省,当时四川的最大贸易伙伴也是广东）,而各省同长三角地区的贸易联系都有所增强;同东北的贸易联系也有小幅提高。这说明随着交通基础设施的改善,西南地区的开放度提高,同全国其他省区的联系也均有加强,贸易伙伴趋于多元化。另外值得注意的是,西南各省同地理上相对邻近的中部地区的贸易联系并不紧密,并且有随时间而比重下降的趋势。其中,云南、贵州两省同中部地区的贸易往来,仅占其

贸易总额的7%—8%，说明中部地区对西部的贸易辐射带动作用还没有发挥出来。

11.2 区际贸易得益比较与地方政策分析

前述估算和分析大致为我们勾勒出国内区际贸易往来的空间格局，在此基础上，本研究希望通过进一步地测算和比较区际贸易中各行政区域的利益得失，分析地方政府的政策干预动机和模式。分析和比较各地区参与区际贸易的福利效应，主要考虑两个方面的内容：首先是消费者能够以更低的价格享受到更多样化的产品，使得实际收入增加，在后面的理论分析中，以间接效用函数 U_i 反映这一福利水平；其次是本地区企业的输出获利水平 r_i，即贸易中的地区生产性收入，对于各个地区特别是政府而言，后者是更直观的贸易得益。

11.2.1 消费效用得益比较

区域贸易将影响可供各地区消费的产品数量和组合，而多样性的提高会增加各地区消费效用得益。下面首先通过对中国各省区贸易前后多样化指数进行比较来检验这一预期。

11.2.1.1 多样化指数测度方法

多样化指数的计算参考信息论中熵的公式，它原来是用于表示信息的紊乱和不确定程度的，我们也可以用来描述种的个体出现的紊乱和不确定性，信息量越大，不确定性也越大，因而多样性也就越高，它是反映丰富度和均匀度的综合指标。其计算公式为 Shannon-Weiner 指数（Magurran, 1988）:

$$H = -\sum_{i=1}^{S} P_i \log_2 P_i \tag{11.5}$$

其中，S为产品种类数目，P_i为属于第i种产品的数量在全部产品中的比例，H为产品的多样性指数。公式中对数的底分别可以取2，e和10，相应的，单位会有所不同，分别为nit，bit和dit。

假定以各地区生产并用于自身消费的产出部分作为"贸易前"（或"无贸易"）的情况（即总产出–流出），假定以各地区的总需求量（即总产出+流入）作为"贸易后"（或"有贸易"）的情况。利用投入产出表中分行业的数据，按照上述公式，分别计算贸易前后的地区产业（产品）多样化水平，并通过比较两种情景下多样化指数的差异，分析各地区在区域贸易中的效用得益水平。

11.2.1.2 测算结果与分析

根据2002年中国30个省区投入产出表中的总产出、流入（进口）、流出（出口）数据，计算各省贸易前后产品多样性的变化情况，结果见表11-10。

从表11-10中看到，除浙江外，几乎所有地区的多样化指数都有所提高，特别是黑龙江、海南、重庆、贵州、青海、宁夏和新疆等省，增幅超过10%。计算结果说明，西部欠发达地区在区域贸易中获得的消费效用收益最大，这主要是因为这些地区，特别是西北各省的制造业规模非常小，结构单一，以原材料加工业为主，生产难以满足自身的消费需求，流入的产品使得当地消费者能够购买到的产品种类和数量大大提高，因此它们在贸易中获得了相对更大的消费效用。东部各省的多样化指数提高幅度较小，主要是因为一方面它们本身的产业门类比较齐全。另一方面，这些省份的输入产品以用于生产的工业原料和燃料动力为主，对本地市场上消费品多样化的影响不大。当然，有的省份的多样化指数变动幅度较小，也可能是由于其对区外产品的消费存有抵制或歧视，因而从贸易中获得的效用得益也较小。

表 11-10　区域贸易对地区产品多样化的影响

	贸易前 (dit)	贸易后 (dit)	增长率 (%)		贸易前 (dit)	贸易后 (dit)	增长率 (%)
北京	3.14	3.32	5.87	河南	2.81	2.83	0.53
天津	2.98	3.26	9.56	湖北	3.01	3.01	0.03
河北	3.13	3.27	4.45	湖南	3.19	3.28	2.88
山西	2.67	2.91	9.21	广东	3.21	3.25	1.24
内蒙古	2.62	2.85	8.96	广西	2.76	2.85	3.27
辽宁	3.30	3.34	1.36	海南	2.39	2.96	23.84
吉林	2.67	2.89	8.11	重庆	2.73	3.04	11.51
黑龙江	2.69	2.98	10.93	四川	2.81	2.92	3.97
上海	3.21	3.31	3.10	贵州	2.57	2.83	10.24
江苏	3.11	3.21	3.14	云南	2.95	3.07	3.94
浙江	3.29	3.28	−0.29	陕西	3.10	3.31	6.78
安徽	2.83	2.97	4.87	甘肃	3.05	3.25	6.59
福建	3.27	3.35	2.44	青海	2.55	2.96	16.06
江西	3.16	3.27	3.25	宁夏	2.59	2.92	12.77
山东	2.83	2.89	2.07	新疆	2.89	3.21	11.16

数据来源：根据2002年各省投入产出表整理计算。

11.2.2　地区生产得益

11.2.2.1　地区生产得益的构成与测度方法

制造品不仅仅作为最终消费品，事实上，它同时也是生产中必不可少的投入品。各区域各部门的生产活动一般都要求其他区域的相应部门为其提供生产所需的各种生产原料，以保证生产能够顺利地进行下去。一个区域的生产在向其他某个区域某部门进口一定量产品的同时也会向该区域出口各部门的产品以供其相应的生产所需，而各区域通过某种生产和运营方式对相互进口来的产品进行加工处理后都会获得一定量的增加值[1]。特别是，如果输入地区购得的商品、劳务填补了本地供给的空白或缺口，对当地经济社会发展的影响会更大。因此，测算各地区从贸易中的生产性得益，需要考虑两个方面的内容：一是直接从地区净流出商品所获得的收入，可以通过净流出额直

---

[1] 黄伟、张敏敏："我国区域间产业经贸互益得失比较研究"，《工业技术经济》，2005年第6期。

接测度；二是地区流入产品在投入生产后所获得的增加值。定义计算公式如下：
$$V = \sum_{j=1}^{n}(ex_j - im_j + im_j \cdot v_j / ET_j) \qquad (11.6)$$

其中，V 为 r 地区在区域贸易中的全部生产性得益；ex_j 表示 r 地区出口 j 产业产品的收入，im_j 表示 r 地区 j 产业产品进口额，等式右边前两项体现 r 地区在区域贸易中的直接生产性得益；v_j / ET_j 表示 r 地区 j 产业单位生产要素产品成本投入所产生的增加值，因此等式第三项反映了 r 地区在区域贸易中的间接生产性得益。

11.2.2.2 我国各省在区域贸易中的直接生产性得益比较

首先，从各省贸易净流出额来看（见表11-11），北京、山西、内蒙古、辽宁、吉林、江西、广西、海南、重庆、四川、贵州、云南、陕西、甘肃、青海、宁夏、新疆17个省区为负值。这些贸易逆差的省份中，除北京、辽宁、吉林以外，其余省份都属于西部地区。其次，从净流出额的行业结构上看，基本反映了地区的产业结构，例如，北京的地区生产总值中，第三产业已经占到70%左右，相应地，其贸易结构中除服务业外，其他各行业产品都表现为净流入。总体上看，华北和中部地区是农产品的最大流出地，而全国仅有的10个农产品净流入省份中，有一半位于东部地区。相反，全国仅有8个矿产品的净流出省份，它们中流出量最大的是矿产资源富集的山西、黑龙江和陕西。东部地区省份除北京外，均为制成品的净流出地，另外还有位于中部的河南、湖北和湖南表现为制成品的净流出，显然，这也与东部各省集中了全国70%以上制造业份额的产业空间格局相一致。除烟草加工业、有色金属冶炼业外，几乎所有行业都高度聚集在粤、苏、浙、鲁、沪等5个省份。电力、燃气生产方面，能源资源丰沛的华北、西南地区是最大的输出地，其余大多数省份都表现为净流入。建筑业由于受地理位置限制较为严重，因此区域间的贸易数量较少，并且很多地区都表现为流入流出平衡。最

下篇：专题研究

后，全国共有13个省份输出服务业，这些流出地大致可以分为两类，一类是东部各省，由于在信息、技术服务方面居于领先地位而成为服务品的净流出地，另一类则是中西部的一些人力资源输出大省。

表 11-11　我国各省在区域贸易中的净流出额（万元）

	农业	采矿业	制造业	电力、燃气、水	建筑业	服务业	合计
北京	-652596	-2371329	-9295873	-1958543	-175752	12463336	-1990757
天津	350300	367445	3062284	-831364	-1090841	-1800071	57753
河北	3184258	-3215989	9842724	193564	-330936	-3253732	6419889
山西	-150109	3077362	-4022089	250006	0	-12171	-857001
内蒙古	2518959	-217372	-4788037	411375	0	905255	-1169821
辽宁	-652596	-2371329	-9295873	-1958543	-175752	12463336	-1990757
吉林	1430945	-1502162	-670265	-835994	-219552	1199494	-597534
黑龙江	1353953	6959086	-3514800	55665	-4484	-2336563	2512858
上海	-1698171	-4134329	4693926	-770618	18180	7328028	5437016
江苏	-1803072	-2950143	13166943	-696566	821855	225451	8764468
浙江	-1909603	-4735200	18802393	-747045	756610	3209915	15377070
安徽	5070840	-337461	-2913128	-295959	0	450991	1975286
福建	250264	414954	3448438	0	0	-2100849	2012807
江西	2610403	-613673	-1919953	-6778	0	-154697	-84698
山东	1588093	304873	1995980	570264	966251	476943	5902404
河南	-464933	-829565	3789002	-2372	0	-579195	1912938
湖北	1316801	-2169374	1937181	688929	0	453537	2227074
湖南	2288471	-2551014	1246671	-890762	0	-42365	51000
广东	-2421763	-2888065	9930509	-254248	0	7512696	11879130
广西	650837	-468038	4262438	-265280	-173913	-5217132	-1211087
海南	1873298	-50404	-2211361	-315087	-103713	766277	-40990
重庆	1420271	-759431	-1300000	-835349	6730155	3479089	-2470403
四川	2611753	-12551	-2816934	168910	399	91837	-3978408
贵州	-65487	-347864	-852450	32433	-173356	-1530104	-2936827
云南	-122744	-243649	-811018	184125	-42182	-592926	-1628394
陕西	867638	1389155	-3597990	-1091948	280861	385414	-1766870
甘肃	60699	-1519688	-1341372	-16663	-33589	261915	-2588698
青海	-46967	-6916	-426064	-124231	719731	-1377829	-1262276
宁夏	158291	169549	-865345	-143900	-176578	-791748	-1649731
新疆	1439371	847794	-2976861	110099	-5000	-1674137	-2258734

数据来源：根据各省2002年投入产出表整理计算。

可见，我国区域贸易的收支格局反映了这样一个产业布局：东部沿海地区成为制造业中心的收益不断被强化，在区际贸易中的生产性直接得益较多。从欠发达地区角度看，其生存和发展的市场空间受到了挤压，在贸易中处于不利地位。此外，国内资源和农产品市场的价格不合理可能也加剧了这种地区间贸易直接收入的不平等。

11.2.2.3 我国各省区域贸易的间接生产收益比较

根据前述分析，各区域在贸易中的生产性得益，不仅包括净流出所创造的收入，还包括利用区外输入品投入生产从而为本地区创造的增加值。下面利用2002年各省投入产出表中的相关数据，计算各省在区域贸易中流入的产品所能够创造的增加值，结果见图11-2。

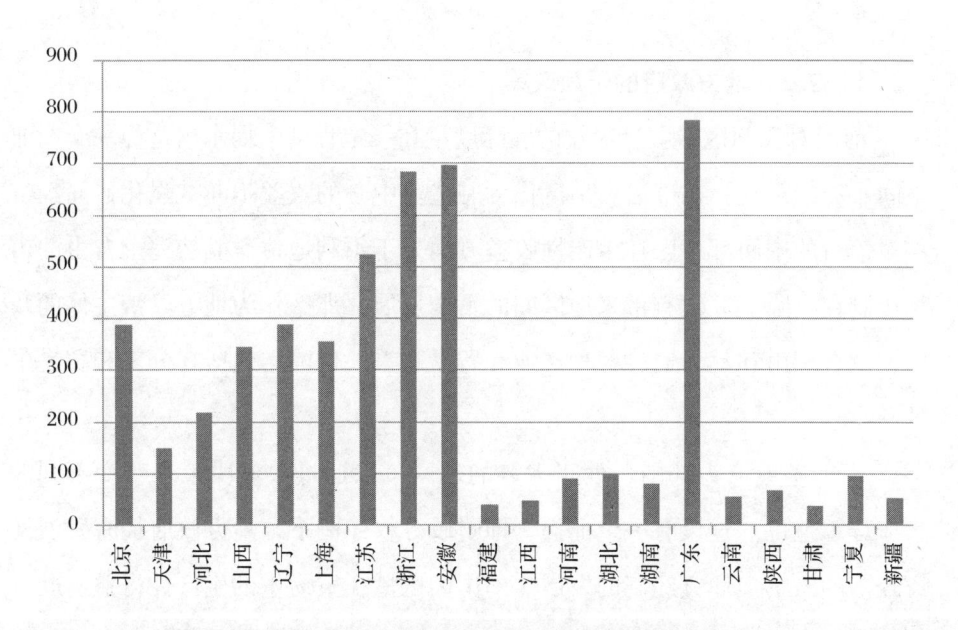

图 11-2 2002年若干省份在区域贸易中的间接生产性得益（万元）

从上图中可以直观地看出，虽然所有省份都从贸易中获得了间接的生产得益，但是地区间的差距仍然很大。总体上依然是东部省份在贸易中获益较大。这主要是因为，它们从区外购进的大量工业原材料和燃料动力，对生产发展和经济增长的推动作用更大，并且有助于它们从国际市场上赢得更大的生存和发展空间，起到了以国际市场带动国内区际贸易的作用。相比之下，中西部省区在利用输入产品发展经济方面差距很大，因为其输入的产品主要为纺织、电气机械及器材制造、电子及通信设备制造、仪器仪表及文化办公用机械制造等制造业行业的产品，其中最终消费品占用的比例很大，这虽然能够满足本地消费者的多样化需求，但是难以利用这些输入品创造新的增加值。因此，在间接生产收益方面，中西部欠发达地区仍然处于相对不利的地位。

11.2.3 地方政府的干预政策

前面对我国区域贸易测益的实际度量在一定程度上揭示出这样一个产业空间布局的现实：东部沿海地区作为制造业中心的收益不断被强化，而经济相对落后的中西部地区在生产性收益方面处于不利地位。既然完全自由的市场机制在实际上并没有带来地区间的平衡发展，那么作为地方经济主体的政府，就有理由和动力通过各种产业和贸易政策，保障本地区在分工和贸易中的利益。

为了避免沦为外围，处于劣势的地区可以通过政策决策来改变不利的生产分工地位。这里有一个前提，即财政分权体制下，地方政府拥有发展地方经济的激励。地方经济的发展（即国内区域在贸易中的生产性得益）既直接关系到当地财政收入和就业，又影响到对地方官员的绩效评价，还进一步影响当地获得更多经济资源的能力。为保护本区域在贸易中的生产性得益，地方政府可以选择两类政策措施，一类如激励技术创新和通过产业振兴产业政策对选址在区内的企业进行补贴或减免税（降低企业固定成本 f），以及改善对外贸易条件等（降低对外贸易的 τ_{i0}），刺激本地需求（提高 μ_i）等积极性的产业政策；另一类则是消极的地方保护，如在政府支出中明显抵制区外产品（改变偏好系数 α_{ij}），或者设置其他贸易障碍（提高区域之间的 τ_{12}）。然而，几乎所有政策都是可效仿的，因此往往我们看到的情况是，地方政府之间的政策竞赛。

为分析上述政策各种政策及其对国家和各区域贸易得益的影响，我们构建一个多区域的张伯伦—李嘉图（C-R）贸易空间模型。已有的少数几个C-R模型（Venables, 1987; Suga, 2005; Kikuchi, 2008）只适用于国际贸易分析，本文对此作了如下两点改进：一是将模型拓展至三个区域，因此可以在统一框架的模型中区分对外贸易和区际贸易，并且考察它们的相互作用机制；二是将要素的流动引入简单的动态分析中，已有的C-R模型由于都是针对国际贸易建立起来的，因此全部假定要素在地区之间完全不流动，这与区域贸易的现实不符，要素的流动也将在很大程度上改变产业空间布局和贸易格局。

11.2.3.1 多区域C-R贸易空间模型

—— 基本假设

假定经济中包括三个区域两个部门：三个区域分别指，区域0（国外地区）、区域1（东部沿海）和区域2（中西部内陆），三者相互间都可以进行商品贸易；而两部门分别是具有完全竞争市场结构特征的初级产品生产部门和具有垄断竞争市场结构特征的制成品生产部门。全部生产中只使用一种生产要素 L，生产要素只能在国内两地间流动。国外的情况是外生决定的，假设它拥有农业劳动力 L_{A0} 和制造业工人 L_0；国内两地区的农业劳动力份额分别为 L_{A1} 和 L_{A2}，制造业的劳动力分别为满足 L_1 和 L_2，选择适当单位使国内产业工人总数标准化为1，并且区域1的产业工人份额为 λ，那么区域2的产业工人份额为 $L_2=1-\lambda$。

假设初级产品部门提供同质化的产品，规模收益不变并且市场处于完全竞争状态，但各区域要素的生产率可能不同。假设初级产品在区域间的交易无需成本，那么各地区的价格相等，即：$p_{A1}=p_{A2}=p_{A0}$；若选定技术系数为1，使得各区域初级产品价格等于行业工资水平，则$p_A=w_A=1$。假定制成品生产部门提供多种不具有完全替代性的产品，以保证每个企业都在其生产的产品种类上具有垄断优势。i地区生产的产品种类数为n_i是内生决定的，用p_{ij}和m_{ij}分别表示i地区生产并且在j地区销售的产品的价格和数量，其中，$i,j=1,2,3$。

—— 需求函数

需求方面，假设所有地区消费者的效用函数是相同的，并且可以用初级产品和制成品组合来表示，记作$U_j(A_j, M_j)$，假定效用函数采用科布—道格拉斯函数形式：

$$U_j = M_j^\mu A_j^{1-\mu} \qquad (11.7)$$

其中A_j表示j地区消费的初级产品数量，而M_j是其消费的制成品组合，μ则代表全部支出中制成品所占的份额（$0<\mu<1$）。根据Dixit & Stiglitz（1977），假定各区域的制成品消费组合都有相同的替代弹性σ（$\sigma>1$），但是各区域的效用函数中，不同区域生产的产品可能有不同的权重，由此体现本地区消费者对来自不同区域的产品的偏好程度α_{ij}。其中，$\alpha_{ij}=1$表示对各地区产品的消费偏好无差异，假设各地区消费者都不会抵制本地区生产的产品，那么$\alpha_{ii}=1$，而$\alpha_{ij}\leq 1$（$i\neq j$），表示本地区消费者对外来产品的排斥程度，这可以反映地方政府为保护本地企业，在公共消费支出偏向本地生产产品，制造贸易壁垒的情形。引入这一偏好参数，将可从贸易成本对双边贸易量的影响中，分离出消费偏好效应。假如偏好系数后，j地区的子效用函数M_j可表示为，

$$M_j = \left(\sum_{i,j=0}^{R} n_i(a_{ij}m_{ij})^{(\sigma-1)/\sigma}\right)^{\sigma/(\sigma-1)}, \quad (\sigma>1)\ i,j=0,1,2 \qquad (11.8)$$

对于给定的收入Y_j，j地区代表性消费者的预算约束为$Y_j = A_j + P_j M_j = L_j w_j$，其中$P_j$是$j$地区价格指数，它与制成品消费数量组合相对应；$L_j$是$j$地区的生产要素禀赋量，如果生产要素为劳动力，那么它就表示地区劳动力的数量；wj为j地区垄断竞争部门的要素报酬。因此，价格指数P_j又可以表示为：

$$P_j = (\sum_{i,j=0}^{R} n_j (p_{ij}/a_{ij})^{1-\sigma})^{1/(1-\sigma)}, \quad i, j=0,1,2 \tag{11.9}$$

其次，消费者将根据对各种制成品产品价格的了解，将其对制成品的总支出$P_j M_j$分配到各种产品中。因此j地区对i地区生产的某种产品的需求可以表示为：

$$m_{ij} = p_{ij}^{-\sigma} a_{ij}^{\sigma-1} P_j^{\sigma} M_j, \quad (i, j=0,1,2) \tag{11.10}$$

—— 代表性厂商的利润函数

生产方面，假定地区内的所有企业具有相同的特征，而i地区代表性企业的生产投入包括固定投入f_i和边际投入c_i，假定边际投入不变，而$f_i>0$，因此平均成本是递减的。由于只有一种生产要素，那么当某种产品产量为q时，所需的全部投入为：$l_i = f_i + c_i q$，这里假定地区间只存在固定成本差异，以此反映出地区间的技术水平差异。

此外，假定i地区1单位价格为p_i的产品运往j地区时，贸易成本为t_{ij}（≥0）。这里的贸易成本是广义的：国内贸易成本既包括有形的运输成本，也包括地方保护引起的贸易壁垒等因素；对外贸易成本除了天然的海运运输距离，还包括中央政策对沿海地区的倾斜和扶持以及各种管制的放松。因此，i区域代表性企业的利润函数可以表示如下：

$$\Phi i = \sum_{i,j=0}^{R} m_{ij} p_{ij} - w_i (c_i m_{ij} + t_{ij} m_{ij} + f_i), \quad (i, j=0,1,2) \tag{11.11}$$

―― 短期均衡分析

短期中，假定劳动力可以在区域内的两部门之间转移，但不能完成区域间流动，由于假定初级产品是无贸易成本的，各个地区在贸易后都生产它，这保证了要素报酬在各个地区都一样，选择适当的计价单位，可以令 $w_i=1$。求解等式（11.11）中的厂商利润最大化条件，根据张伯伦大组假定（埃尔赫南·赫尔普曼 2009），当企业数目非常大的时候，各种产品的需求弹性为σ，P_j 和 M_j 可以假定不变，那么利润最大化的一阶条件为：

$$p_{ij}(1-1/\sigma) = w_i(c_i+t_{ij}), \quad (i,j=0,1,2), \qquad (11.12)$$

即各个市场中的边际收益等于边际成本。从等式（6）中可以直接求解出产品的均衡价格 $P_{ij}=w_i(c_i+t_{ij})\sigma/(\sigma-1)$。由于假定市场是自由进入的，因此企业的均衡产出不变，它只取决于厂商的技术水平，即 $q_i^*=f_i\sigma$。又令 $\tau_{ij}=1+t_{ij}/c_i \geq 1$，此时，贸易成本为萨缪尔森的"冰山形式"，即当 i 地区 1 单位价格为 P_i 的产品运往 j 地区时，只有 $1/\tau_{ij}$ 产品实际到达了目的地，单位产品的价格为 $p_{ij}=p_i\tau_{ij}$。各地区在制成品贸易中需承担的成本不同，但假定两区域之间的贸易成本是对称的：τ_{12} 表示国内贸易成本，τ_{01} 和 τ_{02} 表示国内两个地区的对外贸易成本。

又令 $\theta_{ij}=(\tau_{ij}/\alpha_{ij})^{1-\sigma}$，且 $\theta_{ii}=1$，$0<\theta<1$，$i \neq j$，它可以视为地区间的开放度系数，也可以理解为包含运输成本和消费偏好在内的贸易壁垒的倒数，θ_{ij} 越小表示区域开放度越低，区域贸易壁垒越大；其次，为简化等式，指定 $\gamma_i=(p_{ij}/\alpha_{ij})^{1-\sigma}=[\sigma c_i/(\sigma-1)]^{1-\sigma}$，由于假定各地区厂商边际成本相同，因此 $\gamma_i=\gamma$。由此，i 地区代表性企业的最大化利润可表示为：

$$\Phi_i^* = \left[\sum_{j=0}^{R}(\theta_{ij}\gamma P_j^{\sigma-1}\mu L_j)\right]/\sigma - f_i \qquad (11.13)$$

从等式（11.13）中可以看出，厂商的最大化利润是模型各项参数、要素禀赋以及各区域价格指数的函数。由于市场允许自由进入，那么，均衡时所有厂商的利润都为零，即$\Phi_1^*=\Phi_2^*=\Phi_{i3}^*=0$。由此可以求解出均衡条件下国内各区域的价格指数：

$$P_1^{*\sigma-1}=[f_0(\theta_{02}\theta_{12}-\theta_{01})+f_1(1-\theta_{02}^2)+f_2(\theta_{01}\theta_{02}-\theta_{21})]\sigma/\Delta \cdot \mu\gamma\lambda$$
$$P_2^{*\sigma-1}=[f(\theta_{01}\theta_{12}-\theta_{02})+f_1(\theta_{01}\theta_{02}-\theta_{21})+f_2(1-\theta_{01}^2)]\sigma/\Delta \cdot \mu\gamma(1-\lambda) \qquad (11.14)$$

进一步地，根据价格指数等式（11.9），可以得出各区域中的企业数目：

$$n_1^*=[P_0^{1-\sigma}(\theta_{02}\theta_{12}-\theta_{01})+P_1^{1-\sigma}(1-\theta_{02}^2)+P_2^{1-\sigma}(\theta_{01}\theta_{02}-\theta_{21})]/\Delta\lambda$$
$$n_2^*=[P_0^{1-\sigma}(\theta_{01}\theta_{12}-\theta_{02})+P_1^{1-\sigma}(\theta_{01}\theta_{02}-\theta_{21})+P_2^{1-\sigma}(1-\theta_{01}^2)]/\Delta\lambda \qquad (11.15)$$

其中，$\Delta=1+2\theta_{01}\theta_{02}\theta_{12}-\theta_{01}^2-\theta_{02}^2-\theta_{12}^2$。由于$0<\theta_{01}<1$，$0<\theta_{02}<1$，$0<\theta_{12}<1$，因此，$\Delta>0$。又由于$1-\sigma<0$，$1-\theta_{02}^2\geq0$，因此有各区域企业数目是本地区价格指数的减函数（$\delta n_1/\delta P_1<0$，$\delta n_2/\delta P_2<0$）。其次，假定区域间的贸易壁垒遵循三角不等式条件，即$\theta_{01}\theta_{02}<\theta_{12}$，这是符合对现实情况的基本判断的。虽然一段时期内，沿海地区的面向国际市场，对外开放度甚至可能高于对国内其他省区的开放程度，即可能存在$\theta_{12}<\theta_{01}(<1)$，然而，内陆地区的对外开放度，总体上是不高于对国内其他省区的开放程度的（至少存在关税因素），即$\theta_{02}<\theta_{12}$，因此有$\theta_{01}\theta_{02}<\theta_{12}$。此时，$\delta n_1/\delta P_2>0$，$\delta n_2/\delta P_1>0$，也就是说，企业数随着另一地区的价格指数的下降而下降。

另外需注意，只有同时满足$n_1>0$，且$n_2>0$时，才会出现产业内贸易，否则，垄断竞争行业将集中于一个地区。国内区域间发生产业内贸易的条件为不等式（11.16），

$$f_2-f_1<f_0[E_2(\theta_i)-E_1(\theta_i)]/\Delta+\Delta^2 P_0^{\sigma-1}\mu[\lambda(\theta_{12}-\theta_{01}\theta_{02})/E_1(\theta_i)+(1-\lambda)(1-\theta_{02}^2)/E_2(\theta_i)]$$
$$(11.16)$$

从等式中可以看到，只有当两地区的技术差距在一定范围内的时候，两个区域才会同时生产该部门的差异化产品。如果两个区域在技术上相差甚远，则技术水平较高的区域将生产所有的报酬递增产品。注意，非专业化带域的宽度依赖于两区域的规模、国外技术水平以及贸易成本函数。当两地区规模差距很大时，即使细微的技术变动也会影响该垄断竞争部门的专业化生产格局和贸易模式。如果模型参数不满足$n_1>0$且$n_2>0$的条件，那么该制成品部门的企业将全部集中在一个地区，此时，国内两区域企业数可分别表示为，

$n_1^*=0$，$n_2^*=[(1-\theta_{02}^2)P_1^{1-\sigma}+\theta_{01}\theta_{02}P_2^{1-\sigma}-\theta_{01}P_0^{1-\sigma}]/\gamma(1-\theta_{02}^2)\theta_{12}$；或者 $n_1^*=[\theta_{01}\theta_{02}P_1^{1-\sigma}+(1-\theta_{01}^2)P_2^{1-\sigma}-\theta_{02}P_0^{1-\sigma}]/\gamma(1-\theta_{01}^2)\theta_{12}$，$n_2^*=0$ （11.17）

这一贸易模式变化同样可以通过用曲线来说明。图11-3中 x 轴为 $P_1^{\sigma-1}$，y 轴为 $P_2^{\sigma-1}$，由于$\sigma>1$，因此它们分别与P_1、P_2是同向变动的。图中的企业最大利润线$\Phi^*=0$是向下倾斜的，而$\Phi_1^*=0$、$\Phi_2^*=0$的交点G即为市场短期均衡点。另外途中两条曲线 $n_1=0$ 和 $n_2=0$ 分别为各地区存在该垄断制造业部门企业的临界条件。根据前面的分析，由于 $\delta n_1/\delta P_1<0$，$\delta n_1/\delta P_2>0$，$\delta n_2/\delta P_2<0$，$\delta n_2/\delta P_1>0$，因此只有在这两条线之间的区域，n_1、n_2才都为正值。当均衡点G落入这一区域范围内时，国内两个区域都拥有该垄断竞争部门的企业，区域之间发生产业内贸易；如果G点在 $n_1=0$ 之上，那么均衡条件变为$\Phi_2=0$，制成品产品将全部集中在区域2中生产，两区域之间发生产业间贸易。图11-3中描绘了国内两区域对称的情况，即 $\gamma_1=\gamma_2$，$\theta_{01}=\theta_{02}$，$f_1=f_2$，$L_1=L_2$。然而，当两区域在技术、规模或对外贸易成本等方面并不一致时，模型均衡点以及贸易模式的临界条件也会相应地改变，这将在下一节中具体讨论。

最后，从利润函数中可以看到，各生产企业收入的$(1-1/\sigma)$将用于抵偿运营成本，也就是说，在均衡状态下，另外$1/\sigma$将用于抵偿固定成本。因此，i地区单个企业的总收入可以表示为σf_i，各区域差异化产品的生产总值 r_i 为：

$$r_i = n_i \sigma f_i \tag{11.18}$$

此时，区域间的双边贸易量可表示为 X_{ij}，

$$X_{ij} = n_i p_{ij} m_{ij} = n_i p_{ij}^{1-\sigma} \alpha_{ij}^{\sigma-1} P_j^\sigma M_j = n_i [c_i \sigma/(\sigma-1)]^{1-\sigma} (\alpha_{ij}/\tau_{ij})^{\sigma-1} P_j^{\sigma-1} \mu L_j \tag{11.19}$$

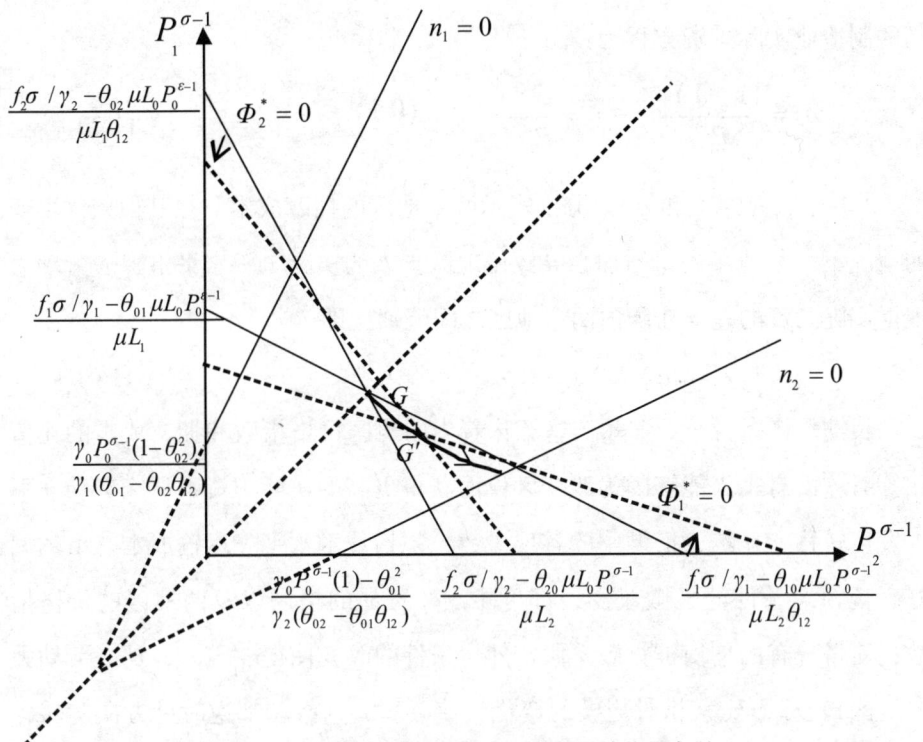

图 11-3　贸易均衡点与产业内贸易的临界条件

其中，等式右侧包含需求和供给变量。$n_i[c_i\sigma/(\sigma-1)]^{1-\sigma}$ 是厂商数量和他们技术水平的乘积，反映了出口地区的"供给能力"；$p_j^{\sigma-1}\mu L_j$ 是将地区最终消费支出与价格指数的乘积作 j 地区的"市场容量"；其中价格指数是竞争企业的数量和他们控制的价格的乘积。此外，等式还度量了地区之间的双边贸易成本 τ_{ij} 以及 j 地区消费者对 i 地区产品的偏好程度 α_{ij}。

——长期均衡分析

由于存在价格指数方面的差异，因此，即使存在要素价格在各地区相等

的情况，要素的真实所得也是不同的。长期均衡状态下，劳动力可以在国内区域之间流动，而这种流动将使要素的实际价格倾向于均等化。然而这种流动仍然不是完全自由的，需要考虑到劳动力迁移的各种障碍，以及地区内与人口规模有关的拥塞成本。由于制成品消费在工人的支出中只占 μ，则两地区的制造业实际工资方程为：

$$\omega_1 = \frac{(1-\lambda)^\delta}{P_1^\mu} \quad \omega_2 = \frac{\lambda^\delta}{P_2^\mu}, \quad \delta \in (0,1) \tag{11.20}$$

其中，$\xi_1=(1-\lambda)^\delta$ 和 $\xi_2=\lambda^\delta$ 分别表示两个地区的拥塞成本。在其他条件不变的情况下，某地区人口增加会导致该地区工人的实际工资水平下降。劳动力根据实际工资的差异在国内两个地区之间流动，即

$$\lambda^* = \gamma_\lambda(\omega_1 - \omega_2)\lambda(1-\lambda) \tag{11.21}$$

长期均衡条件下，$\lambda^*=0$，这意味着当两地区价格指数和拥塞成本的比值相等时，没有工人能够因为改变区位而获得更高的实际工资，那么劳动力不再发生转移。显然，模型中的各项参数，包括技术水平、运输成本、市场偏好、规模等条件的轻微改变，都可能改变贸易的格局以及两地区的价格指数，使得现有的均衡被打破。假定外生条件的改变使得 $\omega_1 > \omega_2$，那么劳动力向地区1转移，要素相对规模的变化将使 $\Phi_1^*=0$，$\Phi_2^*=0$ 都逆时针方向旋转，如图11-3中虚线所示，而新的均衡点为 G'，此时 $P_1^{\sigma-1}$ 减小，而 $P_2^{\sigma-1}$ 增大；如果由于人口增加带来的地区1的拥塞成本上升幅度小于其市场规模扩大带来的价格指数下降，即 $\delta\xi/\delta\lambda > -\delta(P^\mu)/\delta\lambda$，那么劳动力将会进一步向地区1转移，均衡点将沿图中粗黑线向右下方移动，直至 $\omega_1=\omega_2$，如果此时均衡点 G' 仍然在 $n_1>0$，$n_2>0$ 的区域范围内，那么该部门仍将分布在两个区域，但显然区域1的企业数目超过地区2（$n_1>n_2$）；或者，均衡点 G 超过 $n_2=0$ 临界线，此时该制成品部门将全部集中于地区1，而地区2对该部门产品的消费则完全依赖区外输入，国内区域间形成专业化分工格局，发生产业间贸易。

因此，最终的产业空间分布和地区贸易模式，取决于流入地拥塞成本与市场规模效应的力量对比；但可以确定的是，要素的流入地必定是产品的净输出区域。

11.2.3.2 地方性政策分析

如前所述，为保护本区域在贸易中的生产性得益，地方政府可以选择两类政策措施，一类如激励技术创新和通过产业振兴产业政策对选址在区内的企业进行补贴或减免税（降低企业固定成本 f ），以及改善对外贸易条件等（降低对外贸易的 τ_{i0}），刺激本地需求（提高 μ_i）等积极性的产业政策；另一类则是消极的地方保护，如在政府支出中明显抵制区外产品（改变偏好系数 a_{ij}），或者设置其他贸易障碍（提高区域之间的 τ_{12}）。然而，几乎所有政策都是可效仿的，因此往往我们看到的情况是，地方政府之间的政策竞赛。下面将在前面模型的基础上，对这上述各种政策及其对国家和各区域贸易得益的影响进行讨论。

—— 刺激技术创新或对企业固定投入进行补贴

这类型的政策在模型中的体现主要是降低本地区企业的固定成本 f，由此带来政策的效果不仅要考虑到政策实施前后贸易得益的变化，同时也要考虑到政策（如技术投入或补贴）实施的成本。假定对地区 2 的技术性投入（或补贴）来源于税收收入，那么采取这项政策，将使得固定投入相应地减少（δf_2）。根据效用函数，这一政策对于地区 2 消费得益的影响可以表示为，

$$\delta U_2 = U'(P_2)L_2\delta P_2 + U(P_2)n_2\delta f_2 \tag{11.22}$$

等式中第一项可以看作是技术投入（或补贴）带来的价格指数变化，第二项是投入（或补贴）的收入成本乘以收入的边际效用。生产厂商固定成本变化会使得本地区价格指数下降，而另一地区价格指数上升。结合等式（11.15），可以得到

$$dU_2/\delta f_2 = -(1-\theta_{01}^2)\mu^\mu L_2^{\mu-1}A^{1-\mu}P_2^{-\mu-1}/\Delta \cdot \gamma < 0 \tag{11.23}$$

显然,帮助本地区企业降低成本将提高地区的效用得益,同时,生产效率的提高,企业利润线的上升,还会令更多的企业进入本地市场,地区生产份额和收入都会随之扩大,当区域2技术比较优势足够大的时候,两地的价格指数可能重新回到相等状态,换句话说,技术上的进步将使得欠发达地区克服对外开放条件以及规模上的劣势,重新回到与发达地区相同的起跑线上。另外,从国家总体上看,仍然有$\delta(P_1^{\sigma-1}+P_2^{\sigma-1})>0$,即是说,通过刺激技术创新或者对区域2企业固定投入进行补贴或减免税,尽管会相对地减少区域1的福利水平,但是国家整体福利水平还是提高了。其次,在国外技术水平不变的情况下,本地区生产效率的提高,也会扩大本地区对国外地区的技术比较优势,相应地扩大该地区的对外贸易份额;从国家层面来看,由于总企业数随着生产效率的提高而增加了($\delta(n_1+n_2)>0$),因此,这项地区性政策对于国家整体消费效用水平、生产性收入以及在国际上的竞争力,都有积极的影响。

虽然有人认为通过投入为企业提供技术创新环境或对企业固定投入进行补贴仍然是对资源配置的一种干预:用补贴人为地降低成本会造成相对价格的扭曲,导致生产效率向效率低的部门流动。但是,这些政策主要是针对生产部门,并不会影响商品市场价格,贸易仍然是自由的,消费者仍然支付与区外市场相同的价格,消费量也没有因此减少,因而也不会出现贸易保护时的那种扭曲。从上面的分析可以看到,推动技术进步的政策对于落后地区的发展以及国家整体福利都有积极的作用。

—— 改善对外贸易条件

改善对外贸易条件,在模型中可以看作是改变欠发达地区的开放度系数(θ_{02}),这同样会使区域2的最大利润线左移;显然当$\theta_{02}=\theta_{01}$时,能够使得均衡条件下两地区重新回到对称状态。然而,由于地理方面的障碍无法完全逾越,对于大多数内陆地区,始终有$\theta_{02}<\theta_{01}$,而且在长期要素流动的影响

下，两区域在规模上已经不再对称，因此改善地区 2 的对外贸易条件，只能在一定程度上缓解产业向地区 1 的聚集，并不能使两地区回复完全对称状态。

至于这项地区性政策对国家总体福利的影响，若国内两地区技术上相似，那么只要满足条件：

$$f \leqslant f_0(1-\theta_{12})/2(\theta_{01}-\theta_{02}) \quad （11.24）$$

则有 $\delta(P_1^{\sigma-1}+P_2^{\sigma-1})<0$，即国家总体价格指数随着区域 2 开放度的提高而下降。这可以理解为，只有国内地区在技术上占据相对比较优势的地位，国内总体福利才会因为欠发达地区开放度的提高而上升。然而，如果不满足这一条件，那么开放度的提高，可能会使国家总体上损失更多的制造业份额和效用得益。从这个角度来看，我国递进式的开放政策选择仍是有其合理之处的。

—— 刺激本地需求

在前面模型中，我们假定各地区对制造品的支出份额不变并且相同的，但事实上往往并非如此。如果能够提高模型中的 μ_i，使得一个地区的消费总支出扩大，将等同于扩大了本地区的市场规模，这将降低本地区的价格指数，提高本地区消费者效用得益；但又不会改变国内另一地区的价格指数和效用水平。由此可见，刺激本地需求，必定会提高国家总体的效用水平。

其次，由于企业收入增加，在市场自由进入的原则下，必定吸引更多的企业进入这一地区，使得地区 2 的生产份额提升，而地区 1 的企业数量相对减少。就国家总体而言，由于总支出仍然是增加的，国内市场规模扩大了，因此国内企业总数和生产总收入都会增加。可见，刺激本地需求的政策，对当地福利水平以及国家总体福利水平都有积极的影响。

前面的分析都是以需求为基础的，其隐含的假设是生产会自动适应需求。如果需求的扩大小于本地的供给量，那么这样的政策不会产生任何扭曲。但是如果需求的扩大超过自由贸易情况下本地区或区外的供给能力，那么就会影响国内的生产和贸易。如图11-4所示。其中，D、S分别为本地区的需求和供给曲线，在政策实施前，产品价格为P_w，区内生产产品数量为S_1，区外输入产品数量为$S_2 - S_1$，假定供给能力不变，当本地需求扩大至D'时，如果本地供给能力（S'）能够随需求同步提高，满足区外供给能力不变的条件（$S'_2 - S'_1 = S_2 - S_1$）那么新增的需求可全部由本地区生产能力满足，价格不会产生任何扭曲；相反，如果短期内本地区生产能力扩张空间有限，供给曲线上升至S''，那么刺激内需的政策反而会提高市场价格（至P'_w），进而造成消费者效用的损失。

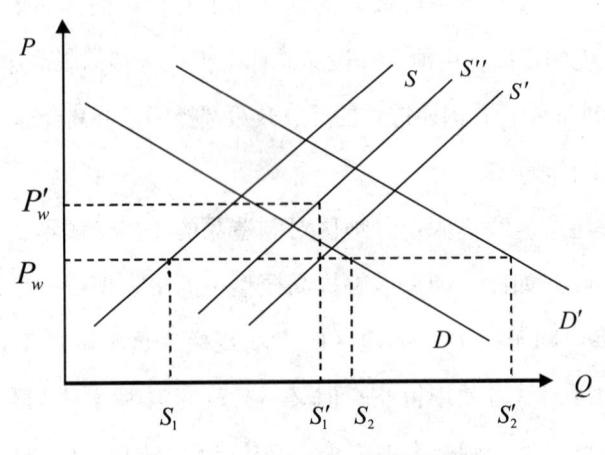

图 11-4　刺激需求政策的影响

—— 地方保护政策

消极性的地方保护政策包括在政府支出中明显抵制区外产品（改变偏好系数a_{ij}），或者设置其他贸易障碍（提高区域之间的τ_{12}）。随着各种公开的壁垒逐渐消失，地方政府歧视性的采购行为可能是当前地方保护的主要特点。这一方面保证了本地区产品的销售，另一方面在价格上也可能包含对本地企业的大量补助。

由于在模型中，偏好系数a_{ij}和贸易成本τ_{12}共同构成了区域开放系数θ_{ij}，因此只需考察参数θ_{ij}的变动会对贸易格局和贸易得益造成怎样的影响。下面

11. 区域贸易联系与市场一体化研究

通过图11-5来说明这一过程。首先，如果只是区域2单方面提高贸易壁垒，那么并不会影响本地区企业的运营状况；只会提高区域1生产的产品在区域2的销售价格，从而降低区域1企业的利润，$\pi_1^{\prime*}=0$ 向外旋转，新的贸易均衡点为 G'，显然在这一点上，有 $P_{G_{02}'}^{\sigma-1}<P_{G_{02}}^{\sigma-1}$，$P_{G_{01}'}^{\sigma-1}>P_{G_{01}}^{\sigma-1}$，区域2在贸易中的效用得益增加了，而区域1则相应地减少；区域1有部分企业将退出市场，同时区域2企业的贸易收入也扩大了。总之，通过单方面提高贸易壁垒，可以提高本地区的福利水平，而使对方福利受损。

然而，地区2所采取的保护行为是可效仿的，而且必然引起地区1报复。同样地，地区1也可以通过改变偏好系数 a_{ij} 或者提高区域之间的贸易成本 τ_{12}，对地区1的产品设置障碍，致使区域2企业利润下降，图11-5中表现为 $\pi_2^{\prime*}=0$ 向外旋转，使得贸易均衡点移至 G''。与最初的均衡点 G 相比，显然国内两个区域的价格指数都上升了，也就是说，在相继采用保护性的贸易政策后，两个地区以及国家总体的消费效用水平都会降低。这也说明，通过抵制区外产品或者设置其他贸易障碍来保护本地在贸易中的生产份额和收入免遭流失的政策，往往会由于对方采取相同的报复性政策而失效，并且给各区域乃至国家的总体福利带来损失。

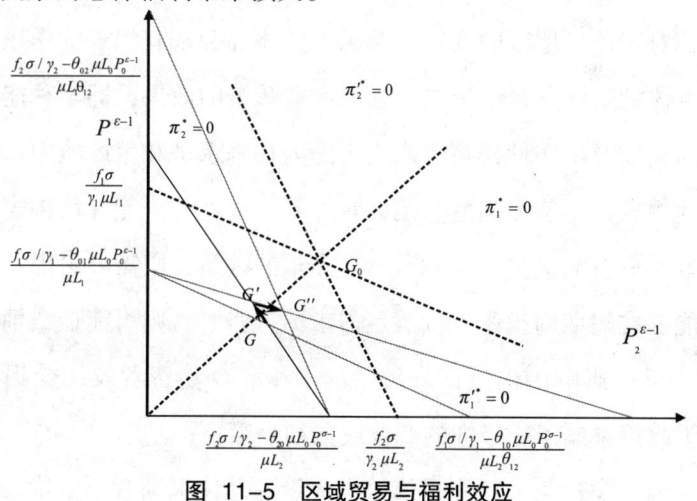

图 11-5 区域贸易与福利效应

区际贸易市场分割,还将衍生出"贸易转移"效应,即企业在国内贸易受到严重的国内市场分割约束时纷纷转向国际贸易,由此产生"竞相出口、低价竞销"的现象,使原本可以通过国内贸易实现的利益部分地流向国外。此外,总体价格水平上升还意味着国内总体市场规模相对缩小,国内企业无法利用国内产品大市场的条件发挥规模经济,竞争力因此而削弱,这也将不利于国家在国际分工和贸易中的发展。

可见,以提高区域间贸易壁垒为代表的地方保护类政策工具是消极的,即使对本地区的福利水平而言,也只能在短期内发挥作用,并且长期中,必定会令国内所有区域以及国家整体上受损。然而,由于此类政策工具所需要的当期成本最低,反而往往最容易被一些短视的地方政府所采用。

11.2.3.3 政策评述

总而言之,四类措施都可以在一定程度上增加本地区企业数目,提高地区生产性收益和总体福利水平,但第四类措施往往会由于对方采取相同的报复性政策而失效,并且严重制约产品市场的扩大和规模经济的发展,最终导致国内所有地区都利益受损,因而属于消极性的贸易干预政策。相反,第一类产业政策,即通过补贴或投资推动地区技术进步或者降低生产企业固定成本的政策,对于落后地区的发展以及国家整体福利都有积极的作用,当属是地方经济主体的最优选择。第二、三类产业政策的效果,即是否能够改善国家整体的福利以及生产性得益,取决于国内技术水平和生产能力:在不具备比较优势的领域,迅速提高落后地区对外开放程度,可能导致国家总体制造业份额和效用得益的损失;而刺激本地需求的政策,则需要考虑到区域生产能力是否能够在短期内扩张,以满足需求的扩张,否则可能造成消费市场价格的扭曲,反而影响国内生产和贸易的平衡,令消费者效用受损。总体上看,这三类政策都属于积极性的产业或福利政策。

虽然,前三类政策,特别是第一类政策的总体福利效果更优,但是其所需投入成本以及效果的不确定性也较大。除直接对企业固定成本进行补贴外，其他通过加大投入激励企业技术进步的政策，都不能确定是否能如期达到降低企业固定成本的效果。而且这样的投资需要长期的资金来源作为保障，而作为投资者的当届地方政府可能短期内看不到明确的效果。另外，刺激需求的福利政策过去也很少为地方政府所采用，因为过去在规模收益不变的贸易理论指导下，需求的扩大只会扩大那些拥有资源禀赋或生产效率优势的地区。但新贸易理论告诉我们，由于存在运输成本和规模收益递增，本地市场规模的扩大会吸引更多企业来本地区布局。由于过去对内需的不够重视以及缺少基于规模收益递增的贸易理论支持，因此第三类政策也很少被运用。

第二类和第四类政策是地方政府最常选取的政策工具，其中，第二类政策是基于对沿海发达地区经验的模仿，虽然需要一定的资金投入，但是沿海地区的发展经验让其他欠发达地区对这项政策的效果有了明确的预期，而且相关基础设施的建设往往得到较多的中央财政补贴；第四类政策由于所需要的当期成本最低，并且往往可以看到立竿见影的效果，而最容易被一些"短视"的地方政府所采用，演变为形形色色的地方保护手段，成为阻碍市场一体化进程的主要力量，而它给地区和国家带来的负面效应却需要一段时间才会显现出来。

从现实情况来看，国内的相关研究普遍肯定了区际贸易壁垒和地方保护的存在。国务院发展研究中心"中国统一市场建设"课题组（2004）总结了地方保护的形式和手段，列举了两个方面、8大类共42种地方保护的形式和手段，其中与产品贸易保护有关的政策共有4大类22种形式：①直接控制外地产品的销售数量（可视为"数量控制"，以下称为"第一类"）；②价格限制和地方补贴（可视为"价格控制"，以下称为"第二类"）；③工商质检等方面的歧视（可视为"技术壁垒"，以下称为"第三类"）；④阻止外地产品进入的其他非正式无形限制（可视为"无形限制"，以下称为"第四类"）。他们调查发现，问卷列举的各种保护形式和手段都在不同程度上存在，其中，程度最为严重的形式和手段集中在第四大类，即阻止外地产品进入的其他非正式无形限制。

11.3 我国市场一体化水平测度

学界对国内市场一体化、区际贸易壁垒和地方保护的研究，由于采取的方法和指标不同，得出的研究结论往往也有很大差异。国内研究包括间接分析和直接分析两种。间接分析包括两类，一是从产业结构趋同程度来考察地方保护，如Young（2000）、胡向婷等（2004）认为在中国地方保护主义的程度在加重，白重恩等（2004）则认为国内地方分割有所减轻，即区域市场一体化程度有所提高；而王雷（2003）则认为基本没有变化。二是采用问卷调查法（李善同等，2004；樊纲和王小鲁，2000；国务院发展研究中心"中国统一市场建设"课题组，2004），考察不同地区、不同部门和不同行业的企业或非企业单位对地方保护的感知程度，结果表明地方保护与地区分割程度比20年及10年前降低了，在对企业的调查问卷中，认为比20年前略有减轻和减轻很多的占61.3%，认为比10年前略有减轻和减轻很多的占61.1%；在对非企业的调查问卷中，认为比20年前略有减轻和减轻很多的占76%，认为比10年前略有减轻和减轻很多的占75%。由于不同的主体处于不同的位置，因此调查结果只能作为侧面的论据支持。此外，一些学者还通过各地区产品价格的差异程度来考察不同行业的市场分割情况，如桂琦寒等（2006），利用各地商品价格指数数据评价了中国相邻省份的商品市场整合程度及变化趋势。我们的主要结论是：中国国内市场的整合程度总体上呈现上升趋势；而喻闻和黄季琨（1998）从大米市场、周惠中（Zhou，2000）从烟草市场、李杰和孙燕群（2004）从啤酒市场测量了市场分割程度，得出这些行业的市场分割较为普遍的研究结论。郑毓盛和李崇高（2003）将中国的整体技术效率分解为省内技术效率和省际技术效率，发现改革开放以来中国各省内的技术效率大都得到提高，而省际技术效率存在低效，他们估计由于地方保护与地区分割而造成的效率损失在2000年高达20%。

另一类是对贸易流量的直接分析，如陈家海（1996）利用25个省1987年的投入产出表中的流入流出量，考察一个省对其他省份的贸易依存度，结果表明我国省际贸易的份额很大，但没有反映地方保护的变化趋势。Poncet（2003）使用边界效应的方法，研究1987—1997年中国各省国际和国内市场一体化，结果表明在各省的国际贸易参与水平不断提高的同时，国内省际贸易强度减弱，省际边界在国内市场分割中起着越来越重要的作用，中国省际之间的市场一体化水平已经低于欧盟国家之间的一体化水平。此后，陈桦楠等（2006）、黄赜琳等（2007）、赵永亮等（2007）都从不同角度，运用上述边界效应模型对我国的地方保护程度进行了测度。但上述研究一方面所利用的模型没有考虑对外贸易和技术比较优势的影响，另一方面由于缺乏省际间贸易流量的相关数据，因而在研究中做了各种简略处理，削弱了其对现实的解释力和政策指导意义。

本节在前述理论模型的基础上，推导可用于计量的边界效应模型，与以往的使用的边界效应模型相比，它考虑了技术比较优势对贸易量的影响；进而按时间、行业、地区，分三组对我国区域市场一体化程度及变动趋势进行了测度，力求描绘我国区际贸易壁垒的实际水平，为实现区际贸易市场一体化和区域协调发展的政策制定提供基本依据。

11.3.1 市场一体化的内涵

一体化作为一个独立的概念，其最初的使用总是和各国间贸易的融合相联系，区域经济一体化理论也正是在传统贸易理论的基础上发展起来的。瑞典经济学家赫克歇尔最早指出，经济一体化是各国经济之间贸易融合到一个更大区域的过程，其后，两位德国经济学家Herber Gaedicke和Gert von Eynern开始在其书中使用"经济一体化"来描述各个国家之间在贸易和经济上的关联性（陈军亚，2008）。而被广泛应用并得到首肯的经济一体化定义由美国经济学家Balassa（1961）提出的，他认为：经济一体化既是一个过程，又是一种状态。就过程而言，它包括旨在消除各国经济单位之间差别的种种举措；就状态而言，则表现为各国间各种形式的差别待遇的消失。

国际市场一体化理论的核心基础是关税同盟理论，认为市场一体化将产生"贸易创造"和"贸易转移"两种不同的效应，而衡量关税同盟对一国利弊影响，取决于贸易创造效应所带来的收益和贸易转移效应发生的损失对比。考虑到规模经济的存在使得关税同盟的经济效应有了更深刻的认识。Corden（1972）指出，区域经济一体化还将使区域内的高效率成员体边际生产成本递减，并且因此对生产和消费两个方面造成影响，即原先销售的商品现在得以较低成本进行生产，而消费者可以以较低价格购买更多产品，此为市场一体化的"成本降低"效应。

在我国的相关研究中，市场一体化与地方市场分割是一对相对应的概念，从一定意义上说，建设全国统一开放市场的过程就是逐步打破、消除地方市场分割的过程。如安虎森（2007）把经济一体化视为消除阻碍经济有效运行的人为因素，实现经济合作与统一的过程。这种理解，可以把经济一体化分为两个阶段，首先是消除阻碍经济有效运行的人为因素阶段，即提高市场开放度；其次是经济合作与统一的阶段，即实现一体化后市场规模的扩大（安虎森和李瑞林，2007）。国务院发展研究中心课题组（2005）强调，在市场一体化的状态下，产品、服务和生产要素在集团边界内流动不受制度性壁垒的影响，同质的产品、服务和资本要素之间价格应当趋于相同。

显然，国内外关于市场一体化的理解，或者是从国家之间出发，或者是集中考察一国内部的各个区域之间。如果将它们整合起来，可以认为，在我国的改革和开放整个过程中，开放是国内市场和国际市场一体化的过程，改革是国内市场一体化的过程，改革和开放的经济含义最终是要利用国际分工和国内分工取得直接由于分工导致的静态利益和由此产生的动态规模经济、城市化等利益（焦军普，2004）。

11.3.2 计量分析模型

首先在前面理论模型的基础上，开发出可用于计量的市场开放度测算模型，这一计量模型与其他边界效应模型（Poncet，2003；黄赜琳等，2007；赵永亮等，2007）的差别在于，本节的计量检验模型建立在本研究前面建立的理论模型基础上，因此它考虑了规模效应，同时还体现了地区间的技术水平差距对于贸易量的影响，而后者是其他所有边界效应测度模型都没有考虑到的。在此基础上，按时间、行业、地区，分三组对我国区域市场一体化程度及变动趋势进行了测度，第一组估计是对Poncet（2003）研究的补充和延续，后两组估计则可以比较出不同类型产品市场以及不同区域的市场一体化程度差异。

11.3.2.1 理论模型中关于区域开放度的理解

理论模型中，开放度以 θ_{ij} 表示，它包括两个部分的内容，一是距离因素导致的运输成本，当然这也反映了交通基础设施方面的差异，地理距离是无法缩短的，但时间距离则可以缩短，加强基础设施建设就是改变时间距离因而提高区际贸易自由度的过程。人际交流、物质交流、各种信息交流都通过基础设施而进行。对经济一体化而言，尤其重要的人际交流，区际物质与信息交流都离不开人际交流，快速便捷的交通设施与通讯设施是经济一体化的首要前提。正因为这样，"十一五"期间国家以及各个省份都加快交通设施和通讯设施的建设，如我国"长三角"计划在"十一五"期间建设京沪、沪杭、宁杭、宁芜、合宁等高速铁路和城际铁路，天津也正加紧建设两条新的京津高速路、京津城际铁路以及港湾建设（安虎森和李瑞林，2007）。

二是地区对不同来源产品的消费偏好，这主要表现在公共消费的支出部分，地方政府可能处于追求政绩最优的考虑，运用行政力量对本地企业进行保护，而限制购买其他地区的产品。而在当前的体制下，地方官员的激励机制存在设计不足，导致地方政府普遍存在狭隘的本土保护意识，模型中提到的支出偏好只是地方政府进行市场干预的手段之一。除此之外，限制短缺品的流出也是地方保护的重要手段，如"煤炭大战"、"棉花大战"、"苎麻大战"、"蚕茧大战"等，以及其他一些行政性手段，比如，规定本地的批发和零售企业优先经营本地企业的产品，阻止外地企业在本地设立销售机构，对外地车辆通行征收额外的税费，等等（踪家峰，2006）。

此外，理论模型中的开放度 θ_{ij} 既可以表示对外开放程度，也可以表示区际开放程度。这两种开放度的提高都将提高各地区消费者的效用得益，但是对于各地区生产企业而言，其影响却是不同的。在国内各区域对称的情况下，对外开放度的提高能否使地区取得生产性得益，这取决于国内外技术水平的对比；而当国内地区间存在规模、技术或者对外开放度等方面的差异时，在各项参数上处于劣势的地区，则会在贸易开放过程中流失大量企业和生产份额，这构成了追求产值最大化的地方政府采取行政手段实施地方保护的初始动机。

11.3.2.2 计量分析模型推导

根据理论模型，i 地区产品输出到 j 地区的数量（即地区间双边贸易流量）可表示为 X_{ij}，其计算公式为：

$$X_{ij}=n_i p_{ij} m_{ij}=n_i p_{ij}^{1-\sigma} a_{ij}^{\sigma-1} P_j^{\sigma} M_j=n_i [c_i \sigma/(\sigma-1)]^{1-\sigma}(a_{ij}/\tau_{ij})^{\sigma-1} P_j^{\sigma-1} \mu L_j \quad (11.25)$$

其中，等式右侧包含需求和供给变量。$n_i[c_i\sigma/(\sigma-1)]^{1-\sigma}$ 是厂商数量和他们技术水平的乘积，反映了出口地区的"供给能力"；$P_j^{\sigma-1}\mu L_j$ 是将地区最终消费支出与价格指数的乘积作 j 地区的"市场容量"；其中价格指数是竞争企业的数量和他们控制的价格的乘积。此外，等式还度量了地区之间的双边

运输成本 τ_{ij} 以及 j 地区消费者对 i 地区产品的偏好程度 a_{ij}。如果以 j 地区对本地区产品的消费为参照标准，则可消去价格指数和产品的消费支出等变量，等式（11.25）变化为：

$$\frac{X_{ij}}{X_{jj}} = \frac{n_i c_i^{1-\sigma}(a_{ij}/\tau_{ij})^{\sigma-1}}{n_j c_j^{1-\sigma}(a_{ii}/\tau_{ii})^{\sigma-1}} \quad (11.26)$$

其中，X_{ij} 为 j 地区自给自足的产品消费量，n_i 和 n_j 分别表示 i 地区和 j 地区的企业数目，根据理论模型，均衡条件下，各厂商生产产品的价格为 $p_i = c_i \sigma/(\sigma-1)$，产量为 $q_i^* = f_i\sigma$，它们与市场规模以及企业数目无关。如果对等式（11.26）上下同乘以 $\sigma^2 f_i / f(\sigma-1)$，则可得到：

$$\frac{X_{ij}}{X_{jj}} = \frac{n_i p_i q_i c_i^{-\sigma} f_i^{-1}(a_{ij}/\tau_{ij})^{\sigma-1}}{n_j p_j q_j c_j^{-\sigma} f_j^{-1}(a_{jj}/\tau_{jj})^{\sigma-1}} = \frac{v_i t_i (a_{ij}/\tau_{ij})^{\sigma-1}}{v_j t_j (a_{jj}/\tau_{jj})^{\sigma-1}} \quad (11.27)$$

其中，$v_i = n_i p_i q_i$ 表示 i 地区的总产出，$t_i = c_i^{-\sigma} f_i^{-1}$ 表示 i 地区的技术水平，t_i 值越大，说明厂商生产所需投入的固定成本（f_i）和边际成本（c_i）越少。如果令 $\varepsilon_{ij} = a_{ij}^{-1}$ 表示各地区消费（含公共和私人消费）对区外产品的歧视程度，并且令 $a_{ij}=1$，即表示各地区对本地区生产的商品没有歧视；又令运输成本为距离的函数 $\tau_{ij}=d_j^\delta$，并且对等式两边求对数，由此即得到可用于计量的等式：

$$\ln(X_{ij}/X_{jj}) = \ln(v_i/v_j) + \ln(t_i/t_j) - (\sigma-1)\ln\varepsilon_{ij} - (\sigma-1)\delta\ln(d_{ij}/d_{jj}) + \rho_{ij}$$
$$(11.28)$$

从等式（11.27）还可以看出，i 地区输出到 j 地区的相对贸易量，应当与两地区的相对总产出成正比，与两地区的相对技术水平成正比，与市场歧视程度呈反比，与相对距离呈反比。对这一模型进行计量检验，一方面是要验证理论模型所推导出来这些符号关系是否正确，以及产出、技术水平、距离等因素对于贸易量的影响大小；另一方面，还可以估计出地区间贸易壁垒（市场歧视程度）$(1-\sigma)h\varepsilon_{ij}$的大小，它可以反映区域产品贸易市场的一体化程度的变动情况。

此外，由于上述模型是在区域贸易理论模型的一般形式基础上推导出来的，因此，它既可以测度国内各地区与国际市场的一体化程度，也可以测度国内区域间市场一体化程度。

11.3.2.3 估算方法和数据

本研究将利用贸易数据对上述计量模型进行三组估计：第一组是利用1997年、2002年和2007年各省的调入/进口额数据，估计不同年份我国省区一体化程度的变动情况，并且将省际市场一体化程度同国际市场的一体化程度相比较[①]；第二组估计是利用2007年分行业（农产品、矿产品和制成品）的调入数据，测度并比较不同行业的市场一体化程度（或贸易壁垒大小）；第三组估计是利用省际双边贸易量数据，估计并比较不同地区省份的贸易壁垒大小。

由于前两组估计中贸易量采用的是各省全部调入量（可视为j地区从全国其他所有省区调入的总量），根据Poncet（2003），等式右边的数据也要进行类似的处理，其中

$$v_{ROC}=\sum_{i\neq j}^{n}v_i,\quad t_{ROC}=(\sum_{i\neq j}^{n}t_iv_i)/v,\quad d_{ROC}=(\sum_{i\neq j}^{n}d_iv_i)/v \tag{11.29}$$

其中，v_{ROC}表示除输入地外，国内其他地区的生产总值，v表示全国生产总值，可见，除输入地外，国内其他地区的技术水平t_{ROC}、运输距离d_{ROC}都是以产出为权重，对其他各地区相关参数的几何平均。

模型中相关参数的设定和数据选取如下：v_i用地区生产总值表示；t_i用地区劳动生产率表示；距离d_{ij}分为与国内其他市场之间的距离和与国外市场

[①] 除在模型中增加了相对技术水平的影响外，这组估计与Poncet（2003）的研究工作类似，但是他只进行了1987年、1992年和1997年的边界效应估计，因此本组估计可以看作是对其工作的延续和补充。

的距离两类，其中，各省区之间的距离采用省会之间的公路距离而非直线距离，这样可以间接考虑到各地地形地貌的差异性。至于本地市场，本文取各省半径的2/3作为内部距离 d_{jj}。

$$d_{jj} = (2/3)\sqrt{S_j/\pi} \tag{11.30}$$

在第一组估计中，还将测定省区与国际市场一体化的程度，使之与国内省际市场一体化程度相比较。考虑到海运是对外贸易中最主要的形式，从节约运输成本看，各省区离沿海越近就意味着越接近国外市场，因此在此采用各省到沿海的距离代替各地与国际市场的距离：对于沿海省份，该距离为该省的内部距离；对与内地省份则为到最近沿海省份距离加上该沿海省份的内部半径。用 C 表示所有沿海省份的集合。则 j 省距离国外市场的距离表示为：

$$d_{jf} = \begin{cases} (2/3)\sqrt{S_j/\pi}, j \in C; \\ \min(d_{ij}) + (2/3)\sqrt{S_i/\pi}, j \notin C, i \in C \end{cases} \tag{11.31}$$

国际贸易中的贸易量用进口额表示，假定国内所有地区面对的国外地区是同样的，即取国外市场的平均产出 v_f 和技术水平 t_f，那么估计各省区与国际市场一体化程度的等式可表示为：

$$\ln(X_{im}/X_{jj}) = \ln(v_f/v_j) + \ln(t_f/t_j) - (\sigma-1)\ln a_{fj} - (\sigma-1)\delta \ln(d_{fj}/d_{jj}) + \varepsilon_{fj} \tag{11.32}$$

Pocent（2003）认为，产出和贸易可能存在联立性问题，因此将产值系数限定为1，但是在理论模型分析中看到，由于该弹性系数决定了产出与贸易的关系，如果弹性系数大于1，将意味着贸易量的增长速度甚至会超过收入的增长。这一数值对于分行业估计尤为重要。因此，研究中将按照两种方法进行估计，并比较估计结果的显著性是否有变化。

研究中关于各省地区生产总值、全员劳动生产率的数据根据历年《中国统计年鉴》整理计算。在第一组估计中，全员劳动生产率用工业增加值与职工人数的比值表示、第二组估计中，由于涉及不同的产业，相应地，全员劳动生产率分别用第一产业增加值与第一产业从业人员数的比值、工业增加值与职工人数的比值表示。前两组估计中，省际贸易量为各省全部调入量、对外贸易量为各省进口额；省内贸易量为各省总产出减去净流出额。与各项贸易量指标以及地区总产出有关的数据，均来自各省1997年、2002年和2007年的投入产出表。最后，关于各地区之间距离的数据取自《中国公路运营里程地图册》，省内距离以及各省同国际市场的距离根据等式（11.30）、（11.31）计算。为保持相关数据的完整性，将重庆和海南分别并入四川和广东，并且去除西藏自治区，所以在空间上共有28个省区样本。而观测变量数则根据各组估计的目的不同而决定。

11.3.3 估计结果

11.3.3.1 变动趋势

首先，利用1997年、2002年和2007年各省的调入/进口额数据，估计并比较不同年份我国各省区与国际市场和国内省际市场的一体化程度及变动趋势，估计结果见表11-12。由于这组估计的过程与Poncet（2003）十分相似，因此在结果上有一定的可比性。Poncet（2003）分别估计了1987年、1992年、1997年我国省际贸易和对外贸易的边界效应，得出的结论是各省区与国际市场一体化程度提高的同时，国内省际间市场却走向非一体化。本文的模型中，剔除了相对技术变量的影响，得到的1997年省际边界效应数值为2.77（exp(15.95)）[1]，大于Poncet（2003）的结果1.93[exp(6.89)]，可能是由于他采用相对价格作为控制变量时，价格上的差异本身部分地来自各种贸

---

[1] 根据前述计量模型，边界效应可通过对估计式常数项取指数计算得到，它反映区域消费的产品中来自本区域内部的数量与外来产品的比率。

易壁垒或政策，并且当两地间的商品具有高度替代弹性时，极小的价格变化会引起贸易流的显著变化，但是这些变化不是市场一体化程度的变动引起的（陈敏等，2007）。同样地，相对产出的弹性系数很小，可能的确存在Poncet（2003）所说的联立性问题，设定相对产出的系数为1，重新估计后，省际贸易边界效应的数值更大，同时其显著性也提高了（参见表11-12第2列）。

对比1997—2007年的边界效应变化，发现省际边界效应没有如Poncet（2003）预计的进一步扩大趋势。相反，本研究的估计结果表明，1997—2007年国内省际贸易市场的一体化程度有所提高，这与赵永亮等（2007）估计的结果有所出入，他认为1997—2005年国内省际贸易的壁垒是不断提高的，这可能与变量的选取有关。但笔者认为，本研究结果是符合现实情况的，正如国务院发展研究中心"中国统一市场建设"课题组（2004）对全部31个省市各个行业企业与非企业的问卷调查结果表明："总体而言，企业认为目前地方保护程度比20年前减轻了很多，比10年前略有减轻，就是在1994年税制改革后到现在为止，地方保护程度总体上在不断减轻"。

值得注意的是，比较1997—2002年和2002—2007年两个时段的估算结果发现，在后一阶段，边界效应水平下降幅度更大，说明国内区际贸易市场一体化进程现加速态势，尽管这一时期对外贸易壁垒的下降速度也很快，但对外贸易壁垒仍然高于国内省际市场，可见，国内市场分割程度并不如想象中那么严重，国内企业仍然有机会利用这一大市场发展规模经济，提升市场竞争力。

表 11-12 1997—2007年省际贸易和对外贸易边界效应估算结果

		$\ln(x_{ij}/x_{jj})$	$\ln(x_{ij}/x_{jj})-\ln(v_i/v_j)$	$\ln(x_{ij}/x_{jj})$
对外贸易	1997	-7.98** (-3.65)	-7.88** (-2.04)	-5.89 (-2.57)
	2002	-7.44*** (-4.01)	-7.39* (-1.29)	-5.07 (-1.40)
	2007	-6.52* (-1.96)	-7.40** (-2.33)	-5.11* (-1.33)

续表

		$\ln(x_{ij}/x_{ji})$	$\ln(x_{ij}/x_{ji})-\ln(v_i/v_j)$	$\ln(x_{ij}/x_{ji})$
省际贸易	1997	-2.77*** (-2.72)	-4.87*** (-6.54)	-2.65* (-2.74)
	2002	-2.71** (-2.90)	-4.80*** (-5.62)	-2.57** (-2.98)
	2007	-2.23** (-1.96)	-5.10*** (-5.26)	-2.72** (-2.00)
相对产出（07）		0.11* (1.89)		0.24 (1.80)
相对技术（07）		0.45** (2.22)	0.879** (1.97)	0.55 (1.14)
相对距离（07）		-0.79 (-0.85)	-0.399 (-0.96)	-0.01 (0.15)
地区虚拟变量（02）				0.77* (1.75)
R2		0.451	0.616	0.584
D.W.stat		2.156	1.899	2.037

注：表中数字上标***、**、*分别表示1%、5%和10%的显著性水平，括号内数字为 t 统计值。

此外，根据理论模型推导，本研究在计量分析模型中控制了相对技术水平对双边贸易量的影响。从2007年数据的估计结果看（表11-12），该项变量系数为正并且显著，符合模型关于比较优势与贸易量关系的预期。距离弹性系数估计结果的符号虽然为负，符合理论模型预期，但显著性较差，这可能与相对距离的计算方法有关。因为估计过程中笔者选取了除本地外的全国其他所有省区作为贸易对象，距离的计算取本地与全国所有地区距离按照地区生产总值加权的几何平均值，这样的计算结果可能与实际偏误很大。

最后，考虑到模型中可能未捕捉到的地区间差异，假定这主要表现为东西部省区之间的差异，因此在模型中加入虚拟变量进行控制，结果见表11-12中第3列。地区虚拟变量系数（表11-12中报告了2002年数据的估计结果）为正，并且在1%水平上显著，而控制了地区差异之后，省际边界效应指数也略微减小，这表明确实可能存在组间（大区间）差异；但按此方法对2007年的数据进行估计的结果却不显著。

11.3.3.2 行业差异

按照前述估计方法，进一步考察分行业的产品市场边界效应。考虑到各省第三产业（服务业）流动性有限，在省际贸易中所占比重较小，因此本节将主要估计农产品、矿产品和制成品的省际市场一体化程度，估计结果如表11-13所示。

表 11-13 省际贸易边界效应分品类估计结果

	农产品市场	矿产品市场	制成品市场
边界效应	−4.02** (−2.29)	−2.60*** (−5.16)	−2.65* (−1.25)
相对产出	0.14* (1.89)	0.22 (0.98)	0.83** (2.03)
相对技术	−0.02 (−0.19)	0.28 (0.98)	0.63*** (4.41)
相对距离	−0.44*** (2.72)	−1.11** (−1.79)	−0.27 (1.50)
R2	0.233	0.287	0.389
D.W.stat	1.256	1.313	1.506

注：表中数字上标***、**、*分别表示1%、5%和10%的显著性水平，括号内数字为 t 统计值。

分行业的估计结果仍然满足模型对各项变量符号的预期，特别是各类产品贸易的距离弹性系数为负且显著性提高，说明前面的总量估计可能忽略了各类产品贸易的不同特征。其中，矿产品的距离弹性系数绝对值最大，说明运输成本在其价格中占重要部分，并且影响贸易量的大小。而从各类产品贸易的相对技术弹性来看，制成品系数最高并且在1%水平上显著，说明比较优势对于制成品贸易量影响最为突出；而农产品和矿产品贸易的技术弹性均不显著，各地区生产效率上的差异对贸易格局的影响很小。

此外，根据表11-13，农产品市场的边界效应绝对值最大，而矿产品市场的边界效应绝对值最小。这似乎有些出乎意料，因为通常认为，各地区对于短缺性矿产品资源的"限制流出"是地方贸易保护的重要内容。但仔细观察前述理论模型即可发现，模型中度量的边界效应，主要反映的是公共消费支出中对本地产品的偏好，或者说对区外产品的歧视程度。各地区第一产业主要依赖自给自足的现象导致其边界效应高达55.7（exp(4.02)），这一结论可以得到产业集中度方面数据的支持，1997—2005期间，第一产业的集中度从1997年的2.36下降至2002年的1.87，到2007年，这一数值进一步下降至1.59。说明农产品的地区分布越来越均匀，而农产品多为同质性产品，替代弹性高，而地方政府通过补贴和采购等各种形式对农产品进行保护是容易实现的。

相反，由于矿产品对特殊资源的依赖性极强，地区分布极其不均，资源稀缺地区必须依赖区外进口，这甚至演化为各地区对矿产品资源的争夺战，因此在矿产品市场上，这种本地市场偏好（或者外地市场歧视）的表现最不显著，各地对这类产品的进入壁垒也最小。普通制成品也有较高的替代弹性，因而也是竞争最为激烈的行业，模型估计结果显示，制成品市场的边界效应基本与总体边界效应基本一致。此外，黄赜琳（2007）利用1997年区域间投入产出表，对8个区域11个制造业部门的边界效应进行了测度，结果发现，纺织业和食品制造及烟草加工业的边界效应最大，地区间产业同构非常严重，因此地方政府对其保护也比较多；而地方保护较弱的三个行业依次为：非金属矿物制品业、金属冶炼及制品业和木材加工及家具制造业，这与我们关于矿产品的估计有一致之处。国务院发展研究中心"中国统一市场建设"课题组（2004）针对企业的调查也显示，在所有八大类共42种地方保护的形式和手段中，"投入限制"（对外来企业原材料投入方面的干预）的严重程度排在最后一位。

11.3.3.3 区域差异

前面计量分析的结果显示边界效应可能存在地区差异,即位于不同区域的省份,可能在开放度方面存在很大差异。下面,首先利用省际双边贸易量进行面板数据估计,估计方法广义最小二乘(GLS),估计结果见表11-14。

由表11-14可以看到,所有地区边界效应估计结果都很显著,其中东部地区边界效应最小,仅为11(exp(2.41))[①],说明东部各省的开放程度最高;中部和西北边界效应最大,几乎接近前面计算的外贸边界效应水平。由此可见,国内各区域开放度的确存在显著的差异。东部地区经过30年改革开放的发展,无论是在市场化还是对外开放方面都领先全国其他地区,而市场力量的成长有利于打破区域间市场分割的力量[②]。另一方面,东部地区在制造业方面拥有绝对的优势,通过省际贸易,这些省份地区能够获得更多生产性资源,因此它们更倾向于购买外地产品。此外,研究中还分别对东部的三大经济区,即北部沿海、东部沿海和南部沿海的边界效应进行了估计,结果发现,各个区域的开放程度大致相当,其中,开放度最大的是北部沿海的省份,其边界效应为9.68[exp(2.27)]、其次是南部沿海省份11.13[exp(2.41)],最高为东部的12.68[exp(-2.54)]。

表 11-14 省际贸易边界效应分区域估计结果

	东部	东北	中部	西北	西南
边界效应	-2.41*** (-8.32)	-5.50*** (-32.03)	-6.20*** (-55.81)	-6.22*** (-25.64)	-5.53*** (-30.45)
相对产出	0.22** (2.36)	0.68*** (2.75)	0.32* (1.85)	-0.08 (-0.32)	0.46** (2.38)

---

① 由于前两组估计涉及对全国其他地区平均距离和技术水平的主观估计,因此在数值上不应将本组估计结果与前两组结果直接进行比较。
② 陈敏等(2007)认为,对外开放除了改变地方政府的决策环境以外,还能够通过改变企业行为与人们的观念促进市场一体化。

下篇：专题研究

续表

	东部	东北	中部	西北	西南
相对技术	−0.77*** (−4.73)	0.84* (1.88)	1.01** (2.98)	1.06** (2.10)	0.37 (1.00)
相对距离	−1.26*** (−10.49)	−0.40*** (−2.71)	0.10 (0.67)	−0.08 (−0.43)	−0.03 (−0.19)
R2	0.39	0.545331	0.27	0.122	0.264
D.W.stat	1.276	0.874	15.894	1.426	0.678
F−stat	43.637	19.190	1.306	4.654	8.852

注：表中数字上标***、**、*分别表示1%、5%和10%的显著性水平，括号内数字为 t 统计值。

除西北地区外，各省区的相对产出的弹性系数均为正，贸易量的大小受到产出水平的影响较为显著；在前一章的分析中提到，西北地区的国内贸易水平很大程度上受到边贸和过境贸易（东部沿海地区生产产品经这里发往接壤的中亚地区）的左右，由此便可以理解当地的产出与贸易量为何没有显著的正向关系。

除东部地区外，其他省区的相对技术的弹性系数均为正，说明这些省份主要按照技术比较优势参与分工和贸易，东部地区这一系数为负可能是由于存在大量产业内贸易以及过境贸易有关。

除中部地区外，所有省份的相对距离弹性均为负，这符合理论部分关于贸易量随着距离的增大而减少的预期，中部地区这一系数为负，也验证了11.1.2的分析，由于存在相对严重的地区间壁垒，因此在空间上近邻的中部各省，其相互间的贸易量却非常小。同时，在对中部省区的估计中发现，相对技术水平的系数非常大，相对比较优势在其省际贸易发展中占重要地位，正如中部各省与相邻东部省份在产业链上日益密切的分工与合作，便是这一点的最好佐证。

上述估计结果反映了各省参与国内省际贸易的综合水平，而没有区分区域内贸易和区域间贸易,理论上看,区域内各省由于地理上的临近关系,应该有更多的贸易往来,这也是引力模型中蕴涵的重要思想。下面将分别对各省参与自己所在区域(按传统区划方法划分)的区内贸易的情况进行分析,因此估计中的观测点仅包括区域内各省之间的贸易流量。结果见表11–15。

表 11–15 区域内的省际贸易边界效应

	中部	东部	北部贸易区	泛长三角贸易区	泛珠三角贸易区
边界效应	−8.82*** (−5.49)	−3.82*** (−6.45)	−4.27*** (−7.76)	−2.70*** (−28.37)	−2.22*** (−47.64)
相对产出	1.32*** (2.55)	0.91*** (6.97)	0.41** (4.59)	2.43*** (11.27)	1.54*** (21.16)
相对技术	−0.35 (−2.68)	−0.25 (−1.51)	1.33*** (1.46)	−1.62*** (−7.55)	4.65** (3.69)
相对距离	−0.31 (−5.49)	−0.52** (−2.08)	−0.37*** (−7.87)	0.24 (1.48)	3.28*** (9.04)
R2	0.912	0.543	0.892	0.908	0.981
D.W. stat	1.686	3.063	1.833	2.187	2.600
F-statistic	27.0	6.289	11.451	106.04	24.23

注:表中数字上标***、**、*分别表示1%、5%和10%的显著性水平,括号内数字为 t 统计值。

表11–15中仅报告了中部地区内的省际贸易边界效应,并以东部的数据作为参照。注意到东部内部的边界效应高于其在全国的总体水平,说明东部内部,特别是三大经济区(北部沿海、东部沿海和南部沿海)之间由于竞争关系,仍然可能存在相当程度的贸易壁垒[1]。

中部地区的边界效应指数非常高,同样也高于其在全国的总体水平,这

---

[1] 保健云(2006)通过对长三角和珠三角的发展竞争和市场一体化研究,认为这两个发达经济区之间的发展竞争更多地表现为产业竞争力与产业结构升级能力、区域市场竞争与进入能力、生产要素区域聚集能力与配置效率、制度创新与技术创新能力之间的竞争。

印证了我们关于中部地区存在较严重的地方保护以及产业同构的判断。作为我国"东西交汇、南北沟通"的重要战略枢纽和中转站，由于内部市场的相对割裂，中部地区没有发挥其"承东启西、纵贯南北"，这尤其表现为对西部的辐射带动作用不强。

综上计量分析，可以得出这样几点结论：首先，1997年以来，我国各省区总体上与国际市场的贸易联系愈加紧密，而省际贸易的壁垒和地方保护问题也没有继续恶化的趋势，相反国内市场一体化水平正在逐步提高。其次，在各类产品市场中，农产品市场的边界效应最高，说明对各省在农产品的消费支出中普遍存在本地偏好，由于农产品往往具有同质化特征，因此政府更易于通过补贴或限制购买等手段进行地方保护；而1997年以来农业生产集中度不断下降，也从另一个侧面说明了这一点。第三，我国各省在省际市场开放度方面存在区域性差异，总体上，东部省区开放度较高，这与其经济发展水平、市场化程度以及对外开放程度是一致的，但东部内部三个发达经济区之间由于竞争关系，一体化水平低于它在全国的平均水平；中部和西北省份的边界效应绝对值最高，但导致这一结果的原因各不相同：中部地区内部的市场分割和产业同构现象较为突出；而西北地区地处偏远，贸易发展受到经济基础和资源条件的极大约束。

11.4 市场一体化与区域协调发展

区域协调发展具有四项关键内容：一是形成的区域经济发展格局要有利于经济持续快速增长；二是允许区域发展差距的存在并将差距控制在社会可容忍的范围之内的同时，逐步缩小不同地区居民所享受的福利水平差距；三是在充分发挥地区比较优势的基础上，形成合理的区际产业分工格局；四是区域之间的互动要有助于实现人与自然的和谐（国务院发展研究中心课题组,2005)。

11.4.1 市场一体化对区域差距的影响

区域市场一体化,是区域间的开放度不断提高、区际市场不断融合为一体的过程。理论分析表明,首先,国内区域间的相互开放使得相互间的贸易量扩大,令各区域的消费者获得更多数量和种类的商品,进而令消费者效用提高;同时,市场规模的扩大,也会使得国家整体上在参与国际竞争时具备更大的优势,企业数目和总产出都将增加;此外,区域间贸易自由度的提高,还将改善各地区的技术效率、配置效率和价格效率。因此,区际市场一体化的提高对于国家整体福利水平和经济效益改善而言都是有利的。

然而,在国内各区域发展条件不对称的情况下,市场一体化的进程,对于各个区域生产性得益的影响也是不对称的。总体上,区际贸易自由度的提高,对于市场规模较大、技术水平较高、对外开放度较高的地区更为有利。而在这几方面处于劣势的地区,在规模报酬递增,特别是长期中与劳动力转移相结合的循环累积作用下,可能流失大量制造业企业,甚至沦为外围,从而加剧社会产业分布的不平衡。例如,意大利为加快南部贫困落后的经济发展,建设了贯通南北的高速公路,但该高速公路没能帮助南部经济的发展,反而导致南部企业大量向北转移,因为北部为发达地区(安虎森,2007)。而我国改革开放过程中各地区对外开放程度方面的差异,也是导致产业重新布局以及地区贸易收益差距的重要原因。

在我国渐进式改革开放过程中,出现地方保护和市场分割有其客观必然性:改革开放过程中,各地区对外开放方面的差异,和地方政府在选择保障自身贸易利益相关政策时的短视行为,是导致市场分割的最根本原因。而如果不解决好地区间的利益分配问题或者改变地方政府追求GDP政绩的现状,国内的市场一体化很难达到较高的水平。而市场一体化也不会必然导致区域协调发展的结果；相反，还可能在一定时期内扩大地区差距，甚至导致经济活动的极化分布。特别是早期对外开放政策为沿海地区率先发展奠定的基础，使其拥有更便利的基础设施条件、产业配套条件以及更大的本地市场容量，加之沿海地区具有更丰富的人力资源、更适宜的商业文化传统和更可预期的制度环境，必将吸引生产要素尤其是优质生产要素将继续呈向这一地区聚集。因此，尽管在市场一体化的过程中，沿海发达地区与中西部欠发达地区的政策梯度将逐步缩小，经济发展进入新阶段以及由其带来的对能源重化工产品需求的增长也会为中西部地区带来更多的增长空间，但是由于前述规模经济效应和循环累积的因果作用，沿海地区经济增长条件在一定时期内，仍将继续优于中西部地区。于是可以大体判断，当前的市场一体化进程，并不能立即缩小沿海地区和中西部地区经济增长速度之间的差距。

然而，如果国内一体化程度达到非常高的水平，而且国内两地区的对外开放水平趋于一致时，该部门的全部企业将集中于一个地区，至于集中在哪个地区，则完全取决于地区间的技术比较优势。因此，虽然在市场一体化进程中，产业和贸易在地区间的分布不均会加剧，但是当市场达到高度的一体化时，产业和贸易将按照技术比较优势在区域之间进行分工，而区域间的差距也将逐渐缩小，从而向着协调发展的方向迈进。

11.4.2 政策建议

实现市场一体化是一个长期的过程，需要相关的政策措施保障和配合，协调可能扩大的区域间利益冲突，才能保证一体化的顺利推进和区域经济的协调发展。因此，政策上需要双管齐下，一方面，要消除阻碍商品和要素流动的各种壁垒因素，降低区际贸易成本；另一方面，要建立适当的补偿机制，协调区域间的利益分配。具体措施包括：

1. 消除体制性弊端，弱化地方保护动机

推进政府职能转变和政绩考核体制改革，减少政府对微观经济的过多干预，将工作重点放到宏观经济调控上，打破地方政府GDP政绩观的迷思，强化对民生密切相关的社会发展领域的考核，减少政府行为的企业化倾向，将选择产业的权力还给市场，减少不必要的重复建设和区域间的过度竞争。

2. 实施统一的市场标准和政策，逐步推进区域市场整合

在条件具备的区域，率先打破行政区划界限，推行统一的市场准入政策、统一的产品检测和市场执法标准以及统一的市场法制环境，使各地区经营者、消费者都享受同等待遇，形成若干个区域统一市场，在此基础上，设立专门负责全国统一市场的行政执法机构，在全国范围内形成统一开放、竞争有序的市场体系。

3. 规范地方政府采购行为，杜绝政府采购和招标中的地方保护主义

国际金融危机后，许多地区都采取了各种措施和手段刺激经济发展，其中通过政府采购手段拉动内需的办法最为普遍。然而在一些地方政府救市采购中，出现了地方保护主义倾向，或者要求优先采购本地产品，排斥外地供应商，或直接对外封闭采购信息。为杜绝政府采购和招标中的地方保护行为，必须完善政府采购制度，规范政府采购行为，实现政府采购透明化，为不同所有制、不同地区的企业提供平等竞争的条件。

4. 加快中西部商贸流通业发展，完善跨区流通体系和市场体系

引导社会资本投向中西部地区流通领域，加快中西部地区和东北等老工业基地流通业的发展，充分利用国内贸易机会，发挥中部地区"承东启西、纵贯南北"的贸易枢纽作用；支持大型流通企业跨区域兼并、建立全国性流通网络，保障跨区销售渠道畅通；以省际商贸中心城市建设为重点，推进各级各类市场建设，增强辐射能力，形成大开放、大市场、大流通的商贸发展格局。

5. 加大落后地区基础设施投入，统筹区际基础设施建设管理

围绕区域经济一体化的目标，规划、实施国家层面或大区域层面的基础设施网络；加大对落后区域交通通信等基础设施的投入，为商品流通创造必要的硬件支持；统筹规划区际基础设施，推进区际基础设施的共建、共管和共享，确实降低产品跨区域销售成本，促进区际贸易发展。

6. 建立和完善区际资源、粮食贸易中的利益协调机制

由于当前资源价格形成机制还不完善，而农业发展在产业发展中又长期处于弱势，致使资源、粮食主产区在区际贸易利益格局中总是处于不利地位。因此，有必要研究建立区际资源、粮食贸易中的利益协调机制，如，在资源主产区和资源加工区之间构建价格联动机制，在粮食主产区和粮食主销区之间建立利益分享机制，以避免在资源、粮食贸易中区际利益冲突扩大，保证区域分工和区际贸易的顺畅发展。

7. 逐步实现基本公共服务均等化，协调区际贸易利益冲突

健全财政转移支付制度，保证不同地区的公民享受大体相同的基本公共服务，弱化一体化进程中因地区差距扩大带来的区际利益冲突。主要是进一步增加对欠发达地区义务教育、公共卫生设施建设、农村卫生服务网络建设等的资金投入，逐步改善欠发达地区的生产和生活条件，确保不同地区居民享受的生活福利水平不至于差别过大。

参考文献：

1. 安虎森、蒋涛："一体化还是差别化——有关区域协调发展的理论解析"，《当代经济科学》，2006年第4期。
2. 安虎森、李瑞林："区域经济一体化效应和实现途径"，《湖南社会科学》，2007年第5期。
3. 白重恩、杜颖娟、陶志钢、仝月婷："地方保护产业地区集中度的决定因素和变动趋势"，《经济研究》，2004年第4期。
4. 保健云："中国发达地区间的发展竞争与市场一体化"，《中国人民大学学报》，2006年第3期。
5. 陈桦楠、姜德波："长三角区域市场的地区分割——基于边界效应模型的分

析"，《工业经济研究》，2006年第5期。

6. 陈家海："地区工业化进程中的省际贸易格局及政策倾向"，载于周振华，《中国经济分析1995：地区发展》，上海，上海人民出版社，1996年。

7. 陈军亚："西方区域经济一体化理论的起源及发展"，《华中师范大学学报(人文社会科学版)》，2008年第6期。

8. 陈敏、桂琦寒、陆铭、陈钊："中国经济增长如何持续发挥规模效应？——经济开放与国内商品市场分割的实证研究"，《经济学（季刊）》，2007年第7卷第1期。

9. 陈钊："政府行为、市场整合、工业集聚与地区差距——中国区域经济发展的经济学逻辑"，《学习与探索》，2007年第2期。

10. 樊纲、王小鲁：《中国市场化指数——各地区市场化相对进程报告》，北京，经济科学出版社，2000年。

11. 宫玉波、赵宝廷："区域市场一体化的含义及其影响因素浅析"，《科技情报开发与经济》，2008年第8期。

12. 桂琦寒、陈敏、陆铭、陈钊："中国国内商品市场趋于分割还是整合:基于相对价格法的分析"，《世界经济》，2006年第2期。

13. 国家信息中心：《中国区域间投入产出表》，北京，社会科学文献出版社，2005年。

14. 国务院发展研究中心课题组："国内市场一体化对中国地区协调发展的影响极其启示"，中国工商管理研究，2005年第12期。

15. 国务院发展研究中心"中国统一市场建设"课题组："中国国内地方保护的调查报告"，国研报告，2004年。

16. 国务院发展研究中心"中国统一市场建设"课题组："中国国内地方保护的调查报告——非企业抽样调查结果的初步分析"，《经济研究参考》，2004年第18期。

17. 胡向婷、张璐："地方保护主义对地区产业结构的影响"，《经济研究》，2005年第2期。

18. 黄赜琳："中国制造业市场一体化程度测算及变动趋势"，《中国工业经济》，2007年第11期。

19. 黄赜琳、王敬云："基于产业结构区际贸易壁垒的实证分析"，《财经研究》，2007年第3期。

20. 黄伟、张敏敏："我国区域间产业经贸互益得失比较研究"，《工业技术经济》，2005年第6期。

21. 焦军普："论我国国内市场一体化与对外贸易利益的关系"，《兰州商学院学报》，2004年第4期。

22. 李杰、孙群燕："从啤酒市场整合程度看WTO对消除地方保护的影响"，《世界经济》，2004年第6期。

23. 李善同、侯永志、刘云中、陈波："中国国内地方保护问题的调查与分析"，《经济研究》，2004年第11期。

24. 李善同、刘勇："我国省际贸易增长情况及原因分析"，国研网，国研报告，2000年。

25. 刘强、冈本信广："中国地区间投入产出模型的编制及其问题"，《统计研究》，2002年第9期。

26. 徐现祥、李郇："市场一体化与区域协调发展"，《经济研究》，2005年第12期。

27. 王雷："中国区际贸易壁垒及其对国际竞争力的影响"，《财贸研究》，2003年第5期。

28. 喻闻、黄季琨："从大米市场整合程度看我国粮食市场改革"，《经济研究》，1998年第3期。

29. 赵永亮、徐勇："国内贸易与区际边界效应：保护与偏好"，《管理世界》，2007年第9期。

30. 郑毓盛、李崇高："中国地方分割的效率损失"，《中国社会科学》，2003年第1期。

31. 钟昌标："美国政府协调区际贸易的经验借鉴"，《世界经济研究》，2004年第11期。

32. 踪家峰："中国地方保护的研究进展"，《上海经济研究》，2006年第6期。

33. ［美］彼得·尼茨坎普（1987）："区域和城市经济学手册（第1卷）区域经济学"，安虎森译，北京，经济科学出版社，2001年。

34. ［瑞］贝蒂尔·奥林（1931）：《地区间贸易和国际贸易》，王继祖等译，北京，首都经济贸易大学出版社，2001年。

35. ［以色列］赫尔普曼，［美］克鲁格曼（1985）：《市场结构和对外贸易》，尹翔硕、尹翔康译，上海，上海人民出版社，2008年。

36. Balassa, B.: "Towards a theory of economic integration", London, Kyklos, Vol. XIV, 1961.

37. Batten, D. F.: "The interregional linkages between national and regional input-output models", International Regional Science Review, 1982, 7.

38. Batten, D. F., Martellato, D.: "Classical versus modern approaches to interregional input-output analysis", Annals of Regional Science, 19, 1985.

39. Byron, R. P.: "The Estimation of Large Social Account Matrix", Journal of Royal Statistical Society, 141, 1978.

40. Byron, R. P., P.J. Crossman, J. E. H., Smith, S. C.: "Balancing Hierarchial regional Accounting Matrices", Siena, International Conference in Memory of Sir Richard Stone, 1993.

41. Canning, P., Wang, Z: "A flexible modeling framework to estimate interregional trade patterns and input-output accounts", World Bank Policy Research Working Paper 3359, 2004.

42. Corden, W. M.: "Economics of scale and customs union theory", Journal of Political Economy, 80, 1972.

43. Hewings, G. J. D., Okuyama, Y., Sonis, M.: "Economic Interdependence Within the Chicago Metropolitan Area: A Miyazawa Analysis", Journal of Regional Science, 41(2), 2001.

44. Kikuchi, T., Shimomura, K., Zeng, D-Zh.: "On chamberlinian-ricardian trade patterns", Review of International Economics, 16(2), 2008.

45. Leontief, W., Strout, A.: "Multiregional Input-Output Analysis", London, St.Martin's Press, 1963.

46. Magurran, A. E.: "Ecological Diversity and its Measurement", Princeton, Princeton University Press, 1988.

47. Poncet S.3: "Measuring Chinese domestic and international integration", China Economic Review, 14, 200.

48. Suga, N.: "Reconsideration of trade patterns in a chamberlinian-Ricardian model", Economics Bulletin, 8, 2005.

49. Susiluoto: "Interregional trade flows in Finland: Research Methods and Some Empirical Evidence", Barcelona, 40th Congress of the European Regional Science Association, 2000, 2000.

50. Trendle, B.: "Implementing a multi-regional input-output model——the case of queensland", Economic Analysis & Policy, Special Edition, 1999.

51. Venables, A.J.: "Trade and trade policy with differentiated products: a Chamberlinian-Ricardian Model", The Economic Journal, 97, 1987.

52. Wilson, A. G.: "Inter-regional commodity flows: entropy maximizing approaches", Geographical Analysis, 2, 1970.

53. Young A.: "The razor's edge: distortions and incremental reform in the People's Republic of China", Quarterly Journal of Economics, 115, 2000.

54. Zhou, H-Z.: "Fiscal decentralization and the development of the tobacco industry in China", China Economic Review, 11(2), 2000.

12 区际基本服务均等化与区域协调发展

区际基本服务均等化既是实现区域协调发展目标的重要手段,也是实现区域协调发展目标的主要内容之一。本章在分析我国区际基本服务均等化的实施背景和主要内涵的基础上,通过构建理论模型论证了区际基本服务均等化水平提高对促进居民福利水平提高的影响机理,然后用数量模型度量了我国1996—2008年的区际基本服务均等化水平,指出了影响我国基本公共服务均等化水平的主要因素。然后以基础教育为例,具体分析其均等化水平和各种因素的影响强度。最后提出了有效促进区际基本公共服务均等化水平的政策建议。

12.1 区际基本服务均等化研究背景与概念解析

12.1.1 研究背景

自1978年以来,随着社会主义市场经济体制逐步确立,我国在经济、政治、社会、文化等诸多领域都取得了辉煌的成就,综合国力迅速提高。可以说,30年的沧桑巨变,30年的光辉历程,铸就了华夏民族近百年的腾飞梦想,谱写了许多绚丽的历史画卷。然而,高速的社会经济发展并没有带来国民福利整体水平的显著提高,由于城乡居民收入分配不均等、生态环境恶化等因素的存在，在一定程度上影响了中国全面构建和谐社会的进程。追根溯源，政府基本公共服务的投入严重不足和区域间分配不均是其中最重要的原因之一。因此，研究和分析当前中国区际基本公共服务均等化（Regional Equalization of Basic Public Services，简称REBPS）问题有助于厘清中国在改革开放过程中政府在公共服务领域缺位和错位的各种原因，进而对症下药，从而逐步实现中国区际基本公共服务均等化，促进区域协调发展。事实上，实现区际基本公共服务均等化是着力构建社会主义市场经济、实现和谐社会和公民社会的应有之义。

首先，社会主义市场经济制度的建立和完善要求实现区际基本公共服务均等化。60多年以来，党和国家在一直坚持社会主义方向的同时，坚持不懈地以创新的精神探索适合中国国情的社会主义发展道路，对社会主义的特征认识逐渐清晰。邓小平同志在1992的"南方谈话"中指出："社会主义的本质，是解放生产力，发展生产力，消灭剥削，消除两极分化，最终达到共同富裕"。因此推动经济发展和实现社会公平正义是我国社会主义市场经济建立和完善的主要目标。经过30多年的改革开放，我国已经成为世界第二大经济体，人均收入水平有了较大提高。但是在一定程度上，部分人无意地接受了市场原教教旨主义的观点：只要经济能够得到持续增长，所有人最终都会得益，其他一切问题都迟早会迎刃而解（王绍光，2009）。在"效率优先、兼顾公平"的指导思想下，许多地区为了追求尽可能高的经济增长速度，以牺牲公平、就业、职工权益、公共卫生、医疗保障、生态环境、基础教育等等为代价，民众享有的基本公共服务越来越少。但是要注意到，维持社会的公平正义也是社会主义市场经济制度的另一面。由于国家在改革开放初期实行的非均衡区域发展战略和国家非规范的转移支付制度，使得各地区基本公共服务供给能力出现较大差距，从而各地区居民享受的基本公共服务水平差距日益扩大。党和政府已经意识到这一问题，十七大报告指出"要通过发展增加社会物质财富、不断改善人民生活,又要通过发展保障社会公平正义、不断促进社会和谐。实现社会公平正义是中国共产党人的一贯主张,是发展中国特色社会主义的重大任务。"显然,在户籍制度严重制约居民异地流动和基本公共服务异地转移的情况下,各地区居民维持较大的基本公共服务差距显然违背公平正义原则,因此党的十七届二中全会指出要"建立健全公平公正、惠及全民、水平适度、可持续发展的公共服务体系,推进基本公共服务均等化"。可以这样说,改革开放前30年,中国通过效率优先的方式实现了GDP年均9.8%的增长速度,可以预期,由于经济增长惯性和未来内部需求的扩大,我国经济未来还可能维持相当长一段时间的高速增长。因此改革开放30年后,中国应该以公平优先的方式,建立与市场经济体制相适应的公共财政体系,通过中央政府日益扩大的财政收入规范转移支付体系和区域经济发展促进地方政府主体税种的建立,建立与市场经济体制相对应的公共财政体制,促进区域间基本公共服务均等化。

其次,和谐社会的构建也必须以区际基本公共服务均等化为基础。建立和谐社会是人类孜孜以求的美好理想,更是马克思主义政党不懈追求的目标。自党的十六大报告提出"社会更加和谐"的目标后,十六届四中全会正式提出构建社会主义和谐社会的任务。尽管学术界对和谐社会的理解存在差异,但都认为和谐社会应该包括社会关系的和谐和人与自然的和谐,而社会主义和谐社会,应该是民主法治、公平正义、诚信友爱、充满活力、安定有序、人与自然和谐相处的社会。公平正义和人与自然和谐相处要求各地区居民在收入水平和基础教育、社会保障、生态环保支出等基本公共服务支出维持在一定的水平线上,区域之间的差距不能太大,否则地区之间的矛盾扩大,影响国家的稳定与统一。从我国处于社会主义初级阶段的基本现实出发,和谐社会的主要体现是党和政府通过制度改革和公共服务支出不断有效协调包含各地区居民等多种利益群体之间的利益关系,保证基本的公平和正义，使人们普遍分享经济增长和社会发展的收益(中国社会科学院课题组，2005)[①]。改革开放以来，东部地区居民享受的改革红利远远高于中西部地区，东部地区的地方政府由于经济发达程度远高于中西部地区，其基本公共服务供给能力远远高于中西部地区的地方政府，同时由于中西部地区到东部地区打工的农民工不能享受与本地区居民完全相同的福利待遇，其公共服务供给责任由中西部地区的地方政府承担，因此区域之间的公共服务水平不可避免地出现较大差距。这样东部地区居民更好地分享了增长与发展的收益，这显然违背公平正义原则。长此以往，东部地区政府与中西部地区政府之间的矛盾、发达地区本地居民与流动人口之间的矛盾将逐渐恶化。为了协调这些矛盾，除了地区之间的经济差距维持在一定限度内以外，还必须通过基本公共服务均等化使得各地区居民都能够享有大致均等的各类服务，使其具备基本的生存能力和基准的生活水准。因此，要构建社会主义和谐社会，必须以基本公共服务均等化为基础。

最后，公民社会逐步形成和发展要求构建服务型政府，这必然以区际基本公共服务均等化为中心。美国政治学家科亨和阿拉托，通过反思20世纪资本主义和社会主义在发展进程中所出现的各类矛盾，提出"重建公民社会"的主张，认为应该把经济领域从公民社会中分离出去，把社会组织和民间公共领域当作公民社会的主体，并系统提出政治社会—经济社会—公民社会三分的社会生活划分模式。俞可平[②]（2006）指出公民社会是"国家或政府系统以及市场或企业系统之外的所有民间组织或民间关系的总和，它是官方政治领域和市场经济领域之外的民间公共领域"。因此，公民社会的组成要素主要是以非营利性的各种非政府和非企业的公民组织如公民的维权组织、各

[①] 中国社会科学院课题组：努力构建社会主义和谐社会[J]，中国社会科学，2005年第3期。
[②] 俞可平：中国公民社会：概念、分类与制度环境[J]，中国社会科学，2006年第1期。

种行业协会、民间公益组织、社区组织、利益团体、同人团体、互助组织、兴趣组织和公民的某种自发组合等等的集合。因此公民社会是介于政府与企业之间的"第三部门"(the third sector)。自20世纪80年代以来，随着全国政治和经济环境的变化，公民社会在中国得以正常发展，民间组织急剧增加。截至2011年6月，我国共拥有各类社会团体24.7万个，民办非企业单位19.9万个，基金会2311个[①]。公民社会组织的发展和繁荣为全国各地的公民更好地提供了参与公共事务的机会和手段，提高了他们的参与能力和水平。同时公民社会组织的进一步发展要求政府提供各类服务信息的透明化和公开化，自2009年以来，中央政府连续三年率先公开了各类政府预算报表，为各地区居民了解政府信息提供了一个重要的基础。可以预见，随着各地区代表各利益团体的公民社会组织的逐步完善，各地区政府各类预算报表，特别是关于政府提供基本公共服务的报表将进一步公开。在各地区基本公共服务供给信息公开的情况下，各地区居民作为理性人，将"以足投票"，选择公共服务提供水平最优的地区居住（以户籍制度放开为前提）。同时各民间组织也要求更多地参与基本公共服务供给决策，以便最大化本集团的利益。在此背景下，各地方政府必须由目前的经济建设型政府逐步向公共服务型政府转型。为了能够在区域竞争中取胜，各地区必须提供大致均等的基本公共服务水平。虽然目前我国公民社会组织数量已经急剧增加，但其在基本公共服务供给方面的声音还相对比较薄弱，这在一定程度上制约了我国公民社会的健康发展。

从我国目前发展现状来看，各级政府在基础公共服务领域的缺位十分严重，基本公共服务供不应求的矛盾使得国民的福利水平并没有随着经济的高速增长而得到实际的提高，教育、医疗和住房成为国人头上的"新三座大

---

① 数据来源于《民政部公布2011年2季度全国民政事业统计数据》。

山"。同时由于我国各地区经济发展水平不一致，东部与中西部的发展差距逐步拉大，再加上政府间转移支付目标不明确，操作不规范，致使我国省区间基本公共服务差距拉大。因此我国基本公共服务呈现"总体水平偏低、发展不均衡、效率低水平趋同"的典型特征（陈昌盛等，2007）。这些问题在一定程度上阻碍了我国社会主义市场经济体制的建立和完善、新世纪和谐社会的构建和公民社会的发展。

12.1.2 区际基本公共服务均等化概念解析

研究区际基本公共服务均等化，界定其内涵是逻辑的起点。

首先，什么是公共服务？从目前的文献来看，公共服务是一个使用相当频繁、而又具有很大差异的概念。国内的理解大概有四种：一是政府职能说，即认为政府为了保证和维持正常的社会经济秩序，对社会经济活动的管理与控制（程谦，2003）；或者将政府除经济调控、市场监管、社会管理之外的职能称为公共服务；二是无形服务说，认为政府提供的无形的消费服务就是公共服务，有形的为公共产品；三是分担风险说（刘尚希，2007），即为了促进居民基本消费的平等化，通过分担居民消费风险而进行的一系列公共行为；四是公共产品说。这类观点与西方经济学文献是一致的，认为公共服务等同于公共产品，即具有非竞争性和非排他性的产品和劳务。非竞争性意味着一个人对公共服务的消费并不同时减少其他人对该服务的消费；非排他性是指人们无法通过价格机制将其消费控制在有效率的水平上，将出现免费搭车者（free rider）。按照上述两个标准衡量，现实中公共服务除了国防和外交可属于纯公共产品外，更多的是介于纯公共物品和纯私人物品之间的混合产品。当然还有一些学者从政府提供服务的公益性作为公共服务的判断标准。笔者认为，公共服务的提供主体是各级政府，而各级政府作为本地区或全国全体公民的利益代表，必须满足本地区或全体公民的共同需要，即公共需求。而这种公共需求必然具有一定的非排他性和非竞争性，同时会随着社会经济的发展而不断地变化。因此可把公共服务定义为在一定的社会经济发展水平相适应的，由各级政府提供的，满足全体公民共同需要的产品和劳务的集合。

其次，何谓基本？将公共服务分为基本公共服务和非基本公共服务的标准是什么？笔者认为，基本的划分标准有四个：同质性标准、消费性标准、阶段性标准和外部性标准。同质性标准是指人们的公共需求不因自身的贫富、地区发展阶段而有所不同，即任何社会成员都认同的公共需求。消费性标准是根据马斯洛的需求层次说，满足人的基本需求如吃饭和生存作为基本公共服务，即政府提供的公共服务必须首先确保全体社会成员基本的生产权和发展权。阶段性标准是指由于人们的公共需求是不断变化的，政府的财政能力也会随着经济稳定增长而不断提高，因此提供公共服务的数量会不断增加，质量不断改善、逐渐覆盖全体社会成员，即基本公共服务受到社会发展阶段和政府财政能力的限制。外部性标准是指政府提供的各种产品和劳务中和同等投入下产生社会收益最大的公共服务，如并不把整个教育作为基本公共服务，而是把产生最大外部收益的基础教育作为政府提供的基本公共服务。

最后，什么是均等化？对于"均等化"，就字面理解包含均衡、相等的意思，而均衡有着调节、平衡的过程，最后达到相等的状态。均等的内容包含两个方面：一是居民享受公共服务的机会均等，如公民都有平等享受基础教育的权利。二是居民享受公共服务的结果均等。而对于均等化的标准，一种是均等化水平的理解：一是最低标准，即要保底；二是平均标准，即政府提供的基本公共服务，应达到中等的平均水平；三是相等的标准，即结果均等。另一种是均等化对象的理解，公共服务均等化应当包括地区之间的均等，城乡之间的均等和人与人之间的均等。对于现实中采取何种标准，这与政府的财政能力约束息息相关，任何脱离了政府财政供给能力约束而要保证全国各地区享受水平一致的基本公共服务只是纸上谈兵。由于我国当前仍处于发展中国家，人均GDP位居世界后列，同时各地区经济发展的差距较大，因此我国地区间基本公共服务均等化首先要保底，即要保证全国各地区社会成员的基本生存权和发展权。其次，地区间公共服务差距必须控制在一定的范围以内，如以全国平均水平的20%上下波动。三是均等化必须尊重各地区社会成员的自由选择权（常修泽，2007），即在同一时期，不同地区的基本公共服务的内容因社会经济发展阶段的差异和当地居民的公共需求差异而有所不同，政府不应该采取一刀切的方式强制规定各地区的基本公共服务的范围和标准。

综上所述，区际基本公共服务均等化是指在与一定的社会经济发展水平相适应的，由各级政府提供的，确保一国范围内所有居民基本生存权和发展权，公共服务水平由差距较大逐步变为大致相同的过程。而这种过程一方面是以各地区居民的自由选择权为基础的[①]，另一方面是以政府通过规范公平的转移支付确保各地区基本公共服务供给能力大致均等为基础。

12.1.3 基本公共服务均等化与区域协调发展之间的辩证关系

国内外许多学者已经从公平和正义的角度对基本公共服务均等化进行了理论解读，大致可以分为三类。第一类是公共产品理论，该理论认为公共财政是与市场经济相适应的一种财政模式，是建立在"市场失灵"理论和"公共产品"理论基础之上的。公共财政的实质是为了满足社会公共需求，弥补市场机制在提供公共产品、维护宏观经济稳定和促进社会财富公平分配方面的失灵。基本公共服务均等化是公共财政"公共性"的重要体现，也是公共财政，配合国家构建和谐社会大政方针而树立的协调目标（王家永，

[①] 这种自由选择权有两个方面，一是通过以手投票决定本地区基本公共服务的内容和水平；二是通过以足投票，自由选择最符合自己公共需求偏好的地区居住以享受当地的基本公共服务。

2007）。第二类是公平正义论，该理论或从罗尔斯正义的概念，即"所有的社会价值—自由和机会、收入和财富及自尊的基础—都应被平等地分配,除非对一些或所有社会价值的一种不平等分配有利于最不利者"出发，或从诺奇克"持有的正义"，或从阿马蒂亚·森基于"可行能力的正义标准"出发，指出维护正义是现代政府的责任，而实现基本公共服务均等化是实现政府维护正义职责的重要体现（江明融，2007）。第三类是非有效需求论，该理论认为不论是否是公共产品，只要是人们必需的而其他方式不能有效供给的产品，即使是私人产品，也应由政府来承担，即强调"不能有效供给的必需品都应由政府来供给"。因此，根据该理论，政府责任的范围也应该显著扩大，不仅包括提供传统的公共产品和公共服务，也包括一些难以有效供给的私人产品和服务（项继权，2008）。

上述理论有充分的合理性，但也有所不足，如公共产品理论没有充分考虑部分准公共产品和弱势群体的需要，因此政府承担公共服务的边界过小；公平正义论的缺陷在于对正义难以有统一的理解，不同的正义理论导致政府承担的基本公共服务边界大相径庭；非有效需求论没有充分考虑政府公共服务供给能力约束，等等。鉴于此，笔者结合中国的国情，从区域协调发展的角度论证基本公共服务均等化的合理性和必要性。

那么在当前地区之间经济发展差距过大、资源分布空间不均衡、协调机制没有建立的条件下，区域协调发展的内涵是什么呢？陈秀山等（2008）认为区域协调发展是区域发展过程中，实现宏观(空间)经济效率与区域公平的统一；区域关系协调中，实现区域合作与区域竞争的统一。从政府的功能和职责出发，区域协调发展必然要求区域基本公共服务的均等化。

首先，区域协调发展要求以实现所有人的福利增长和全面发展为目标。这要求全国各地区居民都应该共享改革开放成果，在发展过程中实现效率与公平的统一，实现区域公平。区域公平要求落后地区与发达地区居民享有的基本公共服务和生活水平的差距。这必然要求中央政府加大纵向转移支付力度和发达地区对落后地区的横向转移支付,大力发展落后地区基础教育、公益性基础设施、公共文化等基本公共服务,力争实现区域间基本公共服务均等化。

其次,区域协调发展要求提高空间经济效率。区域协调发展要求处理好区域经济协调。而区域经济系统的协调关键是区域间的产业协调和市场协调,这必然要求区域间产业合理分工,区域间公益性基础设施等基本公共服务实现均等化,便于人才、资源和信息的合理流动,构筑高度一体化的市场,避免市场分割和区域恶性竞争,从而提高空间经济效率。

再次,区域协调发展要求可持续发展。可持续发展意味着经济发展和人口、资源、环境必须协调,必须坚持走生产发展、生活富裕、生态良好的文明发展道路,保证代际之间永续发展。随着我国人均GDP突破3000美元大关,人们对居住环境的要求相应提高,因此资源、环境约束在当前区域经济发挥中越来越明显,长期以来单纯强调以GDP为核心的单一评价体系难以适应当前经济社会发展的需要,违背了科学发展观的要求。在新时期,实现区域协调发展必须充分考虑经济发展所付出的资源环境代价,将生态与环境保护的均等化纳入基本公共服务均等化范畴,同时通过中央政府协调和市场协调,理顺资源输出区和资源输入区、优化开发区与生态保护区的利益关系,建立科学合理的资源环境补偿机制和交易机制。

最后,区域协调发展要求各地区比较优势得到充分发挥和及时调整。各地区比较优势得到充分发挥就要求地区基本公共服务的均等化。当前我国许多地区由于基本公共服务与发达地区相差甚远,如公共卫生和基础医疗、道路等公益性基础设施欠缺,导致本地的比较优势得不到发挥。同时还要注意到,地区的比较优势是动态变化的,如果基本公共服务没有及时跟上,将会使本地的经济转型滞后于比较优势的变化,第二代主导产业没有及时形成从而导致区域经济难以持续稳定发展,比如我国东北许多老工业基地最近20多年来经济发展相对缓慢不仅使得这些地区经济结构调整没有及时跟上，也在一定程度上制约了本地区居民享有公共服务水平的有效提高。

12.1.4 世界金融危机对基本公共服务均等化的影响

美国次贷危机在2008年下半年迅速地演变为世界金融危机，其影响由虚拟经济向实体经济蔓延，将世界经济拖入全面衰退。在实行宽松的货币政策和财政政策的刺激作用下，2009年我国经济略有好转，全球经济发展趋于好转。但当年12月全球三大评级公司下调希腊主权评级引发的欧洲债务危机；2011年8月标准普尔首次取消了美国债务保持了70年之久的AAA评级，把美国主权债务评级降至AA+，造成全球金融动荡，使得全球经济有再次探底的可能。面对自大萧条以来最大的经济危机，我国政府果断调整财政政策和货币政策，以应对经济危机的挑战。

从金融危机进程和我国采取的响应政策来看，金融危机对基本公共服务均等化的影响主要有两点。

一是金融危机引发经济衰退，使得中央和地方政府的财政收入减少，从而其基本公共服务供给能力下降。从我国现实状况看，东部地区外贸依存度高，受经济危机影响较深，政府财政收入减少幅度超过中西部地区，自身公共服务供给能力下降相对较大。但中西部地区财政自身供给能力较差，主要依赖于中央政府的转移支付。由于中央转移支付取决于中央的财政收入，因此在金融危机的影响下，中央政府转移支付能力相应下降，这样中西部地区基本公共服务供给能力也会下降。但是，要注意的是，基本公共服务均等化程度是否下降取决于东部地区与中西部地区供给能力下降的相对幅度。如果东部地区基本公共服务供给能力下降幅度大于中西部地区，则区际基本公共服务均等化程度有所提高，反之则下降。

二是政府为应对经济所采取的扩张性财政政策，特别是加大基本公共服务供给，将使得基本公共服务均等化程度提高。2008年11月当金融危机刚刚显现时，温家宝总理主持的国务院会议就高度金融强调了促进社会事业发展的重点领域在于"三农"、教育、医疗卫生、社会保障、保障性安居工程建设。政府支出的及时调整不仅体现了党和国家对当前国际国内形势的深刻洞察和准确把握，而且高度突出了我国财政支出的公共性特征。从表12-1可以看出，2009年和2010年国家在教育、科技、文化体育与传媒、环境保护、城乡社区事务和农林水事务等方面的支出增长率都在20%以上，医疗卫生甚至高达40%。由此可见，金融危机的出现使得国家财政支出结构得到合理调整，政府通过压缩行政性支出等项目，逐步加大对公共物品和服务的投入力度，这样可以有效地促进政府公共服务水平供给的绩效水平，更好地满足全体社会成员日益扩张的公共服务需求。

表 12-1 我国2007—2009年财政支出项目　　　（单位：亿元，%）

公共支出项目	2007	2008	2009	2010	2008增长率	2009增长率	2010增长率
一般公共服务	8514.24	9795.92	9164.21	9337.16	15.1	-6.4	14.4
外交	215.28	240.72	250.94	269.22	11.8	4.2	7.3
国防	3554.91	4178.76	4951.1	5333.37	17.5	18.5	7.7
公共安全	3486.16	4059.76	4744.09	5517.7	16.5	16.9	16.3
教育	7122.32	9010.21	10437.54	12550.02	26.5	15.8	20.2
科学技术	1783.04	2129.21	2744.52	3250.18	19.4	28.9	18.4
文化体育与传媒	898.64	1095.74	1393.07	1542.7	21.9	27.1	10.7
社会保障和就业	5447.16	6804.29	7606.68	9130.62	24.9	11.8	20
医疗卫生	1989.96	2757.04	3994.19	4804.18	38.5	44.9	20.3
环境保护	995.82	1451.36	1934.04	2441.98	45.7	33.3	26.3
城乡社区事务	3244.69	4206.14	5107.66	5987.38	29.6	21.4	21.4
农林水事务	3404.7	4544.01	6720.41	8129.58	33.5	47.9	21
交通运输	1915.38	2354	4647.59	5488.47	22.9	97.4	18.1

注：2007年到2009年数据来源于历年《中国统计年鉴》，2010年数据来源于财政部网站。单位分别为亿元和%。

而且，自1994年分税制改革以来，我国目前中央政府财政收入占国家财政收入的比重一直在50%以上，为了保证各地区基本公共服务支出达到应有水平，中央加大了财政转移支付力度。从表12-2可以看出，2005年我国转移支付总规模仅有1.15万亿元，而2008年到2010年则分别达到2.2、2.9、3.1万亿元，而且起到均等化作用的专项转移支付和财力性转移支付增加幅度远远高于税收返还，从而缩小了各地区基本公共服务供给能力差异。

表 12-2 2005—2010年我国转移支付规模　　　　（单位：亿元）

年份	转移支付总规模	税收返还总规模	财力性转移支付总规模	专项转移支付
2005	11473.68	4143.96	3812.72	3517.00
2006	13490.70	3930.22	4731.97	4411.58
2007	18112.45	4121.45	7092.90	6898.00
2008	22005.68	3342.26	8696.49	9966.93
2009	28621.30	4942.27	11319.89	12359.14
2010	30611.00	5004.36	12295.73	13310.91

注：数据来源于财政部网站。

12.2 我国区际基本公共服务均等化：内在机理、水平与影响因素

12.2.1 内在机理：包含两级政府的博弈模型

国内外学者对公共服务的研究相对来说比较透彻，公共经济学和公共管理学关于基本公共服务的理论可以分为基本概念及其边界、供给、运行、评估与反馈四个层次，主要理论基础如表12-3所示。

《世界发展报告2009》指出："世界上鲜有平衡的经济增长。提前着手平衡经济增长的努力只会阻挠发展，得不偿失。两个世纪的经济发展历程表明，收入和生产的空间不平等难以避免。一代人对经济的研究更是坚定了这样一个信念：没有理由去期望经济在各地区平稳平衡地增长。发展者的成功经验表明生产在地理空间上趋于集中的必要性。最成功的国家制定政策平

衡不同地区的基本生活水平。经济生产集中，而生活水平趋同。"[1]可以看出，由于地理空间的异质性和规模经济导致的集聚效应，区域之间的经济差距总是存在的，政府缩小区域经济差距的努力通过也是无效的。但政府可以通过均等化的基本公共服务支出保证各地区居民享有大致相同的生活水平。本节

表 12-3 基本公共服务均等化的理论基础

第一层次	基本公共服务的概念、范围和边界	公共产品理论、政府规模与边界、新公共管理和治理理论
第二层次	公共服务的提供	
	提供多少	偏好显示理论、公共选择理论
	如何融资	税收、公债或收费
	如何生产、定价与提供	平均成本定价、协作生产理论和公私合作（PPP）
第三层次	公共服务的运行	
	效率机制	
	分权化	公共产品层次性、以足投票、信息优势与竞争优势、地方政府治理理论
	市场化	平民主义、市场准则和"企业化政府理论"、公司合作、协议外包等
	从单中心到多中心	偏好异质性、选择多样性和竞争机制、非政府组织
	公平机制	
	内部化	外部性理论、科斯定理
	中央政府再分配	政府转移支付理论
	地方政府横向转移	横向转移支付
	机会均等	社会保障、公共教育与公共医疗、福利经济学、各类公平学说
第四层次	公共服务绩效评估与反馈	
	公共服务绩效评估	激励理论、制度经济学
	公共服务反馈	成本收益分析、公共监督、可持续发展理念、财政风险控制理论

注：本表参考了陈昌盛，蔡跃洲（2007）：中国政府公共服务：体制变迁与综合评价[M]，中国社会科学出版社，第22页。

---

[1] 世界银行：《2009年世界发展报告：重塑世界经济地理》，北京：清华大学出版社2009年版，第5页。

通过建立一个包涵两级政府的博弈模型分析基本公共服务均等化水平将促进居民整体福利水平的提供，从而说明基本公共服务均等化命题的合理性。

本部分对Jean Hindriks，Susana Peralta和Shlomo Weber（2008）的模型进行拓展，假定基本公共服务分为两类，一类是硬公共物品，该类物品不直接对居民的福利产生影响，而是影响资本产出率水平，该类物品的改善有助于提高本地区资本产出率。另一类是均等化公共服务，该类服务直接提高居民福利水平。

12.2.1.1 假设条件

考虑一个由三个区域 $i=1，2，3$ 构成的二级政府的经济体。每个区域的地方政府对流动性资本征收单位税 t_i，然后进行基本公共服务投资（投资水平为 g_i），以提高本地的资本产出率。每个区域的决策，记作 $t=(t_1, t_2, t_3)$ 和 $g=(g_1, g_2, g_3)$，决定了资本 x_1、x_2、x_3 的区域分布。每个地区的生产函数记为 $F_i(x_i, g_i)$，该函数是 $x_i=(i=1，2，3)$ 的一阶导数大于0，二阶连续可微的凹函数。很显然私人资本和基本公共服务是互补的，因此有偏微分 $\frac{\partial f^2}{\partial x_i \partial g_i}>0$。基本公共服务的成本函数由凸函数 $c_i(g_i)$ 决定，为便于分析处理，可假定 $c_i(g_i)=g_i^2/2$。在此我们引入中央政府，中央政府的作用是财政平衡以保持每个区域的基本公共服务水平维持在一定的水平上，要求每个地方拿出比例为 α 的财政收入作为均等化支出。一般来说，财政分权越高的国家，α 的取值越接近于1，反之越接近于0。为与现实更加接近，我们假定 $0<α<1/2$。

假设资本可以完全流动，当资本在三个区域取得净收益相等时，资本的流动处于均衡状态，即资本均衡分布的等式为：

$$f_1(x_1,g_1)-t_1 = f_2(x_2,g_2)-t_2 = f_3(x_3,g_3)-t_3 \qquad (12.1)$$

上式中 f_i 是区域 i 的资本的边际产出。这里要求每个区域的资本净收益必须是非负的，否则该地区无法吸引任何资本，因此表达式（12.1）显然大于等于 0。

同时我们假定每个区域政府进行税收和基本公共服务投资决策以保证资本的空间均衡分布。为简单起见，把资本存量标准化为 1，因此每个地区的资本是税收和基本公共服务投资的函数，记作 $x_1 = x_1(t,g), x_2 = x_2(t,g), x_3 = x_3(t,g)$。每个地区最大化福利函数 w_i^a，该函数是非流动要素报酬与税收之和扣除基本公共服务的差值，即：

$$w_i^a = F_i(x_i^*, g_i) - f_i((x_i^*, g_i)x_i + (1-\frac{2}{3}\alpha)t_i x_i + \frac{1}{3}\alpha \sum_{j=1, j\neq i}^{3} t_j x_j - c_i(g_i) \quad (12.2)$$

上式中，$i \neq j$，同时假定每个地区不存在资本所有者。

本模型假设由于各地区基本公共服务的差距，其吸引资本的能力存在差异，在此假定区域 1 由于基本公共服务更好而导致本地区具有更高的生产率，因此，即使目前区域 1 比区域 2 和区域 3 征收同样的税率和投入同样多的基本公共服务，也能够吸引更多的资本。但是这种生产率的非对称性并不是不可以逆转的，差异也可能因为政府基本公共服务投入的改善而逐步缓解甚至消除。假定每个地区的生产函数如下：

$$F(x_i, g_i) = (r + g_i + \delta \varepsilon_i)x_i - \delta \frac{x_i^2}{2} \quad (12.3)$$

上式中，参数 ε_i 代表三个地区生产率非对称性的程度，为简单起见，我们令 $\varepsilon_1 = -\varepsilon_3 = \varepsilon \geq 0$，$\varepsilon_2 = 0$，$\delta \geq 1$ 表示某个地区资本边际报酬递减的速率。因此该生产函数具有资本边际报酬递减和基本公共服务投资边际报酬不变的性质。这样，每个区域的收益函数可以简化为：

$$w_i^a = \delta \frac{x_i^2}{2} + (1-\frac{2}{3}\alpha)t_i x_i + \frac{\alpha}{3}\sum_{j=1, j\neq i}^{3} t_j x_j - \frac{g_i^2}{2} \quad (12.4)$$

由于各地区居民不是资本的所有者，因此基本公共服务不会对他们产生直接收益，但是产生了吸引资本的间接收益，根据式（2.1），每个区域资本量为：

$$x_i = \frac{1}{3} + \varepsilon_i + \frac{(2g_i - \sum_{j=1, j\neq i}^{3} g_j) - (2t_i - \sum_{j=1, j\neq i}^{3} t_j)}{3\delta} \quad (12.5)$$

则三个地区实际资本量分别为：

$$x_1 = \frac{1}{3} + \varepsilon + \frac{(2g_1 - g_2 - g_3) - (2t_1 - t_2 - t_3)}{3\delta}$$

$$x_2 = \frac{1}{3} + \frac{(2g_2 - g_1 - g_3) - (2t_2 - t_1 - t_3)}{3\delta}$$

$$x_1 = \frac{1}{3} - \varepsilon + \frac{(2g_3 - g_1 - g_1) - (2t_3 - t_1 - t_2)}{3\delta}$$

可以发现，当三个地区的税率和基本公共服务投资相同时（$t_1 = t_2 = t_3$，$g_1 = g_2 = g_3$），优势区域（区域1）比弱势区域（区域3）吸引了更多的投资：$x_1 > x_2 = \frac{1}{3} > x_3$。

如果我们的目标是三个地区居民的福利整体最大化，则可以建立如下形式的拉格朗日函数：

$$\max_{x_i, t_i, g_i} \pi = \sum_{i=1}^{3} w_i(t_i, g_i) + v_1(x_1 + x_2 + x_3 - 1) + \sum_{i=1}^{3} u_i(t_i - f_i(x_i, g_i))$$

$$= \delta \sum_{i=1}^{3} \frac{x_i^2}{2} + \sum_{i=1}^{3} t_i x_i - \sum_{i=1}^{3} \frac{g_i^2}{2} + v(x_1 + x_2 + x_3 - 1) + u_1(t_1 - (r + g_1 + \delta\varepsilon - \delta x_1))$$

$$+ u_2(t_2 - (r + g_2 - \delta x_2)) + u_3(t_3 - (r + g_3 - \delta\varepsilon - \delta x_3))$$

对该函数一阶求导，可以得到：

$u_i = -x_i = -g_i$，$t_i = v$，如果两个地区基本公共服务数量单位化为1，则有：

$$t_1 = t_2 = t_3 = r - \frac{\delta - 1}{3}, g_1 = x_1 = \frac{1}{3} + \frac{\delta\varepsilon}{\delta - 1}, g_2 = x_2 = \frac{1}{3}, g_3 = x_3 = \frac{1}{3} - \frac{\delta\varepsilon}{\delta - 1} \quad (12.6)$$

因此得到命题1：基本公共服务和资本投资最有效的分配条件是：两个地区的税率相同，$t_1 = t_2 = r - \dfrac{\delta-1}{3}$，生产率高的区域其基本公共服务和资本投资相等，且都要高于落后地区，即满足式（12.6）。

很显然，生产的高效率要求资本的空间分布使得资本在每一个地区的边际报酬相等。由于没有资本所有权，流动性资本的报酬被税收全部抽走，被分配给各位居民，因此税率等于资本边际报酬率，即 $t_i=f_i$，导致两个区域的税率相同。基本公共服务对居民没有直接收益，但可以增加资本的边际报酬率，从而吸引资本到本地区使用，进而使本地区的税收收入增加。既然生产率高的区域能够接收更多的资本，因此该地区基本公共服务的边际收益更高，因此该地区得到的基本公共服务更多。δ 和 ε 的值决定了资本和基本公共服务的区域份额。如果 ε 越大，地区1分配的资本和基本公共服务更多，因为 ε 越大说明资本的边际报酬递减得更慢一些。如果部分资本由经济体内居民所有，那么必须把资本的净收益加到地区福利函数中去，这样将减少税收规模，相应增加基本公共服务规模。

12.2.1.2　不存在均等化转移支付的均衡分析

本节分析每个地区的均衡选择，为了对比均等化转移支付的效果，本节假设不存在中央转移支付，即 $\alpha=0$。我们假设每个地区先进行基本公共服务投资，然后再选择合适的税率。因此基本公共服务投资水平对税率选择产生影响，每个地区通过基本公共服务投资的多少和税率的高低吸引资本。吸引更多的资本不仅增加了本地的税基，同时增加了本地区非流动要素的报酬。Keen and Marchand（1997）假定税率和公共服务投资是同时决定的，投资的正外部性和税收的负外部性导致低税率和高投资的均衡结果。然而，我们假设基本公共服务投资对税率有静态的影响。在基本公共服务投资和税率一定的情况下，每个地区的资本数量由（12.5）决定。

税收博弈的条件是：给定每个地区的基本公共服务水平 $g = g(g_1, g_2)$，每个地区独立地选择税率吸引资本到本地区以最大化本地居民的福利水平 $w_i(t, g)$，很容易发现该福利函数是税率的凹函数，将式（12.5）带入福利函数 $w_i(t, g)$，求其对税率 t_i 的一阶导数等于 0。可以得到：

$$\Phi_i(t_j) = \frac{3\delta}{8}\left(\frac{1}{3} + \varepsilon_i + \frac{2g_i - \sum_{j=1, j\neq i}^{3} g_j}{3\delta} + \frac{\sum_{j=1, j\neq i}^{3} t_j}{3\delta}\right) \quad (12.7)$$

因为每个函数的斜率都等于 $1 > k = \frac{1}{8}$ 0，这保证了均衡的稳定性。求解方程（12.7），得到均衡税率为：

$$t_i = \frac{\delta + 2\varepsilon_i \delta}{6} + \frac{2g_i - \sum_{j=1, j\neq i}^{3} g_j}{9} \quad (12.8)$$

可以看出，$\frac{\partial t_1^*}{\partial g_2} = \frac{\partial t_2^*}{\partial g_1} = -\frac{1}{9}, \frac{\partial t_1^*}{\partial g_1} = \frac{\partial t_2^*}{\partial g_2} = \frac{1}{9}$，因此每个地区的基本公共服务水平对本地区税率有正的外部性，对其他地区有负的外部性。

再来看基本公共服务水平的博弈。基本公共服务投资有两个作用：一是对本地区居民福利的直接影响和对别的地区税率的负外部性。将表达式（12.5）带入（12.8），可以得到：

$$x_i = \frac{1 + 2\varepsilon_i}{3} + \frac{2(2g_i - \sum_{j=1, j\neq i}^{3} g_j)}{9\delta} \quad (12.9)$$

既然区域 i 正确地进行税收决策以吸引更多的资本使本地居民福利水平最大，因此在地区 j 基本公共服务水平决定的情况下选择本地区的基本公共服务水平，一阶条件是：

$$\frac{dw_1}{dg_1} = \frac{\partial w_1}{\partial g_1} + \frac{\partial w_1}{\partial x_1}\frac{\partial x_1}{\partial g_1} + \frac{\partial w_1}{\partial t_1}\frac{\partial t_1}{\partial g_1} = \frac{2x_1^*}{3} + \frac{4t_1^*}{9\delta} - g_1 = 0$$

将（12.8）和（12.9）带入上式，有：

$$\frac{dw_1}{dg_1} = \frac{8}{9}\left(\frac{1+2\varepsilon_i}{3} + \frac{2(2g_i - \sum_{j=1,j\neq i}^{3} g_j)}{9\delta}\right) = 0 \quad (12.10)$$

其二阶条件 $\frac{d^2 w_1}{dg_1^2} = -g_1 + \frac{32}{81\delta} < 0$，因此当 $\delta > 32/81$ 时小于号成立。

根据（12.10），得到每个地区的基本公共服务投资为：

$$g_1^* = \frac{8}{27} + \frac{\delta\varepsilon}{27\delta/16 - 1}, \quad g_2^* = \frac{8}{27}, \quad g_3^* = \frac{8}{27} - \frac{\delta\varepsilon}{27\delta/16 - 1} \quad (12.11)$$

因此每个地区的均衡税率为：

$$t_1^* = \delta(\frac{1}{6} + \frac{9\delta\varepsilon}{27\delta - 16}), \quad t_2^* = \frac{\delta}{6}, \quad t_3^* = \delta(\frac{1}{6} - \frac{9\delta\varepsilon}{27\delta - 16}) \quad (12.12)$$

显然有，有 $t_1^* > t_2^* > t_3^*$，$g_1^* > g_2^* > g_3^*$，可以得到每个地区的均衡资本数量为：

$$x_1^* = \frac{1}{3} + \frac{18\delta\varepsilon}{27\delta - 16}, x_2^* = \frac{1}{3}, x_3^* = \frac{1}{3} - \frac{18\delta\varepsilon}{27\delta - 16} \quad (12.13)$$

此时求得资本的边际回报率为 $f_1(x_1, g_1) - t_1 = f_2(x_2, g_2) - t_2 = 8/27 + \gamma - \frac{\delta}{2}$。这样我们得到命题2：当 $\delta > 32/81$ 时，非对称的三个区域基本公共服务和税收投资的博弈存在唯一的非对称均衡，每个地区的基本公共服务水平、最优税率和资本存量分别为如式（12.11）、式（12.12）和式（12.13）所示。

可以明显看出，优质区域（区域1）比劣质区域（区域2）得到的基本公共服务投资更多，税率更高，吸引的资本更多。但与最优分配相比，更有

533

吸引力的地区资本和基本公共服务投资都是次优的。原因在于劣质区域通过税收竞争降低了税率,这样反过来降低了优质区域的资本边际报酬,从而降低了基本公共服务的投资回报,使之降到次优的水平。

通过比较对称均衡式($\varepsilon=0$)纳什均衡产出和最优分配,可以发现,在纳什均衡式均衡税率为$t_1^* = \dfrac{\delta}{6}$,均衡基本公共服务为$g_1^* = 8/27$,而最优分配的$t_1^* = r - \dfrac{\delta-1}{3}$和$g_1^* = 1/3$。因此税收竞争均衡时基本公共服务投资不足,税率过低。这样我们得到命题3:对称区域税收竞争均衡的结果是每个地区的基本公共服务投资不足,税率过低。

12.1.1.3 存在均等化转移支付的均衡分析

现在考虑存在均等化转移支付的均衡。先考虑对称区域的情形。这样,每个地区在有效率的资本分布情况下,有相同的税率和基本公共服务投资。均衡税率独立于转移支付水平。但是每一个地区转移支付导致福利水平提高,这样每个地区从中受益。由于三个地区的解析式过于复杂,因此主要考虑两个地区的情形,1表示优质区域,2表示劣势区域。

我们求w_i^α对t_i的导数,一阶条件是:

$$\frac{\partial w_1^*}{\partial t_i} = \left(\frac{1}{2} - \alpha\right) x_i - (1-\alpha)\frac{t_i}{2\delta} + \frac{\alpha t_j}{2\delta} = 0$$

我们将(2-5)带入有:

$$\bar{t}_1(g,\alpha) = \frac{\delta}{2} + \frac{(1-2\alpha)(\delta\varepsilon + g_1 - g_2)}{4(1-\alpha)}, \quad \bar{t}_2(g,\alpha) = \frac{\delta}{2} - \frac{(1-2\alpha)(\delta\varepsilon + g_1 - g_2)}{4(1-\alpha)} \quad (12.14)$$

将(12.14)带入(12.5)可以得到两个区域的资本分布:

$$\bar{x}_1(g,\alpha) = \frac{1}{2} + \frac{(\varepsilon + (g_1-g_2)/\delta)}{4(1-\alpha)}, \quad \bar{x}_1(g,\alpha) = \frac{1}{2} + \frac{(\varepsilon + (g_1-g_2)/\delta)}{4(1-\alpha)} \quad (12.15)$$

根据税率和资本分布,每个地区i根据地区j的基本公共服务水平选择自己的公共服务水平,其一阶条件是:

12. 区域基本服务均等化与区域协调发展

$$\frac{dw_1^\alpha}{dg_1} = \frac{\partial w_1^\alpha}{\partial g_1} + \frac{\partial w_1^\alpha}{\partial \bar{x}_1}\frac{\partial \bar{x}_1}{\partial g_1} + \frac{\partial w_1^\alpha}{\partial \bar{t}_1}\frac{\partial \bar{t}_1}{\partial g_1} = \frac{\bar{x}_1}{2} + \frac{\bar{t}_1}{4\delta} - g_1 - \frac{\delta}{1-\alpha}\frac{\bar{t}_2}{4\delta} - \frac{\alpha(1-2\alpha)}{4(1-\alpha)} = 0$$

由于二阶条件 $\dfrac{d^2 w_1^\alpha}{dg_1^2} = \dfrac{1}{16\delta(3-4\alpha)(1-\alpha)^2} - 1 < 0$ ，因此要求

$\delta > \delta^\alpha = \dfrac{1}{16(3-4\alpha)(1-\alpha)^2} = \dfrac{K_2}{16K_1^2}$ （令 $K_1 = \dfrac{1}{1-\alpha}, K_2 = \dfrac{1}{3-4\alpha}$）。

因此，可以得到：

$$G_1^\alpha(g_2) = K_4 + (\delta\varepsilon - g_2)K_5, \quad G_2^\alpha(g_1) = K_4 - (\delta\varepsilon + g_1)K_5 \quad (12.16)$$

上式中 $K_4 = \dfrac{2K_1^{-1}[(3K_3 + 4\alpha^2)]}{16\delta K_1^{-2} - K_2^{-1}}$，$K_5 = \dfrac{K_1^{-1}}{16\delta K_1^{-2} - K_2^{-1}}$，$K_3 = 1 - 2\alpha$。

因此，可以求出最优的基本公共服务水平为：

$$g_1^* = g^*(\alpha) + \frac{K_1^2}{16K_2}\left(\frac{\delta\varepsilon}{\delta - \delta^\alpha}\right), \quad g_2^* = g^*(\alpha) - \frac{K_1^2}{16K_2}\left(\frac{\delta\varepsilon}{\delta - \delta^\alpha}\right) \quad (12.17)$$

上式中 $g^*(\alpha) = \dfrac{1}{8}(2K_3 + K_1)$。

分别将（12.17）带入（12.14）和（12.15），可以得到每个地区的均衡税率和均衡资本量：

$$t_1^* = t^* + \frac{\delta^2 K_1 K_3}{4}\left(\frac{\varepsilon}{\delta - \delta^\alpha}\right), \quad t_2^* = t^* - \frac{\delta^2 K_1 K_3}{4}\left(\frac{\varepsilon}{\delta - \delta^\alpha}\right)$$

$$x_1^* = 1/2 + \frac{\delta\varepsilon K_3}{4(\delta - \delta^\alpha)}, \quad x_1^* = 1/2 - \frac{\delta\varepsilon K_3}{4(\delta - \delta^\alpha)} \quad (12.18)$$

上式中 $t^* = \dfrac{\delta}{2}$。可以发现，由于 $\delta > \delta^\alpha$，因此存在稳定的纳什均衡使得对资本更有吸引力的地区能够得到更多的基本公共服务投资，设置更高的税率，能够吸引更多的资本。

这样得到命题 4：当 $\delta > \delta^{\alpha} = \dfrac{1}{16(3-4\alpha)(1-\alpha)^2}$ 时，非对称区域的税收竞争和基本公共服务投资的存在唯一的纳什均衡，每个地区的税率水平、基本公共服务投资水平和吸引的资本数满足（12.17）和（12.18）。

我们将均衡时的税率水平、基本公共服务投资水平和吸引的资本数带入福利方程（12.4），对其求导可得：

$$\frac{\partial w_1^*}{\partial \alpha} = \delta x_1^* \frac{dx_1^*}{d\alpha} + t_1^* \frac{dx_1^*}{d\alpha} + x_1^* \frac{dt_1^*}{d\alpha} - g_1^* \frac{dg_1^*}{d\alpha} = -g_1^* \left(\frac{-4 + K_1^2}{8} \right) > 0 \quad ①$$

因此随着均等化转移支付的提高，每个地区居民的福利水平提高了。

而整个经济体的福利水平的一阶导数为：

$$\frac{\partial (w_1^* + w_2^*)}{\partial \alpha} = \frac{K_1^3 K_3}{32} \left[(K_2^{-1} + 2\alpha)(K_1^{-1} K_2^{-1} + \alpha) + \frac{4\delta^4 \varepsilon^2}{(\delta - \delta^{\alpha})^3} \right] > 0 \quad (12.19)$$

这样我们得到命题 5：当满足 $\delta > \delta^{\alpha}$ 时，均等化的转移支付使得非对称经济体的总体福利水平提高。因为均等化的转移支付导致资本向生产率更高的地区转移，这样提高了整个经济体的经济效率，产生的收益提高了每个居民的福利水平。

总之，在政府提供基本物品直接提高本地区资本产出效率的作用下，通过吸引更多的资本投资增加整个经济的资本产出，而增加的资本产出通过政府均等化转移支付的调节，从而提高了整个经济体的福利水平。因此本模型暗示，只有加大对居民福利产生影响的基本公共服务投资，这样才能真正提高居民的福利水平，从而使整个国家的福利水平得到提高。这也是为什么当前中央逐步加大对基础教育、社会保障等基本公共服务投入力度的原因。

---

① 因为当 $\alpha \in (0, 1/2)$ 时，$K_1^2 = \dfrac{1}{(1-\alpha)^2} < 4$。

12.2.2 我国区际基本公共服务均等化水平分析

12.2.2.1 我国区际基本公共服务均等化的评价体系

从现有文献看，目前对我国基本公共服务均等化评价体系进行定性研究的较多，定量研究的较少。陈昌盛等（2007）构建的公共服务综合绩效评价体系迄今为止最全面，共8大项165小类，但评价的重点在于我国公共服务绩效的地区差异分析。安体富等（2008）从地区差别的视角，选择了7类16个单项指标来衡量2000—2006年间我国省际基本公共服务水平，但选择的指标偏少，且大部分是存量指标，这将导致基本公共服务优势区域强化其优势地位，因此必然得出我国省际基本公共服务差距不断拉大的结论，无法反映落后地区基本公共服务逐年改善的现实，另外时间间隔选择也太短，影响了结论的可靠性和科学性。王国华等（2008）等提出了统筹城乡发展的基本公共服务标准化指标的硬性数据指标，但在其文献中没有给出相应指标的计算依据，同时没有动态地考虑农村人口由于向城市迁移而不断减少的现实以及各地区经济发展水平的差异。张启春（2008）在其博士后出站报告中建立了8类26个单项指标，计算了我国1990—2006年间省际基本公共服务均等化的演变情况，但其采用的熵值法确定各指标权重没有考虑各指标的增长效应。基于上述研究成果，笔者认为在确定基本公共服务均等化评价指标体系的过程中，既要考虑流量指标，又要考虑存量指标，这样既反映了各地区当前基本公共服务的现实情况，又反映了各地区基本公共服务逐步改善情况；在确定各指标权重的计算过程中，既要考虑地区之间的横向比较，又要考虑各地区不同发展阶段的纵向比较，这样得到的信息比较全面而充分。下面对本文指标的选取和设计进行说明。

—— 评价的基本原则

从地区间基本公共服务均等化的内涵出发，同时考虑现实的可操作性和数据的可得性，确定一个良好的均等化评价体系必须考虑以下5个基本原则：

1. 关联性原则。均等化指标体系所选择的每个指标能够在一定程度、一定时期内，反映基本公共服务的公共性特征。各个指标从不同侧面衡量基本公共服务发展情况，但相互之间具有一定的关联性。

2. 可度量性原则。所选择的指标体系必须是可以度量的，而且能够从权威的统计资料中取得数据，数据的内涵在不同地区和不同时期应该是相同的。否则必须对相应数据进行调整。

3. 动态原则。从我国基本公共服务发展的实际情况出发，要突出我国政府的转型特征，使得选择的指标既能反映地区间的通用性，又要体现我国基本公共服务是一个动态发展的逐步改善的过程。

4. 流量与存量相结合原则。基本公共服务作为一个复杂体系，既有流量指标，该指标反映了当年该地区基本公共服务的发展水平；又有存量指标，该指标反映了自建国以来该地区基本公共服务累积改善的程度。因此流量指标与存量指标的结合，避免得出基本公共服务优势地区其优势不断强化的结论，又能反映落后地区基本公共服务不断改善逐步达到全国平均水平的客观现实情况。

5. 导向性原则。基本公共服务是一个动态概念，一方面随着社会经济的发展，随着某些公共服务需求的满足，基本公共服务需求的范围会不断扩大；一方面随着政府提供基本公共服务能力的不断增强，基本公共服务供给的范围和辐射能力也会相应增加。因此均等化指标的选择要能够全面反映我国基本公共服务的本质特征、时代特点和未来发展趋势。

—— 评价体系的选取和设计

本文把基本公共服务均等化评级体系分为三级。一级指标：区域间基本公共服务均等化指数。根据基本公共服务均等化的内涵设置该指标体系，作为衡量我国省际基础教育等一揽子基本公共服务整体的均等化程度。均等化水平用变异系数的大小来衡量，如果变异系数越大，则均等化程度越低。

表 12-4 中国省际基本公共服务均等化评价指标体系

一级指标	二级指标	三级指标	单 位
我国省际基本公共服务均等化指数	基础教育服务	预算内小学生均教育经费支出	元/生
		预算内初中生均教育经费支出	元/生
		预算内高中生均教育经费支出	元/生
		普通小学生均专任教师数	人/生
		普通中学生均专任教师数	人/生
	公共卫生和基础医疗服务	预算内人均卫生事业费支出	元/人
		每万人床位数	张
		每万人医生数	位
		城市用水普及率	%
		城市每万人公共厕所数	所
	公共文化服务	人均文体广播事业费	元/人
		广播人口覆盖率	%
		电视人口覆盖率	%
		每万人公共图书馆个数	个
	基础科研服务	人均科技三项费用	元/人
		人均科技事业费	元/人
		每万人国内发明专利授权量	项
		每万人国内外观设计专利授权量	项
		每万人适用新型专利授权量	项
	就业与社会保障服务	城镇登记失业率	%
		人均社会保证补助支出	元/人
		养老保险人口占总人口比重	%
		医疗保险人口占总人口比重	%
		工伤保险人口占总人口比重	%
		生育保险人口占总人口比重	%
		失业保险人口占总人口比重	%
	公益性基础设施服务	每百人拥有移动电话数量	部
		每百人拥有局用电话交换机容量	部
		每百人拥有本地电话户数	户
		人均公路里程数	米
	生态与环境保护服务	城市人均公共绿地面积	m²
		工业固体废物综合利用率	%
		人均城市园林绿化面积	m²
		自然保护区面积占地区面积比重	公顷/万公顷
		工业三废综合利用产品产值占工业总产值比重	元/万元

二级指标：根据上节，本文选择以基础教育、公共卫生和基础医疗、公共文化、基础科研、就业与社会保障、公益性基础设施、环境保护等7类作为地区基本公共服务均等化的二级指标。这些指标的选取既强调了基本公共服务的公共产品特性，又强调了当前财政能力的约束和政府整体战略目标要求。

三级指标：三级指标的选取首先要考虑其相应于二级指标的代表性，其次要考虑该指标的省际数据的可得性。同时三级指标还有提出各地区人口规模的影响，用人均指标表示。最后三级指标要流量指标与存量指标相结合。

综上所述，在实际操作过程中，每个二级指标选取5—7项三级指标，共35项，用以评价中国省际基本公共服务均等化水平。评价指标如表12-4所示。

—— 评价方法

研究我国区域间基本公共服务均等化问题必须对我国10年来基本公共服务均等化发展状况做出全面、准确、科学的评价。由于本研究把基本公共服务分为7大类，因此均等化评价是一种多指标体系的动态综合评价方法，必须通过一定的数学模型将多个指标转化为一个整体性指标。而多指标动态综合评价的核心是合理确定各指标体系的权重系数。一般来说，权重系数的确定方法有如下几种：二次加权法、纵向拉开档次分析法、纵横向拉开档次分析法等。本文利用纵横向拉开档次分析法分析我国区域间基本公共服务均等化水平的演进过程。

具体计算过程如下：

若X_{ijt}是地区i第t年第j项指标，P_{it}是地区i第t年人口指标。

第一步：对评价指标进行预处理。首先将总量指标换算成人均指标，计算公式为：

$$\bar{X}_{ijt} = \frac{X_{ijt}}{P_{it}} \qquad (12.20)$$

然后将评价指标类型一致化。由于本指标体系只有城镇登记失业率一个

极小型指标（越小越好的指标），故令

$$\overline{X}_{ijt} = 1 - X_{ijt} \qquad (12.21)$$

将其转化为极大型指标。而对于相对量指标，保持不变，仍有 $\overline{X}_{ijt} = X_{ijt}$。

预处理的最后一步是对评价指标进行无量纲化。如果 M_{jt} 和 m_{jt} 分别是第 t 年第 j 项指标 X_{ijt} 的最大值和最小值，则有：

$$x_{ijt} = \frac{\overline{X}_{ijt} - m_{jt}}{M_{ij} - m_{jt}} \qquad (12.22)$$

显然，x_{ijt} 是取值范围为 [0，1] 的无量纲指标。

第二步：通过对10位专家进行问卷调查，要求他们对表12-4的各项指标的重要性进行排序，然后对专家的排序结果进行加权平均（排名越靠前，得分越高），得到各项指标的相对重要性 P_{ij}。

第二步：通过特征值法确定二级子系统下各指标的权重。

若把基本公共服务 7 类子服务视为一个子系统，X_{ijt} 是子系统 x 第 i（$i=1,2,...n$）个地区第 t 年第 j（$j=1,2,...m$）项指标的处理后数据，根据拉开档次法，作变换 $x^*_{ijt} = p_{ij} x_{ijt}$，这些数据可以构成 $i \times j$ 的矩阵 A_t：

$$A_t = \begin{vmatrix} x^*_{11} & x^*_{12} & \cdots & x^*_{1m} \\ x^*_{21} & x^*_{22} & \cdots & x^*_{2m} \\ \cdots & \cdots & \cdots & \cdots \\ x^*_{n1} & x^*_{n1} & \cdots & x^*_{nm} \end{vmatrix}$$

$$(12.23)$$

构造对称矩阵 $H_t = (A_t)^T A_t$，并求出该矩阵的最大特征值 $\lambda_{\max}$ 和对应的特征向量 b_j。最后将 b_j（$j=1,2,...m$）归一化，即求得指标 x_{ijt} 的权重系数 w_{jt}：

$$w_{jt} = \frac{b_j}{\sum_{j=1}^{m} b_j} \qquad (12.24)$$

第三步：确定各地区历年二级子系统的综合评价函数：

$$s_{it} = \sum_{j=1}^{n} w_{jt} x_{ijt} \qquad (12.25)$$

得到各地区单项指标的相对发展程度。

第四步：通过计算变异系数（CV）确定各地区历年子服务均等化水平

反应均等化指标的统计指标主要有变异系数（Coefficient of Variation）、泰尔指数（Theil Index）和基尼系数（Gini Coefficient）等。为了与同类研究进行比较和简化计算，本文以变异系数来反映我国各地区之间的均等化程度，其计算公式是：

$$cv_t = \frac{\sqrt{\frac{\sum_{j=1}^{n}(s_{it} - \bar{s}_t)^2}{n-1}}}{\bar{s}_t} \times 100\% \qquad (12.26)$$

$\bar{s}_t$ 表示各地区当年某子服务指标的平均值。如果变异系数越大，说明均等化程度越低。

第五步：实际上，各项基本公共服务重要性是不同的。计算时根据专家调研法得到各项基本公共服务的权重 u_i，得到各地区基本公共服务的综合指标 S_{it}：

$$S_{it} = \sum_{i=1}^{7} u_i s_{it} \qquad (12.27)$$

在此基础上计算 S_{it} 的变异系数：

$$CV_t = \frac{\sqrt{\frac{\sum_{i=1}^{n}(S_{it} - \bar{S}_t)^2}{n-1}}}{\bar{S}_t} \times 100\% \qquad (12.28)$$

$\bar{S}_t$ 表示各地区当年基本公共服务总体水平的平均值。总体水平的变异系数越大，说明均等化程度越低。

第六步：重复以上步骤，计算各地区历年 cv_t 和 CV_t，从而得到各地区基本公共服务均等化程度的演变情况。

12.2.2.2 省际基本公共服务均等化水平

本文收集了1996—2008年的省级数据，采用上述计算方法进行分析，得到各省区1996—2008年基本公共服务均等化指数如表12-5所示。由于西藏数据质量问题，将其排除在外。因此我们的样本包括除西藏外其余30个省区的面板数据。主要数据来源于《中国统计年鉴》1997—2009年、《新中国60年统计资料汇编》、《新中国50年财政统计》、《中国财政年鉴》1997—2009年、《教育经费统计年鉴》1997—2009年、各地区历年统计年鉴和中经网统计数据库。

根据结果，分别从基本公共服务整体水平和内部有机构成方面展开分析，可以得出如下结论：

表 12-5 我国省际基本公共服务均等化水平（1996—2008）

年份	总指数	基础教育	公共卫生和基础医疗服务	公共文化服务	基础科研服务	就业与社会保障	公益性基础设施服务	生态与环境保护服务
1996	0.456	0.710	0.492	0.386	1.242	0.525	0.496	0.442
1997	0.453	0.762	0.503	0.355	1.195	0.339	0.503	0.441
1998	0.494	0.770	0.506	0.328	1.135	0.601	0.492	0.451
1999	0.469	0.805	0.476	0.332	1.263	0.466	0.470	0.502
2000	0.451	0.834	0.476	0.300	1.203	0.465	0.435	0.386
2001	0.503	0.838	0.574	0.327	1.325	0.613	0.466	0.422
2002	0.505	0.856	0.622	0.330	1.328	0.490	0.451	0.464
2003	0.499	0.880	0.615	0.363	1.375	0.507	0.432	0.428
2004	0.486	0.896	0.549	0.364	1.360	0.534	0.454	0.411
2005	0.495	0.899	0.520	0.389	1.362	0.597	0.437	0.437
2006	0.550	0.940	0.742	0.374	1.386	0.653	0.379	0.412
2007	0.490	0.909	0.518	0.345	1.332	0.705	0.447	0.344
2008	0.431	0.871	0.411	0.323	1.283	0.597	0.455	0.298

下篇：专题研究

1. 我国省际基本公共服务均等化水平整体偏低，且呈先下降后上升趋势。

从表12-5可以看出，我国省际基本公共服务均等化指数基本都维持在0.45以上，2006年高达0.54，基本验证了陈昌盛和蔡跃洲（2006）关于我国基本公共服务"发展不平衡、总体水平偏低"的结论。

从趋势上看，均等化指数整体呈倒U型趋势，到2006年达到顶峰，2007年开始略有下降。这说明我国省际之间的基本公共服务差距在2006年之前逐步拉大，均等化程度逐步降低。但是随着政府对基本公共服务供给责任的提高，2007年均等化指数低于2006年，说明均等化程度恶化的趋势逐步得到好转。为了与省际经济差距进行比较，笔者也计算了1996—2008年间我国省际人均GDP的加权变异系数。从图12-1可以看出，我国省级省际人均GDP的加权变异系数大于基本公共服务均等化指数，说明我国省际之间基本公共服务的差距小于省际经济发展差距。但值得注意的是，我国省级经济差距从2003年开始逐步缩小，而基本公共服务均等化程度则从2007年才开始下降，滞后于经济发展差距缩小趋势达4年之久。

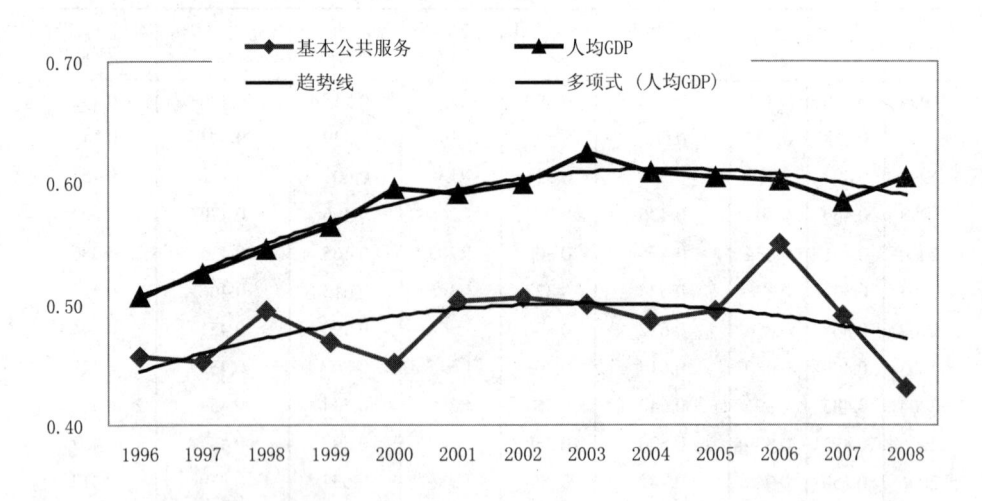

图 12-1 我国1996—2008年省际基本公共服务均等化水平

2. 从基本公共服务的有机构成看，我国各项基本公共服务均等化程度差

12. 区域基本服务均等化与区域协调发展

异很大。以2002—2006年各项基本公共服务均等化指数的平均值为准，可以将7类基本公共服务分为均等化程度相对合理、有待改善和亟待改善三类。

均等化程度相对合理的是公共文化服务、公益性基础设施服务、生态与环境保护服务。从图12-2可以看出，上述三类服务最近5年的均等化指数在0.45以下，低于全国整体基本公共服务均等化指数，说明这三类基本公共服务的均等化程度相对较高，差距控制在合理的范围内。但是三者的运行轨迹差异较大。公共文化服务均等化指数呈波浪形轨迹，说明我国省际间公共文化服务差距呈现先下降后上升再下降的态势。而国家最近10年来对生态环境的高度重视，每个地区都增加了生态保护投入，使得我国省际间生态与环境保护服务均等化水平不断上升。公益性基础设施均等化水平从1996年到2006年一直上升，但2006年后又开始下降，值得警惕。

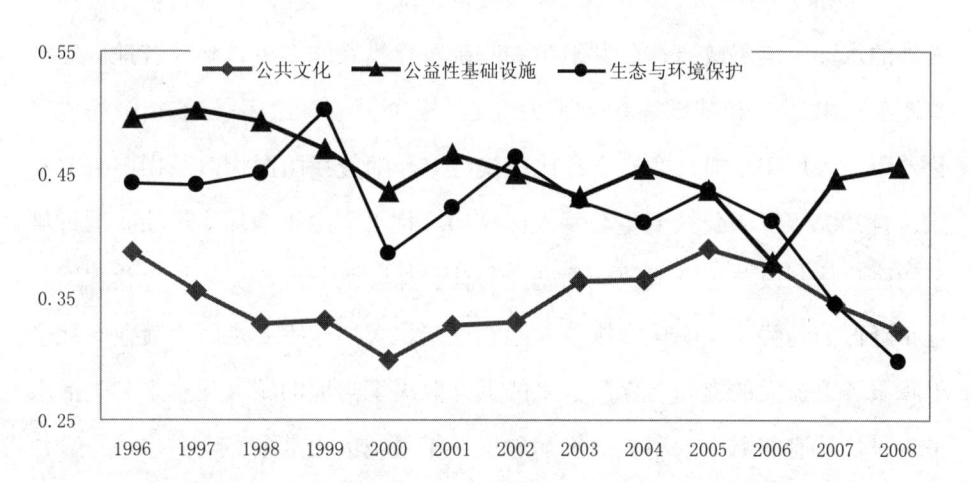

图 12-2 1996—2008年公共文化、公益性基础设施、生态与环境保护服务均等化水平

均等化服务有待改善的是就业与社会保障服务、公共卫生和基础医疗服务。2003—2008年间，这两类基本服务均等化程度在0.5和0.8之间，在7类基本公共服务体系中处于中等水平，均等化程度有待改善。

下篇：专题研究

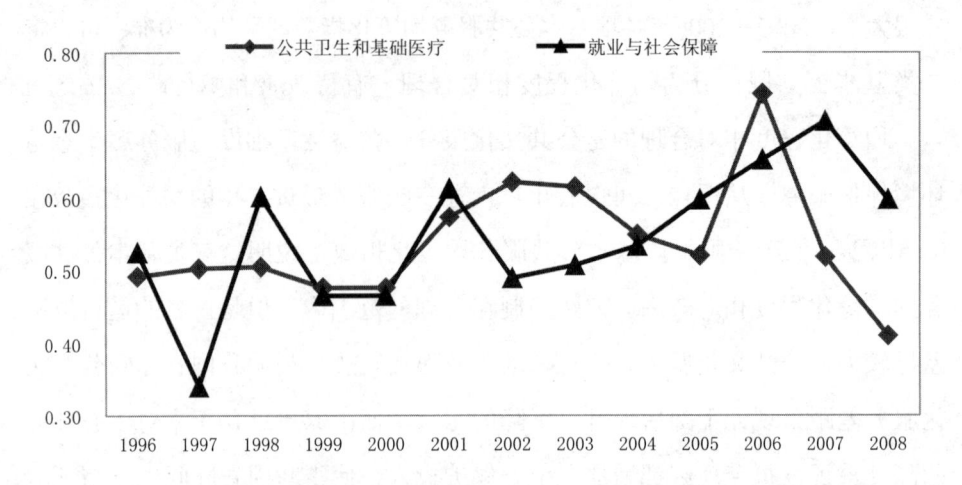

图 12-3 1996—2008年公共卫生与基础医疗、就业与社会保障服务均等化水平

从发展趋势上，公共卫生和基础医疗服务差距一直比较稳定，这是由于公共卫生和基础医疗服务主要是存量投资，加上政府投入太低，各地区经济发展的水平决定了政府在公共卫生和基础医疗投入的多少，导致各地区经济差距与公共卫生和基础医疗差距大致是一致的（公共卫生与基础医疗均等化差距与人均GDP加权变异系数比较接近）。随着我国医疗改革回归公益本质，自2006年以来公共卫生与基础医疗均等化水平逐年增加，说明我国近年来的医疗体制改革卓有成效。而就业与社会保障服务近5年来均等化程度有逐年降低的趋势，说明该类服务差距在逐步拉大。这主要是因为就业与社会保障服务覆盖面的提高与保障水平的上升取决于当地的城市化水平和生活水平，以及政府的财力大小。而发达省份5年来城市化水平和生活水平一直稳步上升，政府每年的财政收入增加幅度远高于GDP增长服务，因此有足够的财政支出用来增加本地就业培训和社会保障水平，导致与落后省份的差距越来越大。

均等化服务亟待改善的是基础教育服务和基础科研服务。2003—2008年间，基础教育均等化水平均值高达0.84，基础科研服务均等化水平均值高达

1.29，在整个7类服务中均等化程度最低，亟待改善。从图12-4可以看出，我国基础教育均等化指数从1996年的0.71增加到2006年的0.94，说明在此期间基础教育服务差距在逐步拉大。尽管中央高度强调基础教育的重要性，但"以省为体"的投入机制强化了省际之间的教育差距。同时由于基础教育在整个基本公共服务中所占的权重较大，因此改善基础教育均等化水平，有助于整体服务水平均等化水平的提高。2003—2007年基础科研均等化指数一直维持在1.3以上的水平，说明我国省际之间基础科研的差距到了令人触目惊心的程度，必须引起高度重视。这主要是由于我国的基础科研经费主要向处于发达地区的科研院所集中造成的。由于落后地区科研经费缺乏，导致高素质人才不愿意到落后地区从事科研，落后地区人才的匮乏使其更难以得到科研资助，这种恶性循环是导致目前基础科研服务差距越拉越大的原因。自2006年以来，国家致力于创新型国家的建设，大幅度增加在基础教育和科研方面的投入，大幅增加中西部地区投入增加比重，使得两类基本公共服务均等化水平扭转了逐年下降的趋势，2008年均等化水平分别比2006年增加了7.4%和7.5%，效果十分明显。

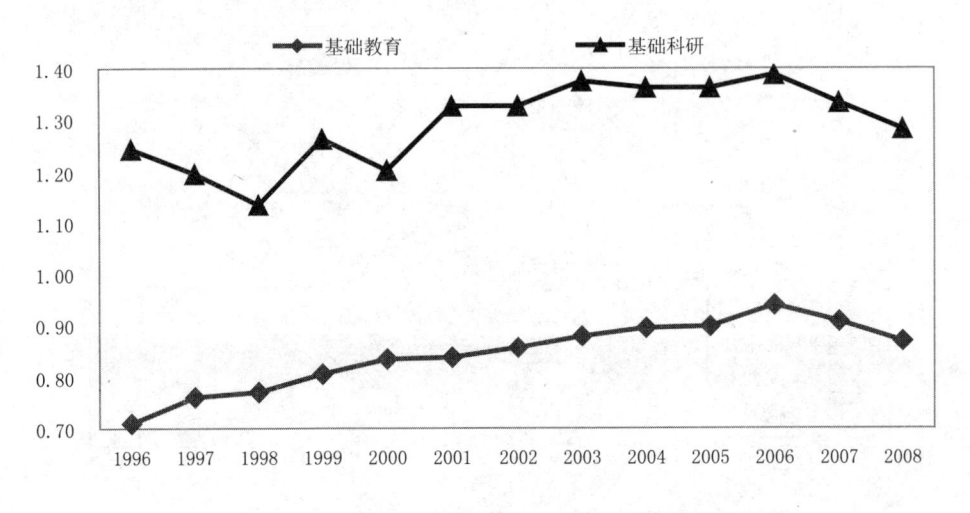

图 12-4　1996—2008年基础教育和基础科研均等化水平

下篇：专题研究

3．从基本公共服务均等化水平的地区分布看，我国各地区发展不平衡，均等化程度差异较大，大致可以分为4类（图12-5）。基本公共服务指数在0.35以上的是我国基本公共服务供给的发达地区，从图12-5可以看出，1994、2004年和2008年基本公共服务供给的发达地区数量分别为4个、7个和7个，京津沪三大直辖市和辽宁一直是我国基本公共服务水平相对比较完善的地区。从历史上看，京津沪辽经济发展水平一直都处于国家前列，地方财政收入远远高于其他地区，基本公共服务投入有充足的财力保证。而浙江近年来经济发展速度远远高于全国平均水平，新疆得到的中央转移支付规模逐年加大，黑龙江则归因于财政支出结构的持续改善，这三个地区自2004年起也成为全国基本公共服务供给的发达地区。但是从指数上看，北京和上海基本公共服务供给水平仍然遥遥领先于其他5个地区。

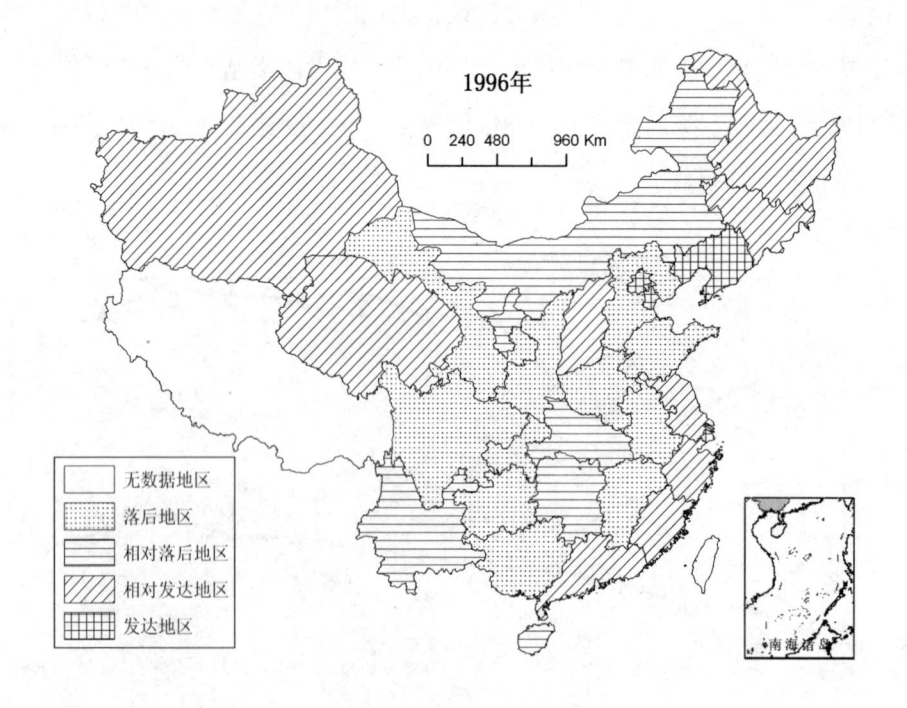

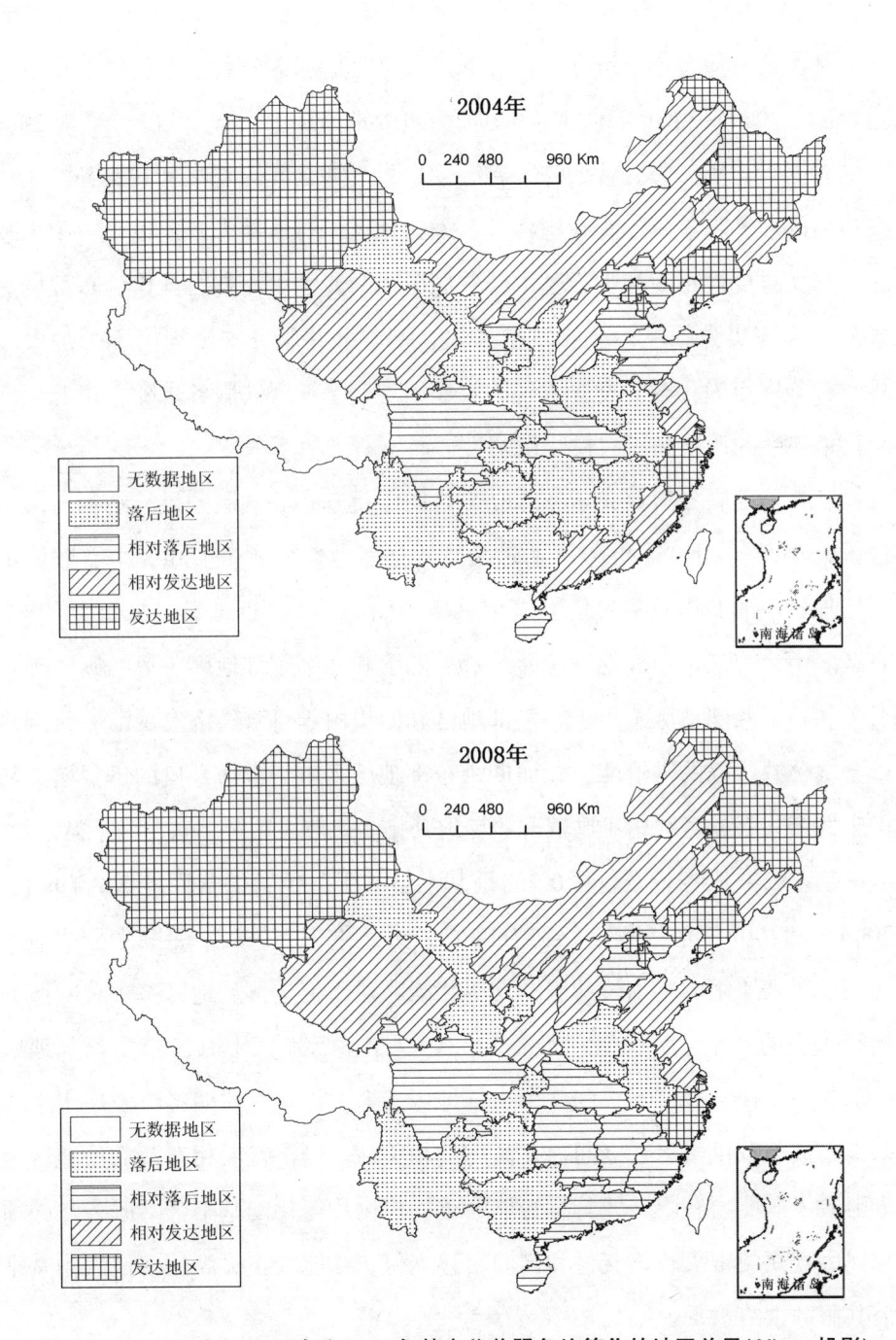

12. 区域基本服务均等化与区域协调发展

图 12-5 1996年、2004年和2008年基本公共服务均等化的地区差异(Albers投影)

基本公共服务指数介于0.27和0.35之间的是基本公共服务供给的相对发达地区，1994、2004年和2008年地区数量分别为9个、7个和8个。从2008年的数据看，宁、鲁、晋、陕、吉、蒙、青、苏是我国基本公共服务的相对发达地区。宁陕蒙青作为我国西部欠发达地区，自西部大开发以来，中央政府转移支付规模不断加大，基本公共服务不断改善。而鲁、苏作为东部发达省份，经济实力雄厚，政府转型加快，基本公共服务支出规模不断加大。晋、吉分别作为我国的资源大省和农业大省，基本公共服务也随着资源型产品价格体系的调整和新农村建设的推进而不断增加。

基本公共服务指数介于0.2和0.27之间的是基本公共服务供给的相对落后地区，1994、2004年和2008年地区数量分别为6个、7个和8个，数量不断增加，说明我国落后地区基本公共服务供给水平不断改善。2008年的8个省区之中，有三个中部地区（赣、鄂、湘）和四个东部地区（粤、闽、琼、冀）和一个西部地区（川），中部地区和四川由于自身经济发展滞后，制约了基本公共服务的供给能力，而四个东部地区则由于常住人口的迅猛增加和民生性公共服务基础相对比较薄弱导致其排名比较靠后。

基本公共服务指数低于0.2的是基本公共服务供给的落后地区，1994、2004年和2008年地区数量分别为11个、9个和7个，数量递减十分明显，说明近年来实施的基本公共服务均等化战略对于促进落后地区基本公共服务供给水平的效果十分显著。但是2008年7个落后地区中有5个是西部地区（贵、渝、桂、甘、云）和2个中部地区（徽、豫），说明经济发展水平与基本公共服务供给水平之间存在高度的相关性。经济发展相对落后的地区地方财政汲取能力有限，凭其自身能力难以提供均等化的基本公共服务，必须辅以大规模的中央转移支付和横向转移支付，才能真正提高这些地区的基本公共服务供给水平。

12.2.2.3 五大区域基本公共服务均等化水平分析

如果把全国30个省级区域划分为东北、东部、中部、西南、西北五大区域，按照前述方法，得到五大区域基本公共服务均等化指数如表12-6所示。将表12-6与表12-5对比可以发现，无论是总指数，还是各子类公共服务指数，趋势基本一致。但是五大区域基本公共服务均等化指数均大于省际均等化指数，主要原因在于五大区域的组间差距要远远大于省级层面的组间差距。从历年数据来看，五大区域中，基本公共服务供给水平排序：东北＞东部＞中部＞西北＞西南。东北作为我国的老工业基地，公共服务供给水平最高；西南地区作为我国地理条件相对较差、经济发展相对落后的地区，公共服务供给水平排名最后。

表 12-6 我国五大区域基本公共服务均等化水平（1996—2008）

年份	总指数	基础教育	公共卫生和基础医疗服务	公共文化服务	基础科研服务	就业与社会保障	公益性基础设施服务	生态与环境保护服务
1996	0.727	0.774	0.592	0.447	1.077	0.574	0.730	0.574
1997	0.722	0.790	0.606	0.365	1.070	0.573	0.742	0.585
1998	0.734	0.767	0.592	0.320	1.108	0.674	0.738	0.589
1999	0.741	0.804	0.588	0.338	1.081	0.680	0.700	0.448
2000	0.743	0.817	0.578	0.281	1.138	0.682	0.668	0.382
2001	0.752	0.797	0.733	0.316	1.195	0.692	0.603	0.519
2002	0.766	0.796	0.751	0.305	1.223	0.688	0.602	0.556
2003	0.779	0.818	0.783	0.370	1.285	0.696	0.604	0.548
2004	0.788	0.825	0.792	0.395	1.293	0.693	0.625	0.558
2005	0.787	0.809	0.750	0.408	1.335	0.708	0.579	0.610
2006	0.777	0.808	0.673	0.465	1.373	0.722	0.489	0.491
2007	0.730	0.787	0.657	0.469	1.313	0.668	0.561	0.426
2008	0.699	0.758	0.541	0.462	1.317	0.647	0.580	0.384

12.2.3 我国区际基本公共服务均等化程度的影响因素分析

目前定性分析影响我国基本服务均等化水平的文献相对较多。如江明融

(2007)分析了造成城乡公共服务差距日益扩大的制度因素和约束因素。制度因素包括财富由农村向城市集中的转移机制、城市偏向的公共服务供给制度和城乡差别的户籍制度;约束因素包括公共服务供给主体错位、基层政府事权与财权的不统一和供给决策机制的不规范。王泽彩(2007)认为,我国当前财政体制安排指导思想的定位刚性、初始安排的内在缺陷、运行过程中的目标冲突和财政分配法制化的制衡能力薄弱导致我国财政均富功能缺失,进而导致区域之间、城乡之间公共服务的差距逐步拉大。刘学之(2007)运用制度经济学份的分析思路,从基本公共服务供给角度如供给效率低下、供给制度化建设滞后和结构失衡、政府在财政支出方向上存在供给面过宽、包揽范围过大和支出结构不合理等方面分析了我国基本公共服务非均等的原因。而王家永(2007)经济发展失衡是基本公共服务非均等的基本原因,公共财政制度不完善是基本公共服务非均等的制度原因,财政管理体制缺陷[①]是基本公共服务非均等的体制原因。赵佳佳等(2008)[②]现行国家战略方针、行政体制、财政体制等因素对公共服务提供具有深远影响。定性分析的好处可以将所有影响基本公共服务的因素进行逻辑分析,比较全面,缺点是由于许多影响因素本身具有内生性,无法真正判断到底哪个因素起的作用大。

  定量分析影响我国基本服务均等化水平的文献相对较少,且对转移支付的研究相对较多。如宋小宁等(2008)[③]通过1998—2005年我国省际面板数据分析发现,我国的转移支付主要由中央维护国家稳定、减少改革阻力的政治平衡考虑决定,公共服务均等因素的效应并不显著。刘勇政(2008)[④]认

---

① 包括事权配置不合理、财权配置存在缺陷、财政体制保护既得利益和转移支付调整均等化缺乏力度四个方面。
② 赵佳佳,朱黎:公共服务区域差距及影响因素分析吉林工商学院学报,2008年第2期。
③ 宋小宁,苑德宇:"公共服务均等、政治平衡与转移支付——基于1998—2005年省际面板数据的经验分析",《财经问题研究》,2008年第4期。
④ 刘勇政:"我国财政转移支付均等化效应实证分析",《地方财政研究》,2008年第2期。

为财政转移支付在缩小地区间的财政能力差距方面起了一定作用，但这种作用仍然有限，且财政转移支付在均等化各地区基本公共服务供给水平上作用甚微。因此定量分析的视角相对比较狭隘，忽略了其他因素对基本公共服务均等化的影响。

我们认为，分析我国省际基本公共服务均等化的影响因素必须从基本公共服务的供给与需求入手。

（1）从供给因素看，各地区经济发展水平显然影响各地区基本公共服务的供给能力。经济发展水平越高的地区，在政府税收水平相同的情况下，用于发展基本公共服务的财力越多，其基本公共服务发展水平越高，与落后地区差距越大。但应该看到，经济发展水平越高的地区，本地区居民对基本公共服务需求的质量和数量也越高，要求本地政府提供符合自己意愿的基本公共服务，同时极力排斥外来人口共享本地区的基本公共服务，担心产生拥挤效应，具有典型的俱乐部产品性质。因此各地区经济发展水平的差异与基本公共服务均等化呈负相关关系，即省际人均GDP差距越大，基本公共服务均等化程度越低。同时也应该看到，中央财政对地方政府的转移支付规模越来越大，以弥补地方政府基本公共服务供给能力不足的问题。因此，理想的转移支付制度应起到基本公共服务均等化效果。但正如上述研究指出的是，我国转移支付制度的设计主要是基于政治考虑而不是经济考虑，同时存在转移不规范、不透明等诸多缺陷，因此转移支付的均等化效果大打折扣，甚至起逆均等化效果。基本公共服务供给的另一个重要因素是政府偏好。我国各级政府对如基础教育、基础设施等软硬公共品遵循自上而下的决策模式，而由于偏重GDP的政绩考核模式，各级政府对道路、桥梁等硬公共产品的供给更加偏爱，而对基础教育、社会保障、公共卫生和基础医疗等软公共物品的供给缺乏足够的动力，有些地方甚至连小学教师的工资都发不出来。因此各地区对于公共物品的偏好也对区际基本公共服务均等化水平有着重要的影响。

下篇：专题研究

（2）从需求因素看，各地区市场化水平、对外开放水平、各地区城市化水平和工业化程度对我国区际基本公共服务的需求影响十分显著。首先看市场化水平。国内外学者普遍认为中国的市场化改革给经济注入了活力，提高了效率，改善了要素配置状况，是中国近30年经济高速增长的主要动力。但是市场化的进展程度是很不平衡的，东部和中西部之间有明显的差距。同时还要认识到，市场化水平的提高要求政府职能更加完善，本地区居民和企业会逐步提高本地政府对基础教育等基本公共服务数量和质量的供给能力。但是市场化也可能导致本地区部分基本公共服务市场化，进而导致本地区基本公共服务不足。因此市场化与基本公共服务均等化的关系是不定的。再看对外开放水平。对外开放水平的提高意味着本地区外资企业的增加。从理论上讲，外资企业的区位往往选择那些区位条件较好、基本公共服务质量好的地区。因此对外开放水平的提高往往伴随着本地区基本公共服务的改善。第三，各地区城市化水平和工业化水平对基本公共服务也有重要的影响。一般来说，城市化和工业化的发展必须以高质量的基本公共服务为基础。城市化水平越高，意味着单位土地面积上基本公共服务的需求越多，越能发挥基本公共服务的规模经济效应，进而减少政府提供基本公共服务的单位成本。

（3）根据上述各种影响基本公共服务的供求因素，大致可以解释我国省际基本公共服务均等化程度不断降低的事实。随着我国社会主义市场经济改革逐步深化，我国各地区的经济发展水平差距逐步拉大，相应各地区政府用于基本公共服务的财力差距也开始拉大，因此如果单纯依靠各地区自身相应的财政收入来提供基本公共服务的话，各地区基本公共服务差距开始拉大。与此同时，中国改革开放的过程也是一个财政逐步分权的过程，在这个过程中，中央财政收入所占比重逐步增加，逐渐出现地方政府事权与财权的不一致，这样必然要求中央财政对地方政府进行转移支付以弥补地方政府基本公共服务供给的不足。但由于中央转移支付制度的缺陷，致使中央转移支付没有起到弥补地方政府基本公共服务供给能力的作用。加上我国正处于加速工业化和城市化时期,地方政府对于基础教育等软公共物品偏好不足,这样也导致基本公共服务供给不足。而发达地区由于人民生活水平的提高,对基本公共服务的要求也相应提高,而发达地区城市化和工业化水平的提高也能充分发挥基本公共服务提供的规模经济效应,加上发达地区有充足的财力为保证,发达地区政府会增加基本公共服务供给的偏好;而落后地区由于城市化和工业化水平不足,加上大量剩余劳动力转移至发达地区就业,无法发挥基本公共服务的规模经济效应,而落后地区政府忙于经济建设而相对忽略基本公共服务建设,导致与发达地区基本公共服务差距逐步拉大,即我国省际基本公共服务均等化程度不断降低。

12.3 基础教育省际均等化水平和影响因素分析

12.3.1 基本公共服务中的基础教育

基础教育是对适龄青少年儿童进行基本知识、基本技能、基本行为规范、基本生活习惯、基本价值观等内容的教育。通过基础教育的培养,受教育者可以获得听说读写等基本技能,为后续的生活和进一步发展打下良好的基础;同时形成遵从社会整体行为规范和价值体系的价值观念、职业操守和行为准则,实现与社会的良性互动。与基础教育相关的另一个概念是义务教育。一般来说,出于青少年教育的强外部性、公益性,以及资本市场的限制,义务教育强调通过法律保证教育的实施。因此,义务教育属于教育制度范畴,而基础教育属于功能范畴。另外,基础教育一般是指从学前教育到高中或中等职业教育阶段的教育,而义务教育由于受国家财力、经济发展水平、政府重视程度等因素的影响,年限在世界各地差异很大,少则5年,多则16年。我国的义务教育年限从原来的6年提高到现在的9年,以后随着国

下篇：专题研究

家财力的增长和国民对教育需求的增强，还可能增加到13年。因此整体来看，义务教育是基础教育的一部分。

将基础教育纳入国家的基本公共服务体系，主要出于以下几个方面的考虑：

（1）基础教育具有起点公平性。基础教育制度的实施使出身贫困家庭的孩子能够接受最基本的教育，与其他孩子一样获得了从事基本工作和进一步发展的技能，实现了机会公平。

（2）基础教育外部性。基础教育通过培养学生的基本行为规范和价值观的教育，不仅使受教育者本人受益，而且能够创造一个更加文明和谐的社会，降低犯罪率；提高整个社会和经济转型的能力，提供高素质的劳动力，可以逐步提高农业的技术水平；为农业剩余劳动力向农民工和城市居民的转化提供条件。

（3）基础教育存在代理和信息不对称问题。由于绝大部分未成年人不了解消费教育的收益，同时没有能力决定自身的教育水平。父母是其教育水平的决策者和成本承担着。因此父母由于自身能力限制和对孩子潜力的不充分了解，无法帮助孩子选择最佳的教育水平。加上我国绝大部分人口是农村人口，由于贫穷和农村资本市场不发达，没有足够的知识能力和资金能力保证孩子获得最佳的教育水平。因此通过国家统一提供基础教育，保证了这些孩子的教育需求的实现。

（4）基础教育的准公共产品属性。基础教育以强大的外部正效应成为准公共物品，因此不满足完全竞争性和完全排他性，存在市场失灵。所以，由私人部门提供基础教育无法实现完全排他或者排他的成本太高而出现基础教育供给不足。同时还要注意到，人人接受基础教育有利于国家各种战略的实现，并降低管理成本，因此教育也是一种公益产品。从这个角度看，国家通过提供基础教育是值得的。

我国当前实现九年制义务教育，也就是对小学到初中阶段的教育实行强制教育，并由国家免费提供。近几年随着国家财力的快速增长，直到2007年才真正实行了免费义务教育。根据笔者对上海和山东陵县的考察，认为应该逐步将学前教育和高中教育或中等职业教育纳入义务教育体系，同时将小学教育缩短一年。由于目前幼儿教育的不规范和乱收费，出现了幼儿教育与小学教育内容重叠等问题。国家通过制定学前教育规范和提供学前教育等手段逐步规范学前教育体系，并保证贫困家庭的幼儿也能接受基本的幼儿教育，保证学前教育与小学教育的顺利衔接。同时随着整个国家经济结构的改变，国家对具有职业教育背景的劳动力需求逐步增加，因此国家将职业教育与高中教育纳入义务教育，可以提高整个国民的职业道德、职业操守和职业技能，保证贫困家庭的孩子顺利找到工作。上海、北京等经济发达地区可以进行义务教育的改革试点。一旦全国实施，义务教育将与基础教育完全融合。

12.3.2 我国各地区基础教育的基本情况

改革开放以来，我国基础教育取得了飞速发展，小学学龄儿童净入学率从1978年的95.5%提高到2008年的99.5%，初中毛入学率从1990年的66.7%提高到2008年的99.7%，高中毛入学率从1992年的26%提高到2008年的83.4%。可以看出，我国九年制义务教育基本完全普及，高中教育也已经覆盖80%多的学生，因此我国基础教育发展所取得的成就是不容置疑的。但应该看到，我国基础教育在城乡之间、地区之间、不同类别教育之间和不同社会群体之间发展不平衡（刘继安，2008）。下面从教育投入水平、办学条件和教师水平几个方面分析地区之间的教育差距。

12.3.2.1 教学投入的地区差异

教育投入水平是衡量地区教育平衡的重要指标。一般来说，教育投入的衡量指标有4个：人均教育事业费、生均教育经费支出、生均预算内教育经费支出和生均预算内公用经费支出。

我国各地区间人均教育事业费（见表12-7）可以衡量整个教育体系的投入水平。1998—2006年间我国人均教育事业费支出最高的地区一直是上海市，最低的地区一直是西部人口大省四川，上海人均教育事业费支出是四川的5倍以上。从最大最小比和人均教育事业费支出的变异系数可以看出，我国地区间的教育投入差距是比较大的。可喜的是，随着中央逐步加大教育的转移支付支出，地区间差距从2004年开始一直在缩小。

表 12-7 我国1998—2008年地区间地方财政决算支出人均教育事业费

（单位：元/人）

年份	1998	1999	2000	2001	2002	2003	2004	2005	2006	2007	2008
全国平均值	97.4	110.9	128.1	159.5	189.5	208.7	242.1	285.3	341.2	509.1	641.4
最大值	461	509	512.5	618	714.3	767.8	891.8	1029	1132	1610.6	1866.1
最小值	56.9	64.2	75.3	98.7	117.9	125.2	140.4	171.1	222.6	348.1	453.8
最大最小比	8.1	7.93	6.803	6.264	6.058	6.134	6.351	6.013	5.085	4.627	4.112
变异系数	0.700	0.691	0.646	0.610	0.603	0.609	0.613	0.595	0.547	0.514	0.472

注：根据中经网统计数据库相关数据进行计算。

生均教育经费支出衡量了一个国家或地区对基础教育整体的投入程度，我国小学、初中和高中的生均教育经费虽然年均增长较快，但形势不容乐观。全国普通小学生均教育经费的平均水平从1996年的549.96元/人增加到2008年的3410元/人，扣除物价上涨因素，年均增长12.1%，高于全国同期GDP增长幅度（9.2%）。但从图12-6可以看出，我国小学生均教育经费的变异系数从1996年的0.526增加到2004的0.824，说明小学教育投入的地区差异一直在扩大。直到2005年地区间差距才开始逐步缩小。根据相关统计数据，我国小学生生均教育经费最高的地区也一直是上海，最低的地区是贵州和河南。2004年上海小学生均教育经费是贵州的11倍。这进一步说明我国小学基础教育的地区差异是十分悬殊的。

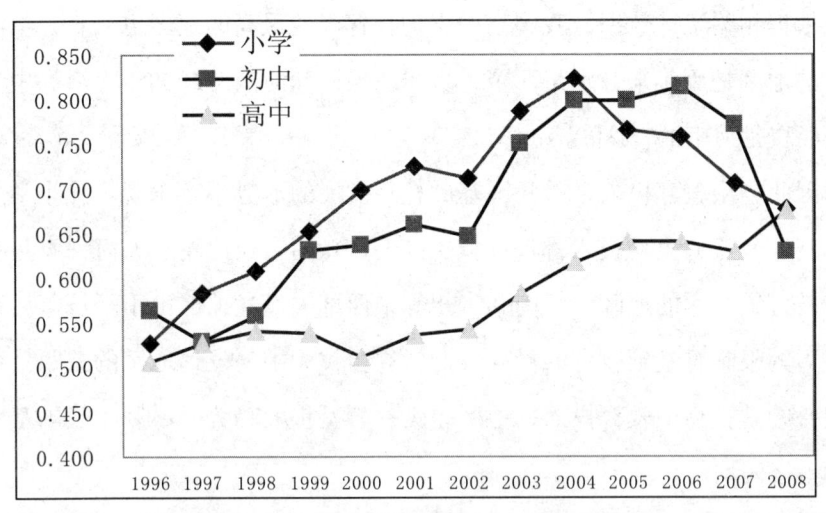

注：根据《中国教育经费统计年鉴》1997—2007年相关数据进行计算，以下同。
图 12-6 我国地区间生均教育经费支出的变异系数（1996—2008）

全国普通初中生均教育经费的平均水平从1996年的1037.94元/人增加到2008年的5466元/人，扣除物价上涨因素，年均增长7.6%，远远低于全国同期GDP增长幅度，因此我国初中基础教育的经费支出规模与国民经济发展的规模是不相称的。从图12-6可以看出，我国初中生均教育经费的变异系数从1996年的0.564增加到2006年的0.814，初中教育投入的地区差异一直呈扩大趋势，直到2007年才开始下降。根据相关统计数据，我国初中生均教育经费最高和最低的地区也分别一直是上海和贵州（河南在2003年和2005年最低）。2006年上海初中生均教育经费是贵州的5.3倍。

全国普通高中生均教育经费的平均水平从1996年的2231.23元/人增加到2008年的6243元/人，扣除物价上涨因素，年均增长6.1%，远低于全国同期GDP增长幅度，甚至低于初中生均教育经费支出的增长速度。从图12-6可以看出，我国高中生均教育经费的变异系数从1996年的0.506增加到2004年的0.641，低于全国同期小学、初中生均教育经费的变异系数，说明在基础教育中，高中教育的地区差异相对是最小的，但令人担心的是一直呈扩大趋势。根据相关统计数据,我国高中生均教育经费最高的地区也一直是上海,最低的地区是历年来分别是西藏、贵州、陕西和河南。2008年上海高中生均教育经费是河南的7.23倍。

因此,从教育投入来看我国基础教育发展的形势不容乐观。除小学外,其他基础教育的生均投入都远远低于同期GDP的增长速度。上海一直是我国基础教育最发达的地区,河南和贵州等中西部欠发达地区由于经济落后和自身财力的限制对基础教育的投入较低,逐步拉大了与发达地区的差距。更令人担心的是,高中教育投入的地区差距一直呈扩大趋势,不利于我国基础教育的地区间均等化。

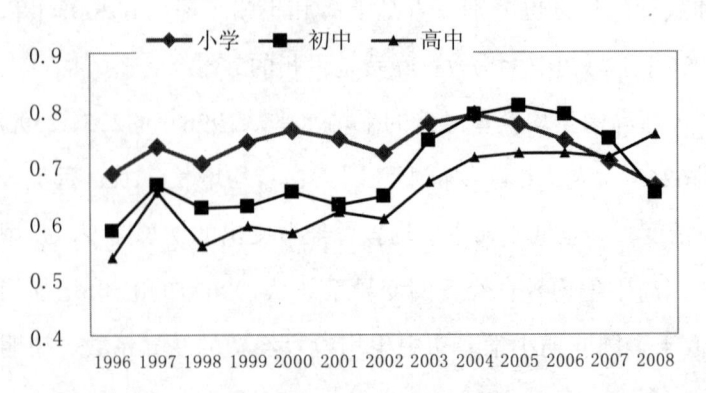

人均预算内教育经费支出是衡量政府财政投入力度的重要指标。全国普通小学生均预算内教育经费的平均水平从1996年的310.14元/人增加到2008年的2787元/人,扣除物价上涨因素,年均增长14.7%,高于全国同期GDP增长幅度(9.2%)。但从图12-7可以看出,2007年以前我国小学生均预算内教育经费的变异系数一直在0.7—0.8之间波动,说明国家对小学教育投入的地区差异一直维持在比较高的水平。根据相关统计数据,我国小学生均教育经费最高的地区也一直是上海,最低的地区是河南。2005年上海小学生均教育经费是河南的10.5倍。

图 12-7 我国地区间生均预算内教育经费支出的变异系数(1996—2008年)

12. 区域基本服务均等化与区域协调发展

全国普通初中生均预算内教育经费的平均水平从1996年的568.53元/人增加到2008年的3645元/人，扣除物价上涨因素，年均增长12.4%，高于全国同期GDP增长幅度。从图12-7可以看出，我国初中生均预算内教育经费的变异系数从1996年的0.585增加到2005年的0.805，而近几年国家对初中教育投入的地区差异呈加速缩小趋势。根据相关统计数据，我国初中生均预算内教育经费最高的地区是上海，最低的地区1996—1999年是贵州，2000—2006年是河南。2005年上海初中生均预算内教育经费是河南的9.6倍。

全国普通高中生均预算内教育经费的平均水平从1996年的1165.26元/人增加到2008年的3335元/人，扣除物价上涨因素，年均增长4.96%，远低于全国同期GDP增长幅度，甚至低于高中生均教育经费支出的增长速度。从图12-7可以看出，我国高中生均预算内教育经费的变异系数从1996年的0.535增加到2006年的0.721，低于全国同期小学、初中生均预算内教育经费的变异系数，说明在基础教育的国家投入中，高中教育的地区差异相对是最小的，但从1998年开始一直呈扩大趋势。根据相关统计数据，我国高中生均预算内教育经费最高的地区一直是上海，最低的地区是历年来分别是贵州、江西、湖北和河南，说明中部地区对高中教育投入的增加程度低于全国的平均水平。2008年上海高中生均教育经费是湖北的8.6倍，是历年来差距最大的一年。

人均预算内公用经费衡量了政府财政在学校日常运行上的投入力度。从1996—2008年生均预算内公用经费的实际情况看，由于公用经费的弹性很大，财政落后地区的公用经费接近0，地区之间的差距十分巨大，远远超过预算内教育经费的差距。巨大的差距可能造成落后地区辖区内学校难以正常运行。

从表12-8可以看出，不管是在小学，还是在中学，生均预算内公用经费的地区差距都十分巨大。最落后地区小学的生均预算内公用经费在1996—

2002年间甚至在10元左右徘徊,是发达地区的1/50,变异系数高达1.73。最落后地区初中生均预算内公用经费在1996—2005年间一直在100元以下,是发达地区的1/30,变异系数高达1.53。最落后地区高中生均预算内公用经费在1996—2005年间一直在70元以下,甚至出现逐年下降的趋势,变异系数高达1.3。

表12-8 我国1998—2008年地区间生均预算内公用经费差距比较

(单位:元/人)

年份	小学				初中				高中			
	最大值	最小值	最大最小比	变异系数	最大值	最小值	最大最小比	变异系数	最大值	最小值	最大最小比	变异系数
1996	386.70	8.50	45.77	1.48	634.60	22.80	27.80	1.25	1163.50	60.00	19.38	0.99
1997	471.20	10.40	45.40	1.54	848.30	30.30	28.02	1.37	1597.20	72.60	22.00	1.20
1998	393.70	10.20	38.60	1.39	723.70	22.80	31.77	1.32	1598.00	68.60	23.30	1.24
1999	433.80	10.50	41.35	1.40	724.20	23.30	31.04	1.34	1750.20	45.90	38.12	1.28
2000	448.20	8.80	51.11	1.45	754.10	17.90	42.15	1.47	1209.00	40.90	29.55	1.19
2001	699.60	10.50	66.37	1.73	872.00	25.10	34.77	1.52	1476.80	44.00	33.59	1.23
2002	927.20	18.00	51.66	1.67	1133.90	37.40	30.31	1.51	1602.90	35.10	45.62	1.31
2003	1229.20	20.70	59.29	1.65	1510.70	41.40	36.46	1.53	1895.40	62.20	30.48	1.31
2004	1664.70	34.00	48.92	1.59	1940.00	52.00	37.31	1.50	2232.20	59.40	37.61	1.29
2005	1865.70	59.20	31.51	1.30	2114.10	77.00	27.46	1.21	2232.20	59.40	37.61	1.29
2006	2308.80	102.40	22.55	1.09	2614.70	135.60	19.28	1.03	2809.10	100.80	27.87	1.05
2007	2951.60	198.60	14.87	1.07	4963.60	324.60	15.29	1.14	3708.30	141.20	26.26	1.08
2008	4271.50	363.70	11.74	0.94	5796.70	582.70	9.95	0.84	6187.10	250.00	24.75	1.16

注:根据《中国教育经费统计年鉴》1997—2009年相关数据进行计算。

12.3.2.2 办学条件的地区差距

人均校舍建筑面积、生均图书藏量和生均教学仪器设备值可以衡量一个地区的办学条件,因为这些因素直接影响了基础教育课程教学质量的提高和学生基本技能的培养。从2008年的统计数据来看,我国地区间教学条件,东部和东北最好,西南最差。2008年东北、东部、中部、西北和西南的小学生生均校舍建筑面积分别为5.5平米、6.2平米、5.4平米、5.2平米和5.2平米，东北、东部、中部、西北与西南之比分别为1.1∶1.2∶1.04∶1，差距相对较小。但2006年东北、东部、中部、西北和西南的小学生生均图书藏量分别为16.1册、18.5册、13.1册、13.7册和9.7册，东北、东部、中部、西北与西南之比分别为1.7∶1.9∶1.4∶1.4，差距相对较大。2008年东北、东部、中部、西北和西南的小学生均教学仪器设备值分别为425元、534元、184元、257元和190.5元，东北、东部、中部、西北与西南之比分别为2.2∶2.8∶0.97∶1.4，差距较大。初中阶段的地区差距与小学相同（见表12-9）。但高中阶段除了东部地区优势比较明显外，其他地区差距不大。

表 12-9 2008年我国五大地区教学条件差异比较

阶段	地区	实际值			占西南地区的比值		
		校舍建筑面积	图书藏量	仪器设备总值	校舍建筑面积	图书藏量	仪器设备总值
小学	东北	5.50	16.10	425.20	1.08	1.67	2.23
	东部	6.20	18.50	534.30	1.21	1.91	2.81
	中部	5.40	13.10	184.20	1.05	1.36	0.97
	西北	5.20	13.70	257.80	1.00	1.42	1.35
	西南	5.20	9.70	190.50	1.00	1.00	1.00
初中	东北	7.00	17.30	591.60	1.14	1.56	2.09
	东部	8.30	20.90	734.80	1.35	1.88	2.60
	中部	7.40	17.00	352.60	1.21	1.53	1.25
	西北	5.50	14.40	366.20	0.89	1.30	1.30
	西南	6.10	11.10	282.80	1.00	1.00	1.00
高中	东北	11.60	16.90	1355.50	0.76	0.77	1.26
	东部	18.70	32.00	2003.20	1.22	1.45	1.87
	中部	14.10	19.40	972.50	0.92	0.88	0.91
	西北	12.50	20.70	1043.10	0.81	0.94	0.97
	西南	15.30	22.10	1073.60	1.00	1.00	1.00

注：根据《中国教育统计年鉴2008》相关数据进行计算，实际值的单位分别为平方米/学生、册/学生和元/学生。

12.3.2.3 教师水平差距

全体教师中高级职称和本科以上学历的教师比重是衡量一个地区师资强弱的重要的指标。2008年东北、东部、中部、西北和西南小学高级教师以上比例分别为63%、55%、52%、42%和41%，东北最高，西南最低，与东北相差22百分点。初中一级教师以上比例分别为67%、54%、52%、42%和42%，东北最高，西北最低，与东北相差25个百分点。高中一级教师以上地区差距相对较少，但西北仍是最低，与最高的东北相差7.6个百分点。从学历上看，2008年东北、东部、中部、西北和西南专科及以上学历小学教师占全部专职教师的比例分别为75%、76%、65%、72%和68%，东部最高，中部最低，与东部相差10个百分点。东北、东部、中部、西北和西南本科及以上学历初中教师占全部专职教师的比例分别为59%、62%、44%、51%和50%，仍是中部最低，与最高的东部相差15个百分点。东北、东部、中部、西北和西南本科及以上学历高中教师占全部专职教师的比例分别为94%、93.5%、90%、87%和91%，西北最低，与最高的东北相差7个百分点。因此从整体水平看，我国西部和中部的师资力量与东部和东北相比差距较大。

12.3.3 基础教育均等化的影响因素

造成我国基础教育地区间发展非均衡的原因很多，如历史形成的经济社会发展差距、各地区不同的文化习俗和政府教育制度的影响。刘继安（2008）分析了我国教育管理体制和财政投入体制存在的主要问题，如基础教育分级管理中心偏低、城乡有别的教师政策、重点学校政策和精英教育路线等对教育差距，特别是城乡教育差距的影响。整体来看，由于我国基础教育长期以来实现省级政府统筹管理和教育经费县级管理，没有考虑基础教育准公共物品和外部性的特点，造成基础教育的地区差距逐步扩大。从分权角度看，我国户籍制度导致的人口流动障碍导致地方政府行为向追究资本投资于经济增长率的方向改变,导致各地区激烈的竞争并相应地挤占了义务教育等准公共物品性质的财政支出,使得"用手投票"和"用脚投票"导致基本公共服务水平提高的机制在我国并不存在(乔宝云等,2005)。综合来看,影响地区间基础教育均等化的主要因素有:

(1)地区经济发展程度差异。我国幅员辽阔,各地区经济发展的基础条件差异较大,通过实施非均衡的区域发展战略,从而使经济发展条件较好的地区快速发展,一方面带动了整个国家经济的快速增长,一方面地方经济发展差距逐步扩大。经济发展差距的扩大导致地方政府用于基础教育的投入能力出现差异,投入能力的差异导致落后地区教育发展所需要的资本和劳动(教师的人力资本水平)不足,从而导致基础教育均等化程度减小。可用各地区的人均GDP差异来衡量地区经济发展程度差异。可以推断人均GDP差异越大,基础教育均等化程度越低。

(2)地方政府财政能力。我国长期以来基础教育的公用经费支出主要以县财政支出为主,直到2006年《义务教育法》修订后才逐步转化为中央、省、县三级政府共同出资。因此地方政府的财政汲取能力越高,可用于基础教育的投入越多。可用各地区的人均财政收入差异衡量地区财政汲取能力的差异。可以推断人均财政收入差异越大,基础教育均等化程度越低。

(3)地方政府偏好。自改革开放以来,我国长期实行"效率优先、兼顾公平"的发展思路,以经济建设为中心。同时由于自上而下的政府绩效考核机制,以及经济发展立竿见影的效果,地方政府尤其倾向于通过道路等基础设施建设和税收优惠发展经济,相对忽略了政府作为基础教育供给主体的责任,挤占甚至挪用基础教育经费,导致基础教育发展的资金不足。用各地方政府基本基本建设支出占总预算支出的比重衡量地方政府对于经济建设的偏好差异。偏好差异越大,基础教育均等化程度越低。

(4)财政分权程度。财政分权一般是指中央政府给予地方政府一定的税收权和支出责任范围,允许地方政府自主决定其预算支出规模和结构。西方财政联邦主义理论一般以采用州和联邦收入或支出的比值来衡量财政分权水平。我们用省级人均财政支出占全国人均财政支出的比重表示财政分权的程度。由于地方政府更了解本地区居民对公共服务的偏好,因此采用财政分权能够迫使地方政府采用最有效手段提供辖区内居民需要的公共服务。但在我国由于重视经济发展的各地方政府需要更多的财政投入改善辖区内的投资环境,相应挤占了教育等基本公共服务支出。因此分权程度高不一定带来基础教育服务的改善,在中西部地区存在差异。

(5)中央转移支付。自从1994年财政体制改革以来,中央财政收入所占比重逐年增加,支出责任却相应减少,目前大概以70%的财政收入,承担30%的事权责任,因此中央和地方之间存在大规模的转移支付。但是,中国的转移支付制度存在使用不透明、发放不规范等缺陷,难以弥补平衡地区之间的财政投入与支出的差异,导致各地方政府大量的预算外收入和隐性债务的存在。从理论上来讲,通过规范公平的转移支付制度,各地区不会因自身财政问题导致基本公共服务规模的缩小而大致保持均等化的基本公共服务。

(6)对外开放程度。随着我国改革开放政策的逐步深入,我国各地区的对外开放程度逐步提高。对外开放促进外资企业进而带动本地企业的发展,就业和经济增长加快,地方政府有更多的财政收入用于政府各种支出,本地区的基本公共服务特别是投资环境会逐步改善。因此对外开放程度越高的地区基础教育提供越好。因此对外开放差异程度越大,基础教育均等化程度越小。我们用外商投资企业年末投资总额占GDP的比重来衡量各地区对外开放程度。

(7)市场化程度。中国由计划经济向市场经济进行转轨的过程是市场化程度逐步提高的过程。国内外学者都认识到中国的市场化改革给经济注入了活力,提高了效率,改善了要素配置状况,是中国近30年经济高速增长的主要动力（王小鲁，2003）。但是市场化的进展程度是很不平衡的，如2005年的市场化总体评分全国平均水平为6.52分，东部地区平均为8.23分，中部为6.01分，西部为4.93分，东部和中西部之间有明显的差距（樊纲等，2007）。而且市场化对基础教育也有重要的影响。从供给看，一方面市场化逐步完善意味着政府和企业的职能分工更加清晰，政府会主动承担本地区基础教育的供给，另一方面市场化的完善给本地企业带来的活力也增加了政府的财政收入，从而使政府基础教育供给能力增强。从需求看，随着本地区市场化导致的经济发展水平的提高，本地居民和企业对基本公共服务的需求结构也会改变，要求政府提供更优质的基础教育服务。因此市场化程度的提高与基础教育供给是正相关关系。但市场化程度是一个综合衡量的指标体系，包括非国有经济的发展，政府与市场的关系，产品市场的发育程度，要素市场的发育程度，以及市场中介组织发育和法律制度环境等诸多影响因素（王小鲁，2003）。为简单起见，采用各地区国有单位年末从业人员数占总年末从业人员数的比重来衡量各地区市场化程度。

（8）城市化程度。我国由一个传统的农业社会向工业社会的转化意味着城市化水平的显著提高。根据统计，我国的城市化水平从1978年的18%增加到2009年的46.4%，年均增长0.9%，可谓速度惊人。一直以来，基于政府的财力约束和基础教育提供的规模经济效应，我国基础教育，特别是优质教育资源供给，主要集中于城市地区。因此，各地区城市化水平的差异可能导致基础教育服务水平的差异。笔者用非农人口占总人口的比重衡量各地区城市化程度。

因此，以全国30个省区1996—2008年的面板数据，建立如下回归模型，分析以上各种因素对基础教育地区间均等化的影响程度：

$$edu=cons+a_1 gdp+a_2 finance+a_3 prefer+a_4 decentr+a_5 transfer+a_6 open+a_7 market+a_8 urban+f_i+u_i \qquad (12.29)$$

上式中，*edu* 是各地区教育均等化程度，*cons* 是常数项，*gdp*、*finance*、*prefer*、*decentr*、*transfer*、*open*、*market*、*urban* 分别表示各地区经济发展程度差异、地方政府自身财政能力差异、地方政府偏好差异、财政分权程度差异、中央转移支付差异、对外开放程度、市场化程度和城市化程度。f_i 为地区效应，u_i 为误差项。

12.3.4 实证分析

下面对计量模型选择的具体变量和数据来源进行说明。

12.3.4.1 数据来源和处理

被解释变量：鉴于数据的可得性，笔者以各地区基础教育经费支出均等化程度来衡量我国各地区教育均等化程度，数据来源于我国1997—2009年各年《教育经费统计年鉴》。计算时先以各地区小学、初中和高中生均教育经费支出除以全国各级学校生均教育经费支出，分别得出我国各地区小学、初中和高中生均教育经费支出均等化程度，大于1表示高于全国平均水平，反之则低于全国平均水平。然后把三者相加之和的1/3表示基础教育整体的生均经费支出均等化水平。

解释变量：与此相同，各地区经济发展程度差异用各地区人均GDP与全国人均GDP的比值表示。各地区自身财政能力差异用各地区人均财政收入与全国人均财政收入的比值表示。地方政府偏好差异用各地区基本建设支出占整个财政支出的比重来衡量。财政分权程度差异用省级人均财政支出占全国人均财政支出的比重表示。转移支付差异的计算过程如下，先根据历年财政年鉴各省区中央补助收入减去中央支出得到各地区净转移支付，然后用净转移支付除以各地区人口数得到各地区人均转移支付，最后以各地区人均转移支付与全国人均转移支付的比值表示各地区转移支付差异。计算对外开放程度时，先用各地区进出口总额（万美元表示）乘以历年平均汇率，然后用二者之积与各地区GDP总量的比值表示各地区对外开放程度。市场化程度用各地区国有单位年末从业人员数占年末从业人员总数的百分比表示。城市化程度用各地区非农业人口占总人口的比重表示。

由于重庆1996年的相关数据缺乏，故此采用重庆1997—2008年数据通过线性拟合计算了1996年数据。表12-10给出了处理后整个面板数据的描述性统计。

表 12-10　面板数据的描述性统计

变量	平均值	中位数	最大值	最小值	标准差	观测数
小学经费支出均等化程度	1.234	0.952	5.381	0.467	0.838	339
初中经费支出均等化程度	1.227	0.952	5.381	0.467	0.835	339
高中经费支出均等化程度	1.055	0.872	3.71	0.304	0.593	339
基础教育经费支出均等化程度	1.182	0.947	4.803	0.424	0.753	339
经济发展差距	1.107	0.807	4.432	0.335	0.785	339
财政能力差距	0.579	0.348	3.293	0.165	0.628	339
政府偏好	0.111	0.095	0.407	0.031	0.056	339
分权程度差异	1.317	0.982	5.221	0.517	0.964	339
转移支付差异	1.453	1.054	9.376	0.438	1.292	339
对外开放程度	0.29	0.106	1.75	0.032	0.385	339
市场化程度	0.159	0.133	0.537	0.055	0.088	339
城市化水平	31.46	26.76	85.76	13.55	15.65	339

12.3.4.2　实证结果分析

在对式（12.29）具体回归时，先用Hausman设定检验进行回归模型设定检验，以决定使用哪种形式的面板数据模型。Hausman设定检验显示随机效应模型的效果较好。表12-11给出了回归的具体检验和估算结果。

表12-11中涉及五个具体的模型拟合结果。其中第一列、第二列分别是以各地区基础教育均等化程度为被解释变量，得到相应的模型参数。可以看出，地方政府自身财政能力差异、财政分权程度差异、对外开放程度、地方政府偏好差异和市场化程度可以显著地解释我国地区间基础教育均等

化程度,其中前三者与基础教育均等化程度正相关,后二者正好相反。地方政府自身财政均等化程度每提高1%,将使地区间基础教育均等化程度提高0.676%。这与我国基础教育制度主要以地方财政支出为主的现实是相符的。财政分权均等化程度每提高1%,将使地区间基础教育均等化程度提高0.185%。说明财政分权程度越平均,越有利于实现均等化。对外开放水平每提高1%,将使地区间基础教育均等化程度提高0.44%。通过对外开放程度的提高,地方政府自身用于基础教育支出的能力越强,本地区对基础教育的质量要求越高,两方面推动了各地区基础教育的发展。地区政府偏好表示各地区政府对基本建设的偏好程度,由于基本建设支出对经济的短期拉动作用明显,因此对基础教育支出产生"挤出效应"。虽然基础教育长期来看对整体经济发展大有裨益,但短期对地方经济发展的效果不明显,因此地方政府对此类公共品的偏好不强(丁菊红等,2008),因此地方政府偏好差异每提高1%,将使地区间基础教育均等化程度降低0.48%。

表 12-11 基础教育均等化影响因素的随机效应估计结果

解释变量	(1) 基础教育	(2) 基础教育	(3) 小学	(4) 初中	(5) 高中
常数项	0.618137 (10.163)***	0.697407 (13.223)***	0.670385 (8.915)***	0.733792 (9.734)***	0.594719 (8.550)***
经济发展差异	0.027692 −0.471		−0.137596 (−1.746)*	−0.173054 (−2.203)**	0.132516 (1.946)*
财政能力差距	0.675965 (5.039)***	0.758195 (10.156)***	0.639403 (3.425)***	0.652327 (3.516)***	1.32362 (8.305)***
政府偏好	−0.478196 (−1.870)*		−1.643539 (−4.626)***	−1.874855 (−5.309)***	0.213458 0.708526
分权程度差异	0.228202 (2.313)**	0.184576 (4.579)***	0.407715 (2.923)***	0.424602 (3.067)***	−0.572078 (−4.857)***

续表

解释变量	(1)	(2)	(3)	(4)	(5)
	基础教育		小学	初中	高中
转移支付差异	0.030914 （−0.762）		0.090919 (1.622)*	0.088156 −1.581941	0.286867 (5.861)***
对外开放程度	0.401674 (6.868)***	0.439507 (7.733)***	0.616561 (7.8634)***	0.660392 (8.448)***	0.255164 (3.762)***
市场化程度	−2.055764 (−11.514)***	−2.041274 (−12.54243)***	−2.395687 (−9.905)***	−2.61278 (−10.846)***	−2.027905 (−9.710)***
城市化水平	0.001902 −1.213		0.002002 (−0.958)	0.001711 −0.82063	0.003486 (1.921)*
Hausman设定检验	94.25***	50.71***	110.62***	119.68***	34.76***
修正R2	0.735	0.690	0.697	0.695	0.605

注：小括号中的数字为标准差，***、**、*分别代表1%、5%、10%的显著性水平。

市场化程度也与基础教育均等化程度负相关。回归分析表明，市场化程度每提高1%，将使地区间基础教育均等化程度降低2.14%。吕炜（2008）认为这是政府的责任缺失造成的。在市场化高速发展的进程中，地方政府过于追求本地区GDP的增长，相对忽略了自身对基础教育公共服务能力的提高。正如刘精明（2008）所言："由于教育经费投入、师资等基础条件存在明显的地方差异，教育扩展速度也会存在较大的地方性差异，这都使得儿童教育机会的区域性不平等表现得更为明显。"

还可以看出，各地区经济发展差异程度、转移支付差异和城市化程度对各地区基础教育均等化程度影响不显著。从发达国家经历长期经济增长后各地区基础教育发展的经验来看，各地区经济发展均等化程度与基础教育均等化程度正相关。而在我国由于政府基本公共服务供给主体的责任缺失，导致政府在基础教育的投入长期偏低，因此，各地区经济越发达，并不意味着各地区基础教育越完善。我国的转移支付制度由于目标原则不够明确，受到了传统财政体制遗留因素的极大影响，分配资金方案缺乏合理性、透明性和规范性（郭庆旺等，2008），因此未能有效促进基础教育的均等化。在我国城市化过程中，地方政府更偏好于基础设施等服务的供给，以便增加本地区吸引外资和发展经济的能力，相对忽略了基础教育的供给。因此使得城市化程度与基础教育均等化不相关。

表12-11中第三列、第四列、第五列分别是以小学、初中和高中生均教育经费支出均等化水平作为被解释变量，得到相应的模型参数，分别分析各种因素对各级基础教育的不同影响程度。可以看出，地方政府自身财政能力差异、对外开放程度和市场化程度三个变量对小学、初中和高中生均教育经费支出均等化程度与对整个基础教育的影响方式是一致的，只是影响大小存在差异。但其他影响因素对高中的影响与小学和初中截然不同。

首先，各地区城市化水平与高中生均教育经费支出均等化水平显著正相关，而与小学和初中相关性不显著。其次，各地区经济发展差异程度与高中生均教育经费支出均等化水平显著正相关，而与小学和初中显著负相关，而财政分权差异正好相反。再次，政府偏好与高中生均教育经费支出均等化水平相关性不显著，而与小学和初中显著负相关。最后值得注意的是，转移支付对小学和高中生均教育经费支出均等化水平显著正相关，与初中相关性不显著。

分析其原因，可能是在于高中与小学、初中的财政投入机制的差异造成的。由于我国高中阶段教育目前还没有纳入义务教育体系，各地区高中经费主要以学校自筹为主，政府投入为辅。根据统计分析，高中生均预算内公用经费远远低于小学和初中的增长水平，落后地区甚至出现高中公用经费逐年下降的趋势。因此高中经费支出主要由高中学生家庭承担。经济越发达地区和城市化水平越高的地区，学生家长的收入水平相对越高，因此支付的费用越多。因此每个地方政府都有动力把高中教育供给的责任转嫁给学生，同时更多地依赖中央转移支付对高中教育的投入。

12.4　完善区际基本公共服务均等化的保障和运行机制

促进区际基本公共服务均等化是促进区域协调发展和构建和谐社会的重要基础和实现目标。前述分析表明，区际基本公共服务均等化是一个系统工程，需要从法律制度、组织制度、资金保障和动态评价等诸多方面协调和权衡，正如2009年世界发展报告所言，需要"公共制度、基础设施和干预措施的最佳组合"。

从我国经济发展规模看，我国未来20多年逐步实现基本公共服务的均等化是有财力保障的。但是我国基本公共服务现存的制度缺陷严重阻碍了这一目标的实现。《中国人类发展报告2007—2008》认为城乡二元体制尚未公开打破，我国东西部地区的经济发展差距以及中央政府与地方政府不合理的财政关系是导致区域间基本公共服务非均等化的重要体制因素。综合考察改革开放以来我国区际基本公共服务的各种制度设计，其缺陷主要体现在以下几个方面：一是缺乏保障公共服务供给的法律保障；二是缺乏统一区际协调的组织保障；三是缺乏公平而规范的转移支付制度；四是缺乏公开透明的动态评估机制。根据我国经济社会发展形势，并充分借鉴国际经验，特提出以下思路确保到2030年我国基本实现区际基本公共服务均等化：（1）建立有机统一、权威的基本公共服务法律法规体系，整合现有部门和地方法规，构建区际基本公共服务均等化的法制基础；（2）明确划分各地区民众享受基本公共服务的范畴和标准，合理划分中央和省级政府等各级政府的事权与财权，建立实现区际基本公共服务均等化强有力的组织保障；（3）改革现有转移支付体系，逐步削减税收返还规模，做大一般性转移支付，清理合并专项转移支付，重构公平、高效、规范的转移支付结构，并适当鼓励非政府组织参与基本公共服务供给；（4）强化民众对基本公共服务的诉求，加大公共服务资金使用和评估的透明度，建立科学合理的区际基本公共服务均等化评估体系和监督机制，确保各地区基本公共服务供给成为政府绩效考核的主要内容，促进基本公共服务的有效供给。

12.4.1 法律制度的构建

《中华人民共和国宪法》明确规定，社会保障、医疗保险、社会救助、基础教育和就业是每个公民的基本权利。因此公平地分享一定水平的一揽子基本公共服务是各地区居民应有的基本权利，保证这一基本权利的获取是各级政府的应有义务。要构建区际基本公共服务的法律体系，必须以宪法对公民基本权利的规定为依据，将基础教育、就业与社会保障、公共卫生和基础医疗等各类基本公共服务纳入法制建设轨道，有效整合各部门和各地区相关法律法规，形成有机系统、完善公平的基本公共服务法律体系。

完善的基本公共服务法律体系应该包括以下三个部分：一是各项基本公共服务如基础教育、就业与社会保障等7大类实体性法规；二是平衡各级政府财政能力和约束政府行为的公共财政法律，如转移支付法、预算法、政府采购法等；三是信息公开条例、行政许可法、基本公共服务绩效考核条例等行政性法规。

建立基本公共服务的法律体系必须通过法律明确中央政府和各级政府的事权与财权划分，明确各级政府和各个部门的基本公共服务的供给责任，保证各级政府和各个部门对于基本公共服务的供给有统一规范的法律标准和程序可以遵守，明确各地区基本公共服务供给的标准和质量。

核心是加强转移支付立法，提高转移支付法律的权威性。我国目前的转移支付实施依据是财政部颁布的《中央对地方一般性转移支付办法》和各省区自行颁布的《省对市县一般性转移支付办法》。因此这是典型的部门和地区法规，权威性不足，并导致各地区转移支付方法存在一定差异。建议由国务院统一制定公平有效的、不被既得利益左右的、主要确保各地区均等化基本公共服务功能的转移支付法律，交由人大表决通过执行，提高立法的权威性。同时加大人大对政府基本公共服务预算编制的监督责任，提高预算编制的透明度，并要求建立相关公共服务的动态评估报告，定期公布并反馈给各级公共服务提供主体和相关利益群体。

12.4.2 组织制度的构建

针对我国各地区基本公共服务差距较大和缺乏相应协调机构的现实情况，我们可以参考欧盟的做法，设立致力于实现区域协调发展和基本公共服务均等化目标的专门机构。如欧盟通过设立专门机构，确定受援地区的类别和标准，如欧共体将受援地区分为经济不发达的农业区，某些传统工业区、经济不发达的边远地区。欧盟的做法对于缓解欧盟内部区域发展不平衡，维护共同市场的稳定和发展起了重要作用。对比欧盟，我们仔细了分析我国建立全国统一的基本公共服务协调机构的目标和职能。

专门的区域基本公共服务协调机构可设置在国务院发展与改革委员会下，通过整合财政部、劳动和社会保障部等基本公共服务供给相关职能部门，由发改委主任兼任该机构领导，提高该机构的权威性，以保证政令畅通。区域基本公共服务协调机构的主要目标是缩小我国各地区基本公共服务的不平衡，保证各地区居民均等享受各类基本公共服务，保证其基本的生存权和发展权。

具体来看，区域基本公共服务协调机构的主要职责有：

一是根据我国各地区经济社会发展情况，研究各地区基本公共服务需求与供给状况，合理划分各地区民众享受基本公共服务的范畴和标准、覆盖比率等等，制定区际基本公共服务均等化发展规划。首先要通过抽样调查和访

下篇：专题研究

谈的形式，了解我国各地区居民的收入水平、目前享受基本公共服务现状、对当前基本公共服务的满意程度、最急需的基本公共服务的种类及其提供标准、政府供给方式等等。同时还要了解各地区各级政府基本公共服务供给偏好和财政能力、供给方式与财政监管等。通过调查，分阶段、分地区制定各地区基本公共服务的供给种类、供给标准和供给方式、覆盖人群，制定各类基本公共服务实现的时间表。如对公共卫生和基础医疗服务，在调查研究的基础上，制定短期、中期和长期目标。短期内致力于扩大医疗保险的覆盖面，最终实现全民医保，免费为各地区居民提供各类传染病的预防和治疗，为各类非传染病提供一定比例的补贴；中期内扩大医疗保险的报销范围，将农民合作医疗的报销比例提高到70%的水平；长期目标：实现中国各区域城乡建立统一标准的医疗报销和医疗预防标准。

二是研究实现区际基本公共服务均等化的各种措施，如合理划分中央和省级政府等各级政府基本公共服务供给的事权与财权。根据基本公共服务的外溢程度和各地区基本公共服务的供给能力，确定各级政府不同基本公共服务的供给责任，改革现有转移支付体系，加大中央对落后的转移支付比例，保证各地区基本公共服务供给能力的均等化。同时鼓励各类慈善机构等非政府组织参与基本公共服务供给，弥补政府投入不足。

三是协调各地区、各部门关系，解决各级政府之间、不同部门之间各自制定基本公共服务标准和政策、口径不统一、方向不明确的缺陷，保证我国基本公共服务供给法律法规的统一性，打破部门分割和地区封锁，实现城乡之间、地区之间有效对接的全国统一流动的基本公共服务体系。

四是加大基本公共服务供给的透明度，建立科学合理的区际基本公共服务均等化评估体系和监督机制，保证基本公共服务有效供给。

12.4.3 资金保障机制的构建

一般来说，各地区基本公共服务供给主要取决于各地区地方财政收入、中央转移支付、同级政府间横向转移支付和非政府组织的捐赠。其中前两个因素相对比较稳定，后面两个因素不太稳定且规模较小。因此为保障区际之间基本公共服务均等化，必须以各地区相对稳定的地方财政收入和中央公平规范的转移支付为基础。

在各地区税率基本相同的情况下，各地区地方财政收入规模主要取决于各地区经济发展水平，经济发展水平高的地区其人均地方财政收入相对较高。1994年我国的分税制改革基本上将基本公共服务供给的事权基本划给地方政府，而相应将财源相对稳定、容易征收的关税和公司所得税基本划归中央政府，而将财源相对分散、不易征收的税种如营业税和个人所得税相应划归地方政府，这样导致地方政府财权与事权的非一致性，使得地方政府特别是县乡级政府沦为"吃饭财政"，许多中西部地区的地方政府失去基本公共服务供给的能力。因此根据目前中国中央政府财政收入占全国财政收入比重已经达到55%的情况下，必须充分划分中央政府和地方政府的事权与财权，使得中央政府和地方政府的事权和财权保持一致性。改革的方式一是将亟须均等化的基本公共服务供给如基础教育和基础医疗等供给由中央政府和地方政府共同承担，适当增加中央政府的事权；二是通过税制改革和税种重新划分，如在适当时机开征财产税，将公司所得税改由中央和地方共享，提高增值税地方共享比例等，通过稳定并逐步扩大地方政府的财政收入，以保证地方基本公共服务的供给。

我国当前的转移支付是政府政治、经济等多重目标均衡的结果，无法真正发挥均等化基本公共服务的功能，因此改革现有的转移支付制度至关重要。一是要逐步削减税收返还规模。中央对地方的税收返还是分税制改革初期尊重既得利益的结果。分税制改革十多年来，各发达地区地方财政收入增长十分迅猛，对税收返还的依赖大大减轻，但2007年税收返还仍达4000多亿元。可以制定缩减税收返还规模的时间表，如在5年时间内将税收返还规模消减为0。二是做大一般性转移支付。一般性转移支付均等化区际基本公共服务的作用十分突出，因此在消减税收返还的同时做大一般性转移支付，将极大地提高转移支付的均等化效果。改革的方式是用"因素法"取代"基数法"核算各地区转移支付额，即分项目测算各地区均等化基本公共服务支出与该地区地方财政收入，二者的差额就是一般性转移支付额。同时还要考虑各地区人口因素、供给成本差异和民族团结因素，以便使一般性转移支付的分配更加合理科学。三是清理合并专项转移支付。我国的专项转移支付分为专项补助和增发国债补助两类，类似于国外的有条件拨款，其主要目标是加强中央对地方的宏观调控，支援贫困地区和应对汶川大地震等突发性灾难。从均等化基本公共服务的角度看，专项转移支付应该侧重于解决外溢性较强的地方性公共服务支出，入队基础教育、生态和环境保护、区际基础设施等。根据目前专项转移支付项目过多、政策意图不明显的缺陷，应该对照有条件拨款的功能和目标，科学界定专项转移支付的标准，对目前各类专项转移支付进行梳理分类，重新合并，同时针对各地区特点，取消或者重新规定地方配套资金比例，财政充足地区要求配套资金比例相应要高，而财政匮乏地区则取消配套资金。

另外，参考德国横向转移支付模式，加大我国发达地区与落后地区的横向转移支付规模，进一步拓展均等化渠道，增强均等化力度。一是鼓励经济发达地区加大对落后地区的支援力度，通过物质、技术、人才援助等多种形式的横向转移支付，如发达地区增派医务人员、技术转移和提供各种医疗器械、药品等方式提高落后医疗水平。二是通过立法，固化横向转移支付模式。三是针对各地区比较优势的差异，"有钱出钱，有人出人"，取消单一的资金转移支付方式，构建以各地区比较优势为主的多种援助形式。

同时，针对我国非政府组织（NGO）逐步兴起的特点，鼓励各种非政府组织蓬勃发展，鼓励其参与政府基本公共服务供给，弥补政府供给的不足。作为非营利的公益性组织，非政府组织的服务对象主要是社会中的弱势和边缘性群体，如贫困阶层、失业者、残疾人等，因此充分体现了扶贫济弱的人道主义精神。同时非政府组织平等、民主、分权、非等级的体制特点，有利于充分调动民众的参与热情，有效整合组织网络的力量参与基本公共服务建设，有效弥补落后地区政府财力的不足。同时公共服务社会化是必然的趋势，建立公共服务社会化机制，政府公共服务分权化，公共服务供给主体多元化，政府把部分基本公共服务供给职责转移给非政府组织，非政府组织就可以大胆进入基本公共服务领域和开展各种服务活动。首先，地方政府可以通过政府采购招标或者委托加工的方式向非政府组织购买基本公共服务然后提供给本地区居民，这样可以提高政府资金利用的效率。其次，地方政府可以充分利用国内外非政府组织的资金、技术、管理、智力等资源，发挥其独特优势，与之合作共处，共同致力于中国环境保护、社会保障、公共文化服务等诸多基本公共服务领域，有效弥补地方基本公共服务投入缺口。

12.4.4 建立动态评估机制

建立各地区公开、透明和及时的基本公共服务的动态评估机制，对于引导和激励各级政府部门的基本公共服务供给具有十分重要的作用，有助于提高供给效率，有助于实行行政问责制制度，遏制权力腐败，保障各地区居民公共利益不受损害。

建设规范的动态评估机制首先要有真实客观的统计数据作为支撑，因此加强基本公共服务的统计建设是基础。如果没有国家和各省市区分城乡、分地区、分阶层、分类别的真实可靠的统计资料，要建立规范、公正、客观和科学的动态评估体系，就如同无源之水，无本之木，根本不可能实现。我国目前缺乏对基本公共服务的系统分类，某些基本公共服务数据十分匮乏，如

下篇：专题研究

各地区农民工享受医疗保险人数和标准，各地区居民基本医疗服务的系统数据。因此，有必要制定基本公共服务的统计数据体系，仿照《中国统计年鉴》格式，客观收集各地区基本公共服务数据，分年度分地区出版中国基本公共服务统计年鉴，并公布在网站，让各地区居民和研究学者了解中国基本公共服务均等化现状。2009年3月20日，财政部首次第一时间向社会公布中央财政四张预算表——2009年中央财政收入预算表、中央财政支出预算表[①]、中央本级支出预算表、中央对地方税收返还和转移支付预算表[①]，迈出了财政预算公开透明的第一步。通过这些公开数据，我们不仅初步了解了中央政府财政收入的主要来源，而且了解了中央财政支出特别是基本公共服务支出的大致分布。如果今后各年各省区的财政预算与中央同期公开的话将使社会各界对全国各地区财政预算基本情况和基本公共服务均等化情况有更加深入的了解。

其次，要建立科学的评价方法。不仅要建立基本公共服务均等化的考核指标，而且还要包括目标测定、执行和评估环节。要以相应的立法为基础，选择客观中立的评估主体，建立科学的评价方法和适当的沟通与反馈机制。要保证评估方法的透明性、公开性、公正性和系统性。可将基本公共服务的使用者和民间研究机构纳入评价体系。通过社会公众对各类基本公共服务供给主体的工作方式和工作效率进行及时评价，公开表达他们对所提供的基本公共服务的满意程度，纠正基本公共服务供给中存在的制度缺陷和低效环节，敦促各级供给主体纠正基本公共服务供给过程中的错误，遏制基本公共服务供给可能存在的腐败现象，可以在政府财力有限的约束下最大化基本公共服务的效率。

---

① http://www.mof.gov.cn/preview/mof/zhengwuxinxi/caizhengxinwen/200903/t20090320_125012.html。

参考文献：

1. 安体富："对我国推行公共服务均等化的建议"，《经济研究参考》，2007年第66期。
2. 安体富："公共服务均等化:理论、问题与对策"，《财贸经济》，2007年第8期。
3. 安体富、任强："中国公共服务均等化水平指标体系的构建—基于地区差别视角的量化分析"，《财贸经济》，2008年第6期。
4. 陈昌盛、蔡跃洲：《中国政府公共服务：体制变迁与综合评价》，北京：中国社会科学出版社2007年版。
5. 陈秀山、杨艳："我国区域发展战略的演变与区域协调发展的目标选择"，《教学与研究》，2008年第5期。
6. 丁菊红、邓可斌："政府偏好、公共品供给与转型中的财政分权"，《经济研究》，2008年第7期。
7. 丁维莉、陆铭："教育的公平与效率是鱼和熊掌吗？——基础教育财政的一般均衡分析"，《中国社会科学》，2005第6期。
8. 樊纲、王小鲁、朱恒鹏等：《中国市场化指数——各地区市场化相对进程2006年度报告》，北京：经济科学出版社2007年版。
9. 郭庆旺、贾俊雪："中央财政转移支付与地方公共服务提供"，《世界经济》，2008年第9期。
10. 郭亚军著：《综合评价理论与方法》，北京：科学出版社2002年版。
11. 联合国开发计划署编：《中国人类发展报告2007—2008：惠及13亿人的基本公共服务》，北京：中国对外翻译出版公司2008年版。
12. 刘勇政："我国财政转移支付均等化效应实证分析"，《地方财政研究》，2008年第2期。
13. 中国社会科学院课题组："努力构建社会主义和谐社会"，《中国社会科学》，2005年第3期。
14. 吕炜、王伟同："发展失衡、公共服务与政府责任"，《中国社会科学》，2008年第4期。
15. 马海涛（2004）："中国政府间转移支付制度——现状、问题与对策"，http://siteresources.worldbank.org/PSGLP/Resources/5HaitaoMa.pdf。
16. 乔宝云、范剑勇、冯兴元："中国的财政分权与小学义务教育"，《中国社会科学》，2005年第6期。
17. 世界银行：《2009年世界发展报告：重塑世界经济地理》，北京：清华大学出版社2009年版。
18. 宋小宁、苑德宇："公共服务均等、政治平衡与转移支付——基于1998—2005

年省际面板数据的经验分析",《财经问题研究》,2008年第4期。

19. 王绍光:"坚守方向、探索道路:中国社会主义实践六十年",《中国社会科学》,2009年第5期。

20. 王一鸣主编:《中国区域经济政策研究》,北京:中国计划出版社1998年版。

21. 俞可平:"中国公民社会:概念、分类与制度环境",《中国社会科学》,2006年第1期。

22. [美]约翰·罗尔斯、何怀宏等译:《正义论》,北京:中国社会科学出版社1988年版。

23. 张启春:"中国区域差距与政府财政平衡机制",《财贸经济》,2008年第1期。

24. 张启春、汤学兵:"人口迁移、就业机会与基本公共服务——以湖北迁出人口为例",《统计与决策》,2008年第16期。

25. 中国(海南)改革发展研究院:《基本公共服务与中国人类发展》,北京:中国经济出版社2008年版。

26. 汤学兵、陈秀山:"县域基本公共服务:现状分析与改进措施选择——基于山东L县的调查与访谈",《华中师范大学学报》(社会科学版),2009年第3期。

27. 汤学兵:"论中国区际基本公共服务均等化的路径选择和保障机制",《财贸经济》,2009年第7期。

28. Jean Hindriks, Susana Peralta, Shlomo Weber. Competing in taxes and investment under fiscal equalization. Journal of Public Economics, (2008)92: 2392 — 2402.

29. Jean O. Lanjouw, Peter Lanjouw Branko Milanovic, Stefano Paternostro. Relative price shifts, economies of scale and poverty during economic transition. Economics of Transition 2004 (3):509—536.

30. Keen, M., Marchand, M. Fiscal competition and the pattern of public spending. Journal of Public Economics ,1997 (1):33—53.

31. Kjel Arne Brekke, Karine Nyborg, Mari Rege. The fear of exclusion: Individual effort when group formation is endogenous. Scand. J. of Economics , 2007(3):531—550.

32. Maas WR. Access to care — what can the United States learn from other countries? Community Dent Oral Epidemiol , 2006(34): 232—40.

33. McGreer and McMillan. Public output demands from alternative congestion functions. J. of urban economics, 1993(1):95—114.

34. McMillan. On measuring the congestion of local public goods. J. of urban economics, 1989(2): 131-137.

35. OECD. Challenges For China's Public Spending — toward greater effectiveness and equity. OECD Publishing, 2006.

后　记

　　本书是我主持的国家社会科学基金重大项目"我国区域协调发展的目标选择、实现路径与动态评价研究"（批准号07&ZD011）的最终研究成果。徐瑛、杨艳参与了课题申报材料的准备工作，陈斐完成了大部分的初稿协调工作，赵霄伟做了一些具体的技术性工作，最后由我负责全书的通阅、定稿。

　　参与研究、写作的课题组成员，除高志刚教授、刘玉副教授外，其他的都是我的博士生、博士后，他们中的大部分都已是教授或副教授，具有出色的研究能力和写作水平。各章撰写分工如下：

第一章　陈秀山、陈　斐

第二章　陈秀山、杨　艳、陈　斐

第三章　陈　斐、陈秀山

第四章　邵　晖

第五章　王　飞、刘　红、刘　玉

第六章　高志刚、陈秀山、赵霄伟

第七章　张启春

第八章　杨　艳

第九章　徐　瑛

第十章　刘　玉

第十一章　张　若

第十二章　汤学兵

　　感谢商务印书馆对本书出版给予的大力支持，感谢金晔女士、黄一方女士为本书的编辑出版付出的辛勤劳动。自20世纪80年代末，我开始与商务印书馆接触，先后出版的译著、著作、教材（主编、合编）共计六部，与原来的经济编辑室和现在的学术出版中心的几任领导和多位编辑结下了深厚的友谊，时时为他们的敬业精神和严谨学风所感动和激励。

从大学三年级发表第一篇小论文起，我从事学术研究已有三十余年，在人民大学从教整整三十年。由衷地感谢我的博士导师、年近90高龄的卫兴华教授，是他引领我走上学术之路，并始终在工作、生活上给予了巨大的支持、关爱和理解。师恩难忘，当铭记心中。他至今仍笔耕不辍，坚守在理论阵地，我自愧不如。

从今天的时空视角看，仅就学术领域而言，我辈属于十年浩劫浴火重生后的"过渡一代"，时代赋予了我们特定的社会角色；面向未来，追求生活的丰富，体验生命的精彩，还有无限的选择空间。

二十余年时间转瞬即逝，本书是我的收山之作。愿国家兴盛、国民平安；祝朋友们健康、幸福、快乐！

陈秀山

2012年10月20日，于延庆古崖居旁原乡